Informatik-Fachberichte 232

Herausgeber: W. Brauer
im Auftrag der Gesellschaft für Informatik (GI)

Rita Loogen

Parallele Implementierung funktionaler Programmiersprachen

Springer-Verlag
Berlin Heidelberg New York
London Paris Tokyo Hong Kong

Autorin

Rita Loogen
Lehrstuhl für Informatik II, RWTH Aachen
Ahornstraße 55, D-5100 Aachen

CR Subject Classifications (1987): C.1.3, C.5.1, D.1.1, D.3.4, F.3.2

ISBN-13: 978-3-540-52049-8   e-ISBN-13:978-3-642-75332-9
DOI: 10.1007/978-3-642-75332-9

CIP-Titelaufnahme der Deutschen Bibliothek
Loogen, Rita
Parallele Implementierung funktionaler Programmiersprachen / Rita Loogen – Berlin, Heidelberg,
New York, London, Paris, Tokyo Springer 1990
    (Informatik-Fachberichte, 232)

NE GT

2145/3140 – 543210 – Gedruckt auf säurefreiem Papier

Vorwort

Funktionale Programmiersprachen sind auf Grund ihrer Seiteneffektfreiheit inhärent nebenläufig und bilden daher eine vielversprechende Basis für die Programmierung von Parallelrechnern. Sie enthalten in der Regel keine expliziten Sprachkonstrukte zur Spezifizierung von Parallelität. Ein parallelisierender Compiler kann die in einem funktionalen Programm implizit enthaltene Parallelität entdecken und das Programm in parallel ausführbare Prozesse zerlegen. Der Programmierer braucht sich also nicht, wie etwa in einer um Parallelkonstrukte erweiterten imperativen Programmiersprache wie OCCAM, Parallel C oder ADA, um die Verwaltung der parallelen Prozesse sowie um Synchronisation und Kommunikation zu kümmern. Dies vereinfacht insbesondere die Programmierung von Systemen mit vielen Prozessoren.

In diesem Buch werden die Entwicklung eines parallelisierenden Compilers für funktionale Programme mit verzögerter Auswertung (lazy evaluation) und der sprachorientierte Entwurf einer parallelen Rechnerarchitektur zur Ausführung parallelisierter funktionaler Programme beschrieben. Auf der Grundlage einer einfachen funktionalen Beispielsprache, die den Kern aller funktionalen Sprachen umfaßt, werden die Techniken zur automatischen Parallelisierung funktionaler Programme erläutert. Die Spezifikation der parallelen Rechnerarchitektur erfolgt auf einem abstrakten, hardwareunabhängigen Niveau in Form einer parallelen abstrakten Maschine. Die Implementierung dieser abstrakten Maschine auf einem real existierenden Multiprozessorsystem wird für das Beispiel eines Transputersystems diskutiert.

Das Buch ist eine überarbeitete Fassung meiner Dissertation, die im Rahmen eines gleichnamigen Projektes an der RWTH Aachen angefertigt wurde. Dieses Projekt wurde teilweise von der Deutschen Forschungsgemeinschaft unterstützt. Der Überarbeitung lag insbesondere das Manuskript einer dreistündigen Vorlesung zugrunde, die ich im Sommersemester 1989 an der Universität Bremen gehalten habe.

An dieser Stelle möchte ich all denjenigen meinen Dank aussprechen, die mich bei der Erstellung der Dissertation und der Überarbeitung unterstützt haben.

Insbesondere danke ich Herrn Professor Dr. Klaus Indermark für seine hilfreichen Anregungen und den großzügigen Freiraum, den er mir während der Arbeit an meiner Dissertation eingeräumt hat. Herrn Professor Dr. Werner Damm danke ich für sein großes Interesse an meiner Arbeit und für viele wertvolle Diskussionen. Für seine stete Diskussionsbereitschaft und die Zusammenarbeit im obengenannten Projekt danke ich Herrn Herbert Kuchen. Dem Herausgeber der Informatik-Fachberichte, Herrn Professor Dr. W. Brauer, sage ich Dank für seine Vorschläge zur Verbesserung der Lesbarkeit der Dissertation. Mein Dank geht auch an meine Schwester Ulrike für ihren unermüdlichen Einsatz beim Tippen des umfangreichen und schwierigen Manuskriptes.

Besonderer Dank gebührt vor allem meinen Eltern, die mich stets unterstützt und mir mit ihrem Verständnis zur Seite gestanden haben.

Aachen, im September 1989   *Rita Loogen*

Inhaltsverzeichnis

Teil III: Entwurf einer parallelen Graphreduktionsmaschine

Anhang: Mathematische Grundlagen

Einleitung

Funktionale Programmiersprachen haben eine Reihe von interessanten Vorteilen gegenüber imperativen Sprachen. Ein funktionales Programm entspricht im wesentlichen einer Funktion im mathematischen Sinne, die auf die Eingabewerte angewendet wird und den Funktionswert als Ausgabe liefert. Der λ-Kalkül von Church und seine Theorie bilden die mathematische Basis der funktionalen Programmierung. Auf Grund dieser mathematischen Tradition haben funktionale Programmiersprachen eine verhältnismäßig einfache und klare Semantik, die eine wichtige Grundlage für Korrektheitsbeweise, Verifikation von Programmeigenschaften sowie für Programmtransformationen bildet. In diesem Zusammenhang ist auch die Eigenschaft der "referential transparency" zu nennen: Der Wert eines Ausdruckes hängt nur von seiner Umgebung, nicht aber vom Zeitpunkt seiner Auswertung ab. In einem funktionalen Programm kann ein Teilausdruck also immer durch einen anderen Ausdruck, der denselben Wert hat, ersetzt werden. Die Semantik des Programms bleibt unverändert.

Der Programmentwurf erfolgt in einer funktionalen Sprache auf einer sehr viel höheren Abstraktionsstufe als in einer imperativen Sprache. Auf Grund dessen sind funktionale Programme ausdrucksstärker und kürzer als entsprechende imperative. In Bild 1 ist als Beispiel der Quicksortalgorithmus zur Sortierung einer Folge von ganzen Zahlen in PASCAL und MIRANDA* angegeben.

Die PASCAL-Prozedur erwartet die zu sortierenden Zahlen in einem Array, in dem dann in geschickter Weise Elemente vertauscht werden. Das MIRANDA-Programm arbeitet auf einer Liste von ganzen Zahlen, indem die Teillisten der Elemente, die größer bzw. kleiner als das erste Element der Liste sind, sortiert werden und in geeigneter Weise konkateniert werden.

Die besondere Ausdrucksstärke funktionaler Sprachen ist größtenteils darauf zurückzuführen, daß Funktionen wie andere Werte behandelt werden, also sowohl

---

*Miranda ist eine funktionale Sprache, die von David Turner [Turner 85] entwickelt wurde. Das Miranda-System ist ein Warenzeichen der Firma Research Software Limited.

2

---

a) Standard-Quicksortalgorithmus in PASCAL:

```
procedure quicksort (l,r : integer);
var x, i, j, tmp : integer;
begin
    if r > l then
        begin
            x := a[l]; i := l; j := r+1;
            repeat
                repeat i:=i+1 until a[i]≥x;
                repeat j:=j-1 until a[j]≤x;
                tmp := a[j]; a[j] := a[i]; a[i] := tmp;
            until j≤i;
            a[i] := a[j]; a[j] := a[l]; a[l] := tmp;
            quicksort (l, j-1);
            quicksort (j+1, r);
        end
end
```

b) Standard-Quicksortalgorithmus in MIRANDA:

```
quicksort []      =    []
quicksort (x:l)   =    quicksort (filter (< x) l) ++
                       [x] ++
                       quicksort (filter (>= x) l)
```

(*filter* bezeichnet eine Bibliotheksfunktion, deren Definition in Bild 2 angegeben ist. ++ ist ein Infixoperator zur Listenkonkatenation. (< x) und (>= x) bezeichnen einstellige Prädikate, die genau dann den Wert 'true' ergeben, wenn ihr Argument kleiner bzw. grösser als der Wert von x ist.)

Bild 1: Gegenüberstellung eines imperativen und eines funktionalen Programms

als Parameter als auch als Ergebnis einer Funktionsapplikation auftreten können. Funktionen, bei denen Funktionen als Ein- und/oder Ausgabewerte zugelassen sind, heißen *Funktionen höherer Ordnung* oder Funktionale. Sie erlauben etwa die Beschreibung allgemeiner Algorithmen oder Verfahren, die durch die Funktionsparameter an verschiedene Kontexte oder Erfordernisse angepaßt werden können.

Die in dem MIRANDA-Quicksortprogramm in Bild 1b verwendete Bibliotheksfunktion *filter* ist ein Funktional, das aus einer Liste eine Teilliste von Elementen herausfiltert, die eine Eigenschaft besitzen, die durch eine als Parameter übergebene Testfunktion 'test' spezifiziert wird. Die MIRANDA-Spezifikation dieses Funktionals ist in Bild 2 angegeben.

$$
\begin{array}{lcll}
filter \text{ test } [] & = & [] & \\
filter \text{ test } (x{:}l) & = & x : (filter \text{ test } l), & \text{test } x \\
& = & filter \text{ test } l, & \sim (\text{test } x)
\end{array}
$$

($\sim$ bezeichnet die logische Negation. Die zweite Definitionsgleichung beschreibt eine Fallunterscheidung ('guarded expression') nach dem Ergebnis der Applikation der Testfunktion auf das Kopfelement der Argumentliste.)

Bild 2: Beispiel einer Funktion höherer Ordnung

Durch Aufrufe der Funktion *filter* mit geeigneten Testfunktionen kann aus einer beliebigen Liste von ganzen Zahlen z.B. die Teilliste der geraden oder ungeraden Zahlen oder, wie im Quicksortprogramm, die Teilliste der Zahlen, die ober- oder unterhalb einer bestimmten Schranke liegen, erzeugt werden.

Funktionen höherer Ordnung sind ein wichtiges Konzept zur Entwicklung modularer Programme, da sie die Definition allgemeiner, wiederverwendbarer Module ermöglichen. Wie in [Hughes 84] durch interessante Beispiele gezeigt wird, unterstützt auch die Verwendung von *'lazy evaluation'* als Auswertungsstrategie die Modularisierung von Programmen. 'Lazy evaluation' bedeutet verzögerte Auswertung und bezieht sich auf die Auswertung der Argumente einer Funktionsapplikation. Die Auswertung eines Funktionsargumentes wird solange verzögert, bis sein Wert zur Bestimmung des Funktionsresultates benötigt wird. Dies hat den Vorteil, daß Argumente, die zur Bestimmung des Ergebnisses nicht nötig sind, auch nicht ausgewertet werden. Insbesondere kann der Wert einer Funktionsapplikation somit definiert sein, obwohl der Wert eines Argumentes undefiniert ist. Auch strukturierte Datenobjekte werden nur insoweit ausgewertet, wie sie benötigt werden, so daß auch unendliche Datenstrukturen wie andere Werte behandelt werden können. 'Lazy evaluation' erlaubt demnach die Verwendung von Teilprogrammen (Modulen), die eine unendliche Ausgabe generieren. Die Termination der Gesamtberechnung wird nicht gefährdet, da die Auswertung der Teilprogramme durch die umgebenden Programmteile gesteuert wird. Bild 3 zeigt ein MIRANDA-Programm zur Bestimmung von Fibonacci-Zahlen.

```
fib i     =    get (genfib 1 1) i
               where
               get [] i          =    0
               get (x:l) 1       =    x
               get (x:l) (i+1)   =    get l i
               genfib x y        =    x : (genfib y (x+y))
```

Bild 3: Beispiel zur Programmierung mit unendlichen Datenstrukturen

Die in diesem Programm verwendete Funktion *genfib* erzeugt die unendliche Liste aller Fibonacci-Zahlen.

Alle diese Besonderheiten funktionaler Programmiersprachen erweisen sich leider als problematisch, wenn man sie von der Seite der Implementierung von Programmiersprachen auf von Neumann-Rechnern betrachtet. Imperative Sprachen sind auf die Programmierung von von Neumann-Rechnern ausgerichtet. Sie sind gewissermaßen Abstraktionen dieser Computer und daher äußerst effizient auf denselben zu implementieren. Beim Entwurf funktionaler Sprachen stehen die mathematischen Eigenschaften sowie die Ausdrucksstärke der Programme im Vordergrund. Dadurch sind diese Sprachen unabhängig von Rechnerarchitekturen.

Die bisher effizienteste Implementierung einer funktionalen Sprache mit 'lazy evaluation' als Auswertungsstrategie auf einem von Neumann-Rechner erfolgte mittels der Technik der 'programmierten Graphreduktion' auf der Basis einer abstrakten Maschine — der sogenannten G-Maschine [Johnsson 87]. Leider ist selbst diese Implementierung im allgemeinen langsamer als die imperativer Sprachen. Dies zeigt, daß von Neumann-Rechner als Zielarchitekturen zur Implementierung funktionaler Sprachen nicht vorteilhaft sind.

In den letzten Jahren wurden daher — meist in Verbindung mit neuen Implementierungstechniken — eine ganze Reihe innovativer Rechnerarchitekturen speziell für funktionale Sprachen entworfen, unter anderem etwa in [Turner 79], [Clarke, Gladstone, MacLean, Norman 80], [Johnsson 84, 87], [Fairbairn, Wray 87], [Burn, Peyton-Jones, Robson 88], [Meijer 88], [Peyton-Jones, Saskild 88]. Nur einige dieser Entwürfe wurden bisher tatsächlich in Hardware realisiert. Dazu zählt die abstrakte G-Maschine, deren Hardwareversion von der Leistungsfähigkeit durchaus mit von Neumann-Rechnern vergleichbar ist [Kieburtz 87].

Die durch technologische Fortschritte stark vorangetriebene Entwicklung von Parallelrechnerarchitekturen offenbart vor allem für funktionale Sprachen neue Möglichkeiten. Denn auf Grund der Eigenschaft der 'referential transparency' enthalten funktionale Programme *implizite Parallelität*, die darin besteht, daß unabhängige Teilausdrücke in beliebiger Reihenfolge, also insbesondere parallel ausgewertet werden können. In dem in Bild 4 angegebenen MIRANDA-Programm zur Berechnung der Fakultätsfunktion könnten etwa im Fall $l \neq h$ die rekursiven Funktionsaufrufe (*pfac* l m) und (*pfac* (m+1) h) parallel ausgewertet werden.

$$\begin{aligned}
\textit{pfac}\ \text{l h} \quad &= \quad \text{l}, & &\text{l} = \text{h} \\
&= \quad \text{l}*\text{h}, & &\text{l}+1 = \text{h} \\
&= \quad (\textit{pfac}\ \text{l m}) * (\textit{pfac}\ (\text{m}+1)\ \text{h}), & &\sim(\text{l}=\text{h})\ \&\ \sim(\text{l}+1=\text{h}) \\
&\quad \textbf{where}\ \text{m} = (\text{l}+\text{h})/2
\end{aligned}$$

Bild 4: Programm mit impliziter Parallelität

Prinzipiell können funktionale Sprachen auf Parallelrechnern implementiert werden, ohne daß die Sprache um syntaktische Konstrukte zur Spezifikation von Parallelität erweitert werden muß. Der Programmierer braucht sich also nicht um die Organisation der Parallelausführung seines Programmes, zu der Kommunikationen zwischen parallelen Prozessen und die Synchronisation von Prozessen gehören, zu kümmern.

Ein sogenannter *parallelisierender Compiler* kann die in einem Programm enthaltene implizite Parallelität entdecken und das Programm in parallele Prozesse zerlegen, so daß eine Auswertung auf einem Parallelrechner durchgeführt werden kann, ohne daß der Programmierer irgendwelche zusätzlichen Angaben machen muß.

Ziel dieses Buches ist die konzeptionelle Entwicklung eines solchen parallelisierenden Compilers für funktionale Sprachen und damit verbunden der sprachorientierte Entwurf einer Parallelrechnerarchitektur, die die Ausführung funktionaler Programme in besonderer Weise unterstützt. Bild 5 zeigt schematisch die Vorgehensweise, die wir zur Implementierung funktionaler Sprachen, die 'lazy evaluation' unterstützen, auf Multicomputersystemen gewählt haben. Unter Multicomputersystemen verstehen wir dabei Parallelrechner, die aus mehreren unabhängigen Prozessorelementen bestehen, die über ein Netzwerk kommunizieren können.

Um von den Besonderheiten der verschiedenen funktionalen Sprachen mit 'lazy evaluation' zu abstrahieren, gehen wir zunächst zu einer Zwischensprache über, die wir SAL (Simple Applicative Language) nennen und die im wesentlichen einer erweiterten Form des λ-Kalküls entspricht. Ein parallelisierender Compiler übersetzt die Programme dieser Zwischensprache, in eine parallele Zwischensprache, in der Parallelität explizit durch ein spezielles syntaktisches Konstrukt, das **letpar**-Konstrukt, angezeigt wird. Bild 6 zeigt eine solche Transformation für das in Bild 4 angegebene MIRANDA-Programm.

Anhand dieses Beispiels gehen wir kurz auf einige Merkmale von SAL und der parallelen Zwischensprache ein.

In SAL gehört der auszuwertende Ausdruck zum Programm, damit er bei der Parallelisierung berücksichtigt werden kann. Rekursive Funktionen werden innerhalb eines **letrec**-Konstruktes definiert, welches ähnlich zu dem **where**-Konstrukt in MIRANDA ist, also insbesondere geschachtelt auftreten kann. Geschachtelte **letrec**-Ausdrücke werden bei der Parallelisierung allerdings eliminiert. Zur Definition von Funktionen wird in SAL die λ-Notation benutzt. Für Fallunterscheidungen steht das **if - then - else**-Konstrukt zur Verfügung. Alle Ausdrücke werden in Präfixnotation geschrieben. SAL läßt lokale Definitionen von nicht rekursiven Objekten mittels des **let**-Konstruktes zu. Im Gegensatz zu den **letrec**-Konstrukten werden **let**-Konstrukte bei der Parallelisierung nicht eliminiert.

Ein Programm der parallelen Zwischensprache besteht im allgemeinen aus einem System von globalen Funktionsdefinitionen, d.h. Funktionsdefinitionen, in denen keine **letrec**- oder λ-Konstrukte als echte Teilausdrücke auftreten.

$$\left\{ \begin{array}{rcl} \mathbf{main} & = & \exp \\ F_1(x_1,\ldots,x_{m_1}) & = & \exp_1 \\ & \cdots & \\ F_r(x_1,\ldots,x_{m_r}) & = & \exp_r \end{array} \right\}$$

In Bild 6c betsteht dieses System aus zwei Gleichungen.

Applikationen in dieser Sprache werden zur Erleichterung der Implementierung in sogenannter flacher oder first-order Form:

$$\text{Funktionssymbol } (\text{Argument}_1,\ldots,\text{Argument}_n)$$

notiert. Dies hat implementierungstechnische Gründe und wird später näher erläutert.

Parallelität wird durch das **letpar**-Konstrukt angezeigt, das im wesentlichen folgende Form hat:

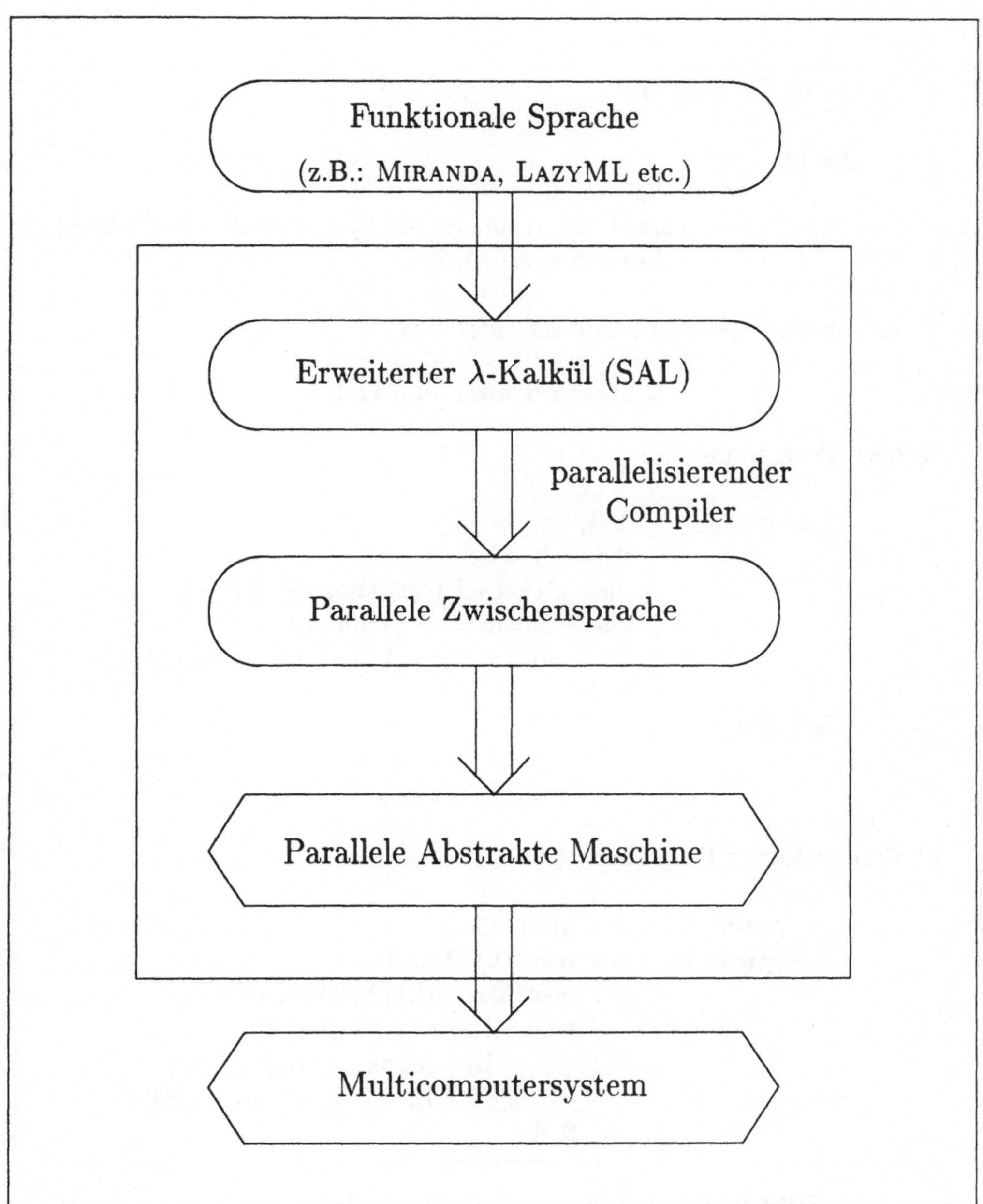

Bild 5: Organisation der parallelen Implementierung

8

a) MIRANDA-Programm

$$pfac\ l\ h \quad = \quad l, \qquad\qquad\qquad\qquad\qquad\qquad l = h$$
$$= \quad l*h, \qquad\qquad\qquad\qquad\qquad l+1 = h$$
$$= \quad (pfac\ l\ m) * (pfac\ (m+1)\ h), \quad \sim(l=h)\ \&\ \sim(l+1=h)$$
$$\textbf{where}\ m = (l+h)/2$$

mit auszuwertendem Ausdruck ($pfac\ 1\ 11$)

⇓ *Transformation in SAL* ⇓

b) SAL-Programm

letrec *pfac* =   λ (l, h).
       if (=,l,h) **then** l
       else if (=,(+,l,1),h) **then** (*,l,h)
       else   **let** m = (/,(+,l,h),2)
              in (*, (*pfac*, l, m), (*pfac*, (+,m,1), h))
       fi fi
in (*pfac*, 1, 11)

⇓ *Parallelisierung* ⇓

c) Parallelisiertes Programm

main   =   *pfac*(1, 11)
pfac (l, h)   =   **if** =(l,h) **then** l
            else if =(+(l,1),h) **then** *(l,h)
            else   **let** m = /(+(l,h),2)
                in   **letpar** y = *pfac*(l, m)
                    in *(y, *pfac*(+(m,1), h))
            fi fi

Bild 6: Parallelisierung eines MIRANDA-Programms

$$\begin{aligned}
\textbf{letpar} \quad y_1 &= \quad F_1'(e_{11}, \ldots, e_{1n_1}) \\
\textbf{and} \quad &\quad \cdots \\
\textbf{and} \quad y_p &= \quad F_p'(e_{p1}, \ldots, e_{pn_p}) \\
\textbf{in}\ &e[y_1, \ldots, y_p]
\end{aligned}$$

Die Auswertung eines Ausdruckes dieser Form erfolgt derart, daß die Ausdrücke $F_i'(e_{i1}, \ldots, e_{in_i})$ $(1 \le i \le p)$ parallel, d.h. auf anderen Prozessorelementen ausgewertet werden können, während der Ausdruck e lokal ausgewertet wird. In diesem Ausdruck werden die parallel auswertbaren Teilausdrücke mittels der Variablen y_i referenziert. Bei der Parallelisierung wird sichergestellt, daß die parallel auswertbaren Ausdrücke immer als Applikationen von definierten Funktionen dargestellt werden. Dies vereinfacht den Transfer von solchen Ausdrücken zu anderen Prozessoren.

Durch das **letpar**-Konstrukt wird ein hierarchisches Prozeßsystem beschrieben. Synchronisation ist nur zwischen der Hauptrechnung, d.h. der Auswertung von e und den parallelen Prozessen zur Auswertung der Teilausdrücke

$$F_i'(e_{i1}, \ldots, e_{in_i})$$

des Ausdruckes e notwendig.

In dem sehr einfachen Fall der Parallelisierung des *pfac*-Programms in Bild 6 wird jeweils ein rekursiver Aufruf von *pfac* zur Parallelauswertung freigegeben. Dadurch ergibt sich das in Bild 7 skizzierte Prozeßsystem.

Ausgehend von der parallelen Zwischensprache erfolgt der Entwurf einer parallelen abstrakten Maschine, auf deren Basis die Organisation der parallelen Programmausführung und die Verwaltung paralleler Prozesse spezifiziert wird. Die Maschine besteht aus einer endlichen Anzahl von Prozessorelementen, die über ein Verbindungsnetzwerk Nachrichten austauschen können. Jedes Prozessorelement enthält zwei autonom arbeitende Prozessoreinheiten — eine Kommunikationseinheit und eine Reduktionseinheit. In den Reduktionseinheiten erfolgt die sequentielle Ausführung von Prozessen. In den Kommunikationseinheiten erfolgt die Verwaltung der Parallelität. Diese dezentrale Organisation der abstrakten Maschine ermöglicht eine optimale Ausnutzung von Parallelität auch innerhalb der verschiedenen Maschinenkomponenten und erleichtert ihre formale Spezifikation.

Als Implementierungstechnik haben wir die programmierte Graphreduktion gewählt, da diese sich in sequentiellen Implementierungen, wie bereits erwähnt, bewährt hat und daher, wie sich zeigen wird, auch für eine parallele Implementierung eine gute Grundlage bildet. Bei der programmierten Graphreduktion wird das auszuführende Programm als Graph repräsentiert, der während der Ausführung transformiert wird. Die Graphtransformationen werden durch Maschinencode gesteuert.

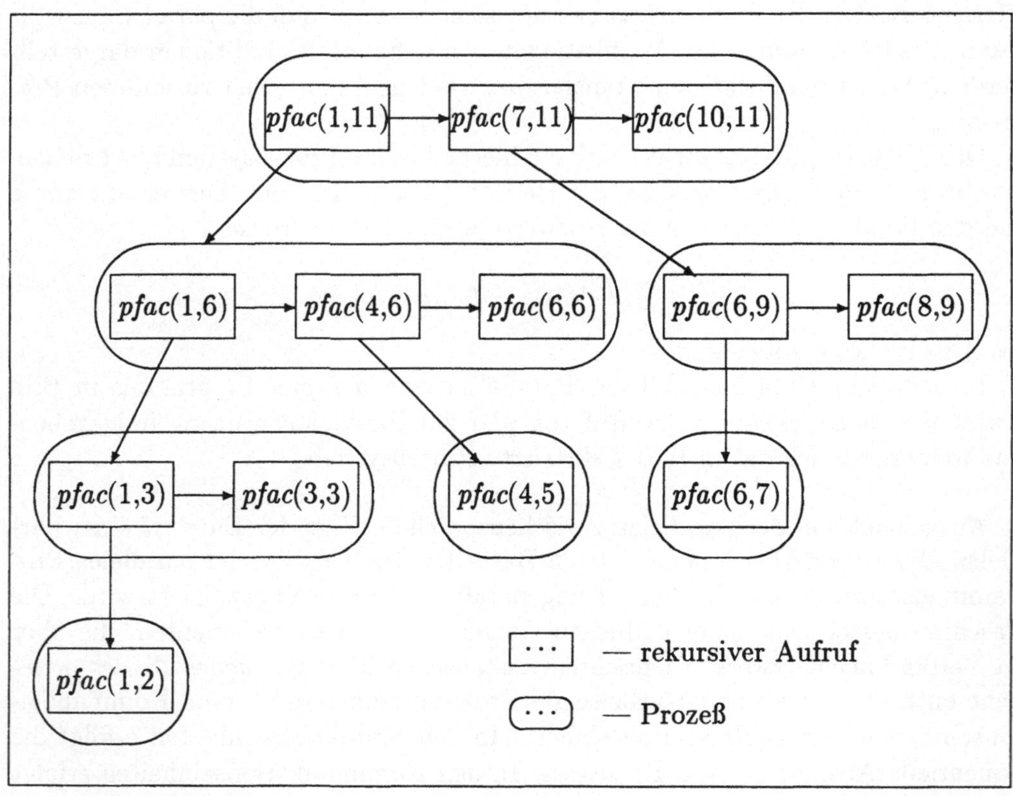

Bild 7: Rekursive Aufrufe und parallele Prozesse im *pfac*-Programm

Die in der parallelen Zwischensprache benutzte flache Notation für Applikationen führt zu einer besonders kompakten Graphrepräsentation von auszuwertenden Ausdrücken, bei der sichergestellt ist, daß der nächste durchzuführende Transformationsschritt immer bereits durch die Wurzel des zu reduzierenden Graphen bestimmt ist. Dadurch werden aufwendige Graphtraversierungen, wie sie etwa in der G-Maschine notwendig sind, vermieden.

Die parallele abstrakte Maschine kann auf realen Multicomputersystemen implementiert werden oder als Ausgangspunkt einer Hardwareentwicklung dienen. Wir werden am Ende dieses Buches nur die erste Möglichkeit diskutieren und einige Aspekte zur Implementierung der Maschine auf einem OCCAM/Transputersystem angeben.

Entsprechend der in Bild 5 enthaltenen Übersicht ist das Buch in folgende drei Teile gegliedert:

I.   Grundlagen und Beschreibung der Ausgangssprache
II.   Parallelisierung funktionaler Programme
III. Entwurf einer parallelen Graphreduktionsmaschine.

Im ersten Teil wird zunächst die Sprache SAL eingeführt, die wir als Ausgangssprache der parallelen Implementierung wählen. Diese einfache funktionale Sprache wird durch die Angabe der Syntax, Fixpunkt- und Reduktionssemantik definiert. Sie umfaßt die wesentlichen Konzepte, die allen funktionalen Sprachen zugrundeliegen. Anhand der Sprache SAL werden die wichtigsten sequentiellen Reduktionsstrategien für funktionale Sprachen vorgestellt.

Außerdem geben wir einen Überblick über die wichtigsten in der Literatur beschriebenen Implementierungstechniken für funktionale Sprachen. Den Abschluß des ersten Teils bildet eine kurze Übersicht über Architekturformen für Parallelrechner.

Im zweiten Teil beschreiben wir die Techniken und Verfahren, die im parallelisierenden Compiler benutzt werden, um die in einem funktionalen Programm enthaltene implizite Parallelität zu entdecken und das Programm in parallel ausführbare Teile zu zerlegen. Für Sprachen mit 'lazy evaluation' erweist sich vor allem die Entdeckung der impliziten Parallelität als schwierige und aufwendige Aufgabe, wenn nur solche Teilausdrücke ausgewertet werden sollen, deren Wert zur Bestimmung des Gesamtresultates benötigt wird. Man spricht in diesem Fall von *konservativer Parallelität*.

Eine alternative Methode besteht darin, beliebige Teilausdrücke parallel auszuwerten und parallele Prozesse, für die sich herausstellt, daß ihr Resultat nicht benötigt wird, abzubrechen. Man bezeichnet dies als spekulative Parallelität, da Berechnungen durchgeführt werden, deren Ergebnis möglicherweise nicht benötigt wird. Die Entdeckung von spekulativer Parallelität ist zwar sehr einfach, aber die Verwaltung der parallelen Prozesse stellt ein großes Problem bei dieser Methode dar. Eine Verschwendung von Ressourcen kann nicht vollends ausgeschlossen werden. Aus diesem Grunde werden wir in diesem Buch nur konservative Parallelität behandeln.

In dem in Bild 3 angegebenen Programm dürfen also z.B. Aufrufe der Funktion *genfib* immer nur dann ausgewertet werden, wenn ein weiteres Listenelement zur Bestimmung des Gesamtergebnisses benötigt wird. Auf diese Weise wird eine vollständige Auswertung der durch Aufrufe von *genfib* erzeugten unendlichen Liste verhindert. Die Ausnutzung von Parallelität ist in diesem Programm nur begrenzt möglich.

Der zweite Teil des Buches greift zum Teil auf in der Literatur vorgeschlagene Techniken und Algorithmen zurück und zeigt, wie diese Verfahren in dem parallelisierenden Compiler eingesetzt werden. Alle zur Parallelisierung erforderlichen Programmtransformationen werden formal spezifiziert.

Zum Abschluß von Teil II geben wir eine Graphreduktionssemantik für parallelisierte Programme an, die die Darstellung des Programms als Graphen berücksichtigt und wiedergibt, welche Teilgraphen parallel reduziert werden können. Diese Reduktionssemantik bildet die Schnittstelle zwischen der rein sprachlichen Ebene, auf der Programmtransformationen zur Parallelisierung durchgeführt werden, und der technischen Ebene der parallelen abstrakten Graphreduktionsmaschine, auf der die parallelisierten Programme ausgeführt werden sollen.

Den Entwurf der parallelen abstrakten Graphreduktionsmaschine beschreiben wir im dritten Teil des Buches. Neben der formalen Spezifikation, die wir auf der Basis nichtdeterministischer Transitionssysteme vornehmen, wird die Übersetzung parallelisierter Programme in Code der parallelen Maschine vollständig spezifiziert. Anhand eines ausführlichen Beispieles wird die Arbeitsweise der Maschine verdeutlicht. Insgesamt zeigt sich, daß die Technik der programmierten Graphreduktion in natürlicher Weise an eine parallele Umgebung angepaßt werden kann. Im Anschluß an die formale Spezifikation der Maschine diskutieren wir kurz einige Aspekte der Implementierung der abstrakten Maschine auf einem realen Multiprozessorsystem (einem OCCAM/Transputersystem).

Den Abschluß bildet ein Vergleich des hier beschriebenen Ansatzes zur parallelen Implementierung funktionaler Sprachen mit anderen Projekten gleicher Zielsetzung.

Im Anhang sind mathematische Grundlagen zusammengestellt, die beim Verständnis des ersten Kapitels hilfreich sein können.

Teil I

Grundlagen

Kapitel 1

SAL — eine einfache funktionale Sprache

In diesem Kapitel beschreiben wir die Syntax und Semantik einer einfachen funktionalen Sprache, die wir SAL (simple applicative language) nennen. Anhand dieser Sprache werden wir die automatische Parallelisierung funktionaler Programme beschreiben. Die Sprache SAL entspricht einer um simultane Rekursion und Datenstrukturen erweiterten Version des getypten λ-Kalküls.

Auf der Basis der Sprache SAL kann die parallele Implementierung funktionaler Sprachen unabhängig von den Besonderheiten spezieller Sprachen behandelt werden, da SAL mit dem λ-Kalkül den gemeinsamen Kern aller rein funktionalen Sprachen umfaßt. Der *λ-Kalkül* wurde von Church ursprünglich zur Präzisierung des Berechenbarkeitsbegriffes eingeführt. λ-Terme oder Ausdrücke sind nur aus Variablen mittels λ-Abstraktion und Applikation aufgebaut. Um die Lesbarkeit von λ-Ausdrücken zu verbessern, führt man im allgemeinen zudem eine Menge von vordefinierten Konstanten ein und benutzt einen expliziten Fixpunktoperator bei der Definition von rekursiven Ausdrücken. Prinzipiell kann jede funktionale Sprache in den λ-Kalkül und damit in SAL übersetzt werden. In [Peyton-Jones 87] ist ein solcher Übersetzungsprozeß für einen Teil der Sprache MIRANDA [Turner 85] beschrieben.

Zur Vereinfachung legen wir in der Sprache SAL ein *monomorphes Typkonzept* zugrunde, d.h. alle Ausdrücke haben einen eindeutigen festen Typ. In Kapitel 6.4 werden wir eine Verallgemeinerung der Parallelisierung für ein polymorphes Typkonzept, das Sprachen wie ML [Milner 84] und MIRANDA [Turner 85] zugrundeliegt, diskutieren.

Als Datenstrukturen betrachten wir sogenannte *frei erzeugte Datenstrukturen,* d.h. Datenstrukturen die durch eine endliche Menge von Datenkonstruktoren definiert werden, wie z.B. Listen, Bäume, Aufzählungstypen. Da wir als Auswertungsstrategie für SAL-Programme *lazy evaluation* zugrunde legen werden, können insbesondere unendliche Datenstrukturen behandelt werden.

In Abschnitt 1 wird die abstrakte Syntax von SAL erklärt. In den Abschnitten 2 und 3 werden eine Fixpunktsemantik und eine Reduktionssemantik definiert. Die Fixpunktsemantik beschreibt eine induktive Zuordnung von Werten zu SAL-Ausdrücken und Programmen. Sie bildet eine wichtige Grundlage für den formalen Beweis von Programmeigenschaften. Die Reduktionssemantik basiert auf der Spezifikation von Berechnungsschritten (Reduktionen) und bildet somit eine Vorstufe zur Implementierung von SAL. Zum Schluß dieses Kapitels werden wir noch zwei Reduktionsstrategien für die Sprache SAL diskutieren, auf denen viele Implementierungen funktionaler Sprachen beruhen: die 'normal-order' (call-by-name) und die 'applicative-order' (call-by-value) Reduktionsstrategie.

Die in diesem Kapitel benutzten Grundbegriffe und Ergebnisse über Algebren, Halbordnungen und Interpretationen sind im Anhang mit entsprechenden Literaturangaben zusammengestellt. Der Anhang enthält außerdem eine kurze Beschreibung des ungetypten λ-Kalküls.

1.1 Syntax

Sei $\Sigma = (S, \Omega)$ eine Signatur mit einer Menge S von *Grundtypen* (Basistypen, Sorten) und einer Familie

$$\Omega = \langle \Omega^{(w,s)} \mid w \in S^* \times S, s \in S \rangle$$

von getypten *Operationssymbolen* (Basisoperationen, Konstantensymbole). Ein Element $f \in \Omega^{(s_1 \ldots s_m, s)}$ mit $s_1, \ldots, s_m, s \in S$ bezeichnet eine Operation vom Typ $s_1 \times \cdots \times s_m \to s$. Ist $f \in \Omega^{(\epsilon, s)}$, so ist f ein nullstelliges Operationssymbol, also eine Konstante vom Typ s.

Die Sortenmenge S enthalte den speziellen Typ *bool*, der später der Menge der Wahrheitswerte zugeordnet wird.

Die *strukturierten Typen* geben wir ebenfalls durch eine Signatur, der sogenannten *Datenstruktursignatur über* Σ, vor.
Eine Datenstruktursignatur $DS(\Sigma) = (D, \Gamma)$ über Σ besteht aus

1. einer endlichen Menge D (von *Datenstruktursorten*) mit $S \cap D = \emptyset$ und

2. einer endlichen $(S \cup D)^* \times D$ sortierten Familie

$$\Gamma = \langle \Gamma^{(v,d)} \mid v \in (S \cup D)^*, d \in D \rangle$$

(von *Konstruktorsymbolen*).

Eine Datenstruktur mit Sortenname $d \in D$ ist bestimmt durch die endlich vielen Konstruktoren

$$c \in \Gamma^{(d)} := \bigcup_{v \in (S \cup D)^*} \Gamma^{(v,d)}$$

mit Zieltyp d. Als Komponenten der Datenstrukturen (Argumenttypen) sind beliebige Basis- und Datenstruktursorten zugelassen.

1.1.1 Beispiel In den Beispielen dieser Arbeit werden wir jeweils folgende Basissignatur zugrundelegen:

$$\Sigma_0 = (S_0, \Omega_0)$$

mit $S_0 = \{ \text{int, bool} \}$ und

$$\Omega_0^{(\epsilon,\text{int})} = \{i \mid i \in \mathbb{Z}^\dagger\}, \ \Omega_0^{(\text{int},\text{int})} = \{\text{suc}, \text{pred}\},$$
$$\Omega_0^{(\text{int int},\text{int})} = \{+, -, *, /, \text{mod}\}, \ \Omega_0^{(\text{int int},\text{bool})} = \{=, \neq, \leq, \geq, <, >\}$$

sowie

$$\Omega_0^{(\epsilon,\text{bool})} = \{\text{true}, \text{false}\}, \ \Omega_0^{(\text{bool},\text{bool})} = \{\text{not}\}, \ \Omega_0^{(\text{bool bool},\text{bool})} = \{\text{and}, \text{or}\}.$$

Weiterhin wählen wir die Datenstruktursignatur

$$DS_0(\Sigma_0) = (D_0, \Gamma_0)$$

mit $D_0 = \{ \text{intlist, inttree, listofintlist} \}$ und

$$\Gamma_0^{(\epsilon,\text{intlist})} = \{\text{NIL}\}, \quad \Gamma_0^{(\text{int intlist},\text{intlist})} = \{\text{CONS}\};$$
$$\Gamma_0^{(\text{int},\text{inttree})} = \{\text{LEAF}\}, \quad \Gamma_0^{(\text{int inttree inttree},\text{inttree})} = \{\text{NODE}\};$$
$$\Gamma_0^{(\epsilon,\text{listofintlist})} = \{\text{LNIL}\}, \quad \Gamma_0^{(\text{int listofintlist},\text{listofintlist})} = \{\text{LCONS}\}.$$

Diese Datenstruktursignatur entspricht etwa Typdeklarationen der Form

type intlist	::=	NIL	|	CONS int intlist
type inttree	::=	LEAF int	|	NODE int inttree inttree
type listofintlist	::=	LNIL	|	LCONS intlist listofintlist

Sei $DS(\Sigma) = (D, \Gamma)$ nun eine beliebige feste Datenstruktursignatur über Σ. Ausgehend von den Grundsortenmengen S und D bilden wir *Typen höherer Ordnung*.

1.1.2 Definition Die Menge *Typ(S, D)* der *Typen höherer Ordnung über S und D* ist die kleinste Menge *M*, für die gilt:

$^\dagger \mathbb{Z}$ bezeichnet die Menge aller ganzen Zahlen.

1. $S \cup D \subseteq M$ und

2. $k \geq 1, t_0, \ldots, t_k \in M \Rightarrow (t_1 \times \cdots \times t_k \to t_0) \in M$.

Das kartesische Produkt tritt bei den hier betrachteten Typen höherer Ordnung nur in Verbindung mit der Funktionsbildung auf. Dies gestattet eine direkte Behandlung mehrstelliger Funktionen. In der Literatur werden mehrstellige Funktionen meist durch *Currying* in einstellige Funktionen höheren Typs transformiert:

Seien A, B und C beliebige Mengen. Die Abbildung

$$curry : \begin{cases} [A \times B \to C] & \to & [A \to [B \to C]] \\ f & \mapsto & (a \mapsto (b \mapsto f(a,b))) \end{cases}$$

ist eine Bijektion zwischen den Funktionenräumen $[A \times B \to C]$ und $[A \to [B \to C]]$.

Die Currying-Operation ermöglicht es i.a. die Betrachtung auf einstellige Funktionen einzuschränken. Im Hinblick auf Implementierungen hat sie aber zum einen den Nachteil, daß ein Auswertungsschritt — $f(a,b)$ — durch mehrere Auswertungsschritte — $(curry(f)(a))(b)$ — ersetzt wird. Zum anderen bewirkt 'Currying' eine Sequentialisierung der Auswertung, durch die natürliche Parallelität verloren geht.

Zur Definition der SAL-Ausdrücke benutzen wir drei abzählbare Familien von getypten Variablen

- *Argumentvariablen:* $Arg = \langle Arg^t \mid t \in Typ(S, D) \rangle$

- *lokale Variablen:* $Loc = \langle Loc^t \mid t \in Typ(S, D) \rangle$ und

- *Funktionsvariablen:* $Fun = \langle Fun^t \mid t \in Typ(S, D) \backslash (S \cup D) \rangle$.

Dies erscheint zunächst recht aufwendig, da im Prinzip nur eine Variablenmenge zur Definition der Ausdrücke notwendig ist. Wir nehmen hier diese sorgfältige Unterscheidung der Variablen nach Abstraktionsmechanismen vor, da sich dies für spätere Transformationen (insbesondere die Transformation in Gleichungsnormalform) als nützlich erweisen wird. Wir setzen voraus, daß die Familie der Funktionsvariablen zu allen anderen Variablenfamilien disjunkt ist.

Die Variablenmengen sind nach Typen sortiert. Zur Bezeichnung der Variablen gehen wir i.a. von folgenden Notationen aus:

- *Argumentvariablen:* $Arg^t = \{x_1^t, x_2^t, \ldots, x_{11}^t, \ldots\}$,

- *lokale Variablen:* $Loc^t = \{y_1^t, y_2^t, \ldots, y_{11}^t, \ldots\}$,

- *Funktionsvariablen:* $Fun^t = \{F_1^t, F_2^t, \ldots\}$.

Falls der Typ einer Variablen aus dem Kontext ersichtlich ist oder für die Betrachtung ohne Bedeutung ist, verzichten wir auf den Typindex am Variablennamen. Falls $x \in Arg^t$ schreiben wir auch $typ(x) = t$. Entsprechendes gilt für die übrigen Variablenarten. In Beispielen benutzen wir frei gewählte Variablennamen.

Im folgenden bezeichne *Var* die disjunkte Vereinigung der Variablenfamilien *Arg*, *Loc* und *Fun*:

$$Var := Arg \cup Loc \cup Fun.$$

Nach diesen Vorbereitungen können wir nun die Definition der SAL-Ausdrücke angeben.

1.1.3 Definition Die Familie der *getypten SAL-Ausdrücke*

$$Exp = \langle Exp^t \mid t \in Typ(S, D)\rangle$$

ist die kleinste $Typ(S, D)$ sortierte Mengenfamilie mit

1. *Variablen*

$$Var^t \subseteq Exp^t \qquad\qquad (t \in Typ(S, D))$$

2. *Basisoperationen*

$$\Omega^{(\epsilon, s)} \subseteq Exp^s \qquad\qquad (s \in S),$$
$$\Omega^{(s_1 \ldots s_n, s)} \subseteq Exp^{(s_1 \times \ldots \times s_n \to s)} \qquad (s, s_1, \ldots, s_n \in S, n \geq 1)$$

3. *Datenkonstruktoren*

$$\Gamma^{(\epsilon, d)} \subseteq Exp^d \qquad\qquad (d \in D),$$
$$\Gamma^{(s_1 \ldots s_m, d)} \subseteq Exp^{(s_1 \times \ldots \times s_m \to d)} \qquad (m \geq 1, s_1, \ldots, s_m \in S \cup D, d \in D)$$

4. *Verzweigung*

$$e \in Exp^{bool}, e_1, e_2 \in Exp^t$$
$$\implies \text{if } e \text{ then } e_1 \text{ else } e_2 \text{ fi} \in Exp^t \qquad (t \in Typ(S, D))$$

5. *Applikation*

$$e \in Exp^t \text{ mit } t = t_1 \times \ldots \times t_k \to t_0 \qquad (k \geq 1, t_0, \ldots, t_k \in Typ(S, D)),$$
$$e_i \in Exp^{t_i} \text{ für } i \in \{1, \ldots, k\}$$
$$\implies (e, e_1, \ldots, e_k) \in Exp^{t_0}$$

6. *λ-Abstraktion*

$$x_i \in Arg^{t_i} (1 \leq i \leq k) \text{ paarweise verschieden}, e \in Exp^{t_0}$$
$$(t_0, \ldots, t_k \in Typ(S, D))$$
$$\implies \lambda(x_1, \ldots, x_k).e \in Exp^{(t_1 \times \ldots \times t_k \to t_0)}$$

7. *lokale Deklaration*

$y_i \in Loc^{t_i}$ paarweise verschieden, $e_i \in Exp^{t_i} (1 \leq i \leq k)$, $e \in Exp^{t_0}$
$$(t_0, \ldots, t_k \in Typ(S, D))$$
$\Longrightarrow$ **let** $y_1 = e_1$ **and** $\ldots$ **and** $y_k = e_k$ **in** $e \in Exp^{t_0}$

8. *case-Ausdruck*

$e \in Exp^d$ mit $d \in D$, $\Gamma^{(d)} = \bigcup_{u \in (D \cup S)^*} \Gamma^{(u,d)} =: \{c_1, \ldots, c_k\}$
mit $c_j \in \Gamma^{(t_{j1} \ldots t_{jm_j}, d)}$ für $j \in \{1, \ldots, k\}$,
$y_{ji} \in Loc^{t_{ji}}$ paarweise verschieden $(1 \leq i \leq m_j)$, $e_j \in Exp^t$ $(1 \leq j \leq k)$
$$(t \in Typ(S, D), t_{11}, \ldots, t_{1m_1}, \ldots, t_{k1}, \ldots, t_{km_k} \in S \cup D)$$
$\Longrightarrow$ **case** e **of**
$$c_1(y_{11}, \ldots, y_{1m_1}) \quad : \quad e_1;$$
$$\ldots$$
$$c_k(y_{k1}, \ldots, y_{km_k}) \quad : \quad e_k$$
esac $\in Exp^t$

9. *Rekursion*

$F_i \in Fun^{t_i}$ paarweise verschieden, $e_i \in Exp^{t_i}$, $e \in Exp^t$
$$(t_i \in Typ(S, D) \setminus (S \cup D), 1 \leq i \leq r)$$
$\Longrightarrow$ **letrec** $F_1 = e_1$ **and** $\ldots$ **and** $F_r = e_r$ **in** $e \in Exp^t$.

SAL-Ausdrücke werden also aufgebaut aus Variablen und Konstanten (Operations- und Konstruktorsymbolen) mittels *Verzweigung*, *Applikation*, *λ-Abstraktion*, *let*- und *case*-Konstrukten sowie *Rekursion*.

Die λ-Abstraktion ermöglicht die Konstruktion von Ausdrücken mit funktionalem Typ.

Die *lokale Deklaration* mit **let** entspricht einer Kopplung von λ-Abstraktion und Applikation, die, wie wir später sehen werden, semantisch äquivalent zu jedem Ausdruck ist, der aus

$$(\lambda(y_1, \ldots, y_k).e, e_1, \ldots, e_k)$$

durch Umbenennung der lokalen Variablen y_i durch Argumentvariablen x_i entsteht. Trotz dieser Redundanz lassen wir die lokale Deklaration aus folgenden Gründen explizit in den SAL-Ausdrücken zu. Zum einen erlauben die *let*-Ausdrücke eine einfache effiziente Behandlung mehrfach auftretender Teilausdrücke bei der Implementierung des Kalküls. Aus diesem Grunde bleiben die *let*-Ausdrücke im Gegensatz zu den λ-Abstraktionen bei der Parallelisierung funktionaler Programme solange wie möglich erhalten. Zum anderen stellt die lokale Deklaration, wie wir in Kapitel 6.4 zeigen werden, bei Zugrundelegung eines polymorphen Typkonzeptes eine echte Erweiterung des Kalküls dar.

Die *case*-Ausdrücke beschreiben eine einfache Form von *Pattern Matching* zur Behandlung von Datenstrukturen. Sie ermöglichen das Testen auf Konstruktorsymbole und das Selektieren von Teilstrukturen mittels der Selektorvariablen. Dabei wird für einen Datentyp $d \in D$ immer eine vollständige Fallunterscheidung nach allen möglichen Konstruktoren vorgenommen. Anstelle des *case*-Konstruktes hätte man auch die Menge der Basisoperationen um Selektor- und Testfunktionen (bzw. -prädikate) für jedes Konstruktorsymbol erweitern können. Uns erscheint das *case*-Konstrukt eleganter.

Die *letrec*-Ausdrücke schließlich erlauben die Definition von Funktionen' mittels simultaner Rekursion. Nicht zugelassen wird die direkte rekursive Definition von Datenobjekten, da diese — wie nullstellige Funktionen — bei der Implementierung eine Sonderbehandlung erfordern würden (siehe dazu etwa [Peyton-Jones 87]).

1.1.4 Beispiel Das in der Einleitung angegebene Beispielprogramm zur Programmierung mit unendlichen Datenstrukturen (Bild 3) kann in SAL wie folgt geschrieben werden:

Seien

- $get \in Fun^{\text{intlist} \times \text{int} \to \text{int}}$, $genfib \in Fun^{\text{int} \times \text{int} \to \text{intlist}}$,
- $1 \in Arg^{\text{intlist}}$, $i,x,y \in Arg^{\text{int}}$ und $y_1 \in Loc^{\text{int}}$, $y_2 \in Loc^{\text{intlist}}$.

Dann ist

$$
\begin{aligned}
&\textbf{letrec } get = \lambda \,(l,i).\ \textbf{case } l \textbf{ of}\\
&\qquad\qquad\qquad \text{NIL} : 0;\\
&\qquad\qquad\qquad \text{CONS}\,(y_1, y_2) : \textbf{if } (=, i, 1) \textbf{ then } y_1\\
&\qquad\qquad\qquad\qquad\qquad\qquad \textbf{else } (get,\ y_2,\ (\text{pred},i))\ \textbf{fi}\\
&\qquad\quad \textbf{esac}\\
&\textbf{and}\quad genfib = \lambda\,(x,y).\ (\text{CONS}, x,\ (genfib,\ y,\ (+, x, y)))\\
&\textbf{in } \lambda i.(get,\ (genfib,\ 1,\ 1),\ i) \qquad\qquad\qquad\qquad \in Exp^{\text{int} \to \text{int}}
\end{aligned}
$$

In SAL-Ausdrücken unterscheidet man zwischen *freien und gebundenen Variablenvorkommen*. Die Bindung von Variablen erfolgt in λ-Abstraktionen, lokalen Deklarationen, **case**- und **letrec**-Ausdrücken.

1.1.5 Definition 1. Für $e \in Exp$ definieren wir die Familie der *frei in e vorkommenden Variablen*

$$free(e) \subseteq Var$$

induktiv über den Aufbau von e:

(a) $free(var) := var$ $\hspace{2cm}$ $(var \in Var)$

(b) $free(f) := free(c) := \emptyset$ $\hspace{2cm}$ $(f \in \Omega, c \in \Gamma)$

(c) $free(\textbf{if } e \textbf{ then } e_1 \textbf{ else } e_2 \textbf{ fi}) := free(e) \cup free(e_1) \cup free(e_2)$

(d) $free((e, e_1, \ldots, e_k)) := free(e) \cup \bigcup_{i=1}^{k} free(e_i)$

(e) $free(\lambda(x_1, \ldots, x_k).e) := free(e) \setminus \{x_1, \ldots, x_k\}$

(f) $free(\textbf{let } y_1 = e_1 \textbf{ and } \ldots \textbf{ and } y_k = e_k \textbf{ in } e)$
$$:= \bigcup_{i=1}^{k} free(e_i) \cup (free(e) \setminus \{y_1, \ldots, y_k\})$$

(g) $free(\textbf{case } e \textbf{ of } c_1(y_{11}, \ldots, y_{1m_1}) : e_1; \ldots;$
$$c_k(y_{k1}, \ldots, y_{km_k}) : e_k \textbf{ esac})$$
$$:= free(e) \cup \bigcup_{j=1}^{k} (free(e_j) \setminus \{y_{j1}, \ldots, y_{jm_j}\})$$

(h) $free(\textbf{letrec } F_1 = e_1 \textbf{ and } \cdots \textbf{ and } F_r = e_r \textbf{ in } e)$
$$:= (\bigcup_{i=1}^{r} free(e_i) \cup free(e)) \setminus \{F_1, \ldots, F_r\}.$$

2. Die Familie der in einem Ausdruck $e \in Exp$ *gebunden vorkommenden Variablen*

$$bound(e) \subseteq Var$$

wird induktiv über den Aufbau der SAL-Ausdrücke definiert:

(a) $bound(var) := \emptyset$ $\hspace{2cm}$ $(var \in Var)$

(b) $bound(f) := bound(c) := \emptyset$ $\hspace{2cm}$ $(f \in \Omega, c \in \Gamma)$

(c) $bound(\textbf{if } e \textbf{ then } e_1 \textbf{ else } e_2 \textbf{ fi})$
$$:= bound(e) \cup bound(e_1) \cup bound(e_2)$$

(d) $bound((e, e_1, \ldots, e_k)) := bound(e) \cup \bigcup_{i=1}^{k} bound(e_i)$

(e) $bound(\lambda(x_1, \ldots, x_k).e) := bound(e) \cup \{x_1, \ldots, x_k\}$

(f) $bound(\textbf{let } y_1 = e_1 \textbf{ and } \ldots \textbf{ and } y_k = e_k \textbf{ in } e)$
$$:= \bigcup_{i=1}^{k} bound(e_i) \cup (bound(e) \cup \{y_1, \ldots, y_k\})$$

(g) $bound(\textbf{case } e \textbf{ of } c_1(y_{11}, \ldots, y_{1m_1}) : e_1; \ldots;$
$$c_k(y_{k1}, \ldots, y_{km_k}) : e_k \textbf{ esac})$$
$$:= bound(e) \cup \bigcup_{j=1}^{k} (bound(e_j) \cup \{y_{j1}, \ldots, y_{jm_j}\})$$

(h) $bound(\textbf{letrec } F_1 = e_1 \textbf{ and } \cdots \textbf{ and } F_r = e_r \textbf{ in } e)$
$$:= \bigcup_{i=1}^{r} bound(e_i) \cup bound(e) \cup \{F_1, \ldots, F_r\}.$$

Die Unterscheidung und Kenntnis von freien und gebundenen Variablen eines SAL-Ausdruckes ist vor allem für die Reduktionssemantik von Bedeutung.

1.1.6 Beispiel Für den SAL-Ausdruck

$$e = \textbf{let } m = (/, (+, 1,h), 2) \textbf{ in } (*, (\textit{pfac}, 1, m), (\textit{pfac}, (+,m,1), h))$$

gilt $\hspace{3cm}$ $free(e) = \{\, 1, h\,\} \text{ und } bound(e) = \{\, m\}$

SAL-Programme entsprechen geschlossenen Ausdrücken vom Basis- oder Datenstrukturtyp.

1.1.7 Definition Die $(S \cup D)$-sortierte Familie der *SAL-Programme*

$$Prog := \langle Prog^s \mid s \in S \cup D \rangle$$

wird definiert durch: $Prog^s := \bigcup_{s \in S \cup D} \{ e \in Exp^s \mid free(e) = \emptyset \}$.

1.1.8 Beispiel Das folgende SAL-Programm entspricht dem in der Einleitung in Bild 1b angegebenen MIRANDA-Programm für den 'Quicksort'-Algorithmus zur Sortierung von Listen ganzer Zahlen. Die in MIRANDA als Bibliotheksfunktionen bzw. Standardoperationen zur Verfügung stehenden Funktionen *filter* und ++ — im folgenden *append* genannt — werden im SAL-Programm explizit definiert. Außerdem muß in einem SAL-Programm ein auszuwertender Ausdruck vom Basis- oder Datenstrukturtyp angegeben werden.

```
letrec quicksort = λ(l^intlist).
   case l of
        NIL : NIL;
        CONS(y₁^int, y₂^intlist) :
             letrec filter =    λ(test^int→bool, l'^intlist).
                      case l' of
                           NIL : NIL
                           CONS(h^int, t^intlist) :
                                if (test,h)
                                then (CONS, h, (filter, test, t))
                                else (filter, test, t) fi
                      esac
             and    append = λ(l₁^intlist, l₂^intlist).
                      case l₁ of
                           NIL : l₂;
                           CONS(y₁^int, y₂^intlist) :
                                (CONS, y₁, (append,y₂,l₂))
                      esac
             in (append, (quicksort, (filter, λx.(<, x, y₁), y₂)),
                         (CONS, y₁, (quicksort, (filter, λx.(≥, x, y₁), y₂))))
   esac
in (quicksort, (CONS, 4, (CONS, 3, (CONS, 1, (CONS, 2, NIL)))))
```

Anhand dieses Beispielprogramms werden wir später die verschiedenen Transformationen, die zur Parallelisierung vorgenommen werden, veranschaulichen.

1.2   Fixpunktsemantik

Zur Definition der Fixpunktsemantik der Sprache SAL wird zunächst die Semantik
der Basis- und Datenstruktursignatur in Form von sogenannten *Interpretationen*
angegeben. I.a. ist eine Interpretation ein Paar bestehend aus einer Familie von
vollständigen Halbordnungen (zur Interpretation der Sorten) und einer Bedeutungsfunktion (zur Interpretation der Operationssymbole) (siehe Anhang).

Für die Basissignatur $\Sigma = (S, \Omega)$ gehen wir von einer strikten, flachen Interpretation $\mathcal{A} = (A_\perp, \phi_\mathcal{A})$ aus, d.h.

- $A_\perp$ ist eine S-sortierte Familie von flachen Halbordnungen

  - $A_\perp^s := A^s \cup \{\perp^s\} (s \in S)$ mit $\perp^s < a$ für alle $a \in A^s$, wobei insbesondere
  - $A_\perp^{bool} = \mathbb{B}_\perp := \mathbb{B} \cup \{\perp^{bool}\}$ mit $\mathbb{B} := \{\ T,\ F\}$

  und

- $\phi_\mathcal{A} : \Omega \to Ops(A_\perp)$ ordnet jedem Operationssymbol eine Operation über
  $A_\perp$ zu. Dabei ist

$$Ops(A_\perp) = \langle Ops^{(w,s)}(A_\perp) \mid (w,s) \in S^* \times S\rangle$$

  mit

$$
\begin{aligned}
Ops^{(\epsilon,s)} &:= A_\perp^s && \text{und}\\
Ops^{(s_1\ldots s_n,s)} &:= \{\psi : A_\perp^{s_1} \times \ldots \times A_\perp^{s_n} \to A_\perp^s \mid \psi \text{ stetig }\} && (n \geq 1).
\end{aligned}
$$

Dabei gilt für alle $f \in \Omega^{(w,s)}$

- $\phi(f) \in Ops^{(w,s)}$ und
- $\phi(f)$ ist strikt in allen Argumenten, d.h. falls $w = s_1 \ldots s_n$ mit $n \geq 1$
  ist, so gilt
  $$\phi(f)(a_1, \ldots, a_{i-1}, \perp^{s_i}, a_{i+1}, \ldots, a_n) = \perp^s$$
  für alle $a_j \in A^{s_j}$ $(j \neq i)$.

1.2.1 Beispiel Zu der in Beispiel 1.1.1 definierten Signatur

$$\Sigma_0 = (\{\text{int}, \text{bool}\}, \Omega_0)$$

wählen wir die strikte, flache Interpretation

$$\mathcal{A}_0 = (\langle A_\perp^{\text{int}}, A_\perp^{\text{bool}}\rangle, \phi_0)$$

mit $A_\perp^{\text{int}} = \mathbb{Z}_\perp := \mathbb{Z} \cup \{\perp^{\text{int}}\}$, $A_\perp^{\text{bool}}$ wie allgemein vorgegeben und

$$\phi_0 : \Omega_0 \to Ops(\langle A_\perp^{\text{int}}, A_\perp^{\text{bool}} \rangle)$$

mit

$\phi_0(i) := i$ für $i \in \mathbb{Z}$,

$$\phi_0(\text{suc}) := \begin{cases} \mathbb{Z}_\perp & \to & \mathbb{Z}_\perp \\ i & \mapsto & i+1 \quad (i \in \mathbb{Z}) \\ \perp^{\text{int}} & \mapsto & \perp^{\text{int}} \end{cases}, \phi_0(\text{pred}) \text{ analog},$$

$$\phi_0(+) := \begin{cases} \mathbb{Z}_\perp \times \mathbb{Z}_\perp & \to & \mathbb{Z}_\perp \\ (i,j) & \mapsto & i+j \quad (i,j \in \mathbb{Z}) \\ (i,\perp^{\text{int}}) & \mapsto & \perp^{\text{int}} \quad (i \in \mathbb{Z}) \\ (\perp^{\text{int}},j) & \mapsto & \perp^{\text{int}} \quad (j \in \mathbb{Z}_\perp) \end{cases},$$

analog für $-$, $*$, $/$ und mod, wobei $\phi_0(/)(i,0) = \perp^{\text{int}}$ für alle $i \in \mathbb{Z}$.

$$\phi_0(=) := \begin{cases} \mathbb{Z}_\perp \times \mathbb{Z}_\perp & \to & \mathbb{B}_\perp \\ (i,i) & \mapsto & \text{T} \quad (i \in \mathbb{Z}) \\ (i,j) & \mapsto & \text{F} \quad (i \neq j \in \mathbb{Z}) \\ (i,\perp^{\text{int}}) & \mapsto & \perp^{\text{bool}} \quad (i \in \mathbb{Z}) \\ (\perp^{\text{int}},j) & \mapsto & \perp^{\text{bool}} \quad (j \in \mathbb{Z}_\perp) \end{cases},$$

analog für $\neq, \leq, \geq, <$ und $>$,

$\phi_0(\text{true}) := \text{T}$, $\phi_0(\text{false}) := \text{F}$

$$\phi_0(\text{not}) := \begin{cases} \mathbb{B}_\perp & \to & \mathbb{B}_\perp \\ \text{T} & \mapsto & \text{F} \\ \text{F} & \mapsto & \text{T} \\ \perp^{\text{bool}} & \mapsto & \perp^{\text{bool}} \end{cases},$$

$$\phi_0(\text{and}) := \begin{cases} \mathbb{B}_\perp \times \mathbb{B}_\perp & \to & \mathbb{B}_\perp \\ (b_1,b_2) & \mapsto & b_1 \wedge b_2 \quad (b_1,b_2 \in \mathbb{B}) \\ (b,\perp^{\text{bool}}) & \mapsto & \perp^{\text{bool}} \quad (b \in \mathbb{B}) \\ (\perp^{\text{bool}},b) & \mapsto & \perp^{\text{bool}} \quad (b \in \mathbb{B}_\perp) \end{cases}, \text{ analog für or.}$$

Als Träger der Interpretation der Datenstruktursignatur $DS(\Sigma) = (D,\Gamma)$ wählen wir Γ-*Bäume* über dem Träger $A_\perp$ der strikten flachen Interpretation der Basissignatur. Ein Γ-Baum ist ein Baum, dessen Knoten mit Konstruktorsymbolen aus Γ, Elementen aus $A_\perp$ oder 'Bottom'-Symbolen, die nicht definierte Teilbäume repräsentieren, beschriftet sind. Formal definieren wir solche Γ-Bäume als partielle Abbildungen des Bereiches $\mathbb{N}^{*}$[tt], mit dem eine eindeutige Indizierung aller Baumknoten erfolgt, in die Menge der möglichen Beschriftungen der Baumknoten,

---

[tt] $\mathbb{N}$ bezeichnet die Menge aller natürlichen Zahlen einschließlich der 0.

also die Menge $\Gamma \cup A_\perp \cup \{\perp^d \mid d \in D\}$. Diese partiellen Abbildungen müssen eine Reihe von Bedingungen erfüllen:

1. Der Wurzelknoten — indiziert mit ϵ — muß mit einem Konstruktorsymbol oder einem 'Bottom'-Symbol beschriftet sein, das den Typ des Baumes bestimmt.

2. Alle inneren Knoten des Baumes, d.h. Knoten mit beschrifteten Nachfolgerknoten, müssen mit Konstruktorsymbolen beschriftet sein.

3. Alle mit Konstruktoren $c \in \Gamma^{(s_0 \cdots s_m, s)}$ beschrifteten Knoten haben genau $m + 1$ Nachfolgerknoten, wobei die (Ziel-) Typen der Beschriftung den Argumenttypen $s_0, \ldots, s_m$ des Konstruktors entsprechen.

Damit ergibt sich folgende formale Festlegung.

1.2.2 Definition Sei $\mathcal{A} = (A_\perp, \phi)$ die Interpretation der Basissignatur. Sei $d_0 \in D$ eine Datenstruktursorte und Γ die Familie von Konstruktorsymbolen der Datenstruktursignatur.

Ein Γ-*Baum* τ *vom Typ* d_0 *über* $A_\perp$ ist eine Abbildung

$$\tau : \mathbb{N}^* - \to \Gamma \cup A_\perp \cup \{\perp^d \mid d \in D\},$$

für die gilt:

1. $\epsilon \in Def(\tau) \wedge \tau(\epsilon) \in \Gamma^{(d_0)} \cup \{\perp^{d_0}\}$
2. $ui \in Def(\tau) \Rightarrow u \in Def(\tau) \wedge \tau(u) \in \Gamma$
3. $u \in Def(\tau) \wedge \tau(u) \in \Gamma^{(s_0 \cdots s_m, d)}$
   $\Rightarrow \quad \forall \quad (i > m \Rightarrow ui \notin Def(\tau))$
   $\qquad \wedge (i \leq m \Rightarrow ui \in Def(\tau) \wedge (s_i \in S \Rightarrow \tau(ui) \in A_\perp^{s_i})$
   $\qquad\qquad\qquad\qquad\qquad\qquad (s_i \in D \Rightarrow \tau(ui) \in \Gamma^{(s_i)} \cup \{\perp^{s_i}\}))$

Wir bezeichnen die Menge aller Γ-Bäume vom Typ $d \in D$ über $\mathcal{A}$ durch

$$CT_\Gamma^d(A_\perp).$$

Insgesamt erhalten wir also eine D-sortierte Familie von Γ-Bäumen

$$CT_\Gamma(A_\perp) = \langle CT_\Gamma^d(A_\perp) \mid d \in D \rangle.$$

Die Teilklasse der Γ-Bäume τ *mit endlichem Definitionsbereich* $Def(\tau)$ bezeichnen wir mit

$$FT_\Gamma(A_\perp) = \langle FT_\Gamma^d(A_\perp) \mid d \in D \rangle.$$

Zur Vereinfachung werden wir Γ-Bäume τ gelegentlich mit ihren Graphen $graph(\tau) := \{(u, \tau(u)) \mid u \in Def(\tau)\}$ identifizieren.

Zu $\tau \in CT_\Gamma(A_\perp)$ und $w \in Def(\tau)$ bezeichnet $\tau[w]$ den Teilbaum von τ mit Wurzelknoten w:

$$\tau[w] := \left\{ \begin{array}{rcl} \mathbb{N}^* & -\!\!\rightarrow & \Gamma \cup A_\perp \cup \{\perp^d \mid d \in D\}, \\ v & \mapsto & \tau(wv) \quad \text{falls } wv \in Def(\tau) \end{array} \right.$$

1.2.3 Beispiel $\mathbb{N}^*$ gestattet eine eindeutige Indizierung der Baumknoten:

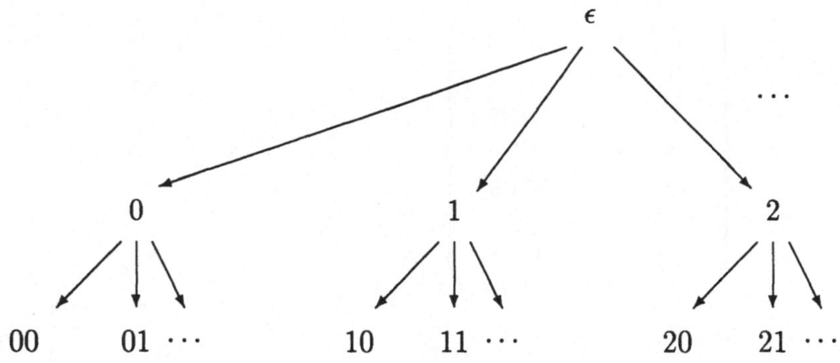

Für intlist $\in D_0$ mit $\Gamma^{(\text{intlist})} = \{\text{NIL}, \text{CONS}\}$ kann man etwa folgende Γ_0-Bäume unterscheiden:

1. endliche Bäume

   - mit definierten Einträgen

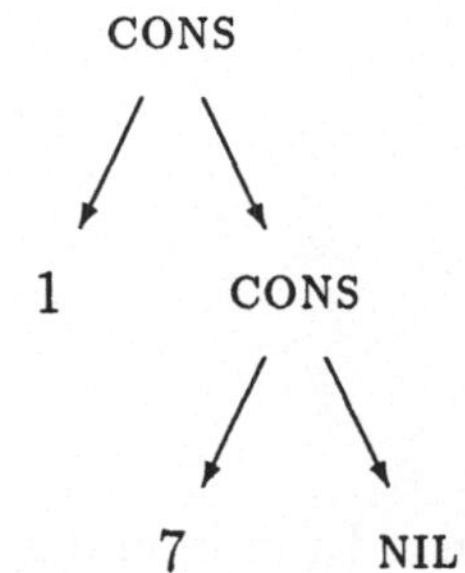

$$\left\{ \begin{array}{rcl} \epsilon & \mapsto & \text{CONS} \\ 0 & \mapsto & 1 \\ 1 & \mapsto & \text{CONS} \\ 10 & \mapsto & 7 \\ 11 & \mapsto & \text{NIL} \end{array} \right\}$$

- mit nicht-definierten Einträgen

$$\left\{\begin{array}{rcl} \epsilon & \mapsto & \text{CONS} \\ 0 & \mapsto & 1 \\ 1 & \mapsto & \text{CONS} \\ 10 & \mapsto & \bot^{\text{int}} \\ 11 & \mapsto & \text{NIL} \end{array}\right\}$$

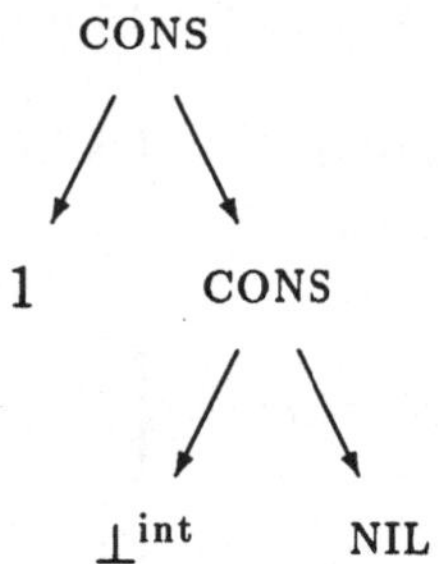

2. partielle Bäume

$$\left\{\begin{array}{rcl} \epsilon & \mapsto & \text{CONS} \\ 0 & \mapsto & 1 \\ 1 & \mapsto & \text{CONS} \\ 10 & \mapsto & 3 \\ 11 & \mapsto & \text{CONS} \\ 110 & \mapsto & 5 \\ 111 & \mapsto & \bot^{\text{intlist}} \end{array}\right\}$$

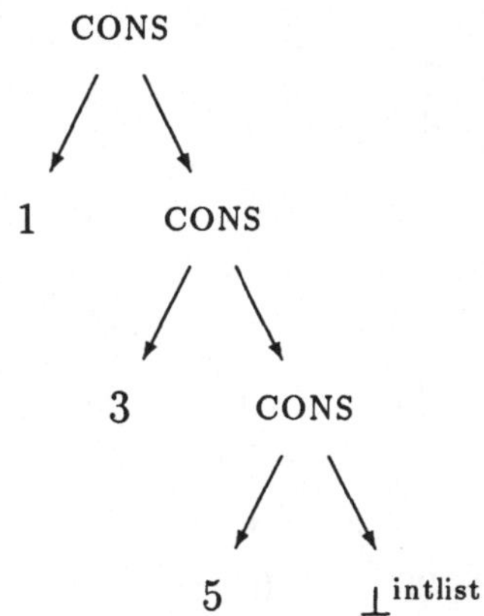

3. unendliche Bäume

$$\left\{\begin{array}{rcl} 1^i & \mapsto & \text{CONS} \\ 1^i0 & \mapsto & 2i+1 \end{array}\right\} \quad (i \geq 0)$$

Auf den Γ-Bäumen kann in einfacher Weise eine Halbordnung festgelegt werden:

1.2.4 Definition

$$\leq_{CT} = \langle \leq^d \mid d \in D \rangle$$

mit

$$\leq^d \subseteq CT_\Gamma^d(A_\perp) \times CT_\Gamma^d(A_\perp)$$

wird für $\tau, \tau' \in CT_\Gamma^d(A_\perp)$ definiert durch:

$$
\begin{aligned}
\tau \leq^d \tau' \quad :\Leftrightarrow \quad & Def(\tau) \subseteq Def(\tau') \\
& \wedge u \in Def(\tau) \Rightarrow \ (\tau(u) \in A_\perp \wedge \tau(u) \leq \tau'(u)) \vee \\
& \qquad\qquad\qquad\qquad\quad (\tau(u) \in \Gamma \ \wedge \tau(u) = \tau'(u)) \vee \\
& \qquad\qquad\qquad\qquad\quad (\tau(u) \in \{\perp^d \mid d \in D\})
\end{aligned}
$$

Wie man anhand der Definitionen überprüfen kann, gilt das folgende Lemma, das hier nicht bewiesen wird.

1.2.5 Lemma $\leq_{CT}$ ist eine vollständige Halbordnung auf $CT_\Gamma(A_\perp)$.

1.2.6 Beispiel Es gilt etwa

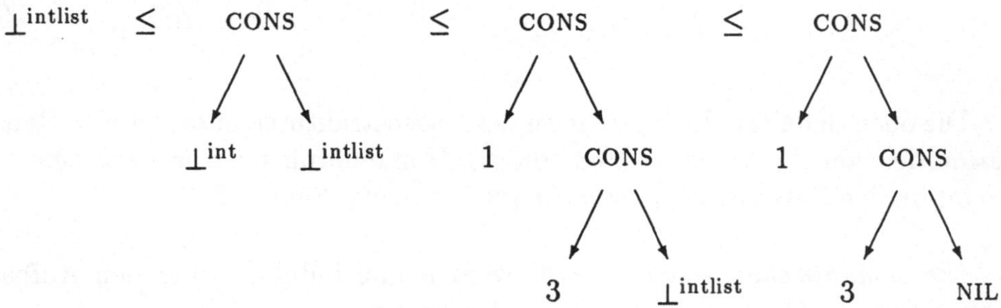

Nach diesen Vorbereitungen können wir die Interpretation der Datenstruktursignatur $DS(\Sigma)$ angeben.

1.2.7 Definition Zu der Datenstruktursignatur $DS(\Sigma)$ definieren wir die Interpretation

$$\mathcal{CT}_{DS(\Sigma)}(\mathcal{A}) = \langle (CT_\Gamma(A_\perp), \leq_{CT}), \phi_{CT} \rangle,$$

wobei ϕ_{CT} wie folgt erklärt wird. Zur Vereinfachung identifizieren wir Γ-Bäume mit ihren Graphen.

$$\phi_{CT} : \Gamma \rightarrow Ops(CT_\Gamma(A_\perp) \cup A_\perp)$$

- falls $c \in \Gamma^{(\epsilon,d)}$ für ein $d \in D$:

$$\phi_{\mathrm{CT}}(c) := \{(\epsilon,c)\}$$

- falls $c \in \Gamma^{(s_0 \cdots s_m, d)}$ mit $s_0, \ldots, s_m \in S \cup D$, $d \in D$ und $(\tau_0, \ldots, \tau_m)$ mit $\tau_i \in A_\perp^{s_i}$ falls $s_i \in S$ und $\tau_i \in CT_\Gamma^{s_i}(A_\perp)$ falls $s_i \in D$:

$$\phi_{\mathrm{CT}}(c)(\tau_0, \ldots, \tau_m) := \{(\epsilon,c)\} \cup \bigcup_{i:s_i \in D} \{((iu,\sigma) \mid (u,\sigma) \in \tau_i\}$$
$$\cup \bigcup_{i:s_i \in S} \{(i,\tau_i)\}.$$

Ein Datenkonstruktor $c \in \Gamma$ wird also durch die nicht-strikte Baumoperation interpretiert, bei der die Argumentbäume bzw. -werte an einen neuen mit c beschrifteten Wurzelknoten angehängt werden:

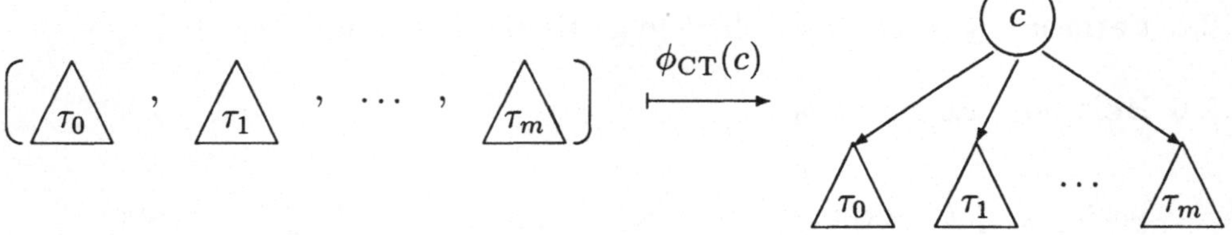

Die oben definierte Interpretation der Datenstruktursignatur ist eine Repräsentation der von $A_\perp$ unter strikten stetigen Homomorphismen *frei erzeugten Interpretation* der Datenstruktursignatur (vgl. Anhang, Satz A.3.2).

Die *semantischen Grundbereiche* werden nun induktiv über den Aufbau der Typen höherer Ordnung über S und D definiert.

1.2.8 Definition Die $Typ(S,D)$-sortierte Familie der *Wertbereiche über $\mathcal{A}$ und* $\mathcal{CT}_{DS(\Sigma)}(\mathcal{A})$

$$Val(\mathcal{A}, \mathcal{CT}_{DS(\Sigma)}(\mathcal{A})) := \langle Val^t \mid t \in Typ(S,D) \rangle$$

wird induktiv definiert durch:

1. $Val^s := A_\perp^s \ \ (s \in S)$,

2. $Val^d := CT_\Gamma^d(A_\perp) \ \ (d \in D)$,

3. $Val^{t_1 \times \cdots \times t_k \to t_0} := [Val^{t_1} \times \cdots \times Val^{t_k} \to Val^{t_0}]$

$$\text{mit } t_0, t_1, \ldots, t_k \in Typ(S,D).$$

Statt $Val(\mathcal{A}, \mathcal{CT}_{DS(\Sigma)}(A_\perp))$ schreiben wir gelegentlich kurz *Val*.

Zur Belegung von frei in SAL-Ausdrücken vorkommenden Variablen werden *Umgebungen* benötigt.

1.2.9 Definition Eine Abbildung

$$\rho : Var \longrightarrow Val(\mathcal{A}, \mathcal{CT}_{DS(\Sigma)}(\mathcal{A}))$$

heißt *Umgebung*, falls für alle Typen $t \in Typ(S, D)$ gilt:

$$\rho(Var^t) \subseteq Val^t.$$

Wir benutzen folgende Bezeichnungen:

1. *Env* bezeichnet die *Menge aller Umgebungen*.

2. $\rho_\emptyset$ bezeichnet die nirgends 'definierte' Umgebung, d.h. $\rho_\emptyset(var) = \perp_{Val^t}$ für alle $var \in Var$.

3. Falls $var_1, \ldots, var_k \in Var$, $val_1, \ldots, val_k \in Val$ mit $k \geq 1$ und falls ρ eine Umgebung ist, so bezeichnen wir mit

$$\rho[var_1/val_1, \ldots, var_k/val_k]$$

   die Umgebung, für die gilt:

   - $\rho[var_1/val_1, \ldots, var_k/val_k](var_i) = val_i$ für $1 \leq i \leq k$ und
   - $\rho[var_1/val_1, \ldots, var_k/val_k](var) = \rho(var)$

     für $var \notin \{var_1, \ldots, var_k\}$.

Damit kann die Semantik der SAL-Ausdrücke wie folgt präzisiert werden.

1.2.10 Definition

$$\mathcal{E} : Exp \to Env \to Val(\mathcal{A}, \mathcal{CT}_{DS(\Sigma)}(\mathcal{A}))$$

wird induktiv über den Aufbau der SAL-Ausdrücke wie folgt festgelegt. Sei $\rho \in Env$.

1. $\mathcal{E}[\![var]\!]\rho := \rho(var)$ $(var \in Var)$

2. $\mathcal{E}[\![f]\!]\rho := \phi_\mathcal{A}(f)$ $(f \in \Omega)$

3. $\mathcal{E}[\![c]\!]\rho := \phi_{CT}(c) = c$ $(c \in \Gamma)$

4. $\mathcal{E}[\![\text{if } e \text{ then } e_1 \text{ else } e_2 \text{ fi}]\!]\rho := \begin{cases} \mathcal{E}[\![e_1]\!]\rho & \text{falls } \mathcal{E}[\![e]\!]\rho = \text{true}, \\ \mathcal{E}[\![e_2]\!]\rho & \text{falls } \mathcal{E}[\![e]\!]\rho = \text{false}, \\ \perp_{Val^t(\mathcal{A},\mathcal{CT}(\mathcal{A}))} & \text{falls } \mathcal{E}[\![e]\!]\rho = \perp^{bool} \end{cases}$

   $(e_1, e_2 \in Exp^t)$

5. $\mathcal{E}[\![(e, e_1, \ldots, e_k)]\!]\rho := \mathcal{E}[\![e]\!]\rho(\mathcal{E}[\![e_1]\!]\rho, \ldots, \mathcal{E}[\![e_k]\!]\rho)$

6. $\mathcal{E}[\![\lambda(x_1^{t_1}, \ldots, x_k^{t_k}).e]\!]\rho$

$$:= \begin{cases} \times_{i=1}^{k} Val^{t_i} & \to & Val^t \\ (val_1, \ldots, val_k) & \mapsto & \mathcal{E}[\![e]\!]\rho[x_1^{t_1}/val_1, \ldots, x_k^{t_k}/val_k] \end{cases}$$

7. $\mathcal{E}[\![\mathbf{let}\ y_1 = e_1\ \mathbf{and} \ldots \mathbf{and}\ y_k = e_k\ \mathbf{in}\ e]\!]\rho$

$:= \mathcal{E}[\![e]\!]\rho[y_1/\mathcal{E}[\![e_1]\!]\rho, \ldots, y_k/\mathcal{E}[\![e_k]\!]\rho]$

8. $\mathcal{E}[\![\mathbf{case}\ e\ \mathbf{of}\ c_1(y_{11}, \ldots, y_{1m_1}) : e_1; \ldots; c_k(y_{k1}, \ldots, y_{km_k}) : e_k\ \mathbf{esac}]\!]\rho$

$$:= \begin{cases} \mathcal{E}[\![e_1]\!]\rho[y_{11}/a_1, \ldots, y_{1m_1}/a_{m_1}] & \text{falls } \mathcal{E}[\![e]\!]\rho = c_1(a_1, \ldots, a_{m_1}) \\ \cdots & \cdots \\ \mathcal{E}[\![e_k]\!]\rho[y_{k1}/a_1, \ldots, y_{km_k}/a_{m_k}] & \text{falls } \mathcal{E}[\![e]\!]\rho = c_k(a_1, \ldots, a_{m_k}) \\ \perp_{Val^t} & \text{falls } \mathcal{E}[\![e]\!]\rho = \perp^d \end{cases}$$

$$(e \in Exp^d, e_1, \ldots, e_k \in Exp^t)$$

9. $\mathcal{E}[\![\mathbf{letrec}\ F_1^{t_1} = e_1\ \mathbf{and} \ldots \mathbf{and}\ F_r^{t_r} = e_r\ \mathbf{in}\ e]\!]\rho$

$:= \mathcal{E}[\![e]\!]\rho[F_1^{t_1}/proj_1^r(fix(\Phi_\rho)), \ldots, F_r^{t_r}/proj_r^r(fix(\Phi_\rho))]$

wobei $fix(\Phi_\rho)$ den kleinsten Fixpunkt der wie folgt definierten stetigen Abbildung

$$\Phi_\rho : \begin{cases} \times_{i=1}^{r} Val^{t_i} & \to & \times_{i=1}^{r} Val^{t_i} \\ (g_1, \ldots, g_r) & \mapsto & (\mathcal{E}[\![e_1]\!]\rho[F_1/g_1, \ldots, F_r/g_r], \\ & & \vdots \\ & & \mathcal{E}[\![e_r]\!]\rho[F_1/g_1, \ldots, F_r/g_r]) \end{cases}$$

und $proj_j^r : \begin{cases} \times_{i=1}^{r} Val^{t_i} & \to & Val^{t_j} \\ (g_1, \ldots, g_r) & \mapsto & g_j \end{cases}$

die Projektionsfunktion auf die j-te Komponente bezeichnet.

Als Korollar dieser Definition und der Definition der getypten SAL-Ausdrücke ergibt sich:

1.2.11 Korollar

$$\forall\, t \in Typ(S, D)\ \forall \rho \in Env : \ \mathcal{E}(Exp^t)\rho \subseteq Val^t.$$

Als Fixpunktsemantik der SAL-Programme definieren wir:

1.2.12 Definition   Sei $e \in Prog$.

Die *Fixpunktsemantik von e bzgl.* $\mathcal{A}$ *und* $\mathcal{CT}_{DS(\Sigma)}(\mathcal{A})$

$$fix[\![e]\!]_{(\mathcal{A}, \mathcal{CT}_{DS(\Sigma)}(\mathcal{A}))}$$

wird definiert durch:

$$\mathit{fix}[\![e]\!]_{(\mathcal{A},\mathcal{CT}_{DS(\Sigma)}(\mathcal{A}))} := \mathcal{E}[\![e]\!]\rho_0 .$$

Als Beispiel bestimmen wir die Fixpunktsemantik eines einfachen SAL-Ausdruckes, der die Liste aller natürlichen Zahlen definiert.

1.2.13 Beispiel Zu dem SAL-Ausdruck

$$\textbf{letrec } \mathit{nats} = \lambda\,\text{x. } (\text{CONS}, \text{x}, (\mathit{nats}, (\text{suc}, \text{x}))) \textbf{ in } (\mathit{nats}, 0)$$

mit $\mathit{nats} \in \mathit{Fun}^{\text{int}\to\text{intlist}}$, $\text{x} \in \mathit{Arg}^{\text{int}}$ erhält man das Funktional

$$\Phi_\rho : \begin{cases} \mathit{Val}^{\text{int}\to\text{intlist}} & \longrightarrow & \mathit{Val}^{\text{int}\to\text{intlist}} \\[2ex] g & \longmapsto & \left(i \longmapsto \begin{array}{c} \text{CONS} \\ \diagup\ \diagdown \\ i \qquad g(i+1) \end{array} \right) \end{cases}$$

Die Fixpunktapproximation nach Tarski liefert die Funktionenfolge

$$\Phi_\rho(g_\perp) = i \longmapsto \begin{array}{c} \text{CONS} \\ \diagup\ \diagdown \\ i \qquad \perp^{\text{intlist}} \end{array} \quad,\qquad \Phi_\rho^2(g_\perp) = i \longmapsto \begin{array}{c} \text{CONS} \\ \diagup\ \diagdown \\ i \qquad \begin{array}{c} \text{CONS} \\ \diagup\ \diagdown \\ i+1 \qquad \perp^{\text{intlist}} \end{array} \end{array}$$

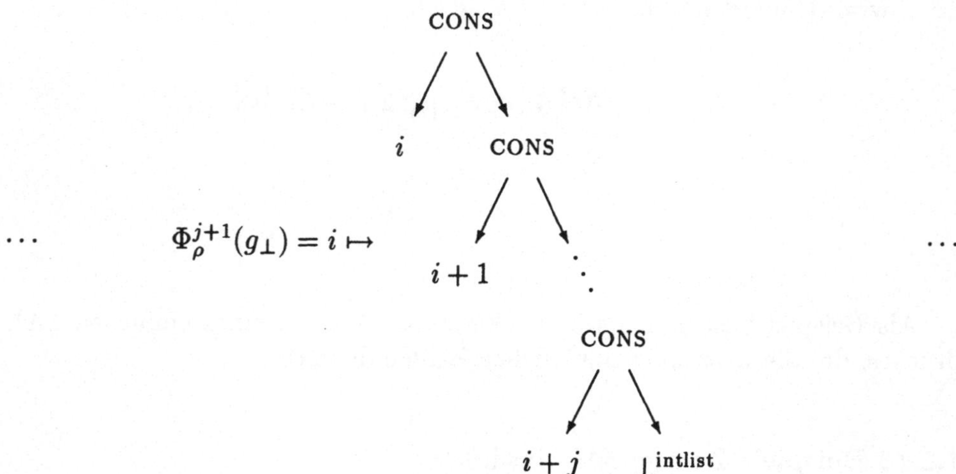

Als kleinste obere Schranke dieser Approximationen und Semantik des SAL-Ausdruckes ergeben sich demnach:

kleinste obere Schranke:　　　　　　　　Semantik des SAL-Ausdruckes:

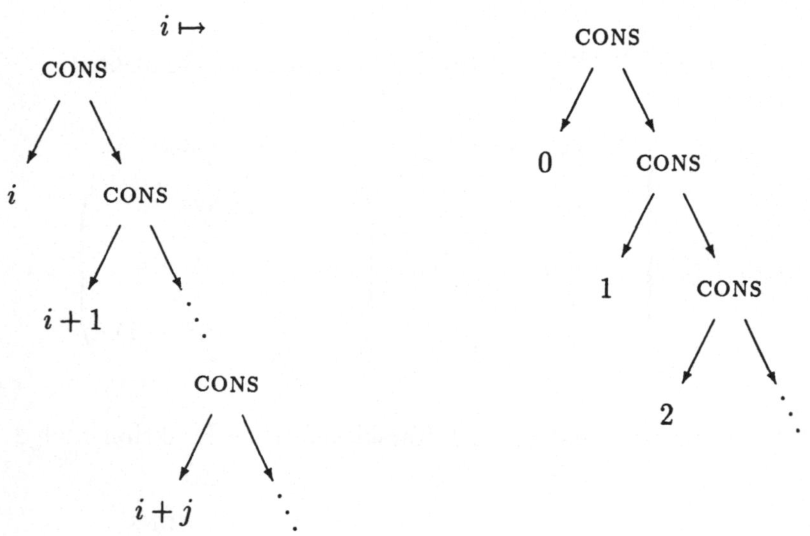

1.3 Reduktionssemantik

Neben der Fixpunktsemantik möchten wir eine Reduktionssemantik für die Sprache SAL beschreiben. Die Reduktionssemantik bildet eine wichtige Grundlage für die Implementierung von SAL, da in ihr bereits Berechnungsschritte (Reduktionen) beschrieben werden. Bei der Durchführung einer endlichen Anzahl von Reduktionsschritten können natürlich nur endliche, voll definierte Strukturen abgeleitet werden. Daher wählen wir als Berechnungsausdrücke, d.h. als Grundbereich, auf dem Reduktionen definiert werden, SAL-Ausdrücke, in denen auch Werte aus $A = \langle A^s \mid s \in S \rangle$, wobei $A^s := A^s_\perp \setminus \{\perp^s\}$, und endliche Γ-Bäume mit definierten Einträgen, die wir durch Γ-Terme über A repräsentieren (vgl. Anhang), auftreten können.

Terme sind bezüglich einer beliebigen Signatur wie folgt definiert.

1.3.1 Definition Sei $\Sigma = (S, \Omega)$ eine Signatur und $X = \langle X^s \mid s \in S \rangle$ eine S-sortierte Menge von Variablen.

Mit

$$T_\Omega(X) = \langle T^s_\Omega(X) \mid s \in S \rangle$$

bezeichnet man die kleinste S-sortierte Mengenfamilie, für die gilt

1. $X^s \cup \Omega^{(\epsilon,s)} \in T^s_\Omega(X)$
2. $f \in \Omega^{(s_1 \ldots s_n, s)}$ $(n \geq 1)$, $t_i \in T^{s_i}_\Omega(X)$ $(1 \leq i \leq n)$
$$\Rightarrow f(t_1, \ldots, t_n) \in T^s_\Omega(X).$$

Es besteht nun folgender Zusammenhang zwischen Γ-Bäumen mit endlichem Definitionsbereich, also endlichen oder partiellen Γ-Bäumen, und Termen.

1.3.2 Lemma Sei $\Gamma_\perp$ die um "Bottom"-Symbole erweiterte Familie von Konstruktorsymbolen, d.h.

$$\begin{aligned}
\Gamma^{(\epsilon,d)}_\perp &:= \Gamma^{(\epsilon,d)} \cup \{\perp^d\} \\
\Gamma^{(w,d)}_\perp &:= \Gamma^{(w,d)}
\end{aligned} \quad (d \in D, w \in (S \cup D)^+).$$

Die Abbildung

$$\mu : FT_\Gamma(A_\perp) \cup A_\perp \to T_{\Gamma_\perp}(A_\perp)$$

mit

$$\mu(\tau) := \left\{ \begin{array}{ll}
\perp^d & \text{falls } \tau(\epsilon) = \perp^d \\
c & \text{falls } \tau(\epsilon) = c \in \Gamma^{(\epsilon,d)} \\
c(\mu(\tau_0), \ldots, \mu(\tau_m)) & \text{falls } \tau(\epsilon) = c \in \Gamma^{(s_0 \ldots s_m, d)} \\
& \text{und } \tau_i = \left\{ \begin{array}{ll} \tau(i) & \text{falls } s_i \in S \\ \tau[i] & \text{falls } s_i \in D \end{array} \right.
\end{array} \right\}$$

für $\tau \in FT_\Gamma(A_\perp)$ und $\mu(a) := a$ für $a \in A_\perp$ ist eine typentreue Bijektion.

Beliebige Γ-Bäume mit endlichem Definitionsbereich entsprechen also $\Gamma_\perp$-Termen. Endliche Γ-Bäume mit definierten Einträgen können mit Γ-Termen über A identifiziert werden. Berechnungsausdrücke sind SAL-Ausdrücke, in denen Werte aus A und Terme aus $T_\Gamma(A)$, bzw. allgemeiner Ausdrücke der Form $c(u_1, \ldots, u_m)$ mit Konstruktor $c \in \Gamma$ und beliebigen Berechnungsausdrücken u_i auftreten können.

1.3.3 Definition Die Familie der *getypten SAL-Berechnungsausdrücke* über A und $T_\Gamma(A)$

$$Comp = \langle Comp^t \mid t \in Typ(S, D) \rangle$$

ist die kleinste $Typ(S, D)$-sortierte Mengenfamilie für die gilt:

0. $A^s = A^s_\perp \setminus \{\perp^s\} \subseteq Comp^s$ $\hspace{2cm} (s \in S),$
    $c \in \Gamma^{(s_1 \ldots s_m, d)}, u_i \in Comp^{s_i} \; (1 \leq i \leq m) \Rightarrow c(u_1, \ldots, u_m) \in Comp^d$
    $$(d \in D)$$

1. – 9. analog zur Definition 1.1.3 der SAL-Ausdrücke.

Freie und *gebundene Variable* sind in naheliegender Weise auch für Berechnungsterme $u \in Comp$ definiert. Dabei gilt natürlich für $u \in A \cup T_\Gamma(A)$: $free(u) := bound(u) := \emptyset$. Bei der Reduktion von Berechnungsausdrücken werden freie Variable durch Ausdrücke mittels der im folgenden definierten Substitutionsfunktion ersetzt.

1.3.4 Definition Seien $var_1, \ldots, var_p \in Var$, $u_1, \ldots, u_p \in Comp$, so daß

$$\forall i \in \{1, \ldots, p\} \; typ(var_i) = typ(u_i).$$

Für $u \in Comp$ wird

$$u[var_1/u_1, \ldots, var_p/u_p]$$

induktiv über den Aufbau der SAL-Berechnungsausdrücke definiert durch: (Zur besseren Lesbarkeit kürzen wir im folgenden $[var_1/u_1, \ldots, var_p/u_p]$ durch $[\ldots]$ ab.)

1. $a[\ldots] := a$ für $a \in A \cup T_\Gamma(A)$.

2. $var[\ldots] := \begin{cases} u_i & \text{falls } var = var_i \text{ für ein } i \in \{1, \ldots, p\}, \\ var & \text{sonst.} \end{cases}$

3. **if** u **then** u_1 **else** u_2 **fi** $[\ldots] :=$ **if** $u[\ldots]$ **then** $u_1[\ldots]$ **else** $u_2[\ldots]$ **fi**.

4. $(u, \tilde{u}_1, \ldots, \tilde{u}_k)[\ldots] := (u[\ldots], \tilde{u}_1[\ldots], \ldots, \tilde{u}_k[\ldots])$.

5. $\lambda(x_1, \ldots, x_k).u[\ldots] := \lambda(x_1, \ldots, x_k).(u[var_{i_1}/u_{i_1}, \ldots, var_{i_m}/u_{i_m}])^{\ddagger}$,
  wobei $\{var_{i_1}, \ldots, var_{i_m}\} := \{var_1, \ldots, var_p\} \setminus \{x_1, \ldots, x_k\}$.

6. **let** $y_1 = u_1$ **and** $\ldots$ **and** $y_k = u_k$ **in** $u[\ldots]$
  $:= $ **let** $y_1 = u_1[\ldots]$ **and** $\ldots$ **and** $y_k = u_k[\ldots]$
  in $u[var_{i_1}/u_{i_1}, \ldots, var_{i_m}/u_{i_m}]$,
  wobei $\{var_{i_1}, \ldots, var_{i_m}\} := \{var_1, \ldots, var_p\} \setminus \{y_1, \ldots, y_k\}$.

7. **case** u **of** $c_1:(y_{11}, \ldots, y_{1m_1}) : u_1; \ldots; c_k(y_{k1}, \ldots, y_{km_k}) : u_k$ **esac** $[\ldots]$
  $:= $ **case** $u[\ldots]$ **of**
  $\qquad c_1(y_{11}, \ldots, y_{1m_1}) : u_1[var_{i_{11}}/u_{i_{11}}, \ldots, var_{i_{1n_1}}/u_{i_{1n_1}}]$;
  $\qquad \ldots$
  $\qquad c_k(y_{k1}, \ldots, y_{km_k}) : u_k[var_{i_{k1}}/u_{i_{k1}}, \ldots, var_{i_{kn_k}}/u_{i_{kn_k}}]$
  esac,
  wobei $\{var_{i_{j1}}, \ldots, var_{i_{jn_j}}\} := \{var_1, \ldots, var_p\} \setminus \{y_{j1}, \ldots, y_{jm_j}\}$
  für $1 \leq j \leq k$.

8. **letrec** $F_1 = u_1$ **and** $\cdots$ **and** $F_r = u_r$ **in** $u[\ldots]$
  $:= $ **letrec** $F_1 = u_1[var_{i_1}/u_{i_1}, \ldots, var_{i_m}/u_{i_m}]$,
  and $\quad \cdots$
  and $\quad F_r = u_r[var_{i_1}/u_{i_1}, \ldots, var_{i_m}/u_{i_m}]$
  in $u[var_{i_1}/u_{i_1}, \ldots, var_{i_m}/u_{i_m}]$
  wobei $\{var_{i_1}, \ldots, var_{i_m}\} := \{var_1, \ldots, var_p\} \setminus \{F_1, \ldots, F_r\}$.

Auch die Ausdruckssemantik kann in elementarer Weise für Berechnungsterme fortgesetzt werden, indem in Definition 1.2.10 folgende Erweiterung für Elemente aus A und $T_\Gamma(A)$ aufgenommen wird:

$$\mathcal{E}[\![a]\!]\rho := a \text{ für } a \in A \cup T_\Gamma(A), \rho \in Env.$$

Dabei identifizieren wir Γ-Terme mit den korrespondierenden Γ-Bäumen.

Bei Zugrundelegung der verallgemeinerten Ausdruckssemantik kann nun gezeigt werden, daß die soeben definierte *syntaktische Substitution* semantisch korrekt ist, wenn Variablenkonflikte ausgeschlossen sind. Es muß also vorausgesetzt

---

$\ddagger$ Bei der Substitution im Rumpf der λ-Abstraktion wird an dieser Stelle keine Vorsorge zur Vermeidung von Variablenkonflikten, d.h. Bindung freier Variablen der u_{i_j} durch Substitution in u, getroffen.

werden, daß die Menge der freien Variablen der Substitutionsausdrücke und die Menge der gebundenen Variablen des Ausdruckes, in dem substituiert wird, disjunkt sind.

1.3.5 Substitutionslemma   Seien $var_1, \ldots, var_p \in Var$, $u_1, \ldots, u_p \in Comp$ mit

$$\forall i \in \{1, \ldots, p\}: \ typ(var_i) = typ(u_i).$$

Sei $u \in Comp$ mit

$$\left(\bigcup_{i=1}^{p} free(u_i) \right) \bigcap bound(u) = \emptyset.$$

Sei $\rho \in Env$. Dann gilt:

$$(\star) \quad \mathcal{E}[u[var_1/u_1, \ldots, var_p/u_p]]\rho = \mathcal{E}[u] \ \rho[var_1/\mathcal{E}[u_1]\rho, \ldots, var_p/\mathcal{E}[u_p]\rho].$$

Beweis: Der Beweis wird durch Induktion über die Struktur von u geführt. Wir schreiben zur besseren Lesbarkeit wieder

- $[\ldots]$ für $[var_1/u_1, \ldots, var_p/u_p]$ und
- $\rho_{[\ldots]}$ für $\rho[var_1/\mathcal{E}[u_1]\rho, \ldots, var_p/\mathcal{E}[u_p]\rho]$.

1. Für $a \in A \cup T_\Gamma(A)$ gilt $a[\ldots] = a$, also:

$$\mathcal{E}[a[\ldots]]\rho = \mathcal{E}[a]\rho = a = \mathcal{E}[a]\rho_{[\ldots]}.$$

2. Sei $i \in \{1, \ldots, p\}$. Wegen $var_i[\ldots] = u_i$ gilt:

$$\mathcal{E}[var_i[\ldots]]\rho = \mathcal{E}[u_i]\rho = \rho_{[\ldots]}(var_i) = \mathcal{E}[var_i]\rho_{[\ldots]}.$$

Für $var \notin \{var_1, \ldots, var_p\}$ gilt: $var[\ldots] = var$, also:

$$\begin{aligned}
\mathcal{E}[var[\ldots]]\rho = \mathcal{E}[var]\rho &= \rho(var) \\
&= \rho_{[\ldots]}(var) \qquad \text{(da } var \neq var_i \text{ für alle } i \in \{1, \ldots, p\}) \\
&= \mathcal{E}[var]\rho_{[\ldots]}.
\end{aligned}$$

3. Sei $u = (\tilde{u}_0, \tilde{u}_1, \ldots, \tilde{u}_k)$ und gelte $(\star)$ für $\tilde{u}_i$ $(1 \leq i \leq k)$. Dann folgt:

$$\begin{aligned}
\mathcal{E}[u[\ldots]]\rho \\
= \mathcal{E}[(\tilde{u}_0[\ldots], \tilde{u}_1[\ldots], \ldots, \tilde{u}_k[\ldots])]\rho \\
= \mathcal{E}[\tilde{u}_0[\ldots]]\rho(\mathcal{E}[\tilde{u}_1[\ldots]]\rho, \ldots, \mathcal{E}[\tilde{u}_k[\ldots]]\rho) \quad \text{(lt. Definition von } \mathcal{E}) \\
= \mathcal{E}[\tilde{u}_0]\rho_{[\ldots]}(\mathcal{E}[\tilde{u}_1]\rho_{[\ldots]}, \ldots, \mathcal{E}[\tilde{u}_k]\rho_{[\ldots]}) \\
\text{(lt. Induktionsvoraussetzung)} \\
= \mathcal{E}[(\tilde{u}_0, \ldots, \tilde{u}_k)]\rho_{[\ldots]}.
\end{aligned}$$

4. Sei $u = \lambda(x_1, \ldots, x_k).\tilde{u}$ und gelte obige Aussage für $\tilde{u}$. Dann ergibt sich:

$$\mathcal{E}[\![(\lambda(x_1, \ldots, x_k).\tilde{u})[\ldots]]\!]\rho$$
$$= \mathcal{E}[\![\lambda(x_1, \ldots, x_k).(\tilde{u}[var_{i_1}/u_{i_1}, \ldots, var_{i_m}/u_{i_m}])]\!]\rho$$
$$\text{mit } \{var_{i_1}, \ldots, var_{i_m}\} = \{var_1, \ldots, var_p\} \setminus \{x_1, \ldots, x_k\}$$

$$= \begin{cases} Val^k & \to & Val \\ (b_1, \ldots, b_k) & \mapsto & \mathcal{E}[\![\tilde{u}[var_{i_1}/u_{i_1}, \ldots, var_{i_m}/u_{i_m}]]\!] \\ & & \rho[x_1/b_1, \ldots, x_k/b_k] \end{cases}$$

$$= \begin{cases} Val^k & \to & Val \\ (b_1, \ldots, b_k) & \mapsto & \mathcal{E}[\![\tilde{u}]\!](\rho[x_1/b_1, \ldots, x_k/b_k]) \\ & & [var_{i_1}/\mathcal{E}[\![u_{i_1}]\!]\rho[x_1/b_1, \ldots, x_k/b_k], \\ & & \cdots \\ & & var_{i_m}/\mathcal{E}[\![u_{i_m}]\!]\rho[x_1/b_1, \ldots, x_k/b_k]] \end{cases}$$
$$\text{(lt. Induktionsvoraussetzung).}$$

Wegen $\{var_{i_1}, \ldots, var_{i_m}\} = \{var_1, \ldots, var_p\} \setminus \{x_1, \ldots, x_k\}$ gilt:

$$(\rho[x_1/b_1, \ldots, x_k/b_k]) \, [var_{i_1} / \mathcal{E}[\![u_{i_1}]\!]\rho[x_1/b_1, \ldots, x_k/b_k],$$
$$\cdots$$
$$var_{i_m}/ \mathcal{E}[\![u_{i_m}]\!]\rho[x_1/b_1, \ldots, x_k/b_k]]$$
$$= (\rho[\, var_1/\mathcal{E}[\![u_1]\!]\rho[x_1/b_1, \ldots, x_k/b_k], \ldots,$$
$$var_p/\mathcal{E}[\![u_p]\!]\rho[x_1/b_1, \ldots, x_k/b_k]]) \, [x_1/b_1, \ldots, x_k/b_k].$$

Aus $\bigcup_{i=1}^{p} free(u_i) \cap bound(u) = \emptyset$ folgt insbesondere, daß

$$\{x_1, \ldots, x_k\} \cap \bigcup_{i=1}^{p} free(u_i) = \emptyset$$

und damit, wie man leicht mittels struktureller Induktion zeigt:

$$\mathcal{E}[\![u_i]\!] \, \rho[x_1/b_1, \ldots, x_k/b_k] = \mathcal{E}[\![u_i]\!]\rho \quad \text{für } 1 \leq i \leq p.$$

Damit ergibt sich:

$$\rho[var_1/\mathcal{E}[\![u_1]\!]\rho[x_1/b_1, \ldots, x_k/b_k], \ldots, var_p/\mathcal{E}[\![u_p]\!]\rho[x_1/b_1, \ldots, x_k/b_k]]$$
$$[x_1/b_1, \ldots, x_k/b_k]$$
$$= \rho[var_1/\mathcal{E}[\![u_1]\!]\rho, \ldots, var_p/\mathcal{E}[\![u_p]\!]\rho][x_1/b_1, \ldots, x_k/b_k]$$
$$= \rho_{[\ldots]}[x_1/b_1, \ldots, x_k/b_k].$$

Dies bedeutet aber, daß

$$\mathcal{E}[\![(\lambda(x_1,\ldots,x_k).\tilde{u})[\ldots]]\!]\rho$$

$$= \left\{ \begin{array}{ccc} Val^k & \to & Val \\ (b_1,\ldots,b_k) & \mapsto & \mathcal{E}[\![\tilde{u}]\!]\rho_{[\ldots]}[x_1/b_1,\ldots,x_k/b_k] \end{array} \right.$$

$$= \mathcal{E}[\![\lambda(x_1,\ldots,x_k).\tilde{u}]\!]\rho_{[\ldots]}$$

5. Analog zu (3) zeigt man $(\star)$, falls u ein **let**- oder **case**-Berechnungsausdruck ist.

6. Sei nun $u = $ **letrec** $F_1 = \tilde{u}_1$ **and** ... **and** $F_r = \tilde{u}_r$ **in** $\tilde{u}$ und gelte $(\star)$ für $\tilde{u},\tilde{u}_1,\ldots,\tilde{u}_r$ mit beliebigen Umgebungen ρ' und Substitutionen

$$[var'_1/u'_1,\ldots,var'_l/u'_l],$$

für die

$$\bigcup_{j=1}^{l} free(u'_j) \cap bound(\tilde{u}_i) = \emptyset \quad (1 \le i \le r).$$

Dann folgt:

$$\begin{aligned}
\mathcal{E}[\![(\textbf{letrec}\ F_1 &= \tilde{u}_1\ \textbf{and}\ \ldots\ \textbf{and}\ F_r = \tilde{u}_r\ \textbf{in}\ \tilde{u})[\ldots]]\!]\rho \\
&= \mathcal{E}[\![\ \textbf{letrec}\ F_1 = \tilde{u}_1[\widetilde{\ldots}]\ \textbf{and}\ \ldots\ \textbf{and}\ F_r = \tilde{u}_r[\widetilde{\ldots}]\ \textbf{in}\ \tilde{u}[\widetilde{\ldots}]]\!]\rho \\
&\qquad \text{mit } [\widetilde{\ldots}] := [var_{i_1}/u_{i_1},\ldots,var_{i_m}/u_{i_m}], \text{ wobei} \\
&\qquad \{var_{i_1},\ldots,var_{i_m}\} = \{var_1,\ldots,var_p\} \setminus \{F_1,\ldots,F_r\}. \\
&= \mathcal{E}[\![\tilde{u}[\widetilde{\ldots}]]\!]\tilde{\rho} \\
&\qquad \text{mit } \tilde{\rho}(F_i) := \mathcal{E}[\![\tilde{u}_i[\widetilde{\ldots}]]\!]\tilde{\rho}\ (1 \le i \le r) \text{ und} \\
&\qquad\quad \tilde{\rho}(var) := \rho(var) \text{ für } var \notin \{F_1,\ldots,F_r\} \\
&= \mathcal{E}[\![\tilde{u}]\!]\tilde{\rho}[var_{i_1}/\mathcal{E}[\![u_{i_1}]\!]\tilde{\rho},\ldots,var_{i_m}/\mathcal{E}[\![u_{i_m}]\!]\tilde{\rho}] \\
&\qquad \text{und } \tilde{\rho}(F_i) = \mathcal{E}[\![\tilde{u}_i]\!]\tilde{\rho}[var_{i_1}/\mathcal{E}[\![u_{i_1}]\!]\tilde{\rho},\ldots,var_{i_m}/\mathcal{E}[\![u_{i_m}]\!]\tilde{\rho}]
\end{aligned}$$

(nach Induktionsvoraussetzung)

Wegen $\{F_1,\ldots,F_r\} \cap \bigcup_{i=1}^{p} free(u_i) = \emptyset$ gilt $\quad \mathcal{E}[\![u_i]\!]\tilde{\rho} = \mathcal{E}[\![u_i]\!]\rho \quad$ für $1 \le i \le p$.

Definieren wir $\tilde{\rho}_{[\ldots]}$ durch:

$$\begin{aligned}
\tilde{\rho}_{[\ldots]}(F_i) &:= \mathcal{E}[\![\tilde{u}_i]\!]\tilde{\rho}_{[\ldots]} \text{ für } 1 \le i \le r \text{ und} \\
\tilde{\rho}_{[\ldots]}(var) &:= \rho_{[\ldots]}(var) \text{ für } var \notin \{F_1,\ldots,F_r\},
\end{aligned}$$

so gilt: $\tilde{\rho}_{[\ldots]} = \tilde{\rho}[var_{i_1}/\mathcal{E}[\![u_{i_1}]\!]\rho,\ldots,var_{i_m}/\mathcal{E}[\![u_{i_m}]\!]\rho]$, wie man durch Fixpunktapproximation unter Ausnutzung des Fixpunktsatzes von Tarski zeigen kann. Damit folgt aber unmittelbar die Behauptung.

□

Dieses Substitutionslemma werden wir später ausnutzen, um zu zeigen, daß die Reduktionssemantik unserer Sprache SAL bezüglich der Fixpunktsemantik korrekt ist.

Induktiv über den Aufbau der Berechnungsausdrücke werden nun Reduktionsregeln definiert, über denen später induktiv die Reduktionsrelation, die der Reduktionssemantik zugrundeliegt, aufgebaut wird.

1.3.6 Definition Die *Reduktionsregeln*

$$\to \subseteq Comp \times Comp$$

werden wie folgt festgelegt:

1. *Konstantenreduktion*

   $$(f, a_1, \ldots, a_n) \to \phi_A(f)(a_1, \ldots, a_n)$$
   für $f \in \Omega^{(s_1 \cdots s_n, s)}$, $a_i \in A^{s_i}$ $(1 \le i \le n)$ mit $\phi_A(f)(a_1, \ldots, a_n) \in A^s$

2. *Konstruktorreduktion*

   $$(c, u_1, \ldots, u_n) \to c(u_1, \ldots, u_n) \qquad \text{für } u_1, \ldots, u_n \in Comp,$$

3. *Verzweigungsreduktion*

   if T **then** u_1 **else** u_2 **fi** $\to u_1$,   **if** F **then** u_1 **else** u_2 **fi** $\to u_2$,
   $$\text{für } u_1, u_2 \in Comp,$$

4. *β-Reduktion*

   $$(\lambda(x_1, \ldots, x_k).u, u_1, \ldots, u_k) \to u[x_1/u_1, \ldots, x_k/u_k]$$
   $$\text{falls } u, u_1, \ldots, u_k \in Comp \text{ mit } \bigcup_{i=1}^{k} \mathit{free}(u_i) \cap \mathit{bound}(u) = \emptyset$$

5. *let-Reduktion*

   let $y_1 = u_1$ **and** $\ldots$ **and** $y_k = u_k$ **in** $u \to u[y_1/u_1, \ldots, y_k/u_k]$
   $$\text{falls } u, u_1, \ldots, u_k \in Comp \text{ und } \bigcup_{i=1}^{k} \mathit{free}(u_i) \cap \mathit{bound}(u) = \emptyset$$

6. *case-Reduktion*

   case $c_j(u_{j1}, \ldots, u_{jm_j})$ **of** $\cdots c_j(y_{j1}, \ldots, y_{jm_j}) : u_j \cdots$ **esac**
   $$\to u_j[y_{j1}/u_{j1}, \ldots, y_{jm_j}/u_{jm_j}]$$
   $$\text{falls } u_{j1}, \ldots, u_{jm_j}, u_j \in Comp, \bigcup_{i=1}^{m_j} \mathit{free}(u_{ji}) \cap \mathit{bound}(u_j) = \emptyset$$

7. *letrec-Reduktion*

$$\textbf{letrec } F_1 = u_1 \textbf{ and } \cdots \textbf{ and } F_r = u_r \textbf{ in } u$$
$$\rightarrow u[\; F_1 \;/\; \textbf{letrec } F_1 = u_1 \textbf{ and } \cdots \textbf{ and } F_r = u_r \textbf{ in } u_1,$$
$$\cdots$$
$$F_r \;/\; \textbf{letrec } F_1 = u_1 \textbf{ and } \cdots \textbf{ and } F_r = u_r \textbf{ in } u_r]$$
$$\text{falls } \bigcup_{j=1}^{r} \mathit{free}(u_j) \cap \mathit{bound}(u) = \emptyset.$$

8. α-*Konversionen* (Umbenennung gebundener Variablen)

$$\lambda(x_1,\ldots,x_k).u \rightarrow \lambda(\tilde{x}_1,\ldots,\tilde{x}_k).(u[x_1/\tilde{x}_1,\ldots,x_k/\tilde{x}_k])$$
$$\text{falls } \tilde{x}_1,\ldots,\tilde{x}_k \notin \mathit{free}(u) \cup \mathit{bound}(u)$$

$$\textbf{let } y_1 = u_1 \textbf{ and } \ldots \textbf{ and } y_k = u_k \textbf{ in } u$$
$$\rightarrow \textbf{let } \tilde{y}_1 = u_1 \textbf{ and } \ldots \textbf{ and } \tilde{y}_k = u_k \textbf{ in } u[y_1/\tilde{y}_1,\ldots,y_k/\tilde{y}_k]$$
$$\text{falls } \tilde{y}_1,\ldots,\tilde{y}_k \notin \mathit{free}(u) \cup \mathit{bound}(u)$$

$$\textbf{case } u \textbf{ of } c_1(y_{11},\ldots,y_{1m_1}) : u_1; \ldots; c_k(y_{k1},\ldots,y_{km_k}) : u_k \textbf{ esac}$$
$$\rightarrow \textbf{case } u \textbf{ of}$$
$$c_1(\tilde{y}_{11},\ldots,\tilde{y}_{1m_1}) \;:\; u_1[y_{11}/\tilde{y}_{11},\ldots,y_{1m_1}/\tilde{y}_{1m_1}];$$
$$\cdots$$
$$c_k(\tilde{y}_{k1},\ldots,\tilde{y}_{km_k}) \;:\; u_k[y_{k1}/\tilde{y}_{k1},\ldots,y_{km_k}/\tilde{y}_{km_k}]$$
$$\textbf{esac}$$
$$\text{falls } \tilde{y}_{j1},\ldots,\tilde{y}_{jm_j} \notin \mathit{free}(u_j) \cup \mathit{bound}(u_j) \; (1 \leq j \leq m).$$

$$\textbf{letrec } F_1 = u_1 \textbf{ and } \cdots \textbf{ and } F_r = u_r \textbf{ in } u_0$$
$$\rightarrow \textbf{letrec } \tilde{F}_1 = u_1[F_1/\tilde{F}_1,\ldots,F_r/\tilde{F}_r]$$
$$\textbf{and } \quad \cdots$$
$$\textbf{and } \quad \tilde{F}_r = u_r[F_1/\tilde{F}_1,\ldots,F_r/\tilde{F}_r]$$
$$\textbf{in } u_0[F_1/\tilde{F}_1,\ldots,F_r/\tilde{F}_r]$$
$$\text{falls } \tilde{F}_1,\ldots,\tilde{F}_r \notin \bigcup_{i=0}^{r}(\mathit{free}(u_i) \cup \mathit{bound}(u_i)).$$

An die Regeln für die β-, **let**, **case-** und **letrec**-Reduktion sind Bedingungen geknüpft, die *Variablenkonflikte* während der Reduktion vermeiden sollen. Ein Variablenkonflikt liegt dann vor, wenn eine freie Variable eines Ausdruckes durch Substitution dieses Ausdruckes in einen anderen Ausdruck gebunden wird.
In $\lambda x_1.\lambda x_2.((+,x_1,x_2),x_2)$ würde etwa die freie Variable x_2 durch Substitution von x_1 durch x_2 in $\lambda x_2.(+,x_1,x_2)$ gebunden.

Um die Voraussetzungen der β-, **let**-, **case**- oder **letrec**-Reduktion zu erfüllen, muß gegebenenfalls eine Umbenennung der gebundenen Variablen (α-Konversion) vorgenommen werden.

Die Reduktionsregeln beschreiben einzelne lokale Berechnungsschritte. Berechnungsfolgen werden mittels der *Reduktionsrelation* beschrieben.

1.3.7 Definition Die *Reduktionsrelation*

$$\Rightarrow \subseteq Comp \times Comp$$

wird induktiv über die Struktur der Berechnungsterme definiert durch:

1. Ist $u_1 \to u_2$ Reduktionsregel, so ist auch: $u_1 \Rightarrow u_2$.
2. Für $u \in Comp$ gilt: $u \Rightarrow u$.
3. Mit $u \Rightarrow u', u_i \Rightarrow u_i'$ ($i \in \{1,2\}$) ist auch
   if u **then** u_1 **else** u_2 **fi** $\Rightarrow$ **if** u' **then** u_1' **else** u_2' **fi** .
4. Mit $u \Rightarrow u', u_i \Rightarrow u_i'(1 \leq i \leq k)$ ist auch
   - $(u, u_1, \ldots, u_k) \Rightarrow (u', u_1', \ldots, u_k')$,
   - $\lambda(x_1, \ldots, x_k).u \Rightarrow \lambda(x_1, \ldots, x_k).u'$,
   - **let** $y_1 = u_1$ **and** $\ldots$ **and** $y_k = u_k$ **in** u
     $\Rightarrow$ **let** $y_1 = u_1'$ **and** $\ldots$ **and** $y_k = u_k'$ **in** u',
   - **case** u **of** $c_1(y_{11}, \ldots, y_{1m_1}) : u_1; \ldots; c_k(y_{k1}, \ldots, y_{km_k}) : u_k$ **esac**
     $\Rightarrow$ **case** u' **of** $c_1(y_{11}, \ldots, y_{1m_1}) : u_1'; \ldots;$
     $$c_k(y_{k1}, \ldots, y_{km_k}) : u_k' \textbf{ esac},$$
   - **letrec** $F_1 = u_1$ **and** $\ldots$ **and** $F_k = u_k$ **in** u
     $\Rightarrow$ **letrec** $F_1 = u_1'$ **and** $\ldots$ **and** $F_r = u_k'$ **in** u'.

Im allgemeinen existieren zu einem Berechnungsausdruck u mehrere Alternativen zur Reduktion, d.h. etwa $u_1 \neq u_2$ mit $u \Rightarrow u_1$ und $u \Rightarrow u_2$. Damit die Reduktionsrelation zur Definition einer Reduktionssemantik für SAL-Programme benutzt werden kann, muß zunächst gezeigt werden, daß sie *konfluent* ist, d.h.:

Wenn für $u \in Comp, a_1, a_2 \in A \cup T_\Gamma(A)$ gilt:

$$u \stackrel{*}{\Rightarrow} a_1 \text{ und } u \stackrel{*}{\Rightarrow} a_2,$$

wobei $\stackrel{*}{\Rightarrow}$ die reflexive und transitive Hülle von $\Rightarrow$ bezeichnet, so folgt:

$$a_1 = a_2.$$

Die Konfluenz-Eigenschaft sowie die Korrektheit der Reduktionssemantik bzgl. der Fixpunktsemantik sind unmittelbare Konsequenzen des nun folgenden Lemmas.

1.3.8 Lemma   Für $u, u' \in Comp, \rho \in Env$ gilt:

$$u \Rightarrow u' \text{ impliziert } \mathcal{E}^{\dagger\dagger}[\![u]\!]\rho = \mathcal{E}[\![u']\!]\rho.$$

Beweis: Der Beweis erfolgt induktiv über den Aufbau der Definition von $\Rightarrow$. Seien $\rho \in Env, u, u' \in Comp$.

1. Ist $u \to u'$ eine Reduktionsregel, so sind folgende Fälle zu unterscheiden:

   (a) *Konstantenreduktion*:
   $u = (f, a_1, \ldots, a_n), u' = \phi_A(f)(a_1, \ldots, a_n) \in A$ mit $f \in \Omega^{(s_1 \ldots s_n, s)}$,
   $a_i \in A^{s_i} (1 \le i \le n), s_1, \ldots, s_n \in S$. Dann gilt:
   $$\begin{aligned}
   \mathcal{E}[\![u]\!]\rho &= \mathcal{E}[\![(f, a_1, \ldots, a_n)]\!]\rho \\
   &= \mathcal{E}[\![f]\!]\rho(\mathcal{E}[\![a_1]\!]\rho, \ldots, \mathcal{E}[\![a_n]\!]\rho) \\
   &= \phi_a(f)(a_1, \ldots, a_n)(= u') \\
   &= \mathcal{E}[\![u']\!]\rho
   \end{aligned}$$

   (b) *Verzweigungsreduktion*:
   $u = $ **if** T **then** u_1 **else** u_2 **fi**, $u' = u_1$ $(u_1, u_2 \in Comp)$.
   Es folgt unmittelbar
   $$\mathcal{E}[\![u]\!]\rho = \mathcal{E}[\![\text{if T then } u_1 \text{ else } u_2 \text{ fi}]\!]\rho = \mathcal{E}[\![u_1]\!]\rho = \mathcal{E}[\![u']\!]\rho.$$
   Der Fall $u = $ **if** false **then** u_1 **else** u_2 **fi** und $u' = u_2$ folgt analog.

   (c) *β-Reduktion*
   $u = (\lambda(x_1, \ldots, x_k).\tilde{u}, u_1, \ldots, u_k), u' = \tilde{u}[x_1/u_1, \ldots, x_k/u_k]$
   mit $\bigcup\limits_{i=1}^{k} free(u_i) \cap bound(\tilde{u}) = \emptyset$. Dann gilt:
   $$\begin{aligned}
   \mathcal{E}[\![(\lambda(x_1, \ldots, x_k).\tilde{u}, u_1, \ldots, u_k)]\!]\rho \\
   = \mathcal{E}[\![\tilde{u}]\!]\rho[x_1/\mathcal{E}[\![u_1]\!]\rho, \ldots x_k/\mathcal{E}[\![u_k]\!]\rho] \\
   = \mathcal{E}[\![\tilde{u}[x_1/u_1, \ldots, x_k/u_k]]\!]\rho \qquad \text{(lt. Substitutionslemma)} \\
   = \mathcal{E}[\![u']\!]\rho.
   \end{aligned}$$

   (d) Die Fälle der *let-*, *case-* und *letrec-Reduktion* können mit Hilfe des Substitutionslemmas analog zum Fall (c) bewiesen werden.

   (e) Für die *α-Konversionen* ist die Behauptung offensichtlich.

2. Im Fall $u \Rightarrow u$ ist die Aussage trivial.

3. Die übrigen Fälle lassen sich mittels eines einfachen Induktionsschlusses nachweisen.

$\square$

$^{\dagger\dagger}\mathcal{E}$ bezeichnet hier die für Berechnungsausdrücke erweiterte Ausdruckssemantik.

Mittels dieses Ergebnisses kann folgende Aussage gezeigt werden:

1.3.9 Satz Die Reduktionsrelation $\Rightarrow\,\subseteq\, Comp \times Comp$ besitzt die *Konfluenzeigenschaft*:

$$\forall u \in Comp\ \forall a_1, a_2 \in A \cup T_\Gamma(A) : u \stackrel{*}{\Rightarrow} a_1, u \stackrel{*}{\Rightarrow} a_2 \text{ impliziert } a_1 = a_2.$$

Beweis: Mit obigem Lemma folgt:

$$a_1 = \mathcal{E}[\![u]\!]\rho = a_2 \text{ (für beliebiges } \rho \in Env).$$

$\square$

Die Konfluenzeigenschaft der Reduktionsrelation gestattet folgende Definition einer Reduktionssemantik für SAL-Programme:

1.3.10 Definition Für $e \in Prog^s (s \in S \cup D), a \in A \cup T_\Gamma(A)$ mit $a \in A^s$, falls $s \in S$, und $a \in T_\Gamma^s(A)$, falls $s \in D$, ist

$$red[\![e]\!]_{A,T_\Gamma} := a$$

die *Reduktionssemantik von e*, falls $e \stackrel{*}{\Rightarrow} a$.

Die Reduktionssemantik ist korrekt bezüglich der Fixpunktsemantik.

1.3.11 Satz Für $e \in Prog, a \in A \cup T_\Gamma(A)$ gilt:

$$red[\![e]\!]_{A,T_\Gamma} = a \text{ impliziert } fix[\![e]\!]_{A,CT_\Gamma} = a.$$

Beweis: Lemma 1.3.8. $\square$

Die Reduktionssemantik ist allerdings nur für solche Programme definiert, aus denen sich in endlich vielen Schritten ein Wert aus A oder ein Γ-Term über A reduzieren läßt. Aufgrund der partiell definierten und unendlichen Strukturen können auch Programme eine Ausgabe liefern bzw. eine von $\bot$ verschiedene Fixpunktsemantik haben, deren Reduktionssemantik nicht definiert ist. Man könnte die Reduktionssemantik für unendliche Strukturen dahingehend verallgemeinern, daß man die Reduktion beliebig genauer, endlicher Approximationen verlangt. Wir verzichten hier auf eine formale Präzisierung und betrachten nur ein Beispiel.

1.3.12 Beispiel Für das SAL-Programm

$$P = \textbf{letrec } nats = \lambda x.(\text{CONS}, x, (nats, (\text{suc}, x))) \textbf{ in } (nats, 0)$$

über der in Beispiel 1.1.1 gegebenen Basissignatur Σ_0 und der Datenstruktursignatur $DS_0(\Sigma_0)$, wurde in Beispiel 1.2.13 folgende Fixpunktsemantik bestimmt:

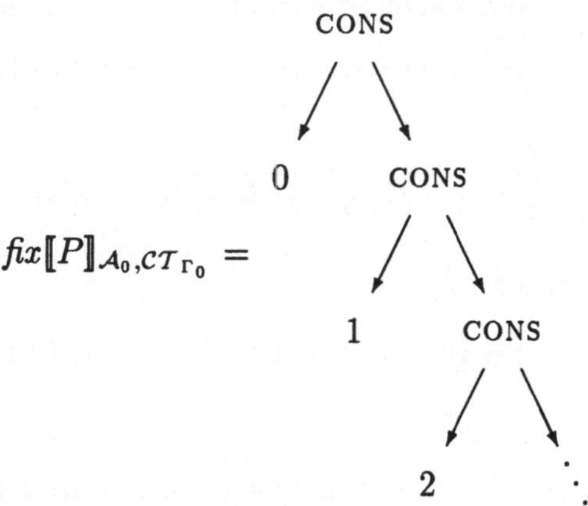

$$fix[\![P]\!]_{A_0,CT_{\Gamma_0}} =$$

Während sich als Fixpunktsemantik die unendliche Liste aller natürlichen Zahlen ergibt, ist $red[\![P]\!]_{A_0,CT_{\Gamma_0}}$ nicht definiert.

Es gilt allerdings, daß mit

$$
\begin{aligned}
E_{nats} = \ &\textbf{letrec } nats = \lambda x.(\text{CONS}, x, (nats, (\text{suc}, x)))\\
&\textbf{in } \lambda x.(\text{CONS}, x, (nats, (\text{suc}, x)))
\end{aligned}
$$

$$
\begin{aligned}
P \ &\stackrel{*}{\Rightarrow} \ \text{CONS}(0, (E_{nats}, (\text{suc}, 0)))\\
&\stackrel{*}{\Rightarrow} \ \text{CONS}(0, \text{CONS}(1, (E_{nats}, (\text{suc}, 1))))\\
&\stackrel{*}{\Rightarrow} \ \text{CONS}(0, \text{CONS}(1, \text{CONS}(2, (E_{nats}, (\text{suc}, 2)))))\\
&\stackrel{*}{\Rightarrow} \ \dots
\end{aligned}
$$

Es gibt also Reduktionssequenzen, bei denen die unendliche Struktur beliebig genau "approximiert" wird.

Mit Sicherheit kann ein abgeschwächtes Vollständigkeitsresultat folgender Art, für die hier beschriebene Reduktionssemantik nachgewiesen werden:

"Falls für $e \in Prog$, $fix[\![e]\!]_{A,CT_{\Gamma}} \in A \cup T_{\Gamma}(A)$, dann ist

$$red[\![e]\!]_{A,CT_{\Gamma}} = fix[\![e]\!]_{A,CT_{\Gamma}}."$$

Wir wollen im Rahmen dieser Arbeit auf einen solchen technischen Beweis verzichten.

1.4 Reduktionsstrategien

Die zur Festlegung der Reduktionssemantik definierte Reduktionsrelation ist vollkommen nichtdeterministisch, d.h. es ist für einen Berechnungsausdruck mit mehreren reduzierbaren Teilausdrücken nicht festgelegt, welcher dieser Teilausdrücke als nächster reduziert wird. Insbesondere ist in einem Reduktionsschritt die Durchführung mehrerer unabhängiger lokaler Reduktionen erlaubt.

In diesem Abschnitt stellen wir die beiden wichtigsten sequentiellen Reduktionsstrategien für funktionale Sprachen vor — die *normal-order* und die *applicative-order* Strategie. Wir beginnen mit dem Nachweis einer Eigenschaft der Reduktionsrelation, die bei diesen Strategien ausgenutzt wird.

1.4.1 Lemma $\Rightarrow\, \subseteq Comp \times Comp$ ist abgeschlossen unter geschlossenen Berechnungsausdrücken, d.h.

falls $u \in Comp$ mit $free(u) = \emptyset$ und $u \Rightarrow u'$, so gilt auch $free(u') = \emptyset$.

Beweis: Die Aussage folgt unmittelbar aus folgender Behauptung, die durch Induktion über den Aufbau der Reduktionsrelation $\Rightarrow$ gezeigt wird.

$$\forall\ u_1, u_2 \in Comp : u_1 \Rightarrow u_2 \text{ impliziert } free(u_2) \subseteq free(u_1).$$

Für die Reduktionsregeln gilt:

1. Konstantenreduktion:
   $free(f(a_1, \ldots, a_n)) = \emptyset = free(\phi_A(f)(a_1, \ldots, a_n))$.

2. Konstruktorreduktion:
   $free((c, u_1, \ldots, u_k)) = \bigcup_{i=1}^{k} free(u_i) = free(c(u_1, \ldots, u_k))$.

3. Verzweigungsreduktion:
   $free(u_1) \subseteq free(\textbf{if true then } u_1 \textbf{ else } u_2 \textbf{ fi}) = free(u_1) \cup free(u_2)$.

4. β-Reduktion:
   $free((\lambda(x_1, \ldots, x_2).u, u_1, \ldots, u_k)$
   $= (free(u) \setminus \{x_1, \ldots, x_k\}) \cup \bigcup_{i=1}^{k} free(u_i)$
   $= free(u[x_1/u_1, \ldots, x_k/u_k])$
   Dabei ist zu beachten, daß

   $$\bigcup_{i=1}^{k} free(u_i) \cap bound(u) = \emptyset.$$

5. Der Nachweis für die *let-*, *case-* und *letrec*-Reduktion erfolgt analog zur β-Reduktion.

6. Die Behauptung ist im Fall der α-Konversion trivial.

Durch einen einfachen Induktionsschluß folgt damit die Behauptung.   □

Da wir uns letztendlich nur für die Reduktion von SAL-Programmen, d.h. von geschlossenen Ausdrücken vom Basistyp interessieren, erklären wir die Reduktionsstrategien nur für geschlossene Berechnungsausdrücke. Dies hat den entscheidenden Vorteil, daß bei der Reduktion keine Variablenkonflikte auftreten, d.h. man benötigt bei diesen Strategien keine α-Konversionen.

Betrachten wir etwa den Ausdruck

$$u = (\lambda(x_1, \ldots, x_k).\tilde{u}, u_1, \ldots, u_k).$$

Aus $free(u) = \emptyset$ folgt direkt $free(u_i) = \emptyset$ für alle $1 \le i \le k$, d.h. die Bedingung

$$bound(\tilde{u}) \cap \bigcup_{i=1}^{k} free(u_i) = \emptyset$$

ist trivialerweise erfüllt. Ein Variablenkonflikt ist nicht möglich. Analog argumentiert man für *let-*, *case-* oder *letrec*-Ausdrücke.

Voraussetzung für die Beschränkung auf geschlossene Berechnungsausdrücke ist die zuvor gezeigte Abgeschlossenheit der Reduktionsrelation unter geschlossenen Berechnungsausdrücken. Natürlich muß man sich auf die Reduktion von "äußeren" (top-level) Teilausdrücken beschränken, die ihrerseits geschlossen sind, da "innere" Teilausdrücke freie Variable enthalten können. Sowohl bei der normal-order als auch bei der applicative-order Strategie werden daher jeweils nur "outermost" Reduktionen, also Reduktionen auf dem äußeren Level, vorgenommen.

1.4.1   Die "normal-order" Reduktionsstrategie

Bei der normal-order Strategie wird immer der am weitesten links und am weitesten außen stehende reduzierbare Ausdruck reduziert. Man nennt diese Strategie auch *leftmost-outermost* Reduktionsstrategie. Da bei dieser Auswertungsstrategie Applikationen ohne vorherige Auswertung der Argumente reduziert werden, findet man auch die Bezeichnung *call-by-name*-Strategie, wobei sich "call-by-name" auf die Art der Parameterübergabe bezieht.

Im folgenden bezeichne $Comp^{\emptyset}$ die Typ(S, D)-sortierte Familie aller geschlossenen SAL-Berechnungsausdrücke, d.h.

$$Comp^{\emptyset} = \{u \in Comp \mid free(u) = \emptyset\}$$

1.4.2 Definition Die *normal-order* oder *call-by-name Reduktionsstrategie*

$$\Rightarrow_n \subseteq Comp^{\emptyset} \times Comp^{\emptyset}$$

ist definiert durch:

1. Ist $u_1 \to u_2$ eine von der α-Konversion verschiedene Reduktionsregel mit $u_1, u_2 \in Comp^{\emptyset}$, so gilt

$$u_1 \Rightarrow_n u_2.$$

2. Ist $(f, a_1, \ldots, a_{i-1}, u_i, \ldots, u_n) \in Comp^{\emptyset}$ mit $f \in \Omega, a_j \in A$ für $j \leq i-1$ und $u_i \notin A$, so impliziert $u_i \Rightarrow_n u_i'$

$$(f, a_1, \ldots, a_{i-1}, u_i, \ldots, u_n) \Rightarrow_n (f, a_1, \ldots, a_{i-1}, u_i', u_{i+1}, \ldots, u_n).$$

2*. Ist $(c, a_1, \ldots, a_{i-1}, u_i, \ldots, u_n) \in Comp^{\emptyset}$ mit $c \in \Gamma, a_j \in A \cup T_\Gamma(A)$ für $j \leq i - 1, u_i \notin A \cup T_\Gamma(A)$, so impliziert $u_i \Rightarrow_n u_i'$:

$$c(a_1, \ldots, a_{i-1}, u_i, \ldots, u_n) \Rightarrow_n c(a_1, \ldots, a_{i-1}, u_i', u_{i+1}, \ldots, u_n).$$

3. Ist **if** u_1 **then** u_2 **else** u_3 **fi** $\in Comp^{\emptyset}$ mit $u_1 \notin A$, so impliziert $u_1 \Rightarrow_n u_1'$:

$$\textbf{if } u_1 \textbf{ then } u_2 \textbf{ else } u_3 \textbf{ fi} \Rightarrow_n \textbf{if } u_1' \textbf{ then } u_2 \textbf{ else } u_3 \textbf{ fi}.$$

4. Ist **case** u **of** $\ldots$ $c_j(y_{j1}, \ldots, y_{jm_j}) : u_j$ $\ldots$ **esac** $\in Comp^{\emptyset}$ und u nicht von der Form $c(\tilde{u}_1, \ldots, \tilde{u}_k)$ mit $c \in \Gamma$, so impliziert $u \Rightarrow_n u'$:

$$\textbf{case } u \textbf{ of } \ldots \textbf{ esac} \Rightarrow_n \textbf{case } u' \textbf{ of } \ldots \textbf{ esac}.$$

5. Ist $(u, u_1, \ldots, u_k) \in Comp^{\emptyset}$, so impliziert $u \Rightarrow_n u'^{\dagger}$:

$$(u, u_1, \ldots, u_k) \Rightarrow_n (u', u_1, \ldots, u_k).$$

Die normal-order Reduktionsstrategie ist deterministisch, d.h. zu jedem $u \in Comp^{\emptyset}$ existiert höchstens ein $u' \in Comp^{\emptyset}$ mit

$$u \Rightarrow_n u'.$$

Außerdem liegt Korrektheit und Vollständigkeit bzgl. der Reduktionssemantik von SAL-Programmen vor, d.h. für SAL-Programme u gilt:

---

†Da eine Reduktion $u \Rightarrow u'$ existiert, ist u damit weder aus $\Omega \cup \Gamma$ noch von der Form $\lambda(x_1, \ldots, x_k).\tilde{u}$.

falls $u \overset{*}{\Rightarrow} a$ mit $a \in A \cup T_\Gamma(A)$, so gilt auch $u \overset{*}{\Rightarrow}_n a$.

und umgekehrt. Auf einen formalen Beweis dieser Eigenschaften möchten wir hier verzichten. Der Leser sei diesbezüglich auf die Literatur [Barendregt 84], [Curry/Feys 58] verwiesen.

Funktionale Sprachen, deren Implementierung auf der normal-order Strategie basieren, sind etwa KRC [Turner 82], LazyML [Augustsson 84] und MIRANDA [Turner 85]. In solchen Implementierungen wird i.a. auf Punkt 2* in obiger Definition verzichtet. Konstruktoren werten ihre Argumente *nicht* aus, werden also wie nicht-strikte Funktionen behandelt. Damit eine Datenstruktur vollständig ausgewertet wird, muß sie in einen Kontext gebracht werden, der diese Auswertung erzwingt. Ein solcher Kontext ist etwa eine "print"-Funktion, die die Datenstruktur druckt und dazu die Auswertung der Argumente des obersten Konstruktors erzwingt. Dies ist auch exakt die Behandlung von Datenstrukturen während der Programmausführung. Der Vorteil einer solchen Implementierung ist, daß damit auch unendliche Datenstrukturen als Ausgabe eines funktionalen Programmes behandelt werden können. Die Umgebung des Programmes bestimmt, inwieweit die unendliche Datenstruktur ausgewertet werden soll und wann das Programm terminiert. Eine Nichttermination oder eine Erschöpfung der Ressourcen bei großen, aber endlichen Strukturen wird verhindert.

Natürlich geht bei Verzicht auf 2* die Vollständigkeit bzgl. der Reduktionssemantik verloren, da die reduzierten SAL-Programme nicht ausgewertete Teilausdrücke enthalten können. Die Korrektheit bleibt natürlich erhalten, da nach wie vor $\Rightarrow_n \,\subseteq\, \Rightarrow$.

Im folgenden verstehen wir unter der normal-order Reduktionsstrategie diejenige *ohne* 2* in Definition 1.4.2.

1.4.3 Definition Ein geschlossener Berechnungsausdruck u ist in $\Rightarrow_n$*-Normalform*, falls **kein** u' existiert mit $u \Rightarrow_n u'$.

1.4.4 Lemma $u \in Comp^\emptyset$ ist genau dann in $\Rightarrow_n$-Normalform, falls:

1. $u \in \Gamma \cup \Omega^+$, wobei $\Omega^+ = \bigcup_{(w,s) \in S^+ \times S} \Omega^{(w,s)}$, oder

2. $u \in A \cup T_\Gamma(A)$ oder

3. u ist von der Form $\lambda(x_1, \ldots, x_k).\tilde{u}$ oder

4. u ist von der Form $c(\tilde{u}_1, \ldots, \tilde{u}_n)$ mit $c \in \Gamma^{\dagger\dagger}$.

Beweis: $\leftarrow$: klar nach Definition.

$\rightarrow$: Induktiv über den Aufbau der Berechnungsausdrücke.   □

---

††Dies gilt, weil 2* in Definition 1.4.2 gestrichen ist.

Die $\Rightarrow_n$-Normalform entspricht der *weak-head-normalform* aus [Peyton-Jones 87]. Bei der $\Rightarrow_n$-Normalform ist der Gesamtausdruck bzw. äußere Ausdruck, nicht weiterreduzierbar. Es können aber durchaus reduzierbare Teilausdrücke existieren. Ein Ausdruck heißt in Normalform, falls er keine reduzierbaren Teilausdrücke besitzt. Bei der Implementierung funktionaler Sprachen wird meistens die "weak-head-normalform" zugrundegelegt, da diese einfacher zu realisieren ist als Reduktionsstrategien, die bis zur Normalform reduzieren.

Die normal-order Reduktionsstrategie wird auch häufig "lazy evaluation", d.h. *verzögerte* Auswertung genannt. "Verzögert" bezieht sich dabei auf die Auswertung von Argumenten einer Funktion. Punkt 6 in obiger Definition macht deutlich, daß in einer Applikation zuerst der Funktionsausdruck reduziert wird. Argumente werden nur reduziert, wenn ihr Wert zur Bestimmung des Gesamtergebnisses notwendig wird (siehe 2 in Definition 1.4.2).

Dies ermöglicht insbesondere das Arbeiten mit potentiell unendlichen Datenobjekten, wie das folgende Beispiel zeigt:

1.4.5 Beispiel Wir betrachten eine normal-order Reduktion des bereits in der Einleitung diskutierten Programms zur Bestimmung der Fibonaccizahlen:

$$P = \textbf{letrec } get = \lambda(l^{\text{intlist}}, i^{\text{int}}). \textbf{ case } l \textbf{ of}$$
$$\text{NIL} : 0;$$
$$\text{CONS } (y_1, y_2): \textbf{if } (=, i, 1) \textbf{ then } y_1$$
$$\textbf{else } (get, y_2, (\text{pred}, i)) \textbf{ fi}$$
$$\textbf{esac}$$
$$\textbf{and}\quad genfib = \lambda(x_1^{\text{int}}, x_2^{\text{int}}). (\text{CONS}, x_1, (genfib, x_2, (+, x_1, x_2)))$$
$$\textbf{in } (get, (genfib, 1, 1), 3)$$

Zur einfacheren Beschreibung der Reduktionen führen wir folgende Bezeichnungen für die einzelnen Programmteile ein:

$$E(get)\quad := \textbf{letrec } get = \lambda(l, i). \textbf{ case } l \textbf{ of} \dots \textbf{ esac}$$
$$\textbf{and}\quad genfib = \lambda(x_1, x_2). (\text{CONS}, x_1, (genfib, x_2, (+, x_1, x_2)))$$
$$\textbf{in } \lambda(l, i). \textbf{ case } l \textbf{ of} \dots \textbf{ esac },$$

$$E(genfib) := \textbf{letrec } get = \lambda(l, i). \textbf{ case } l \textbf{ of} \dots \textbf{ esac}$$
$$\textbf{and}\quad genfib = \lambda(x_1, x_2). (\text{CONS}, x_1, (genfib, x_2, (+, x_1, x_2)))$$
$$\textbf{in } \lambda(x_1, x_2). (\text{CONS}, x_1, (genfib, x_2, (+, x_1, x_2)))$$

Damit folgt

$$P \Rightarrow_n (\mathrm{E}(get),\ (\mathrm{E}(genfib),\ 1,\ 1),\ 3)$$

$\Rightarrow_n (\lambda(l, i).\ \textbf{case } l \textbf{ of}$

           NIL: 0;

           CONS (y_1, y_2): $\textbf{if } (=, i, 1) \textbf{ then } y_1$

                     $\textbf{else } (\mathrm{E}(get),\ y_2,\ (\mathrm{pred}, i)) \textbf{ fi}$

       $\textbf{esac},\ (\mathrm{E}(genfib),\ 1,\ 1),\ 3)$

$\Rightarrow_n \textbf{case } (\mathrm{E}(genfib),\ 1,\ 1) \textbf{ of}$

       NIL: 0;

       CONS (y_1, y_2): $\textbf{if } (=, 3, 1) \textbf{ then } y_1$

                  $\textbf{else } (\mathrm{E}(get),\ y_2,\ (\mathrm{pred}, 3)) \textbf{ fi}$

     $\textbf{esac}$

$\overset{3}{\Rightarrow}_n \textbf{case } \mathrm{CONS}\ (0,\ (\mathrm{E}(genfib),\ 1,\ (+, 1, 1))) \textbf{ of}$

       NIL: 0;

       CONS (y_1, y_2): $\textbf{if } (=, 3, 1) \textbf{ then } y_1$

                  $\textbf{else } (\mathrm{E}(get),\ y_2,\ (\mathrm{pred}, 3)) \textbf{ fi}$

     $\textbf{esac}$

$\overset{3}{\Rightarrow}_n (\mathrm{E}(get),\ (\mathrm{E}(genfib),\ 1,\ (+, 1, 1)),\ (\mathrm{pred}, 3))$

$\overset{2}{\Rightarrow}_n \textbf{case } (\mathrm{E}(genfib),\ 1,\ (+, 1, 1)) \textbf{ of}$

       NIL: 0;

       CONS(y_1, y_2): $\textbf{if } (=, (\mathrm{pred},\ 3),\ 1) \textbf{ then } y_1$

                $\textbf{else } (\mathrm{E}(get),\ y_2,\ (\mathrm{pred}, (\mathrm{pred}, 3))) \textbf{ fi}$

     $\textbf{esac}$

$\overset{3}{\Rightarrow}_n \textbf{case } \mathrm{CONS}\ (1,\ (\mathrm{E}(genfib),\ (+, 1, 1),\ (+, 1, (+, 1, 1)))) \textbf{ of } \cdots \textbf{ esac}$

$\overset{3}{\Rightarrow}_n (\mathrm{E}(get),\ (\mathrm{E}(genfib),\ (+, 1, 1),\ (+, 1, (+, 1, 1))),\ (\mathrm{pred},\ (\mathrm{pred},\ 3)))$

$\overset{2}{\Rightarrow}_n \textbf{case } (\mathrm{E}(genfib),\ (+, 1, 1),\ (+, 1, (+, 1, 1))) \textbf{ of}$

       NIL: 0;

       CONS(y_1, y_2): $\textbf{if } (=, (\mathrm{pred}, (\mathrm{pred},\ 3)),\ 1)$

                 $\textbf{then } y_1 \textbf{ else } \cdots \textbf{ fi}$

     $\textbf{esac}$

$\overset{3}{\Rightarrow}_n \textbf{case } \mathrm{CONS}\ ((+, 1, 1),\ (\mathrm{E}(genfib),\ (+, 1, (+, 1, 1)),$

                             $(+, (+, 1, 1), (+, (+, 1, 1), 1)))) \textbf{ of}$

       NIL: 0;

       CONS(y_1, y_2): $\textbf{if } (=, (\mathrm{pred}, (\mathrm{pred},\ 3)),\ 1)$

                 $\textbf{then } y_1 \textbf{ else } \cdots \textbf{ fi}$

     $\textbf{esac}$

$\overset{*}{\Rightarrow}_n (+, 1, 1)$

$\Rightarrow_n 2$

Dieses Beispiel zeigt sehr deutlich die verzögerte Auswertung von Argumenten, die das Arbeiten mit der Funktion "genfib", die ja die unendliche Liste aller Fibonaccizahlen generiert, erst möglich macht. Es zeigt sich aber auch, daß das einfache Substituieren von Variablen durch unausgewertete Ausdrücke die Gefahr der Mehrfachauswertung von Ausdrücken in sich birgt. In obiger Beispielreduktion wird lediglich der einfache Ausdruck (pred, 3) mehrfach ausgewertet. An Stelle der Zahl 3 hätte aber auch ein beliebig komplexer Ausdruck stehen können. Im nächsten Kapitel werden wir auf Implementierungstechniken eingehen, die die Mehrfachauswertung von Ausdrücken bei einer Auswertung nach dem call-by-name Prinzip vermeiden. Man spricht dann auch von einer call-by-need-Auswertung, d.h. jeder Ausdruck wird höchstens einmal ausgewertet. Aber selbst wenn die Mehrfachauswertung von Teilausdrücken vermieden wird, also jeder Teilausdruck höchstens einmal reduziert wird, zeigt sich doch, daß die verzögerte Auswertung mit einem Mehraufwand verbunden ist, der sich letztendlich negativ auf die Auswertungsgeschwindigkeit auswirken muß. Man betrachte nur die große Komplexität der Berechnungsausdrücke in obigem Beispiel. Aus diesem Grunde gibt es auch Implementierungen funktionaler Sprachen, die nicht auf der call-by-name, sondern auf der call-by-value bzw. applicative-order Reduktionsstrategie beruhen, etwa ML [Milner 84] oder Hope [Burstall et. al. 80].

1.4.2 Die "applicative-order" Reduktionsstrategie

Bei der applicative-order Reduktionsstrategie werden *vor* einer β-, *let-* oder *case-*Reduktion die Ausdrücke, die durch die Variablen substituiert werden, ausgewertet, d.h. so weit wie möglich reduziert. Diese Strategie wird daher auch als "call-by-value" Strategie bezeichnet, da bei der Auswertung einer Applikation die Argumente völlig reduziert, also im allgemeinen als Werte übergeben werden.

Zur Definition der applicative-order Strategie benötigen wir folgenden Normalformbegriff:

1.4.6 Definition $u \in Comp^{\emptyset}$ ist in *strikter Normalform*, falls

    1. $u \in A \cup T_{\Gamma}(A)$ oder

    2. $u \in \Omega^{+} \cup \Gamma$ oder

    3. $u = \lambda(x_1, \ldots, x_k).\tilde{u}$
       mit $x_i \in Arg$ $(1 \leq i \leq k)$ und $\tilde{u} \in Comp$ mit $free(u) \subseteq \{x_1, \ldots, x_k\}$

SNF bezeichne die Familie aller Berechnungsausdrücke in strikter Normalform.

1.4.7 Definition Die *applicative-order* oder *call-by-value Reduktionsstrategie*

$$\Rightarrow_a \subseteq Comp^{\emptyset} \times Comp^{\emptyset}$$

ist definiert durch:

1. Ist $u_1 \to u_2$ Konstanten-, Verzweigungs- oder **letrec**-Reduktion, so ist:

$$u_1 \Rightarrow_a u_2.$$

2. Ist $(c, a_1, \ldots, a_m) \in Comp^\emptyset$ mit $c \in \Gamma, a_j \in T_\Gamma(A)$ für $1 \leq j \leq m$, so gilt:

$$(c, a_1, \ldots, a_m) \Rightarrow_a c(a_1, \ldots, a_m).$$

3. Ist **if** u_1 **then** u_2 **else** u_3 **fi** $\in Comp^\emptyset$ mit $u_1 \notin A^{bool}$, so impliziert $u_1 \Rightarrow_a u_1'$:

$$\textbf{if } u_1 \textbf{ then } u_2 \textbf{ else } u_3 \textbf{ fi} \Rightarrow_a \textbf{if } u_1' \textbf{ then } u_2 \textbf{ else } u_3 \textbf{ fi}.$$

4. (a) Ist $(u, u_1, \ldots, u_k) \in Comp^\emptyset$ mit: $u_j \in$ SNF für $1 \leq j \leq i-1 < k$ und $u_i \notin$ SNF, dann impliziert $u_i \Rightarrow_a u_i'$:

$$(u, u_1, \ldots, u_k) \Rightarrow_a (u, u_1, \ldots, u_{i-1}, u_i', u_{i+1}, \ldots, u_k)$$

   (b) Ist $(u, u_1, \ldots, u_k) \in Comp^\emptyset$ mit $u_j \in$ SNF für alle $1 \leq j \leq k$, so impliziert $u \Rightarrow_a u'$:

$$(u, u_1, \ldots, u_k) \Rightarrow_a (u', u_1, \ldots, u_k)$$

5. Ist $(\lambda(x_1, \ldots, x_k).u, u_1, \ldots, u_k) \in Comp^\emptyset$ mit $u_j \in$ SNF für $1 \leq j \leq k$, so gilt:

$$(\lambda(x_1, \ldots, x_k).u, u_1, \ldots, u_k) \Rightarrow_a u[x_1/u_1, \ldots, x_k/u_k]^\ddagger$$

6. (a) Ist **let** $y_1 = u_1$ **and** $\ldots$ **and** $y_k = u_k$ **in** $u \in Comp^\emptyset$ mit $u_j \in$ SNF für $1 \leq j \leq i-1$ und $u_i \notin$ SNF, so impliziert $u_i \Rightarrow_a u_i'$:
let $y_1 = u_1$ **and** $\ldots y_i = u_i \ldots$ **in** u
$$\Rightarrow_a \textbf{let } y_1 = u_1 \textbf{ and } \ldots y_i = u_i' \ldots \textbf{ in } u.$$

   (b) Ist **let** $y_1 = u_1$ **and** $\ldots$ **and** $y_k = u_k$ **in** $u \in Comp^\emptyset$ mit $u_j \in$ SNF für alle $1 \leq j \leq k$, so gilt:

$$\textbf{let } y_1 = u_1 \textbf{ and} \ldots \textbf{and } y_k = u_k \textbf{ in } u \Rightarrow_a u[y_1/u_1, \ldots, y_k/u_k].$$

7. (a) Ist **case** u **of** $\ldots c_j(y_{j1}, \ldots, y_{jm_j}) : u_j \ldots$ **esac** $\in Comp^\emptyset$ und $u \notin T_\Gamma(A)$, so impliziert $u \Rightarrow_a u'$:

$$\textbf{case } u \textbf{ of } \ldots \textbf{ esac} \Rightarrow_a \textbf{case } u' \textbf{ of } \ldots \textbf{ esac}.$$

$\ddagger$ Beachte, daß $free(u_j) = \emptyset$ für alle $1 \leq j \leq k$.

(b) Ist $u \in T_\Gamma(A)$, etwa $u = c_j(a_{j1}, \ldots, a_{jm_j})$, so gilt:

case u **of** $\ldots c_j(y_{j1}, \ldots, y_{jm_j}) : u_j \ldots$ **esac**

$$\Rightarrow_a u_j[y_{j1}/a_{j1}, \ldots, y_{jm_j}/a_{jm_j}]$$

Fall 4(a) in obiger Definition zeigt deutlich, in welcher Reihenfolge bei der applicative-order Strategie reduziert wird:

In jeder Applikation werden zuerst die Ausdrücke in Argumentpositionen und zuletzt der Ausdruck in Funktionsposition reduziert. Aus diesem Grunde ist die call-by-value-Strategie verschieden von der *leftmost-innermost* Strategie, bei der reduzierbare Teilausdrücke des Funktionsausdruckes vor den Argumentausdrücken reduziert würden.

1.4.8 Beispiel In dem folgenden SAL-Programm würden die leftmost-innermost und die applicative-order Strategie an den gekennzeichneten Stellen mit der Reduktion beginnen.

$$(\lambda x.(+, x, \underbrace{(*, 3, 4)}_{\substack{\text{leftmost} \\ \text{innermost}}}), \underbrace{(+, 2, 3)}_{\substack{\text{applicative} \\ \text{order}}})$$

Im Fall von *SAL-Programmen erster Ordnung*, d.h. SAL-Programmen, in denen alle Argument- und lokalen Variablen vom Basistyp $s \in S \cup D$ sind und als Funktionsausdrücke nur Elemente aus $\Omega \cup \Gamma \cup Fun$ auftreten, entspricht die applicative-order Strategie der leftmost-innermost Strategie.

In diesem Spezialfall reduziert sich die strikte Normalform zu Konstanten aus $A \cup T_\Gamma(A)$. Die Substitutionsoperation muß also nur für Konstanten durchgeführt werden. Aus diesem Grunde ist die applicative-order Strategie für Programme erster Ordnung sehr viel einfacher und effizienter zu implementieren als die normal-order Strategie. Im hier beschriebenen allgemeinen Fall sind auch komplexe λ-Abstraktionen in strikter Normalform. Es ist also auch bei der applicative-order Reduktion die Substitution komplexerer Ausdrücke zu behandeln. Wie wir im nächsten Kapitel sehen, werden dazu ähnliche Techniken wie bei der normal-order Reduktion verwendet.

Es gibt SAL-Programme, für die die nichtdeterministische Reduktionssemantik definiert ist, für die es aber keine terminierende applicative-order Reduktion gibt.

Die call-by-value Strategie ist also *nicht vollständig bezüglich der Reduktionssemantik*. I.a. verursacht die Auswertung von Argumenten, die zur Bestimmung des Gesamtergebnisses nicht benötigt werden, diese Nichttermination.

1.4.9 Beispiel Für das SAL-Programm

$$P = (\lambda x.3, \text{BOMBE})$$

$$\text{mit BOMBE} = \textbf{letrec } F = \lambda x.(F, x) \textbf{ in } (F, 1)$$

terminiert die applicative-order Reduktion nicht, da vor der β-Reduktion, die das Ergebnis 3 liefern würde, das Argument BOMBE reduziert werden muß. Es gilt aber:

$$
\begin{aligned}
\text{BOMBE} &= \textbf{letrec } F = \lambda x.(F, x) \textbf{ in } (F, 1) \\
&\Rightarrow_a (\lambda x. \ (\textbf{letrec } F = \lambda x.(F, x) \textbf{ in } \lambda x.(F, x), x), 1) \\
&\Rightarrow_a \quad\;\; (\textbf{letrec } F = \lambda x.(F, x) \textbf{ in } \lambda x.(F, x), 1) \\
&\Rightarrow_a (\lambda x. \ (\textbf{letrec } F = \lambda x.(F, x) \textbf{ in } \lambda x.(F, x), x), 1) \\
&\quad \dots
\end{aligned}
$$

Unendliche Datenstrukturen wie etwa die Liste der Fibonaccizahlen aus Beispiel 1.4.5 führen bei der applicative-order Strategie ebenfalls unweigerlich zur Nichttermination und sind daher in Sprachen wie ML oder Hope ausgeschlossen.

Dies schränkt natürlich die Ausdrucksstärke dieser Sprachen extrem ein, da gerade unendliche Datenstrukturen in Verbindung mit dem Konzept der Funktionen höherer Ordnung eine elegante modulare Programmierung erlauben. Die Berechnung der Daten kann unabhängig von Algorithmen zur Bearbeitung der Daten spezifiziert werden. In [Hughes 85] sind dazu einige eindrucksvolle Beispiele angegeben.

Untersucht man die beiden Reduktionsstrategien unter dem Aspekt der Parallelisierbarkeit, so stellt man fest, daß die applicative-order Strategie bedeutend mehr Möglichkeiten zur Parallelausführung bietet als die normal-order Reduktionsstrategie. Dies ist darauf zurückzuführen, daß bei der applicative-order Strategie immer alle Augumentausdrücke parallel ausgewertet werden können. In Definition 1.4.7 könnten Fall 4(a) sowie Fall 6(a) ersetzt werden durch:

4.(a)$'$ Ist $(u, u_1, \dots, u_k) \in Comp^{\emptyset}$ und existiert ein j mit $1 \leq j \leq k$ und $u_j \notin$ SNF, so impliziert $u_j \Rightarrow_a u'_j$ für alle solche $1 \leq j \leq k$ mit $u_j \notin$ SNF ($u_j = u'_j$, falls $u_j \in$ SNF ($1 \leq j \leq k$))

$$(u, u_1, \dots, u_k) \Rightarrow_a (u, u'_1, \dots, u'_k).$$

6.(a)$'$ Ist $\textbf{let } y_1 = u_1 \textbf{ and } \dots \textbf{ and } y_k = u_k \textbf{ in } u \in Comp^{\emptyset}$ und es existiert ein j mit $u_j \notin$ SNF, so impliziert $u_j \Rightarrow_a u'_j$ für alle solche $1 \leq j \leq k$ und $u_j = u'_j$ falls $u_j \in$ SNF ($1 \leq j \leq k$):

$$
\begin{aligned}
\textbf{let } y_1 &= u_1 \textbf{ and} \dots \textbf{and } y_k = u_k \textbf{ in } u \\
&\Rightarrow_a \textbf{let } y_1 = u'_1 \textbf{ and} \dots \textbf{and } y_k = u'_k \textbf{ in } u.
\end{aligned}
$$

Die normal-order Strategie ist dagegen inhärent sequentiell und erlaubt Parallelauswertung nur bei den Argumenten von Basisfunktionen ($f \in \Omega$). In Definition 1.4.2 könnte lediglich Fall 2 verallgemeinert werden zu

2'. Ist $(f, u_1, \ldots, u_k) \in Comp^{\emptyset}$ mit ($f \in \Omega$) und existiert ein j mit $u_j \notin A$, so impliziert $u_j \Rightarrow_a u'_j$ für alle solche $1 \leq j \leq k$ mit $u_j \notin A, u'_j = u_j$ für $u_j \in A$ $(1 \leq j \leq k)$:
$$(f, u_1, \ldots, u_k) \Rightarrow_n (f, u'_1, \ldots, u'_k).$$

Zusammenfassend kann man also folgendes feststellen:

- Gegenüber möglichen anderen, hier nicht diskutierten Reduktionsstrategien, haben die applicative-order und normal-order Strategie den Vorteil, daß bei der Reduktion von geschlossenen Berechnungsausdrücken *keine Variablenkonflikte* auftreten können.

- Die applicative-order Strategie ist in vielen Fällen einfacher und *effizienter zu implementieren* als die normal-order Strategie. Außerdem bietet sie mehr *Möglichkeiten zur Parallelauswertung*.

- Die normal-order Strategie ist im Gegensatz zur applicative-order Strategie *vollständig bzgl. der Reduktionssemantik* und erlaubt insbesondere das Arbeiten mit *potentiell unendlichen Datenobjekten.*

In diesem Buch werden wir unter anderem eine Reduktionsstrategie vorstellen, die die Vorteile der normal-order und der applicative-order Strategie vereinigt und korrekt und vollständig bezüglich der normal-order Reduktionsstrategie ist. Diese Reduktionsstrategie wird eine parallele Mischform von normal-order und applicative-order sein. Wir werden in Teil II des Buches Analysetechniken beschreiben, die uns Informationen darüber liefern, wann eine Parameterübergabe nach dem call-by-value Prinzip korrekt ist, wann also Argumentausdrücke parallel zum Funktionskörper ausgewertet werden können. Grundsätzlich werden wir bei den Reduktionen nach dem call-by-name Prinzip verfahren. Entsprechend den Analyseergebnissen wird allerdings sooft wie möglich die normal-order Strategie durch die applicative-order Strategie ersetzt.

Bei dieser Vorgehensweise wird sichergestellt, daß dieselben Ergebnisse wie bei einer normal-order Reduktion erzielt werden. Insbesondere sind unendliche Datenstrukturen zugelassen. Gegenüber einer reinen call-by-name Reduktion wird aber an Effizienz und Möglichkeiten zur Parallelauswertung gewonnen.

Bevor wir auf diese Dinge näher eingehen, geben wir in den nächsten Kapiteln noch einen Überblick über Techniken zur Implementierung funktionaler Sprachen sowie über parallele Rechnerarchitekturen.

Kapitel 2

Implementierungstechniken

Ein wesentliches Problem bei der Implementierung der Reduktionsregeln einer funktionalen Sprache ist die Behandlung der Substitution von Variablen durch Ausdrücke, wie sie etwa bei der β-, *let*-, *case*- und *letrec*-Reduktion auftritt. Im wesentlichen gibt es drei Vorgehensweisen :

1. direkte textuelle Ersetzung (*string reduction*),

2. indirekte Ersetzung durch Verwaltung von *Umgebungen*, in denen die Bindung von Variablen an Werte bzw. unausgewertete Teilausdrücke vermerkt wird (engl.: closure technique) und

3. direkte Ersetzung durch Umsetzen von Zeigern in einer Darstellung des zu reduzierenden Ausdruckes als *Graphen* (graph reduction).

2.1   Direkte textuelle Ersetzung

Die einfachste Methode zur Implementierung funktionaler Sprachen ist sicherlich die direkte textuelle Ersetzung oder "string reduction". Der zu reduzierende Ausdruck wird als Zeichenkette (string) dargestellt. Während einer Reduktion wird die Substitution von Variablennamen durch Ausdrücke explizit durchgeführt. Dabei werden natürlich die Ausdrücke sooft kopiert wie der jeweilige Variablenname auftritt. Dies führt zu einem hohen Zeit- und Platzaufwand, da die substituierten Ausdrücke sehr komplex sein können. Bei einer call-by-name Auswertung kommt es zudem zur Mehrfachauswertung von kopierten, nicht ausgewerteten Ausdrücken, wie wir bereits in Beispiel 1.4.5 gesehen haben. Aufgrund dieser Nachteile und Probleme ist diese Methode für die Praxis uninteressant. In der Literatur existieren aber Vorschläge für Maschinen, die dieses einfache Prinzip zugrundelegen, so z.B. die Reduktionsmaschine von Berkling [Berkling 75] sowie Magós parallele Reduktionsmaschine [Magó 80]. Magó versucht durch massive Parallelität die Ineffizienz der Stringreduktion auszugleichen. In einer parallelen Weiterentwicklung der Berklingschen Reduktionsmaschine [Kluge 83] weicht man zur Vermeidung von Mehrfachauswertungen vom Prinzip der direkten textuellen Ersetzung ab. Letztendlich kann man feststellen, daß keine Realisierung einer Maschine, die nach dem Prinzip direkter textueller Ersetzung arbeitet, existiert.

2.2 Umgebungsbasierte Reduktion

Bei der umgebungsbasierten Reduktion erfolgt keine explizite Ersetzung von Variablennamen durch Ausdrücke. Stattdessen wird in einer separaten Struktur — der Umgebung — die Bindung der Variablennamen an Ausdrücke vermerkt . Die Berechnungsausdrücke werden durch sogenannte *Closures* repräsentiert. Eine Closure ist ein Paar

$$c = \langle \underbrace{u}_{\text{Berechnungsausdruck}}, \underbrace{[var_1/c_1, \ldots, var_k/c_k]}_{\text{Umgebung}} \rangle,$$

wobei u ein Berechnungsausdruck ist, für den gilt:

$$free(u) \subseteq \{var_1, \ldots, var_k\}$$

und $c_1, \ldots, c_k$ wiederum Closures sind, die die Ausdrücke repräsentieren, durch die $var_1, \ldots, var_k$ in u substituiert werden sollen. Die Closure c ist eine Darstellung des Ausdrucks

$$\tilde{u} = u[var_1/\tilde{u}_1, \ldots, var_k/\tilde{u}_k],$$

sofern $\tilde{u}_1, \ldots, \tilde{u}_k$ die Ausdrücke sind, die durch $c_1, \ldots, c_k$ repräsentiert werden. Closures repräsentieren geschlossene Berechnungsausdrücke.

Die zweite Komponente einer Closure ist die Umgebung, in der die Bindungen von Variablen an Ausdrücke, welche wiederum durch Closures repräsentiert sind, vermerkt sind. Gegenüber der Stringreduktion hat die umgebungsbasierte Reduktion natürlich den Vorteil, daß keine Ausdrücke kopiert werden. Außerdem kann die Mehrfachauswertung von Argumentausdrücken im Falle einer call-by-name Strategie vermieden werden, indem man nach der ersten Auswertung eines solchen Teilausdruckes denselben in der Umgebung durch seinen Wert ersetzt. Schwierigkeiten macht allenfalls eine geeignete Verwaltung und Speicherung der Umgebungen während eines Reduktionsprozesses. Bevor wir auf diese Problematik näher eingehen, geben wir eine umgebungsbasierte normal order Reduktion für das in Beispiel 1.4.5 gegebene SAL-Programm an.

2.2.1 Beispiel   Sei wie in Beispiel 1.4.5:

$$P = \textbf{letrec } get = \lambda(l^{\text{intlist}}, i^{\text{int}}).\ \textbf{case } l \textbf{ of}$$

$$\text{NIL} : 0;$$

$$\text{CONS } (y_1, y_2): \textbf{if } (=, i, 1) \textbf{ then } y_1$$

$$\textbf{else } (get,\ y_2,\ (\text{pred}, i))\ \textbf{fi}$$

$$\textbf{esac}$$

$$\textbf{and} \quad genfib = \lambda(x_1^{\text{int}}, x_2^{\text{int}}).\ (\text{CONS},\ x_1,\ (genfib,\ x_2,\ (+,\ x_1, x_2)))$$

$$\textbf{in } (get,\ (genfib,\ 1,\ 1),\ 3)$$

Zur einfacheren Beschreibung der Reduktionen führen wir wieder folgende Bezeichnungen ein:

$$E(get) \quad := \textbf{letrec } get = \lambda(l^{\text{intlist}}, i^{\text{int}}).\ \textbf{case } l \textbf{ of } \dots \textbf{ esac}$$

$$\textbf{and} \quad genfib = \lambda(x_1, x_2).\ (\text{CONS},\ x_1,\ (genfib,\ x_2,\ (+,\ x_1, x_2)))$$

$$\textbf{in } \lambda(l^{\text{intlist}}, i^{\text{int}}).\ \textbf{case } l \textbf{ of } \dots \textbf{ esac },$$

$$E(genfib) := \textbf{letrec } get = \lambda(l^{\text{intlist}}, i^{\text{int}}).\ \textbf{case } l \textbf{ of } \dots \textbf{ esac}$$

$$\textbf{and} \quad genfib = \lambda(x_1, x_2).\ (\text{CONS},\ x_1,\ (genfib,\ x_2,\ (+,\ x_1, x_2)))$$

$$\textbf{in } \lambda(x_1, x_2).\ (\text{CONS},\ x_1,\ (genfib,\ x_2,\ (+,\ x_1, x_2)))$$

Die Reduktion startet mit der Closure $\langle P, [\,] \rangle$, in der die Umgebung leer ist, da P ein geschlossener Berechnungsausdruck ist. Zur Vereinfachung notieren wir in der Umgebungskomponente nur die Bindungen der im Berechnungsausdruck der Closure tatsächlich frei vorkommenden Variablen.

$$\langle\, P, [\,]\, \rangle$$

$$\Rightarrow_{cl} \langle\, (get,\ (genfib,\ 1,\ 1),\ 3),\ [get/\underbrace{\langle E(get), [\,]\rangle},\ genfib/\langle\, E(genfib),\ [\,]\,\rangle\,]\,\rangle$$

$$\langle E(get), [\,]\rangle$$

$$\Rightarrow_{cl} \langle\, (\lambda(l, i).\textbf{case } l \textbf{ of } \cdots \textbf{ esac},\ [get/\langle\, E(get),\ [\,]\,\rangle]\,\rangle$$

$$\Rightarrow_{cl} \langle\, \textbf{case } l \textbf{ of } \text{NIL}: 0,\ \text{CONS}(y_1, y_2): \textbf{if } (=, i, 1) \textbf{ then } y_1 \textbf{ else } \dots \textbf{ fi},$$

$$[l/\underbrace{\langle(genfib, 1, 1), [genfib/\langle E(genfib), [\,]\rangle]\rangle},\ i/3,\ get/\langle E(get), [\,]\rangle]\,\rangle$$

$$\langle\, (genfib,\ 1,\ 1),\ [genfib\ /\ \langle E(genfib), [\,]\rangle]\rangle$$

$$\overset{*}{\Rightarrow}_{cl} \langle\, (\lambda(x_1, x_2).(\text{CONS},\ x_1,\ (genfib,\ x_2,\ (+,\ x_1, x_2))),\ 1,\ 1),$$

$$[\ genfib/\langle E(genfib), [\,]\rangle\ ]\,\rangle$$

$$\overset{*}{\Rightarrow}_{cl} \langle\ \text{CONS}\ (x_1,\ (genfib,\ x_2,\ (+,\ x_1, x_2))),$$
$$\underbrace{[x_1/1, x_2/1, genfib/\langle E(genfib), [\,]\rangle]}\ \rangle$$
$$=:\ U^{(1)}$$

$$\Rightarrow_{cl} \langle\ \textbf{if}\ (=, i, 1)\ \textbf{then}\ y_1\ \textbf{else}\ (get,\ y_2,\ (\text{pred},\ i))\ \textbf{fi},$$
$$[\ y_1/\langle x_1, U^{(1)}\rangle,\ y_2/\langle(genfib, x_2, (+, x_1, x_2)), U^{(1)}\rangle\ ,\ i/3,$$
$$get\ /\ \langle E(get), [\,]\rangle]\ \ \rangle$$

$$\Rightarrow_{cl} \langle\ (get,\ y_2,\ (\text{pred},\ i)),$$
$$[\ y_2/\langle(genfib, x_2, (+, x_1, x_2)), U^{(1)}\rangle\ ,\ i/3,\ get\ /\ \underbrace{\langle E(get), [\,]\rangle}]\ \rangle$$

$$\langle\ (E(get),\ [\,]\ \rangle$$
$$\Rightarrow_{cl} \langle\ (\lambda(l, i).\textbf{case}\ l\ \textbf{of}\ \cdots\ \textbf{esac},\ [get/\langle E(get), [\,]\rangle]\ \rangle$$

$$\Rightarrow_{cl} \langle\ \textbf{case}\ l\ \textbf{of}\ \text{NIL}:\ 0;\ \text{CONS}(y_1, y_2):\ \textbf{if}\ (=, i, 1)\ \textbf{then}\ y_1\ \textbf{else}\ \ldots\ \textbf{fi},$$
$$[\ l/\underbrace{\langle y_2, [y_2/\langle(genfib, x_2, (+, x_1, x_2)), U^{(1)}\rangle]\rangle},\ i/\langle(\text{pred}, i), [i/3]\rangle,$$
$$get\ /\ \langle E(get), [\,]\rangle]\ \ \rangle$$

$$\langle y_2, [y_2/\langle(genfib, x_2, (+, x_1, x_2)), U^{(1)}\rangle]\rangle$$
$$\overset{*}{\Rightarrow}_{cl} \langle(genfib, x_2, (+, x_1, x_2)), U^{(1)}\rangle$$
$$\overset{*}{\Rightarrow}_{cl} \langle\ (\lambda(x_1, x_2).(\text{CONS},\ x_1,\ (genfib,\ x_2,\ (+,\ x_1, x_2))),$$
$$x_2, (+, x_1, x_2)),\ U^{(1)}\rangle$$
$$\overset{*}{\Rightarrow}_{cl} \langle\ \text{CONS}\ (x_1,\ (genfib,\ x_2,\ (+,\ x_1, x_2))),$$
$$\underbrace{[x_1/\langle x_2, U^{(1)}\rangle, x_2/\langle(+, x_1, x_2), U^{(1)}\rangle, genfib/\langle E(genfib), [\,]\rangle]\rangle}$$
$$=:\ U^{(2)}$$

$$\overset{*}{\Rightarrow}_{cl} \langle\ \textbf{if}\ (=, i, 1)\ \textbf{then}\ y_1\ \textbf{else}\ (get,\ y_2,\ (\ \text{pred},\ i))\ \textbf{fi},$$
$$[y_1/\langle x_1, U^{(2)}\rangle, y_2/\langle(genfib, x_2, (+, x_1, x_2)), U^{(2)}\rangle, i/2,$$
$$get\ /\ \langle(E(get), [\,])\rangle]\ \ \rangle$$

$$\overset{*}{\Rightarrow}_{cl} \langle\ (get,\ y_2,\ (\ \text{pred},\ i)),$$
$$[y_2/\langle(genfib, x_2, (+, x_1, x_2)), U^{(2)}\rangle, i/2, get/\langle(E(get), [\,])\rangle]\rangle$$

$$\overset{*}{\Rightarrow}_{cl} \langle\ \textbf{case}\ l\ \textbf{of}\ \text{NIL}:\ 0;\ \text{CONS}(y_1, y_2):\ \textbf{if}\ (=, i, 1)\ \textbf{then}\ y_1\ \textbf{else}\ \ldots\ \textbf{fi esac},$$
$$[l/\underbrace{\langle y_2, [y_2/\langle(genfib, x_2, (+, x_1, x_2)), U^{(2)}\rangle]\rangle}],$$
$$i/\underbrace{\langle(\text{pred}, i), [i/2]\rangle},\ get/\langle(E(get), [\,])\rangle]\rangle$$
$$\Rightarrow_{cl} 1$$

62   *KAPITEL 2. IMPLEMENTIERUNGSTECHNIKEN*

$$\langle y_2, [y_2/\langle (genfib, x_2, (+, x_1, x_2)), U^{(2)}\rangle]\rangle$$
$$\stackrel{*}{\Rightarrow}_{cl} \langle (genfib, x_2, (+, x_1, x_2)), U^{(1)}\rangle$$
$$\stackrel{*}{\Rightarrow}_{cl} \langle (\lambda(x_1, x_2).(\text{CONS}, x_1, (genfib, x_2, (+, x_1, x_2))),$$
$$x_2, (+, x_1, x_2)), U^{(2)}\rangle$$
$$\stackrel{*}{\Rightarrow}_{cl} \langle \text{ CONS } (x_1, (genfib, x_2, (+, x_1, x_2))),$$
$$[x_1/\langle x_2, U^{(2)}\rangle, x_2/\langle (+, x_1, x_2), U^{(2)}\rangle, genfib/\langle E(genfib), [\,]\rangle]\rangle$$

$$\stackrel{*}{\Rightarrow}_{cl} \langle y_1, [y_1/\langle x_1, [x_1/\langle x_2, U^{(2)}\rangle]\rangle]\rangle$$

$$\stackrel{*}{\Rightarrow}_{cl} \langle x_2, U^{(2)}\rangle$$

$$\stackrel{*}{\Rightarrow}_{cl} \langle (+, x_1, x_2), U^{(1)}\rangle$$

$$\stackrel{*}{\Rightarrow}_{cl} 2$$

Die Schachtelungstiefe der Closures in der Umgebung entspricht der Abstraktionstiefe des jeweiligen Ausdruckes. Bei obiger normal order Reduktion treten die Umgebungen $U^{(1)}$ und $U^{(2)}$ durch die Schachtelung der Closures mehrfach als Teilumgebungen auf. In einer realen Implementierung muß natürlich ein Kopieren von Umgebungen vermieden werden, da dies wiederum zu Mehrfachauswertungen führen kann. I.a. werden bei der Abspeicherung von Closures Zeigertechniken verwendet, auf die wir später noch eingehen werden.

Die erste abstrakte Maschine, die zur Ausführung funktionaler Sprachen entworfen wurde, war die *SECD-Maschine* von Landin [Landin 64]. Diese Maschine implementiert eine applicative-order Reduktionsstrategie auf der Basis der Closure-Technik. Auf Grund der applicative-order Strategie sind Closures lediglich zur Repräsentierung von Funktionsausdrücken (Ausdrücken von funktionalem Typ) notwendig. Alle anderen Ausdrücke werden ja vor der Bindung an Variable vollständig zu Konstanten aus $A \cup T_\Gamma(A)$ reduziert. Die Berechnungsausdrücke werden in elementaren Maschinencode übersetzt. Umgebungen werden durch Listen von $\langle$ Variablen, Wert oder Closure $\rangle$-Paaren realisiert. Das Kopieren von Umgebungen hat zwar keine Mehrfachauswertungen zur Folge, sollte aber wegen des Kopieraufwands trotzdem umgangen werden. Dies geschieht im allgemeinen, indem die zweite Komponente einer Closure einen Zeiger auf die Umgebung enthält und lediglich solche Zeiger auf Umgebungen kopiert werden.

Die *"Functional Abstract Machine"* (FAM) von Cardelli [Cardelli 83], auf der ein Compiler für die Sprache ML beruht [Cardelli 84], ist eine stark optimierte

SECD-Maschine. Die Optimierungen bestehen im wesentlichen darin, daß die Berechnungsausdrücke in einen sehr mächtigen FAM-Maschinencode übersetzt werden, der wiederum in Zielmaschinencode überführt wird. Die Closures bestehen aus einem Zeiger auf die Übersetzung des Rumpfes des Berechnungsausdruckes und einem Feld, in dem die Werte der Variablen vermerkt sind, die frei in dem Berechnungsausdruck auftreten. Umgebungen werden also nicht als Listen sondern als Felder dargestellt und auf die Variablen eingeschränkt, die tatsächlich im Berechnungsausdruck frei auftreten. Letztendlich werden sooft wie möglich Stacks eingesetzt, die direkt auf die Hardwarestacks der Zielmaschine abgebildet werden können.

Die SECD-Maschine kann in einfacher Weise so modifiziert werden, daß eine call-by-need-Strategie implementiert wird. Die Umgebungen müssen dazu, wie aus obiger Beispielreduktion ersichtlich, Closures enthalten können, die unausgewertete Teilausdrücke repräsentieren. Wichtig ist dabei, daß diese Closures nach einer eventuellen Auswertung in der Umgebung durch das Ergebnis dieser Auswertung ersetzt werden können. Dies geschieht im allgemeinen wieder durch den Einsatz von Zeigern. Alle Closures werden in der Umgebung indirekt durch Zeiger auf die eigentlichen Closures repräsentiert. Dies ermöglicht eine einfache Ersetzung der Closure durch das Ergebnis ihrer Auswertung an allen Stellen, an denen sie referenziert wird. In [Burge 75] ist eine in dieser Weise modifizierte SECD-Maschine beschrieben. Burge bezeichnet die Zeiger auf eine Closure als "L-value" und die Closure selbst als "R-value" und benutzt die aus imperativen Sprachen bekannte "Wertzuweisung", um eine Closure durch das Ergebnis ihrer Auswertung zu überschreiben. Die modifizierte SECD-Maschine von Burge behandelt Konstruktoren von frei erzeugten Datenstrukturen allerdings wie strikte Basisfunktionen. Unendliche Datenstrukturen sind bei diesem Ansatz also noch nicht zugelassen.

Die Behandlung von Konstruktoren wie nicht-strikte Funktionen, die ja erst das Arbeiten mit unendlichen Datenstrukturen ermöglicht, wurde erst ein Jahr nach dem Erscheinen des Buches von Burge unabhängig in [Henderson, Morris 76] und [Friedman, Wise 76] propagiert. Henderson und Morris haben in diesem Zusammenhang den Begriff *"lazy evaluation"* geprägt. Auch sie beschreiben eine umgebungsbasierte Reduktion, bei der die Zeigertechnik zur Verwirklichung des call-by-need-Mechanismus eingesetzt wird.

Wesentlich für eine Implementierung nach dem umgebungsbasierten Prinzip ist eine geeignete Verwaltung und Speicherung der Umgebungen. Bei der konventionellen Implementierung blockstrukturierter imperativer Sprachen wie PASCAL oder ALGOL genügt ein Laufzeitkeller zur Speicherung der Umgebungsstrukturen (in sogenannten Aktivierungsblöcken) und zur Durchführung der Berechnungen. Diese Organisation ist auf Grund der 'last-in-first-out'-Disziplin der Blockstruktur naheliegend, aber letztendlich nur möglich, da keine beliebigen Funktionen

höherer Ordnung behandelt werden. In PASCAL werden Funktionen oder Proze-
duren zwar als Argumente aber nicht als Werte von Funktionen zugelassen. Bei
Eintritt in eine Prozedur oder eine Funktion wird auf dem Laufzeitkeller ein Aktivierungsblock angelegt, der unter anderem die Übergabeparameter enthält und
Platz für lokale Variablen bereitstellt. Beim Verlassen der jeweiligen Struktur wird
dieser Aktivierungsblock wieder gelöscht. Zur Behandlung beliebiger Funktionen
höherer Ordnung sind komplexere Strukturen zur Organisation der Umgebungen
notwendig. Der Grund hierfür ist, daß funktionale Werte, die ja durch Closures
repräsentiert werden, Referenzen auf Umgebungen (Aktivierungsblöcke) enthalten
können, die bei der Stackorganisation bereits gelöscht wurden. Das Problem tritt
auf, wenn der Körper der Funktion, die das Ergebnis einer anderen Funktion ist,
freie (globale) Variablen enthält.

2.2.2 Beispiel Wir betrachten als Beispiel das folgende PASCAL-ähnliche Pro-
grammsegment:

$$\vdots$$

```
function P (x: integer): function (integer) integer;
    function R (y: integer): integer;
        return x + y;
    return R;
```

$$\vdots$$

$$g := P(5);$$

$$\vdots$$

Beim Aufruf der Funktion P wird auf dem Laufzeitkeller ein Aktivierungsblock angelegt, der neben anderen Informationen den Wert des aktuellen
Parameters für x enthält. Als Ergebnis liefert die Funktion einen Zeiger auf
den Code für die Funktion R. Beim Verlassen der Funktion P darf der zugehörige Aktivierungsblock nun nicht einfach gelöscht werden, da der Code
der Funktion R den Parameter x von P referenziert. Da der Code von R
Referenzen auf sämtliche Werte in der aktuellen, durch den Laufzeitkeller
gegebenen Umgebung enthalten kann, müßte neben dem Code für R der gesamte Laufzeitkeller als Ergebnis des Aufrufs von P übergeben werden, was
natürlich völlig inpraktikabel ist.

Ähnliche Probleme treten auf, wenn Funktionen Datenstrukturen als Werte
liefern und das call-by-name (lazy evaluation) Auswertungsprinzip zugrundeliegt.

2.2.3 Beispiel Bei einer Laufzeitkeller-basierten Implementierung des im folgenden gegebenen PASCAL-ähnlichen Programmsegments treten dieselben Probleme auf wie im vorherigen Beispiel:

$$\vdots$$

function L (x: integer) : list of integer ;
   return CONS($x, L(x + x)$);

$$\vdots$$

$$l := L(5);$$

$$\vdots$$

$$x := hd(l);$$

$$\vdots$$

Es ist also offensichtlich nicht ohne weiteres möglich, die konventionellen Implementierungstechniken imperativer Sprachen auf funktionale Sprachen zu übertragen, da diese Sprachen i.a. beliebige Funktionen höherer Ordnung, insbesondere funktionswertige Funktionen, und Datenstrukturen in Verbindung mit einer call-by-name Auswertungsstrategie unterstützen. Zur Verwaltung der Umgebungen bei der Implementierung funktionaler Sprachen sind also allgemeinere Speicherorganisationsformen, etwa Heap- oder Graphstrukturen notwendig. Dabei werden freie Speicherblöcke dynamisch belegt und erst wieder freigegeben, wenn keine Referenzen mehr auf diese Blöcke existieren. Um letzteres zu testen, sind Verfahren der "Garbage Collection" notwendig. Da diese Vorgehensweise im Vergleich zur Laufzeitkellertechnik sehr zeit- und platzaufwendig ist, hat es auch Versuche gegeben, die Kellertechnik so zu erweitern, daß die oben geschilderten Probleme bewältigt werden können.

In [Bobrow, Wegbreit 73] wird die Kellertechnik so verallgemeinert, daß Aktivierungsblöcke so lange auf dem Stack erhalten bleiben, wie die in ihnen abgelegten Umgebungsteile benötigt werden. Um dies zu erreichen, ist eine stärkere Verzeigerung der Kellerelemente untereinander notwendig. Man spricht bei dieser Technik auch von "Spaghetti Stacks". Die verwendeten Keller werden im allgemeinen sehr groß und unübersichtlich, was sich negativ auf die Laufzeit auswirken kann.

In [Georgeff 82/84] wird gezeigt, daß man zur Auswertung von Funktionen höherer Ordnung mit einer reinen Kellertechnik auskommt, wenn man die Auswertung von funktionswertigen Funktionen so lange verzögert, bis so viele Argumente vorhanden sind, daß der Ausdruck zu einem Basiswert reduziert werden kann. In Verbindung mit einer call-by-name Reduktionsstrategie kann die Mehrfachauswertung funktionswertiger Ausdrücke aber nicht verhindert werden. Außerdem können Umorganisationen des Kellers notwendig werden.

Im Hinblick auf eine parallele Implementierung ist eine Kellerorganisation der Umgebung nicht unbedingt erstrebenswert, da der Laufzeitkeller eine zentrale Struktur darstellen würde, die bei einer verteilten Ausführung zu einem Engpaß führen würde. Eine Technik, die einer verteilten Implementierung mehr Möglichkeiten bietet, ist die im folgenden beschriebene "Graphreduktion".

2.3 Graphreduktion

Bei der Graphreduktion wird der zu reduzierende Ausdruck als verzeigerte Struktur, d.h. als gerichteter Graph dargestellt und entsprechend den Reduktionsregeln transformiert. Variablensubstitutionen werden durch Umsetzen von Zeigern realisiert. Die Graphreduktionstechnik wurde von Wadsworth eingeführt. In seiner Dissertation [Wadsworth 71] beschreibt er einen Interpreter für den λ-Kalkül, der Graphreduktionen nach dem call-by-name Prinzip durchführt. Bei jedem Reduktionsschritt wird die Wurzel des Graphen des reduzierbaren Ausdruckes mit der Wurzel des Ergebnisses der Reduktion überschrieben. Eine β-Reduktion

$$(\lambda x.e, e') \Rightarrow e[x/e']$$

erfolgt z.B. dadurch, daß eine Kopie des Graphen für den Ausdruck e erzeugt wird, in der der Knoten, der freie Vorkommen der Variablen x in e repräsentiert, durch einen Verweisknoten überschrieben wird, der einen Zeiger auf die Wurzel der Graphrepräsentation von e' enthält (siehe Bild 2.1).

Tritt x mehrfach im Rumpf von e auf, so existieren mehrere Zeiger auf den Knoten, der x repräsentiert und bei der Reduktion durch einen Verweisknoten mit einem Zeiger auf e' überschrieben wird. Dadurch wird sichergestellt, daß e' höchstens einmal und zwar beim ersten Zugriff ausgewertet wird. Die Wurzel des Graphen von e' wird nach der Auswertung mit der Wurzel des Ergebnisgraphen überschrieben, so daß bei allen weiteren Zugriffen das Ergebnis direkt vorliegt. Darum spricht man in diesem Zusammenhang vom *"Sharing"* des Teilgraphen e'. Die Verhinderung der Mehrfachauswertung von Teilausdrücken durch das "Sharing" von Teilgraphen ist eine der wichtigsten Eigenschaften der Graphreduktion.

Das Kopieren des Rumpfes e der λ-Abstraktion in dem oben beschriebenen Graphreduktionsschritt ist notwendig, da auf diesen Rumpf mehrere Verweise existieren können ("Sharing von e bzw. $\lambda x.e$") und das Überschreiben des x-Knotens in e durch den Verweisknoten auf e' dann zu Fehlern führen würde. Kopieren von Graphteilen bedeutet aber immer einen Verlust an "Sharing" und damit die Gefahr der Mehrfachauswertung von Ausdrücken, die durch die kopierten Graphen repräsentiert werden. Betrachten wir dazu etwa folgendes Beispiel:

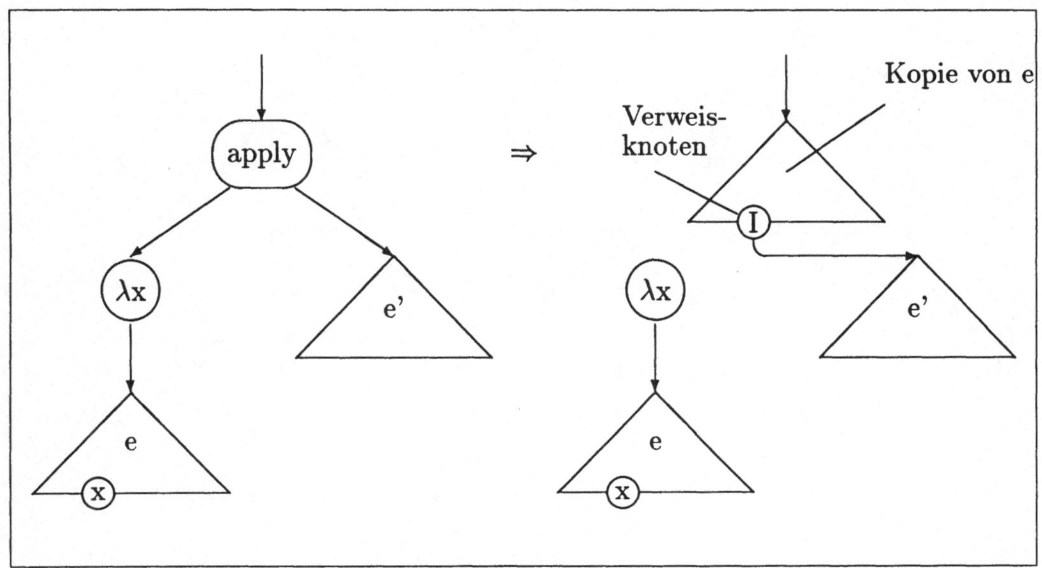

Bild 2.1: β-Reduktion für Graphen

2.3.1 Beispiel Eine Graphreduktion des Ausdruckes

$$(\lambda f.(+,(f,1),(f,2)), \lambda x_1.(*,x_1,(\lambda x_2.(*,x_2,x_2),5)))$$

mit vollständigem Kopieren der Rümpfe der λ-Abstraktionen bei der β-Reduktion nimmt etwa den in Bild 2.2 skizzierten Verlauf.

Der Graph, der dem Teilausdruck $(\lambda x_2.(\times,x_2,x_2),5)$ entspricht, wird durch das vollständige Kopieren des Rumpfes der λx_1-Abstraktion dupliziert, was im weiteren Verlauf zur doppelten Auswertung dieses Ausdruckes führt.

In Wadsworth's Graph-Interpreter werden solche Mehrfachauswertungen vermieden, indem bei einem β-Reduktionsschritt nur die Teile des Rumpfes der λ-Abstraktion kopiert werden, die von der (oder den) zu substituierenden Variablen abhängen. Formal wird dies wie folgt präzisiert. Zunächst wird der Begriff der frei vorkommenden Variable für Teilausdrücke verallgemeinert.

Ein Teilausdruck E' des Rumpfes E einer λ-Abstraktion $\lambda x.E$ heißt *frei (bezüglich der λ-Abstraktion)*, falls keine in E' frei auftretende Variable in $\lambda x.E$ gebunden wird.

Ein Teilausdruck E' des Rumpfes E einer λ-Abstraktion $\lambda x.E$ heißt *maximal frei bzgl. dieser λ-Abstraktion*, falls es keinen bzgl. dieser λ-Abstraktion freien Teilausdruck gibt, der E' umfaßt.

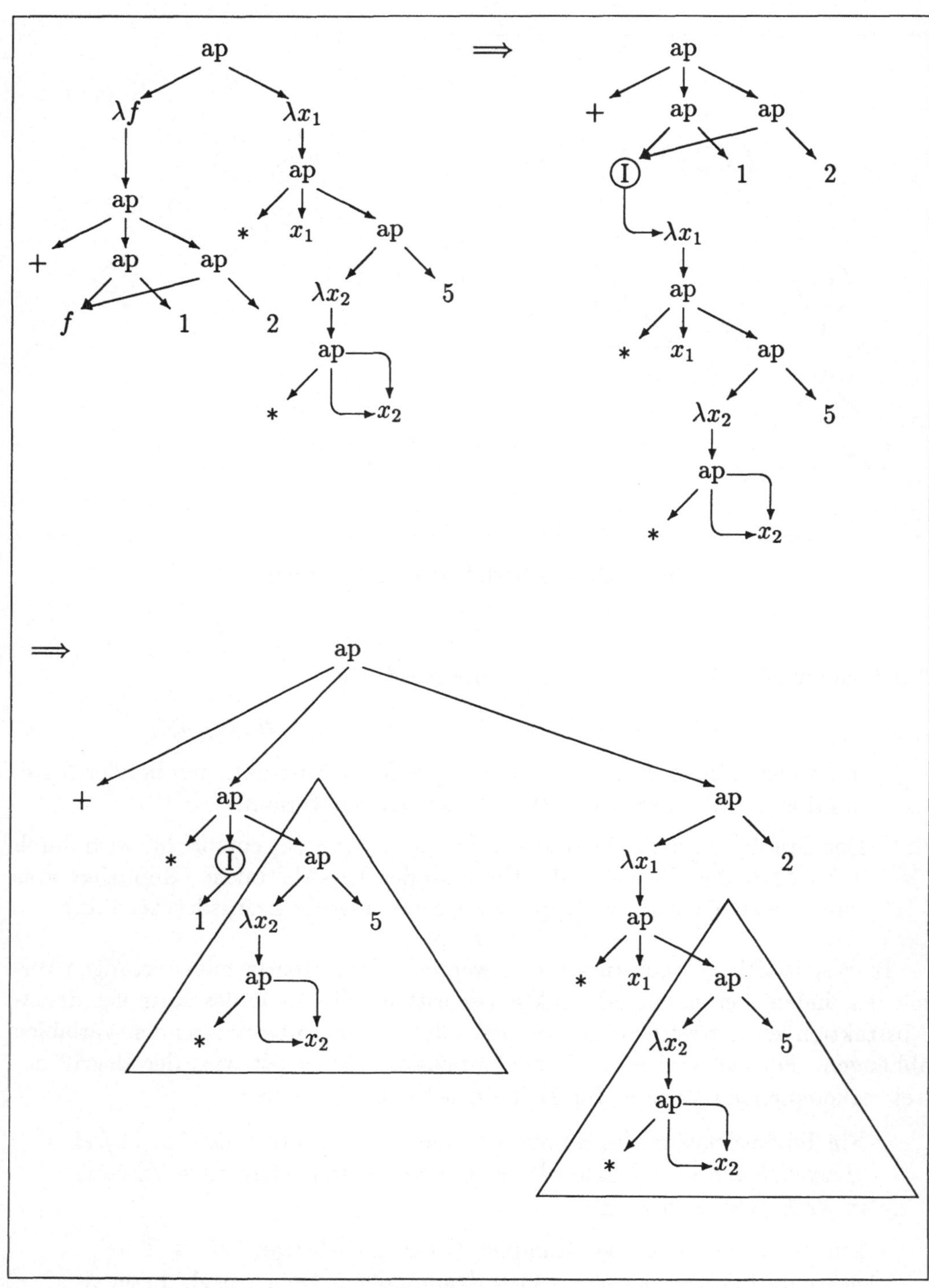

Bild 2.2: Graphreduktion eines Beispielausdruckes

2.3.2 Beispiel In $\lambda x.(\lambda y.(+, (*, x, x), (*, y, 5))$ ist $(*, x, x)$ frei bzgl. der inneren λ-Abstraktion und lediglich 5 frei bzgl. der äusseren λ-Abstraktion.

In Wadsworth's Graph-Interpreter werden bei der Durchführung einer β-Reduktion

$$(\lambda x.e\ e') \Rightarrow e[x/e']$$

die bezüglich $\lambda x.e$ maximal freien Teilausdrücke von e nicht kopiert, da die Substitution von x durch e' für diese ohne Auswirkung ist.

In Beispiel 2.3.1 ist der Teilausdruck $E = (\lambda x_2.(*, x_2, x_2), 5)$ maximal frei in dem λ-Ausdruck $\lambda x_1.(*, x_1, E)$. Wadsworth's Graphinterpreter vermeidet also das Kopieren des zu diesem Ausdruck gehörenden Graphen.

Bemerkenswert ist, daß die doppelte Auswertung dieses Ausdruckes bei der umgebungsbasierten Reduktion, wie sie etwa in der SECD-Maschine implementiert ist, nicht verhindert wird. Bei der umgebungsbasierten Reduktion wird nur sichergestellt, daß Argumentausdrücke, also Ausdrücke, die in der Umgebung an Variablen gebunden sind, höchstens einmal reduziert werden. Der Ausdruck $\lambda x_1.(*, x_1, E)$ wird zwar als Argument übergeben und daher höchstens einmal reduziert. Er befindet sich allerdings lt. Lemma 1.4.4 in $\Rightarrow_n$-Normalform, ist also auf Grund der äußeren λ-Abstraktion nicht weiter reduzierbar, obwohl er einen reduzierbaren Teilausdruck (E) enthält. Die eigentliche Ursache der Mehrfachauswertung von E ist also die Wahl der $\Rightarrow_n$-Normalform bzw. die Tatsache, daß die Reduktionsstrategien applicative-order und normal order immer nur Reduktionen auf dem äußersten Level (top-level) durchführen. Die Beschränkung auf top-level Reduktionen hat, wie wir in Abschnitt 1.4 bereits festgestellt haben, den entscheidenden Vorteil, daß während der Reduktion keine Variablenkonflikte auftreten können. Hier zeigt sich allerdings, daß im Zusammenhang mit Funktionen höherer Ordnung Mehrfachauswertungen von Ausdrücken auftreten können, sofern sie nicht durch spezielle Techniken wie die Erkennung maximal freier Ausdrücke in Wadsworth's Graphinterpreter vermieden werden.

Die Erkennung maximal freier Teilausdrücke in Wadsworth's Interpreter verhindert zwar die Mehrfachauswertung solcher, ist aber eine sehr teure Operation, da jeweils der gesamte Rumpf von λ-Abstraktionen durchlaufen werden muß. Außerdem muß diese Operation vor jedem Reduktionsschritt erfolgen.

Wesentlich einfacher und effizienter läßt sich eine Graphreduktion verwirklichen, die dasselbe Verhalten zeigt wie etwa die umgebungsbasierte Reduktion. Das heißt, es wird nur sichergestellt, daß Argumentausdrücke höchstens einmal ausgewertet werden. Wie man leicht sieht, sind Argumentausdrücke, die in den Rumpf einer Abstraktion substituiert werden, immer frei bzgl. dieser Abstraktion. Bei einer Reduktion

$$(\lambda x.\lambda y.M, A) \Rightarrow \lambda y.(M[x/A])$$

wird jedes freie Vorkommen von x in M durch A ersetzt. Dies bedeutet aber unmittelbar, daß A ein freier Teilausdruck von $\lambda y.M[x/A]$ ist. Die Wurzel von Ausdrücken, die in andere Ausdrücke substituiert wurden, erkennt man bei der Graphreduktion in einfacher Weise dadurch, daß ein Verweisknoten, durch den der Variablenknoten überschrieben wurde, auf sie zeigt. Möchte man Verweisknoten vermeiden, kann man die Wurzel von Argumentausdrücken auch bei der Ersetzung geeignet markieren. Kopiert man nun bei einer β-Reduktion den Graphen, der dem Rumpf entspricht, bis zu den Verweisknoten bzw. markierten Wurzeln der Argumentgraphen, so wird die Mehrfachauswertung von Argumentausdrücken vermieden. Es besteht eine 1–1-Korrespondenz zur umgebungsbasierten Reduktion. Lediglich die Darstellung der Berechnungsausdrücke ist unterschiedlich.

Wird bei einer call-by-name Reduktion die Mehrfachauswertung von maximal freien Teilausdrücken von Abstraktionsausdrücken vermieden, so spricht man von einer *"fully lazy evaluation"*. Wadsworth's Graphinterpreter realisiert also eine "fully lazy" Reduktion. Zur Unterscheidung bezeichnet man i.a. die Auswertung, die von dem oben beschriebenen vereinfachten Graphinterpreter durchgeführt wird, als *"lazy"*. Den vereinfachten Graphinterpreter nennt man "lazy interpreter".

Der Begriff "fully lazy evaluation" wurde von Hughes geprägt [Hughes 82], der gezeigt hat, daß man jeden λ-Ausdruck so transformieren kann, daß die maximal freien Teilausdrücke von Abstraktionsausdrücken trivial, d.h. Variablen oder Konstante sind. Diese Transformation hat zur Folge, daß es während der Reduktion genügt, darauf zu achten, daß keine Argumentausdrücke (für Variablen substituierte Ausdrücke) mehrfach ausgewertet werden, wie es etwa bei dem oben beschriebenen Graphinterpreter der Fall ist. Die transformierten Ausdrücke garantieren eine "fully lazy" Auswertung mittels eines "lazy" Interpreters. Die wesentliche Idee der von Hughes vorgeschlagenen Transformation besteht darin, maximal freie Teilausdrücke aus λ-Ausdrücken zu abstrahieren und als Argumente zu übergeben.

2.3.3 Beispiel   In dem λ-Ausdruck

$$\lambda x_1.(*, x_1, (\lambda x_2.(*, x_2, x_2), 5))$$

aus dem obigem Beispiel ist $(\lambda x_2.(*, x_2, x_2), 5)$ ein nicht-trivialer maximal freier Teilausdruck des Rumpfes der äußeren λ-Abstraktion. Die von Hughes definierte Transformation besteht im wesentlichen darin, den Rumpf der λ-Abstraktion durch eine Applikation zu ersetzen, in der alle nicht-trivialen maximal freien Ausdrücke als Argumentausdrücke auftreten, die aus dem Rumpf herausabstrahiert wurden. Obiger Ausdruck wird also in folgende

Form gebracht:

$$\lambda x_1.(\lambda\tilde{x}.(*,x_1,\tilde{x}),(\lambda x_2.(*,x_2,x_2),5)).$$

Durch diese Transformation wird der maximal freie Ausdruck zu einem Argumentausdruck, für den auch bei einem "lazy" Interpreter sichergestellt ist, daß höchstens eine Auswertung dieses Ausdruckes erfolgt.

Der in [Hughes 82] beschriebene Algorithmus übersetzt λ-Ausdrücke in Kombinatoren. Auf die Bedeutung und Vorteile von Kombinatoren für die Implementierung funktionaler Sprachen werden wir im nächsten Abschnitt näher eingehen. In [Arvind, Kathail, Pingali 85] findet sich eine interessante Gegenüberstellung von Wadsworth's Graphinterpreter, dem oben skizzierten vereinfachten ("lazy") Graphinterpreter sowie des umgebungsbasierten Interpreters von Henderson und Morris [Henderson, Morris 76].

Die besonderen Vorteile der Graphreduktionstechnik liegen zum einen im einfachen Sharing von Ausdrücken zur Vermeidung von Mehrfachauswertungen. Zum anderen eignet sich die Graphreduktion im Gegensatz zur umgebungsbasierten Reduktion zunächst besser zum Einsatz in parallelen Systemen, da sie schnelle und effiziente Kontextwechsel ermöglicht. Die gesamte Information zur Reduktion von Ausdrücken ist im Graphen enthalten. Kontextwechsel können also im wesentlichen durch Umsetzen von Zeigern erfolgen, ohne daß große Informationsmengen gesichert werden müssen. Ein Nachteil der Graphreduktion ist allerdings, daß man Kopien von Funktionsrümpfen machen muß. Dies wird oft als Hauptquelle der Ineffizienz bei der Graphreduktion betrachtet [Hughes 84]. Wie wir jedoch im folgenden Abschnitt sehen werden, kann man auf das Kopieren von Funktionsrümpfen verzichten, wenn man Graphreduktion in einem Kombinatorkalkül betreibt. Außerdem werden sich weitere Vorteile der Graphreduktion zeigen, wenn man sie im Zusammenhang mit der Kombinatortechnik betrachtet.

2.4 Kombinatoren

Das Problem der Variablensubstitution bei der Reduktion von λ-Ausdrücken versucht Turner [Turner 79] zu umgehen, indem er λ-Ausdrücke in variablenfreie Ausdrücke der kombinatorischen Logik [Schönfinkel 24, Curry, Feys 58] übersetzt. Es ist möglich, Ausdrücke des reinen λ-Kalküls in rein applikative (also nur mittels monadischer Applikation erzeugte) Ausdrücke zu übersetzten, die nur aus den drei Kombinatoren

$$\begin{aligned}
S &= \lambda f.\lambda g.\lambda x.((fx)(gx))\\
K &= \lambda x.\lambda y.x\\
I &= \lambda x.x
\end{aligned}$$

mit den Reduktionsregeln

$$(((Se_1)e_2)e_3) \quad \rightarrow \quad ((e_1e_3)(e_2e_3))$$
$$((Ke_1)e_2) \quad \rightarrow \quad e_1$$
$$(Ie_1) \quad \rightarrow \quad e_1$$

aufgebaut sind. Turner nennt den Übersetzungsprozeß, der durch die folgenden Regeln gegeben ist, *Variablenabstraktion*[†]:

$$\lambda x.e \quad \rightsquigarrow \quad [x]e$$
$$[x](e_1e_2) \quad \rightsquigarrow \quad ((S\,[x]e_1)\,[x]e_2)$$
$$[x]x \quad \rightsquigarrow \quad I \qquad \textit{für Variable } x,$$
$$[x]y \quad \rightsquigarrow \quad (Ky) \qquad \textit{für Variable } y \neq x,$$
$$[x]a \quad \rightsquigarrow \quad (Ka) \qquad \textit{für Konstante } a.$$

2.4.1 Beispiel Der λ-Ausdruck $(\lambda x.((+x)3)\,5)$, wobei $+$, 3 und 5 Konstante seien, wird etwa in folgenden Kombinatorausdruck übersetzt:

$$((((S\,((S\,(K+))\,I))\,(K\,3))\,(K\,5)).$$

Beschränkt man sich auf die Kombinatoren S, K und I, so führt die Variablenabstraktion zu einem exponentiellen Wachstum der Größe der Ausdrücke, was natürlich für eine Implementierung untragbar ist. Turner bewältigt dieses Problem, indem er einige zusätzliche Kombinatoren erlaubt und während der Übersetzung Optimierungsregeln anwendet, die die Größe der Kombinatorausdrücke drastisch reduzieren.

Die Ausdrücke des Kombinatorkalküls können mittels der Reduktionsregeln für die Kombinatoren und der Regeln für die Konstanten in sehr einfacher Weise, insbesondere auf Grund der Variablenfreiheit ohne die Notwendigkeit einer Umgebung, reduziert werden.

Turner sah die Kombinatorreduktion vor allem als Alternative zur umgebungsbasierten Reduktion, da seinen Untersuchungen zufolge die Verwaltung und der Zugriff auf die Umgebungsstruktur zuviel Aufwand erfordern. Bei der Kombinatorreduktion wird die zentrale Umgebungsstruktur aufgelöst im Zusammenspiel der Kombinatoren. Dies wird besonders deutlich, wenn man Kombinatoren wie in [Kennaway, Sleep 82] als Richtungsweiser ('directors') in der Graphdarstellung von Kombinatorausdrücken interpretiert. Die Kombinatoren steuern nämlich den Fluß von Argumenten durch den Graphen bis zu den Positionen, wo sie benötigt werden. Die von Turner definierte SKI-Reduktionsmaschine führt Graphreduktionen von Kombinatorausdrücken durch. Dieser Graphreduktionsprozeß ist im

---

[†]Oft wird auch die Bezeichnung *bracket abstraction* in Anlehnung an die Notation $[x]e$, bei der die zu abstrahierende Variable in eckigen Klammern notiert wird, verwendet.

Vergleich zu den im vorigen Abschnitt beschriebenen Graphinterpretern sehr elementar, da β-Reduktionen nur für Kombinatoren durchgeführt zu werden brauchen und deren Rümpfe eine sehr einfache Struktur haben. Insbesondere enthalten die Kombinatoren keine nicht-trivialen maximal freien Ausdrücke, d.h. SKI-Kombinatorreduktion führt automatisch zu einer "fully lazy evaluation". Turner spricht diesbezüglich von *selbstoptimierenden Eigenschaften* der Kombinatoren.

Die bestechende Einfachheit dieser Kombinatortechnik, die auf einem festen Satz von elementaren Kombinatoren aufbaut, führte zu vielen Projekten, die sich mit der Implementierung funktionaler Sprachen auf der Basis dieses Kalküls befaßten. Die Implementierungen der Sprachen SASL [Turner 76] und MIRANDA [Turner 85] basieren auf der SKI-Reduktionsmaschine von Turner.

In [Jones, Muchnick 82] wird gezeigt, wie SKI Kombinatorausdrücke in Code einer abstrakten Maschine übersetzt werden können, der dann die Kombinatorreduktionen steuert. In [Hudak, Kranz 84] wird ein Compiler zur Implementierung einer funktionalen Sprache nach dem call-by-name Prinzip vorgestellt, der SKI-Kombinatoren als Zwischenstufe zur Optimierung der zu übersetzenden Programme benutzt. Weiterhin wurden insbesondere Maschinen entwickelt, die eine direkte Implementierung der Kombinatoren in Hardware vornehmen, wie etwa die 'Cambridge SKIM Machine' [Stoye 85, Clarke, Gladstone, MacLean, Norman 80] und 'Burroughs NORMA Machine' [Richards 85, Scheevel 86]. Die SKI-Kombinatortechnik wurde auch im Hinblick auf die Parallelisierbarkeit des Reduktionsprozesses untersucht [Hankin, Burn, Peyton-Jones 86], [Maurer, Oberhauser 85], [Hudak, Goldberg 84]. In diesen Ansätzen zerfällt die parallele Reduktion von Kombinatorausdrücken allerdings in viele kleine Teilprozesse, die einzelnen Kombinatorreduktionen entsprechen. Da in existierenden Multiprozessorsystemen Kommunikationen aufwendig sind und i.a. mehr Zeit benötigen als eine CPU-Instruktion, scheint es ratsamer eine Reduktion in komplexere Teilprozesse zu zerlegen, damit der Kommunikationsaufwand nicht den Zeitgewinn der parallelen Ausführung zunichte macht.

Hudak und Goldberg machten bei ihren Simulationen zudem die Beobachtung, daß eine auf Grund von Datenabhängigkeiten völlig sequentielle Berechnung bei der parallelen Kombinatorreduktion (mit einer festen Zahl von Kombinatoren) zur Ausführung auf mehrere Prozessoren verteilt werden kann, was natürlich mit unnötigem Kommunikationsaufwand verbunden ist [Hudak, Goldberg 84].

Auch Untersuchungen mit der COBWEB-Architektur [Hankin, Shute, Osmon 85] [Shute, Osmon 85], die auf der "Wafer Scale Integration" basiert und aus einer großen Anzahl identischer Prozessorelemente auf einem Wafer besteht, haben gezeigt, daß bei zu kleinen parallelen Prozessen der Aufwand für die Kommunikationen nicht kompensiert werden kann. Daher wurde der Kombinatorkalkül um einen speziellen Kombinator P erweitert, der die Stellen im Kombinatorausdruck anzeigt, an denen parallele Reduktionen angestoßen werden sollen [Anderson, Hankin, Kelly, Osmon, Shute 87]. Dadurch ist es möglich, mehrere Kombinatorreduktionen zu einem Prozeß zusammenzufassen. Ähnlich gehen [Maurer, Oberhauser 85] vor, wobei sie anstatt des zusätzlichen P Kombinators mit Annotationen an den Kombinatorgraphen arbeiten.

Obwohl der auf einer festen Menge von Kombinatoren beruhende Kombinatorkalkül verschiedene Vorteile wie etwa die Einfachheit des Reduktionsmechanismus und die "fully lazy evaluation" aufweist, ist das Zerstückeln der Programmausführung in so elementare Einzelschnitte wie die Reduktionen der endlich vielen Kombinatoren letztendlich auch bei sequentieller Ausführung zu ineffizient. Aus diesem Grunde schlug Hughes [Hughes 82] vor, die Beschränkung auf einen festen Satz von Kombinatoren fallen zu lassen und zu jedem funktionalen Programm (λ-Ausdruck) ein individuelles System von effizienten Kombinatoren herzuleiten. Technisch ist ein Kombinator (des reinen λ-Kalküls) ein geschlossener λ-Ausdruck

$$F = \lambda x_1 \ldots \lambda x_k.e,$$

wobei der Rumpf e rein applikativ aus Konstanten, den Variablen $x_1, \ldots, x_k$ und Kombinatornamen aufgebaut ist. Man schreibt die Kombinatoren i.a. als Gleichungssystem

$$\left\{ \begin{array}{rcl} F_1 x_{11} \ldots x_{1k_1} &=& e_1 \\ &\ldots& \\ F_r x_{r1} \ldots x_{rk_r} &=& e_r \end{array} \right\},$$

wobei e_i $(1 \leq i \leq r)$ aus Konstanten, den Variablen $x_{i1}, \ldots, x_{ik_i}$ und den Kombinatornamen $F_1, \ldots, F_r$ mittels Applikation erzeugt ist. Die Kombinatorgleichungen definieren die Reduktionsregeln des Kombinatorreduktionssystems:

$$(\star) \quad F_i e_{i1} \ldots e_{ik_i} \rightarrow e_i[x_{i1}/e_{i1}, \ldots, x_{ik_i}/e_{ik_i}]$$

wobei zu beachten ist, daß eine Kombinatorreduktion nur erfolgen kann, wenn der Kombinator auf genügend viele Argumente appliziert wird[tt]. Dadurch wird sichergestellt, daß die Berechnungsausdrücke rein applikativ sind und während des Reduktionsprozesses keine beliebigen β- Reduktionen mehr erforderlich sind, sondern nur die speziellen Kombinatorreduktionen $(\star)$. Diese haben den entscheidenden Vorteil, daß die Rümpfe nur gebundene Variablen enthalten, die bei der Kombinatorreduktion ersetzt werden, so daß der sich ergebende Ausdruck variablenfrei ist. Es ist also nicht notwendig, während der Reduktion die Kombinatorrümpfe zu kopieren, da in diese höchstens einmal substituiert wird. Natürlich läßt es sich nicht vermeiden, daß während eines Reduktionsprozesses verschiedene Instanzen eines Kombinatorrumpfes erzeugt werden.

[tt]Beachte, daß im reinen λ-Kalkül alle Funktionen 'gecurried' sind.

Eine Übersetzung eines λ-Ausdruckes in ein Kombinatorsystem kann etwa wie folgt beschrieben werden [Hughes 82/84]:

1. Bestimme die am weitesten links und am weitesten innen stehende λ-Abstraktion $\lambda x.e$.

2. Bestimme die in $\lambda x.e$ frei vorkommenden Variablen, etwa $x_1, \ldots, x_k$.

3. Definiere einen neuen Kombinator

$$F x_1 \ldots x_k x = e$$

und ersetze $\lambda x.e$ durch $(F x_1 \ldots x_k)$.

4. Wiederhole (1) - (3) solange wie möglich.

Unabhängig von Hughes entwickelte Johnsson [Johnsson 85/87] ein entsprechendes Verfahren, welches er "Lambda Lifting" nannte, da aus den λ-Ausdrücken die inneren Funktionsdefinitionen auf die oberste Ebene gehoben werden. Lokale Definitionen werden globalisiert. Das von Johnsson definierte Verfahren basiert ebenfalls auf der Grundidee, globale (freie) Variable zu Funktionsparametern zu machen. Als Ausgangsbasis wählt er allerdings einen verallgemeinerten λ-Kalkül, in dem es möglich ist, simultan rekursive Funktionen —ähnlich wie in unserem erweiterten Kalkül (**letrec**-Konstrukt) — zu definieren. In diesem Fall ist der Algorithmus geringfügig komplizierter. Im nächsten Kapitel werden wir 'Johnsson's Lambda Lifting'-Algorithmus für unseren λ-Kalkül definieren.

Der oben beschriebene Algorithmus erzeugt zu einem λ-Programm (oder Ausdruck) ein System von Kombinatoren, welches jedoch zunächst keine "fully lazy" Auswertung garantiert. Ersetzt man in obigem Algorithmus die Schritte (2) und (3) durch

2'. Bestimme die in $\lambda x.e$ maximal freien Teilausdrücke $e_1, \ldots, e_k$.

3'. Definiere einen neuen Kombinator

$$F x_1 \ldots x_k x = e[e_1/x_1, \ldots, e_k/x_k]^{\ddagger}$$

und ersetze $\lambda x.e$ durch $(F e_1 \ldots e_k)$,

so garantiert man aber, wie wir bereits im vorigen Abschnitt erläutert haben "full laziness". Hughes nennt die Kombinatorsysteme, die durch den abgewandelten

---

‡Ersetze in e die Ausdrücke e_i durch x_i $(1 \leq i \leq k)$.

Algorithmus erzeugt werden, auf Grund dieser besonderen Eigenschaft *Superkombinatoren* [Hughes 82/84]. Eine umfassende Darstellung der verschiedenen Ansätze zur Übersetzung von funktionalen Programmen in Kombinatorsysteme findet sich auch in [Peyton-Jones 87].

Superkombinatorsysteme bieten gute Möglichkeiten zur Parallelisierung des Reduktionsprozesses. Ein erster Ansatz diesbezüglich sind die in [Hudak, Goldberg 85a/b] eingeführten *seriellen Kombinatoren*. Ein serieller Kombinator ist eine Verfeinerung eines Superkombinators derart, daß im Rumpf des Kombinators explizit angezeigt wird, welche Teilausdrücke parallel auszuwerten sind und welche nicht. Bei der Entscheidung, welche Teilausdrücke parallel ausgewertet werden sollen, wird abgeschätzt, ob eine parallele Auswertung wirklich einen Effizienzgewinn bringt oder ob der Kommunikationsaufwand zu groß ist. Für jeden Teilausdruck, dessen parallele Auswertung lohnend erscheint, wird ein neuer serieller Kombinator definiert. Auf die Parallelisierung von Superkombinatorsystemen werden wir im zweiten Teil der Arbeit genau eingehen.

Ein Vorteil der Kombinatorsysteme in Bezug auf die Graphreduktion ist eine Vereinfachung des Reduktionsprozesses durch die Beschränkung auf Kombinatorreduktionen. Ein weiterer Vorteil ist die Möglichkeit, die Graphreduktion von Kombinatorsystemen durch Code zu steuern, d.h. die interpretative Graphreduktion durch die sogenannte *programmierte Graphreduktion* zu ersetzen.

2.5   Programmierte Graphreduktion

Da die Kombinatorrümpfe keine freien Variablen enthalten, ist es möglich, die Kombinatoren in eine feste Maschinencodesequenz zu übersetzen, die bei Ausführung eine Instanz des Kombinatorrumpfes erzeugt, also im wesentlichen eine Kombinatorreduktion durchführt. Natürlich ist die Ausführung des compilierten Codes schneller als jeder allgemeine Graphinterpreter, da der Code auf das jeweilige Kombinatorprogramm zugeschnitten ist.

Die G-Maschine [Johnsson 84/87, Augustsson 84/87] ist der erste Entwurf einer programmierten Graphreduktionsmaschine. Sie wurde zunächst als Zwischenstufe in einem Compiler für LazyML — eine ML-Version mit call-by-name Semantik — eingesetzt. Diese Implementierung erwies sich als extrem schnell im Vergleich zu anderen Implementierungen von ML oder vergleichbaren funktionalen Sprachen. Es wurde sogar eine direkte Hardwarerealisierung der G-Maschine erstellt [Kieburtz 85/87]. Auch die Korrektheit der G-Maschine wurde formal bewiesen [Lester 87/88].

In [Fairbairn, Wray 86] ist ebenfalls die Implementierung einer funktionalen Sprache auf der Basis programmierter Graphreduktion beschrieben. Die Vorgehensweise ist sehr ähnlich zur G-Maschine.

Im folgenden werden wir kurz die Struktur und Arbeitsweise der G-Maschine skizzieren und einige Vorteile programmierter Graphreduktion aufzeigen. Die G-Maschine ist eine abstrakte Maschine zur Graphreduktion von Kombinatorsystemen. Alle Funktionen sind vollständig 'gecurried'. Die Kombinatorrümpfe sind aus den Parametervariablen und Konstanten (Basiswerte, Grundoperationen und -konstruktoren) mittels binärer Applikation und let-Konstrukten aufgebaut. Es ist sogar ein "rekursives let-Konstrukt" zur Definition von rekursiven Datenstrukturen zugelassen. Diese rekursiven Datenstrukturen werden in der Maschine durch zyklische Graphen modelliert. Darauf werden wir aber nicht weiter eingehen.

Die G-Maschine besteht aus sieben Komponenten:

$$\langle G, S, V, E, C, D, O \rangle.$$

Den Kern der Maschine bilden natürlich die *Graphkomponente G*, in der der Programmgraph dargestellt und transformiert wird, und der *Stack S*, über den der Zugriff auf den Graphen erfolgt. Auf Grund des vollständigen 'Currying' aller Funktionen ist der Graph binär. Er wird modelliert als Abbildung der Knotenadressen in die Knoten. Dabei werden folgende Knotentypen unterschieden:

- Datenknoten, wie etwa INT i, BOOL b,

- Konstruktorknoten wie etwa CONS n_1 n_2 zur Beschreibung von Listen, wobei n_1 bzw. n_2 die Knotenadresse des Kopfes bzw. des Restes des Listengraphen ist,

- Applikationsknoten @ n_1 n_2, wobei n_1 auf den Funktionsgraphen und n_2 auf den Argumentgraphen zeigt,

- Funktionsknoten FUN f, wobei f ein Kombinatorname ist und

- Leerknoten HOLE, die zur Konstruktion zyklischer Graphen benötigt werden.

Die Graphtransformationen werden mit Hilfe des Stacks S, auf dem Knotennamen gespeichert werden können, vorgenommen. Für Datenrechnungen (Anwendung von Basisoperationen auf Basiswerte) steht ein spezieller *Wertestack* (Value-stack) V mit entsprechenden operativen Fähigkeiten zur Verfügung. In einer *Umgebung* (Environment) E ist zu jedem Kombinatornamen die Anzahl der Argumente, die zu einer Kombinatorreduktion gemäß der Definitionsgleichung des

Kombinators notwendig sind, und die für den Kombinator erzeugte G-Maschinencodesequenz gespeichert. Für die Basisfunktionen finden sich in dieser Komponente ebenfalls entsprechende Angaben. E entspricht dem Programmspeicher, der während einer Ausführung unverändert bleibt. Eine weitere Komponente C enthält den noch auszuführenden *Code*. C entspricht dem Programmzähler (Instruktionszeiger) in herkömmlichen Maschinen. Zur Organisation von rekursiven Aufrufen wird ein *Dump D* zur Rettung von Stackinhalt S und Programmzähler C beim rekursiven Abstieg verwendet. Der Dump ist als Stack organisiert. Die letzte Komponente O (*Output*) der G-Maschine ist ein Ausgabeband, auf das Integerzahlen und Wahrheitswerte vom Programm ausgegeben werden können.

Im Prinzip wird für jede Kombinatordefinition

$$F x_1 \ldots x_k = e$$

eine Codesequenz folgender Art erzeugt:

CONSTRUCT-GRAPH $[e]$; EVAL; UPDATE $k + 1$; RET k.

Der durch das Übersetzungsschema CONSTRUCT-GRAPH generierte Code für e erzeugt zunächst eine Graphinstanz des Rumpfes e des Kombinators, wobei für die formalen Parameter Zeiger auf die aktuellen Parameter des Kombinators eingesetzt werden. Zur Zeit der Ausführung dieser Codesequenz stehen die Zeiger auf die Argumente des Kombinators auf dem Stack (S) zur Verfügung. Durch die Instruktion EVAL wird die Reduktion des Kombinatorrumpfes angestoßen. Durch die UPDATE-Instruktion wird schließlich die Wurzel des Graphen der Kombinatorapplikation mit dem Ergebnis der Reduktion des Kombinatorrumpfes überschrieben. Die RET-Instruktion beendet die Codesequenz eines Kombinators. Sie bewirkt u.a., daß die Zeiger auf die k Argumente des Kombinators vom S-Stack gelöscht werden.

Im folgenden werden wir die prinzipielle Arbeitsweise der G-Maschine am Beispiel der Reduktion einer Kombinatorapplikation zeigen. Der Kombinator sei etwa durch eine Gleichung

$$F x_1 x_2 x_3 = \exp$$

definiert. In der Umgebungskomponente E der G-Maschine findet sich also ein Eintrag der Form

$$E : \ldots \langle F \; : \; (3 \; / \; c_{\exp}; \text{EVAL}; \text{UPDATE } 4; \text{RET } 3) \rangle \ldots,$$

wobei die erste Komponente des Eintrages für F die Stelligkeit von F angibt und die zweite Komponente den Code für F. $c_{\exp}$ sei die Codesequenz, die zur Konstruktion von Instanzen von exp erzeugt wurde. Wir betrachten eine Applikation der Form

$$(((F \; e_1) \; e_2) \; e_3).$$

Bild 2.3 zeigt die wesentlichen Arbeitsphasen der G-Maschine bei der Auswertung dieser Applikation.

Die Auswertung der Applikation wird durch den Befehl EVAL angestoßen. Auf der Spitze des Kellers S liegt ein Zeiger auf die Wurzel des zu dieser Applikation gehörenden Graphen. Die Ausführung des Befehls EVAL bewirkt eine Art Unterprogrammsprung: der noch auszuführende Code C' und der Kellerinhalt ohne die Kellerspitze, S', werden auf dem Dump D gesichert. Das Unterprogramm beginnt mit der sogenannten UNWIND-Phase, während der die Folge der Applikationsknoten durchlaufen und auf dem Keller S vermerkt wird, bis ein Funktionssymbol (Basisfunktion oder Kombinator) gefunden wird. Sodann wird in der Umgebungskomponente E nachgesehen, wieviele Argumente zur Reduktion benötigt werden, und anhand der Anzahl der Zeiger auf dem Stack festgestellt, ob genügend Argumente vorhanden sind. Sind nicht genügend Argumente vorhanden, so wird der Unterprogrammsprung beendet, da eine partielle Applikation nicht reduziert wird. Ansonsten erfolgt, wie in unserem Beispiel, eine Umorganisation des Kellers. Hat das Funktionssymbol die Stelligkeit k, so werden die k obersten Zeiger auf linke Söhne von Applikationsknoten ersetzt durch Zeiger auf die jeweiligen rechten Söhne der Applikationsknoten, also durch Zeiger auf die Argumentgraphen. Der Code des Funktionssymbols wird aus der Umgebung E in die Codekomponente C geladen. Handelt es sich bei dem Funktionsymbol um einen Kombinator, wie in unserem Beispiel, so bewirkt die Ausführung der Codesequenz zunächst den Aufbau des Graphen des Kombinatorrumpfes unter Berücksichtigung der auf dem Keller gegebenen Zeiger auf die aktuellen Parameter. Die Instruktion EVAL stößt die Reduktion dieses Graphen an. Nach Beendigung dieses Reduktionsprozesses liegt auf der Kellerspitze ein Zeiger auf das Reduktionsergebnis. Der Befehl UPDATE 4 überschreibt den Knoten, auf den das vierte Kellerelement unter der Kellerspitze zeigt, mit dem Wurzelknoten des Reduktionsergebnisses, auf den die Kellerspitze zeigt. Der Returnbefehl löscht die Zeiger auf die Argumente der Reduktion vom Keller und beendet den Unterprogrammsprung, indem vom Dump der noch auszuführende Code sowie der vorherige Kellerinhalt zurückgeladen werden. Das Ergebnis des Unterprogrammsprungs wird auf der Kellerspitze angezeigt.

Dieses Prinzip der programmierten Graphreduktion bietet viele Optimierungsmöglichkeiten, die zu einem großen Teil bereits in der ursprünglichen Version der G-Maschine [Johnsson 84, Augustsson 84] integriert waren. Einer der wesentlichsten Vorteile ist sicherlich, daß man die Konstruktion und Reduktion von Graphen vermeidet, wenn Werte direkt berechnet werden können. So wird etwa in der G-Maschine für den Rumpf des Kombinators

$$F x_1 x_2 x_3 = (x_1 \times x_2) + x_3$$

kein Graph aufgebaut, sondern folgende Codesequenz erzeugt, die den Wert des

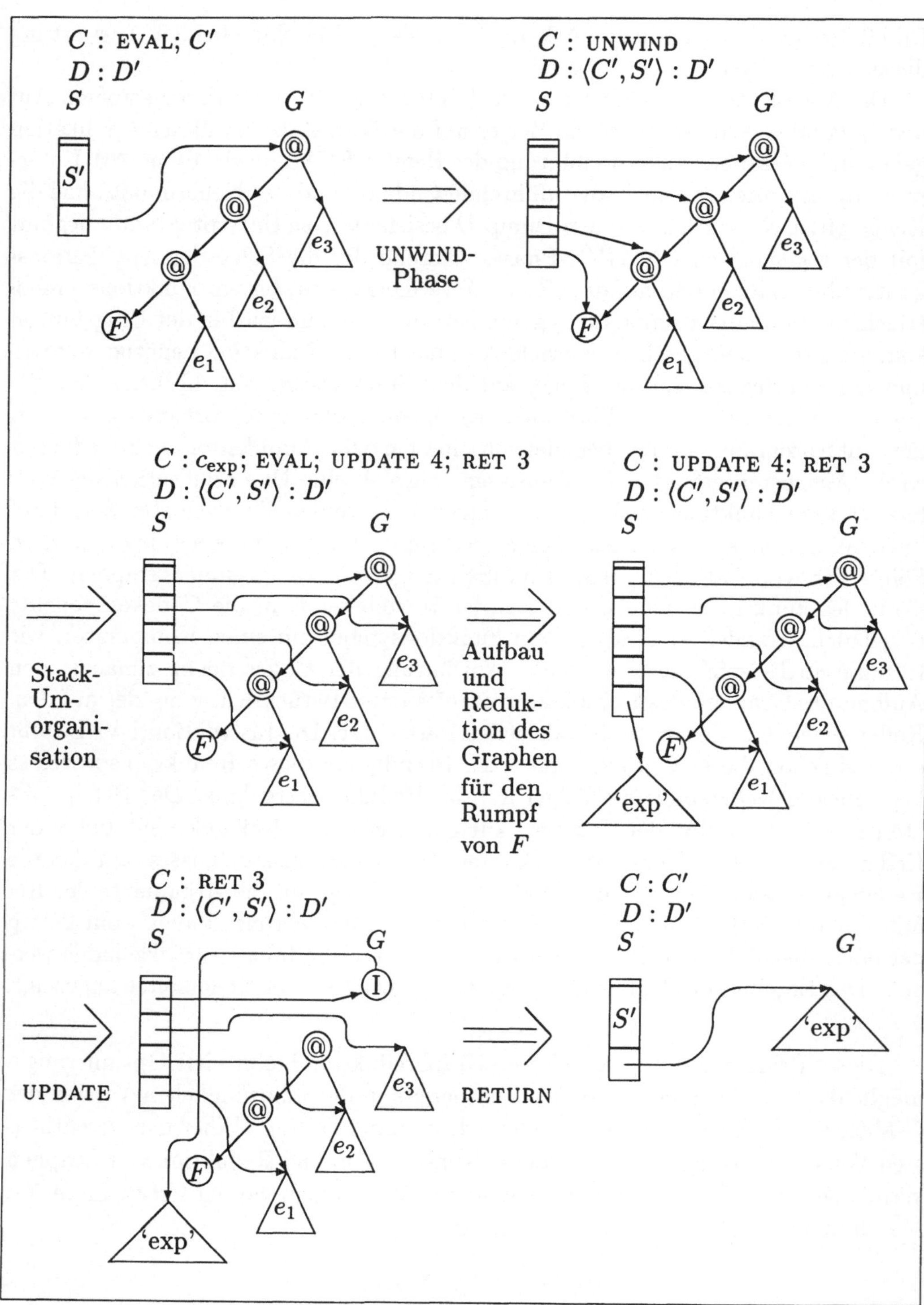

Bild 2.3: Einige Arbeitsschritte der G-Maschine

Kombinators direkt berechnet:

> PUSH x_1; EVAL; GET; PUSH x_2; EVAL; GET; MUL;
> PUSH x_3; EVAL; GET; ADD;
> MKINT; UPDATE 4; RET 3.

Der PUSH-Befehl lädt einen Zeiger auf ein Argument auf die Spitze des Verwaltungskellers S. Im allgemeinen erhält er als Parameter den Offset des Argumentzeigers von der Kellerspitze. Der Einfachheit halber schreiben wir hier stattdessen den formalen Parameternamen x_i. Der Befehl GET lädt den Basiswert, auf den die Kellerspitze des Verwaltungskellers S zeigt, aus dem Graphen auf den Datenkeller V, auf dem die Datenrechnungen mittels der Basisbefehle ADD, MUL etc. durchgeführt werden. Der Befehl MKINT lädt das Ergebnis der Datenrechnung zurück in einen Graphknoten und schreibt einen Zeiger auf diesen Graphknoten auf die Spitze des Verwaltungskellers. In der G-Maschine werden so oft wie möglich "teure" Graphoperationen durch vergleichsweise "billige" Stackoperationen ersetzt. Um festzustellen, wann Ausdrücke direkt ausgewertet werden können, wird i.a. eine Striktheitsanalyse verwendet [Mycroft 82] [Peyton-Jones 87]. Auf Grund der Ähnlichkeit programmierter Graphreduktion zu konventionellen Implementierungstechniken, ist es außerdem möglich, konventionelle Codeoptimierungstechniken einzusetzen. Als Beispiel nennen wir hier nur die spezielle Behandlung von "Tail Recursion" in der Art, daß bei "tail-rekursiven" Aufrufen ein erneuter Unterprogrammsprung vermieden wird [Johnsson 84].

In der G-Maschine ist die UNWIND-Phase zur Bestimmung des Funktionssymbols einer Applikation eine sehr aufwendige Operation. In der "spineless" G-Maschine von [Burn, Peyton-Jones, Robson 88] wird versucht, diese Phase sooft wie möglich zu umgehen. Wir werden in Teil III zeigen, daß man bei Zugrundelegung eines Typkonzeptes mit direkter Unterstützung kartesischer Typen sowie durch Wahl einer geeigneten Graphstruktur auf diese Phase völlig verzichten kann.

Damit beenden wir den Überblick über die verschiedenen Techniken zur Implementierung funktionaler Sprachen. Wir werden in diesem Buch eine Kombination umgebungsbasierter und programmierter Graph-Reduktion von Kombinatorsystemen vorstellen, bei der die Umgebungsblöcke in der Graphstruktur gespeichert werden. Wir folgen damit der in [Hudak, Goldberg 85a] vertretenen Sichtweise, daß Graphreduktion eine Verallgemeinerung konventioneller stack- und umgebungsbasierter Reduktion ist, bei der die Aktivierungsblöcke in der Graphstruktur abgelegt werden. Diese Implementierungstechnik eignet sich, wie wir sehen werden, in besonderer Weise, zum Einsatz in einem parallelen verteilten System. Bevor wir auf diese Dinge näher eingehen, geben wir noch einen kurzen Überblick über parallele Architekturen und Multiprozessorsysteme.

Kapitel 3

Parallele Rechnerarchitekturen

Auf Grund neuer Technologien ist es heute möglich, Rechnersysteme zu bauen, die aus einer Vielzahl von Prozessoren bestehen. Von solchen parallelen oder verteilten Systemen erhofft man sich eine größere Leistungsfähigkeit und Flexibilität. Um dies zu erreichen, sind natürlich geeignete Organisationsformen notwendig. Eine grobe Klassifikation von parallelen Architekturen ist die Einteilung in

- lose gekoppelte Systeme
  (Systeme mit verteiltem Speicher ("distributed memory")) und

- eng gekoppelte Systeme
  (Systeme mit gemeinsamen Speicher ("shared memory")).

In lose gekoppelten Systemen hat jeder Prozessor seinen eigenen lokalen Speicher. Jeder Zugriff auf ein Speichermodul erfolgt über den zugehörigen Prozessor. Die verschiedenen Prozessoren können über ein Verbindungsnetzwerk miteinander kommunizieren.

In einem eng gekoppelten System existiert ein globaler Hauptspeicher, auf den alle Prozessoren zugreifen können. Der Hauptspeicher ist i.a. in mehrere Speichermodule unterteilt, die unabhängigen Zugriff erlauben. Die Kommunikation zwischen den Prozessoren erfolgt über gemeinsam benutzte Speicherbereiche. Bild 3.1 veranschaulicht die verschiedenen Architekturformen.

In Architekturen mit gemeinsamem Speicher ist jedes Speichermodul für jeden Prozessor in gleicher Weise verfügbar. Die Organisation der Parallelausführung, wie etwa die Arbeitsverteilung, ist in solchen Systemen sehr einfach. Allerdings

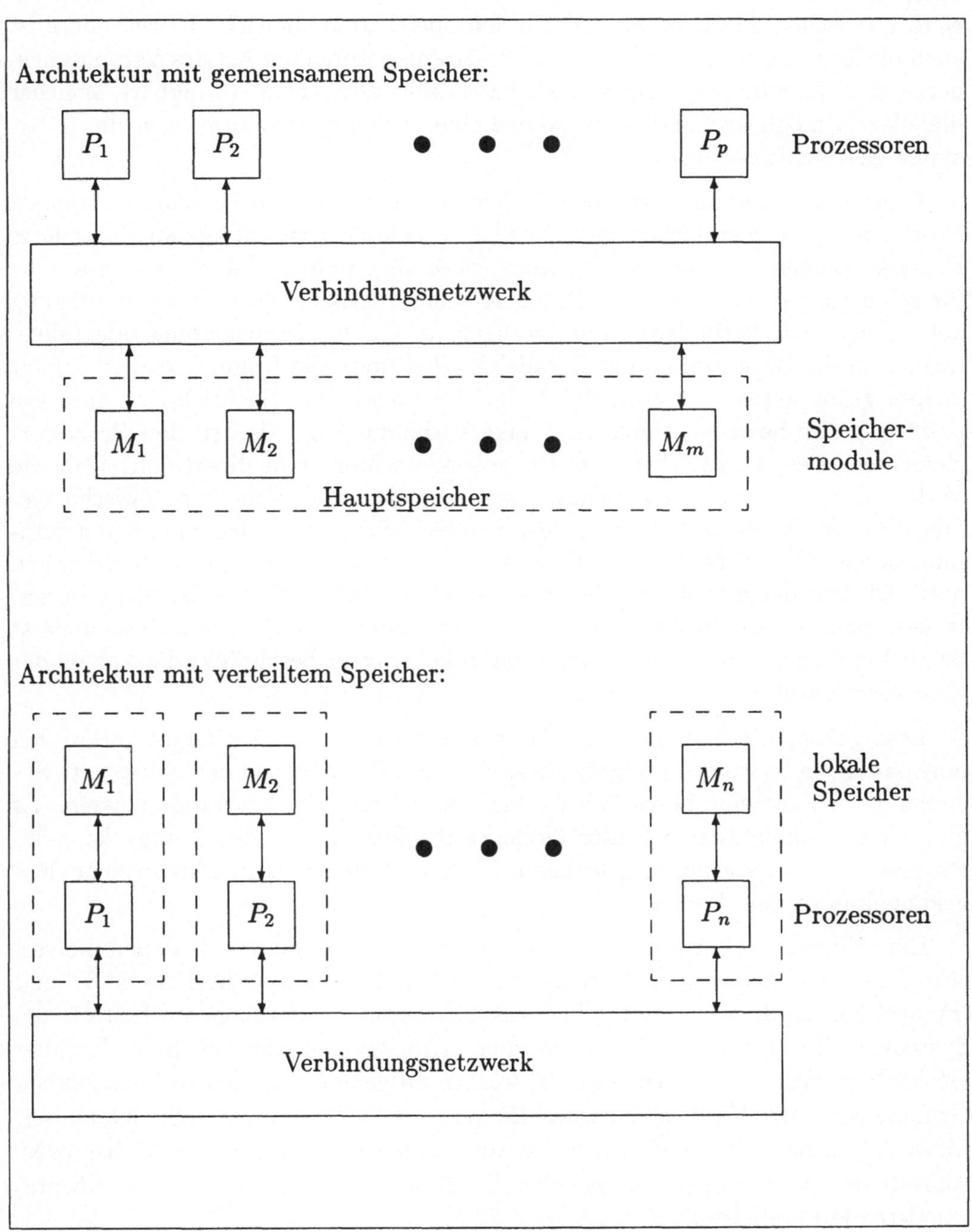

Bild 3.1: Organisationsformen paralleler Systeme

hängt die Leistungsfähigkeit sehr stark von der Qualität des Verbindungsnetzwerkes zwischen den Prozessoren und den Speichermodulen ab. Insbesondere ist auch die Zahl der parallel arbeitenden Prozessoren durch die Art des Verbindungsnetzwerkes beschränkt. Letztendlich beschränkt der zentral verfügbare Speicher die effektiv mögliche Parallelität, so daß eine beliebige Erweiterbarkeit dieser Systeme ausgeschlossen scheint.

In Architekturen mit verteiltem Speicher ist ein lokaler Speicherzugriff für einen Prozessor sehr viel einfacher und schneller als eine Speicheranfrage an ein anderes Prozessorelement. In solchen Systemen ist es also wichtig, daß ein Prozessor die für seine Aufgabe wesentlichen Daten in seinem lokalen Speicher zur Verfügung hat. Dies stellt besondere Anforderungen an die Arbeitsverteilung oder allgemeiner an die Organisation der Parallelverarbeitung. Die Kommunikation erfolgt in lose gekoppelten Systemen durch den Austausch von Nachrichten ("message passing"). Es bestehen Punkt-zu-Punkt Verbindungen zwischen den Prozessorelementen. Besteht zwischen zwei Prozessorelementen keine direkte physikalische Verbindung, so werden Nachrichten zwischen solchen über mehrere Zwischenelemente navigiert. Prinzipiell kann jedes Prozessorelement mit jedem anderen kommunizieren. Der Aufwand und die Kosten einer solchen Kommunikation hängen natürlich von der Entfernung der Prozessorelemente ab. Durch die völlig dezentrale Organisation von Architekturen mit verteiltem Speicher sind diese äußerst flexibel und leicht erweiterbar. Keine zentrale Struktur beschränkt die Anzahl der Prozessorelemente.

Lose gekoppelte Systeme eignen sich also offensichtlich zur Organisation von hochparallelen Systemen ("highly parallel systems"), während eng gekoppelte Systeme jeweils nur eine beschränkte Anzahl von Prozessorelementen zulassen. Es gibt auch Kombinationen beider Organisationsformen, bei denen enggekoppelte Prozessor-/Speichergruppen, sogenannte 'Cluster', die Knotenpunkte in einem lose gekoppelten System bilden.

Eine Übersicht über real existierende Mehrprozessorsysteme, in denen die verschiedenen Architekturtypen verwirklicht sind, findet sich etwa in [Kruskal 84] und [Frenkel 86]. In diesen Arbeiten liegt der Schwerpunkt allerdings auf bestimmten Systemen, die genauer analysiert werden. Die Programmierung dieser Rechner erfolgt imperativ. In [Regenspurg 87] werden ausgehend von den technologischen Grundlagen einige Hardwareentwürfe für verteilte Systeme vorgestellt. [Gonauser, Mrva 89] enthält eine ausführliche Analyse und Klassifikation von Multiprozessorsystemen sowie einen umfassenden Überblick über real (d.h. in Hardware) existierende Parallelrechner.

Neuere Architekturentwürfe für parallele, aber auch sequentielle Rechner erfolgen nicht mehr nur technologie-orientiert (bottom-up), sondern zudem sprach-orientiert (top-down). Beim *sprach-orientierten Entwurf* entwickelt man aus einem stark idealisierten Berechnungsmodell für die jeweilige Sprache durch schrittweise Konkretisierung und Verfeinerung ein physisches Berechnungsmodell, das auf existierende Technologie abgebildet werden kann. Für eine funktionale Sprache bedeutet dies, daß man etwa ausgehend von der nichtdeterministischen Reduktionssemantik durch Wahl einer Reduktionsstrategie und Entwicklung einer Implementierungstechnik zur Festlegung einer abstrakten Maschinendefinition kommt, die dann bis zu einer technischen Realisierung weiter verfeinert werden kann. Wie wir im vorigen Abschnitt gesehen haben, sind die verschiedenen Implementierungstechniken meist unter Benutzung abstrakter Maschinen definiert worden. Nur die wenigsten dieser Maschinenentwürfe wurden bzw. werden tatsächlich technisch realisiert, i.a. werden sie auf existierenden Systemen implementiert, d.h. simuliert. Der Grund hierfür ist, daß eine technische Realisierung mit einem zu hohen Aufwand verbunden ist. Eine umfassende Übersicht über Architekturentwürfe für deklarative Sprachen findet sich in [Vegdahl 84] und [Treleaven, Refenes, Lees, McCabe 86]. In [Kober 88] werden Parallelrechnerentwicklungen für imperative und deklarative, d.h. funktionale und logische, Programmiersprachen diskutiert.

Ein Ziel der vorliegenden Arbeit ist der sprachorientierte Entwurf einer Parallelarchitektur für die Implementierung funktionaler Sprachen. Dabei haben wir uns für die Entwicklung einer Architektur mit verteiltem Speicher entschieden, da sich diese durch die völlig dezentrale Organisation besser als Basis für große parallele Systeme eignet. Bevor wir im dritten Teil des Buches die abstrakte parallele Maschine vorstellen, die wir zur Implementierung der in Kapitel 1 eingeführten Sprache SAL entworfen haben und die als Implementierungstechnik eine umgebungs- und graph-basierte Kombinatorreduktion zugrundelegt, werden wir im folgenden Teil die Parallelisierung von SAL-Programmen beschreiben. Eine Beschreibung und Gegenüberstellung von Projekten mit ähnlicher Zielsetzung werden wir am Ende in Kapitel 13 vornehmen.

Teil II

Parallelisierung

funktionaler Programme

Kapitel 4

Organisation der Parallelisierung

Die implizit in funktionalen Programmen enthaltene Parallelität besteht darin, daß voneinander unabhängige Teilausdrücke auch unabhängig, also insbesondere parallel ausgewertet werden können. Dies wird durch die Konfluenzeigenschaft (auch Church-Rosser-Eigenschaft) der Reduktionssemantik gewährleistet. Die Reduktion von Ausdrücken erfolgt seiteneffektfrei.

Unabhängige Teilausdrücke sind die Argumentausdrücke in Applikationen[†]. Ob und wann diese Ausdrücke allerdings ausgewertet werden, hängt von der gewählten Reduktionsstrategie ab. Wie wir bereits in Kapitel 1.4 bei der Diskussion der "applicative-order" und "normal-order" Strategien gesehen haben, bietet die "applicative-order" Strategie sehr viel mehr Möglichkeiten zur Parallelauswertung als die "normal-order" Strategie. Denn bei jeder Applikation können alle Argumentausdrücke parallel ausgewertet werden. Bei der "normal-order" Strategie ist eine Parallelauswertung der Argumentausdrücke nur bei Basisfunktionen zugelassen. In allen anderen Applikationen

$$(\star) \quad (e, e_1, \ldots, e_n)$$

mit beliebigem Funktionsausdruck e wird die Auswertung der Argumentausdrücke $e_1, \ldots, e_n$ solange verzögert, bis ihr Wert zur Fortführung der Gesamtreduktion benötigt wird. Dies führt zu einem streng sequentiellen Reduktionsprozeß. Durch die verzögerte Auswertung wird eine Nichttermination der Berechnung durch divergierende Argumentberechnungen, die aber zur Bestimmung des Gesamtergebnisses nicht benötigt werden, vermieden. Wertet man bei der Reduktion einer

---

[†] Die let-Abstraktion wird dabei als besondere Form der Applikation gesehen.

Applikation ($\star$) die Argumente, in denen der Funktionsausdruck e strikt ist, parallel aus, so wird dieses jedoch auch sichergestellt. Denn eine Nichttermination in strikten Argumenten bedeutet nach Definition der Striktheit Nichttermination der Applikationsauswertung. Eine Strategie, die strikte Funktionsargumente nach dem call-by-value Prinzip und die übrigen Funktionsargumente nach dem call-by-name Prinzip behandelt, liefert dieselben Ergebnisse wie die "normal-order" Strategie, wobei mehr Möglichkeiten zur Parallelauswertung gegeben sind.

Natürlich ist die Striktheit von Funktionen i.a. nicht entscheidbar. Eine Striktheitsanalyse kann also nie vollständig sein in dem Sinne, daß alle Argumente, in denen eine Funktion strikt ist, ermittelt werden. Es können aber gute Approximationen erzielt werden.

Da Striktheitsinformationen Möglichkeiten zur Parallelisierung einer "normal-order" Reduktion aufzeigen, bildet die Striktheitsanalyse das Kernstück bei der Parallelisierung funktionaler Programme, die eine "normal-order" Auswertung zugrundelegen. Insgesamt besteht der Parallelisierungsprozeß, den wir in diesem Teil des Buches beschreiben, aus drei Phasen (siehe Bild 4.1).

In der ersten Phase wird das funktionale Programm entschachtelt, d.h. in ein System von globalen Funktionsdefinitionen (Kombinatoren) übersetzt. Auch die Entschachtelung trägt zur Parallelisierung des Reduktionsprozesses bei. Bei der Reduktion von Kombinatoren ist, wie wir bereits in Kapitel 2 gesehen haben, keine zentrale Umgebungsstruktur zur Verwaltung der Variablenbindungen notwendig. Eine solche zentrale Struktur würde bei vielen parallelen Prozessen, die darauf zugreifen, zum Engpaß (engl.: bottleneck) werden. Da Kombinatoren keine globalen oder freien Variablen enthalten, treten bei Kombinatorreduktionen nur die Argumentlisten als 'single level'-Umgebungen auf. Durch diese Dezentralisierung der Umgebung wird die Unabhängigkeit der parallelen Reduktionsprozesse vergrößert.

Die zweite Phase ist die Striktheitsanalyse, bei der untersucht wird, in welchen Argumenten die Kombinatoren strikt sind. Die Striktheitsinformationen zeigen dann, an welchen Stellen Parallelauswertungen möglich sind. Es ist aber nicht immer sinnvoll, Ausdrücke, die parallel ausgewertet werden können, auch tatsächlich parallel auszuwerten. Denn jede Parallelauswertung ist natürlich auch mit einem gewissen Mehraufwand, vor allem an Kommunikationskosten[tt] verbunden, der größer sein kann, als der Zeitgewinn, den die parallele Auswertung bringt. Aus diesem Grund wird bei der Einteilung der Kombinatorsysteme in parallele Prozesse, die in der dritten Phase der Parallelisierung erfolgt, eine Komplexitätsanalyse von "parallelen" Teilausdrücken vorgenommen, die über eine tatsächliche

---

[tt]Zu den Kommunikationskosten zählen neben der Übertragungszeit von Nachrichten die Erzeugung und Dekodierung der Nachrichten.

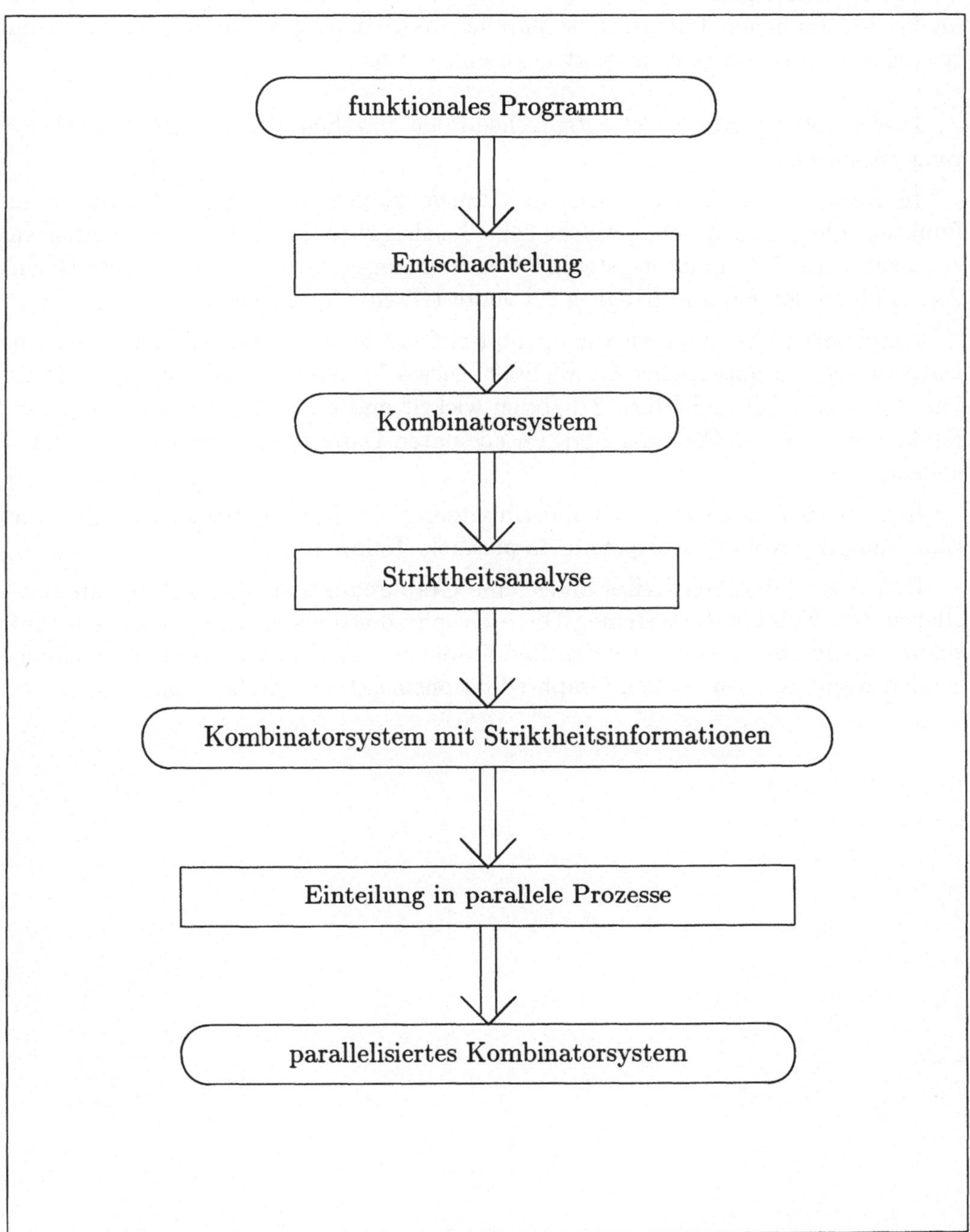

Bild 4.1: Phasen der Parallelisierung

Parallelausführung entscheidet. Dies ergibt dann ein Kombinatorsystem, in dem die Stellen, an denen Teilausdrücke parallel ausgewertet werden können, durch ein spezielles syntaktisches Konstrukt angezeigt werden.

Dieser Teil des Buches ist entsprechend den einzelnen Phasen der Parallelisierung organisiert.

In Kapitel 5 beschreiben wir die Transformation von SAL-Programmen in Funktionsgleichungssysteme, welche keine lokalen Funktionsdefinitionen enthalten — sogenannte Kombinatorsysteme. Das hier angegebene Verfahren basiert auf den in [Johnsson 85] und [Hughes 82] vorgestellten Algorithmen.

Anschließend beschreiben wir in Kapitel 6 ein Striktheitsanalyseverfahren zur Entdeckung von potentieller Parallelität. Dieses Verfahren wurde in [Burn, Hankin, Abramsky 86] und [Burn 87a/b] entwickelt und erlaubt die Behandlung von Funktionen höherer Ordnung und frei erzeugten Datenstrukturen bei der Striktheitsanalyse.

In Kapitel 7 diskutieren wir die Umsetzung der Striktheitsinformationen zur Einteilung des Kombinatorsystems in parallele Teilprozesse.

Den Abschluß dieses Teiles bildet eine Graphreduktionssemantik für die parallelisierten Kombinatorsysteme. Diese Graphreduktionssemantik beschreibt auf einem hohem abstrakten Level den Reduktionsprozeß, der von der in den nachfolgenden Kapiteln entwickelten Graphreduktionsmaschine durchgeführt wird.

Kapitel 5

Entschachtelung von SAL-Programmen

Den Anfang dieses Kapitels bildet die formale Definition der Syntax und Reduktionssemantik getypter Kombinatorsysteme. Diese sind die Zielsprache des Entschachtelungsprozesses, der im Anschluß daran beschrieben wird. Durch eine weitere Transformation, die in Abschnitt 5.3 erläutert wird, erzielt man die Erzeugung von Superkombinatorsystemen im Sinne von [Hughes 82]. Im Hinblick auf die Implementierung erfolgt schließlich in Abschnitt 5.4 der Übergang zu sogenannten *flachen* Kombinator- bzw. Superkombinatorsystemen.

5.1 Monomorph getypte Kombinatorsysteme

Getypte Kombinatorsysteme sind nichts anderes als getypte Funktionsgleichungssysteme höherer Ordnung bestehend aus einer endlichen Anzahl von Funktionsdefinitionen der Form

$$((\ldots((F, x_{11}, \ldots, x_{1k_1}), x_{21}, \ldots, x_{2k_2})\ldots), x_{m1}, \ldots, x_{mk_m}) = body,$$

wobei '*body*' ein applikativer Ausdruck ist, der gewissen Bedingungen genügt.

Wir beginnen die formale Beschreibung der Syntax von Kombinatorsystemen mit der Definition der Syntax der Kombinatorrümpfe. Wie in Kapitel 1 gehen wir von einer Basissignatur $\Sigma = (S, \Omega)$ und einer Datenstruktursignatur $DS(\Sigma) = (D, \Gamma)$ aus. Ebenso legen wir wieder die Alphabete *Arg*, *Loc* und *Fun* für die Argument-, lokalen und Funktionsvariablen zugrunde.

5.1.1 Definition　Die Familie der getypten *applikativen SAL-Ausdrücke*

$$AppExp = \langle AppExp^t \mid t \in Typ(S,D)\rangle$$

ist die Teilfamilie von SAL-Ausdrücken, die aus

- Variablen und Konstanten mittels
- Verzweigung
- Applikation
- lokaler Deklaration und
- Pattern matching

aufgebaut sind, d.h.:

1. $Var^t \subseteq AppExp^t \quad (t \in Typ(S,D))$

2. $\Omega^{(\epsilon,s)} \subseteq AppExp^s \qquad (s \in S)$
   $\Omega^{(s_1\ldots s_n,s)} \subseteq AppExp^{s_1\times\ldots\times s_n\to s} \quad (s_1,\ldots,s_n,s \in S, n \geq 1)$

3. $\Gamma^{(\epsilon,d)} \subseteq AppExp^d \qquad (d \in D)$
   $\Gamma^{(s_1\ldots s_m,d)} \subseteq AppExp^{s_1\times\ldots\times s_m\to d}$
   $$(s_1,\ldots,s_m \in S\cup D, d \in D, m \geq 1)$$

4. $e \in AppExp^{bool}, e_1, e_2 \in AppExp^t$
   $\implies$ **if** e **then** e_1 **else** e_2 **fi** $\in AppExp^t \qquad (t \in Typ(S,D))$

5. $e \in AppExp^t$ mit $t = t_1 \times \ldots \times t_k \to t_0$, $(k \geq 1, t_0,\ldots,t_k \in Typ(S,D))$
   $e_i \in AppExp^{t_i}$ für $i \in \{1,\ldots,k\}$
   $\implies (e, e_1, \ldots, e_k) \in AppExp^{t_0}$

6. *lokale Deklaration*

   $y_i \in Loc^{t_i}$ paarweise verschieden, $e_i \in AppExp^{t_i}$ $(1 \leq i \leq k)$,
   $e \in AppExp^{t_0} \qquad\qquad\qquad\qquad (t_0,\ldots,t_k \in Typ(S,D))$
   $\implies$ **let** $y_1 = e_1$ **and** $\ldots$ **and** $y_k = e_k$ **in** $e \in AppExp^{t_0}$

7. *case-Ausdruck*

   $e \in AppExp^d$ mit $d \in D$,
   $\Gamma^{(d)} =: \{c_1, \ldots, c_k\}$ mit $c_j \in \Gamma^{(t_{j1}\ldots t_{jm_j},d)}$ für $j \in \{1,\ldots,k\}$,
   $y_{ji} \in Loc^{t_{ji}}$ paarweise verschieden $(1 \leq i \leq m_j)$,
   $e_j \in AppExp^t$ $(1 \leq j \leq k)$
   $\qquad\qquad (t \in Typ(S,D), t_{11},\ldots,t_{1m_1},\ldots,t_{k1},\ldots,t_{km_k} \in S\cup D)$
   $\qquad\implies$ **case** e **of**
   $$c_1(y_{11},\ldots,y_{1m_1}) \ : \ e_1;$$
   $$\ldots$$
   $$c_k(y_{k1},\ldots,y_{km_k}) \ : \ e_k$$
   $\qquad$ **esac** $\ \in AppExp^t$

Diese Definition entspricht der Definition der Familie der SAL-Ausdrücke bis auf die Fälle der λ-Abstraktion und Rekursion, die in rein applikativen Ausdrücken nicht zugelassen sind. Insbesondere gilt also:

$$AppExp \subseteq Exp.$$

5.1.2 Definition   1. Ein *Kombinatorsystem* ist ein endliches System von Kombinatordefinitionen

$$\mathcal{R} = \langle((\cdots(F_i, x^i_{11}, \ldots, x^i_{1k_{i1}})\cdots), x^i_{n_i 1}, \ldots, x^i_{n_i k_{in_i}}) = e_i \mid 1 \le i \le r\rangle,$$

wobei $r \ge 1, F_i \in Fun$ $(1 \le i \le r)$,
$\quad\quad x^i_{jl} \in Arg$ $(1 \le i \le r, 1 \le j \le n_i, 1 \le l \le k_{ij})$,
$\quad\quad n_i \ge 0$ $(1 \le i \le r), k_{ij} \ge 1$ $(1 \le j \le n_i, 1 \le i \le r)$,
und alle Typen passen, also:

falls für $1 \le i \le r$:
$typ(F_i) = t^i_{11} \times \cdots \times t^i_{1k_{i1}} \rightarrow (\cdots \rightarrow (t^i_{n_i 1} \times \cdots \times t^i_{n_i k_{in_i}} \rightarrow t_i)\cdots)$
mit $t^i_{jl} \in Typ(S, D)$ und $t_i \in Typ(S, D)$,
so ist $x^i_{jl} \in Arg^{t^i_{jl}}$ für $1 \le j \le n_i$ und $1 \le l \le k_{ij}$
sowie $e_i \in Exp^{t_i}(\{x^i_{jl} \mid 1 \le j \le n_i, 1 \le l \le k_{ij}\}, \emptyset, \{F_1, \ldots, F_r\})$.

2. Ein *Kombinatorprogramm vom Typ* $s \in S \cup D$ ist ein Paar

$$\langle \mathcal{R}, e \rangle$$

bestehend aus einem Kombinatorsystem $\mathcal{R}$ und einem applikativen Ausdruck e vom Basistyp s:

$$e \in AppExp^s \text{ mit } free(e) \subseteq \{F_1, \ldots, F_r\},$$

wobei $F_1, \ldots, F_r$ die in $\mathcal{R}$ definierten Kombinatoren seien.

Verglichen mit imperativen Programmen entsprechen die Kombinatordefinitionen im Kombinatorsystem den Prozedurdeklarationen. Der applikative Ausdruck repräsentiert das Hauptprogramm.

Kombinatorprogramme entsprechen speziellen SAL-Ausdrücken, bei denen Rekursion und Abstraktion nur in ganz bestimmter Form auf dem obersten Level zugelassen sind. Die Fixpunktsemantik eines Kombinatorprogramms

$$\langle \mathcal{R}, e \rangle$$

mit

$$\mathcal{R} = \langle((\cdots(F_i, x^i_{11}, \ldots, x^i_{1k_{i1}})\cdots)x^i_{n_i 1}, \ldots, x^i_{n_i k_{in_i}}) = e_i \mid 1 \le i \le r\rangle$$

wird erklärt als die Semantik des SAL-Programms:

$$\textbf{letrec } F_1 = \lambda(x_{11}^1, \ldots, x_{1k_{11}}^1). \; \cdots \; \lambda(x_{n_11}^1, \ldots, x_{n_1k_{1n_1}}^1).e_1$$
$$\textbf{and} \quad \cdots$$
$$\textbf{and} \quad F_r = \lambda(x_{11}^r, \ldots, x_{1k_{r1}}^r). \; \cdots \; \lambda(x_{n_r1}^r, \ldots, x_{n_rk_{rn_r}}^r).e_r$$
$$\textbf{in } e.$$

Kombinatorprogramme bilden unter Berücksichtigung dieser Festlegung eine Teilklasse der SAL-Programme.

Auch die Reduktionssemantik ließe sich auf diese Weise auf Kombinatorprogramme übertragen. Dies ist aber nicht ratsam, da es möglich ist — und dies ist ein wesentlicher Grund für die Betrachtung von Kombinatorsystemen — bei der Definition der Reduktionsregeln die spezielle Struktur der Kombinatorprogramme, in denen wie gesagt Rekursion und Abstraktion nur auf dem obersten Level auftreten, auszunutzen.

Indem man bei der Reduktionssemantik ein festes Kombinatorsystem zugrundelegt, kann man auf die Reduktionsregeln für die β- und **letrec**-Reduktion verzichten und an deren Stelle spezielle Kombinatorreduktionen definieren.

Zur Definition der nichtdeterministischen Reduktionssemantik für Kombinatorsysteme gehen wir wie in SAL von einer strikten flachen Interpretation $\mathcal{A} = (A_\perp, \phi_A)$ der Basissignatur aus und wählen wie bisher für die Datenstruktursignatur die Interpretation $CT_{DS(\Sigma)}(\mathcal{A})$ der unendlichen Γ-Bäume über $A_\perp$. Als Berechnungsausdrücke wählen wir die Menge der rein applikativen Ausdrücke, in denen an Stelle von Argumentvariablen Werte aus A $(= A_\perp \setminus \{\perp\})$ bzw. Ausdrücke der Form $c(u_1, \ldots, u_m)$ mit $c \in \Gamma$ auftreten können. Formal definieren wir also:

5.1.3 Definition Die Familie der getypten *applikativen Berechnungsausdrücke* über $\mathcal{A}$ und $CT_{DS(\Sigma)}(\mathcal{A})$

$$AppComp := \langle AppComp^t \mid t \in Typ(S, D) \rangle$$

ist die kleinste $Typ(S, D)$-sortierte Mengenfamilie, für die gilt:

0. $A^s \subseteq AppComp^s$ $\hfill (s \in S)$
   $c \in \Gamma^{(s_1 \ldots s_m, d)}$ mit $m \geq 1$, $u_i \in AppComp^{s_i}$ $(1 \leq i \leq m)$
   $$\Longrightarrow c(u_1, \ldots, u_m) \in AppComp^d$$

1. $Loc^t \; \subseteq \; AppComp^t$ $\quad (t \in Typ(S, D))$
   $Fun^t \; \subseteq \; AppComp^t$ $\quad (t \in Typ(S, D) \setminus (S \cup D))$

2. – 7. analog zur Definition der applikativen Ausdrücke (Definition 5.1.1)

Ist $\mathcal{R}$ ein Kombinatorsystem mit den Funktionsvariablen $F_1, \ldots, F_r$, so ist die Familie der *Berechnungsausdrücke von $\mathcal{R}$* über $\mathcal{A}$ und $CT_{DS(\Sigma)}(\mathcal{A})$ definiert durch

$$Comp_{\mathcal{R}} := \{u \in AppComp \mid free(u) \subseteq \{F_1, \ldots, F_r\}\}.$$

Die applikativen Berechnungsausdrücke bilden eine Teilfamilie der SAL-Berechnungsausdrücke. Insbesondere ist also die Substitution entsprechend Definition 1.3.4 auch für applikative Berechnungsausdrücke erklärt. Die Berechnungsausdrücke eines Kombinatorsystems sind applikative Berechnungsausdrücke, die nur die Kombinatornamen als Funktionsvariable frei enthalten.

Die Reduktionsregeln für Kombinatorberechnungsausdrücke entsprechen größtenteils den Reduktionsregeln für SAL-Berechnungsausdrücke. Die β- und **letrec**-Reduktionsregeln werden allerdings ersetzt durch die einfachere *Kombinatorreduktion*.

5.1.4 Definition Sei

$$\mathcal{R} = \langle ((\cdots (F_i, x^i_{11}, \ldots, x^i_{1k_{i1}}) \cdots), x^i_{n,1} \cdots x^i_{n,k_{in_i}}) = e_i \mid 1 \leq i \leq r \rangle$$

ein Kombinatorsystem und $Comp_{\mathcal{R}}$ die Familie der Berechnungsausdrücke zu $\mathcal{R}$. Die Reduktionsregeln

$$\rightarrow_{\mathcal{R}} \subseteq Comp_{\mathcal{R}} \times Comp_{\mathcal{R}}$$

werden wie folgt erklärt:

1. *Konstantenreduktion*

   $(f, a_1, \ldots, a_n) \rightarrow_{\mathcal{R}} \phi_A(f)(a_1, \ldots, a_n)$
   für $f \in \Omega^{(s_1 \ldots s_n, s)}, a_i \in A^{s_i} (1 \leq i \leq n), s_1, \ldots, s_n, s \in S$

2. *Konstruktorreduktion*

   $(c, u_1, \ldots, u_m) \rightarrow_{\mathcal{R}} c(u_1, \ldots, u_m)$
   für $c \in \Gamma^{(s_1 \ldots s_m, d)}, u_i \in Comp^{s_i} (1 \leq i \leq m), s_1, \ldots, s_m \in S \cup D, d \in D$

3. *Verzweigungsreduktion*

   if T **then** u_1 **else** u_2 **fi** $\rightarrow_{\mathcal{R}} u_1$, **if** F **then** u_1 **else** u_2 **fi** $\rightarrow_{\mathcal{R}} u_2$
   für $u_1, u_2 \in Comp_{\mathcal{R}}$

4. *let-Reduktion*

   let $y_1 = u_1$ **and** $\ldots$ **and** $y_k = u_k$ **in** $u \rightarrow_{\mathcal{R}} u[y_1/u_1, \ldots, y_k/u_k]$
   für $u, u_1, \ldots, u_k \in Comp_{\mathcal{R}}$[†]

5. *case-Reduktion*

   case $c_j(u_{j1}, \ldots, u_{jm_j})$ **of** $\cdots c_j(y_{j1}, \ldots, y_{jm_j}) : u_j \cdots$ **esac**
   $\rightarrow_{\mathcal{R}} u_j[y_{j1}/u_{j1}, \ldots, y_{jm_j}/u_{jm_j}]$
   für $u_{j1}, \ldots, u_{jm_j}, u_j \in Comp_{\mathcal{R}}$

[†]Man beachte, daß $u_1, \ldots, u_k$ keine freien Variablen außer Funktionsvariablen enthalten.

6. **Kombinatorreduktion**

$$((\ldots(F_i, u_{11}, \ldots, u_{1k_{i1}})\ldots), u_{n,1}, \ldots, u_{n_i k_{in_i}})$$
$$\rightarrow_{\mathcal{R}} e_i[x_{11}^i/u_{11}, \ldots, x_{1k_{i1}}^i/u_{1k_{i1}}, \ldots, x_{n,1}^i/u_{n,1}, \ldots, x_{n,k_{in_i}}^i/u_{n,k_{in_i}}]$$
$$\text{für } u_{lj} \in Comp_{\mathcal{R}} \ (1 \leq j \leq k_{il}, 1 \leq l \leq n_i), 1 \leq i \leq r$$

Die Kombinatorreduktionen sind bestimmt durch das vorgegebene Kombinatorsystem. Die Reduktion einer Kombinatorapplikation ist nur möglich, wenn der Kombinator entsprechend seiner Definition im Kombinatorsystem "voll appliziert" ist. Dadurch wird sichergestellt, daß die Berechnungsausdrücke rein applikativ bleiben.

5.1.5 Definition   Die *Reduktionsrelation*

$$\Rightarrow_{\mathcal{R}} \subseteq Comp_{\mathcal{R}} \times Comp_{\mathcal{R}}$$

wird induktiv über den Aufbau der applikativen Berechnungsausdrücke zu $\mathcal{R}$ festgelegt:

1. Ist $u_1 \rightarrow_{\mathcal{R}} u_2$ eine Reduktionsregel $(u_1, u_2 \in Comp_{\mathcal{R}})$, so gilt:

   $u_1 \Rightarrow_{\mathcal{R}} u_2$.

2. Für $u \in Comp_{\mathcal{R}}$ gilt: $u \Rightarrow_{\mathcal{R}} u$. .

3. Mit $u \Rightarrow_{\mathcal{R}} u', u_i \Rightarrow_{\mathcal{R}} u_i', (i \in \{1,2\})$ ist auch

   if u **then** u_1 **else** u_2 **fi** $\Rightarrow_{\mathcal{R}}$ **if** u' **then** u_1' **else** u_2' **fi**

4. Falls $u \Rightarrow_{\mathcal{R}} u'$ und $u_i \Rightarrow_{\mathcal{R}} u_i'$ $(1 \leq i \leq k)$, so gilt auch:

   - $(u, u_1, \ldots, u_k) \Rightarrow_{\mathcal{R}} (u', u_1', \ldots, u_k')$,
   - **let** $y_1 = u_1$ **and** ... **and** $y_k = u_k$ **in** u
     $\Rightarrow_{\mathcal{R}}$ **let** $y_1 = u_1'$ **and** ... **and** $y_k = u_k'$ **in** u'
   - **case** u **of** $c_1(y_{11}, \ldots, y_{1m_1}) : u_1; \cdots; c_k(y_{k1}, \ldots, y_{km_k}) : u_k$ **esac**
     $\Rightarrow_{\mathcal{R}}$ **case** u' **of** $c_1(y_{11}, \ldots, y_{1m_1}) : u_1'; \cdots;$
     $c_k(y_{k1}, \ldots, y_{km_k}) : u_k'$ **esac**

Der Nachweis der Konfluenzeigenschaft dieser Reduktionsrelation kann analog wie im Fall der Reduktion von SAL-Berechnungstermen erbracht werden.

Die Reduktionssemantik von Kombinatorsystemen wird unter Zugrundelegung der Church-Rosser-Eigenschaft wie folgt erklärt:

5.1.6 Definition   Sei $\mathcal{P} = \langle \mathcal{R}, e \rangle$ ein Kombinatorprogramm vom Typ $s \in S \cup D$. Die *Reduktionssemantik red*$[\mathcal{P}]_A$ des Kombinatorprogramms $\mathcal{P}$ ist dasjenige $a \in A \cup T_\Gamma(A)$ mit $e \stackrel{*}{\Rightarrow}_{\mathcal{R}} a$, falls es existiert:

$$red[\mathcal{P}]_A = a :\Longleftrightarrow e \stackrel{*}{\Rightarrow}_{\mathcal{R}} a.$$

Im folgenden zeigen wir, daß jedes SAL-Programm in ein äquivalentes Kombinatorprogramm transformiert werden kann.

5.2   Der Entschachtelungsalgorithmus

Der Entschachtelungsalgorithmus baut auf der einfachen Idee auf, lokale Funktionsdefinitionen in einem SAL-Programm — also λ-Abstraktionen und **letrec**-Ausdrücke — durch Applikationen neu definierter Kombinatoren auf die freien Variablen der Abstraktion bzw. Rekursion zu ersetzen.
Betrachten wir etwa den einfachen Fall einer λ-Abstraktion

$$\lambda(x_1,\ldots,x_k).e,$$

wobei e rein applikativ (ohne innere λ-Abstraktionen oder **letrec**-Ausdrücke) sei und außer $x_1,\ldots,x_k$ nur die Argumentvariablen $\tilde{x}_1,\ldots,\tilde{x}_m$ als freie Variablen enthalte. Diese λ-Abstraktion kann bei Definition eines Kombinators

$$((F_{\text{neu}},\tilde{x}_1,\ldots,\tilde{x}_m),x_1,\ldots,x_k)=e$$

durch die Applikation

$$(F_{\text{neu}},\tilde{x}_1,\ldots,\tilde{x}_m)$$

ersetzt werden. Die Korrektheit dieser Transformation wird sofort klar, wenn man als Zwischenschritt zunächst die freien Variablen der λ-Abstraktion herausabstrahiert und dann dem Funktionsausdruck den Namen F_{neu} gibt:

$$\lambda(x_1,\ldots,x_k).e$$
$$\Big\downarrow \text{Umkehrung der } \beta\text{-Reduktion}$$
$$(\underbrace{\lambda(\tilde{x}_1,\ldots,\tilde{x}_m).\lambda(x_1,\ldots,x_k).e}_{=:\ F_{\text{neu}}},\tilde{x}_1,\ldots,\tilde{x}_m)$$

Rekursive Ausdrücke können in ähnlicher Weise behandelt werden. Sie führen zur Definition von rekursiven Kombinatoren. Auch hier betrachten wir zunächst einen sehr einfachen Fall.
Der **letrec**-Ausdruck

$$\textbf{letrec }F=\lambda(x_1,\ldots,x_k).e\textbf{ in }\tilde{e}$$

enthält nur eine rekursive Funktionsdefinition. Die Ausdrücke e und $\tilde{e}$ seien applikativ und der Rumpf der rekursiven Definition $\lambda(x_1,\ldots,x_k).e$ enthalte frei nur die Argumentvariablen $\tilde{x}_1,\ldots,\tilde{x}_m$ und die Funktionsvariable F. Es gilt:

$$\textbf{letrec } F = \lambda(x_1, \ldots, x_k).e \textbf{ in } \tilde{e}$$

$$\Big\downarrow \textbf{letrec}\text{-Reduktion}$$

$$\tilde{e}[F/\underbrace{\textbf{letrec } F = \lambda(x_1, \ldots, x_k).e \textbf{ in } \lambda(x_1, \ldots, x_k).e}_{:= E_F}]$$

Der sich so ergebende Ausdruck enthält nur den Ausdruck E_F als nicht applikativen Teilausdruck. Zur Ersetzung dieses Ausdruckes definiert man den rekursiven Kombinator

$$((F_{\text{neu}}, \tilde{x}_1, \ldots, \tilde{x}_m), x_1, \ldots, x_k) = e[F \ / \ (F_{\text{neu}}, \tilde{x}_1, \ldots, \tilde{x}_m)],$$

wobei jedes Vorkommen von F in e durch $(F_{neu}, \tilde{x}_1, \ldots, \tilde{x}_m)$ ersetzt wird. Der Ausdruck E_F entspricht dann der Applikation

$$(F_{\text{neu}}, \tilde{x}_1, \ldots, \tilde{x}_m)$$

und der gesamte **letrec**-Ausdruck kann somit durch den Ausdruck

$$\tilde{e}[F/(F_{\text{neu}}, \tilde{x}_1, \ldots, \tilde{x}_m)]$$

ersetzt werden.

Diese Transformation kann wie folgt begründet werden:

Wiederum werden die freien Variablen $\tilde{x}_1, \ldots, \tilde{x}_m$ herausabstrahiert und der Funktionsausdruck als neuer Kombinator definiert:

$$(E_F =) \textbf{ letrec } F = \lambda(x_1, \ldots, x_k).e \textbf{ in } \lambda(x_1, \ldots, x_k).e$$

$$\Big\downarrow \text{umgekehrte } \beta\text{-Reduktion}$$

$$(\underbrace{\lambda(\tilde{x}_1, \ldots, \tilde{x}_m).\textbf{letrec } F = \lambda(x_1, \ldots, x_k).e \textbf{ in}\lambda(x_1, \ldots, x_k).e}_{=: F_{\text{neu}}}, \tilde{x}_1, \ldots, \tilde{x}_m).$$

Für diesen Kombinator gilt:

$$\lambda(\tilde{x}_1,\ldots,\tilde{x}_m).\textbf{letrec}\ F = \lambda(x_1,\ldots,x_k).e\ \textbf{in}\ \lambda(x_1,\ldots,x_k).e$$

$$\Big\downarrow\ \text{Reduktion der Rekursion}$$

$$\lambda(\tilde{x}_1,\ldots,\tilde{x}_m).\lambda(x_1,\ldots,x_k).e[F\ /\ \underbrace{\textbf{letrec}\ F = \lambda(x_1,\ldots,x_k).e\ \textbf{in}\ \lambda(x_1,\ldots,x_k).e}_{=\ (F_{\text{neu}},\tilde{x}_1,\ldots,\tilde{x}_m)}],$$

also

$$F_{\text{neu}} = \lambda(\tilde{x}_1,\ldots,\tilde{x}_m).\lambda(x_1,\ldots,x_k).e[F\ /\ (F_{\text{neu}},\tilde{x}_1,\ldots,\tilde{x}_m)].$$

Schwieriger wird die Entschachtelung im Fall simultaner Rekursion. Um dies zu verdeutlichen, betrachten wir wieder einen einfachen Beispielausdruck

$$\textbf{letrec}\ F_1 = \lambda(x_{11},\ldots,x_{1k_1}).e_1\ \textbf{and}\ F_2 = \lambda(x_{21},\ldots,x_{2k_2}).e_2\ \textbf{in}\ e$$

wobei e, e_1 und e_2 rein applikative Ausdrücke seien. Für $i \in \{1,2\}$ enthalte e_i neben $x_{i1},\ldots,x_{ik_i}$ und eventuell F_1 und/oder F_2 nur die Argumentvariablen $\tilde{x}_{i1},\ldots,\tilde{x}_{im_i}$ als freie Variable.

Bei der Definition der Kombinatoren werden in e_i die Funktionsvariablen F_1 und F_2 durch Applikationen der neuen Kombinatoren auf die freien Argumentvariablen der entsprechenden Ausdrücke $\lambda(x_{i1},\ldots,x_{ik_i}).e_i$ ersetzt. Dies führt dazu, daß die globalen Variablen von e_2 durch F_2 in e_1 importiert werden können und umgekehrt. Treten also sowohl F_1 in e_2 als auch F_2 in e_1 auf, so werden die Kombinatoren

$$((F_{1,\text{neu}},\tilde{x}_{11},\ldots,\tilde{x}_{1m_1},\tilde{x}_{21},\ldots,\tilde{x}_{2m_2}),x_{11},\ldots,x_{1k_1})$$
$$= e_1[F_1/(F_{1,\text{neu}},\tilde{x}_{11},\ldots,\tilde{x}_{2m_2}),F_2/(F_{2,\text{neu}},\tilde{x}_{11},\ldots,\tilde{x}_{2m_2})]$$
$$((F_{2,\text{neu}},\tilde{x}_{11},\ldots,\tilde{x}_{1m_1},\tilde{x}_{21},\ldots,\tilde{x}_{2m_2}),x_{21},\ldots,x_{2k_2})$$
$$= e_2[F_1/(F_{1,\text{neu}},\tilde{x}_{11},\ldots,\tilde{x}_{2m_2}),F_2/(F_{2,\text{neu}},\tilde{x}_{11},\ldots,\tilde{x}_{2m_2})]$$

definiert und der gesamte **letrec**-Ausdruck durch

$$e[\ \ F_1\ /\ (F_{1,\text{neu}},\tilde{x}_{11},\ldots,\tilde{x}_{1m_1},\tilde{x}_{21},\ldots,\tilde{x}_{2m_2}),$$
$$F_2\ /\ (F_{2,\text{neu}},\tilde{x}_{11},\ldots,\tilde{x}_{1m_1},\tilde{x}_{21},\ldots,\tilde{x}_{2m_2})\,]$$

ersetzt.

Diese einfachen Beispiele verdeutlichen die prinzipielle Arbeitsweise des Entschachtelungsalgorithmus, der das zu entschachtelnde Programm "top-down", also von außen nach innen durchläuft. Im allgemeinen Fall enthalten die λ- und **letrec**-Ausdrücke nicht nur Argumentvariablen als freie Variable, sondern auch lokale und insbesondere Funktionsvariable. Durch die "Top-Down"-Vorgehensweise sind zu den freien Funktionsvariablen bereits die Kombinatoren und insbesondere die Variablen, die durch sie importiert werden, bekannt. Um Namenskonflikte zwischen lokal gebundenen und importierten Variablen zu vermeiden, werden wir in dem im folgenden beschriebenen Algorithmus importierte Variablen immer umbenennen.

5.2.1 Beispiel Betrachten wir den Ausdruck

$$\textbf{letrec } F_1 = \lambda x_1.(F_2, x_1) \textbf{ and } F_2 = \lambda x_2.(*, x_1, x_2) \textbf{ in } F_1$$

mit der globalen Variablen x_1. Entschachteln führt hier etwa zur Definition des Kombinators

$$((F_{2,\text{neu}}, x_1), x_2) = (*, x_1, x_2)$$

für F_2. Die globale Variable x_1 wird durch F_2 nach $\lambda x_1.(F_2, x_1)$ importiert. Sie muß aber zur Vermeidung von Konflikten umbenannt werden. Für F_1 wird etwa der Kombinator

$$((F_{1,\text{neu}}, \tilde{x}_1), x_1) = ((F_2, \tilde{x}_1), x_1)$$

definiert und der Gesamtausdruck wird durch

$$(F_{1,\text{neu}}, x_1)$$

ersetzt.

Um die neu definierten Kombinatoren und die Variablen, die sie importieren, eindeutig zu benennen, benutzen wir durch Worte aus $\mathbb{N}^*$ indizierte Variablennamen, die verschieden von den in den SAL-Ausdrücken auftretenden Variablen seien. Wir erweitern also die Variablenalphabete Arg und Fun um durch Worte aus $\mathbb{N}^*$ indizierte Variable und bezeichnen die erweiterten Alphabete mit Arg^0 und Fun^0. Die Menge der über den erweiterten Variablenalphabeten gebildeten applikativen Ausdrücke bezeichnen wir entsprechend mit $AppExp^0$. Die Menge aller Kombinatordefinitionen der Form

$$((\ldots(F, x_{11}, \ldots, x_{1k_1})\ldots), x_{m1}, \ldots, x_{mk_m}) = e$$

mit $F \in Fun^0, x_{ij} \in Arg^0$ (paarweise verschieden) und $e \in AppExp^0$ mit $free(e) \cap (Arg^0 \cup Loc) \subseteq \{x_{11}, \ldots, x_{mk_m}\}$ bezeichnen wir mit $Comdef$.

Bevor wir die Entschachtelungsfunktion angeben, definieren wir die *globalen Variablen* zu (mittels **letrec**) rekursiv definierten Funktionen unter Bezug auf eine Ersetzung der in ihnen frei vorkommenden Variablen. Global nennen wir dabei die freien Variablen zuzüglich der importierten Variablen.

5.2.2 Definition Sei $\tilde{e} = \textbf{letrec } F_1 = e_1 \textbf{ and } \cdots \textbf{ and } F_r = e_r \textbf{ in } e$ ein rekursiver Ausdruck über dem Variablenalphabet $Var := Arg \cup Loc \cup Fun$ und $i \in \{1, \ldots, r\}$.

Sei $\sigma : Var \to Exp^0$ eine Zuordnung von applikativen Ausdrücken zu Variablen aus Var.

Die Menge *der unter σ globalen Variablen zu F_i in $\tilde{e}$*

$$global(F_i, \tilde{e}, \sigma)$$

ist die i-te Komponente des kleinsten Fixpunktes der Abbildung

$$\Psi_{\tilde{e},\sigma} : (\mathcal{P}^{\dagger\dagger}(Arg^0 \cup Loc))^r \to (\mathcal{P}(Arg^0 \cup Loc))^r$$

mit $\Psi_{\tilde{e},\sigma}(G_1, \ldots, G_r) := (\tilde{G}_1, \ldots, \tilde{G}_r)$, wobei

$$\tilde{G}_j := \bigcup_{var \in free(e_j)\setminus\{F_1,\ldots,F_r\}} free(\sigma(var)) \cap (Arg^0 \cup Loc)$$
$$\cup \bigcup_{F_k \in free(e_j)\cap\{F_1,\ldots,F_r\}} G_k.$$

Also:

$$global(F_i, \tilde{e}, \sigma) := proj_i^r(fix\,\Psi_{\tilde{e},\sigma}).$$

Als Halbordnung wird dabei die komponentenweise Mengeninklusion gewählt. Die Stetigkeit von $\Psi_{\tilde{e},\sigma}$ bezüglich $(\mathcal{P}(Arg^0 \cup Loc), \subseteq)^r$ ist offensichtlich. Wir verzichten daher hier auf einen formalen Beweis.

In dieser Definition wird durch die Funktion σ die eventuelle Umbenennung globaler Variablen bzw. die Substitution von globalen Funktionsvariablen durch Kombinatorapplikationen berücksichtigt.

Wir beschreiben den Entschachtelungsalgorithmus durch eine Funktion *lift*, die für beliebige SAL-Ausdrücke definiert ist und aus zwei Komponentenfunktionen besteht. Die erste Komponentenfunktion $lift_1$ liefert den entschachtelten Ausdruck, während die zweite Komponentenfunktion $lift_2$ die Kombinatordefinitionen sammelt, die bei der Entschachtelung des Ausdruckes entstehen. Als Parameter erwartet die Funktion *lift* neben dem zu entschachtelnden Ausdruck zwei weitere. Zum einen ist dies eine Funktion $\sigma : Var \to AppExp^0$, die für jede in dem Ausdruck frei auftretende Funktionsvariable die Kombinatorapplikation, durch die die Funktionsvariable ersetzt werden soll, und für jede globale Variable die Umbenennung dieser angibt. Für alle übrigen Variablen entspricht σ der Identitätsabbildung. Zum anderen wird der Funktion *lift* ein Wort aus $\mathbb{N}^*$ zur eindeutigen Bezeichnung neu zu definierender Kombinatoren und zur eindeutigen Umbenennung globaler Variablen übergeben.

$\dagger\dagger$Mit $\mathcal{P}(M)$ bezeichnen wir die *Potenzmenge* einer beliebigen Menge M

5.2.3 Definition   Die Entschachtelungsfunktion

$$lift : Exp \times (Var \to AppExp^0) \times \mathbb{N}^* - \to AppExp^0 \times \mathcal{P}(Comdef)$$

wird induktiv über die Struktur der SAL-Ausdrücke definiert.

Sei im folgenden $\sigma^{\ddagger}$: $Var \to AppExp^0$ und $w \in \mathbb{N}^*$. Die beiden Komponentenfunktionen von $lift$ werden mit $lift_1$ und $lift_2$ bezeichnet. Dann ist:

1. $lift(var, \sigma, w) := (\sigma(var), \emptyset)$ für $var \in Var$

2. $lift(\mu, \sigma, w) := (\mu, \emptyset)$ für $\mu \in \Omega \cup \Gamma$

3. $lift(\textbf{if } e_1 \textbf{ then } e_2 \textbf{ else } e_3 \textbf{ fi}, \sigma, w)$
   $:= (\textbf{if } lift_1(e_1, \sigma, w.1) \textbf{ then } lift_1(e_2, \sigma, w.2) \textbf{ else } lift_1(e_3, \sigma, w.3) \textbf{ fi},$
   $$\bigcup_{i=1}^{3} lift_2(e_i, \sigma, w.i))$$

4. $lift((e_0, e_1, \ldots, e_k), \sigma, w)$
   $:= ((lift_1(e_0, \sigma, w.0), \ldots, lift_1(e_k, \sigma, w.k)),$
   $$\bigcup_{i=0}^{k} lift_2(e_i, \sigma, w.i))$$

5. $lift(\textbf{let } y_1 = e_1 \textbf{ and } \ldots \textbf{ and } y_k = e_k \textbf{ in } e_0, \sigma, w)$
   $:= (\textbf{let } y_1 = lift_1(e_1, \sigma, w.1) \textbf{ and } \ldots \textbf{ and } y_k = lift_1(e_k, \sigma, w.k)$
   $\quad \textbf{in } lift_1(e_0, \sigma, w.0),$
   $$\bigcup_{i=0}^{k} lift_2(e_i, \sigma, w.i))$$

6. $lift(\textbf{case } e_0 \textbf{ of } \cdots c_j(y_{j1}, \ldots, y_{jm_j}) : e_j \cdots \textbf{esac}, \sigma, w)$
   $:= (\textbf{case } lift_1(e_0, \sigma, w.0) \textbf{ of}$
   $\qquad\qquad\qquad \cdots c_j(y_{j1}, \ldots, y_{jm_j}) : lift_1(e_j, \sigma, w.j) \cdots \textbf{esac},$
   $$\bigcup_{i=0}^{k} lift_2(e_i, \sigma, w.i)).$$

7. $lift(\lambda(x_1, \ldots, x_k).e, \sigma, w)$
   $:= ((F_{w.1}, var_1, \ldots, var_m),$
   $\quad \{((\cdots((F_{w.1}, x_1^{w.1}, \ldots, x_m^{w.1}), x_1, \ldots, x_k), \cdots), x_{n1}, \ldots, x_{nk_n})$
   $\qquad\qquad\qquad\qquad\qquad\qquad\qquad = lift_1(body(e), \tilde{\sigma}, w.1)\}$
   $\quad \cup\ lift_2(body(e), \tilde{\sigma}, w.1))$

   wobei $body(e) := \textbf{if } e = \lambda(\tilde{x}_{11}, \ldots, \tilde{x}_{1k_1}).e_1 \textbf{ then } body(e_1) \textbf{ else } e \textbf{ fi},$

---

‡Als Werte treten bei dieser Funktion nur Variablen und Applikationen von Kombinatoren auf. Die Definition ist zur Vereinfachung allgemein gehalten.

$$\{var_1,\dots,var_m\} := \bigcup_{var\,\in\,free(\lambda(x_1,\dots,x_k).e)} free(\sigma(var)) \cap (Arg^0 \cup Loc)$$

$$\tilde\sigma = \sigma[var_1/x_1^{w.1},\dots,var_m/x_m^{w.1}] \text{ mit } typ(x_i^{w.1}) = typ(var_i),$$

$$\text{also } \tilde\sigma(var) = \begin{cases} x_i^{w.1} & \text{falls } var = var_i\ (1 \le i \le m) \\ \sigma(var) & \text{sonst} \end{cases}$$

und

$$e = \lambda(x_{11},\dots,x_{1k_1}).\lambda(x_{21},\dots,x_{2k_2}).\dots.\lambda(x_{n1},\dots,x_{nk_n}).body(e)$$

mit $n \ge 0, k_1,\dots,k_n \in \mathbb{N}\setminus\{0\}, x_{jl} \in Arg, 1 \le j \le n$.

$F_{w.1}$ sei entsprechend seiner Definitionsgleichung getypt.

8. $lift(\textbf{letrec } F_1 = e_1 \textbf{ and } \cdots \textbf{ and } F_r = e_r \textbf{ in } e, \sigma, w)$

$:= (lift_1(e,\tilde\sigma,w.0),$

$\quad lift_2(e,\tilde\sigma,w.0)$

$\quad \cup\{((\cdots((F_{w.i},x_{i1}^{w.i},\dots,x_{im_i}^{w.i}),x_{11}^{i},\dots,x_{1k_1}^{i}),\cdots),x_{n1}^{i},\dots,x_{nk_n}^{i})$

$$\qquad\qquad = lift_1(body(e_i)),\tilde\sigma_i,w.i) \mid 1 \le i \le r\}$$

$$\cup \bigcup_{i=1}^{r} lift_2(body(e_i)),\tilde\sigma_i,w.i))$$

wobei $\tilde\sigma := \sigma[\ F_1/(F_{w.1},var_{11},\dots,var_{1m_1}),$

$$\cdots$$

$$F_r/(F_{w.r},var_{r1},\dots,var_{rm_r})\ ]$$

mit $\{var_{i1},\dots,var_{im_i}\} := globals(F_i,\tilde e,\sigma)$

$$(\tilde e = \textbf{letrec } F_1 = e_1 \textbf{ and } \cdots \textbf{ and } F_r = e_r \textbf{ in } e),$$

$\tilde\sigma_i = \tilde\sigma[var_{i1}/x_{i1}^{w.i},\dots,var_{im_i}/x_{im_i}^{w.i}]$ und

$$e_i = \lambda(x_{11}^{i},\dots,x_{1k_1}^{i}).\lambda(x_{21}^{i},\dots,x_{2k_2}^{i}).\dots.\lambda(x_{n1}^{i},\dots,x_{nk_n}^{i}).body(e_i)$$

$(1 \le i \le r)\quad$ mit $body(e) = \textbf{if } e = \lambda(\dots).e' \textbf{ then } body(e') \textbf{ else } e \textbf{ fi}$.

Die Funktion *lift* ersetzt in dem zu entschachtelnden Ausdruck λ-Abstraktionen und **letrec**-Konstrukte durch Applikationen von neu definierten Kombinatoren auf die globalen Variablen der Abstraktion. In der Kombinatordefinition erfolgt eine Umbenennung der globalen Variablen. Diese Umbenennung ist notwendig, da durch die Ersetzung von Funktionsvariablen durch Applikationen neu definierter Kombinatoren auf globale Variable Namenskonflikte entstehen können (siehe Beispiel 5.2.1). Außerdem werden mittels der Umbenennung freie lokale Variable durch Argumentvariablen ersetzt.

Direkt ineinandergeschachtelte λ-Abstraktionen werden jeweils in einer Kombinatordefinition zusammengefaßt. Jede λ-Abstraktion wird dazu in die Folge der λ-Abstraktionen und den von einer λ-Abstraktion verschiedenen Rumpf (*body*) zerlegt.

Bei der Definition der Entschachtelung von rekursiven Ausdrücken wird deutlich, daß alle *globalen Variablen* zu einer rekursiven Funktion F_j über den Aufruf

$(F_{w.j}, var_{j1}, \ldots, var_{jm_j})$ importiert werden müssen, auch wenn sie im Rumpf von F_j nur zu anderen Kombinatoren "durchgeschoben" werden. Dies ist der Preis, der für die Dezentralisierung der Umgebungsstruktur gezahlt werden muß.

Das zu einem SAL-Programm gehörige Kombinatorprogramm ergibt sich durch einen Aufruf der Entschachtelungsfunktion *lift* mit der Identitätsfunktion $id_{|Var}$ als Variablenumbenennungsfunktion und dem Startkennwort 1.

5.2.4 Definition   Sei $e \in Prog$. Dann heißt

$$\langle \tilde{\mathcal{R}}, \tilde{e} \rangle := \langle lift_2(e, id_{|Var}, 1), lift_1(e, id_{|Var}, 1) \rangle$$

mit $\tilde{e} \in AppExp^0$, $\tilde{\mathcal{R}} \subseteq \mathcal{P}(Comdef)$ *das zu e gehörige Kombinatorprogramm.*

5.2.5 Lemma   (ohne Beweis)

1. Für $e \in Prog$ gilt:
   $lift_2(e, id_{|Var}, 1)$ ist ein getyptes Kombinatorsystem.

2. Für $e \in Prog$ gilt:
   Ist $\langle \tilde{\mathcal{R}}, \tilde{e} \rangle$ das zu e gehörige Kombinatorprogramm, dann ist

$$red[\![e]\!]_{\mathcal{A},\Gamma} = red_{\mathcal{R}}[\![\langle \tilde{\mathcal{R}}, \tilde{e} \rangle]\!]_{\mathcal{A},\Gamma}.$$

Bevor wir eine Modifikation des Entschachtelungsalgorithmus zur Erzeugung sogenannter Superkombinatorsysteme angeben, beschreiben wir kurz die Entschachtelung des in Kapitel 1 betrachteten Beispielprogramms.

5.2.6 Beispiel   Zu dem in Beispiel 1.1.8 gegebenen 'Quicksort' SAL-Programm erhält man durch Anwendung des Entschachtelungsalgorithmus folgendes Kombinatorprogramm. Es werden Kombinatoren *QSort*, *Filter* und *Append* für die rekursiv definierten Funktionen *quicksort*, *filter* und *append* definiert, deren Rumpf unverändert bleibt, da keine globalen Variablen darin enthalten sind. Außerdem werden für die funktionalen Argumente der Funktion *filter* zwei neue Kombinatoren *Tgeq* und *Tlt* vom Typ int $\to$ int $\to$ bool definiert.

$$\langle\!\langle \ (QSort, \ l^{\text{intlist}}) := \quad \textbf{case } l \textbf{ of}$$

$$\text{NIL} \quad : \text{NIL};$$
$$\text{CONS}(y_1^{\text{int}}, y_2^{\text{intlist}}) :$$
$$(Append,$$
$$(QSort, (Filter, (Tlt, y_1), y_2)),$$
$$(\text{CONS}, y_1,$$
$$(QSort, (Filter, (Tgeq, y_1), y_2))))$$

$$\textbf{esac}$$

$$(\textit{Filter, } test^{\text{int}\to\text{bool}}, l'^{\text{intlist}}) := \textbf{case } l' \textbf{ of}$$

$$\text{NIL} \quad : \text{NIL}$$

$$\text{CONS}(h^{\text{int}}, t^{\text{intlist}}) :$$

$$\textbf{if } (test, h)$$

$$\textbf{then } (\text{CONS}, h, (\textit{Filter, test, } t))$$

$$\textbf{else } (\textit{Filter, test, } t) \textbf{ fi}$$

$$\textbf{esac}$$

$$(\textit{Append, } l_1^{\text{intlist}}, l_2^{\text{intlist}}) := \textbf{case } l_1 \textbf{ of}$$

$$\text{NIL} : l_2;$$

$$\text{CONS}(y_1^{\text{int}}, y_2^{\text{intlist}}): (\text{CONS}, y_1, (\textit{Append}, y_2, l_2))$$

$$\textbf{esac}$$

$$((\textit{Tgeq, } x_1^{\text{int}}), x_2^{\text{int}}) \quad := (\geq, x_2, x_1)$$

$$((\textit{Tlt, } x_1^{\text{int}}), x_2^{\text{int}}) \quad := (<, x_2, x_1)) ;$$

$$(\textit{QSort}, (\text{CONS}, 4, (\text{CONS}, 3, (\text{CONS}, 1, (\text{CONS}, 2, \text{NIL}))))))$$

Der hier vorgestellte Entschachtelungsalgorithmus entspricht dem in [Johnsson 85] entwickelten, sogenannten 'λ-lifting'-Algorithmus. Er unterscheidet sich von dem in Abschnitt 2.4 skizzierten Algorithmus von [Hughes 82/84] dadurch, daß er die direkte Behandlung simultaner Rekursion beinhaltet — welche ein Top-down-Vorgehen erfordert — und daß die entstehenden Kombinatorsysteme keine "fully lazy"-Auswertung garantieren. Letzteres ist ein wesentlicher Nachteil des λ-lifting-Algorithmus.

Im folgenden Abschnitt definieren wir daher entsprechend [Hughes 82/84] den Begriff der *Superkombinatorsysteme*, die 'full laziness' gewährleisten, und zeigen. daß der Entschachtelungsalgorithmus in einfacher Weise so modifiziert werden kann, daß Superkombinatorsysteme erzeugt werden.

5.3 Superkombinatorsysteme

Bei der Diskussion der Graphreduktion in Abschnitt 2.3 haben wir bereits die Begriffe 'lazy' und 'fully lazy' Auswertung für den λ-Kalkül erläutert:

1. Eine Auswertung heißt '*lazy*', falls kein Argumentausdruck, d.h. kein Ausdruck, der für eine Variable substituiert wird, mehrfach ausgewertet wird.

2. Eine Auswertung heißt '*fully lazy*', falls kein Teilausdruck nach Bindung der in ihm auftretenden Variablen mehrfach ausgewertet wird [Hughes 84].

Wie wir gesehen haben, ist eine 'fully lazy' Auswertung sichergestellt, wenn bei der β-Reduktion ein Kopieren der maximal freien Teilausdrücke der λ-Abstraktion vermieden wird.

Was bedeutet nun der Begriff 'fully lazy' Auswertung in einem Kombinatorkalkül? In [Hudak/Goldberg 85a] wird folgende Präzisierung gegeben:

> Eine Kombinatorreduktion heißt 'fully lazy', falls kein Teilausdruck eines Kombinatorrumpfes infolge einer bzgl. der Kombinatordefinition partiellen Applikation des Kombinators, die an verschiedenen Stellen als gemeinsamer Teilausdruck auftritt, mehrfach ausgewertet wird.

Da λ-Abstraktionen im Kombinatorkalkül durch partielle Kombinatorapplikationen repräsentiert werden, sind beide Beschreibungen äquivalent. Durch das Kopieren von partiellen Kombinatorapplikationen kann es zu Mehrfachauswertungen von Teilausdrücken des Kombinatorrumpfes kommen, die nur von den in der partiellen Applikation vorhandenen Argumenten abhängen. Diese Teilausdrücke entsprechen genau den — bzgl. der durch die partielle Applikation repräsentierten λ-Abstraktion — maximal freien Teilausdrücken des Kombinatorrumpfes.

In der Sprache SAL werden die Begriffe 'frei' und 'maximal frei' für Teilausdrücke wie folgt festgelegt.

5.3.1 Definition   1. Die Abbildung

$$subexp : Exp \rightarrow \mathcal{P}(Exp),$$

die jedem SAL-Ausdruck die Menge seiner (echten) *Teilausdrücke* zuordnet, wird induktiv definiert durch

(a) Falls $e \in Var \cup \Omega \cup \Gamma$, so gilt:

$$subexp(e) := \emptyset.$$

(b) Falls $e = \textbf{if } e_1 \textbf{ then } e_2 \textbf{ else } e_3 \textbf{ fi}$, so gilt:

$$subexp(e) := \bigcup_{i=1}^{3}(\{e_i\} \cup subexp(e_i))$$

(c) Falls $e = \lambda(x_1, \ldots, x_k).\tilde{e}$, so ist:

$$subexp(e) := \{\tilde{e}\} \cup subexp(\tilde{e})$$

(d) Falls $\quad e \;=\; (e_0, e_1, \ldots, e_k)$ $\qquad$ oder

$\qquad e \;=\; \textbf{let } y_1 = e_1 \textbf{ and } \ldots \textbf{ and } y_k = e_k \textbf{ in } e_0$ $\quad$ oder

$\qquad e \;=\; \textbf{case } e_0 \textbf{ of } c_1(y_{11}, \ldots, y_{1m_1}) \;:\; e_1;$

$$\vdots$$

$$c_k(y_{k1}, \ldots, y_{km_k}) \;:\; e_k$$

$\qquad \textbf{esac}$ $\qquad$ oder

$\qquad e \;=\; \textbf{letrec } F_1 \;=\; e_1 \quad \textbf{and}$

$$\cdots \qquad \textbf{and}$$

$$F_k \;=\; e_k$$

$\qquad \textbf{in } e_0,$

so gilt:

$$subexp(e) := \bigcup_{j=0}^{k} (\{e_j\} \cup subexp(e_j)).$$

2. Die Menge der freien Teilausdrücke

$$free\text{-}exp(e)$$

eines SAL-Ausdruckes e wird definiert durch:

$$free\text{-}exp(e) := \{e' \in subexp(e) \mid free(e') \subseteq free(e) \wedge$$
$$\forall\, e'' \in subexp(e) : e' \in subexp(e'')$$
$$\Rightarrow free(e') \subseteq free(e'')\}$$

3. Für $e \in Exp$ wird durch

$$mfe(e) := \{e' \in free\text{-}exp(e) \mid \forall e'' \in free\text{-}exp(e) : e' \notin subexp(e'')\}$$

die Menge der *maximal freien Teilausdrücke* von e festgelegt.

Ein Teilausdruck eines SAL-Ausdruckes heißt frei, wenn alle in ihm frei auftretenden Variablen auch freie Variablen des Gesamtausdruckes sind. Eine in dem Teilausdruck frei auftretende Variable darf also in einem umgebenden Ausdruck nicht gebunden werden. Insbesondere ist der Rumpf einer im Ausdruck auftretenden λ-Abstraktion nur dann frei, wenn die Abstraktionsvariable nicht in ihm auftritt. Nicht jeder Teilausdruck eines freien Teilausdruckes ist notwendigerweise frei.

5.3.2 Beispiele $\quad$ 1. Die freien Teilausdrücke einer λ-Abstraktion mit rein applikativem Rumpf ohne **let**-, **case**-, λ- und **letrec**-Teilausdrücke

$$\lambda(x_1, \ldots, x_k).e$$

sind die Teilausdrücke, in denen die Variablen x_i $(1 \leq i \leq k)$ nicht auftreten.

2. Für den SAL-Ausdruck

$$e = \lambda(x_1, x_2).\tilde{e} \text{ mit } \tilde{e} = (\lambda\tilde{x}_1.(*, \tilde{x}_1, (+, 5, x_2)), (+, \overline{x}_1, x_2))$$

gilt:

> $free\text{-}exp(e) = \{\overline{x}_1, 5, *, +\}$ und
> $free\text{-}exp(\tilde{e}) = subexp(\tilde{e}) \setminus \{\tilde{x}_1, (*, \tilde{x}_1, (+, 5, x_2))\},$

da $\tilde{x}_1$ in $\tilde{e}$ gebunden wird.

3. Für den SAL-Ausdruck

$$e = \lambda(x_1, x_2).(\lambda x'.(*, x', x''), (*, (+, x_1, x'), x_2))$$

gilt:

$$free\text{-}exp(e) = \{x', x'', +, *, \lambda x'.(*, x', x'')\}$$

Der Rumpf der inneren λ-Abstraktion ist nicht frei, obwohl

$$free((*, x', x'')) = \{x', x''\} = free(e),$$

weil x' aus $(*, x', x'')$ in $\lambda x'.(*, x', x'')$ gebunden wird. Die zweite Bedingung in der Definition der freien Teilausdrücke eines Ausdruckes ist also nicht erfüllt. Diese Bedingung ist notwendig, da globale und lokal gebundene Variable denselben Namen haben können. Freie Teilausdrücke dürfen aber lediglich freie Vorkommen *globaler* Variablen enthalten.

4. Für $e = $ **letrec** $F_1 = \lambda x_1.(*, x_1, (F_2, \tilde{x}_2))$
         and $F_2 = \lambda x_2.(+, (*, \tilde{x}_1, \tilde{x}_2), x_2)$
         in F_1
gilt:

$$free\text{-}exp(e) = \{\tilde{x}_2, \tilde{x}_1, +, *, (*, \tilde{x}_1, \tilde{x}_2), \lambda x_2.(+, (*, \tilde{x}_1, \tilde{x}_2), x_2)\}$$

Maximal freie Teilausdrücke sind freie Teilausdrücke, die nicht Teilausdruck eines weiteren freien Teilausdruckes sind.

Modifiziert man den Entschachtelungsalgorithmus dahingehend, daß anstatt globaler Variablen, die minimal freie Teilausdrücke sind, maximal freie Teilausdrücke zu Argumenten der neu definierten Kombinatoren werden, so erhält man eine spezielle Klasse von Kombinatorsystemen, die wir nun charakterisieren werden. Wir nennen diese Kombinatorsysteme wie [Hughes 82] *Superkombinatorsysteme.*

Superkombinatorsysteme garantieren eine 'fully lazy' Auswertung, wenn sichergestellt wird, daß kein Argumentausdruck mehrfach ausgewertet wird.

5.3.3 Definition Sei

$$\mathcal{R} = \langle ((\ldots(F_i, x^i_{11}, \ldots, x^i_{1k_{i1}})\ldots), x^i_{n_i 1}, \ldots, x^i_{n_i k_{in_i}}) = e_i \mid 1 \leq i \leq r\rangle$$

ein Kombinatorsystem. Sei $l \in \{1, \ldots, r\}$.

F_l heißt *Superkombinator*, falls für jedes $j \in \{1, \ldots, n_l\}$ gilt:

$$(\star) \quad mfe(\lambda(x^l_{j1}, \ldots, x^l_{jk_{l_j}}).\ldots.\lambda(x^l_{n_l 1}, \ldots, x^l_{n_l k_{ln_l}}).e_l) \subseteq Var \cup \Omega \cup \Gamma.$$

$\mathcal{R}$ heißt *Superkombinatorsystem*, falls jeder Kombinator F_i für $1 \leq i \leq r$ Superkombinator ist.

Die Bedingung $(\star)$ in der Definition der Superkombinatoren stellt sicher, daß die maximal freien Ausdrücke in den λ-Abstraktionen, die partiellen (nicht reduzierbaren) Kombinatorapplikationen entsprechen, trivial — also Konstante oder Variable — sind. Konstante können nicht weiter reduziert werden. Variable sind Platzhalter für Argumentausdrücke. Bereits die Vermeidung der Mehrfachauswertung von Argumentausdrücken gewährleistet also, daß keine maximal freien Teilausdrücke von λ-Abstraktionen, die durch partielle Kombinatorapplikationen repräsentiert werden, mehrfach ausgewertet werden. Zu einem beliebigen Kombinator kann in sehr einfacher Weise analog zu dem in Kapitel 2 skizzierten Algorithmus von Hughes [Hughes 82/84] ein Superkombinatorsystem konstruiert werden, indem man aus jeder λ-Abstraktion, die einer partiellen Applikation des Kombinators entspricht und die nicht-triviale maximal freie Teilausdrücke enthält, diese maximal freien Teilausdrücke abstrahiert und die entstehende Abstraktion als neuen Kombinator definiert.

5.3.4 Definition Die Abbildung

$$super : Comdef \times \mathbb{N}^+ \to \mathcal{P}(Comdef)$$

wird wie folgt definiert:

$$super(\ ((\cdots(F, x_{11}, \ldots, x_{1k_1})\cdots), x_{n1}, \ldots, x_{nk_n}) = e, w.i)$$

$$:= \begin{cases} \{((F_{w.i}, x^{w.i}_1, \ldots, x^{w.i}_k), x_{n1}, \ldots, x_{nk_n}) = e[mfe_1/x^{w.i}_1, \ldots, mfe_k/x^{w.i}_k]^{\ddagger\ddagger}\} \\ \cup\ super(\ ((\cdots(F, x_{11}, \ldots, x_{1k_1})\cdots), x_{n-1,1}, \ldots, x_{n-1,k_{n-1}}) \\ \qquad\qquad\qquad\qquad = (F_{w.i}, mfe_1, \ldots, mfe_k), w.(i+1)) \\ \quad \text{falls } n \geq 1 \text{ und } mfe(\lambda(x_{n1}, \ldots, x_{nk_n}).e) \not\subseteq Var \cup \Omega \cup \Gamma, \\ \quad \text{wobei } \{mfe_1, \ldots, mfe_k\} \\ \qquad\qquad := mfe(\lambda(x_{n1}, \ldots, x_{nk_n}).e) \cap (Exp \setminus (Fun \cup \Omega \cup \Gamma)), \\[1em] \{(\cdots(Fx_{11}, \ldots, F_{1k_1})\cdots), x_{n1}, \ldots, x_{nk_n}) = e\} \qquad\qquad \text{sonst.} \end{cases}$$

Die Abbildung *super* beschreibt die von Hughes vorgeschlagene Transformation. Enthält die innerste λ-Abstraktion nicht-triviale maximal freie Teilausdrücke erfolgt die Definition eines neuen Kombinators durch Abstraktion der nicht-trivialen maximal freien Teilausdrücke. Der neu definierte Kombinator erfüllt die Superkombinatoreigenschaft. Die ursprüngliche Kombinatordefinitionsgleichung wird dahingehend modifiziert, daß die innere λ-Abstraktion durch die Applikation des neuen Superkombinators auf die maximal freien Ausdrücke ersetzt wird.

Sind die maximal freien Ausdrücke der inneren λ-Abstraktion Konstante oder Variable, so ist der vorliegende Kombinator bereits ein Superkombinator, denn wie man leicht sieht, gilt für alle $j \in \{1, \ldots, n\}$

$$\text{free-exp}(\lambda(x_{j1}, \ldots, x_{jk_j}). \ldots \lambda(x_{n1}, \ldots, x_{nk_n}).e) \subseteq \text{free-exp}(\lambda(x_{n1}, \ldots, x_{nk_n}).e)$$

Liegt eine Kombinatorgleichung der Form $F = e$ vor (Fall $n = 0$), so ist e ein variablenfreier, nur aus Kombinatornamen und Konstanten aufgebauter applikativer Ausdruck, der bereits zur Übersetzungszeit reduziert werden könnte. Lt. Definition ist jede Kombinatorgleichung der Form $F = e$ bereits eine Superkombinatorgleichung und daher ist auch $\text{super}(F = e) = \{F = e\}$.

Um Mehrfachauswertungen der Rümpfe solcher Kombinatoren zu vermeiden, werden diese Kombinatordefinitionen in [Peyton-Jones 87] gesondert behandelt. Wir werden in dieser Arbeit auf eine Diskussion solcher Sonderbehandlungen verzichten. In der hier beschriebenen Implementierung werden keinerlei Vorkehrungen getroffen, Mehrfachauswertungen 'nullstelliger' Kombinatoren zu vermeiden.

Das zweite Argument der Funktion *super* dient nur zur eindeutigen Bezeichnung der neu definierten Kombinatoren. Das zu einem Kombinatorsystem gehörige Superkombinatorsystem wird dann wie folgt festgelegt.

5.3.5 Definition Sei

$$\mathcal{R} = \langle ((\ldots (F_i, x^i_{11}, \ldots, x^i_{1k_{i1}}) \ldots), x^i_{n_i1}, \ldots, x^i_{n_ik_{in_i}}) = e_i \mid 1 \leq i \leq r \rangle$$

ein Kombinatorsystem.

Das zu $\mathcal{R}$ *gehörige Superkombinatorsystem* $super(\mathcal{R})$ wird definiert durch

$$\begin{aligned}
&super(\mathcal{R}) := \\
&\bigcup_{i=1}^{r} super(((\cdots (F_i, x^i_{11}, \ldots, x^i_{1k_{i1}}) \cdots), x^i_{n_i1}, \ldots x^i_{n_ik_{in_i}}) = e_i, i.1).
\end{aligned}$$

5.3.6 Lemma Sei $\mathcal{R}$ ein Kombinatorsystem.

1. Dann ist $super(\mathcal{R})$ ein Kombinatorsystem.

---

†† Ersetze in e die Ausdrücke mfe_j durch die Variablen $x_j^{w \cdot i}$ für alle $1 \leq j \leq k$.

2. $\mathcal{R}$ und *super* $(\mathcal{R})$ sind äquivalent, d.h.

$$red[\mathcal{R}]_{\mathcal{A},\Gamma} = red[\![super(\mathcal{R})]\!]_{\mathcal{A},\Gamma}.$$

Wir verzichten hier auf einen formalen Beweis dieses Lemmas. Aussage 1 folgt direkt aus der Definition der Funktion *super*. Aussage 2 kann induktiv über den Aufbau der Reduktionsrelation gezeigt werden, wobei vor allem der Fall der Kombinatorreduktion interessant ist.

Durch die "Aufspaltung" jedes Kombinators in ein System von sich nacheinander aufrufenden Kombinatoren entspricht einer Kombinatorreduktion im ursprünglichen System eine Folge von Kombinatorreduktionen im Superkombinatorsystem.

Wir betrachten ein einfaches Beispiel:

5.3.7 Beispiel Gegeben sei folgendes Kombinatorsystem

$$\mathcal{R} = \left\{ \begin{array}{lcl} (F_1, x_{11}^1, x_{12}^1) & = & (F_2, ((F_3, x_{11}^1), x_{12}^1), x_{11}^1, x_{12}^1) \\ (F_2, x_{11}^2, x_{21}^2, x_{22}^2) & = & (+, (x_{11}^2, x_{21}^2), (x_{11}^2, x_{22}^2)) \\ (((F_3, x_{11}^3), x_{21}^3), x_{31}^3) & = & \\ & & (+, (+(*, x_{11}^3, x_{11}^3), (*, x_{21}^3, x_{21}^3)), (*, x_{31}^3, x_{31}^3)) \end{array} \right\}.$$

Dabei gilt $x_{11}^1, x_{12}^1, x_{21}^2, x_{22}^2, x_{11}^3, x_{21}^3, x_{31}^3 \in Arg^{\mathrm{int}}$ und $x_{11}^2 \in Arg^{\mathrm{int}\rightarrow\mathrm{int}}$, also: $F_1 \in Fun^{\mathrm{int}\times\mathrm{int}\rightarrow\mathrm{int}}$.

Das zu $\mathcal{R}$ gehörige Superkombinatorsystem hat folgende Form:

$$\left\{ \begin{array}{lcl} (F_1, x_{11}^1, x_{12}^1) & = & (F_2, ((F_3, x_{11}^1), x_{12}^1), x_{11}^1, x_{12}^1) \\ (F_2, x_{11}^2, x_{21}^2, x_{22}^2) & = & (+, (x_{11}^2, x_{21}^2), (x_{11}^2, x_{22}^2)) \\ ((F_{3.1}, x_1^{3.1}), x_{31}^3) & = & (+, x_1^{3.1}, (*, x_{31}^3, x_{31}^3)) \\ ((F_{3.2}, x_1^{3.2}), x_{21}^3) & = & (F_{3.1}, (+, x_1^{3.2}, (*, x_{21}^3, x_{21}^3))) \\ (F_3, x_{11}^3) & = & (F_{3.2}, (*, x_{11}^3, x_{11}^3)) \end{array} \right\}.$$

Da F_1 und F_2 bereits Superkombinatoren sind, bleiben sie unverändert. F_3 hingegen wird ersetzt durch ein System von 3 Superkombinatoren. Das so entstehende Superkombinatorsystem garantiert eine 'fully lazy' Auswertung.

Betrachten wir etwa eine Reduktion des Ausdruckes $(F_1, 4, 5)$.

$$
\begin{array}{ll}
(F_1, 4, 5) & \\
\Rightarrow & (F_2, ((F_3, 4), 5), 4, 5) \\
\Rightarrow & (+, (((F_3, 4), 5), 4), ((F_3, 4), 5), 5)
\end{array}
$$

$$((F_3, 4), 5) \Rightarrow ((F_{3.2}, (*, 4, 4)), (*, 5, 5))$$
$$\Rightarrow (F_{3.1}, (+, (*, 4, 4), (*, 5, 5)))$$

$$\Rightarrow (+, (\underbrace{(F_{3.1}, (+, (*, 4, 4), (*, 5, 5)))}, 4), (\underbrace{(F_{3.1}, (+, (*, 4, 4), (*, 5, 5)))}, 5))$$
$$\Rightarrow (+, (+, \underbrace{(+, (*, 4, 4), (*, 5, 5))}, (*, 4, 4)),$$
$$(+, \underbrace{(+, (*, 4, 4), (*, 5, 5))}, (*, 5, 5)))$$

Die partielle Applikation $((F_3, 4), 5)$ des Kombinators F_3 tritt hier mehr-fach auf und bei der Reduktion im ursprünglichen System, würde der Teil-ausdruck des Rumpfes von F_3, der nur von den ersten beiden Parametern abhängt, mehrfach ausgewertet. Im Superkombinatorsystem ist die Appli-kation nicht partiell. Sie kann mit zwei Kombinatorreduktionsschritten, in denen die nur von den vorhandenen Argumenten abhängigen Teilausdrücke des ursprünglichen Kombinators als Argumentausdrücke der neu definier-ten Kombinatoren aufgebaut werden, reduziert werden. An diesem Beispiel erkennt man allerdings auch sofort die Nachteile von Superkombinatorsy-stemen. Während etwa eine "vollständige" Applikation des Kombinators F auf 3 Argumente ursprünglich *eine* Kombinatorreduktion erforderte, sind bei Zugrundelegung des entsprechenden Superkombinatorsystems 3 Kombi-natorreduktionen zur Erzielung desselben Resultates notwendig.

Legt man ein festes Kombinatorprogramm $\langle R, e \rangle$ zugrunde, so kann man die Definition von Superkombinatoren dahingehend abschwächen, daß man die Be-dingung $(\star)$ aus Definition 5.3.3 nur für solche Kombinatoren F_l und solche $j \in \{1, \ldots, n_l\}$ verlangt, für die während der Reduktion des Programms eine partielle Applikation der Form

$$(\ldots ((F_l, u_{11}, \ldots, u_{1k_{l1}}) \ldots), u_{j-1,1}, \ldots, u_{j-1,k_{l,j-1}})$$

als gemeinsamer Teilausdruck ('geshared') auftreten kann. Denn nur für solche partiellen Applikationen ist die Gefahr einer Mehrfachauswertung maximal freier Teilausdrücke gegeben. In [Goldberg 87] wird ein Verfahren zur Entdeckung des "Sharing" von partiellen Applikationen beschrieben. Goldberg benutzt die Sharin-ganalyse, um den Algorithmus von Hughes zur Erzeugung von Superkombinatoren dahingehend zu optimieren, daß Superkombinatoren nur für solche partiellen Kom-binatorapplikationen erzeugt werden, die bei der Reduktion des Kombinatorpro-gramms "geshared" auftreten können. Die Optimierung besteht darin, daß bei der Entschachtelung weniger und mächtigere Kombinatoren erzeugt werden können, so daß bei einer Auswertung des Kombinatorprogramms weniger Kombinatorre-duktionen durchgeführt werden müssen.

5.3.8 Beispiel Betrachten wir das Kombinatorsystem $\mathcal{R}$ des letzten Beispieles. Bei der Reduktion des Kombinatorprogramms $\langle \mathcal{R}, (F_1, 4, 5)\rangle$ tritt nur eine partielle Applikation von F_3 auf zwei Argumente 'geshared' auf. Unter Berücksichtigung dieser Information kann man auf die Definition des Kombinators $F_{3.2}$ in $super(\mathcal{R})$ verzichten und anstattdessen F_3 durch

$$((F_3, x_{11}^3), x_{21}^3) = (F_{3.1}, (+, (*, x_{11}^3, x_{11}^3), (*, x_{21}^3, x_{21}^3)))$$

festlegen. Bei der Reduktion des Kombinatorprogrammes $\langle \mathcal{R}, (F_3, 1, 2, 3)\rangle$ tritt keine partielle Applikation 'geshared' auf, so daß bereits $\mathcal{R}$ eine 'fully lazy' Auswertung garantiert.

Wir möchten an dieser Stelle nicht weiter auf Optimierungen des Superkombinatoralgorithmus eingehen, da für unsere Arbeit nur wesentlich ist, daß jedes Kombinatorsystem in ein Kombinatorsystem transformiert werden kann, das eine 'fully lazy' Auswertung garantiert. Eine detaillierte Diskussion der Vor- und Nachteile von Superkombinatorsystemen findet sich auch in [Peyton-Jones 87].

Wie wir bereits erwähnten, kann der im vorigen Abschnitt beschriebene Entschachtelungsalgorithmus so modifiziert werden, daß direkt Superkombinatorsysteme erzeugt werden. Man abstrahiert anstatt der global in einem Ausdruck auftretenden Variablen die entschachtelten global auftretenden maximal freien Ausdrücke. Zur Garantierung der 'full laziness' muß zudem jede Abstraktion gesondert behandelt werden. Es ist nicht mehr möglich, einen einzigen Kombinator für eine Folge von Abstraktionen zu erzeugen.

Wir verzichten hier auf die technisch aufwendige, formale Beschreibung dieser Modifikation des Entschachtelungsalgorithmus und wenden uns einer Klasse von Kombinatorsystemen zu, die sich in der Struktur von den bisher betrachteten Systemen unterscheiden.

5.4 Flache Kombinatorsysteme

Bevor wir die "applicative" und "normal order" Reduktionsstrategien für Kombinatorsysteme formal erklären, ändern wir die Syntax der Kombinatorsysteme dahingehend ab, daß eine effizientere Implementierung möglich wird. Die zuvor beschriebenen Kombinatorsysteme lehnen sich bzgl. der Struktur der Ausdrücke sehr stark an die Sprache SAL an und entsprechen genau den Systemen, die wir durch die Entschachtelung von SAL-Programmen erhalten haben. Für eine effiziente Implementierung ist der Aufbau der applikativen Ausdrücke aber ungünstig, da die Erkennung von reduzierbaren Kombinatorapplikationen durch die Schachtelung von Applikationen erschwert wird.

Jeder Algorithmus zur Reduktion von Ausdrücken wiederholt so oft wie möglich folgende Arbeitsschritte:

- Erkennung des nächsten reduzierbaren Ausdruckes, entsprechend der Reduktionsstrategie und

- Durchführung der Reduktion.

Zur effizienten Durchführung von Reduktionen haben wir in Kapitel 2 die wesentlichen Techniken, die in der Literatur beschrieben sind, vorgestellt. Dabei fiel bei der Beschreibung der G-Maschine auf, daß die Bestimmung des nächsten reduzierbaren Ausdruckes einen gewissen Aufwand erforderte, der, wie wir hier zeigen werden, vermeidbar ist. In unserer Notation entspricht eine reduzierbare Kombinatorapplikation

$$((\cdots (F_i, u_{11}, \ldots, u_{1m_1}), \cdots), u_{k1}, \ldots, u_{km_k})$$

einem Graphen der Form:

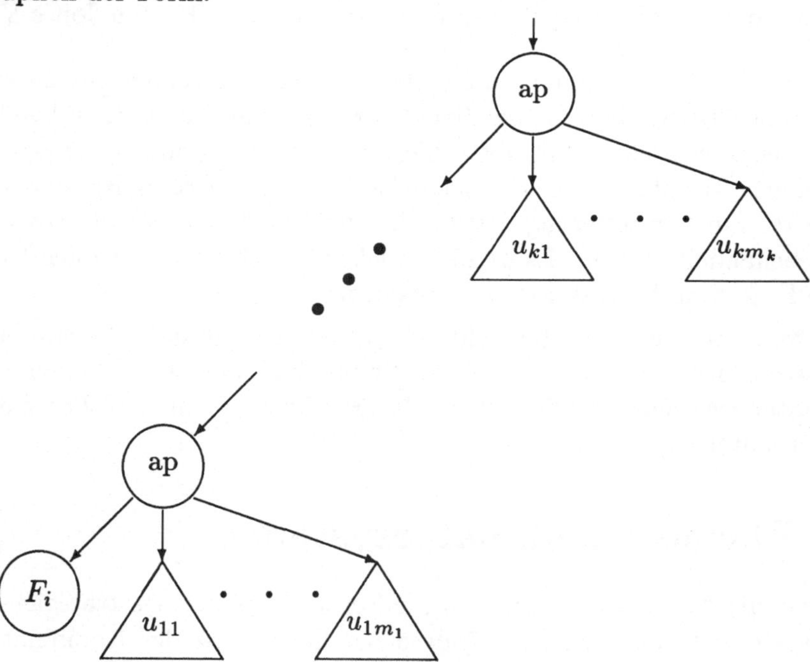

Da der Zugriff auf jeden Graphen nur über die Wurzel möglich ist, muß der Graph bis zur Tiefe k durchlaufen werden, um zu erkennen, ob und wie reduziert werden kann. Dieses Durchlaufen entspricht der UNWIND-Phase der G-Maschine, in der auf Grund des vollständigen Curryings aller Funktionen nur binäre Graphen auftreten. Das Problem ist aber dasselbe.

Die obige Graphstruktur spiegelt den Typ des Kombinators F_i wieder, der aber für die Reduktion ohne Bedeutung ist. Liegt die Kombinatorapplikation allerdings in sogenannter *first-order-* oder *flacher Notation* vor, also in der Form

$$F_i(u_{11}, \ldots, u_{1m_1}, u_{21}, \ldots, u_{2m_2}, \ldots\ldots, u_{k1}, \ldots, u_{km_k})$$

bzw. als Graph

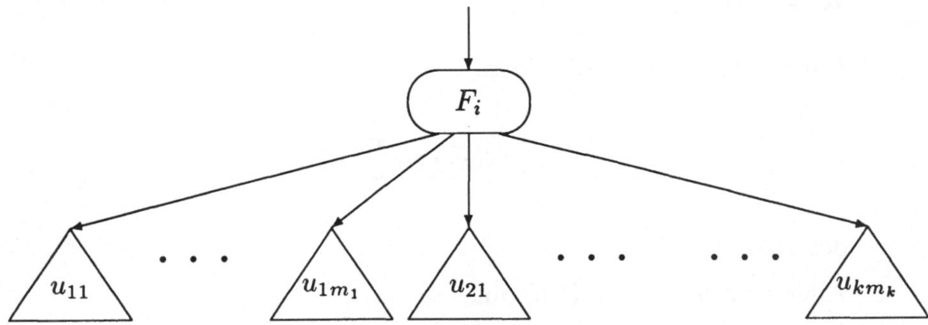

so ist sofort — im Graphen an der Wurzel — erkennbar, welche Reduktion durchgeführt werden kann. Ein Durchlaufen des Graphen ist nicht mehr notwendig. Wie der Name schon sagt, ist die first-order Notation von Applikationen ausreichend für Funktionsgleichungs- oder Kombinatorsysteme erster Ordnung, in denen jede Applikation vom Basistyp ist. In beliebigen Kombinatorsystemen benötigt man auch die 'higher-order' oder geschachtelten Applikationen, da die Funktionsausdrücke in Applikationen nicht nur Basisfunktionen oder Kombinatornamen sondern beliebige zusammengesetzte Ausdrücke, insbesondere Applikationen sein können. Wir werden einen expliziten Applikationsoperator ap benutzten, um Applikationen höherer Ordnung in first-order Notation zu beschreiben:

$$\mathrm{ap}(e, e_1, \ldots, e_k),$$

wobei e vom Typ $t_1 \times \ldots \times t_k \to t$ sei und für $1 \le i \le k$ e_i den Typ t_i habe. Der Applikationsoperator ap dient der einheitlichen Darstellung aller Applikationen in flacher Notation.

Zusammengesetzte Ausdrücke von funktionalem Typ sind insbesondere die bezüglich der Kombinatordefinitionsgleichungen *partiellen Applikationen* von Kombinatoren. Für partielle Applikationen existiert keine Reduktionsregel in der zuvor definierten Reduktionsrelation, da eine solche Regel aus dem Bereich der applikativen Berechnungsausdrücke herausführen würde. Auch partielle Applikationen werden wir in flacher Notation

$$F_i(u_{11}, \ldots, u_{1m}, \ldots, u_{j1}, \ldots, u_{jm_j})$$

mit $j \leq k$ beschreiben.

Die Gesamtanzahl der Parameter, die zur Reduktion der Applikation eines Kombinators notwendig ist, bezeichnen wir als *Rang* des Kombinators. Der Rang eines Kombinators ist bestimmt durch die Kombinatordefinitionsgleichung.

5.4.1 Definition   1. Sei

$$\mathcal{R} = \langle (\cdots ((F_i, x_{11}^i, \ldots, x_{1m_{i1}}^i), \cdots), x_{n_i 1}^i, \ldots, x_{n_i m_{in_i}}^i) = e_i \mid 1 \leq i \leq r \rangle.$$

Für $i \in \{1, \ldots, r\}$ heißt dann

$$rg(F_i) := \sum_{j=1}^{n_i} m_{ij}$$

der *Rang von* F_i.

2. Allgemein heißt eine Funktion

$$rg : Fun- \rightarrow \mathbb{N}$$

Rangfunktion, falls für jedes $F \in Def(rg)$ mit

$$typ(F) = (t_{11} \times \ldots \times t_{1m_1} \rightarrow \quad (t_{21} \times \ldots \times t_{2m_2} \rightarrow \cdots$$
$$(t_{k1} \times \ldots \times t_{km_k} \rightarrow s)\cdots)$$

$$(s \in S \cup D, t_{ij} \in Typ(S, D) \text{ für } 1 \leq i \leq k \text{ und } 1 \leq j \leq m_i)$$

gilt:

$$\text{Es gibt ein } l \in \{1, \ldots, k\} \text{ mit } rg(F) = \sum_{j=1}^{l} m_j.$$

Nach diesen Vorbereitungen definieren wir zunächst die Menge der *flachen* applikativen Ausdrücke, die die rechten Seiten der sodann definierten flachen getypten Kombinatorsysteme bilden. Anschließend formalisieren wir eine Reduktionssemantik für flache Kombinatorsysteme und beschreiben, wie beliebige getypte Kombinatorsysteme in flache Systeme transformiert werden können.

5.4.2 Definition   Sei $rg :$ $Fun- \rightarrow \mathbb{N}$ eine Rangfunktion mit Definitionsbereich $Def(rg)$. Die Familie

$$FExp_{rg} = \langle FExp_{rg}^t \mid t \in Typ(S, D)\rangle$$

der *flachen applikativen Ausdrücke bezüglich der Rangfunktion rg* ist die kleinste $Typ(S, D)$ sortierte Menge mit

1. $Var^t \subseteq FExp_{rg}^t$ $\hspace{6cm}$ $(t \in Typ(S, D))$

2. $\Omega^{(\epsilon, s)} \subseteq FExp_{rg}^s$ $\hspace{6cm}$ $(s \in S)$
   $\Omega^{(s_1 \ldots s_n, s)} \subseteq FExp_{rg}^{(s_1 \times \ldots \times s_n \to s)}$ $\hspace{2.5cm}$ $(n \geq 1, s_1, \ldots, s_n, s \in S)$

3. $\Gamma^{(\epsilon, d)} \subseteq FExp_{rg}^d$ $\hspace{6cm}$ $(d \in D)$
   $\Gamma^{(s_1 \ldots s_m, d)} \subseteq FExp_{rg}^{(s_1 \times \ldots \times s_m \to d)}$ $\hspace{1.5cm}$ $(m \geq 1, s_1, \ldots, s_m \in S \cup D, d \in D)$

4. Verzweigung

   $e \in FExp_{rg}^{bool}, e_1, e_2 \in FExp_{rg}^t$
   $\quad \Longrightarrow$ **if** e **then** e_1 **else** e_2 **fi** $\in FExp_{rg}^t$ $\hspace{2cm}$ $(t \in Typ(S, D))$

5. Lokale Deklaration

   $y_i \in Loc^{t_i}$ paarweise verschieden, $e_i \in FExp_{rg}^{t_i}$ $(1 \leq i \leq k)$,
   $e \in FExp_{rg}^{t_0}$ $\hspace{5cm}$ $(t_0, \ldots, t_k \in Typ(S, D))$
   $\quad \Longrightarrow$ **let** $y_1 = e_1$ **and** $\ldots$ **and** $y_k = e_k$ **in** $e \in FExp_{rg}^{t_0}$

6. Case-Ausdruck

   $e \in FExp_{rg}^d$ mit $d \in D$,
   $\Gamma^{(d)} =: \{c_1, \ldots, c_k\}$ mit $c_j \in \Gamma^{(t_{j1} \ldots t_{jm_j}, d)}$ für $j \in \{1, \ldots, k\}$,
   $y_{ji} \in Loc^{t_{ji}}$ paarweise verschieden $(1 \leq i \leq m_j)$,
   $e_j \in FExp_{rg}^t$ $(1 \leq j \leq k)$
   $\hspace{2cm}$ $(t \in Typ(S, D), t_{11}, \ldots, t_{1m_1}, \ldots, t_{k1}, \ldots, t_{km_k} \in S \cup D)$
   $\quad \Longrightarrow$ **case** e **of**
   $\hspace{2cm} c_1(y_{11}, \ldots, y_{1m_1}) \quad : \quad e_1;$
   $\hspace{3cm} \ldots$
   $\hspace{2cm} c_k(y_{k1}, \ldots, y_{km_k}) \quad : \quad e_k$
   $\hspace{1.5cm}$ **esac** $\quad \in FExp_{rg}^t$

7. *Basisfunktion- und Konstruktorapplikation*

   $f \in \Omega^{(s_1 \ldots s_n, s)}, e_i \in FExp_{rg}^{s_i}$ $(1 \leq i \leq n)$
   $\quad \Longrightarrow f(e_1, \ldots, e_n) \in FExp_{rg}^s$

   $c \in \Gamma^{(s_1 \ldots s_m, d)}, e_i \in FExp_{rg}^{s_i}$ $(1 \leq i \leq m)$
   $\quad \Longrightarrow c(e_1, \ldots, e_m) \in FExp_{rg}^d$

8. *Kombinatorapplikation*

   $F \in Def(rg)$ mit
   $typ(F) = (t_{11} \times \ldots \times t_{1n_1} \to (\ldots(t_{k1} \times \ldots \times t_{kn_k} \to t)\ldots))$,
   $\Sigma_{j=1}^k n_j \leq rg(F), e_{ij} \in FExp_{rg}^{t_{ij}}$ $(1 \leq i \leq k, 1 \leq j \leq n_i)$
   $\quad \Longrightarrow F(e_{11}, \ldots, e_{1n_1}, e_{21}, \ldots \ldots, e_{k1}, \ldots, e_{kn_k}) \in FExp_{rg}^t$

9. *Applikation höherer Ordnung*

$$e \in FExp_{rg}^{t_1 \times \cdots \times t_k \to t}, e_i \in FExp_{rg}^{t_i} \quad (1 \leq i \leq k)$$
$$\Longrightarrow \mathrm{ap}(e, e_1, \ldots, e_k) \in FExp_{rg}^{t}$$

Die flachen getypten applikativen Ausdrücke unterscheiden sich lediglich in der Form der Applikationen von den applikativen Ausdrücken (Fälle 7–9 in obiger Definition). Die Definition der Kombinatorapplikationen umfaßt auch den Fall der partiellen Applikation, da weniger Argumentausdrücke zugelassen sind als der Rang des Kombinators. In Applikationen höherer Ordnung sind aus technischen Gründen auch Kombinatornamen, Basisfunktionen und Konstruktoren als Funktionsausdrücke zugelassen, obwohl diese Fälle gesondert behandelt werden.

5.4.3 Definition Ein flacher applikativer Ausdruck $\tilde{e} \in FExp_{rg}$ heißt *vollständig flach*, falls für jede in ihm enthaltene Applikation höherer Ordnung

$$\mathrm{ap}(e, e_1, \ldots, e_m)$$

gilt:

- $e \notin Def(rg) \cup \Omega \cup \Gamma$ und

- e ist nicht von der Form $F(\bar{e}_1, \ldots, \bar{e}_k)$ mit $F \in Def(rg)$ und $k < rg(F)$.

$CFExp_{rg}$ bezeichne im folgenden die Familie der vollständig flachen Ausdrücke.

In vollständig flachen applikativen Ausdrücken treten Applikationen höherer Ordnung nur dort auf, wo sie unvermeidbar sind. Wie wir später sehen werden, kann bei der Reduktion von vollständig flachen Ausdrücken diese Eigenschaft verloren gehen.

5.4.4 Definition Ein *flaches Kombinatorsystem* ist ein endliches System von flachen Kombinatordefinitionen.

$$\mathcal{F} = \langle F_i(x_1^i, \ldots, x_{r_i}^i) = e_i \mid 1 \leq i \leq r \rangle,$$

wobei $r \geq 1, F_i \in Fun \; (1 \leq i \leq r), x_j^i \in Arg \; (1 \leq i \leq r, 1 \leq j \leq r)$,
$\qquad rg_{\mathcal{F}} : Fun- \to \mathbb{N}$ mit $Def(rg_{\mathcal{F}}) = \{F_1, \ldots, F_r\}$
$\qquad\qquad\qquad$ und $rg_{\mathcal{F}}(F_i) := r_i \; (1 \leq i \leq r)$ ist Rangfunktion,
$\qquad e_i \in CFExp_{rg_{\mathcal{F}}}$ mit $free(e_i) \subseteq \{x_1^i, \ldots, x_{r_i}^i\} \cup \{F_1, \ldots, F_r\}$

$$(1 \leq i \leq r)$$

und alle Typen passen.

Flache Kombinatorsysteme haben eine sehr einfache Struktur und sind, wie wir bereits erläutert haben und wie sich im weiteren Verlauf zeigen wird, einfacher und effizienter zu implementieren als beliebige "höhere" Kombinatorsysteme. Dies ist auch ersichtlich an der Struktur der Reduktionsregeln für Kombinatorsysteme. Die flachen Berechnungsausdrücke enthalten wie üblich keine Argumentvariablen, keine freien lokalen Variablen und als Funktionsvariable nur die des betrachteten flachen Kombinatorsystems. Sie können allerdings Konstante aus $A \cup T_\Gamma(A)$ — unter Zugrundelegung der üblichen strikten Interpretation $\mathcal{A} = (A, \phi_A)$ der Basissignatur — enthalten.

Da während der Reduktion auch Basisfunktionen, Konstruktoren sowie Kombinatornamen als Funktionsausdrücke in Applikationen höherer Ordnung entstehen können, kann man sich nicht auf vollständig flache Berechnungsausdrücke beschränken. Spezielle Reduktionsregeln werden aber die Reduktion solcher nicht vollständig flacher Applikationen höherer Ordnung zu first-order Applikationen ermöglichen.

5.4.5 Definition Sei $rg : Fun- \to \mathbb{N}$ eine Rangfunktion.

Die Familie der *flachen applikativen Berechnungsausdrücke* über $T_\Gamma(A)$

$$FComp_{rg} := \langle FComp_{rg}^t \mid t \in Typ(S, D) \rangle$$

ist die kleinste $Typ(S, D)$ sortierte Menge mit

  0. $T_\Gamma^s(A) \subseteq FComp_{rg}^d$ $(s \in S \cup D)$

  1. $Loc^t \cup Fun^t \subseteq FComp_{rg}^t$, $(t \in Typ(S, D))$

  2. – 9. analog zur Definition 5.4.2 der flachen applikativen Ausdrücke

Die Reduktionssemantik für flache Kombinatorsysteme basiert auf den folgenden Reduktionsregeln. Der Substitutionsoperator für flache Ausdrücke und Berechnungsausdrücke sei dabei in naheliegender Weise (d.h. analog wie bisher unter Berücksichtigung der veränderten Syntax) definiert.

5.4.6 Definition Sei

$$\mathcal{F} = \langle F_i(x_1^i, \dots, x_{r_i}^i) = e_i \mid 1 \leq i \leq r \rangle$$

ein flaches Kombinatorsystem und

$$FComp_{\mathcal{F}} := \{ u \in FComp_{rg_{\mathcal{F}}} \mid free(u) \subseteq \{F_1, \dots, F_r\} \}$$

mit $rg_{\mathcal{F}}(F_i) = r_i (1 \leq i \leq r)$ die Familie der Berechnungsausdrücke zu $\mathcal{F}$. Wir definieren folgende *Reduktionsregeln*

$$\to_{\mathcal{F}} \subseteq FComp_{\mathcal{F}} \times FComp_{\mathcal{F}}$$

1. *Konstantenreduktion*

$$f(a_1, \ldots, a_n) \to_{\mathcal{F}} \phi_A(f)(a_1, \ldots, a_n)$$
$$(f \in \Omega^{(s_1 \ldots s_n, s)}, a_i \in A^{s_i} (1 \le i \le n), s_1, \ldots, s_n, s \in S)$$

2. *Verzweigungsreduktion*

if T **then** u_1 **else** u_2 **fi** $\to_{\mathcal{F}}$ u_1, **if** F **then** u_1 **else** u_2 **fi** $\to_{\mathcal{F}}$ u_2
$$(u_1, u_2 \in FComp_{\mathcal{F}})$$

3. *let-Reduktion*

let $y_1 = u_1$ **and** $\ldots$ **and** $y_k = u_k$ **in** $u \to_{\mathcal{F}} u[y_1/u_1, \ldots, y_k/u_k]$
$$(u, u_1, \ldots, u_k \in FComp_{\mathcal{F}})$$

4. *case-Reduktion*

case $c_j(u_{j1}, \ldots, u_{jm_j})$ **of** $\cdots$ $c_j(y_{j1}, \ldots, y_{jm_j})$: $u_j \cdots$ **esac**
$$\to_{\mathcal{F}} u_j[y_{j1}/u_{j1}, \ldots, y_{jm_j}/u_{jm_j}]$$
$$(u_j, u_{j1}, \ldots, u_{jm_j} \in FComp_{\mathcal{F}})$$

5. *Kombinatorreduktion* (Kopierregel)

$$F_i(u_1, \ldots, u_{r_i}) \to_{\mathcal{F}} e_i[x_1^i/u_1, \ldots, x_{r_i}^i/u_{r_i}]$$
$$(u_1, \ldots, u_{r_i} \in FComp_{\mathcal{F}}, 1 \le i \le r)$$

6. *Applikationsreduktionen* (Sammelregeln)

$$\mathrm{ap}(\mu, u_1, \ldots, u_m) \to_{\mathcal{F}} \mu(u_1, \ldots, u_m) \qquad (\mu \in \Omega \cup \Gamma \cup \{F_1, \ldots, F_r\})$$
$$\mathrm{ap}(F(u_1, \ldots, u_t), u_{t+1}, \ldots, u_T) \to_{\mathcal{F}} F(u_1, \ldots, u_t, u_{t+1}, \ldots, u_T)$$
$$\text{falls } T \le rg_{\mathcal{F}}(F)$$

Die Reduktionsregeln für flache Berechnungsausdrücke unterscheiden sich von
den bisherigen Reduktionsregeln vor allem dadurch, daß die komplexe Kombinatorreduktion aufgespalten wird in das eigentliche Überschreiben der Kombinatorapplikation durch den Rumpf ($\to$ Kopierregel) und das Erkennen von Kombinatorapplikationen durch "Aufsammeln" der Argumentlisten ($\to$ Sammelregeln). Es
scheint zunächst, daß die Reduktion flacher Kombinatorsysteme durch die zusätzlichen Regeln noch aufwendiger als die übliche Reduktion wird. Dies ist aber nicht
der Fall, da ja durch die vollständige flache Struktur der Kombinatorrümpfe i.a.
eine Anwendung der Applikationsreduktionsregeln nicht notwendig ist. Die Sammelregeln kommen nur zum Einsatz, wenn dynamisch durch Funktionsparameter
oder Reduktion von funktionswertigen Ausdrücken 'higher-order' Applikationen
von Kombinatoren und Basisfunktionen oder Konstruktoren entstehen.

Die Reduktionsrelation für flache Kombinatorsysteme wird wie üblich erklärt.
Wir geben die formale Definition hier der Vollständigkeit halber dennoch an.

5.4.7 Definition Mit den Voraussetzungen aus Definition 5.4.6 wird die Reduktionsrelation

$$\Rightarrow_{\mathcal{F}} \subseteq FComp_{\mathcal{F}} \times FComp_{\mathcal{F}}$$

wie folgt festgelegt:

1. $\rightarrow_{\mathcal{F}} \subseteq \Rightarrow_{\mathcal{F}}$,

2. $id_{FComp_{\mathcal{F}}} \subseteq \Rightarrow_{\mathcal{F}}$,

3. Mit $u \Rightarrow_{\mathcal{F}} u', u_i \Rightarrow_{\mathcal{F}} u_i'$ $(1 \leq i \leq k, u, u', u_i, u_i' \in FComp_{\mathcal{F}})$ gilt auch:
   - **if** u **then** u_1 **else** u_2 **fi** $\Rightarrow_{\mathcal{F}}$ **if** u' **then** u_1' **else** u_2' **fi**
   - **let** $y_1 = u_1$ **and** ... $y_k = u_k$ **in** u
     $$\Rightarrow_{\mathcal{F}} \textbf{let } y_1 = u_1' \textbf{ and } \ldots y_k = u_k' \textbf{ in } u'$$
   - **case** u **of** $\cdots u_i \cdots$ **esac** $\Rightarrow_{\mathcal{F}}$ **case** u' **of** $\cdots u_i' \cdots$ **esac**
   - $\mu(u_1, \ldots, u_k) \Rightarrow_{\mathcal{F}} \mu(u_1', \ldots, u_k')$,
     $$\text{wobei } \mu \in \Omega \cup \Gamma \cup \{F_1, \ldots, F_r\} \cup \{\text{ap}\}$$

Auch diese Reduktionssemantik ist konfluent.

Ein flaches Kombinatorprogramm besteht aus einem flachen Kombinatorsystem und einem flachen applikativen Ausdruck vom Basistyp. Die Reduktionssemantik für flache Kombinatorprogramme wird vollkommen analog zu Definition 5.1.6 erklärt.

Als nächstes formalisieren wir die Transformation von 'higher-order' Kombinatorsystemen in flache Kombinatorsysteme. Dabei bezeichne

$$Com_{\Sigma, DS(\Sigma)}$$

die Menge der getypten Kombinatorsysteme über der Basissignatur Σ und der Datenstruktursignatur $DS(\Sigma)$ und

$$FlatCom_{\Sigma, DS(\Sigma)}$$

die Menge der flachen getypten Kombinatorsysteme. Weiterhin bezeichne für Kombinatornamen $F_1, \ldots, F_r \in Fun$:

$$AppExp_{\{F_1, \ldots, F_r\}} := \{e \in AppExp \mid free(e) \cap Fun \subseteq \{F_1, \ldots, F_r\} \}$$

die Menge der applikativen Ausdrücke über $\{F_1, \ldots, F_r\}$ und bei Zugrundelegung einer Rangfunktion rg mit Definitionsbereich $\{F_1, \ldots, F_r\}$:

$$FExp_{\{F_1, \ldots, F_r\}, rg} = \{e \in FExp_{rg} \mid free(e) \cap Fun \subseteq \{F_1, \ldots, F_r\} \}$$

die Menge der flachen applikativen Ausdrücke über $\{F_1, \ldots, F_r\}$ mit Rangfunktion rg. Wir definieren zunächst induktiv über den Aufbau der applikativen Ausdrücke die Transformation in flache Ausdrücke.

5.4.8 Definition   Sei $C = \{F_1, \ldots, F_r\} \subseteq Fun$ und $rg : Fun- \to \mathbb{N}$ eine Rangfunktion mit Definitionsbereich C. Die Transformation

$$flatten := flatten_{C,rg} : AppExp_C \to FExp_{C,rg}$$

wird induktiv definiert durch:

1. $flatten(var) := var$ für $var \in Arg \cup Loc$.

2. $flatten(\mu) := \mu$ für $\mu \in \Omega \cup \Gamma \cup C$.

3. $flatten(\textbf{if } e \textbf{ then } e_1 \textbf{ else } e_2 \textbf{ fi})$
   $:= \textbf{if } flatten(e) \textbf{ then } flatten(e_1) \textbf{ else } flatten(e_2) \textbf{ fi}$
   $$\text{für } e, e_1, e_2 \in AppExp_C.$$

4. $flatten(\textbf{let } y_1 = e_1 \textbf{ and } \ldots \textbf{ and } y_k = e_k \textbf{ in } e)$
   $:= \textbf{let } y_1 = flatten(e_1) \textbf{ and } \ldots \textbf{ and } y_k = flatten(e_k) \textbf{ in } flatten(e)$
   $$\text{für } e, e_1, \ldots, e_k \in AppExp_C.$$

5. $flatten(\textbf{case } e \textbf{ of } \ldots c_j(y_{j1}, \ldots, y_{jm_j}) : e_j \ldots \textbf{ esac})$
   $:= \textbf{case } flatten(e) \textbf{ of } \ldots c_j(y_{j1}, \ldots, y_{jm_j}) : flatten(e_j) \ldots \textbf{ esac}$

6. $flatten((e, e_1, \ldots, e_k)) :=$

$$
\begin{cases}
\mu(flatten((e_1)), \ldots, flatten(e_k)) & \text{falls} \quad \mu = flatten(e) \text{ und} \\
& \qquad (\mu \in \Omega \cup \Gamma \text{ oder} \\
& \qquad (\mu \in C \text{ mit } rg(\mu) \geq k)), \\
F(\tilde{e}_1, \ldots, \tilde{e}_m, flatten(e_1), \ldots, flatten(e_k)) & \\
& \quad \text{falls } flatten(e) = F(\tilde{e}_1, \ldots, \tilde{e}_m) \\
& \quad \text{und } rg(F) \geq m + k, \\
ap(flatten(e), flatten(e_1), \ldots, flatten(e_k)) & \\
& \quad \text{sonst.}
\end{cases}
$$

Die Transformation von applikativen Ausdrücken in flache Ausdrücke geschieht also dadurch, daß elementare Funktionsbezeichner wie Basisfunktionen, Konstruktoren und Kombinatornamen vor die Applikation gezogen werden und daß mehrere Parameterlisten von Kombinatoren, solange bis der Rang des Kombinators erreicht ist, verschmolzen werden. Alle übrigen Applikationen werden mit Hilfe des ap-Symbols repräsentiert. Insbesondere gilt:

5.4.9 Korollar   Sei $C \subseteq Fun$, $rg\colon Fun- \to \mathbb{N}$ eine Rangfunktion mit Definitionsbereich C.

$$\forall\, e \in AppExp_C : \quad flatten(e) \text{ ist vollständig flach.}$$

Beweis: Annahme, $flatten(e)$ enthält eine Applikation höherer Ordnung

$$ap(\tilde{e}, e_1, \ldots, e_m)$$

mit $\tilde{e} \in C \cup \Omega \cup \Gamma$ oder $\tilde{e} = F(\tilde{e}_1, \ldots, \tilde{e}_k)$ mit $k \geq rg(F)$[§]. Aus der Definition

---

[§]Aufgrund des strengen Typkonzeptes ist $k < rg(F)$ gleichbedeutend mit $k + m \leq rg(F)$.

der Abbildung *flatten*, Punkt 6., folgt unmittelbar, daß beide Fälle nicht möglich sind. $\qquad\square$

Unter Verwendung dieses Resultates ergibt sich folgende Übersetzung von Kombinatorsystemen in flache Kombinatorsysteme.

5.4.10 Definition

$$Flat : Com_{\Sigma,DS(\Sigma)} \to FlatCom_{\Sigma,DS(\Sigma)}$$

ist definiert durch:

$$Flat(\langle(\dots(F_i,x^i_{11},\dots,x^i_{1m_{i1}}),\dots,x^i_{k_i1},\dots,x^i_{k_im_{ik_i}}) = e_i \mid 1 \le i \le r\rangle)$$
$$:= \langle F_i(x^i_{11},\dots,x^i_{1m_{i1}},\dots,x^i_{k_i1},\dots,x^i_{k_im_{ik_i}}) = flatten_{C,rg}(e_i) \mid 1 \le i \le r\rangle,$$

wobei $C := \{F_1,\dots,F_r\}$ und $rg : Fun- \to \mathbb{N}$ mit $Def(rg) = C$ und $rg(F_i) = \Sigma^{k_i}_{j=1} m_{ij}$.

5.4.11 Beispiel Zu dem in Beispiel 5.2.6 gegebenen Kombinatorsystem erhält man durch Anwendung der Transformation *Flat* folgendes flache Kombinatorsystem:

$$\langle \; QSort\,(l^{intlist}) := \quad \textbf{case } l \textbf{ of}$$

$$\text{NIL} : \quad \text{NIL};$$
$$\text{CONS}(y_1^{int},y_2^{intlist}) :$$
$$Append\,($$
$$QSort\,(Filter\,(Tlt(y_1),\,y_2)),$$
$$\text{CONS}(y_1,\,QSort(Filter\,(Tgeq(y_1),\,y_2))))$$
$$\textbf{esac}$$

$$Filter\,(test^{int\to bool},l'^{intlist}) := \quad \textbf{case } l' \textbf{ of}$$
$$\text{NIL} : \quad \text{NIL}$$
$$\text{CONS}(h^{int},t^{intlist}) :$$
$$\textbf{if } ap(test,h)$$
$$\textbf{then } \text{CONS}(h,\,Filter(test,\,t))$$
$$\textbf{else } Filter\,(test,\,t)\ \textbf{fi}$$
$$\textbf{esac}$$

$$Append\,(l_1^{intlist},l_2^{intlist}) := \textbf{case } l_1 \textbf{ of}$$
$$\text{NIL} : l_2;$$
$$\text{CONS}(y_1^{int},y_2^{intlist}) : \text{CONS}(y_1,Append(y_2,\,l_2))$$
$$\textbf{esac}$$

$$Tgeq\,(x_1^{int},x_2^{int}) \qquad := \ge (x_2,x_1)$$
$$Tlt\,(x_1^{int},x_2^{int}) \qquad := < (x_2,x_1)\ \rangle$$

In diesem Kombinatorsystem treten zwei partielle Applikationen der Kombinatoren *Tgeq* und *Tlt* auf. Die Applikation höherer Ordnung $(test, h)$ im Rumpf des Kombinators *Filter* wird mittels des Symbols ap in eine flache Notation überführt.

Jedes flache Kombinatorsystem kann natürlich in einfacher Weise in ein gewöhnliches Kombinatorsystem umgewandelt werden. Auch diese Transformation wollen wir formalisieren, da wir sie später beim Beweis der Äquivalenz beider Kombinatorsystemtypen benutzen werden.

5.4.12 Definition   Sei $C = \{F_1, \ldots, F_r\} \subseteq Fun$ und $rg : Fun- \to \mathbb{N}$ mit Definitionsbereich C eine Rangfunktion. Die Transformation

$$deflatten := deflatten_{C,rg} : FExp_{C,rg} \to AppExp_C$$

ist induktiv über den Aufbau der flachen applikativen Ausdrücke definiert durch:

1. $deflatten(var) := var$ für $var \in Arg \cup Loc$.

2. $deflatten(\mu) := \mu$ für $\mu \in \Omega \cup \Gamma \cup C$.

3. $deflatten(\textbf{if } e \textbf{ then } e_1 \textbf{ else } e_2 \textbf{ fi})$
   $:= \textbf{if } deflatten(e) \textbf{ then } deflatten(e_1) \textbf{ else } deflatten(e_2) \textbf{ fi}$
   $$\text{für } e, e_1, e_2 \in AppExp_C.$$

4. $deflatten(\textbf{let } y_1 = e_1 \textbf{ and } \ldots \textbf{ and } y_k = e_k \textbf{ in } e)$
   $:= \textbf{let } y_1 = deflatten(e_1) \textbf{ and } \ldots \textbf{ and } y_k = deflatten (e_k)$
   $\textbf{in } deflatten (e)$ für $e, e_1, \ldots, e_k \in AppExp_C$.

5. $deflatten(\textbf{case } e \textbf{ of } \ldots c_j(y_{j1}, \ldots, y_{jk_j}) : e_j \ldots \textbf{ esac})$
   $:= \textbf{case } deflatten(e) \textbf{ of}$
   $\quad\quad \ldots c_j(y_{j1}, \ldots, y_{jk_j}) : deflatten(e_j) \ldots$
   $\textbf{esac}$

6. $deflatten(\mu(e_1, \ldots, e_m)) := (\mu, deflatten(e_1), \ldots, deflatten(e_m))$
   $$\text{für } \mu \in \Omega \cup \Gamma.$$

7. $deflatten(F(e_{11}, \ldots, e_{1n_1}, e_{21}, \ldots, e_{2n_2}, \ldots \ldots, e_{k1}, \ldots, e_{kn_k}))$
   $:= ((\ldots(F, deflatten(e_{11}), \ldots, deflatten(e_{1n_1})), \ldots),$
   $$deflatten(e_{k1}), \ldots, deflatten(e_{kn_k}))$$
   falls $typ(F) = (t_{11} \times \ldots \times t_{1n_1} \to (\ldots(t_{k1} \times \ldots \times t_{kn_k} \to t)\ldots)$ und $e_{ij} \in FExp^{t_{ij}}$ $(1 \leq i \leq k, 1 \leq j \leq n_i)$.

8. $deflatten(\text{ap}(e, e_1, \ldots, e_k))$
   $:= (deflatten(e), deflatten(e_1), \ldots, deflatten(e_k))$
   $$(e, e_1, \ldots, e_k \in FExp_{C,rg}).$$

Damit folgt dann

$$DeFlat : FlatCom_{\Sigma,DS(\Sigma)} \to Com_{\Sigma,DS(\Sigma)}$$

mit

$$DeFlat(\langle F_i(x_1^i,\ldots,x_{r_s}^i) = e_i \mid 1 \le i \le r\rangle)$$
$$:= \langle(((F_i,x_1^i,\ldots,x_{k_{s1}}^i)\ldots),x_{k_{sl}+1}^i,\ldots,x_{r_s}^i) = deflatten_{\{F_1,\ldots,F_r\},rg}(e_i)$$
$$\mid 1 \le i \le r\rangle,$$

wobei $1 \le k_{i1} \le \ldots \le k_{il} \le r_i$ mit
$$typ(F_i) = (t_1 \times \ldots \times t_{k_{s1}} \to (t_{k_{s1}+1} \times \ldots \times t_{k_{s2}} \to (\ldots$$
$$(t_{k_{sl}+1} \times \ldots \times t_{r_s} \to t)\ldots)),$$
$$rg(F_i) = r_i \ (1 \le i \le r).$$

Es bestehen folgende Beziehungen zwischen den Transformationen *flatten* und *deflatten*.

5.4.13 Lemma Sei $C \subseteq Fun$, $rg : Fun{-} \to \mathbb{N}$ eine Rangfunktion mit Definitionsbereich C. Es gilt:

1. $\forall\, e \in AppExp_{C,rg} : \; deflatten(flatten(e)) = e.$

2. Für beliebiges $e \in FExp_{C,rg}$ gilt *nicht* immer $flatten(deflatten(e))=e$, aber für vollständig flache Ausdrücke e gilt:

$$flatten(deflatten(e))=e.$$

Beweis: zu (i): Der Beweis erfolgt induktiv über den Aufbau der applikativen Ausdrücke. Interessant ist lediglich der Fall der Applikation $(e,e_1,\ldots,e_k)$, bei dem entsprechend der Definition der Abbildung *flatten* drei Fälle unterschieden werden. Die Behauptung folgt dann mit der Definition von *deflatten* unter Ausnutzung der Induktionsvoraussetzung.

zu (ii): Ein einfacher flacher Ausdruck, für den

$$flatten(deflatten(e)) \ne e$$

gilt, ist etwa der Ausdruck

$$\mathrm{ap}(F(e_1,\ldots,e_k),e_{k+1},\ldots,e_K),$$

mit $K \le rg(F)$. Wie man leicht sieht, ist dieser Ausdruck nicht vollständig flach. Hat F etwa den Typ $(t_1 \times \ldots \times t_k \to (t_{k+1} \times \ldots \times t_K \to t))$, so gilt:

$$deflatten(\mathrm{ap}(F(e_1,\ldots,e_k),e_{k+1},\ldots,e_K) = ((F,e_1,\ldots,e_k),e_{k+1},\ldots,e_K),$$

aber

$$\mathit{flatten}(((F,e_1,\ldots,e_k),e_{k+1},\ldots,e_K)) \;=\; F(e_1,\ldots,e_k,e_{k+1},\ldots,e_K)$$
$$\neq \mathrm{ap}(F(e_1,\ldots,e_k),e_{k+1},\ldots,e_K).$$

Wir beweisen induktiv über die Struktur der vollständig flachen applikativen Ausdrücke, daß für alle solchen Ausdrücke e die Abbildungen *flatten* und *deflatten* zueinander invers sind. Für Variablen, Kombinatornamen, Basisfunktionen und Konstruktoren gilt natürlich obige Gleichheit. Für Verzweigungen, *let-* und *case*-Abstraktionen sowie first-order Applikationen von Basisfunktionen, Konstruktoren und Kombinatoren folgt die Aussage sofort mittels der Induktionsvoraussetzung.

Der einzig interessante Fall ist der Fall der Applikation höherer Ordnung. Der Ausdruck e habe also die Form

$$\mathrm{ap}(e_0,e_1,\ldots,e_m),$$

wobei $e_0 \notin \Omega \cup \Gamma \cup C$ und e_0 nicht von der Form $F(e_1',\ldots,e_k')$ mit $k \leq rg(F)$ ist. Es gilt:

$$\mathit{deflatten}(\mathrm{ap}(e_0,\ldots,e_m)) = (\mathit{deflatten}(e_0),\ldots,\mathit{deflatten}(e_m)).$$

Laut Induktionsvoraussetzung ist *flatten*(*deflatten*(e_0))=e_0. Aufgrund der Einschränkung auf vollständig flache Ausdrücke ist in der Definition von *flatten* für Applikationen nur der dritte Fall möglich, d.h.

$$\mathit{flatten}(\mathit{deflatten}(\mathrm{ap}(e_0,\ldots,e_m)))$$
$$= \mathrm{ap}(\mathit{flatten}(\mathit{deflatten}(e_0)),\ldots,\mathit{flatten}(\mathit{deflatten}(e_m)))$$
$$= \mathrm{ap}(e_0,\ldots,e_m) \qquad\qquad\qquad\text{(lt. Induktionsvoraussetzung)}$$

□

Die Abbildungen *flatten* und *deflatten* lassen sich in kanonischer Weise für Berechnungsausdrücke erweitern. Für Konstante $a \in A \cup T_\Gamma(A)$ wählt man dabei:

$$\mathit{flatten}(a) := a \;\; \text{bzw.} \;\; \mathit{deflatten}(a) := a.$$

Für Berechnungsterme $c(u_1,\ldots,u_m)$ mit $c \in \Gamma$ gelte

$$\mathit{flatten}(c(u_1,\ldots,u_m)) := c(\mathit{flatten}(u_1),\ldots,\mathit{flatten}(u_m)).$$

Unter Zugrundelegung dieser Erweiterungen gilt:

5.4.14 Lemma   1. Die Aussagen von Lemma 5.4.13 gelten auch für Berechnungsausdrücke.

2. Sei $\mathcal{F}$ ein flaches Kombinatorsystem und $FComp_{\mathcal{F}}$ die Menge der Berechnungsausdrücke zu $\mathcal{F}$. Dann gilt:

$$\forall\, u \in FComp_{\mathcal{F}} : \quad u \stackrel{*}{\Rightarrow}_{\mathcal{F}} \mathit{flatten}(\mathit{deflatten}(u)).$$

d.h. jeder Berechnungsausdruck kann zu einem vollständig flachen Berechnungsausdruck reduziert werden.

Beweis: zu(i): Der Beweis von Lemma 5.4.13 ist direkt übertragbar.

zu (ii): Wegen (i) gilt für alle vollständig flachen Berechnungsausdrücke u:

$$u = \mathit{flatten}(\mathit{deflatten}(u)).$$

Nicht vollständig flache Berechnungsausdrücke enthalten Applikationen höherer Ordnung

$$\mathrm{ap}(u_0, \ldots, u_m)$$

mit $u_0 \in \Omega \cup \Gamma \cup C$, wobei C die Menge der in $\mathcal{F}$ auftretenden Kombinatornamen sei, oder $u_0 = F(\overline{u}_1, \ldots, \overline{u}_k)$ und $k < rg(F)$. Diese Applikationen lassen sich aber mit den "Sammelregeln" für Applikationsreduktionen zu first-order Applikationen reduzieren. Jeder Berechnungsausdruck läßt sich also zu einem vollständig flachen Ausdruck reduzieren.

Daß insbesondere

$$u \stackrel{*}{\Rightarrow}_{\mathcal{F}} \mathit{flatten}(\mathit{deflatten}(u))$$

beweist man formal über die Struktur der flachen Berechnungsausdrücke. Wir betrachten hier den einzig interessanten Fall des Induktionsschlusses für Applikationen höherer Ordnung. Der Ausdruck u habe also die Form

$$\mathrm{ap}(u_0, u_1, \ldots, u_k).$$

Dann gilt:

$$\mathit{deflatten}(\mathrm{ap}(u_0, \ldots, u_k)) = (\mathit{deflatten}(u_0), \ldots, \mathit{deflatten}(u_k)).$$

Gemäß der formalen Definition von *flatten* sind drei Fälle zu unterscheiden:

1. Falls $\mathit{deflatten}(u_0) \in \Omega \cup \Gamma \cup C$, so gilt:

$\mathit{flatten}(\mathit{deflatten}(u_0), \ldots, \mathit{deflatten}(u_k))$
$= \mathit{flatten}(\mathit{deflatten}(u_0)(\mathit{flatten}(\mathit{deflatten}(u_1)), ..., \mathit{flatten}(\mathit{deflatten}(u_k)))$

Lt. Induktionsvoraussetzung ist für alle $0 \leq i \leq k$:

$$u_i \overset{*}{\Rightarrow}_{\mathcal{F}} \mathit{flatten}(\mathit{deflatten}(u_i)).$$

Mit der ersten Sammelregel folgt damit, da in diesem Fall

$$\mathit{flatten}(\mathit{deflatten}(u_0)) = u_0 \; :$$

$$\mathrm{ap}(u_0, u_1, \ldots, u_k) \overset{*}{\Rightarrow}_{\mathcal{F}} u_0(u_1, \ldots, u_k)$$
$$\overset{*}{\Rightarrow}_{\mathcal{F}} \underbrace{u_0(\mathit{flatten}(\mathit{deflatten}(u_1)), \ldots, \mathit{flatten}(\mathit{deflatten}(u_k))}$$
$$= \mathit{flatten}(\mathit{deflatten}(\mathrm{ap}(u_0, \ldots, u_k))$$

2. Falls $\mathit{flatten}(\mathit{deflatten}(u_0)) = F(\tilde{u}_1, \ldots, \tilde{u}_m)$ für ein $F \in C$ mit $rg(F) \geq m + k$ und $\tilde{u}_1, \ldots, \tilde{u}_m \in FComp_{\mathcal{F}}$.
   Dann gilt bekanntlich:

$$\mathit{flatten}(\mathit{deflatten}(u_0)), \ldots, \mathit{deflatten}(u_k))$$
$$= F(\tilde{u}_1, \ldots, \tilde{u}_m, \mathit{flatten}(\mathit{deflatten}(u_1)), \ldots, \mathit{flatten}(\mathit{deflatten}(u_k)).$$

Laut Induktionsvoraussetzung gilt wiederum:

$$u_0 \overset{*}{\Rightarrow}_{\mathcal{F}} \mathit{flatten}(\mathit{deflatten}(u_0)) = F(\tilde{u}_1, \ldots, \tilde{u}_m)$$

und für alle $1 \leq i \leq k$:

$$u_i \overset{*}{\Rightarrow}_{\mathcal{F}} \mathit{flatten}(\mathit{deflatten}(u_i))$$

Damit ergibt sich auf Grund der induktiven Definition der Reduktionsrelation unter Verwendung der zweiten Sammelregel für Applikationen höherer Ordnung:

$$\mathrm{ap}(u_0, \ldots, u_k)$$
$$\overset{*}{\Rightarrow}_{\mathcal{F}} \mathrm{ap}(F(\tilde{u}_1, \ldots, \tilde{u}_m), \mathit{flatten}(\mathit{deflatten}(u_1)), ..., \mathit{flatten}(\mathit{deflatten}(u_k)))$$
$$\Rightarrow_{\mathcal{F}} \underbrace{F(\tilde{u}_1, \ldots, \tilde{u}_m, \mathit{flatten}(\mathit{deflatten}(u_1)), \ldots, \mathit{flatten}(\mathit{deflatten}(u_k)))}$$
$$= \mathit{flatten}(\mathit{deflatten}(\mathrm{ap}(u_0, \ldots, u_k)))$$

Damit folgt die Behauptung.

3. In dem übrigen Fall folgt die Behauptung direkt aus der Induktionsvoraussetzung.

$$\square$$

Folgender Zusammenhang zwischen dem Substitutionsoperator für Ausdrücke bzw. Berechnungsausdrücke und der Abbildung *deflatten* sind zum Nachweis der Äquivalenz zwischen flachen und nicht-flachen Kombinatorsystemen von Nutzen.

5.4.15 Lemma Sei $C \subseteq Fun$, $rg : Fun- \to \mathbb{N}$ eine Rangfunktion mit Definitionsbereich C.

Seien $e \in FExp_{C,rg}$, $var_1, \ldots, var_p \in Var$ und $e_1, \ldots, e_p \in FExp_{C,rg}$, wobei für $i \in \{1, \ldots, p\}$ var_i und e_i denselben Typ haben mögen. Dann gilt:

$$deflatten(e[var_1/e_1, \ldots, var_p/e_p])$$
$$= deflatten(e)[var_1/deflatten(e_1), \ldots, var_p/deflatten(e_p)].$$

Beweis: (induktiv über die Struktur von e)

1. Für Variablen $var \in Var$ gilt:

$$deflatten(var[var_1/e_1, \ldots, var_p/e_p])$$
$$= \begin{cases} deflatten(e_i) & \text{falls } var = var_i \text{ für ein } i \in \{1, \ldots, p\}, \\ var & \text{falls } var \notin \{var_1, \ldots, var_p\} \end{cases}$$
$$= deflatten(var)[var_1/deflatten(e_1), \ldots, var_p/deflatten(e_p)]$$

2. Für Basisfunktionen und Konstruktoren ist die Aussage trivial.

3. In allen übrigen Fällen folgt die Behauptung in einfacher Weise mittels der Induktionsvoraussetzung unter Ausnutzung der induktiven Definition des Substitutionsoperators.

$$\square$$

Nach diesen Vorbereitungen zeigen wir nun den Satz, auf dem die Äquivalenz von flachen und nicht-flachen Kombinatorsystemen beruht.

5.4.16 Satz Sei $\mathcal{R}$ ein getyptes Kombinatorsystem und $Comp_\mathcal{R}$ die Familie der Berechnungsausdrücke zu $\mathcal{R}$.

Sei $\mathcal{F}$ das zu $\mathcal{R}$ gehörige flache Kombinatorsystem und $FComp_\mathcal{F}$ die Familie der Berechnungsausdrücke zu $\mathcal{F}$.

1. Für $u, u' \in Comp_\mathcal{R}$ mit $u \Rightarrow_\mathcal{R} u'$ gilt:

$$flatten(u) \stackrel{*}{\Rightarrow}_\mathcal{F} flatten(u').$$

2. Für $u, u' \in FComp_\mathcal{R}$ mit $u \Rightarrow_\mathcal{F} u'$ gilt:

$$deflatten(u) \stackrel{*}{\Rightarrow}_\mathcal{R} deflatten(u').$$

Beweis: Der Nachweis beider Aussagen erfolgt jeweils induktiv über den Aufbau der jeweiligen Reduktionsrelationen:

zu (1): Seien $u, u' \in Comp_\mathcal{R}$ mit $u \Rightarrow_\mathcal{R} u'$.

- Falls $u \to_\mathcal{R} u'$ Reduktionsregel ist, sind folgende Fälle zu unterscheiden:

  1. Für Konstantenreduktionen, Konstruktorreduktionen und Verzweigungsreduktionen folgt die Behauptung direkt aus der Definition der Abbildung *flatten*.

  2. Für *let*-Reduktionen

     $$\textbf{let } y_1 = u_1 \textbf{ and } \ldots \textbf{ and } y_k = u_k \textbf{ in } u \to_\mathcal{R} u[y_1/u_1, \ldots, y_k/u_k]$$

     folgt:

     $\textit{flatten}(\textbf{let } y_1 = u_1 \textbf{ and } \ldots \textbf{ and } y_k = u_k \textbf{ in } u)$
     $= \textbf{let } y_1 = \textit{flatten}(u_1) \textbf{ and } \ldots \textbf{ and } y_k = \textit{flatten}(u_k)$
     $\quad \textbf{in } \textit{flatten}(u)$
     $\to_\mathcal{F} \textit{flatten}(u)\, [y_1/\textit{flatten}(u_1), \ldots, y_k/\textit{flatten}(u_k)]$
     $\overset{*}{\Rightarrow}_\mathcal{F} \textit{flatten}(\textit{deflatten}($
     $\qquad\qquad\qquad \textit{flatten}(u)[y_1/\textit{flatten}(u_1), \ldots, y_k/\textit{flatten}(u_k)]))$
     $\qquad\qquad\qquad\qquad\qquad\qquad\qquad\qquad\qquad$ (Lemma 5.4.14 (2))
     $= \textit{flatten}(\textit{deflatten}(\textit{flatten}(u))$
     $\qquad\quad [y_1/\textit{deflatten}(\textit{flatten}(u_1)), \ldots, y_k/\textit{deflatten}(\textit{flatten}(u_k))])$
     $\qquad\qquad\qquad\qquad\qquad\qquad\qquad\qquad\qquad$ (Lemma 5.4.15)
     $= \textit{flatten}(u[y_1/u_1, \ldots, y_k/u_k])$ $\qquad\qquad\qquad$ (Lemma 5.4.14 (1))

  3. Für *case*-und Kombinatorreduktionen erfolgt der Nachweis völlig analog zum Fall der *let*-Reduktionen.

- Mittels eines einfachen Induktionsschlusses, auf dessen explizite Durchführung wir hier verzichten, folgt dann die Behauptung (1).

zu (2): Seien nun $u, u' \in FComp_\mathcal{F}$ mit $u \Rightarrow_\mathcal{F} u'$.

- Falls $u \to_\mathcal{F} u'$ Reduktionsregel ist, unterscheiden wir folgende Fälle:

  1. Die Gültigkeit der Behauptung für Konstanten-, Verzweigungs-, *let*-, *case*- und Kombinatorreduktionen folgt in einfacher Weise mit Lemma 5.4.15.

  2. Im Fall der Applikationsreduktionen gilt sogar

     $$\textit{deflatten}(u) = \textit{deflatten}(u'),$$

     also insbesondere die Behauptung.

- Per Induktionsschluß folgt dann sofort die Behauptung.

$\square$

Als direkte Konsequenz dieses Satzes ergibt sich die Äquivalenz von nichtflachen und flachen Kombinatorsystemen bzgl. ihrer nichtdeterministischen Reduktionssemantik.

5.4.17 Korollar Sei $\langle \mathcal{R}, e \rangle$ ein Kombinatorprogramm vom Typ $s \in S \cup D$ und sei $\mathcal{F}$ das zu $\mathcal{R}$ gehörige flache System. Dann gilt:

$$red[\![\langle \mathcal{R}, e \rangle]\!] = red[\![\langle \mathcal{F}, \mathit{flatten}(e) \rangle]\!]$$

Beweis: Sei $a \in A^s \cup T_\Gamma^s(A)$. Dann gilt:

$$
\begin{aligned}
red[\![\langle \mathcal{R}, e \rangle]\!] = a &\Leftrightarrow e \overset{*}{\Rightarrow}_\mathcal{R} a && \text{(Definition)} \\
&\Leftrightarrow \mathit{flatten}(e) \overset{*}{\Rightarrow}_\mathcal{F} a && \text{(Satz 5.4.16)} \\
&\Leftrightarrow red[\![\langle \mathcal{F}, \mathit{flatten}(e) \rangle]\!] = a.
\end{aligned}
$$

$\square$

In Zukunft werden wir hauptsächlich flache Kombinatorsysteme betrachten, da diese die Grundlage unserer Implementierung bilden. Mit Kombinatorsystemen meinen wir dann jeweils flache Kombinatorsysteme, ohne explizit darauf hinzuweisen. Auch die normal order und applicative order Reduktionsstrategien präzisieren wir im folgenden nur für flache Systeme.

5.5 Reduktionsstrategien

In diesem Abschnitt definieren wir die normal order und applicative order Reduktionsstrategie für flache Kombinatorsysteme. Die Definitionen dieser Strategien ergeben sich aus den Definitionen der Strategien für SAL durch Übertragung auf den Fall von flachen Berechnungsausdrücken.

Wir beginnen mit der Definition einer Normalform für flache Berechnungsausdrücke, die wir als *Kombinatornormalform* bezeichnen. Die Kombinatornormalform entspricht der 'weak head normalform' für λ-Ausdrücke [Peyton-Jones 87].

5.5.1 Definition Sei $\mathcal{F}$ ein flaches Kombinatorsystem mit den Kombinatoren $F_1, \ldots, F_r$ und zugehöriger Rangfunktion rg.

Ein geschlossener Berechnungsausdruck u zu F heißt *in Kombinatornormalform*, falls

1. $u \in A \cup T_\Gamma(A) \cup \Omega^+$ oder

2. $u = \mu(u_1, \ldots, u_m)$ mit $\mu \in \Gamma$ oder $\mu \in \{F_1, \ldots, F_r\}$ mit $rg(\mu) < m$.

Ausdrücke in Kombinatornormalform sind also Konstante, nicht-nullstellige Basisfunktionen, Konstruktorapplikationen oder partielle Kombinatorapplikationen.

5.5.2 Definition Sei $\mathcal{F}$ ein flaches Kombinatorsystem und $FComp_{\mathcal{F}}$ die Familie der geschlossenen Berechnungsausdrücke zu $\mathcal{F}$.

Die *normal order oder call-by-name Reduktionsstrategie*

$$\Rightarrow^{n}_{\mathcal{F}} \subseteq FComp_{\mathcal{F}} \times FComp_{\mathcal{F}}$$

für flache Kombinatorsysteme $\mathcal{F}$ wird wie folgt festgelegt:

1. $\rightarrow_{\mathcal{F}} \subseteq \Rightarrow^{n}_{\mathcal{F}}$.

2. Ist $f(a_1, \ldots, a_{i-1}, u_i, \ldots, u_m) \in FComp_{\mathcal{F}}$ mit $a_j \in A \cup T_\Gamma(A)$ für $1 \leq j \leq i-1$ und $u_i \notin A \cup T_\Gamma(A)$, so impliziert $u_i \Rightarrow^{n}_{\mathcal{F}} u_i'$:

$$f(a_1, \ldots, a_{i-1}, u_i, \ldots, u_m) \Rightarrow^{n}_{\mathcal{F}} f(a_1, \ldots, a_{i-1}, u_i', \ldots, u_m).$$

3. Ist **if** u_1 **then** u_2 **else** u_3 **fi** $\in FComp_{\mathcal{F}}$ mit $u_1 \notin \{\mathrm{T}, \mathrm{F}\}$, so impliziert $u_1 \Rightarrow^{n}_{\mathcal{F}} u_1'$:

$$\textbf{if } u_1 \textbf{ then } u_2 \textbf{ else } u_3 \textbf{ fi } \Rightarrow^{n}_{\mathcal{F}} \textbf{ if } u_1' \textbf{ then } u_2 \textbf{ else } u_3 \textbf{ fi}$$

4. Ist **case** u **of** $\ldots c_j(y_{j1}, \ldots, y_{jm_j}) : u_j \ldots$ **esac** $\in FComp_{\mathcal{F}}$ und u ist nicht in Kombinatornormalform, so impliziert $u \Rightarrow^{n}_{\mathcal{F}} u'$:

$$\textbf{case } u \textbf{ of } \ldots \textbf{ esac } \Rightarrow^{n}_{\mathcal{F}} \textbf{ case } u' \textbf{ of } \ldots \textbf{ esac}$$

Die normal order Strategie reduziert Berechnungsausdrücke bis zur Kombinatornormalform. Möglichkeiten zu paralleler Reduktion ergeben sich nur für die Argumentausdrücke von Basisfunktionen.

Der Vollständigkeit halber definieren wir auch die applicative order Strategie für Kombinatorsysteme. Bei dieser Strategie werden Berechnungsausdrücke zu strikter Kombinatornormalform reduziert, da vor der Reduktion von Applikationen alle Argumente so weit wie möglich reduziert werden. Dies gilt insbesondere auch für Konstruktorapplikationen. An dieser Stelle unterscheiden sich die Kombinatornormalform und die strikte Kombinatornormalform.

5.5.3 Definition Sei $\mathcal{F}$ ein flaches Kombinatorsystem mit den Kombinatoren $F_1, \ldots, F_r$ und Rangfunktion rg.

Ein geschlossener Berechnungsausdruck u zu $\mathcal{F}$ heißt in *strikter Kombinatornormalform*, falls

1. $u \in A \cup T_\Gamma(A) \cup \Omega^{+}$ oder

2. $u = \mu(u_1, \ldots, u_m)$ mit

   - $\mu \in \{F_1, \ldots, F_r\}$ und $rg(\mu) < m$ oder

- $\mu \in \Gamma$ und $u_1, \ldots, u_m$ sind in strikter Kombinatornormalform.

Damit ergibt sich folgende Definition der applicative order Reduktionsstrategie für Kombinatorsysteme.

5.5.4 Definition Sei $\mathcal{F}$ ein flaches Kombinatorsystem und $FComp_{\mathcal{F}}$ die Familie der geschlossenen Berechnungsausdrücke zu $\mathcal{F}$.

Die *applicative order oder call-by-value Reduktionsstrategie*

$$\Rightarrow^a_{\mathcal{F}} \subseteq FComp_{\mathcal{F}} \times FComp_{\mathcal{F}}$$

wird definiert durch

1. Falls für $u, u' \in FComp_{\mathcal{F}}$: $u \to_{\mathcal{F}} u'$ Konstanten- oder Verzweigungsreduktion ist, so gilt auch:
$$u \Rightarrow^a_{\mathcal{F}} u'.$$

2. Für **let** $y_1 = u_1$ **and** ... **in** $u \in FComp_{\mathcal{F}}$ gilt:

    (a) Falls für ein $i \in \{1, \ldots, k\}$ $u_1, \ldots, u_{i-1}$ in strikter Kombinatornormalform sind und u_i nicht in strikter Kombinatornormalform ist, so ist mit
    $$u_i \Rightarrow^a_{\mathcal{F}} u'_i$$

    auch

    let $y_1 = u_1$ **and** ... $y_i = u_i$ ... **and** $y_k = u_k$ **in** u
    $$\Rightarrow^a_{\mathcal{F}} \textbf{let } y_1 = u_1 \ldots y_i = u'_i \ldots y_k = u_k \textbf{ in } u.$$

    (b) Falls für alle $i \in \{1, \ldots, k\}$ u_i in strikter Kombinatornormalform ist, gilt:

    let $y_1 = u_1$ **and** ... **and** $y_k = u_k$ **in** $u \Rightarrow^a_{\mathcal{F}} u[y_1/u_1, \ldots, y_k/u_k]$.

3. Für **case** u **of** ... $c_j(y_{j1}, \ldots, y_{jm_j}) : u_j$ ... **esac** $\in FComp_{\mathcal{F}}$ gilt:

    (a) Falls u nicht in strikter Kombinatornormalform ist, ist mit
    $$u \Rightarrow^a_{\mathcal{F}} u'$$

    auch
    $$\textbf{case } u \textbf{ of } \ldots \textbf{ esac} \Rightarrow^a_{\mathcal{F}} \textbf{case } u' \textbf{ of } \ldots \textbf{ esac}$$

    (b) Falls $u = c_j(u_{j1}, \ldots, u_{jm_j})$ für ein j in strikter Kombinatornormalform ist, so gilt:

    $$\textbf{case } u \textbf{ of } \ldots \textbf{ esac} \Rightarrow^a_{\mathcal{F}} u_j[y_{j1}/u_{j1}, \ldots, y_{jm_j}/u_{jm_j}].$$

4. Für $\mu(u_1, \ldots, u_k) \in FComp_{\mathcal{F}}$ mit $\mu \in \Omega \cup \Gamma \cup \{F_1, \ldots F_r\}$ gilt:

   (a) Falls für ein i mit $1 \leq i \leq k$ $u_1, \ldots, u_{i-1}$ in strikter Kombinatornormalform sind und u_i noch nicht, so ist mit

   $$u_i \Rightarrow^a_{\mathcal{F}} u'_i$$

   auch

   $$\mu(u_1, \ldots, u_k) \Rightarrow^a_{\mathcal{F}} \mu(u_1, \ldots, u'_i, \ldots, u_k)$$

   (b) Falls $\mu = F_j \in \{F_1, \ldots, F_r\}$ mit $rg(\mu) = k$ und für alle $1 \leq i \leq k$ u_i in strikter Kombinatornormalform ist, gilt:

   $$F_j(u_1, \ldots, u_k) \Rightarrow^a_{\mathcal{F}} e_j[x_{j1}/u_1, \ldots, x_{jk}/u_k],$$

   wobei

   $$F_j(x_{j1}, \ldots, x_{jk}) = e_j$$

   die Kombinatordefinitionsgleichung von F_j in $\mathcal{F}$ sei.

5. Für $ap(u, u_1, \ldots, u_k) \in FComp^{\emptyset}_{\mathcal{F}}$ gilt:

   (a) Falls für ein i mit $1 \leq i \leq k$ $u_1, \ldots, u_{i-1}$ in strikter Kombinatornormalform sind und u_i noch nicht, so ist mit

   $$u_i \Rightarrow^a_{\mathcal{F}} u'_i$$

   auch

   $$ap(u, u_1, \ldots, u_i, \ldots, u_k) \Rightarrow^a_{\mathcal{F}} ap(u, u_1, \ldots, u'_i, \ldots, u_k).$$

   (b) Falls $u_1, \ldots, u_k$ in strikter Kombinatornormalform sind, aber u noch nicht, so ist mit

   $$u \Rightarrow^a_{\mathcal{F}} u'$$

   auch

   $$ap(u, u_1, \ldots, u_k) \Rightarrow^a_{\mathcal{F}} ap(u', u_1, \ldots, u_k)$$

   (c) Falls $u \in \Omega \cup \Gamma \cup \{F_1, \ldots, F_r\}$ und $u_1, \ldots, u_k$ in strikter Kombinatornormalform sind, gilt:

   $$ap(\mu, u_1, \ldots, u_k) \Rightarrow^a_{\mathcal{F}} \mu(u_1, \ldots, u_k)$$

   Falls $u = F(\tilde{u}_1, \ldots, \tilde{u}_m)$ mit $m < rg(F)$ und $u_1, \ldots, u_k$ in strikter Kombinatornormalform, so ist

   $$ap(F(\tilde{u}_1, \ldots, \tilde{u}_m), u_1, \ldots, u_k) \Rightarrow^a_{\mathcal{F}} F(\tilde{u}_1, \ldots, \tilde{u}_m, u_1, \ldots, u_k)$$

Die applicative order Reduktionsstrategie entspricht der applicative order Reduktionsstrategie für SAL-Ausdrücke mit dem Unterschied, daß λ-Abstraktionen hier als partielle Applikationen von Kombinatoren auftreten.

Die Reihenfolge der Auswertung der Argumente bei Applikationen höherer Ordnung entspricht der Reihenfolge der Auswertung von Applikationen in SAL bei Zugrundelegung der gleichen Reduktionsstrategie.

Die applicative order Strategie bietet durch die strikte Behandlung aller Funktionssymbole einschließlich der Konstruktoren sehr viele Möglichkeiten zur Parallelisierung des Reduktionsprozesses.

Im folgenden Kapitel werden wir ein Verfahren zur Entdeckung von potentieller Parallelität in Kombinatorprogrammen mit nicht-strikter Semantik entwickeln.

Kapitel 6

Entdeckung potentieller Parallelität

Bei der Auswertung von funktionalen Programmen unterscheidet man im wesentlichen zwei Vorgehensweisen zur Aktivierung paralleler Teilauswertungen:

1. *spekulative Parallelität* ('eager evaluation'), bei der alle möglichen reduzierbaren Teilausdrücke parallel reduziert werden, und

2. *konservative Parallelität* ('lazy evaluation'), die einer Parallelisierung der normal order Reduktionsstrategie entspricht und nur die parallele Auswertung solcher Teilausdrücke zuläßt, die zur Bestimmung des Gesamtresultates notwendig sind.

Spekulative Parallelität entspricht einer Parallelisierung der 'full substitution' Reduktionsstrategie des λ-Kalküls, bei der in jedem Reduktionsschritt jeder reduzierbare Teilausdruck reduziert wird. Diese Reduktionsstrategie ist korrekt und vollständig bezüglich der Fixpunktsemantik des (reinen) λ-Kalküls, aber nicht optimal, da im allgemeinen mehr Reduktionsschritte benötigt werden als bei anderen Reduktionsstrategien [Vuillemin 74]. Der Grund hierfür liegt darin, daß viele Teilausdrücke reduziert werden, deren Wert für die Gesamtberechnung überflüssig ist. Zum Beispiel werden bei der Reduktion eines Ausdruckes der Form

$$\textbf{if } e_1 \textbf{ then } e_2 \textbf{ else } e_3 \textbf{ fi}$$

die Ausdrücke e_1, e_2, e_3 gleichzeitig reduziert, obwohl nur e_1 und in Abhängigkeit von dem Wert von e_1 einer der Ausdrücke e_2 oder e_3 zur Bestimmung des Resultates reduziert werden müssen. Die Aktivierung von Teilberechnungen, die womöglich zur Bestimmung des Gesamtresultates nicht notwendig sind, birgt die

Gefahr der Verschwendung von Ressourcen der parallelen Maschine in sich, insbesondere, wenn eine Teilberechnung nicht terminiert und etwa ein unendliches Datenobjekt als Ausgabe erzeugt.

Eine Möglichkeit der Verwaltung spekulativer Parallelität ist die Vergabe von Prioritäten an Teilprozesse in der Art und Weise, daß Prozesse die 'benötigte Resultate' bestimmen, höhere Priorität haben als spekulative Berechnungen. Dadurch kann sichergestellt werden, daß spekulative Berechnungen nur ausgeführt werden, wenn die parallele Maschine durch die benötigten Berechnungen nicht voll ausgelastet ist. Bei der Prozeßverwaltung treten aber folgende Probleme auf:

1. Die Priorität von Prozessen muß dynamisch erhöht werden können, falls sich herausstellt, daß spekulative Berechnungen tatsächlich benötigt werden.

2. Spekulative Berechnungen müssen gestoppt werden können, falls sich herausstellt, daß ihr Ergebnis nicht zur Bestimmung des Gesamtresultates benötigt wird.

Letzteres stellt sich als besonders schwierig dar, da spekulative Berechnungen Teilberechnungen angestoßen haben können, die ebenfalls gestoppt werden müssen und die ihrerseits wieder Teilprozesse generiert haben können etc. Da Teilberechnungen nicht-terminierend sein können, ist also eine Situation vorstellbar, wo eine spekulative Berechnung schneller in Teilberechnungen aufspaltet, als das System die Berechnungen stoppen kann. Letztendlich bleibt es fraglich, ob der erhöhte Aufwand, der zur Verwaltung spekulativer Parallelität notwendig ist und die Gefahr der Verschwendung von Rechenzeit und Ressourcen, die selbst bei der Vergabe von Prioritäten an Prozesse nicht ausgeschlossen werden kann, nicht den Gewinn durch den höheren Grad an Parallelität zunichte macht. In [Hudak, Keller 82] und [Partridge, Dekker 87] werden Mechanismen zur Verwaltung von spekulativen Berechnungen vorgestellt und Lösungsvorschläge für obige Probleme gemacht.

Auf Grund der genannten Probleme und Nachteile spekulativer Parallelität werden wir uns im folgenden auf die Ausnutzung konservativer Parallelität bei der Auswertung funktionaler Programme konzentrieren. Bereits in Kapitel 1 haben wir diskutiert, welche Möglichkeiten der Parallelauswertung die normal order Strategie ad hoc, d.h. ohne irgendwelche speziellen Analysen, bietet. Dabei ergab sich, daß man vor einer Konstantenreduktion die Argumentausdrücke parallel reduzieren kann, da Basisfunktionen als strikt vorausgesetzt werden. Die so entstehende Parallelität ist allerdings i.a. nicht ausreichend, um die Ausführung eines funktionalen Programmes auf einer parallelen Architektur bzw. die Entwicklung einer parallelen Maschine zur Ausführung funktionaler Programme zu rechtfertigen. Die Idee, die Argumente, in denen Funktionen strikt sind, parallel auszuwerten, bildet aber die Grundlage des Analyseverfahrens zur Entdeckung potentieller Parallelität in funktionalen Programmen, das wir in diesem Kapitel vorstellen werden.

6.1 Striktheitsanalyse mittels abstrakter Interpretation

Konservative Parallelität genügt, wie bereits gesagt, folgender *Sicherheitsbedingung*:

> Wird die Berechnung eines Teilausdruckes angestoßen, so wird der Wert dieses Teilausdruckes zur Bestimmung des Gesamtergebnisses benötigt, falls dieses definiert ist.

Diese Bedingung ist gleichbedeutend damit, daß eine unendliche Teilberechnung nur dann initiiert wird, wenn der Wert des Gesamtausdruckes nicht definiert ist. Für Applikationen

$$\gamma(e_1, \ldots, e_n) \text{ bzw. } \mathrm{ap}(\gamma, e_1, \ldots, e_n)$$

bedeutet dies, daß die Berechnung von strikten Argumenten der Funktion bzw. des Funktionsausdruckes $[\![\gamma]\!]$ angestoßen werden darf, da die Striktheit von $[\![\gamma]\!]$ per definitionem garantiert, daß Nichttermination bei der Auswertung eines Argumentes Nichtdefiniertheit der Applikation bedeutet.

> Eine n-stellige Funktion $f\colon A_{1,\perp_1} \times \ldots \times A_{n,\perp_n} \to A_\perp$ ist *strikt im i-ten Argument*, falls
>
> $$f(a_1, \ldots, a_{i-1}, \perp_i, a_{i+1}, \ldots, a_n) = \perp$$
>
> für beliebige $a_j \in A_{j,\perp_j}, j \neq i$.

Da die Applikation in Kombinatorsystemen das einzige Mittel zur Bildung von zusammengesetzten Ausdrücken ist — wir betrachten dabei die Verzweigung sowie die *let-* und *case-*Konstrukte als spezielle Formen der Applikation —, liefern Striktheitsinformationen über Funktionen bzw. Funktionsausdrücke die maximal in einem Kombinatorprogramm enthaltene implizite (konservative) Parallelität. Kombinatorapplikationen und Applikationen höherer Ordnung erlauben zusätzlich zur parallelen Auswertung der strikten Argumente die Auswertung des Kombinatorrumpfes bzw. des Funktionsausdruckes parallel zur Auswertung der strikten Argumente.

Unter *abstrakter Interpretation* versteht man ein Compilezeitanalyseverfahren, bei dem die Programme über einem abstrakten Grundbereich interpretiert werden, um Informationen zur Optimierung der Programmausführung zu gewinnen. Es geht auf [Cousot, Cousot 79] zurück. Zur Striktheitsanalyse wurde es erstmals von [Mycroft 81] eingesetzt. Mycroft behandelte allerdings nur Funktionen erster Ordnung ohne Datenstrukturen. Sein Ansatz wurde dann in [Burn, Hankin,

Abramsky 86] zur Behandlung von Funktionen höherer Ordnung und in [Wadler 87], [Burn 87a] bzw. [Hankin, Burn, Peyton-Jones 88] zur Behandlung von frei erzeugten Datenstrukturen erweitert. Eine zusammenfassende Darstellung findet sich in [Burn 87b (Ph.D.-Thesis)]. Wir beschreiben in diesem Abschnitt das in den genannten Arbeiten entwickelte Striktheitsanalyseverfahren für den hier betrachteten Kombinatorkalkül. Dabei verallgemeinern wir die Darstellung des Verfahrens dahingehend, daß wir uns nicht, wie etwa [Burn 87a/b], auf die spezielle Datenstruktur Liste beschränken, sondern die abstrakte Interpretation für beliebige frei erzeugte Datenstrukturen definieren.

Eine Besonderheit des Verfahrens von Burn et al. ist, daß es zunächst nur für monomorph getypte Sprachen anwendbar ist. Diese Einschränkung ist notwendig, um die Termination des Verfahrens sicherzustellen. Meistens werden in funktionalen Sprachen aber allgemeinere Typkonzepte bereitgestellt. Die Problematik der Striktheitsanalyse für polymorph getypte Sprachen diskutieren wir in Abschnitt 6.4.

Die Striktheit von Funktionen ist im allgemeinen (auf Grund der Unentscheidbarkeit des Halteproblems) nicht entscheidbar. Man kann also von Striktheitsanalyseverfahren keine vollständigen Informationen der Art:

> "Die Funktion f ist genau in den Parametern i, j und k strikt (und in den anderen nicht)"

erwarten, sondern lediglich Aussagen der Art

> "Die Funktion f ist in den Parametern i, j und k definitiv strikt, (und über die anderen Parameter kann keine Aussage gemacht werden)",

wobei die Korrektheit natürlich garantiert sein sollte.

Striktheit ist eine semantische Eigenschaft, die von den Interpretationen der Basis- und Datenstruktursignatur abhängt. Wir legen im folgenden wieder die strikte Interpretation $\mathcal{A} = \langle A_\perp, \phi_A \rangle$ der Basissignatur und die über ($A_\perp$ frei erzeugte) Interpretation $\mathcal{CT}_{DS(\Sigma)}(\mathcal{A}) = \langle CT_\Gamma(A_\perp), \leq_{CT}, \phi_{CT} \rangle$ der unendlichen Γ-Bäume über $A_\perp$ für die Datenstruktursignatur zugrunde. Für jedes $f \in \Omega$ ist also $\phi_A(f)$ in allen Argumenten strikt. Für $c \in \Gamma$ ist $\phi_{CT}(c)$ in keinem Argument strikt.

Durch Abstraktion der Definiertheit bzw. des Grades der Definiertheit bei strukturierten Objekten geht man nun zu folgenden abstrakten Interpretationen über. Als abstrakten Grundbereich wählt man für die Basisobjekte den Bereich

$$\underline{2} := \{0, 1\} \text{ mit } 0 < 1.$$

Dabei wird folgende Familie von Abstraktionsfunktionen

$$abs_S = \langle abs^s \mid s \in S \rangle$$

mit

$$abs^s(a) := \begin{cases} 0 & \text{falls } a = \perp^{s_\cdot} \in A^{s_\cdot}_\perp \\ 1 & \text{falls } a \in A^{s_\cdot}(= A^{s_i}_\perp \setminus \{\perp^{s_i}\}) \end{cases}$$

für $a \in A^{s_\cdot}_\perp$ benutzt.

Der Wert 0 des abstrakten Grundbereiches $\underline{2}$ steht also für "nicht-definierte Werte". Der Wert 1 repräsentiert wegen $0 < 1$ aber alle Werte. Auf Grund der Isomorphie des abstrakten Bereiches $\underline{2}$ zu dem booleschen Bereich $\mathbb{B}' = \{\text{false}, \text{true}\}$ mit false $<$ true[†] ist es möglich, die booleschen Verknüpfungsoperatoren: $\wedge$ (logisches Und) und $\vee$ (logisches Oder) zur Beschreibung von Funktionen über dem Bereich $\underline{2}$ zu verwenden.

Für die Basisfunktionen wird folgende abstrakte Interpretation definiert:

$$\phi^\sharp : \Omega \to Ops(\underline{2}) := \langle \quad \underbrace{[\underline{2}^n \to \underline{2}]} \quad \mid n \geq 0 \rangle$$
$$\text{monotone Funktionen}$$

wird für $f \in \Omega^{(s_1 \cdots s_n, s)}$ mit $s_1, \ldots, s_n, s \in S, n \in \mathbb{N}$ festgelegt durch

$$\phi^\sharp(f) : \underline{2}^n \to \underline{2}$$

mit

$$\phi^\sharp(f)(b_1, \ldots, b_n) := \begin{cases} 0 & \text{falls für alle } (a_1, \ldots, a_n) \in A^{s_1 \cdots s_n}_\perp \\ & \text{mit } abs^{s_\cdot}_S(a_i) = b_i \, (1 \leq i \leq n) \\ & \text{gilt}: \phi_A(f)(a_1, \ldots, a_n) = \perp^s, \\ 1 & \text{sonst.} \end{cases}$$

für $(b_1, \ldots, b_n) \in \underline{2}^n$.

Lt. Voraussetzung gilt $\phi_A(f)(a_1, \ldots, a_n) = \perp$ genau dann, wenn für ein $i \in \{1, \ldots, n\}$ $a_i = \perp^{s_\cdot}$. Für $\phi^\sharp(f)$ bedeutet dies, daß

$$\phi^\sharp(f)(b_1, \ldots, b_n) = 0 \text{ genau dann, wenn für ein } i \in \{1, \ldots, n\} \ b_i = 0.$$

Die Funktion $\phi^\sharp(f)$ entspricht also dem n-stelligen logischen Und:

$$\phi^\sharp(f)(b_1, \ldots, b_n) = \bigwedge_{i=1}^{n} b_i.$$

Für Datenstrukturen könnte man natürlich ebenfalls den abstrakten Bereich $\{0, 1\}$ wählen, wobei 0 die nicht-definierte Struktur und 1 alle Strukturen repräsentiert. Eine solche Abstraktion würde allerdings zu viel Information verlieren, da

---

[†]Dieser Bereich ist zu unterscheiden von dem Bereich $\mathbb{B}_\perp = \{\perp^{bool}, \text{F}, \text{T}\}$, der zur Interpretation der Sorte *bool* benutzt wird. Für $\mathbb{B}_\perp$ gilt $\perp <$ F und $\perp <$ T, aber *nicht* F $<$ T.

man bei frei erzeugten Datenstrukturen, die wir durch Γ-Bäume repräsentieren, eine genauere Unterscheidung bezüglich des Grades der Definiertheit vornehmen kann. In Kapitel 1 stellten wir bereits folgende natürliche Hierarchie von Bäumen über Γ fest:

$$T_\Gamma(A_\perp) \setminus A_\perp \subseteq FT_\Gamma(A_\perp) \subseteq CT_\Gamma(A_\perp),$$

wobei $T_\Gamma(A_\perp) \setminus A_\perp$ die Menge der (totalen) endlichen, $FT_\Gamma(A_\perp)$ die Menge der partiellen endlichen und $CT_\Gamma(A_\perp)$ die Menge der partiellen unendlichen Γ-Bäume über $A_\perp$ bezeichnet.

Betrachtet man Bäume über einem Erzeugendensystem $L_\perp = L \cup \{\perp\}$ — L stehe dabei für Blätter (engl.: "leaves") —, so kann man bei den (totalen) endlichen Bäumen (also Termen) noch zwischen solchen mit nur definierten Blättern aus L und solchen, in denen $\perp$ an den Blättern auftreten kann, unterscheiden. Damit ergibt sich folgende Hierarchie:

$$(\star) \quad T_\Gamma(L) \setminus L \subseteq T_\Gamma(L_\perp) \setminus L_\perp \subseteq \underbrace{FT_\Gamma(L_\perp)}_{=T_{\Gamma_\perp}(L_\perp)\setminus L_\perp} \subseteq CT_\Gamma(L_\perp).$$

Die Standardinterpretation der frei erzeugten Datenstrukturen aus D ist eine D-sortierte Familie von Mengen $CT_\Gamma^d(A_\perp)$ ($d \in D$), wobei als Erzeugendensystem die S-sortierte Trägerfamilie $A_\perp$ der flachen Interpretation der Basissignatur gewählt wird. Eine andere Sichtweise der Datenstrukturen vom Typ $d \in D$ ergibt sich, wenn man die Menge $CT_\Gamma^d(A_\perp)$ in folgender Weise beschreibt. Dabei läßt man als Konstruktoren nur solche mit Zieltyp d zu, also Elemente aus

$$\Gamma^{(d)} = \bigcup_{w \in (S \cup D)^*} \Gamma^{(w,d)},$$

und verlagert die Strukturen, deren Typ von d verschieden ist, aber als Argumenttyp eines Konstruktors aus $\Gamma^{(d)}$ auftritt, in das Erzeugendensystem. Man beschreibt also die Strukturen vom Typ d durch

$$CT_{\Gamma^{(d)}}(L_{d,\perp}) \text{ wobei } L_{d,\perp} = \langle L_{d,\perp}^s \mid s \in (S \cup D) \setminus \{d\} \rangle$$

$$\text{und } L_{d,\perp}^s := \begin{cases} A_\perp^s & \text{falls } s \in S, \\ CT_\Gamma^s(A_\perp) & \text{falls } s \in D \setminus \{d\}. \end{cases}$$

Wie üblich bezeichne $L_d := L_{d,\perp} \setminus \{\perp\}$.

Es ist offensichtlich, daß $CT_\Gamma^d(A_\perp) = CT_{\Gamma^{(d)}}(L_{d,\perp})$. Die letzte Definition erlaubt aber eine klare Unterscheidung der Struktur, die von den Konstruktoren eines Typs erzeugt wird, und den Objekten, die an den 'Blättern' der Struktur auftreten und durch das Erzeugendensystem gegeben sind. Unter *totalen* endlichen Strukturen versteht man solche, deren Blätter sämtlich von $\perp$ verschieden sind, also Elemente aus $T_{\Gamma^{(d)}}(L_d)$. Da an den Blättern aber auch Strukturen anderen Typs auftreten können, ist es durchaus möglich, das eine partielle oder sogar unendliche Struktur als Blatt einer totalen endlichen Struktur auftritt. Die Prädikate 'total' und 'endlich' beziehen sich lediglich auf die äußere (top-level) Datenstruktur.

6.1.1 Beispiel Der folgende Γ_0-Baum vom Typ listofintlist ist, obwohl unendlich und nicht vollständig definiert, eine 'totale endliche Struktur':

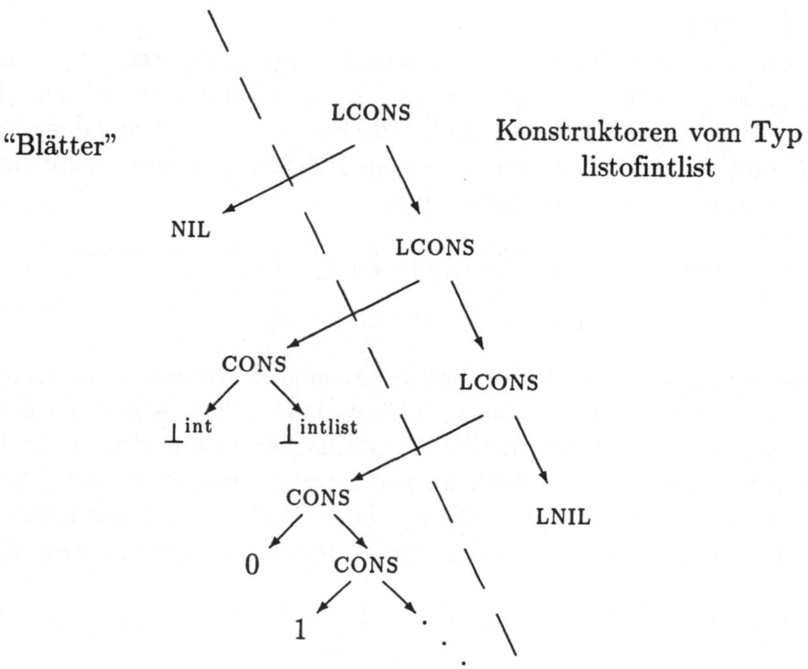

Die Hierarchie ($\star$) führt uns bei Zugrundelegung der Konstruktormenge $\Gamma^{(d)}$ und des Erzeugendensystems $L_{d,\perp}$ für $d \in D$ zu folgendem abstrakten Grundbereich für Datenstrukturen:

$$\underline{4} := \{0,1,2,3\}$$

mit den Abstraktionsfunktionen $abs^d : CT_{\Gamma^{(d)}}(L_{d,\perp}) \to \underline{4}$ wobei

$$abs^d(a) := \begin{cases} 0 & \text{falls } a = \perp^d, \\ 1 & \text{falls } a \in CT_{\Gamma^{(d)}}(L_{d,\perp}) \setminus (T_{\Gamma^{(d)}}(L_{d,\perp}) \cup \{\perp^d\}), \\ 2 & \text{falls } a \in T_{\Gamma^{(d)}}(L_{d,\perp}) \setminus T_{\Gamma^{(d)}}(L_d), \\ 3 & \text{falls } a \in T_{\Gamma^{(d)}}(L_d) \end{cases}$$

für $a \in CT_{\Gamma^{(d)}}(L_{d,\perp})$. Wir unterscheiden also bei den Datenstrukturen vier verschiedene Definiertheitsstufen:

- Der nirgends definierte Baum $\bot^d$ wird zu 0 abstrahiert.

- Partielle und unendliche Strukturen werden zu 1 abstrahiert[tt].

- Endliche Strukturen mit nicht definierten Blättern werden zu 2 abstrahiert.

- 'Totale endliche' Strukturen schließlich werden auf 3 abgebildet.

6.1.2 Beispiele a) Den in Beispiel 1.2.3 betrachteten Γ_0-Bäumen von Typ intlist werden mittels der Abstraktionsfunktion folgende abstrakte Werte zugeordnet:

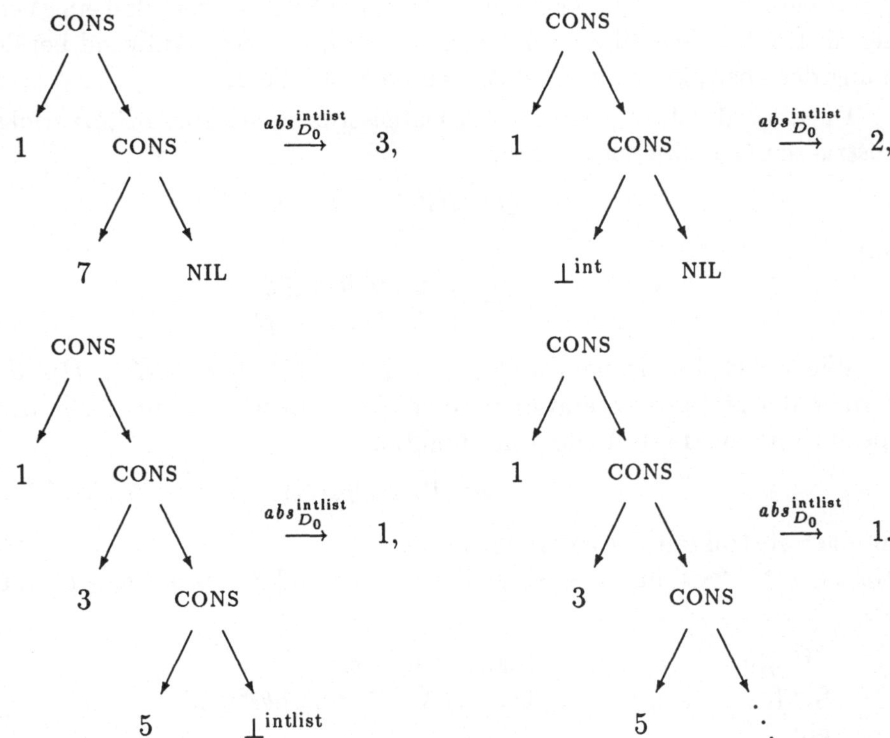

b) Die in Beispiel 6.1.1 angegebene Liste von Listen ganzer Zahlen wird zu 3 abstrahiert. Würde das erste Listenelement (NIL) etwa durch $\bot^{intlist}$ ersetzt, würde der Liste der abstrakte Wert 2 zugeordnet. Eine Abstraktion zu dem Wert 1 ergäbe sich z.B. durch Ersetzen des Konstruktors LNIL durch $\bot^{listofintlist}$.

[tt] Der abstrakte Wert 1 im Bereich $\underline{4}$ darf nicht mit dem Wert 1 im Bereich $\underline{2}$ verwechselt werden. Welcher Wert gemeint ist, wird sich im folgenden immer in eindeutiger Weise aus dem Kontext ergeben.

Es wird deutlich, daß der abstrakte Grundbereich für Datenstrukturen lediglich für die äußere Datenstruktur verschiedene Definiertheitsstufen unterscheidet. Bei geschachtelten Datenstrukturen werden die inneren Strukturen wie Basiswerte auf den abstrakten Bereich $\underline{2}$ abgebildet. Durch Vergrößerung des abstrakten Bereiches wäre es ohne prinzipielle Probleme möglich, für geschachtelte Datenstrukturen genauere Abstraktionen vorzunehmen. Da es für die folgenden Ausführungen von grundlegender Wichtigkeit ist, daß die abstrakten Grundbereiche endlich sind, ist eine detailliertere Behandlung von geschachtelten Datenstrukturen natürlich jeweils nur bis zu einer endlichen Schachtelungstiefe möglich. Wir verzichten hier auf eine solche Erweiterung des abstrakten Grundbereiches für Datenstrukturen, da unser Schwerpunkt auf der Darstellung der prinzipiellen Vorgehensweise bei der Striktheitsanalyse liegt. Auch soll nicht unerwähnt bleiben, daß eine Vergrößerung der abstrakten Grundbereiche einen erheblich größeren Aufwand bei der Bestimmung der abstrakten Interpretationen nach sich zieht.

Die abstrakte Interpretation der Datenstruktursignatur $DS(\Sigma)$ erfolgt über der abstrakten Grundbereichsfamilie

$$G = \langle G^s \mid s \in S \cup D \rangle$$

mit

$$G^s := \begin{cases} \underline{2} & \text{falls } s \in S, \\ \underline{4} & \text{falls } s \in D. \end{cases}$$

Wie üblich bezeichne $Ops(G) = \langle [G^w \to G^d] \mid w \in (S \cup D)^*, d \in D \rangle$ die Familie der stetigen Operationen über G. Dann wird G durch die im folgenden spezifizierte abstrakte Bedeutungsfunktion

$$\phi^\sharp : \Gamma \to Ops(G)$$

zu einer abstrakten Γ-Algebra erweitert:
Für $c \in \Gamma^{(s_1 \ldots s_m, d)}$ mit $s_i \in S \cup D$ $(1 \leq i \leq m)$ und $d \in D$ mit $b_i \in G^{s_i}$ $(1 \leq i \leq m)$ ist

$\phi^\sharp(c)(b_1, \ldots, b_m) := b$ genau dann, wenn
für $(a_1, \ldots, a_m) \in (A_\perp \cup CT_\Gamma(A_\perp))^m$ mit $abs^{s_i}(a_i) = b_i$ $(1 \leq i \leq m)$
gilt:

$$abs(\phi_{\mathrm{CT}}(c)(a_1, \ldots, a_m)) = b \in \underline{4}$$

Durch genauere Aufschlüsselung ergibt sich damit:

$$\phi^\sharp(c)(b_1, \ldots, b_n) = \begin{cases} 3 & \text{falls } \forall\, i \; (s_i \neq d \;\Rightarrow\; b_i \geq 1) \\ & \qquad\qquad \wedge \; (s_i = d \;\Rightarrow\; b_i = 3), \\ 2 & \text{falls } \forall\, i \; (s_i = d \;\Rightarrow\; b_i \geq 2 \\ & \qquad\qquad \wedge\, \exists\, j \; ((s_j \neq d \wedge b_j = 0) \\ & \qquad\qquad\qquad \vee\, (s_j = d \wedge b_j = 2)). \\ 1 & \text{sonst (d.h. } \exists\, i \; (s_i = d \wedge b_i \leq 1)). \end{cases}$$

Der Wert 0 wird nicht angenommen, da eine Konstruktorapplikation immer von der nicht definierten Liste verschieden ist. Konstruktoren sind also im Sinne der üblichen Striktheitsdefinition nicht-strikte Funktionen. Würde man auch für die Datenstrukturen den abstrakten Bereich $\underline{2}$ wählen, so erhielte man als abstrakte Interpretation der Datenkonstruktoren die konstante Funktion mit dem Wert 1.

6.1.3 Beispiel Für die Listenkonstruktoren

$$\text{NIL} \in \Gamma^{(\epsilon,\text{intlist})} \text{ und } \text{CONS} \in \Gamma^{(\text{int intlist},\text{intlist})}$$

unserer Beispielsignatur ergeben sich etwa folgende abstrakte Interpretationen:

$$\phi^{\sharp}(\text{NIL}) \equiv 3$$

und $\phi^{\sharp}(\text{CONS}) : \underline{2} \times \underline{4} \to \underline{4}$: ist durch folgende Tabelle gegeben:

$b_1 \backslash b_2$	0	1	2	3
0	1	1	2	2
1	1	1	2	3

Analog zu Definition 1.2.8 ergibt sich induktiv über den Aufbau der Typen höherer Ordnung die Familie der abstrakten Wertebereiche, welche allesamt endliche vollständige Halbordnungen mit größtem Element sind. Die Abstraktionsfunktionen werden für funktionale Typen verallgemeinert.

6.1.4 Definition   1. Die Menge der *abstrakten Wertebereiche*

$$AbsVal = \langle AbsVal^t \mid t \in Typ(S,D) \rangle$$

wird definiert durch

(a) $AbsVal^s := \underline{2}$ für $s \in S$.

(b) $AbsVal^d := \underline{4}$ für $d \in D$.

(c) $AbsVal^{t_1 \times \ldots \times t_k \to t_0} := [AbsVal^{t_1} \times \ldots \times AbsVal^{t_k} \to AbsVal^{t_0}]$
$$\text{für } t_0,\ldots,t_k \in Typ(S,D).$$

Wir bezeichnen für $t \in Typ(S,D)$ mit

- $\perp_{AbsVal^t}$ das kleinste und mit
- $\top_{AbsVal^t}$ das größte Element von $AbsVal^t$.

2. Die $Typ(S,D)$-sortierte Familie von *Abstraktionsfunktionen*

$$abs = \langle abs^t \mid t \in Typ(S,D) \rangle$$

mit $abs : Val \to AbsVal$ ist bestimmt durch:

$$(a)\quad abs^s : \begin{cases} A^s_\perp & \to & \underline{2} \\[1mm] a & \mapsto & \begin{cases} 0 & a = \perp^s \in A^s_\perp, \\ 1 & \text{sonst.} \end{cases} \end{cases}$$

$$(b)\quad abs^d : \begin{cases} CT_{\Gamma(d)}(L_{d,\perp}) & \to & \underline{4} \\[1mm] a \mapsto & \begin{cases} 0 & a = \perp^d \in CT_{\Gamma(d)}(L_{d,\perp}), \\ 1 & a \in CT_{\Gamma(d)}(L_{d,\perp}) \setminus (T_{\Gamma(d)}(L_{d,\perp}) \cup \{\perp\}), \\ 2 & a \in T_{\Gamma(d)}(L_{d,\perp}) \setminus T_{\Gamma(d)}(L_d), \\ 3 & \text{sonst.} \end{cases} \end{cases}$$

(c) Sei $t = t_1 \times \ldots \times t_k \to t_0 \in Typ(S,D)$, $\psi \in Val^t$.

$$abs^t(\psi) : \begin{cases} \times_{i=1}^k AbsVal^{t_i} & \to & AbsVal^{t_0} \\[1mm] (b_1,\ldots,b_k) & \mapsto & \sup\{abs^{t_0}(\psi(a_1,\ldots,a_k)) \mid \\ & & \qquad a_i \in Val^{t_i}, \\ & & \qquad abs^{t_i}(a_i) \le b_i \\ & & \qquad \text{für } i \in \{1,\ldots,n\}\} \end{cases}$$

Wie man leicht sieht, ist für $\psi \in Val^t$ mit $t \in Typ(S,D) \setminus (S \cup D)$ auch $abs^t(\psi)$ eine stetige Funktion. Insbesondere gilt für die Basisoperationen und Konstruktoren:

6.1.5 Lemma   1. Für $f \in \Omega$ gilt: $\phi^\sharp(f) = abs(\phi_A(f))$.

2. Für $c \in \Gamma$ gilt: $\phi^\sharp(c) = abs(\phi_{CT}(c))$.

Beweis: zu (1): Seien $(b_1,\ldots,b_n) \in \underline{2}^n, f \in \Omega^{(s_1\ldots s_n,s)}$.

$$\phi^\sharp(f)(b_1,\ldots,b_n) = 0$$
$$\Leftrightarrow \forall (a_1,\ldots,a_n) \in A^{s_1\ldots s_n}_\perp$$
$$\qquad (\forall i \in \{1,\ldots,n\} : abs^{s_i}(a_i) = b_i \Rightarrow \phi_A(f)(a_1,\ldots,a_n) = \perp^s)$$
$$\Leftrightarrow \forall (a_1,\ldots,a_n) \in A^{s_1\ldots s_n}_\perp$$
$$\qquad (\forall i \in \{1,\ldots,n\} : abs^{s_i}(a_i) \le b_i \Rightarrow abs^s(\phi_A(f)(a_1,\ldots,a_n)) = 0)$$
$$\Leftrightarrow \sup\{abs^s(\phi_A(f)(a_1,\ldots,a_n)) \mid \forall\, i : a_i \in A^{s_i}_\perp, abs^{s_i}(a_i) \le b_i\} = 0$$
$$\Leftrightarrow abs(\phi_A(f))(b_1,\ldots,b_n) = 0$$

zu (2): Sei $c \in \Gamma^{(s_1\ldots s_m,d)}$.

Da die abstrakten Wertebereiche endlich sind und da die Abstraktionsfunktionen sowie die Interpretationen monoton sind, gilt:

$$\sup\{abs(\phi_{CT}(c)(a_1,\ldots,a_m)) \mid \forall i : a_i \in Val^{s_i}, abs^{s_i}(a_i) \le b_i\}$$
$$= \sup\{abs(\phi_{CT}(c)(a_1,\ldots,a_m)) \mid \forall i : a_i \in Val^{s_i}, abs^{s_i}(a_i) = b_i\}.$$

Da die Konstruktoren 'nicht' interpretiert werden, gilt außerdem, daß für alle $(a_1,\ldots,a_m)$ mit $abs^{s_i}(a_i) = b_i$ $(1 \le i \le m)$: $abs(\phi_{CT}(c)(a_1,\ldots,a_m)) = b$ für ein $b \in \underline{4}$. Damit folgt die Behauptung. $\square$

Aus der Definition der Abstraktionsfunktion für Objekte von funktionalem Typ folgt leicht:

6.1.6 Korollar Sei $t = t_1 \times \ldots \times t_k \to t_0 \in Typ(S, D)$. Sei $\psi \in Val^t$ und $a_i \in Val^{t_i}$ für $1 \leq i \leq k$. Dann gilt:

$$abs^{t_0}(\psi(a_1, \ldots, a_k)) \leq abs^t(\psi)(abs^{t_1}(a_1), \ldots, abs^{t_k}(a_k)).$$

Beweis: Es gilt:

$$
\begin{aligned}
abs^{t_0}(\psi(a_1, \ldots, a_k)) &\leq \sup\{abs^{t_0}(\psi(\tilde{a}_1, \ldots, \tilde{a}_k)) \mid \forall i : \tilde{a}_i \in Val^{t_i}, \\
&\qquad\qquad\qquad\qquad\qquad abs^{t_i}(\tilde{a}_i) = abs^{t_i}(a_i)\} \\
&= abs^t(\psi)(abs^{t_1}(a_1), \ldots, abs^{t_k}(a_k))
\end{aligned}
$$

$\square$

Für spätere Beweise ist die Stetigkeit der Abstraktionsfunktionen von Bedeutung.

6.1.7 Lemma Für alle $t \in Typ(S, D)$ gilt:

$$abs^t : Val^t \to AbsVal^t$$

ist stetig.

Beweis: Die Monotonie der Abstraktionsfunktionen ist direkt aus der Definition ersichtlich. Die Stetigkeitseigenschaft zeigt man durch Induktion über den Aufbau der Typen höherer Ordnung. Wir verzichten hier auf die explizite Durchführung dieses rein technischen Beweises. $\square$

Nach Festlegung der abstrakten Wertebereiche können wir nun eine abstrakte Ausdruckssemantik für applikative Ausdrücke definieren. Dabei ist vor allem die Abstraktion der **if**- und **case**-Konstrukte von Bedeutung.

6.1.8 Definition Sei *AbsEnv* die Menge aller Umgebungen

$$\rho : Var \to AbsVal.$$

Die *abstrakte Ausdruckssemantik*

$$\mathcal{E}^{\text{abs}} : Exp \to AbsEnv \to AbsVal$$

wird induktiv über den Aufbau der applikativen Ausdrücke erklärt:

1. $\mathcal{E}^{\mathbf{abs}}[\![var]\!]\rho := \rho(var)$ für $var \in Var$

2. $\mathcal{E}^{\mathbf{abs}}[\![f]\!]\rho := \phi^\sharp(f)$ für $f \in \Omega$

3. $\mathcal{E}^{\mathbf{abs}}[\![c]\!]\rho := \phi^\sharp(c)$ für $c \in \Gamma$

4. $\mathcal{E}^{\mathbf{abs}}[\![\mathbf{if}\ e\ \mathbf{then}\ e_1\ \mathbf{else}\ e_2\ \mathbf{fi}]\!]\rho$

$$:= \left\{ \begin{array}{ll} \perp_{AbsVal^t} & \text{falls } \mathcal{E}^{\mathbf{abs}}[\![e]\!]\rho = 0, \\ \sup\{\mathcal{E}^{\mathbf{abs}}[\![e_1]\!]\rho, \mathcal{E}^{\mathbf{abs}}[\![e_2]\!]\rho\} & \text{sonst} \end{array} \right\} \quad \text{mit } e_i \in Exp^t$$
$(1 \le i \le 2)$

5. $\mathcal{E}^{\mathbf{abs}}[\![(e, e_1, \ldots, e_k)]\!]\rho := \mathcal{E}^{\mathbf{abs}}[\![e]\!]\rho(\mathcal{E}^{\mathbf{abs}}[\![e_1]\!]\rho, \ldots, \mathcal{E}^{\mathbf{abs}}[\![e_k]\!]\rho)$

6. $\mathcal{E}^{\mathbf{abs}}[\![\mathbf{let}\ y_1 = e_1\ \mathbf{and} \ldots \mathbf{and}\ y_k = e_k\ \mathbf{in}\ e]\!]\rho$
$:= \mathcal{E}^{\mathbf{abs}}[\![e]\!]\rho[y_1/\mathcal{E}^{\mathbf{abs}}[\![e_1]\!]\rho, \ldots, y_k/\mathcal{E}^{\mathbf{abs}}[\![e_k]\!]\rho]$

7. $\mathcal{E}^{\mathbf{abs}}[\![\mathbf{case}\ e\ \mathbf{of}\ c_1(y_{11}, \ldots, y_{1m_1}) : e_1; \ldots; c_k(y_{k1}, \ldots, y_{km_k}) : e_k\ \mathbf{esac}]\!]\rho$

$$:= \left\{ \begin{array}{l} \perp_{AbsVal^t} \hspace{5em} \text{falls } \mathcal{E}^{\mathbf{abs}}[\![e]\!]\rho = 0, \\ \sup\{\mathcal{E}^{\mathbf{abs}}[\![e_j]\!]\rho[y_{j1}/b_{j1}, \ldots, y_{jm_j}/b_{jm_j}] \mid \\ \qquad \phi^\sharp(c_j)(b_{j1}, \ldots, b_{jm_j}) \le \mathcal{E}^{\mathbf{abs}}[\![e]\!]\rho\} \quad \text{sonst.} \end{array} \right.$$

$$= \left\{ \begin{array}{l} \perp_{AbsVal^t} \hspace{10em} \text{falls } \mathcal{E}^{\mathbf{abs}}[\![e]\!]\rho = 0, \\ \sup\{\mathcal{E}^{\mathbf{abs}}[\![e_j]\!]\rho[y_{j1}/b_{j1}, \ldots, y_{jm_j}/b_{jm_j}] \mid \\ \qquad j \in \{1, \ldots, k\} \text{ mit } c_j \in \Gamma^{(s_{j1} \ldots s_{jm_j}, d)}, \\ \qquad b_{ji} \in AbsVal^{s_{ji}}(1 \le i \le m_j), \\ \qquad \exists i \in \{1, \ldots, m_j\} : s_{ji} = d \wedge b_{ji} = 1\} \quad \text{falls } \mathcal{E}^{\mathbf{abs}}[\![e]\!]\rho = 1, \\ \sup\{\mathcal{E}^{\mathbf{abs}}[\![e_j]\!]\rho[y_{j1}/b_{j1}, \ldots, y_{jm_j}/b_{jm_j}] \mid \\ \qquad j \in \{1, \ldots, k\} \text{mit } c_j \in \Gamma^{(s_{j1} \ldots s_{jm_j}, d)}, \\ \qquad b_{ji} \in AbsVal^{s_{ji}}(1 \le i \le m_j), \\ \qquad \exists i \in \{1, \ldots, m_j\} : (s_{ji} \ne d \wedge b_{ji} = 0) \\ \hspace{6em} \vee(s_{ji} = d \wedge b_{ji} = 2)\} \quad \text{falls } \mathcal{E}^{\mathbf{abs}}[\![e]\!]\rho = 2, \\ \sup\{\mathcal{E}^{\mathbf{abs}}[\![e_j]\!]\rho[y_{j1}/b_{j1}, \ldots, y_{jm_j}/b_{jm_j}] \mid \\ \qquad j \in \{1, \ldots, k\} \text{mit } c_j \in \Gamma^{(s_{j1} \ldots s_{jm_j}, d)}, \\ \qquad b_{ji} = \top_{AbsVal^{s_{ji}}}(1 \le i \le m_j)\} \quad \text{falls } \mathcal{E}^{\mathbf{abs}}[\![e]\!]\rho = 3 \end{array} \right.$$

für $e \in Exp^d$.

Die abstrakte Ausdruckssemantik ist induktiv über den Aufbau der applikativen Ausdrücke ähnlich wie die übliche Ausdruckssemantik, die in Kapitel 1 definiert wurde, festgelegt. Interessant sind dabei vor allem die abstrakte Interpretation von konditionalen Ausdrücken.

Der Wert eines Verzweigungsausdruckes $\mathbf{if}\ e\ \mathbf{then}\ e_1\ \mathbf{else}\ e_2\ \mathbf{fi}$ ist bestimmt durch den Wert des booleschen Ausdruckes e.

Ist dieser Wert nicht definiert, so ist der gesamte Ausdruck nicht definiert. Im Falle $\mathcal{E}^{abs}[\![e]\!]\rho = 0$ wird der gesamte Ausdruck daher zum kleinsten Element $\perp_{Abs\,Val^t}$ des entsprechenden abstrakten Bereiches $Abs\,Val^t$, wobei t den Typ von e_1 und e_2 bezeichne, abstrahiert. Andernfalls bestimmt einer der beiden Ausdrücke e_1 oder e_2 den Wert des Verzweigungsausdruckes, d.h. der Gesamtausdruck ist definitiv nicht definiert, falls sowohl e_1 als auch e_2 nicht definiert sind. Man wählt demnach

$$\sup\{\mathcal{E}^{abs}[\![e_1]\!]\rho, \mathcal{E}^{abs}[\![e_2]\!]\rho\},$$

d.h. den maximalen Definiertheitsgrad, zur Abstraktion der Verzweigung.

In ähnlicher Weise erfolgt die Abstraktion von **case**-Ausdrücken, wobei man hier die genauere Abstraktion von Datenstrukturen über dem Bereich $\underline{4}$ ausnutzt.

Ist der Ausdruck e, dessen 'Top-level' Konstruktor die Auswahl der Alternative bestimmt vom Typ $d \in D$ und ist der abstrakte Wert von e gleich 1, so repräsentiert e also eine partielle oder unendliche Struktur, d.h. als Alternativen kommen nur solche in Frage, in denen der zugehörige Konstruktor in einer partiellen oder unendlichen Struktur als äußerster Konstruktor auftreten kann. Kurzum, es muß der Zieltyp d des Konstuktors auch als Argumenttyp auftreten. Es muß also eine Komponente vom Typ d geben, die ebenfalls partiell oder unendlich ist, also durch 1 abstrahiert wird. Die übrigen Komponenten einer partiellen oder unendlichen Struktur können beliebig sein. Als abstrakten Wert ordnet man dem **case**-Ausdruck in diesem Fall das Supremum aller abstrakten Werte der Alternativen zu, die im Fall einer unendlichen oder partiellen Liste möglich sind, wobei alle möglichen Abstraktionen der Komponenten berücksichtigt werden. Dieser Wert gibt den maximalen Definiertheitsgrad des **case**-Ausdruckes in einer Umgebung, die zu ρ abstrahiert werden kann, an. Da alle betrachteten Funktionen monoton sind, genügt es natürlich bei der Supremumsbildung, für die Komponenten, an die keine Bedingung geknüpft ist, die maximalen abstrakten Werte einzusetzen.

In den übrigen Fällen wird der abstrakte Wert des case-Ausdruckes in ähnlicher Weise gebildet. Wird der Ausdruck e zu 2 abstrahiert, so repräsentiert e eine endliche, aber nicht total definierte Struktur. Es gibt also mindestens eine Komponente der Struktur, deren Typ von d verschieden ist und die nicht definiert im Sinne des abstrakten Wertes 0 ist, oder es gibt eine Komponente vom Typ d, die endlich, aber nicht total definiert ist (abstrakter Wert 2). Die abstrakten Werte der übrigen Komponenten können beliebig sein. Auf Grund der Supremumsbildung genügt es wieder, für diese Komponenten maximale abstrakte Werte zu betrachten.

In diesem Fall sind die Alternativen, die zu nullstelligen Konstruktoren gehören, ausgeschlossen.

Im Fall einer endlichen, total definierten Struktur, sind alle Alternativen möglich. Für die Komponenten der Struktur werden jeweils die maximalen abstrakten Werte eingesetzt.

Die obige abstrakte Ausdruckssemantik ist sehr allgemein gehalten, da sie die Behandlung beliebiger frei erzeugter Datenstrukturen erlaubt. Als Beispiel betrachten wir nun die Abstraktion eines **case**-Ausdruckes für die Datenstruktur Liste über einem Basistyp $s \in S$. Dies ist die Datenstruktur, die in [Burn 87b] behandelt wird. Wir erhalten als Spezialfall der oben angegebenen allgemeinen Definition dieselbe Abstraktion, die auch in [Burn 87b] angegeben ist.

6.1.9 Beispiel   Sei $s \in S \cup D$ beliebig.

Der Typ $s\text{-}list \in D$ sei durch die Konstruktoren $\text{NIL}^s \in \Gamma^{(\epsilon, s\text{-}list)}$ und $\text{CONS}^s \in \Gamma^{(s\ s\text{-}list, s\text{-}list)}$ gegeben.

Seien $e \in Exp^{s\text{-}list}, e_1, e_2 \in Exp^t$ für ein $t \in Typ(S, D)$.

Sei $\rho : Var \to AbsVal$.

Dann gilt:

$$\mathcal{E}^{\text{abs}}[\![\textbf{case } e \textbf{ of } \text{NIL}^s : e_1; \text{CONS}^s(y_1, y_2) : e_2 \textbf{ esac}]\!]\rho$$

$$:= \begin{cases} 0 & \text{falls } \mathcal{E}^{\text{abs}}[\![e]\!]\rho = 0, \\ \mathcal{E}^{\text{abs}}[\![e_2]\!]\rho[y_1/1, y_2/1] & \text{falls } \mathcal{E}^{\text{abs}}[\![e]\!]\rho = 1, \\ \sup\{\mathcal{E}^{\text{abs}}[\![e_2]\!]\rho[y_1/0, y_2/3], \\ \qquad \mathcal{E}^{\text{abs}}[\![e_2]\!]\rho[y_1/1, y_2/2]\} & \text{falls } \mathcal{E}^{\text{abs}}[\![e]\!]\rho = 2, \\ \sup\{\mathcal{E}^{\text{abs}}[\![e_1]\!]\rho, \mathcal{E}^{\text{abs}}[\![e_2]\!]\rho[y_1/1, y_2/3]\} & \text{falls } \mathcal{E}^{\text{abs}}[\![e]\!]\rho = 3. \end{cases}$$

Wie man leicht induktiv über die Struktur der applikativen Ausdrücke zeigt, gilt folgende Beziehung zwischen der denotationellen Ausdruckssemantik, wie sie in Kapitel 1 für beliebige SAL-Ausdrücke eingeführt wurde und der abstrakten Ausdruckssemantik.

6.1.10 Lemma   Sei $e \in Exp^t$ mit $t \in Typ(S, D)$. Sei $\rho : Var \to Val$.

Dann gilt:

$$abs^t(\mathcal{E}[\![e]\!]\rho) \leq \mathcal{E}^{\text{abs}}[\![e]\!](abs \circ \rho).$$

Beweis: (induktiv über die Struktur der applikativen Ausdrücke)

1. Für Variablen ist die Aussage trivial.

2. Für Basisfunktionen und Konstruktoren folgt die Aussage aus Lemma 6.1.5.

3. Aus der Definition der denotationellen Ausdruckssemantik folgt für Verzweigungsausdrücke:

$$abs^t(\mathcal{E}[\![\textbf{if } e \textbf{ then } e_1 \textbf{ else } e_2 \textbf{ fi}]\!]\rho)$$

$$= \begin{cases} abs^t(\mathcal{E}[\![e_1]\!]\rho) & \text{falls } \mathcal{E}[\![e]\!]\rho = \text{T}, \\ abs^t(\mathcal{E}[\![e_2]\!]\rho) & \text{falls } \mathcal{E}[\![e]\!]\rho = \text{F}, \\ \perp_{AbsVal^t} & \text{falls } \mathcal{E}[\![e]\!]\rho = \perp^{bool} \end{cases}$$

$$\leq \begin{cases} \sup\{abs^t(\mathcal{E}[\![e_1]\!]\rho), abs^t(\mathcal{E}[\![e_2]\!]\rho)\} & \text{falls } abs^{bool}(\mathcal{E}[\![e]\!]\rho) = 1, \\ \perp_{AbsVal^t} & \text{falls } abs^{bool}(\mathcal{E}[\![e]\!]\rho) = 0. \end{cases}$$

$$\leq \mathcal{E}^{\text{abs}}[\![\textbf{if } e \textbf{ then } e_1 \textbf{ else } e_2 \textbf{ fi}]\!] abs \circ \phi$$

$$\text{(unter Ausnutzung der Induktionsvoraussetzung).}$$

4. Für Applikationen gilt:

$$abs^t(\mathcal{E}[\![(e, e_1, \ldots, e_k)]\!]\rho)$$
$$= abs^t(\mathcal{E}[\![e]\!]\rho(\mathcal{E}[\![e_1]\!]\rho, \ldots, \mathcal{E}[\![e_k]\!]\rho)) \qquad \text{(Definition von } \mathcal{E})$$
$$\leq abs(\mathcal{E}[\![e]\!]\rho)(abs(\mathcal{E}[\![e_1]\!]\rho), \ldots, abs(\mathcal{E}[\![e_k]\!]\rho)) \qquad \text{(Korollar 6.1.6)}$$
$$\leq \mathcal{E}^{\text{abs}}[\![e]\!]\tilde{\rho}(\mathcal{E}^{\text{abs}}[\![e_1]\!]\tilde{\rho}, \ldots, \mathcal{E}^{\text{abs}}[\![e_k]\!]\tilde{\rho})) \text{ mit } \tilde{\rho} = abs \circ \rho$$
$$\text{(Induktionsvoraussetzung)}$$
$$= \mathcal{E}^{\text{abs}}[\![(e, e_1, \ldots, e)]\!]\tilde{\rho}.$$

5. Für **let**-Ausdrücke gilt:

$$abs^t(\mathcal{E}[\![\textbf{let } y_1 = e_1 \textbf{ and} \ldots \textbf{and } y_k = e_k \textbf{ in } e]\!]\rho)$$
$$= abs^t([\![e]\!]\rho[y_1/\mathcal{E}[\![e_1]\!]\rho, \ldots, y_k/\mathcal{E}[\![e_k]\!]\rho]).$$
$$\leq \mathcal{E}[\![e]\!] abs(\rho[y_1/\mathcal{E}[\![e_1]\!]\rho, \ldots, y_k/\mathcal{E}[\![e_k]\!]\rho]) \qquad \text{(Induktionsvoraussetzung)}$$
$$= \mathcal{E}^{\text{abs}}[\![e]\!](abs \circ \rho)[y_1/abs(\mathcal{E}[\![e_1]\!]\rho), \ldots y_k/abs(\mathcal{E}[\![e_k]\!]\rho)]$$
$$\leq \mathcal{E}^{\text{abs}}[\![e]\!](abs \circ \rho)[y_1/\mathcal{E}^{\text{abs}}[\![e_1]\!] abs \circ \rho, \ldots, y_k/\mathcal{E}^{\text{abs}}[\![e_k]\!] abs \circ \rho]$$
$$\text{(Monotonie von } \mathcal{E}^{\text{abs}}[\![e]\!] abs \circ \rho \text{ als Funktion in den}$$
$$\text{Variablen } y_1, \ldots, y_k, \text{ Induktionsvoraussetzung)}$$
$$\leq \mathcal{E}^{\text{abs}}[\![\textbf{let } y_1 = e_1 \textbf{ and} \ldots \textbf{and } y_k = e_k \textbf{ in } e]\!] abs \circ \rho.$$

6. Für **case**-Ausdrücke

$$\begin{array}{l} \textbf{case } e \textbf{ of} \\ \quad c_1(y_{11}, \ldots, y_{1m_1}) : e_1; \\ \qquad \cdots \\ \quad c_k(y_{k1}, \ldots, y_{km_k}) : e_k \\ \textbf{esac} \end{array}$$

vom Typ $t \in Typ(S, D)$ unterscheiden wir zwei Fälle:

(a) Ist $\mathcal{E}[\![e]\!]\rho = \perp$, so folgt

$$abs(\mathcal{E}[\![\mathbf{case}\ e\ \mathbf{of}\ldots\mathbf{esac}]\!]\rho) = \perp_{Abs\,Val^t}$$
$$= \mathcal{E}^{abs}[\![\mathbf{case}\ e\ \mathbf{of}\ \ldots\ \mathbf{esac}]\!]abs \circ \rho.$$

(b) Ist $\mathcal{E}[\![e]\!] = c_j(a_1,\ldots,a_{m_j})$ für ein $j \in \{1,\ldots,k\}$, dann gilt, falls $abs(\mathcal{E}[\![e]\!]\rho) = b$ und $abs(a_i) = b_i$ $(1 \le i \le m_j)$:

$$abs(\mathcal{E}[\![\mathbf{case}\ e\ \mathbf{of}\ c_1(y_{11},\ldots,y_{1m_1}) : e_1; \ldots;$$
$$c_k(y_{k1},\ldots,y_{km_k}) : e_k\ \mathbf{esac}]\!]\rho)$$
$$= abs(\mathcal{E}[\![e_j]\!]\rho[y_{j1}/a_1,\ldots,y_{jm_j}/a_{m1}])$$
$$\le \mathcal{E}^{abs}[\![e_j]\!](abs \circ \rho)[y_{j1}/b_1,\ldots,y_{jm_j}/b_{m_j}])$$
$$\le \sup\{\mathcal{E}^{abs}[\![e_j]\!](abs \circ \rho)[y_{j1}/\tilde{b}_1,\ldots,y_{jm_j}/\tilde{b}_{m_j}]$$
$$\mid \tilde{b}_i \le b_i \text{ für } 1 \le i \le m_j\}$$
$$\le \sup\{\mathcal{E}^{abs}[\![e_i]\!](abs \circ \rho)[y_{i1}/\tilde{b}_{i1},\ldots,y_{im_i}/\tilde{b}_{im_i}]$$
$$\mid 1 \le i \le k_j \text{ mit } abs(c_i)(\tilde{b}_{i1},\ldots,\tilde{b}_{im_i})) \le b\}$$
$$= \mathcal{E}^{abs}[\![\mathbf{case}\ e\ \mathbf{of}\ldots\mathbf{esac}]\!]abs \circ \rho.$$

$\square$

Dieses Lemma bildet die Grundlage für den Nachweis der Korrektheit der Striktheitsanalyse mittels abstrakter Interpretation, da

$$\mathcal{E}^{abs}[\![e]\!](abs \circ \rho) = 0$$

mit obigem Lemma

$$\mathcal{E}[\![e]\!]\rho = \perp$$

impliziert.

Um mittels der abstrakten Interpretation Striktheitsanalyse für Kombinatorsysteme betreiben zu können, fehlt uns noch die Behandlung von *Rekursion*, die mit der üblichen Fixpunkttechnik erfolgt. Die abstrakten Wertebereiche sind allesamt endliche vollständige Halbordnungen mit größtem Element. Der Fixpunktsatz von Tarski garantiert also die Existenz von kleinsten Fixpunkten für monotone Abbildungen und liefert ein Verfahren zu deren Bestimmung[‡‡].

Wir ordnen einem Kombinatorsystem als abstrakte Semantik den kleinsten Fixpunkt eines Funktionals zu.

6.1.11 Definition Sei

$$\mathcal{R} = \langle((\ldots(F_i,x^i_{11},\ldots,x^i_{1k_{i1}}),\ldots)x^i_{n,1},\ldots,x^i_{n,k_{in}}) = e_i \mid 1 \le i \le r\rangle$$

ein Kombinatorsystem. Sei t_i der Typ von F_i für $1 \le i \le r$, t^i_{jl} der Typ von x^i_{jl} $(1 \le l \le k_{ij}, 1 \le i \le r)$ und t_{i0} der Typ von e_i.

[‡‡]Der Fixpunktsatz von Tarski ist im Anhang nur für vollständige Halbordnungen und stetige Funktionen formuliert. Beschränkt man sich auf Halbordnungen mit größtem Element, so gilt dieser Satz bereits für monotone Funktionen.

1. Ist $\rho : Var \to AbsVal$ eine abstrakte Umgebung, so bezeichnen wir für $i \in \{1, \ldots, r\}$ mit

$$\mathcal{M}^{\mathrm{abs}}_{\mathcal{R},i}\rho$$

die wie folgt definierte Funktion

$$\mathcal{M}^{\mathrm{abs}}_{\mathcal{R},i}\rho : \left\{ \begin{array}{l} \times_{l=1}^{k_{i1}} AbsVal^{t_{i1}^l} \; \to \cdots \to \; \times_{l=1}^{k_{in_i}} AbsVal^{t_{n_i}^l} \\ \qquad\qquad \to AbsVal^{t_{i0}} \\ (b_{11}, \ldots, b_{1k_{i1}}) \;\mapsto \cdots \mapsto\; (b_{n_i1}, \ldots, b_{n_i k_{in_i}}) \\ \qquad\qquad \mapsto \mathcal{E}^{\mathrm{abs}}[\![e_i]\!]\rho[x^i_{11}/b_{11}, \ldots, x_{n_i k_{in_i}}/b_{n_i k_{in_i}}] \end{array} \right.$$

2. Wir ordnen $\mathcal{R}$ als abstrakte Semantik den kleinsten Fixpunkt des Funktionals

$$\Phi^{\mathrm{abs}}_{\mathcal{R}} : \times_{i=1}^r AbsVal^{t_i} \to \times_{i=1}^r AbsVal^{t_i}$$

mit

$$\begin{array}{l} \Phi^{\mathrm{abs}}(g_1, \ldots, g_r) := \\ \quad (\mathcal{M}^{\mathrm{abs}}_{\mathcal{R},1}\rho_\emptyset[F_1/g_1, \ldots, F_r/g_r], \ldots, \mathcal{M}^{\mathrm{abs}}_{\mathcal{R},r}\rho_\emptyset[F_1/g_1, \ldots, F_r/g_r]) \end{array}$$

zu. Die abstrakte Semantik von $\mathcal{R}$ ist also gegeben durch

$$\mathcal{M}^{\mathrm{abs}}[\![\mathcal{R}]\!] := fix\,\Phi^{\mathrm{abs}}_{\mathcal{R}}.$$

Die i-te Projektion dieses Fixpunktes ist die abstrakte Semantik des Kombinators F_i $(1 \le i \le r)$:

$$\mathcal{M}^{\mathrm{abs}}_{\mathcal{R}}[\![F_i]\!] := proj^r_i(fix\,\Phi^{\mathrm{abs}}_{\mathcal{R}}).$$

Wir bezeichnen im folgenden zur Vereinfachung die abstrakte Semantik von F_i auch mit $F^\sharp_i$.

Zwischen der üblichen Fixpunktsemantik und der abstrakten Semantik für Kombinatoren kann eine ähnliche Beziehung wie die in Lemma 6.1.10 formulierte Aussage für applikative Ausdrücke nachgewiesen werden.

6.1.12 Lemma Sei

$$\mathcal{R} = \langle ((\ldots(F_i, x^i_{11}, \ldots, x^i_{1k_{i1}}), \ldots)x^i_{n_i1}, \ldots, x^i_{n_i k_{in_i}}) = e_i \mid 1 \le i \le r \rangle$$

ein Kombinatorsystem. $\Phi_{\mathcal{R}}$ bezeichne die gemäß Definition 1.2.10 zur Definition der Standardsemantik von Rekursionsausdrücken definierte Abbildung, deren Fixpunkt die Standardsemantik der Kombinatoren angibt. Wir wählen eine spezielle Umgebung $\rho_\perp$, die alle Variablen an die kleinsten Elemente der Wertebereiche bindet[§]. Es gilt:

$$\Phi_{\mathcal{R}} : \left\{ \begin{array}{lcl} \times_{i=1}^{r} Val^{t_i} & \to & \times_{i=1}^{r} Val^{t_i} \\ (g_1,\ldots,g_r) & \mapsto & (\mathcal{E}[\![\lambda(x_{11}^1,\ldots,x_{1k_{11}}).\ \ldots\ .e_1]\!] \\ & & \qquad\qquad \rho_\perp[F_1/g_1,\ldots,F_r/g_r], \\ & & \qquad\qquad \cdots \\ & & \mathcal{E}[\![\lambda(x_{r1}^r,\ldots,x_{rk_{r1}}^r).\ \ldots\ .e_r]\!] \\ & & \qquad\qquad \rho_\perp[F_1/g_1,\ldots,F_r/g_r]. \end{array} \right.$$

Dann gilt mit den Bezeichnungen aus Definition 6.1.11:

$$proj_i^r(fix\,\Phi_{\mathcal{R}}^{\mathrm{abs}}) \geq abs^{t_i}(proj_i^r(fix\,\Phi_{\mathcal{R}})).$$

Beweis: Wir zeigen zunächst, daß

$$(\star)\quad proj_i^r(\Phi_{\mathcal{R}}^{\mathrm{abs}}(abs^{t_1}(g_1),\ldots,abs^{t_r}(g_r))) \geq abs^{t_i}(proj_i^r(\Phi_{\mathcal{R}}(g_1,\ldots,g_r)))$$

für beliebige $g_j \in Val^{t_j}$ $(1 \leq j \leq r)$ und $1 \leq i \leq r$.

Seien $(g_1,\ldots,g_r) \in \times_{j=1}^{r} Val^{t_j}$ und $i \in \{1,\ldots,r\}$. Dann gilt:

$$abs^{t_i}(proj_i^r(\Phi_{\mathcal{R}}(g_1,\ldots,g_r)))$$

$$= abs^{t_i}(\mathcal{E}[\![\lambda(x_{11}^i,\ldots,x_{1k_{i1}}^i).\cdots\lambda(x_{n_i1}^i,\ldots,x_{n_ik_{in_i}}).e_i]\!]\rho_\perp[F_1/g_1,\ldots,F_r/g_r])$$

$$= abs^{t_i}\left(\left\{ \begin{array}{ccc} \times_{l=1}^{k_{i1}} Val^{t_{1l}^i} & \to\ldots\to & \times_{l=1}^{k_{in_i}} Val^{t_{n_il}^i} \to Val^{t_{i0}} \\ (a_{11},\ldots,a_{1k_1}) & \mapsto\ldots\mapsto & (a_{n_i1},\ldots,a_{n_ik_{in_i}}) \mapsto \\ \multicolumn{3}{c}{\mathcal{E}[\![e_i]\!]\rho_\perp[F_1/g_1,\ldots,F_r/g_r][x_{11}/a_{11},\ldots,x_{n_ik_{in_i}}/a_{n_ik_{in_i}}]} \end{array} \right\}\right)$$

$$= \left\{ \begin{array}{l} \times_{l=1}^{k_{i1}} Val^{t_{1l}^i} \quad \to\ldots\to \quad \times_{l=1}^{k_{in_i}} Val^{t_{n_il}^i} \quad \to Val^{t_{i0}} \\ (b_{11},\ldots,b_{1k_1}) \quad \mapsto\ldots\mapsto \quad (b_{n_i1},\ldots,b_{n_ik_{in_i}}) \quad \mapsto \\ \underbrace{\sup\{abs^{t_{i0}}(\mathcal{E}[\![e_i]\!]\rho_\perp[F_1/g_1,\ldots,F_r/g_r][x_{11}/a_{11},\ldots,x_{n_ik_{in_i}}/a_{n_ik_{in_i}}])}_{\leq\ \mathcal{E}^{\mathrm{abs}}[\![e_i]\!]abs\circ(\rho_\perp[\ldots][\ldots])} \\ \qquad\qquad\qquad\qquad\qquad\qquad\qquad\qquad\quad \mid abs^{t_{ij}^i}(a_{lj}) = b_{lj}\} \end{array} \right.$$

$$\text{(mit Lemma 6.1.10)}$$

$$\leq \left\{ \begin{array}{l} \times_{l=1}^{k_{i1}} Val^{t_{1l}^i} \quad \to\ldots\to \quad \times_{l=1}^{k_{in_i}} Val^{t_{n_il}^i} \quad \to Val^{t_{i0}} \\ (b_{11},\ldots,b_{1k_1}) \quad \mapsto\ldots\mapsto \quad (b_{n_i1},\ldots,b_{n_ik_{in_i}}) \quad \mapsto \\ \qquad \mathcal{E}^{\mathrm{abs}}[\![e_i]\!]abs\circ\rho_\perp\ [F_1/abs(g_1),\ldots,F_r/abs(g_r)] \\ \qquad\qquad\qquad\qquad [x_{11}/b_{11},\ldots,x_{n_ik_{in_i}}/b_{n_ik_{in_i}}] \end{array} \right.$$

[§]Die Abbildung Φ ist unabhängig von der gewählten Umgebung, da die Kombinatorsysteme keine freien Variablen enthalten.

$$= proj_i^r(\Phi_{\mathcal{R}}^{abs}(abs(g_1), \ldots, abs(g_r)))$$

Nach dem Fixpunktsatz von Tarski gilt:

$$fix\Phi_{\mathcal{R}}^{abs} = \sup\{(\Phi_{\mathcal{R}}^{abs})^j(\bot_{AbsVal^{t_1}}, \ldots, \bot_{AbsVal^{t_r}}) \mid j \geq 0\}$$

und

$$fix\Phi_{\mathcal{R}} = \sup\{\Phi_{\mathcal{R}}^j(\bot_{Val^{t_1}}, \ldots, \bot_{Val^{t_r}}) \mid j \geq 0\}.$$

Durch Induktion über j zeigen wir

$$(\star\star) \quad proj_i^r((\Phi_{\mathcal{R}}^{abs})^j(\bot_{AbsVal^{t_1}}, \ldots, \bot_{AbsVal^{t_r}}))$$
$$\geq abs^{t_i}(proj_i^r(\Phi_{\mathcal{R}}^j(\bot_{Val^{t_1}}, \ldots, \bot_{Val^{t_r}}))).$$

Für $j = 0$ folgt $(\star\star)$ unmittelbar aus der Definition der Abstraktionsfunktionen. Gelte $(\star\star)$ für ein $j \geq 0$. Dann gilt:

$$proj_i^r((\Phi_{\mathcal{R}}^{abs})^{j+1}(\bot_{AbsVal^{t_1}}, \ldots, \bot_{AbsVal^{t_r}}))$$

$$= proj_i^r(\Phi_{\mathcal{R}}^{abs}((\Phi_{\mathcal{R}}^{abs})^j(\bot_{AbsVal^{t_1}} \ldots, \bot_{AbsVal^{t_r}})))$$

$$\geq proj_i^r(\Phi_{\mathcal{R}}^{abs}(\ abs^{t_1}(proj_1^r(\Phi_{\mathcal{R}}^j(\bot_{Val^{t_1}}, \ldots, \bot_{Val^{t_r}}))), \ldots,$$
$$abs^{t_r}(proj_r^r(\Phi_{\mathcal{R}}^j(\bot_{Val^{t_1}}, \ldots, \bot_{Val^{t_r}})))))$$

$$(\text{Induktionsvoraussetzung, Monotonie von } \Phi_{\mathcal{R}}^{abs})$$

$$\overset{(\star)}{\geq} abs^{t_i}(proj_i^r(\Phi_{\mathcal{R}}(\Phi_{\mathcal{R}}^j(\bot_{Val^{t_1}}, \ldots, \bot_{Val^{t_r}}))))$$

$$= abs^{t_i}(proj_i^r(\Phi_{\mathcal{R}}^{j+1}(\bot_{Val^{t_1}}, \ldots, \bot_{Val^{t_r}})))$$

Damit ist $(\star\star)$ für alle $j \geq 0$ bewiesen. Die Behauptung folgt nun, indem man auf beiden Seiten von $(\star\star)$ zum Supremum übergeht und die Stetigkeit der Abstraktions- und Projektionsfunktionen ausnutzt. $\square$

Nach diesen Vorbereitungen können wir nun das eigentliche Striktheitsanalyseverfahren beschreiben. Die Striktheitsanalyse beruht auf dem folgenden Satz, der gleichzeitig die Korrektheit des Verfahrens sicherstellt.

6.1.13 Satz Sei $\mathcal{R}$ ein Kombinatorsystem mit den Kombinatoren $F_1, \ldots, F_r$. Für $1 \leq i \leq r$ habe F_i den Typ

$$(t_{11}^i \times \ldots \times t_{1k_{i1}}^i \to (\cdots (t_{n_i1}^i \times \ldots \times t_{n_ik_{in_i}} \to t_{i0}) \cdots)).$$

Dabei sei $\sum_{j=1}^{n_i} k_{ij} = rg(F_i)$. Dann gilt:

Falls für $1 \leq i \leq r$, $1 \leq j \leq n_i$, $1 \leq l \leq k_{ij}$, $b \in AbsVal^{t^i_{jl}}$:

$$(\cdots((F_i^\sharp, \top_{AbsVal^{t^i_{11}}}, \ldots, \top_{AbsVal^{t^i_{1k_1n_1}}}) \cdots \underbrace{b}_{\text{Position } jl} \cdots),$$

$$\top_{AbsVal^{t^i_{n_i1}}}, \ldots, \top_{AbsVal^{t^i_{n_ik_in_i}}}) = \bot_{AbsVal^{t_{i0}}},$$

so gilt für die Standardsemantik von F_i also $proj_i^r(fix\Phi_\mathcal{R})$ mit den Bezeichnungen aus Lemma 6.1.12:

$$(\ldots(proj_i^r(fix\Phi_\mathcal{R}), a_{11}, \ldots, a_{1k_{i1}}), \ldots, a_{jl}, \ldots), a_{n_i1}, \ldots a_{n_ik_in_i}) = \bot_{Val^{t_{i0}}}$$

für alle $a_{jl} \in Val_{t^i_{jl}}$ mit $abs(a_{jl}) \leq b$ und $a_{1n}, \ldots, a_{n_ik_in_i} \in Val$.

Beweis: Der Satz ist ein Korollar des Lemmas 6.1.12, wenn man beachtet, daß $F_i^\sharp = proj_i^r(fix\Phi_\mathcal{R}^{\text{abs}})$ und $\forall a \in Val^t \; abs(a) \leq \top_{AbsVal}$. $\qquad\square$

Wählt man für b den speziellen Wert $\bot_{AbsVal^{t^i_{jl}}}$, so besagt der Satz:

Ist die abstrakte Interpretation eines Kombinators einer Parameterposition strikt, so ist auch die Standardinterpretation des Kombinators in dieser Position strikt. Diese Aussage gilt natürlich nicht nur für Kombinatoren, sondern für beliebige Ausdrücke von funktionalem Typ.

Die Striktheitsanalyse mittels abstrakter Interpretation besteht also darin, daß man zu den Kombinatoren eines Kombinatorsystems gemäß Definition 6.1.11 die abstrakte Interpretation berechnet und diese auf die speziellen Argumentlisten, die in genau einer Position den kleinsten Wert des entsprechenden abstrakten Wertebereiches und in allen übrigen Positionen den größten Wert enthalten, appliziert. Ergibt sich als Ergebnis der kleinste Wert des abstrakten Wertebereichs des Zieltyps, so liegt Striktheit der Standardinterpretation des Kombinators in der Parameterposition, die mit dem kleinsten Wert belegt war, vor. Ansonsten kann keine Aussage über die Striktheit in dieser Parameterposition gemacht werden.

6.1.14 Beispiele   1. Die abstrakte Interpretation des Kombinators

$$Append(l_1, l_2) = \textbf{case } l_1 \textbf{ of } \text{NIL} : l_2 ;$$
$$\text{CONS}(y_1, y_2) : \text{CONS}(y_1, Append(y_2, l_2))^\dagger,$$
$$\textbf{esac}$$

mit dem Typ (intlist $\times$ intlist $\rightarrow$ intlist), der die Konkatenation zweier Integerlisten beschreibt, ist in folgender Tabelle gegeben:

---

†In den Beispielen benutzen wir die flache Syntax.

$Append^\sharp$			
$l_1^\sharp \backslash l_2^\sharp$	0	1	2	3
---	---	---	---	---
0	0	0	0	$\boxed{0}$
1	1	1	1	1
2	1	1	2	2
3	$\boxed{1}$	1	2	3

Die markierten Werte zeigen, daß die Standardsemantik des Kombinators *Append* im ersten Argument strikt ist.

2. Die folgenden Beispielkombinatoren, die jeweils den Typ (intlist → int) haben, zeigen, daß man bei Funktionen mit Datenstrukturargumenten verschiedene Striktheitsgrade unterscheiden kann:

$$Search0(l) = \textbf{case } l \textbf{ of } \text{NIL} : 0 \text{ ;}$$
$$\text{CONS } (y_1, y_2) : \textbf{if} = (y_1, 0)$$
$$\textbf{then } 1 \textbf{ else } Search0(y_2) \textbf{ fi}$$
$$\textbf{esac,}$$
$$Length(l) = \textbf{case } l \textbf{ of } \text{NIL} : 0;$$
$$\text{CONS } (y_1, y_2) : +(1, Length(y_2))$$
$$\textbf{esac,}$$
$$Sumlist(l) = \textbf{case } l \textbf{ of } \text{NIL} : 0;$$
$$\text{CONS } (y_1, y_2) : +(y_1, Sumlist(y_2))$$
$$\textbf{esac.}$$

Die abstrakten Interpretationen dieser Funktionen haben demnach alle den Typ $\underline{4} \to \underline{2}$ und sind in folgender Tabelle gegeben:

$l^\sharp$	$Search0^\sharp(l^\sharp)$	$Length^\sharp(l^\sharp)$	$Sumlist^\sharp(l^\sharp)$
0	0	0	0
1	1	0	0
2	1	1	0
3	1	1	1

Die erste Zeile dieser Tabelle besagt, daß alle drei Kombinatoren strikte Funktionen definieren. Durch die genauere Abstraktion der Datenstrukturen erkennt man aber, daß bei den drei Kombinatoren verschiedene Striktheitsgrade vorliegen. Während *Search0* bereits für partielle oder unendliche Listen einen definierten Wert liefern kann, terminiert die Berechnung von *Length* oder *Sumlist* für solche Listen definitiv nicht. Dies folgt aus der zweiten Zeile obiger Tabelle und Satz 6.1.13. Weiterhin zeigt die abstrakte Interpretation, daß die Funktion *Length* für beliebige endliche Listen terminieren kann, während *Sumlist* nur für total definierte Listen einen definierten Wert liefern kann. Dies motiviert die folgende Definition, die auf [Hankin, Burn, Peyton-Jones 88] zurückgeht.

6.1.15 Definition Sei $t = t_1 \times \ldots \times t_k \to t_0 \in Typ(S, D)$ und $t_i \in D$ für ein $i \in \{1, \ldots, k\}$. Eine Funktion $\psi \in Val^t$ heißt für $l \in \{0, 1, 2\}$ *l-strikt* im i-ten Argument, falls

$$\psi(a_1, \ldots, a_k) = \perp_{Val^{t_0}}$$

für alle $a_i \in Val^{t_i}$ mit $abs^{t_i}(a_i) \leq l$ und beliebige $a_j \in Val^{t_j}\,(j \neq i)$.

0-Striktheit entspricht der üblichen Striktheit. Der Kombinator *Length* aus obigem Beispiel definiert eine 1-strikte Funktion, der Kombinator *Sumlist* eine 2-strikte Funktion, wie aus der abstrakten Interpretation mit Satz 6.1.13 folgt.

Für Funktionen über Datenstrukturen können also auf der Basis der gewählten abstrakten Interpretation detailliertere Informationen über das Striktheitsverhalten hergeleitet werden.

Das Verfahren der abstrakten Interpretation gestattet auch eine uniforme Handhabung von Funktionen höherer Ordnung. Folgendes Beispiel zeigt, daß auch bei Funktionen höherer Ordnung verschiedene Arten von Striktheitsinformationen aus den abstrakten Interpretationen hergeleitet werden können.

6.1.16 Beispiel Wir betrachten folgendes einfache Kombinatorprogramm $\langle \mathcal{R}, e \rangle$ mit

$$\mathcal{R} = \langle F_1(h, x, y) = +(x, \mathrm{ap}(h, y));\ F_2(x) = 5 \rangle,$$

wobei F_1 den Typ $((\mathrm{int} \to \mathrm{int}) \times \mathrm{int} \times \mathrm{int} \to \mathrm{int})$ und F_2 den Typ $(\mathrm{int} \to \mathrm{int})$ habe, und

$$e = +(F_1(\mathrm{suc}, 3, *(6, 8)), F_1(F_2, 1, +(4, 5))).$$

Als abstrakte Semantik erhalten wir für die Kombinatoren folgende Funktionen:

$$F_1^\sharp : [\underline{2} \to \underline{2}] \times \underline{2} \times \underline{2} \to \underline{2}$$

mit

$F_1^\sharp$				
$x^\sharp$	0	0	1	1
$h^\sharp \backslash y^\sharp$	0	1	0	1
$b \mapsto 0$	0	0	0	[0]
$b \mapsto b$	0	0	0	1
$b \mapsto 1$	0	[0]	[1]	1

und

$$F_2^\sharp : \underline{2} \to \underline{2} \text{ mit } F_2^\sharp(0) = F_2^\sharp(1) = 1.$$

Die markierten Werte zeigen, daß F_1 eine Funktion definiert, die in den ersten beiden Argumenten strikt ist. Für das dritte Argument liegt keine Striktheit vor, wie man anhand der Funktionsdefinition sieht. Es ist unmittelbar einzusehen, daß die Striktheit im dritten Argument von dem ersten Argument abhängt, also von dem Kontext, in dem der Kombinatorrumpf ausgewertet wird. Man nennt diese Striktheit daher *kontextsensitive* Striktheit [Burn, Hankin, Abramsky 86]. Der applikative Ausdruck obigen Kombinatorprogramms enthält zwei Applikationen von F_1. Im ersten Aufruf von F_1 wird der formale Parameter h an die strikte Basisfunktion suc gebunden. Dies hat zur Folge, daß bei diesem Aufruf von F_1 Striktheit auch im dritten Argument vorliegt. Beim zweitem Aufruf ist das erste Argument eine nicht-strikte Funktion. Es liegt also keine Striktheit im dritten Argument vor.

Auch kontextsensitive Striktheit kann mittels der abstrakten Interpretationen erfaßt werden. Die kontextsensitive Striktheit der durch F_1 definierten Funktion zeigt sich in obiger Tabelle für $F_1^\sharp$ darin, daß

$$(\star) \quad F_1^\sharp(\ id_{[\underline{2}\to\underline{2}]}, 1, 0) = 0.$$

Denn $id_{[\underline{2}\to\underline{2}]} : \left\{ \begin{matrix} \underline{2} & \to & \underline{2} \\ b & \mapsto & b \end{matrix} \right.$ repräsentiert die abstrakte Interpretation einer strikten Funktion. $(\star)$ zeigt also, daß Striktheit im dritten Argument vorliegt, wenn das erste Argument eine strikte Funktion ist.

Satz 6.1.13 erlaubt den Nachweis von Striktheitseigenschaften, die in beliebigen Kontexten gültig sind, also die Bestimmung sogenannter *kontextfreier Striktheit*. Auf der Basis der Lemmata 6.1.10 und 6.1.12 kann auch kontextsensitive Striktheitsinformation mittels der abstrakten Semantik für Kombinatoren und applikative Ausdrücke bestimmt werden.

6.1.17 Satz Sei $\mathcal{R}$ ein Kombinatorsystem und F ein Kombinator aus $\mathcal{R}$. F habe den Typ $t_{11} \times \ldots \times t_{1k_1} \to \cdots \to t_{n1} \times \ldots \times t_{nk_n} \to t_0$.

Seien $e_{im} \in Exp^{t_{im}} (1 \le i \le n, 1 \le m \le k_i)$.

Sei $b \in AbsVal^{t_{jl}}$ für $j \in \{1,\ldots,n\}, l \in \{1,\ldots,k_j\}$ und $\rho : Var \to Val$.

ρ^{abs} bezeichne $abs \circ \rho$.

Falls

$$(\ldots(F^\sharp, \mathcal{E}^{abs}[\![e_{11}]\!]\rho^{abs},\ldots,\mathcal{E}^{abs}[\![e_{1k_1}]\!]\rho^{abs}),\ldots \underbrace{b}_{\text{Position } jl} \ldots)$$

$$\mathcal{E}^{abs}[\![e_{n1}]\!]\rho^{abs},\ldots,\mathcal{E}^{abs}[\![e_{nk_n}]\!]\rho^{abs}) = \bot_{AbsVal^{t_0}},$$

so gilt für alle $a \in Val^{t_{j^l}}$ mit $abs(a) = b$:

$$((\cdots([F], \mathcal{E}[e_{11}]\rho, \ldots, \mathcal{E}[e_{1k_1}]\rho), \cdots a \cdots), \mathcal{E}[e_{n1}]\rho, \ldots, \mathcal{E}[e_{nk_n}]\rho) = \bot_{Val^t}.$$

Dabei bezeichne $[F]$ die Standardsemantik des Kombinators F.

Beweis: Der Satz folgt direkt mittels der Lemmata 6.1.12 und 6.1.10.   □

Die kontextsensitive Striktheitsanalyse zieht die aktuellen Argumente eines Kombinators, die den Kontext für die Auswertung des Kombinatorrumpfes bilden, in Betracht. Im folgenden Abschnitt werden wir die Technik der 'Evaluation Transformer' vorstellen, die in Abhängigkeit von dem Kontext, in dem eine Applikation ausgewertet wird, mittels der abstrakten Interpretationen den maximalen Auswertungsgrad, der für die Argumente gewählt werden kann, bestimmt. Zuvor möchten wir aber noch auf die Problematik der Berechnung der abstrakten Semantik von Kombinatoren eingehen.

Die abstrakte Semantik eines Kombinatorsystems

$$\mathcal{R} = \langle((\ldots(F_i, x_{11}^i, \ldots, x_{1k_{i1}}^i)\ldots)x_{n,1}^i \ldots, x_{n,k_{in_i}}^i) = e_i \mid 1 \leq i \leq r\rangle$$

ist die kleinste Lösung des rekursiven Funktionsgleichungssystems

$$\mathcal{R}^\sharp = \langle(((\cdots(F_i^\sharp, b_{11}^i, \ldots, b_{1k_{i1}}^i)\cdots), b_{n,1}^i, \ldots, b_{n,k_{in_i}}^i) =$$
$$\mathcal{E}^{abs}[e_i]\rho_\bot[F_1/F_1^\sharp, \ldots, F_r/F_r^\sharp][x_{11}^i/b_{11}^i, \ldots, x_{n,k_{in_i}}^i/b_{n,k_{in_i}}^i] \mid 1 \leq i \leq r\rangle$$

in dem abstrakten Wertebereich $\times_{i=1}^r AbsVal^{t_i}$, wobei t_i den Typ von F_i bezeichne $(1 \leq i \leq r)$. Zur Berechnung dieser Lösung muß der kleinste Fixpunkt des Funktionals $\Phi_{\mathcal{R}}^{abs} : \times_{i=1}^r AbsVal^{t_i} \to \times_{i=1}^r AbsVal^{t_i}$ bestimmt werden. Dies erfordert im allgemeinen einen exponentiellen Zeitbedarf. In [Hudak, Young 86] wird gezeigt, daß bereits für Systeme erster Ordnung über flachen Bereichen (also ohne Funktionen höherer Ordnung und ohne Datenstrukturen) exponentielle Zeitkomplexität vorliegt. Für solche Systeme sind die abstrakten Wertebereiche isomorph zu den Bereichen monotoner boolescher Funktionen

$$\langle[\underline{2}^n \to \underline{2}] \mid n \in \mathbb{N}\rangle.$$

Das Resultat von Hudak und Young besagt, daß die Auswertung rekursiver monotoner boolescher Funktionen (RMBF) an einer Stelle im schlechtesten Fall exponentiell viel Zeit in der Größe des Eingabetupels benötigt.

Bei den Implementierungen verschiedener Algorithmen wie die 'frontier analysis' von [Clack, Peyton-Jones 85] bzw. [Martin, Hankin 87] oder die "pending analysis" [Young, Hudak 86] hat sich aber, zumindest für Systeme erster Ordnung ohne Datenstrukturen gezeigt, daß das durchschnittliche Laufzeitverhalten wesentlich besser ist.

Die 'frontier analysis' nutzt eine spezielle kompakte Darstellung monotoner boolescher Funktionen durch die Grenze, die im Argumentbereich der Funktion zwischen den Argumenttupeln, die auf 0 und denen, die auf 1 abgebildet werden, gezogen werden kann. Die Berechnung des Fixpunktes erfolgt dann nach dem Fixpunktsatz von Tarski durch fortlaufende Berechnung der Approximationen des Fixpunktes, bis der Fixpunkt erreicht wird. Da die abstrakten Wertebereiche endlich sind, ist dies nach endlich vielen Iterationen der Fall. Der 'frontiers'-Algorithmus liefert für Systeme erster Ordnung ohne Datenstrukturen gute Ergebnisse. Eine Übertragung des Algorithmus auf Systeme höherer Ordnung mit Datenstrukturen ist zwar prinzipiell denkbar, erhöht aber die Komplexität des Algorithmus erheblich, da Funktionen mit Datenstrukturen als Werten oder funktionswertige Funktionen nicht mehr durch nur eine 'Grenze' dargestellt werden können.

Während der 'frontiers'-Algorithmus direkt auf der denotationellen abstrakten Semantik aufbaut, implementiert die 'pending analysis' eher einer operationelle abstrakte Semantik. Sie beruht auf folgenden Beobachtungen. Zum einen wird bei der (kontextfreien) Striktheitsanalyse die abstrakte Semantik der Kombinatoren nur für ganz bestimmte Argumenttupel benötigt. Zum anderen kann eine abstrakte Kombinatorapplikation durch "outermost"-Reduktionen ausgewertet werden, wobei die Termination (bei first-order Systemen ohne Datenstrukturen) dadurch sichergestellt wird, daß man bei einem zweiten rekursiven Aufruf einer Funktion mit denselben Argumenten in einem strikten Kontext das kleinste Element des abstrakten Wertebereichs der Funktion als Wert zurückgibt. Da die abstrakten Wertebereiche endlich sind, ist eine nichtterminierende Reduktion nur durch sich wiederholende Funktionsapplikationen möglich. Markiert man also in einer Wertetabelle für jede Funktion die Argumenttupel, für die ein rekursiver Abstieg erfolgt und überprüft vor jedem rekursiven Aufruf die Tabelle, so ist die Termination des Reduktionsprozesses gewährleistet. Ein Vorteil dieses Verfahrens ist, daß nur soviel von der abstrakten Semantik berechnet wird, wie wirklich benötigt wird. Die Integration von Datenstrukturen (mit anderen abstrakten Wertebereichen) und von Funktionen höherer Ordnung ist vom Prinzip her unproblematisch. Die Wertetabellen können aber, vor allem bei Funktionen höherer Ordnung sehr groß werden.

Da die abstrakte Semantik von Kombinatorsystemen zur Übersetzungszeit berechnet wird, ist die im schlechtesten Fall in der Eingabe exponentielle Laufzeit tragbar, zumal die genannten Algorithmen nach Aussage der Autoren im Mittel ein akzeptables Laufzeitverhalten zeigten.

Zum Abschluß dieses Abschnittes kommen wir kurz auf unser Beispielprogramm, das eine Liste von ganzen Zahlen nach dem 'Quicksort'-Verfahren sortiert (siehe Beispiele 1.1.8, 5.2.6 und 5.4.11), zurück, um die abstrakten Interpretationen der Kombinatoren dieses Programms anzugeben.

6.1.18 Beispiel   1. Die Bestimmung der abstrakten Interpretation der Kombinatoren $Tgeq$ und Tlt mit dem Typ int $\to$ (int $\to$ int)

$$Tgeq(x_1^{\text{int}}, x_2^{\text{int}}) \quad :=\; \geq (x_2, x_1)$$
$$Tlt(x_1^{\text{int}}, x_2^{\text{int}}) \quad\;\; :=\; < (x_2, x_1)$$

ergibt sich sofort mittels der abstrakten Interpretationen der Basisfunktionen zu $Tgeq^\sharp = Tlt^\sharp : \underline{2} \to (\underline{2} \to \underline{2})$ mit

$b_1^\sharp$	$Tgeq^\sharp / Tlt^\sharp(b_1^\sharp)$
0	$b_2^\sharp \mapsto 0$
1	$b_2^\sharp \mapsto b_2^\sharp$

Der markierte Wert zeigt, daß Striktheit vorliegt.

2. Für den Kombinator *Filter* mit dem Typ (int $\to$ bool) $\times$ intlist $\to$ intlist

$$Filter\ (test^{\text{int}\to\text{bool}}, l^{\text{intlist}}) := \textbf{case}\ l\ \textbf{of}$$

                         NIL: NIL

                         CONS$(h^{\text{int}}, t^{\text{intlist}})$:

                             if ap($test,h$)

                             then CONS $(h,\ Filter\ (test,\ t))$

                             else $Filter\ (test,\ t)$ **fi**

            esac

ergibt sich als abstrakte Interpretation die Funktion

$$Filter^\sharp : (\underline{2} \to \underline{2}) \times \underline{4} \to \underline{4}$$

mit

$Filter^\sharp$			
$test^\sharp \backslash l^\sharp$	0	1	2	3
$b^\sharp \mapsto 0$	0	0	0	$\boxed{3}$
$b^\sharp \mapsto b^\sharp$	0	1	1	3
$b^\sharp \mapsto 1$	$\boxed{0}$	1	2	3

Die markierten Werte zeigen, daß im zweiten Parameter 0-Striktheit vorliegt.

3. Die abstrakte Interpretation des Kombinators *Append* wurde bereits in Beispiel 6.1.14 angegeben.

4. Damit ergibt sich für den Kombinator *QSort* mit dem Typ intlist $\rightarrow$ intlist und der Definitionsgleichung

$$QSort\,(l^{\text{intlist}}) := \textbf{case } l \textbf{ of}$$
$$\text{NIL} : \text{NIL};$$
$$\text{CONS}(y_1^{\text{int}}, y_2^{\text{intlist}}) :$$
$$Append\,(QSort\,(Filter\,(Tlt(y_1),\, y_2)),$$
$$\text{CONS}(y_1,\, QSort\,(Filter\,(Tgeq(y_1), y_2))))$$
$$\textbf{esac}$$

folgende abstrakte Interpretation:

$$QSort^{\sharp} : \underline{4} \rightarrow \underline{4}$$

mit

$l^{\sharp}$	$QSort^{\sharp}(l^{\sharp})$
0	$\boxed{0}$
1	1
2	1
3	3

Der gekennzeichnete Wert zeigt, daß dieser Kombinator 0-strikt ist.

6.2   Die Technik der "Evaluation Transformer"

Die im letzten Abschnitt definierte abstrakte Semantik für Kombinatorsysteme gestattet die Herleitung von Informationen über die Striktheit von Funktionen. Für Funktionen über Datenstrukturen können dabei drei verschiedene Striktheitsgrade, die 0-, 1-, und 2-Striktheit, unterschieden werden, da bei der Abstraktion der nicht-flachen Wertebereiche frei erzeugter Datenstrukturen eine Einteilung in vier Klassen gemäß verschiedenen Definiertheitsstufen vorgenommen wird.

Die Motivation für die Striktheitsanalyse war die Beobachtung, daß Argumente von strikten Funktionen parallel ausgewertet werden können. Welche zusätzliche Information beinhalten nun die verschiedenen Striktheitsstufen für Datenstrukturargumente? Ist eine Funktion in einem Argument l-strikt mit $l \in \{0, 1, 2\}$, so heißt dies, daß eine Applikation dieser Funktion auf beliebige Argumente definitiv nicht definiert ist, wenn die Abstraktion des Argumentes in der l-strikten Parameterposition kleiner oder gleich l ist. Zum Beispiel ist die Applikation der 1-strikten Funktion *Length* aus Beispiel 6.1.14 auf partielle, unendliche oder die nicht definierte Liste nicht definiert. Anders ausgedrückt: Damit eine Applikation der Funktion *Length* definiert ist, muß das Argument eine endliche Liste sein. Das Terminationsverhalten der Applikation bleibt also erhalten, wenn die Folge der Konstruktorknoten des Argumentes der Funktion *Length* parallel zum Rumpf dieser Funktion ausgewertet wird.

Entsprechend den verschiedenen Striktheitsstufen können also verschiedene Auswertungsgrade für Argumente gewählt werden. In [Burn 87a] werden die Auswertungsgrade durch sogenannte *Auswerter* (evaluators) beschrieben. Entsprechend den vier Definiertheitsklassen für Datenstrukturen, werden vier Auswerter ξ_i mit $i \in \underline{4}$ unterschieden.

Für $i \in \underline{4}$ beschreibt ξ_i die maximale Auswertung, die für eine Struktur a mit $abs(a) = i$ "sicher" vorgenommen werden kann, d.h. terminiert bzw. definiert ist. Damit ergibt sich folgende Bedeutung der Auswerter:

ξ_0 nimmt keine Auswertung vor, denn $abs(a) = 0$ gilt nur für $a = \bot$.

ξ_1 wertet bis zur Kombinatornormalform (vgl. Definition 5.5.1) aus. Für Datenstrukturen bedeutet dies die Auswertung des äußersten Konstruktors, denn nur dieser ist für partielle und unendliche Datenstrukturen mit Sicherheit definiert.

ξ_2 wertet alle Konstruktorknoten einer Struktur, aber keine Blattknoten aus. Diese Auswertung terminiert für endliche Strukturen.

ξ_3 wertet neben den Konstruktorknoten einer Struktur alle Blattelemente mit ξ_1 aus. Auswertungen mit ξ_3 terminieren nur für total definierte, endliche Strukturen.

Bild 6.1 zeigt für einige Beispiel-Γ_0-Bäume vom Typ intlist, listofintlist und inttree, welche Auswertung durch die Auswerter ξ_1, ξ_2 bzw. ξ_3 bewirkt wird.
Die Ordnung des abstrakten Bereiches $\underline{4}$ kann auf die Auswerter übertragen werden:

$$\xi_0 < \xi_1 < \xi_2 < \xi_3.$$

Für Objekte vom Basistyp oder funktionalem Typ werden im allgemeinen nur die Auswerter ξ_0 und ξ_1 unterschieden. ξ_0 entspricht keiner Auswertung. ξ_1 bedeutet wie oben Auswertung bis zur Kombinatornormalform.

Dies sind die in [Burn 87a/b] eingeführten Auswerter. Wir erweitern diese Auswertermengen jeweils um ein größtes Element ξ_{div}. Der Auswerter ξ_{div} bedeutet *Divergenz* und ist für kein Objekt "sicher". Er wird benutzt, um unendliche oder nicht-definierte Berechnungen zu erkennen und entsprechende Fehlerbehandlungen einzuleiten.

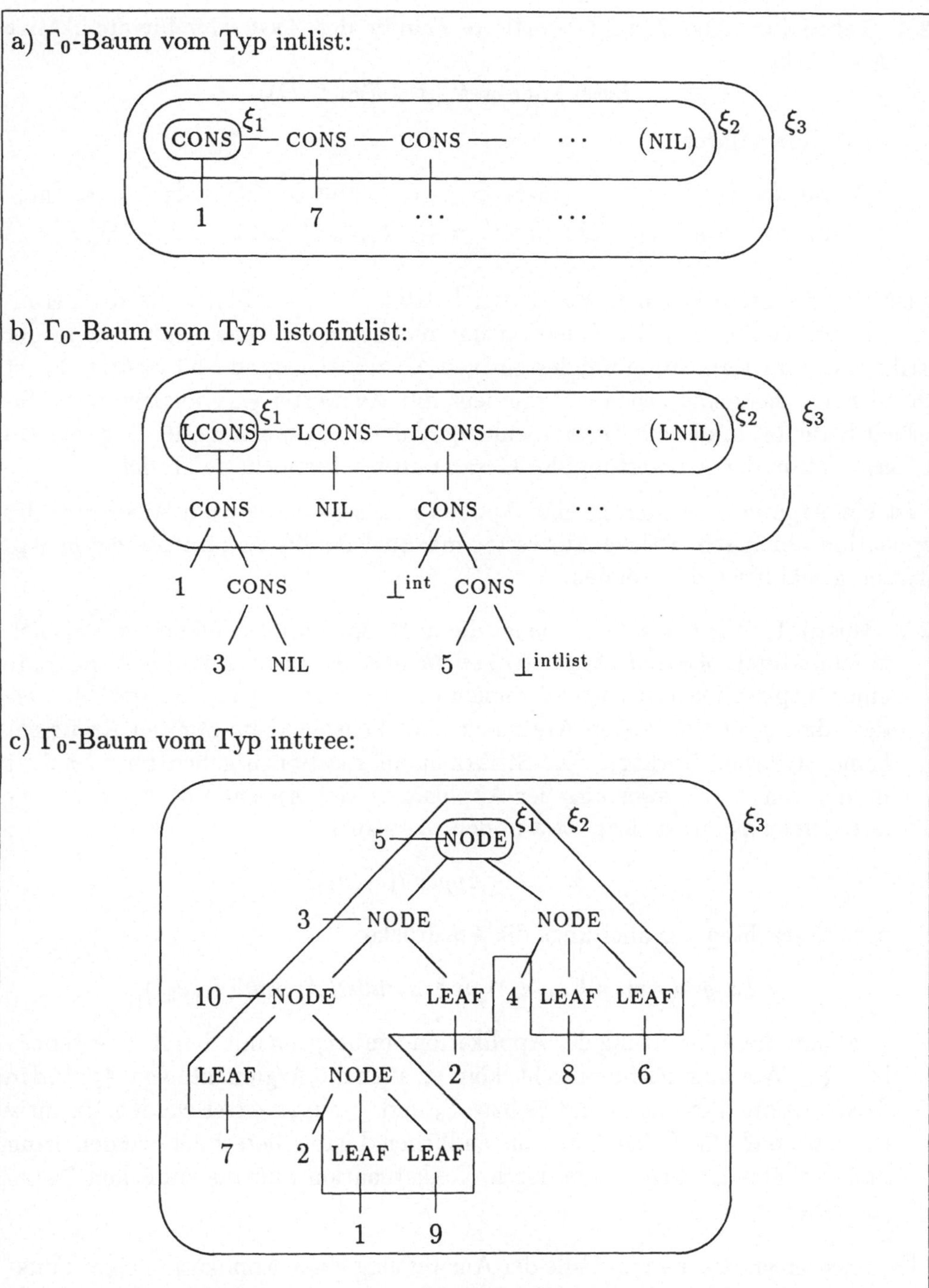

Bild 6.1: Auswertungsstufen bei Γ_0-Bäumen

6.2.1 Definition Die Typ(S,D)-sortierte Familie der *Auswerter* für applikative Ausdrücke

$$Evset = \langle Evset^t \mid t \in Typ(S,D) \rangle$$

ist definiert durch:

1. für $d \in D : Evset^d := \{\xi_0, \xi_1, \xi_2, \xi_3, \xi_{\mathrm{div}}\}$ mit $\xi_0 < \xi_1 < \xi_2 < \xi_3 < \xi_{\mathrm{div}}$,
2. für $t \in Typ(S,D) \setminus D : Evset^t := \{\xi_0, \xi_1, \xi_{\mathrm{div}}\}$ mit $\xi_0 < \xi_1 < \xi_{\mathrm{div}}$.

Ist eine Funktion in einem Parameter l-strikt ($l \in \{0,1,2\}$), so ist die Termination einer Applikation der Funktion nur möglich, wenn das Argument in der l-strikten Parameterposition mindestens den Abstraktionsgrad $l+1$ besitzt. Es ist also "sicher", das entsprechende Argument mit Auswerter ξ_{l+1} auszuwerten. Sicherheit bedeutet in diesem Zusammenhang, daß die Auswertung des Argumentes die Termination der Auswertung des Gesamtausdruckes nicht gefährdet.

Ist ein Argument wiederum eine Applikation, so kann es vom Auswerter der Applikation abhängen, welche Auswerter maximal für die Argumente dieser Applikation gewählt werden können.

6.2.2 Beispiel Wir betrachten wieder die in Beispiel 6.1.14 definierten Beispielkombinatoren *Append, Search0, Length* und *Sumlist*. Für die Argumente einer Applikation von *Append* können die Auswerter ξ_1 und ξ_0 gewählt werden, da *Append* im ersten Argument 0-strikt ist und im zweiten Argument keine Striktheit vorliegt. Die Striktheitsinformationen gehen aber implizit immer von der Auswertung der Applikation von *Append* mit Auswerter ξ_1 aus. Dieser Kontext liegt etwa in dem Ausdruck

$$Search0(Append(e_1, e_2))$$

vor. Betrachten wir allerdings die Ausdrücke

$$Length(Append(e_1, e_2)) \text{ und } Sumlist(Append(e_1, e_2)),$$

so erfolgt die Auswertung der Applikation von *Append* mit den Auswertern ξ_2 bzw. ξ_3. Wie man leicht einsieht, können auch die Argumente von *Append* in diesen Kontexten mit ξ_2 und ξ_2 bzw. ξ_3 und ξ_3 ausgewertet werden. Intuitiv ist klar, daß die Länge nur von endlichen Listen berechnet werden kann und daß eine endliche Liste durch Konkatenation nur aus endlichen Listen entstehen kann.

Die Auswerter, die man im Falle der Auswertung einer Applikation einer Funktion γ mit dem Auswerter ξ_l ($l \in \{1,2,3\}$) für die Argumente wählen darf, können in einfacher Weise mittels der abstrakten Interpretation von γ ermittelt werden. Es gilt folgender Satz.

6.2.3 Satz Sei γ eine Basisfunktion, ein Konstruktor oder ein Kombinator eines vorgegebenen Kombinatorsystems $\mathcal{R}$. γ habe den Typ

$$(t_{11} \times \ldots \times t_{1k_1} \to (\cdots (t_{n1} \times \ldots \times t_{nk_n} \to t_0) \cdots)),$$

wobei im Falle einer Basisfunktion oder eines Konstruktors $n = 1$ und im Falle eines Kombinators $\sum_{j=1}^{n} k_j$ der Rang des Kombinators bezüglich $\mathcal{R}$ sei. $\gamma^\sharp$ bezeichne die abstrakte Interpretation von γ.

Ist ξ_l — mit $l \in \{1,2,3\}$ falls $t_0 \in D$ und $l = 1$ sonst — ein (sicherer) Auswerter für eine (vollständige) Applikation von γ und gilt für $1 \leq i \leq n, 1 \leq j \leq k_i,\ b_{ij} \in AbsVal^{t_{ij}} \setminus \{\top_{AbsVal^{t_{ij}}}\}$

$$(\star)\ ((\cdots(\gamma^\sharp, \top_{AbsVal^{t_{11}}}, \ldots, \top_{AbsVal^{t_{1k_1}}}) \cdots$$
$$\top_{AbsVal^{t_{ij}-1}}, b_{ij}, \top_{AbsVal^{t_{ij}+1}} \cdots)\ \top_{AbsVal^{t_{n1}}}, \ldots, \top_{AbsVal^{t_{jk_n}}}) \leq l - 1,$$

so kann das Argument in der Parameterposition ij "sicher" mit Auswerter $\xi_{b_{ij}+1}$ ausgewertet werden, falls $t_{ij} \in S \cup D$, und mit Auswerter ξ_1, falls t_{ij} ein funktionaler Typ ist.

Beweis: Die Auswertung einer Applikation heißt sicher, falls eine nichtterminierende Argumentauswertung nur dann angestoßen wird, wenn die Applikation nicht definiert ist. Sei $(\ldots(\gamma, e_{11}, \ldots, e_{1k_1}) \ldots), e_{n1}, \ldots, e_{nk_n})$ die Applikation, die mit ξ_l ausgewertet werden kann, d.h. es ist

- $(\star\star)\ abs^{t_0}(\mathcal{E}[\![((\ldots(\gamma, e_{11}, \ldots, e_{1k_1}) \ldots), e_{n1}, \ldots, e_{nk_n})]\!]\rho) \geq l$
  für eine beliebige Umgebung ρ oder

- die Gesamtberechnung ist nicht definiert.

Falls die Gesamtberechnung nicht definiert ist, können auch die Argumente von γ mit beliebigen Auswertern ausgewertet werden. Wir nehmen also an, daß $(\star\star)$ gilt. Mit den Lemmata 6.1.10 und 6.1.12 folgt aus $(\star\star)$, daß

$$((\cdots(\gamma^\sharp, \mathcal{E}^{abs}[\![e_{11}]\!]\rho^\sharp, \ldots, \mathcal{E}^{abs}[\![e_{1k_1}]\!]\rho^\sharp) \cdots),$$
$$\mathcal{E}^{abs}[\![e_{n1}]\!]\rho^\sharp, \ldots, \mathcal{E}^{abs}[\![e_{nk_n}]\!]\rho^\sharp) \geq l$$

mit $\rho^\sharp := abs \circ \rho$.

Da $\gamma^\sharp$ monoton ist, gilt also

$$(\ldots(\ldots(\gamma^\sharp, \top_{AbsVal^{t_{11}}}, \ldots, \top_{AbsVal^{t_{1k_1}}}) \cdots \top_{AbsVal^{t_{ij}-1}}, \mathcal{E}^{abs}[\![e_{ij}]\!]\rho^\sharp,$$
$$\top_{AbsVal^{t_{ij}+1}}, \ldots) \top_{AbsVal^{t_{n1}}}, \ldots, \top_{AbsVal^{t_{nk_n}}}) \geq l.$$

Mit $(\star)$ ergibt sich wiederum aufgrund der Monotonie von $\gamma^{\sharp}$, daß

$$\mathcal{E}^{\mathrm{abs}}[\![e_{ij}]\!]\rho^{\sharp} > b_{ij}.$$

Damit folgt die Behauptung. $\square$

Im Fall $l = 1$ ist dieser Satz für Kombinatoren äquivalent zum Satz 6.1.9. Für $l \geq 1$ beinhaltet obiger Satz eine wichtige Verallgemeinerung, da zur Bestimmung des Auswertungsgrades für Argumente der Auswerter einer Applikation in Betracht gezogen wird. Man kann nun zu jeder Funktion γ einen sogenannten "evaluation transformer", d.h. eine Abbildung von Auswertern einer Applikation der Funktion γ in Tupel von Auswertern für die Argumente bestimmen.

6.2.4 Definition Mit den Voraussetzungen von Satz 6.2.3 definieren wir den *"evaluation transformer"* von γ:

$$ET(\gamma) = ET_{\mathcal{R}}(\gamma) : Evset^{t_0} \rightarrow \times_{i=1}^{n} \times_{j=1}^{k_i} Evset^{t_{ij}}$$

wie folgt: Sei $\xi_l \in Evset^{t_0}$ mit $l \in \{1, 2, 3\}$

$$ET(\gamma)(\xi_l) = ((ET_{11}(\gamma)(\xi_l), \ldots, ET_{1k_1}(\gamma)(\xi_l)), \ldots, (\ldots ET_{nk_n}(\gamma)(\xi_l))),$$

wobei

$$ET_{ij}(\gamma)(\xi_l) := \begin{cases} \xi_{\mathrm{div}} & \text{falls } (\star) \text{ (aus Satz 6.2.3) für } b_{ij} = \top_{AbsVal^{t}_{ij}} \text{ gilt,} \\ \xi_{b+1} & \text{falls } t_{ij} \in D, \ b \text{ ist maximales } b_{ij} \text{ mit } (\star) \\ & \text{und } b \in AbsVal^{t_{ij}} \setminus \{\top_{AbsVal^{t_{ij}}}\}, \\ \xi_1 & \text{falls } t_{ij} \in Typ(S, D) \setminus D \text{ und es existiert } b_{ij} \\ & \text{mit } (\star) \text{ und maximales solches } b_{ij} \text{ ist von} \\ & \top_{AbsVal^{t_{ij}}} \text{ verschieden,} \\ \xi_0 & \text{sonst.} \end{cases}$$

Für $\xi \in \{\xi_0, \xi_{\mathrm{div}}\}$ wird (der Vollständigkeit halber)

$$ET(\gamma)(\xi_0) := ((\xi_0, \ldots, \xi_0), \ldots, (\xi_0, \ldots, \xi_0))$$

und

$$ET(\gamma)(\xi_{\mathrm{div}}) := \begin{cases} ET(\gamma)(\xi_3) & \text{falls } t_0 \in D, \\ ET(\gamma)(\xi_1) & \text{sonst.} \end{cases}$$

gesetzt.

Es gibt zwei Sonderfälle, die wir kurz diskutieren wollen:
Falls für alle $b_{ij} \in AbsVal^{t_{ij}}$ die Ungleichung $(\star)$ erfüllt ist, gilt $ET_{ij}(\gamma)(\xi_l) = \xi_{\mathrm{div}}$.

In diesem Fall muß die Gesamtberechnung divergieren, da ξ_l ein sicherer Auswerter für die Applikation von γ ist, aber die Auswertung beliebiger Applikationen von γ mit ξ_l wegen

$$(\ldots(\gamma^{\sharp}, \top_{AbsVal^{t_{11}}}, \ldots, \top_{AbsVal^{t_{1k_1}}})\cdots), \top_{AbsVal^{t_{n1}}}, \ldots, \top_{AbsVal^{t_{nk_n}}}) \leq l-1$$

nicht terminiert. Da in diesem Fall Divergenz vorliegt, ist jeder Auswerter für die Argumente von γ sicher. Wir wählen als Wert des 'evaluation transformer' den Auswerter ξ_{div}, um eine spezielle Behandlung dieses Falls zu ermöglichen. Tritt während der Ausführung eines Programms für einen Teilausdruck der Auswerter ξ_{div} auf, so kann eine Warnung an den Benutzer ausgegeben werden. Ein Programmabbruch sollte aber dem Benutzer überlassen bleiben, da eine unendliche Berechnung von diesem auch beabsichtigt sein kann. Schließlich kann vom Benutzer die Ausgabe eines unendlichen Datenobjektes bis zu einem von ihm bestimmten Zeitpunkt erwünscht sein. Die Auswertung, die durch ξ_{div} vorgenommen wird, entspricht jeweils der des maximalen Auswerters. Die Wahl eines speziellen Auswerters für den Fall der Divergenz weicht von der in [Burn 87a/b] gegebenen Definition der 'evaluation transformer' ab. Burn wählt im vorliegenden Fall den maximal möglichen Auswerter, da wie gesagt jeder Auswerter sicher ist.

Gilt für kein $b_{ij} \in AbsVal^{t_{ij}}$ die Ungleichung ($\star$), so ist offensichtlich bereits

$$((\ldots(\gamma^{\sharp}, \top_{AbsVal^{t_{11}}}, \ldots, \top_{AbsVal^{t_{1k_1}}}), \ldots, \bot_{AbsVal^{t_{ij}}}, \ldots),$$
$$\top_{AbsVal^{t_{n1}}}, \ldots, \top_{AbsVal^{t_{nk_n}}}) \geq l.$$

Im Kontext ξ_l darf das ij-te Argument einer Applikation von γ also nicht ausgewertet werden.

Wir bestimmen nun die "evaluation transformer" der Basisfunktionen, Konstruktoren und einiger Beispielkombinatoren.

Für Basisfunktionen $f \in \Omega^{(s_1 \cdots s_n, s)}$ liefert der "evaluation transformer" keine zusätzlichen Informationen. Er beschreibt lediglich die Striktheitseigenschaften der Basisfunktionen in anderer Weise. Es gilt

$$ET(f)(\xi_1) := \underbrace{(\xi_1, \ldots, \xi_1)}_{n-\mathrm{mal}},$$

da die Standardinterpretation, die wir zugrundelegen, die Basisfunktion als in allen Argumenten strikte Funktion interpretiert.

Auch für Konstruktoren $c \in \Gamma^{(s_1 \cdots s_m, d)}$ spiegelt der "evaluation transformer" angewandt auf ξ_1 die Striktheitseigenschaften der Standardinterpretation von c wieder. Konstruktoren werden frei und nicht strikt interpretiert. Dies äußert sich in der abstrakten Interpretation von c dadurch, daß der abstrakte Wert 0 nicht als Wert auftritt. Mit Definition 6.2.4 ergibt sich dementsprechend:

$$ET(c)(\xi_1) = \underbrace{(\xi_0, \ldots, \xi_0)}_{m-\text{mal}}.$$

Neue Informationen liefert der "evaluation transformer" für die Auswerter ξ_2 und ξ_3. Mittels Satz 6.2.3 und Definition 6.2.4 ergibt sich aus der abstrakten Interpretation von c:

$$ET_i(c)(\xi_2) = \begin{cases} \xi_2 & \text{falls } s_i = d, \\ \xi_0 & \text{sonst} \end{cases}$$

und

$$ET_i(c)(\xi_3) = \begin{cases} \xi_3 & \text{falls } s_i = d, \\ \xi_1 & \text{sonst.} \end{cases}$$

Dies entspricht exakt der Vorstellung, die man bei der Auswertung von Datenstrukturen hat. Bei der Auswertung mit ξ_2 wird eine endliche Struktur erwartet, die nicht definierte "Blätter" enthalten kann. Alle Teilstrukturen (Substrukturen desselben Types d) müssen also endlich sein, was eine Auswertung mit ξ_2 zuläßt. Da die Definiertheit von "Blättern" (Komponenten mit von d verschiedenem Typ) nicht gewährleistet ist, darf keine Auswertung für diese vorgenommen werden.

Bei der Auswertung mit ξ_3 kann dagegen angenommen werden, daß die Kombinatornormalform der Blätter definiert ist, daß also eine Auswertung derselben mit Auswerter ξ_1 sicher ist.

Für Kombinatoren müssen die "evaluation transformer" anhand der abstrakten Interpretation jeweils bestimmt werden. Wir betrachten als Beispiel wieder die in Beispiel 6.1.14 definierten Kombinatoren *Append*, *Length*, *Search0* und *Sumlist*, sowie die Kombinatoren des Quicksortprogramms (Beispiel 5.2.6 bzw. 5.4.11).

6.2.5 Beispiel   1. Aus den in Beispiel 6.1.12 gegebenen abstrakten Interpretationen der Kombinatoren *Append*, *Length*, *Search0* und *Sumlist* ergeben sich folgende "evaluation transformer"

ξ	$ET_1(Append)(\xi)$	$ET_2(Append)(\xi)$
ξ_0	ξ_0	ξ_0
ξ_1	ξ_1	ξ_0
ξ_2	ξ_2	ξ_2
ξ_3	ξ_3	ξ_3
ξ_{div}	ξ_3	ξ_3

ξ	$ET_1(Search0)(\xi)$	$ET_1(Length)(\xi)$	$ET_1(Sumlist)(\xi)$
ξ_0	ξ_0	ξ_0	ξ_0
ξ_1	ξ_1	ξ_2	ξ_3
ξ_{div}	ξ_1	ξ_2	ξ_3

2. Zu den Kombinatoren des Quicksortprogramms bestimmt man anhand der in Beispiel 6.1.18 gegebenen abstrakten Interpretationen folgende 'evaluation transformer':

ξ	$ET_1(Tgeq/Tlt)(\xi)$
ξ_0	ξ_0
ξ_1	ξ_1
ξ_{div}	ξ_1

ξ	$ET_1(Filter)(\xi)$	$ET_2(Filter)(\xi)$
ξ_0	ξ_0	ξ_0
ξ_1	ξ_0	ξ_1
ξ_2	ξ_0	ξ_2
ξ_3	ξ_0	ξ_3
ξ_{div}	ξ_0	ξ_3

ξ	$ET_1(QSort)(\xi)$
ξ_0	ξ_0
ξ_1	ξ_1
ξ_2	ξ_3
ξ_3	ξ_3
ξ_{div}	ξ_3

Folgendes einfache Beispiel zeigt einen Kombinator, bei dem der Auswerter ξ_{div} im Wertebereich des "evaluation transformer" auftritt.

6.2.6 Beispiel Der Kombinator

$$F(i) = \text{CONS}(i, F(i+1))$$

mit Typ int $\to$ intlist hat die abstrakte Interpretation $F^\sharp$ mit

$$F^\sharp(b) = 1 \text{ für } b \in \{0,1\}.$$

Damit ergibt sich als "evaluation transformer"

ξ	$ET(F)$
ξ_0	ξ_0
ξ_1	ξ_0
ξ_2	ξ_{div}
ξ_3	ξ_{div}
ξ_{div}	ξ_{div}

Die Bestimmung der "evaluation transformer" für mehrstellige Funktionen erfolgt in Definition 6.2.4 kontextfrei. Man betrachtet jeweils eine Parameterposition und setzt in der abstrakten Applikation alle übrigen Parameter auf das jeweils größte Element des abstrakten Wertebereichs. Dadurch sind die mittels der 'evaluation transformer' ermittelten Auswerter in allen Kontexten gültig.

Ist nun in einer speziellen Applikatio n ein Kontext vorgegeben, so kann dieser bei der Bestimmung der Auswerter für die verschiedenen Argumente berücksichtigt werden. Dies kann vor allem für Funktionen höherer Ordnung von Bedeutung sein, wie wir bereits bei der Ermittlung kontextsensitiver Striktheitsinformationen gesehen haben. Die Bestimmung *kontextsensitiver "evaluation transformer"* erfolgt vollkommen analog zu der Bestimmung kontextfreier "evaluation transformer" auf der Basis des folgenden Satzes, der Satz 6.2.3 entspricht, nur daß anstatt der größten Elemente der abstrakten Wertebereiche die Abstraktionen vorgegebener Argumentausdrücke stehen.

6.2.7 Satz Sei γ eine Basisfunktion, ein Konstruktor oder ein Kombinator eines vorgegebenen Kombinatorsystems $\mathcal{R}$. γ habe den Typ

$$(t_{11} \times \ldots \times t_{1k_1} \to (\cdots (t_{n1} \times \ldots \times t_{nk_n} \to t_0) \cdots)),$$

wobei im Falle einer Basisfunktion oder eines Konstruktors $n = 1$ und im Falle eines Kombinators $\sum_{j=1}^{n} k_j$ der Rang des Kombinators bezüglich $\mathcal{R}$ sei. $\gamma^\sharp$ bezeichne die abstrakte Interpretation von γ.

Ist ξ_l ein sicherer Auswerter für eine Applikation

$$((\cdots(\gamma, e_{11}, \ldots, e_{1k_1})\cdots), e_{n1}, \ldots, e_{nk_n})$$

von γ und gilt für $1 \leq i \leq n, 1 \leq j \leq k_i, b_{ij} \in AbsVal^{t_{ij}} \setminus \{\top_{AbsVal^{t_{ij}}}\}$, $\rho^\sharp : Var \to AbsVal$ mit $\rho^\sharp(var) = \top_{AbsVal^t}$ für $var \in Var^t$:

$$(+) \; ((\cdots(\gamma^\sharp, \mathcal{E}^{\mathrm{abs}}[\![e_{11}]\!]\rho^\sharp, \ldots, \mathcal{E}^{\mathrm{abs}}[\![e_{1k_1}]\!]\rho^\sharp), \cdots,$$
$$b_{ij}, \cdots), \; \mathcal{E}^{\mathrm{abs}}[\![e_{n1}]\!]\rho^\sharp, \ldots, \mathcal{E}^{\mathrm{abs}}[\![e_{nk_n}]\!]\rho^\sharp) \leq l - 1 ,$$

so kann e_{ij} "sicher" mit $\xi_{b_{ij}+1}$, falls $t_{ij} \in S \cup D$ und mit ξ_1, falls t_{ij} ein funktionaler Typ ist, ausgewertet werden.

Beweis: Der Beweis erfolgt wie in Satz 6.2.3 ohne Abschätzung der abstrakten Interpretationen der Ausdrücke e_{kl} durch die größten Elemente der abstrakten Wertebereiche. $\square$

6.2.8 Definition Mit den Voraussetzungen von Satz 6.2.7 definieren wir für die Applikation

$$e = ((\cdots(\gamma, e_{11}, \ldots, e_{1k_1})\cdots), e_{n1}, \ldots, e_{nk_n})$$

den *kontextsensitiven "evaluation transformer"* von e

$$ET^{\mathrm{cs}}(e) = ET^{\mathrm{cs}}_{\mathcal{R}}(e) : Evset^{t_0} \to \times_{i=1}^{n} \times_{j=1}^{k_i} Evset^{t_{ij}}$$

wie folgt: Sei $\xi_l \in Evset^{t_0}$ mit $l \in \{1,2,3\}$.

$$ET^{\mathrm{cs}}(e)(\xi_l) = ((ET^{\mathrm{cs}}_{11}(e)(\xi_l), \ldots, ET^{\mathrm{cs}}_{1k_1}(e)(\xi_l)), \ldots, (\ldots ET^{\mathrm{cs}}_{nk_n}(e)(\xi_l))),$$

wobei

$$ET^{\mathrm{cs}}_{ij}(e)(\xi_l) := \begin{cases} \xi_{\mathrm{div}} & \text{falls } (+) \text{ (aus Satz 6.2.7) für } b_{ij} = \top_{AbsVal^t_{ij}} \text{ gilt} \\ \xi_{b+1} & \text{falls } t_{ij} \in D, \ b \text{ ist maximales } b_{ij} \text{ mit } (+) \\ & \text{und } b \in AbsVal^{t_{ij}} \setminus \{\top_{AbsVal^{t_{ij}}}\} \\ \xi_1 & \text{falls } t_{ij} \in Typ(S,D) \setminus D \text{ und es existiert } b_{ij} \\ & \text{mit } (+) \text{ und maximales solches } b_{ij} \text{ ist von} \\ & \top_{AbsVal^{t_{ij}}} \text{ verschieden.} \\ \xi_0 & \text{sonst.} \end{cases}$$

Für $\xi \in \{\xi_0, \xi_{\mathrm{div}}\}$ wird (der Vollständigkeit halber) wieder

$$ET^{\mathrm{cs}}(e)(\xi_0) := ((\xi_0, \ldots, \xi_0), \ldots, (\xi_0, \ldots, \xi_0))$$

und

$$ET^{\mathrm{cs}}(e)(\xi_{\mathrm{div}}) := \begin{cases} ET^{\mathrm{cs}}(e)(\xi_3) & \text{falls } t_0 \in D, \\ ET^{\mathrm{cs}}(e)(\xi_1) & \text{sonst} \end{cases}$$

gesetzt.

6.2.9 Beispiel In dem Quicksortbeispielprogramm (5.2.6, 5.4.11) erhält man für die Applikation $\tilde{e} = Filter(Tgeq(y_1), y_2)$ im Rumpf des Kombinators *Quicksort* den kontextsensitiven 'evaluation transformer'

ξ	$ET^{\mathrm{cs}}_1(\tilde{e})(\xi)$	$ET_2(\tilde{e})(\xi)$
ξ_0	ξ_0	ξ_0
ξ_1	ξ_0	ξ_1
ξ_2	ξ_0	$\boxed{\xi_3}$
ξ_3	ξ_0	ξ_3
ξ_{div}	ξ_0	ξ_3

also mehr Information — wie durch die Markierung angezeigt — als durch den kontextfreien 'evaluation transformer' von *Filter* (vgl. Beispiel 6.2.5 (2)).

Die Bestimmung des kontextsensitiven "evaluation transformer" einer Applikation

$$e = ((\cdots (\gamma, e_{11}, \ldots, e_{1k_1}), \cdots), e_{n1}, \ldots, e_{nk_n})$$

kann auch auf die Bestimmung kontextfreier "evaluation transformer" für die wie folgt definierten Funktionen zurückgeführt werden.

$$\delta_{ij}(var_1, \ldots, var_l, x^*_{ij}) = ((\ldots(\gamma, e_{11}, \ldots, e_{1k_1}), \ldots x^*_{ij} \ldots)e_{n1}, \ldots, e_{nk_n})$$

mit $1 \le i \le n, 1 \le j \le k_i, \{var_1, \ldots, var_l\} := free(e) \cap (Arg \cup Loc)$.

Der kontextsensitive "evaluation transformer" für e entspricht nämlich der Abbildung

$$\xi \mapsto (\quad (ET_{l+1}(\delta_{11})(\xi), \ldots, ET_{l+1}(\delta_{1k_1})(\xi)),$$
$$\ldots$$
$$(ET_{l+1}(\delta_{n1})(\xi), \ldots, ET_{l+1}(\delta_{nk_n}(\xi))).$$

6.3 Annotierung von Kombinatorprogrammen

Die Kenntnis der "evaluation transformer" wird im folgenden Kapitel ausgenutzt, um die implizite Parallelität in Kombinatorprogrammen durch ein spezielles syntaktisches Konstrukt explizit zu machen. Dazu ist es wichtig, zu allen applikativen Ausdrücken in den Kombinatorrümpfen, insbesondere für *let*-Ausdrücke und Applikationen höherer Ordnung, *kontextsensitive* "evaluation transformer" zu bestimmen.

Auch für die Ausführung von Kombinatorprogrammen sind die durch die "evaluation transformer" gegebenen Informationen von großem Wert, da sie eine frühzeitige Bestimmung des maximalen Auswerters für Teilausdrücke ermöglichen. Aus diesem Grunde beschreiben wir in diesem Abschnitt eine Annotierung von Kombinatorprogrammen mit "evaluation transformer"-Informationen, die bei der Parallelisierung und insbesondere bei der Übersetzung von Kombinatorprogrammen in Maschinencode ausgenutzt werden.

Bisher haben wir nur "evaluation transformer" für Basisfunktionen, Konstruktoren und Kombinatoren betrachtet und lediglich vollständigen Applikationen dieser Funktionen kontextsensitive "evaluation transformer" zugeordnet. Wir verallgemeinern nun den Begriff des "evaluation transformer" für beliebige zusammengesetzte applikative Ausdrücke, indem wir die Ausdrücke als Funktionen in ihren Teilausdrücken betrachten. Im folgenden sei jeweils ein festes System von Kombinatoren zugrundegelegt. Sei etwa

$$\tilde{e} = \textbf{let } y_1 = e_1 \textbf{ and } \ldots \textbf{ and } y_k = e_k \textbf{ in } e$$

ein **let**-Ausdruck mit den freien (von Kombinatoren verschiedenen) Variablen var_1, $\ldots$, var_m. Dieser Ausdruck hat die direkten oder maximalen Teilausdrücke e, e_1, $\ldots$, e_k. Der kontextfreie "evaluation transformer" zu $\tilde{e}$ $ET(\tilde{e})$ ist dann mit

$$\delta(var_1, \ldots, var_m, y_1, \ldots, y_k) = e$$

durch

$$\xi \mapsto (\xi, ET_{m+1}(\delta)(\xi), \ldots, ET_{m+k}(\delta)(\xi))$$

gegeben. Der kontextsensitive "evaluation transformer" $ET^{cs}(\tilde{e})$ entspricht in den letzten k Komponenten dem kontextsensitiven 'evaluation transformer' der Applikation

$$e_\delta = \delta(var_1, \ldots, var_m, e_1, \ldots, e_k).$$

Insgesamt gilt:

$$ET^{cs}(\tilde{e})(\xi) = (\xi, ET^{cs}_{m+1}(e_\delta)(\xi), \ldots ET^{cs}_{m+k}(e_\delta)(\xi)).$$

Für **case**-Ausdrücke (mit freien Variablen $var_1, \ldots, var_m$):

$$\tilde{e} = \textbf{case } e \textbf{ of } c_1(y_{11}, \ldots, y_{1m_1}) : e_1; \ldots; c_k(y_{k1}, \ldots, y_{km_k}) : e_k \textbf{ esac}$$

kann man etwa folgende Funktionen zur Bestimmung der "evaluation transformer" betrachten:

$$
\begin{aligned}
\delta(x, h_1, \ldots, h_k) \quad = \quad &\textbf{case } x \textbf{ of } \quad c_1(y_{11}, \ldots, y_{1m_1}) \quad : \quad \mathrm{ap}(h_1, y_{11}, \ldots, y_{1m_1}) \\
& \qquad\qquad\qquad\qquad \cdots \qquad\qquad\qquad\qquad \cdots \\
& \qquad\qquad\qquad c_k(y_{k1}, \ldots, y_{km_k}) \quad : \quad \mathrm{ap}(h_k, y_{k1}, \ldots, y_{km_k}) \\
& \textbf{esac}
\end{aligned}
$$

und

$$\delta_i(var_1, \ldots, var_m, y_{i1}, \ldots, y_{im_i}) = e_i,$$

wobei $h_1, \ldots, h_k$ Variable seien, die in $\tilde{e}$ nicht auftreten. Für $\xi \in Evset \setminus \{\xi_0, \xi_{\mathrm{div}}\}$ gilt dann

$$ET(\tilde{e})(\xi) = ET(\delta)(\xi) = (\xi_1, \xi_0, \ldots, \xi_0).$$

Der kontextsensitive "evaluation transformer" entspricht

$$ET^{cs}(\delta(e, \mathrm{ap}(\delta_1, var_1, \ldots, var_m), \ldots, \mathrm{ap}(\delta_k, var_1, \ldots, var_m))).$$

Für **case**-Ausdrücke wird sich der kontextsensitive "evaluation transformer" in den letzten k Komponenten nur in Ausnahmefällen von dem kontextfreien "evaluation transformer" unterscheiden, so daß der zusätzliche Aufwand, der zu seiner Bestimmung notwendig ist, höchstens für die erste Komponente gerechtfertigt werden kann. Für die Auswertungskontrolle bei der Ausführung von Kombinatorprogrammen kann es allerdings von Vorteil sein, die "evaluation transformer" der Alternativen e_i $(1 \leq i \leq k)$ als Funktionen in $y_{i1}, \ldots, y_{im_i}$ also die letzten Komponenten von $ET(\delta_i)$ zu kennen. Daher werden wir später als Annotation für **case**-Ausdrücke nur die (kontextfreien) "evaluation transformer" der verschiedenen Alternativen wählen und auf die Bestimmung des kontextsensitiven "evaluation transformer" verzichten. Wir bezeichnen die kontextfreien "evaluation transformer" der Alternativen mit $ET^{\mathrm{al},c_i}(\tilde{e})$ $(1 \leq i \leq k)$.

Für Verzweigungsausdrücke $\tilde{e} = \mathbf{if}\ e\ \mathbf{then}\ e_1\ \mathbf{else}\ e_2\ \mathbf{fi}$ ergibt sich für die Teilausdrücke der "evaluation transformer", der $\xi \notin \{\xi_0, \xi_{div}\}$ auf das Tupel (ξ_1, ξ_0, ξ_0) abbildet. Auch hier ist es i.a. nicht sinnvoll, kontextsensitive Informationen zu berechnen.

Für Applikationen höherer Ordnung

$$\tilde{e} = \mathrm{ap}(e, e_1, \ldots, e_k)$$

mit den freien Variablen $var_1, \ldots, var_m$ werden die kontextfreien und kontextsensitiven "evaluation transformer" $ET(\tilde{e})$ und $ET^{cs}(\tilde{e})$ mittels der Funktion

$$\delta(x, x_1, \ldots, x_k) = \mathrm{ap}(x, x_1, \ldots, x_k)$$

bestimmt, wobei für $\xi \notin \{\xi_0, \xi_{div}\}$

$$ET(\tilde{e})(\xi) = ET(\delta)(\xi) = (\xi_1, \xi_0, \ldots, \xi_0)$$

und

$$ET^{cs}(\tilde{e}) = ET^{cs}(\delta(e, e_1, \ldots, e_k)).$$

Da partielle Applikationen von Kombinatoren nicht weiter ausgewertet werden, ergibt sich für solche sowohl im kontextfreien als auch im kontexts ensitiven Fall der "evaluation transformer", der den Auswerter ξ_1 auf ein Tupel von Auswertern ξ_0 abbildet.

Damit haben wir die Bestimmung von kontextfreien und kontextsensitiven "evaluation transformer"-Informationen für beliebige zusammengesetzte flache applikative Ausdrücke verallgemeinert. Wir verzichten auf die Wiederholung obiger Festlegungen in einer gesonderten Definition und fahren mit der Definition der Annotierung von Kombinatorprogrammen fort.

6.3.1 Definition   Sei $\langle \mathcal{R}, e \rangle$ ein Kombinatorprogramm mit

$$\mathcal{R} = \langle F_i(x_1^i, \ldots, x_{r_i}^i) = e_i \mid 1 \leq i \leq r \rangle.$$

1. Das Kombinatorprogramm $\langle \mathcal{R}, e \rangle$ wird mit der Menge der kontextfreien 'evaluation transformer' der Kombinatoren

$$\mathrm{AN}^{cf}_{\langle \mathcal{R}, e \rangle} := \{(F_i, ET(F_i)) \mid 1 \leq i \leq r\},$$

der Menge der kontextsensitiven 'evaluation transformer' aller nicht konditionalen zusammengesetzten Ausdrücke in $\mathcal{R}$

$$\mathrm{AN}^{cs}_{\langle \mathcal{R}, e \rangle} := \{(\tilde{e}, ET^{cs}_{\mathcal{R}}(\tilde{e})) \mid \tilde{e} \in \{e, e_1, \ldots, e_r\}$$
$$\cup subexp(e) \cup \bigcup_{j=1}^{r} subexp(e_j),$$
$$\tilde{e} \notin \Omega \cup \Gamma \cup Var,$$
$$\tilde{e}\ \text{ist nicht } \mathbf{if}\text{- oder } \mathbf{case}\text{-Ausdruck}\}$$

sowie der Menge der 'evaluation transformer' für die Alternativen in **case**-Ausdrücken

$$AN^{al}_{\langle\mathcal{R},e\rangle} := \{(\tilde{e}, ET^{al,c_1}_{\mathcal{R}}(\tilde{e})\ldots ET^{al,c_k}_{\mathcal{R}}(\tilde{e})) \mid$$
$$\tilde{e} = \textbf{case } e' \textbf{ of } c_1(y_{11}, \ldots, y_{1m_1}) : e_1;$$
$$\ldots$$
$$c_k(y_{k1}, \ldots, y_{km_k}) : e_k \textbf{ esac}\}$$

annotiert. Wir nennen

$$\langle\mathcal{R}, e; AN_{\langle\mathcal{R},e\rangle}\rangle$$

mit

$$AN_{\langle\mathcal{R},e\rangle} = (AN^{cf}_{\langle\mathcal{R},e\rangle}; AN^{cs}_{\langle\mathcal{R},e\rangle}; AN^{al}_{\langle\mathcal{R},e\rangle})$$

ein *annotiertes Kombinatorprogramm*.

2. Ein *annotierter Ausdruck* e^{an} ist ein Paar

$$e^{an} := (e, AN_{\mathcal{R}}(e)),$$

wobei $e \in FExp_{\mathcal{R}}$ und

$$AN_{\mathcal{R}}(e) := \{(e', ET^{cs}_{\mathcal{R}}(e')) \mid e' \in (\{e\} \cup subexp(e)) \setminus (\Omega \cup \Gamma \cup Var),$$
$$e' \text{ ist nicht } \textbf{if } \text{oder } \textbf{case}\text{-Ausdruck }\}$$
$$\cup \ \{(e', ET^{al,c_1}_{\mathcal{R}}(e')\ldots, ET^{al,c_k}_{\mathcal{R}}(e'))$$
$$\mid e' \in (\{e\} \cup subexp(e)),$$
$$e' \text{ ist } \textbf{case}\text{-Ausdruck mit}$$
$$\text{den Konstruktoren } c_1, \ldots, c_k\}.$$

Wir bezeichnen die Menge der annotierten Ausdrücke zu $\mathcal{R}$ mit $FExp^{an}_{\mathcal{R}}$.
Ist $\tilde{e}$ ein Teilausdruck von e, so bezeichnet $\tilde{e}^{an}$ den annotierten Ausdruck

$$\tilde{e}^{an} = (\tilde{e}, AN_{\mathcal{R}}(\tilde{e})),$$

wobei

$$AN_{\mathcal{R}}(\tilde{e}) = AN_{\mathcal{R}}(e) \setminus \{(e', an(e')) \in AN_{\mathcal{R}}(e) \mid e' \notin \{\tilde{e}\} \cup subexp(\tilde{e})\}.$$

Während diese Annotationen alle in die Übersetzung von Kombinatorprogrammen in Maschinencode eingehen, werden bei der Einteilung in parallele Prozesse nur die kontextsensitiven Annotationen ausgenutzt. Bevor wir die eigentliche Parallelisierung von Kombinatorprogrammen beschreiben, werden wir im folgenden Abschnitt kurz die Problematik der Bestimmung abstrakter Interpretationen für polymorph getypte Programme diskutieren.

6.4   Abstraktion und Polymorphie

Funktionalen Programmiersprachen liegt i.a. ein *polymorphes Typkonzept* zugrunde, da das monomorphe (strenge) Typkonzept, das wir in dieser Arbeit zugrundegelegt haben, bei der Entwicklung von Anwenderprogrammen zu viele Restriktionen auferlegt. Das monomorphe Typkonzept verlangt nämlich, daß jeder Ausdruck (insbesondere auch jeder Konstruktor) einen eindeutig bestimmten, festen Typ hat. Entwickelt man etwa ein Programm über verschiedenen Listentypen, so müssen für jeden Listentyp eigene Konstruktoren definiert werden. Bei der Bearbeitung von Listen treten oft Funktionen wie *Append* zur Konkatenation zweier Listen oder *Length* zur Bestimmung der Länge einer Liste auf. Diese Funktionen sind typische Listenfunktionen, die unabhängig vom Typ der Listenelemente sind. In einem monomorphen Kalkül müssen diese Funktionen für jeden Listentyp neu definiert werden, obwohl die Definitionen sich lediglich in den Konstruktorbezeichnern der verschiedenen Listen unterscheiden.

In einem polymorphen Kalkül läßt man als Typen von Ausdrücken nicht nur monomorphe Typen zu sondern auch *Typausdrücke*, in denen *Typvariablen* auftreten können. An die Stelle der Datenstruktursorten tritt eine endliche, nach Stelligkeiten sortierte Familie von *Typkonstruktoren*

$$\Theta = \langle \Theta^n \mid n \in \mathbb{N} \rangle.$$

Beispiele für Typkonstruktoren sind etwa der einstellige Listenkonstruktor *listof*, der einstellige Baumkonstruktor *treeof* oder der zweistellige Paarkonstruktor *pairof*.

Die polymorphen Typausdrücke werden wie folgt definiert:

6.4.1 Definition   Sei $\Sigma = (S, \Omega)$ eine Basissignatur und Θ eine endliche $\mathbb{N}$-sortierte Familie von Typkonstruktoren. Sei zudem $TVar := \{\alpha_i, \beta_i \mid i \geq 1\}$ ein Standardalphabet von Typvariablen.

Die Menge $PTyp(S, \Theta)$ der *polymorphen Typausdrücke über S und Θ* ist die kleinste Menge M, für die gilt:

1. $S \subseteq M$,

2. $TVar \subseteq M$,

3. Mit $T \in \Theta^n (n \in \mathbb{N}), \tau_1, \ldots, \tau_n \in M$ ist auch $T(\tau_1, \ldots, \tau_n) \in M$,

4. Mit $\tau_0, \ldots, \tau_n \in M$ ist auch $(\tau_1 \times \ldots \times \tau_n \rightarrow \tau_0) \in M$.

Die Menge $MTyp(S, \Theta)$ der *monomorphen Typausdrücke über S und Θ* ist die kleinste Menge M mit 1., 3. und 4.

Monomorphe Typausdrücke enthalten keine Typvariablen. Polymorphe Datenstrukturen werden durch die Zuordnung von Datenkonstruktoren zu den Typkonstruktoren definiert.

6.4.2 Definition Eine *polymorphe Datenstruktursignatur PDS(Σ)* ist ein Paar

$$\langle \Theta, \Gamma \rangle,$$

bestehend aus

1. einer endlichen $\mathbb{N}$-sortierten Familie Θ von *Typkonstruktoren* und
2. einer endlichen Familie von *Datenkonstruktoren*

$$\begin{aligned}
\Gamma = \langle \Gamma^{(\tau_1 \cdots \tau_n, \tau_0)} \mid & \; n \in \mathbb{N}, \tau_i \in PTyp(S, \Theta)(0 \le i \le n), \\
& \tau_0 = T(\alpha_1, \ldots, \alpha_k) \text{ für ein } T \in \Theta^k, \\
& \{\alpha_1, \ldots, \alpha_k\} \subseteq TVar, \\
& \text{``Nur } \alpha_1, \ldots, \alpha_k \text{ treten in } \tau_1, \ldots, \tau_n \\
& \text{als Typvariablen auf".} \rangle
\end{aligned}$$

6.4.3 Beispiele Beispiele für polymorphe Datenstrukturen sind etwa die folgenden mit den oben genannten Typkonstruktoren erzeugten Strukturen.

- *listof* (α) mit Konstruktoren NIL $\in \Gamma^{(\epsilon, listof(\alpha))}$ und
$$\text{CONS} \in \Gamma^{(\alpha\, listof(\alpha), listof(\alpha))},$$

- *treeof* (α) mit Konstruktoren LEAF $\in \Gamma^{(\alpha, treeof(\alpha))}$ und
$$\text{NODE} \in \Gamma^{(\alpha\, treeof(\alpha)\, treeof(\alpha), treeof(\alpha))}$$

- *pairof* (α_1, α_2) mit Konstruktor PAIR $\in \Gamma^{(\alpha_1 \alpha_2, pairof(\alpha_1, \alpha_2))}$

Ersetzt man die Typvariablen eines polymorphen Typausdruckes durch (monomorphe) Typen, so erhält man eine *(Monotyp)-Instanz* des polymorphen Typs.

6.4.4 Beispiel Monotypinstanzen der in obigem Beispiel definierten polymorphen Datenstrukturen sind dann etwa:

- *listof* (int), *listof* (bool), *listof* (*listof* (int)),
- *treeof* (int), *treeof* (*listof* (int)) oder
- *pairof* (int, int), *pairof* (int, *listof* (int)).

Polytypinstanzen sind etwa

- *listof* (*listof* (α))
- *treeof* (*pairof* (α, α)) oder

- $pairof\,(treeof\,(\alpha),\,\mathrm{bool})$.

Wir verzichten im Rahmen dieser Arbeit auf eine formale Definition polymorph typisierter Ausdrücke. Eine induktive Definition kann analog zur Definition der SAL-Ausdrücke bzw. der applikativen Ausdrücke erfolgen. Dazu geht man von ungetypten Variablenmengen Arg', Loc' und Fun' aus und gibt beim Aufbau der Ausdrücke für die frei vorkommenden Variablen *Typannahmen* (*Typumgebungen*) an.

6.4.5 Definition Sei $Var' := Arg' \cup Loc' \cup Fun'$.

Eine *Typumgebung* ist eine Abbildung

$$V : Var' \to PTyp(S,\Theta)$$

mit endlichem Definitionsbereich

$$Def(V) := \{var \in Var \mid V(var) \text{ ist definiert}\}.$$

Die Menge der polymorphen Ausdrücke wird etwa bezeichnet durch

$$PExp(X,Y,C) = \langle PExp^\tau(X,Y,C) \mid \tau \in PTyp(S,\Theta)\rangle,$$

wobei X, Y und C Typumgebungen für die in den Ausdrücken in $PExp\,(X,Y,C)$ frei vorkommenden Argument-, lokalen und Funktionsvariablen sind.

Bei der Bildung zusammengesetzter Ausdrücke fordert man an den Stellen, an denen zuvor Typengleichheit verlangt wurde, nur noch die *Unifizierbarkeit* von Typausdrücken.

6.4.6 Definition Zwei polymorphe Typausdrücke τ_1 und τ_2 heißen *unifizierbar*, falls es eine Typsubstitution sub : $TVar \to PTyp(S,\Theta)$ gibt, so daß für die homomorphe Fortsetzung von sub auf polymorphe Typausdrücke $\overline{\text{sub}}$: $PTyp(S,\Theta) \to PTyp(S,\Theta)$ gilt:

$$\overline{\text{sub}}(\tau_1) = \overline{\text{sub}}(\tau_2).$$

In [Robinson 65] wurde gezeigt:

6.4.7 Satz Es gibt eine berechenbare Funktion

$$U : PTyp(S,\Theta) \times PTyp(S,\Theta) \to ([TVar \to PTyp(S,\Theta)] \cup \{\text{fail}\}),$$

so daß für $\tau_1, \tau_2 \in PTyp(S,\Theta)$ gilt:

$$U(\tau_1,\tau_2) = \text{fail genau dann, wenn } \tau_1 \text{ und } \tau_2 \text{ nicht unifizierbar sind.}$$

Falls $U(\tau_1, \tau_2) = \text{sub} : TVar \to PTyp(S, \Theta)$, so ist sub ein *allgemeinster Unifikator* für τ_1 und τ_2, d.h.

1. $\overline{\text{sub}}(\tau_1) = \overline{\text{sub}}(\tau_2)$, wobei $\overline{\text{sub}}$ die homomorphe Fortsetzung von sub bezeichne, und

2. falls

$$\overline{\text{sub}'}(\tau_1) = \overline{\text{sub}'}(\tau_2)$$

für eine Substitution $\text{sub}': TVar \to PTyp(S, \Theta)$,
so existiert eine Substitution sub'' mit

$$\text{sub}' = \overline{\text{sub}''} \circ \text{sub}.$$

Bei einer induktiven Definition der polymorphen Ausdrücke würde der Fall der Applikation, etwa wie folgt behandelt:

Seien $e \in PExp^{\tau_1 \times \cdots \times \tau_k \to \tau_0}(X, Y, C)$ und $e_i \in PExp^{\tilde{\tau}_i}(X, Y, C)$ für $i \in \{1, \ldots, k\}$. Sei α eine Typvariable, die in $\tau_0, \ldots, \tau_k, \tilde{\tau}_1, \ldots, \tilde{\tau}_k$ nicht auftritt. Ist

$$U(\tau_1 \times \ldots \times \tau_k \to \tau_0, \tilde{\tau}_1 \times \ldots \times \tilde{\tau}_k \to \alpha) = \text{sub} \neq \text{fail},$$

so ist

$$(e, e_1, \ldots, e_k) \in PExp^{\text{sub}(\alpha)}(\overline{\text{sub}} \circ X, \overline{\text{sub}} \circ Y, \overline{\text{sub}} \circ C).$$

Als Typ der Applikation wird der allgemeinste Typ gewählt, den die Unifikation der Argumenttypen mit dem Typ des Funktionsausdruckes zuläßt. Die Typumgebungen der freien Variablen werden gemäß der erfolgten Unifikation modifiziert. In der Literatur werden polymorph getypte Ausdrücke meistens nicht rein induktiv definiert. Die Definition der Syntax der Ausdrücke erfolgt ungetypt. Die Zuordnung von Typen zu Ausdrücken wird durch ein Typinferenzsystem beschrieben. In [Milner 78] wird das polymorphe Typsystem, das Sprachen wie ML oder MIRANDA zugrundelegt auf diese Weise formal eingeführt. Dort und in einer Nachfolgearbeit [Damas, Milner 82] wird ein *Typisierungsalgorithmus* beschrieben, der zu einem ungetypten Ausdruck E und Typannahmen V für die freien Variablen dieses Ausdruckes, falls möglich, eine Typsubstitution sub und einen polymorphen Typ τ bestimmt, so daß gilt:

"Der ungetypte Ausdruck E hat den polymorphen Typ τ unter den Typannahmen $\overline{\text{sub}} \circ V$ für die freien Variablen des Ausdruckes."

Auch dem Programmierer wird in funktionalen Sprachen erlaubt, Programme ohne oder mit unvollständigen Typinformationen zu schreiben. Das System ermittelt dann, falls möglich, den allgemeinsten Typ für das Programm. Die Implementierung entspricht also dem in [Milner 78] vorgegebenen Zugang zur Theorie polymorpher Typen.

Folgendes Beispiel zeigt einige typische polymorphe Funktionen:

6.4.8 Beispiele   1. Für den polymorphen Listentyp $listof(\alpha)$ sind die polymorphen Funktionen

- $Length$ mit Typ $listof(\alpha) \to int$ und
- $Append$ mit Typ $listof(\alpha) \times listof(\alpha) \to listof(\alpha)$

wie üblich definiert durch

$$
\begin{aligned}
Length(l) \quad &= \textbf{case } l \textbf{ of } \text{NIL} : 0 \\
&\qquad\qquad\quad \text{CONS } (y_1, y_2) : + (1,\ Length(y_2))\ \textbf{esac} \\
Append(l_1, l_2) &= \textbf{case } l_1 \textbf{ of } \text{NIL} : l_2 \\
&\qquad\qquad\quad \text{CONS } (y_1, y_2) : \text{CONS}(y_1,\ Append(y_2, l_2)) \\
&\textbf{esac}
\end{aligned}
$$

2. Eine polymorphe Funktion vom Typ $\alpha \to \alpha$ ist etwa die Identität:

$$id(x) = x.$$

Den Typ $\alpha_1 \times \ldots \times \alpha_k \to \alpha_j$ hat die Projektionsfunktion von k auf die j-te Komponente:

$$proj_j^k(x_1, \ldots, x_k) = x_j.$$

3. Eine polymorphe Funktion höherer Ordnung ist etwa die Applikationsfunktion

$$apply(f, x) = f(x)$$

mit Typ

$$(\alpha \to \beta) \times \alpha \to \beta$$

oder der allgemeine Fixpunktoperator

$$fix(f) = f(fix(f))$$

mit dem Typ

$$(\alpha \to \alpha) \to \alpha.$$

4. Folgende Funktion *Map* beschreibt die Applikation einer Funktion auf alle Elemente einer Listenstruktur:

$$Map(f,l) = \textbf{case } l \textbf{ of } \text{NIL} : \text{NIL}$$
$$\text{CONS } (y_1, y_2) : \text{CONS } (f(y_1), Map(f, y_2)) \textbf{ esac}$$

Der allgemeinste Typ dieser Funktion ist

$$(\alpha \rightarrow \beta) \times \mathit{listof}(\alpha) \rightarrow \mathit{listof}(\beta).$$

Das in [Milner 78] eingeführte polymorphe Typkonzept unterstützt nicht nur die Polymorphie, die wir bisher betrachtet haben, sondern auch *generische Polymorphie*. Generische Polymorphie erlaubt verschiedenen Vorkommen eines Namens verschiedene Instanzen eines polymorphen Typs zuzuordnen. Ermöglicht wird diese Form der Polymorphie durch das **let**-Konstrukt.

6.4.9 Beispiel Wir betrachten folgendes Beispielkombinatorsystem, das bis auf Anpassung der Notation [Milner 78] entnommen ist.

$$((F_1, f, g), p) = \textbf{case } p \textbf{ of } \text{PAIR}(y_1, y_2) : (\text{PAIR}, (f, y_1), (g, y_2)) \textbf{ esac}$$
$$\text{mit Typ } (\alpha_1 \rightarrow \beta_1) \times (\alpha_2 \rightarrow \beta_2) \rightarrow (\mathit{pairof}(\alpha_1, \alpha_2) \rightarrow \mathit{pairof}(\beta_1, \beta_2))$$

$$((F_2, x_1), x_2) = (\text{PAIR}, x_1, x_2)$$
$$\text{mit Typ } \alpha_1 \rightarrow (\alpha_2 \rightarrow \mathit{pairof}(\alpha_1, \alpha_2))$$

$$(F_3, x) = \textbf{let } y = (F_2, x) \textbf{ in } (F_1, y, y)$$

Der allgemeinste Typ des Kombinators F_3 ist der Typ:

$$\alpha \rightarrow (\mathit{pairof}(\beta_1, \beta_2) \rightarrow \mathit{pairof}(\mathit{pairof}(\alpha, \beta_1), \mathit{pairof}(\alpha, \beta_2))).$$

$F_3(a)$ ist eine Funktion, für die gilt:

$$\text{PAIR}(b, c) \mapsto \text{PAIR}(\text{PAIR}(a, b), \text{PAIR}(a, c)).$$

Bei der Typisierung von

$$\textbf{let } y = (F_2, x) \textbf{ in } (F_1, y, y)$$

erhält y den Typ von (F_2, x), also $\beta \rightarrow \mathit{pairof}(\alpha, \beta)$, wenn für x der Typ α angenommen wird.

Die generische Polymorphie besteht in diesem Beispiel darin, daß im Rumpf des **let**-Ausdruckes verschiedene Instanzen des polymorphen Typs von y bei verschiedenen Vorkommen zugelassen sind.

In (F_1, y, y) erhält man für die beiden Vorkommen von y die beiden Typinstanzen

$$\beta_1 \rightarrow \mathit{pairof}(\alpha, \beta_1) \text{ und } \beta_2 \rightarrow \mathit{pairof}(\alpha, \beta_2).$$

Wichtig ist, daß bei den verschiedenen Typinstanzen für y nur für die Typvariable β verschiedene Instantiierungen zulässig sind, da α als Typ von x angenommen wird und aus diesem Grunde nicht durch verschiedene Typen ersetzt werden darf.

Daher heißt α freie (globale) Typvariable und β gebundene oder *generische Typvariable* in $\beta \to pairof(\alpha, \beta)$. Zur Unterscheidung von freien und gebundenen Typvariablen werden in [Damas, Milner 82] Typschemata der Form

$$\forall \beta.\sigma$$

eingeführt, wobei β eine Typvariable und σ ein polymorpher Typ oder ein Typschema ist.

6.4.10 Definition   1. Die Menge der *Typschemata*

$$TScheme(S, \Theta)$$

über S und Θ ist die kleinste Menge M mit

(a) $PTyp(S, \Theta) \subseteq M$,

(b) $\alpha \in TVar, \sigma \in M \Rightarrow \forall \alpha.\sigma \in M$.

    In $\forall \alpha.\sigma$ heißt α gebundene oder *generische* Typvariable.

2. Eine *generische Instanz* eines Typschemas

$$\sigma = \forall \alpha_1. \ldots \forall \alpha_n.\tau$$

mit $\tau \in PTyp(S, \Theta)$ ist ein Typschema $\sigma' = \forall \beta_1. \ldots \forall \beta_m.\tau'$, falls es eine Typsubstitution $\text{sub} : TVar \to PTyp(S, \Theta)$ gibt mit $\text{sub}(\alpha) = \alpha$ für alle $\alpha \notin \{\alpha_1, \ldots, \alpha_n\}, \tau' = \overline{\text{sub}}(\tau)$ und falls die β_i $(1 \leq i \leq m)$ nicht frei in σ auftreten.

Bei der Typisierung von **let-**, **case-** und **letrec**-Ausdrücken werden bei der Bestimmung der Typen der lokalen bzw. Funktionsvariablen alle Typvariablen, die nicht frei in den vorgegebenen Typannahmen auftreten mittels des $\forall$-Operators gebunden. Bei Vorkommen der lokalen oder Funktionsvariablen sind alle generischen Instanzen des in den Typannahmen gegebenen Typschemas erlaubt.

Während das **let**-Konstrukt im monomorph getypten Kalkül redundant ist, stellt es wegen der generischen Polymorphie eine echte Erweiterung im polymorph getypten Kalkül dar. Für Argumentvariablen werden immer polymorphe Typen zugelassen, für die bei jedem Vorkommen der Argumentvariablen dieselbe Instantiierung vorliegen muß.

Die im Kapitel 5 beschriebene Entschachtelung von SAL-Programmen, die im folgenden Kapitel beschriebene Einteilung in parallele Prozesse und die in Teil

III dieser Arbeit beschriebene Implementierung von parallelisierten Kombinatorsystemen auf einer parallelen Graphreduktionsmaschine lassen sich ohne Probleme
auf einen polymorph getypten Kalkül übertragen. Die Übertragung der in diesem
Kapitel vorgestellten Striktheitsanalyse mittels abstrakter Interpretation auf den
polymorphen Kalkül ist nicht ohne weiteres möglich, da die Endlichkeit der abstrakten Bereiche Grundvoraussetzung für die Termination von Fixpunktberechnungen ist und die Zuordnung von endlichen Bereichen zu polymorphen Typen
nicht sinnvoll ist.

Natürlich kann jedes polymorph getypte Programm in ein äquivalentes monomorphes Programm transformiert werden, indem man jede polymorphe Funktion
durch die monomorphen Instanzen ersetzt, die in dem Programm auftreten [Holm-
ström 83]. Diese Vorgehensweise führt aber i.a. zu einer enormen Aufblähung des
Programms, was den Aufwand bei der Bestimmung der abstrakten Interpretation
sowie bei der Implementierung des Programms auf der parallelen Maschine unnötig
vergrößert.

In [Abramsky 85] wird gezeigt, daß Striktheit eine *polymorph invariante* Eigenschaft von Funktionen ist. Polymorphe Invarianz einer Eigenschaft bedeutet dabei,
daß entweder jede oder keine monomorph typisierte Instanz einer polymorphen
Funktion diese Eigenschaft besitzt. Um also die Striktheitseigenschaften einer
polymorphen Funktion zu bestimmen, genügt es, eine beliebige monomorph typisierte Instanz der Funktion zu wählen und die Striktheitsuntersuchung für diese
durchzuführen. Diese Vorgehensweise ist aber leider nur möglich, wenn keine generische Polymorphie vorliegt, denn Abramskys Resultat bezieht sich nur auf einen
Kalkül ohne generische Polymorphie.

Die Behandlung generischer Polymorphie bereitet die eigentlichen Probleme bei
der Übertragung des Striktheitsanalyseverfahrens auf den polymorphen Kalkül.
Da für eine Funktion mit generischer Polymorphie keine monomorph typisierte Instanz existiert, kann Abramskys Methode nicht unmittelbar, sondern erst nach Kopieren der generisch polymorphen Teilausdrücke durch einen β-Reduktionsschritt
angewendet werden. Während für

$$\textbf{let } y_1 = e_1 \textbf{ and} \cdots \textbf{and } y_k = e_k \textbf{ in } e$$

u.U. keine monomorphe Instanz existiert — man betrachte etwa als Beispiel den
Ausdruck $\textbf{let } y = \lambda x.x \textbf{ in } (y, y)$ —, kann

$$e[y_1/e_1, \ldots, y_k/e_k]$$

monomorph instantiiert werden, wenn dies für $e, e_1, \ldots, e_k$ möglich ist.

Im Falle der Ausfaltung des generisch polymorphen Ausdruckes werden entsprechend den unterschiedlichen Vorkommen von y_i in e Abstraktionen verschiedener
monomorpher Instanzen von e_i berechnet.

Diese Vorgehensweise zur Behandlung generischer Polymorphie ist ebenfalls aufwendig, scheint aber unvermeidbar. Insbesondere die Mehrfachberechnung von Abstraktionen für verschiedene monomorphe Instanzen, insbesondere für Ausdrücke, die Rekursion enthalten.

Es gibt in der Literatur eine Fülle von Striktheitsanalyseverfahren. Wir haben uns in dieser Arbeit für die Striktheitsanalyse mittels abstrakter Interpretation entschieden, da diese sowohl die Behandlung von Funktionen höherer Ordnung als auch die Behandlung von frei erzeugten Datenstrukturen sowie mit Einschränkungen die Behandlung von Polymorphie erlaubt. In [Maurer 87] wird ein Striktheitsanalyseverfahren für den ungetypten λ-Kalkül beschrieben, das ebenfalls die Technik der abstrakten Interpretation benutzt. Das Verfahren wird erweitert um eine Datenflußanalyse, die Informationen über die Kontexte, in denen Ausdrücke ausgewertet werden, liefert. Die Kombination von Striktheits- und Datenflußanalyse nennt Maurer *Relevanzanalyse.*

In [Hudak, Young 86] wird ebenfalls ein Striktheitsanalyseverfahren für den ungetypten Kalkül beschrieben. Dieses Verfahren arbeitet wie das Verfahren von Maurer mit approximativen Fixpunktberechnungen, da im ungetypten Fall die Termination der Fixpunktberechnung sonst nicht gewährleistet werden kann. Es werden keine strukturierten Daten berücksichtigt.

In [Wadler, Hughes 87] wird ein Striktheitsanalyseverfahren für einen Kalkül mit frei erzeugten Datenstrukturen beschrieben, das nicht die Technik der abstrakten Interpretation benutzt, sondern mit "Projektionen" aus der "Domain Theory" arbeitet. Dieses Verfahren führt andere Striktheitsbegriffe für strukturierte Daten ein. Für Listen werden etwa die sogenannte *"head"*- und *"tail"-Striktheit* unterschieden. Während 'tail'-Striktheit der 1-Striktheit entspricht, kann 'head'-Striktheit mittels der hier gezeigten abstrakten Interpretationen nicht spezifiziert werden.

Eine Funktion über Listen heißt *'head'-strikt,* falls sie den obersten Konstruktor und das erste Element einer Liste auswertet. 'Head'-strikte Funktionen sind also insbesondere 0-strikt. Ein Beispiel für eine 'head'-strikte Funktion ist die Funktion *Search0* aus Beispiel 6.1.14. Wadler und Hughes berücksichtigen keine Funktionen höherer Ordnung.

Für weitere Literatur über Striktheitsanalysetechniken sei auf die Literaturverzeichnisse der genannten Arbeiten verwiesen.

Kapitel 7

Einteilung in parallele Prozesse

Die im letzten Kapitel anhand der abstrakten Interpretationen der Basisfunktionen, Konstruktoren und Kombinatoren hergeleiteten "evaluation transformer" liefern Informationen über die in einem Kombinatorprogramm enthaltene implizite Parallelität.

Prinzipiell kann jeder Teilausdruck, für den sich während der Programmausführung ein von ξ_0 verschiedener Auswerter ergibt, parallel ausgewertet werden. Eine solche Implementierung der parallelen Auswertung eines funktionalen Programms ist aber nicht unbedingt optimal, da die parallele Auswertung eines Teilausdruckes immer einen zusätzlichen Organisationsaufwand erfordert. Der Teilausdruck und die Informationen, die zu seiner Auswertung notwendig sind, müssen als Nachricht kodiert werden, zu einem anderen Prozessorelement transferiert und dort dekodiert werden. In analoger Weise muß schließlich das Ergebnis der Teilberechnung zurücktransportiert werden. Ein Teilausdruck, der parallel ausgewertet wird, sollte also so komplex sein, daß der Gewinn, der durch die parallele Ausführung erreicht wird, größer ist als der Mehraufwand, mit dem die Parallelausführung verbunden ist.

Dieser Mehraufwand wird häufig mit Kommunikationskosten bezeichnet, obwohl die eigentlichen Kommunikationskosten, also die Zeiten für die Übertragung von Nachrichten zwischen Prozessorelementen, vernachlässigbar klein sind. Daher werden wir den Mehraufwand *Verteilungskosten* nennen.

Zur Entscheidung, ob ein Teilausdruck parallel ausgewertet werden soll oder nicht, muß also eine Komplexitätsabschätzung des Ausdruckes vorgenommen werden. Da die vorhandene Parallelität natürlich vom Auswerter eines Ausdruckes abhängt, ist letztendlich erst zur Laufzeit zu erkennen, welche Teilausdrücke tatsächlich parallel ausgewertet werden können. Die Entscheidung über die Parallelauswertung sollte aber zur Übersetzungszeit soweit vorbereitet werden, daß sie zur Laufzeit keine zusätzliche Zeit erfordert.

Wir beschreiben in diesem Kapitel eine Transformation von Kombinatorsystemen in sogenannte *parallelisierte Kombinatorsysteme*, in denen die Stellen, an denen eine Parallelauswertung möglich ist und sinnvoll erscheint, durch ein spezielles syntaktisches Konstrukt angezeigt werden. Motiviert wurde dieser Ansatz durch die Arbeiten von Hudak und Goldberg [Hudak, Goldberg 85a/b], die einen ähnlichen Algorithmus zur Erzeugung serieller Kombinatorsysteme, welche im wesentlichen den hier betrachteten parallelisierten Kombinatorsystemen entsprechen, beschreiben.

Serielle Kombinatoren bestimmen die Granularität der Parallelität. Jeder Teilausdruck, für den eine Parallelauswertung gewinnbringend sein kann, wird als Kombinator definiert. Parallele Prozesse entsprechen damit immer Kombinatoraufrufen. Weiterhin enthält der Rumpf eines seriellen Kombinators keinen Teilausdruck, für den eine Parallelauswertung lohnend sein kann, der aber nicht als solcher gekennzeichnet ist.

Wir beginnen mit der Beschreibung der erweiterten Syntax und Reduktionssemantik parallelisierter Kombinatorsysteme.

7.1 Parallelisierte Kombinatorsysteme

Die Ausdrücke, die als Rümpfe parallelisierter Kombinatoren auftreten, sind applikative Ausdrücke, die ein spezielles syntaktisches Konstrukt enthalten können, das Möglichkeiten zur Parallelauswertung anzeigt.

7.1.1 Definition   Sei rg eine Rangfunktion.

Die Menge

$$ParExp_{rg} = \langle ParExp_{rg}^{t} \mid t \in Typ(S,D) \rangle$$

der *parallelisierten applikativen Ausdrücke* über rg ist die kleinste $Typ(S,D)$-sortierte Mengenfamilie mit:

1. – 9. analog zu der Definition der flachen applikativen Ausdrücke (5.4.1) und

10. Sei $p \in \mathbb{N}, y_i \in Loc^{t_i}$ mit $t_i \in Typ(S,D)$ $(1 \leq i \leq p)$.

    Falls $F_i(e_{i1}, \ldots, e_{ir_i}) \in ParExp_{rg}^{t_i}$ mit $F_i \in Def(rg)$ und $rg(F_i) = r_i$,

    falls $e \in ParExp_{rg}^{t}$ mit $(t \in Typ(S,D))$ und $ev_i \in Evset^t$ für $1 \leq i \leq p$,

    dann ist auch

$$
\begin{aligned}
\textbf{letpar} \quad & y_1 = F_1(e_{11}, \ldots, e_{1r_1}) \quad \textbf{if } ev_1 \\
\textbf{and} \quad & \qquad\qquad \cdots \\
\textbf{and} \quad & y_p = F_p(e_{p1}, \ldots, e_{pr_p}) \quad \textbf{if } ev_p \\
\textbf{in } e \quad & \qquad\qquad\qquad\qquad \in ParExp_{rg}^t .
\end{aligned}
$$

Das neu hinzugekommene **letpar**-Konstrukt zeigt explizit Möglichkeiten zur Parallelausführung an. Teilausdrücke, die unter bestimmten Auswertern parallel ausgewertet werden können, werden aus dem Gesamtausdruck herausabstrahiert. Sie werden durch Applikationen von — wenn nötig neu definierten — Kombinatoren $F_1, \ldots, F_p$ repräsentiert. Parallele Prozesse entsprechen also Kombinatorapplikationen. Dies ermöglicht eine kompakte Beschreibung der Prozesse durch den Kombinatornamen und die Argumentliste.

Die Parallelausführung von Teilausdrücken hängt im allgemeinen von dem Auswerter des Gesamtausdruckes ab. Die Kombinatorapplikation $F_i(e_{i1}, \ldots, e_{ir_i})$ soll nur dann parallel ausgeführt werden, wenn der aktuelle Auswerter des Gesamtausdruckes größer ist als der im **letpar**-Konstrukt gegebene Auswerter ev_i. Die parallelen Teilprozesse werden im Gesamtausdruck durch die lokalen Variablen $y_1, \ldots, y_p$ ersetzt. Der verbleibende Ausdruck e beschreibt den Teil der Berechnung, der sequentiell ausgeführt werden soll. Bei der Referenzierung der in e enthaltenen Variablen y_i ($1 \leq i \leq p$) erfolgt eine Synchronisation der sequentiellen Hauptrechnung mit dem i-ten parallelen Teilprozeß.

Das entstehende Prozeßsystem ist hierarchisch. Die Ausführung eines parallelisierten Kombinatorsystems startet mit der Ausführung des Hauptprogrammausdruckes. **Letpar**-Ausdrücke führen zur Aktivierung von Teilprozessen, die auf anderen Prozessorelementen ausgeführt werden können. Die Ausführung von parallelen Teilprozessen kann erneut zur Aktivierung paralleler Prozesse führen. Nach Beendigung eines Prozesses wird das Resultat an die Stellen übermittelt, an denen es benötigt wird.

Die Definition parallelisierter Ausdrücke ist sehr allgemein gehalten. Es ist eine beliebige Schachtelung der ausdrucksbildenden Konstrukte zugelassen, die in dieser Allgemeinheit nicht notwendig ist. So wird das **letpar**-Konstrukt i.a. nicht in der Argumentposition einer Applikation auftreten.

Parallelisierte Kombinatorsysteme und -programme sind solche, in denen parallelisierte Ausdrücke als Kombinatorrümpfe und als Hauptausdruck auftreten.

7.1.2 Definition Ein *parallelisiertes Kombinatorprogramm*

$$
\langle \mathcal{F}; e \rangle
$$

vom Typ $s \in S \cup D$ besteht aus einem *parallelisierten (flachen) Kombinatorsystem*

$$
\mathcal{F} = \langle F_i(x_1^i, \ldots, x_{r_i}^i) = e_i \mid 1 \leq i \leq r \rangle
$$

mit $r = 1$, $F_i \in Fun^{t_i}$ mit $t_i \in Typ(S, D)$ und

$e_i \in ParExp_{rg}^{t_i}$ mit $free(e_i) \subseteq \{x_1^i, \ldots, x_{r_i}^i\} \cup \{F_1, \ldots, F_r\}$,

wobei $rg : \left\{ \begin{array}{ccc} \{F_1, \ldots, F_r\} & \to & \mathbb{N} \\ F_i & \mapsto & r_i \end{array} \right\}$ $(1 \leq i \leq r)$ und einem parallelisierten applikativen Ausdruck

$$e \in ParExp_{rg}^s \text{ mit } free(e) \subseteq \{F_1, \ldots, F_r\}.$$

Die nichtdeterministische Reduktionssemantik parallelisierter Kombinatorsysteme entspricht derjenigen flacher Kombinatorsysteme, denn die Semantik des **letpar**-Konstruktes entspricht der des **let**-Konstruktes. Auch bei der Annotierung wird das **letpar**-Konstrukt wie das **let**-Konstrukt behandelt. Das **letpar**-Konstrukt beeinflußt allerdings die Reduktionsstrategie, wie wir im nächsten Kapitel verdeutlichen werden. Zuvor beschreiben wir noch den Algorithmus zur Erzeugung von **letpar**-Ausdrücken in Kombinatorprogrammen.

7.2 Der Parallelisierungsalgorithmus

Zur Erläuterung der Vorgehensweise bei der Erzeugung parallelisierter Kombinatorsysteme diskutieren wir zunächst ein einfaches Beispiel. Sei

$$e = f(e_1, e_2)$$

ein zu parallelisierender Ausdruck, wobei f eine zweistellige Basisfunktion sei. Da alle Basisfunktionen strikt interpretiert werden, ist es prinzipiell möglich, die Argumentausdrücke e_1 und e_2 parallel auszuwerten, d.h. einen der beiden Ausdrücke auf einem anderen Prozessor auszuführen. Im folgenden bezeichne

- $T_i(\text{exp})$ die Zeitkosten für die Ausführung von exp auf i Prozessorelementen und

- $V^i(\text{exp})$ die Verteilungskosten, d.h. den Mehraufwand, der auf Prozessorelement i geleistet werden muß, bei Parallelausführung von exp.

Dabei nehmen wir zur Vereinfachung an, daß genügend Prozessoren vorhanden sind und daß jedes Prozessorelement mit jedem anderen direkt Nachrichten austauschen kann.

Wird etwa der Beispielausdruck e auf Prozessor 1 ausgeführt und die Auswertung von e_2 nach Prozessor 2 verlagert, so ergeben sich, grob gesehen, folgende Ausführungszeiten:

$$T_1(e) = T_1(e_1) + T_1(e_2) + T(f)$$
$$\text{und} \quad T_2(e) = V^1(e_2) + \max\{T_1(e_1), T_2(e_2) + V^2(e_2)\} + T(f).$$

Dabei steht

- $V^1(e_2)$

  - für die Kodierung von e_2 in eine Nachricht und die Versendung der Nachricht und

  - für das Empfangen und Dekodieren des Resultates von e_2

  und

- $V^2(e_2)$

  - für das Empfangen der Nachricht, die e_2 enthält, die Dekodierung dieser Nachricht sowie

  - die Kodierung des Resultates von e_2 nach Beendigung der Ausführung und die Versendung der Antwortnachricht.

Damit die Parallelauswertung einen Gewinn bringt, sollte

$$T_2(e) < T_1(e)$$

gelten. Dies ist gleichbedeutend mit

$$V^1(e_2) + \max\{T_1(e_1), T_1(e_2) + V^2(e_2)\} < T_1(e_1) + T_1(e_2),$$

d.h. es sollte

$$V^1(e) < T_1(e_2) \text{ und } V^1(e) + V^2(e) < T_1(e_1)$$

gelten. Beide Ausdrücke müssen also eine gewisse Komplexität haben. Damit

$$\max\{T_1(e_1), T_1(e_2) + V^2(e_2)\}$$

minimal wird, sollte zudem $T_1(e_2) < T_1(e_1)$ sein, d.h. es ist günstiger, den weniger komplexeren Teilausdruck auf einem anderen Prozessorelement ausführen zu lassen.

Zur Parallelisierung wird somit neben den Striktheitsinformationen ein *Komplexitätsmaß* für Ausdrücke benötigt, das die Zeit, die zur Ausführung eines Ausdruckes benötigt wird, abschätzt. Eine exakte Bestimmung von Ausführungszeiten beliebiger Ausdrücke ist natürlich nicht möglich. Ein solches Komplixitätsmaß wird i.a. auf Heuristiken beruhen. Es kann natürlich auf eine spezielle Zielarchitektur zugeschnitten werden, wenn man die Abbildung der Ausdrücke in Maschinencode untersucht und Zeiten für einzelne Maschinenbefehle oder bestimmte Maschinencodesequenzen berücksichtigt. Auch die Verteilungskosten sind von der Zielmaschine abhängig.

Das strenge sprachorientierte 'top-down'-Vorgehen kann an dieser Stelle also nicht ohne weiteres fortgesetzt werden. Bei der Aufteilung des funktionalen Programmes in parallele Prozesse sind Informationen über die Zielarchitektur notwendig. Bereits bei den obigen Abschätzungen gingen bestimmte Vorstellungen über die Organisation der parallelen Ausführung auf der Maschinenebene ein. Es erfolgt hier ein Rückfluß von Informationen der maschinennahen Implementierung in die sprachliche Zwischenebene der parallelisierten Kombinatorsysteme.

Im folgenden setzen wir voraus, daß wir ein geeignetes Komplexitätsmaß für Ausdrücke sowie eine Abschätzung der Verteilungskosten zur Verfügung haben. Das Komplexitätsmaß bezeichnen wir mit

$$complexity : AppExp \to \Re^\dagger$$

und *distribution-costs* $\in \Re$ bezeichne die Abschätzung der durchschnittlichen Verteilungskosten. Als weitere Eingaben benötigt der Parallelisierungsalgorithmus natürlich das mit Annotationen versehene zu parallelisierende Kombinatorprogramm.

Wir beschreiben zunächst eine Parallelisierungsfunktion für annotierte Ausdrücke eines Kombinatorprogramms $\mathcal{R}$.

Die Parallelisierungsfunktion erhält als Eingabe neben dem annotierten Ausdruck ein Kennwort zur eindeutigen Bezeichnung neu zu definierender Kombinatoren. Als Ausgabe erhält man ein Paar, dessen erste Komponente der transformierte Ausdruck ist, aus dem die Teilausdrücke, für die eine Parallelauswertung sinnvoll erscheint, herausabstrahiert sind. Solche Teilausdrücke sind durch Applikationen neu definierter Kombinatoren ersetzt, die in der zweiten Komponente gegeben sind. In folgender Definition bezeichne *Comdef* wie in Kapitel 5 die Menge aller Kombinatordefinitionsgleichungen und *ParExp* die Menge aller parallelisierten applikativen Ausdrücke.

7.2.1 Definition Sei $\langle \mathcal{R}, e, (\mathrm{AN}^{cf}_{(\mathcal{R},e)}, \mathrm{AN}^{cs}_{(\mathcal{R},e)}, \mathrm{AN}^{al}_{(\mathcal{R},e)}) \rangle$ ein annotiertes Kombinatorprogramm. Unter Benutzung eines Komplexitätsmaßes *complexity* und einer Abschätzung der Verteilungskosten *dc* (*distribution costs*) definieren wir die Funktion

$$par = par_{\mathcal{R}} : FExp^{an}_{\mathcal{R}} \times \mathbb{N}^* \to ParExp \times \mathcal{P}(Comdef).$$

Die Komponentenfunktionen von $par_{\mathcal{R}}$ bezeichnen wir mit par_1 und par_2.

1. $par_{\mathcal{R}}(e^{an}) := (e, \emptyset)$, falls *complexity* $(e) < dc$.
   Dieser Fall trifft insbesondere für nicht-zusammengesetzte Ausdrücke zu.

$^\dagger \Re$ bezeichnet die Menge der reellen Zahlen.

2. Ansonsten erfolgt die Definition durch strukturelle Induktion über den Aufbau der zusammengesetzten flachen applikativen Ausdrücke. Für konditionale Ausdrücke gehen wir der Einfachheit halber von der kontextfreien Annotierung aus:

  (a) $par((\textbf{if } e \textbf{ then } e_1 \textbf{ else } e_2 \textbf{ fi})^{\text{an}}, w)$
$$:= (\textbf{ if } par_1(e_1^{\text{an}}, w.0) \textbf{ then } par_1(e_1^{\text{an}}, w.1) \textbf{ else } par_1(e_2^{\text{an}}, w.2) \textbf{ fi},$$
$$par_2(e^{\text{an}}, w.0) \cup par_2(e_1^{\text{an}}, w.1) \cup par_2(e_2^{\text{an}}, w.2))$$

  (b) $par((\textbf{case } e \textbf{ of } c_1(y_{11}, \ldots, y_{1m_1}) : e_1; \ldots;$
$$c_k(y_{k1}, \ldots, y_{km_k}) : e_k\textbf{esac})^{\text{an}}, w)$$
$$:= (\textbf{case } par_1(e^{\text{an}}, w.0) \textbf{ of}$$
$$c_1(y_{11}, \ldots, y_{1m_1}) : par_1(e_1^{\text{an}}, w.1);$$
$$\ldots$$
$$c_k(y_{k1}, \ldots, y_{km_k}) : par_1(e_m^{\text{an}}, w.k)$$
$$\textbf{esac},$$
$$par_2(e, w.0) \cup \bigcup_{j=1}^{k} par_2(e_j, w.j))$$

  (c) $par(\textbf{let } y_1 = e_1 \textbf{ and } \ldots \textbf{ and } y_k = e_k \textbf{ in } e,\ w)$
$$:= (\ \textbf{letpar } y_{i_1} = F_{w.i_1}(var_{i_1 1}, \ldots, var_{i_1 n_{i_1}}) \textbf{ if } ev_{i_1}$$
$$\textbf{and} \quad \ldots$$
$$\textbf{and} \quad y_{i_l} = F_{w.i_l}(var_{i_l 1}, \ldots, var_{i_l n_{i_l}}) \ \textbf{ if } ev_{i_l}$$
$$\textbf{in let } y_{j_1} = exp_{j_1} \textbf{ and } \ldots \textbf{ and } y_{j_m} = exp_{j_m} \textbf{ in } par_1(e, w.0),$$
$$\{F_{w.h}(var_{h1}, \ldots, var_{hn_h}) = par_1(e_h, w.h) \mid$$
$$h \in \{1, \ldots, k\} \text{ mit } complexity(e_h) > dc\}$$
$$\cup\ par_2(e, w.0) \cup \bigcup_{l=1}^{k} par_2(e_l, w.l)),$$

  wobei gilt:

- $\{i_1, \ldots, i_l\} \cap \{j_1, \ldots, j_m\} = \emptyset$ und
  $\{i_1, \ldots, i_l\} \cup \{j_1, \ldots, j_m\} = \{1, \ldots, k\}$
- $\{i_1, \ldots, i_l\} := \{h \in \{1, \ldots, k\} \mid complexity(e_n) > dc$
  $\qquad\qquad\qquad \wedge\ \exists \xi \in Evset : \text{ET}_h^{\text{cs}}(\tilde{e})(\xi) > \xi_0\}$

  Dabei sei $\tilde{e} = \textbf{let } y_1 = e_1 \textbf{ and } \ldots \textbf{ and } y_k = e_k \textbf{ in } e$ und $\text{ET}^{\text{cs}}(\tilde{e})$ bezeichne den kontextsensitiven 'evaluation transformer' von $\tilde{e}$, der durch $\text{AN}_{\mathcal{R}}^{\text{cs}}(\tilde{e})$ gegeben ist.

- $ev_{i_h} := \min\{\xi \in Evset \mid \text{ET}_h^{\text{cs}}(\tilde{e})(\xi) > \xi_0\}$,
- $\{var_{h1}, \ldots, var_{hn_h}\} := free(e_h) \cap (Arg \cup Loc)$ für $1 \leq h \leq k$[††]
- $exp_{j_h} := \left\{ \begin{array}{l} e_{j_h} \quad \text{falls } complexity(e_{j_h}) < dc \\ F_{w.j_h}(var_{j_h 1}, \ldots, var_{j_h n_{j_h}}) \\ \qquad\qquad\qquad\qquad \text{sonst} \end{array} \right\}$

  mit $h \in \{1, \ldots, m\}$.

[††]Zur Vereinfachung verzichten wir auf eine Umbenennung lokaler Variablen zu Argumentvariablen, die genau genommen in den Kombinatordefinitionen vorgenommen werden muß.

(d) Sei $\gamma \in \Omega \cup \Gamma$ mit Stelligkeit k.

$$par(\gamma(e_1,\ldots,e_k),w)$$
$$:= (\ \textbf{letpar}\ y_{w.i_1} = F_{w.i_1}(var_{i_11},\ldots,var_{i_1 n_{i_1}})\ \textbf{if}\ ev_{i_1}$$
$$\textbf{and}\quad \ldots$$
$$\textbf{and}\quad y_{w.i_l} = F_{w.i_l}(var_{i_l1},\ldots,var_{i_l n_{i_l}})\quad \textbf{if}\ ev_{i_l}$$
$$\textbf{in}\ \gamma(exp_1,\ldots,exp_k),$$
$$\textstyle\bigcup_{j=1}^{k} par_2(e_j,w.j)$$
$$\cup\ \{F_{w.h}(var_{h1},\ldots,var_{hn_h}) = par_1(e_h,w.h)\ |$$
$$h \in \{1,\ldots,k\} \setminus \{i_0\},\ complexity(e_h) > dc\}),$$

wobei

- $\{i_0,i_1,\ldots,i_l\} := \{h \in \{1,\ldots,k\}\ |\ complexity(e_h) > dc$
  $\wedge\ \exists \xi \in Evset : \mathrm{ET}_h(\gamma)(\xi) > \xi_0\}$,

  i_0 sei minimal mit $complexity(e_{i_0}) \geq complexity(e_{i_j})$ für alle $1 \leq j \leq m$

- $\{var_{j1},\ldots,var_{jn_j}\} := free(e_j) \cap (Arg \cup Loc),\ j \in \{1,\ldots,k\}$

- $ev_{i_j} := \min\{\xi \in Evset\ |\ \mathrm{ET}_{i_j}(\gamma)(\xi) > \xi_0\}$ und

- $exp_j := \begin{cases} y_{w.j} & \text{falls } j \in \{i_1,\ldots,i_l\}, \\ par_1(e_j,w.j) & \text{falls } j = i_0, \\ e_j & \text{falls } complexity(e_j) < dc, \\ F_{w.i}(var_{j1},\ldots,var_{jn_j}) & \text{sonst.} \end{cases}$

(e) Sei $F \in \{F_1,\ldots,F_r\}$ mit Rang k und Rumpf e_F in $\mathcal{R}$.
$\mathrm{ET}^{cs}(F(e_1,\ldots,e_k))$ sei der kontextsensitiven 'evaluation transformer' von F bzgl. der Applikation $F(e_1,\ldots,e_k)$.
Dann gilt:

$$par(F(e_1,\ldots,e_k),w)$$
$$:= (\textbf{letpar}\ y_{w.i_1} = F_{w.i_1}(var_{i_11},\ldots,var_{i_1 n_{i_1}})\ \textbf{if}\ ev_{i_1}$$
$$\ldots$$
$$\textbf{and}\quad y_{w.i_l} = F_{w.i_l}(var_{i_l1},\ldots,var_{i_l n_{i_l}})\quad \textbf{if}\ ev_{i_l}$$
$$\textbf{in}\ F(exp_1,\ldots,exp_k),$$
$$\{F_{w.h}(var_{h1},\ldots,var_{hn_h}) = par_1(e_h,w.h)$$
$$|\ h \in \{1,\ldots,k\} \setminus (parset \setminus \{i_1,\ldots,i_l\}),\ complexity(e_h) > dc\}$$
$$\cup\ \textstyle\bigcup_{j=1}^{k} par_2(e_j,w.j)\ ),$$

wobei

- $parset := \{j \in \{1,\ldots,k\}\ |\ complexity(e_j) > dc$
  $\wedge\ \exists \xi \in Evset : \mathrm{ET}^{cs}(F(e_1,\ldots,e_k))(\xi) > \xi_0\}$

- $\{i_1, \ldots, i_l\} := \begin{cases} parset & \text{falls } complexity(e_F) > dc, \\ parset \setminus \{j_0\} \\ & \text{falls } complexity(e_F) \leq dc \text{ und} \\ & j_0 \in parset \text{ ist minimal mit} \\ & complexity(e_{j_0}) \geq complexity(e_j) \\ & \text{für alle } j \in parset. \end{cases}$

- $ev_{i_j} := \min\{\xi \in Evset \mid \mathrm{ET}^{cs}_{i_j}(F(e_1, \ldots, e_k))(\xi) > \xi_0\}$
$$(1 \leq j \leq l)$$

- $\{var_{h1}, \ldots, var_{hn_h}\} := free(e_h) \cap (Arg \cup Loc) \ (1 \leq h \leq k)$ und

- $exp_j := \begin{cases} y_{w.j} & \text{falls } j \in \{i_1, \ldots, i_l\}, \\ par_1(e_j, w.j) & \text{falls } j \in parset \setminus \{i_1, \ldots, i_l\}, \\ e_j & \text{falls } complexity(e_j) \leq dc, \\ F_{w.j}(var_{j1}, \ldots, var_{jn_j}) & \text{sonst.} \end{cases}$

(f) $par(\mathrm{ap}(e_0, e_1, \ldots, e_k))$
$\quad := (\textbf{letpar } y_{w.i_1} = F_{w.i_1}(var_{i_1}, \ldots, var_{i_1 n_{i_1}}) \textbf{ if } ev_{i_1}$
$\qquad \textbf{and} \quad \ldots$
$\qquad \textbf{and} \quad y_{w.i_l} = F_{w.i_l}(var_{i_l 1}, \ldots, var_{i_l n_{i_l}}) \textbf{ if } ev_{i_l}$
$\qquad \textbf{in } \mathrm{ap}(exp_0, \ldots, exp_k),$
$\qquad \{F_{w.j}(var_{j1}, \ldots, var_{jn_j}) = par_1(e_j, w.j)$
$\qquad \mid j \in \{1, \ldots, k\} \setminus (parset \setminus \{i_1, \ldots, i_l\}), \ complexity(e_j) > dc\}$
$\qquad \cup \bigcup_{j=1}^{k} par_2(e_j, w.j) \ )$
wobei

- $parset := \{j \in \{0, \ldots, k\} \mid complexity(e_j) > dc \ \wedge$
$\qquad\qquad \exists \xi \in Evset : \mathrm{ET}^{cs}_j(\mathrm{ap}(e_0, \ldots, e_k))(\xi) > \xi_0\}$

  Dabei bezeichnet $\mathrm{ET}^{cs}(\mathrm{ap}(e_0, \ldots, e_k))$ den kontextsensitiven 'evaluation transformer' von $\mathrm{ap}(e_0, \ldots, e_k)$.

- $\{i_1, \ldots, i_l\} := parset \setminus \min\{j_0 \in parset \mid$
$\qquad\qquad \forall j : complexity(e_{j_0}) \geq complexity(e_j)\},$

- $\{var_{j1}, \ldots, var_{jn_j}\} := free(e_j) \cap (Arg \cup Loc) \ (1 \leq j \leq k),$

- $ev_{i_j} := \min\{\xi \in Evset \mid \mathrm{ET}^{cs}_{i_j}(\mathrm{ap}(e_0, \ldots, e_k))(\xi) > \xi_0\}$
$$(1 \leq j \leq l) \text{ und}$$

- $exp_j := \begin{cases} y_{w.j} & \text{falls } j \in \{i_1, \ldots, i_l\}, \\ par_1(e_j, w.j) & \text{für } j = \min\{j_0 \in parset \mid \\ & \quad \forall h : complexity(e_{j_0}) > \\ & \qquad\qquad complexity(e_h)\}, \\ e_j & \text{falls } complexity(e_j) < dc, \\ F_{w.j}(var_{j1}, \ldots, var_{jn_j}) & \text{sonst} \end{cases}$

Die Parallelisierung eines Ausdruckes nimmt folgenden Verlauf:
Zunächst wird die Komplexität des Ausdruckes bestimmt. Gilt

$$complexity(e) < dc,$$

so braucht der Ausdruck nicht weiter untersucht zu werden, da eine Parallelausführung von Teilausdrücken aufgrund der zu geringen Komplexität nicht lohnt.

Anderenfalls, werden im Fall konditionaler Ausdrücke die Teilausdrücke paral-
lelisiert. Im Fall applikativer Ausdrücke — zu denen wir auch let-Ausdrücke zählen
— werden mit Hilfe des Komplexitätsmaßes und mit Hilfe der kontextsensitiven
'evaluation transformer' der Applikation die Teilausdrücke bestimmt, für die bei
gewissen Auswertern eine Parallelauswertung von Vorteil ist. Es wird jeweils Sorge
getragen, daß einer der parallel auswertbaren Teilausdrücke als Teil der Hauptrechnung erhalten bleibt. Bei Kombinatorapplikationen kann dies auch der Rumpf des
Kombinators sein. Für die Teilausdrücke, die gegebenenfalls parallel ausgewertet
werden, werden neue Kombinatoren definiert, deren Rumpf der parallelisierten
Form dieser Teilausdrücke entspricht. Die Definition redundanter Kombinatoren,
deren Rumpf einer Kombinatorapplikation entspricht, kann dabei natürlich vermieden werden. Bei der Ersetzung 'redundanter' Kombinatorapplikationen ändert
sich allerdings der Berechnungsort der Argumente der Kombinatorapplikation, die
den Rumpf des 'neu' erzeugten Kombinators bildet. Die Aktivierung der Argumente erfolgt nicht mehr an dem Ort, an dem der parallele Prozeß ausgewertet
wird, sondern an dem Ort, wo die Aktivierung des parallelen Prozesses stattfindet.

In der Definition neuer Kombinatoren weicht der hier beschriebene Algorithmus
von dem in [Hudak, Goldberg 85a] gegebenen Algorithmus ab. Während wir die
parallelisierte Form der Teilausdrücke als Rumpf der neu definierten Kombinatoren
wählen und damit die parallele Ausführung von Teilprozessen der Teilausdrücke
lokal halten, abstrahieren Hudak und Goldberg die parallelen Teilberechnungen
auch aus den Kombinatorapplikationen. Dies führt zu einer früheren Aktivierung solcher Teilprozesse bei der Ausführung des parallelisierten Kombinatorsystems, verschlechtert allerdings die Lokalität der Teilprozesse, da diese nicht mehr
von den Prozessen aktiviert werden, die ihre Ergebnisse benötigen, sondern unter
Umständen sogar zeitlich vor diesen Prozessen. Zur Erhaltung der Lokalität haben
wir den Ansatz gewählt, parallele Teilberechnungen von parallelen Berechnungen
lokal zu diesen zu halten. Der Grad der Parallelität bleibt natürlich erhalten.

Ob ein herausabstrahierter Teilausdruck tatsächlich parallel ausgeführt werden
sollte, hängt vom Auswerter und 'evaluation transformer' des Gesamtausdruckes
ab. In obiger Definition wird eine Parallelauswertung zugelassen, sobald sich ein

von ξ_0 verschiedener Auswerter für den Teilausdruck ergibt. An dieser Stelle kann eine Analyse der Komplexität der Teilberechnung unter Einbeziehung des Auswerters eines Ausdruckes eine genauere Kontrolle der Granularität der parallelen Prozesse ergeben. Die Komplexität eines Teilausdruckes ist zwar vom Auswerter des Teilausdruckes unabhängig, aber die Komplexität der von einem Teilausdruck initiierten Teilberechnung wird sehr stark vom Auswerter des Teilausdruckes beeinflußt. Natürlich erfordern genauere Analysen einen größeren Aufwand. Bei jeder Verfeinerung der Analysetechniken stellt sich letztendlich die Frage, in welchem Verhältnis der Optimierungsgewinn zum Mehraufwand steht. Daher werden wir auf weitere Verfeinerungen des Parallelisierungsalgorithmus hier nicht eingehen.

Eine Besonderheit des obigen Algorithmus ist, daß nicht nur die Teilausdrücke, für die eine Parallelauswertung auf Grund der durch die 'evaluation transformer' gegebenen Informationen möglich ist, zur Definition neuer Kombinatoren führen, sondern alle Teilausdrücke, deren Komplexität eine Parallelausführung lohnend erscheinen läßt. Dies zeigt eine *weitere Quelle der Parallelität* in parallelisierten Kombinatorsystemen. Nicht nur Kombinatorapplikationen, die im **letpar**-Konstrukt ausgezeichnet sind, führen zu parallelen Prozessen, sondern auch Kombinatorapplikationen, die 'strikte' Argumente in dynamisch zur Laufzeit entstehenden Applikationen sind bzw. als nicht-strikte Argumente verzögert ausgewertet werden. Welche Programmteile parallel ausgewertet werden, beschreiben wir detailliert im folgenden Kapitel durch eine deterministische Graphreduktionssemantik, die die Grundlage der im dritten Teil dieser Arbeit entwickelten Maschinenimplementierung bildet.

Die Transformation eines Kombinatorprogramms in ein parallelisiertes Kombinatorprogramm erfolgt also in folgender Weise:

1. Anhand der abstrakten Interpretation werden für alle applikativen Teilausdrücke des Kombinatorprogramms kontextsensitive "evaluation transformer" bestimmt.

2. Die Parallelisierungsfunktion liefert dann zu jedem annotierten Kombinatorrumpf einen parallelisierten Ausdruck und eine Menge neu definierter Kombinatoren.

3. Die Ersetzung der Kombinatorrümpfe durch die parallelisierten Ausdrücke und die Hinzunahme der neu definierten Kombinatoren ergibt das parallelisierte Kombinatorsystem.

4. Mittels der Annotationen des ursprünglichen Systems wird schließlich in einfacher Weise die Annotierung des parallelisierten Systems bestimmt.

7.2.2 Definition Sei $\langle \mathcal{R}, e, \mathrm{AN}_{\langle \mathcal{R}, e\rangle}\rangle$ mit

$$\mathcal{R} = \langle F_i(x_1^i, \ldots, x_{r_i}^i) = e_i \mid 1 \le i \le r\rangle$$

und

$$\mathrm{AN}_{\langle \mathcal{R}, e\rangle} := (\mathrm{AN}_{\langle \mathcal{R}, e\rangle}^{\mathrm{cf}}, \mathrm{AN}_{\langle \mathcal{R}, e\rangle}^{\mathrm{cs}}, \mathrm{AN}_{\langle \mathcal{R}, e\rangle}^{\mathrm{al}})$$

ein annotiertes Kombinatorprogramm.

Dann heißt

$$par(\mathcal{R}) := \quad \langle F_i(x_1^i, \ldots, x_{r_i}^i) = par_1(e_i^{\mathrm{an}}, i) \mid 1 \le i \le m\rangle$$
$$\cup \; (\textstyle\bigcup_{i=1}^r par_2(e_i^{\mathrm{an}}, i)) \cup par_2(e^{\mathrm{an}}, 0)$$

die *Parallelisierung* von $\mathcal{R}$ (unter dem Komplexitätsmaß *complexity* und den Verteilungskosten *dc*).

$\langle par(\mathcal{R}), par_1(e^{\mathrm{an}}, 0)\rangle$ heißt entsprechend die Parallelisierung von $\langle \mathcal{R}, e\rangle$ unter den gegebenen Annahmen.

Die Parallelisierung eines Kombinatorprogramms ist ein wohldefiniertes parallelisiertes Kombinatorprogramm. Wir verzichten hier allerdings auf einen formalen Beweis dieser Aussage. Die Superkombinatoreigenschaft bleibt bei der Parallelisierung erhalten.

Zum Abschluß dieses Kapitels geben wir eine Parallelisierung des Beispielprogramms zur Listensortierung an:

7.2.3 Beispiel Untersucht man die Rümpfe der Kombinatoren des Beispieles 5.2.6 bzw. 5.4.11 unter Berücksichtigung der in Beispiel 6.2.5 gegebenen 'evaluation transformer' dieser Kombinatoren bzw. der kontextsensitiven 'evaluation transformer' der Kombinatorrümpfe, so ergeben sich sinnvolle Parallelisierungsmöglichkeiten eigentlich nur im Rumpf des Kombinators *QSort*. Die Kombinatoren *Filter* und *Append* sind eher sequentieller Natur, während die Kombinatoren *Tgeq* und *Tlt* von zu geringer Komplexität sind.

Unter entsprechenden Vorgaben ist etwa folgende Parallelisierung des Beispielprogramms denkbar, bei der der Kombinator *QSort* wie folgt ersetzt wird:

$$PQSort(l^{\mathit{intlist}}) := \mathbf{case}\ l\ \mathbf{of}$$

$$\mathrm{NIL} : \mathrm{NIL};$$
$$\mathrm{CONS}(y_1, y_2) :$$
$$\mathbf{letpar}\ \tilde{y}_1 = PQSort(\mathit{Filter}\ (\mathit{Tlt}(y_1), y_2))\ \mathbf{if}\ \xi_2$$
$$\mathbf{and}\quad \tilde{y}_2 = PQSort(\mathit{Filter}\ (\mathit{Tgeq}(y_1), y_2))\ \mathbf{if}\ \xi_2$$
$$\mathbf{in}\ \mathit{Append}\ (\tilde{y}_1, \mathrm{CONS}(y_1, \tilde{y}_2))$$
$$\mathbf{esac}$$

Bei der Erzeugung dieses Kombinators wurde die Definition redundanter Kombinatoren für die parallelen Prozesse vermieden.

Auf die mögliche Parallelausführung der Argumentausdrücke der Aufrufe von *PQSort* wurde verzichtet. Eine tatsächliche Parallelisierung wird stark von dem vorgegebenen Komplexitätsmaß bzw. den Verteilungskosten abhängen, über die wir hier keine Annahmen machen.

Kapitel 8

Eine Graphreduktionssemantik für parallelisierte Kombinatorsysteme

Bei der Diskussion verschiedener Implementierungstechniken in Kapitel 2 haben wir gesehen, daß für eine effiziente Implementierung die Repräsentation der Berechnungsausdrücke von wesentlicher Bedeutung ist. Es zeigte sich insbesondere, daß die Darstellung von Ausdrücken als Graphen sowohl für eine sequentielle als auch für eine parallele Implementierung große Vorteile hat.

Nachdem wir die Transformation von SAL-Programmen in parallelisierte Kombinatorsysteme vollständig beschrieben haben, geben wir in diesem Kapitel eine Reduktionssemantik für parallelisierte Kombinatorsysteme an, die die Darstellung von Berechnungsausdrücken als Graphen berücksichtigt und außerdem wiedergibt, welche Teilberechnungen parallel erfolgen. Diese Graphreduktionssemantik beschreibt bereits die parallele Implementierung der Kombinatorsysteme auf einem sehr hohen abstrakten Niveau. Die Reduktionsregeln beschreiben die Einzelschritte einer abstrakten Maschine, in der beliebig viele Prozessoren zur Verfügung stehen, die alle auf einem gemeinsamen Speicher, in dem der Berechnungsgraph abgelegt ist, operieren. Die im folgenden Teil des Buches entwickelte parallele Maschine ist eine Konkretisierung der hier beschriebenen Implementierungsstrategie. Die Graphreduktionssemantik bildet den Übergang von der rein sprachlichen zur implementierungstechnischen Ebene.

8.1 Berechnungsgraphen

Wir beginnen mit der Definition von Berechnungsgraphen. Dazu benutzen wir bis auf geringe Modifikationen die in [Barendregt et al. 87] eingeführte Terminologie. Die wesentlichen Begriffe sind in folgender Definition wiedergegeben.

8.1.1 Definition Sei L ein Rangalphabet von Marken, d.h. $L = \bigcup_{n \in \mathbb{N}} L^n$ und ANT eine Menge von Annotationen.

1. Ein *Termgraph über L mit Annotierung aus* ANT ist ein Quintupel

$$g = \langle V, E, lab, annot, v_0 \rangle,$$

   wobei

   - V eine Menge von *Knoten* ist und
   - $E : V \to V^*$ die *Kanten* des Graphen beschreibt.
   - $lab : V \to L$ definiert eine *Markierung* der Knoten mit $lab(v) \in L^n$, falls $E(v) = v_1 \ldots v_n$ $(n \in \mathbb{N})$.
   - $annot : V \to$ ANT gibt eine Annotierung der Knoten an.
   - $v_0 \in V$ ist ein ausgezeichneter *Wurzelknoten*.

2. Falls $E(v) = v_1 \ldots v_k$, so heißt v_i der *i-te Nachfolger* von v. v_i wird auch mit $E_i(v)$ bezeichnet und v *Vorgänger* oder *Vater* von v_i genannt.

3. Ein *Pfad* in g ist eine Folge

$$p = \langle v_1, i_1, v_2, \ldots, i_{m-1}, v_m \rangle$$

   mit $m \geq 1$, $v_j \in V$ $(1 \leq j \leq m)$, $i_j \in \mathbb{N}$ $(1 \leq j \leq m-1)$ und für $1 \leq j \leq m-1$ ist
$$E_{i_j}(v_j) = v_{j+1}.$$

   Falls $m > 1$ und $v_1 = v_m$, so heißt der Pfad p ein *Zykel*.

4. Ein Termgraph, der keine Zykel enthält, heißt *azyklisch*.

5. Ein Termgraph heißt *zusammenhängend*, falls zu jedem Knoten ein Pfad von der Wurzel zu diesem Knoten existiert.

6. Ist g ein Termgraph mit Knotenmenge V und $v \in V$, so bezeichnet $g[v]$ den maximalen zusammenhängenden Teilgraphen von g mit Wurzel v.

7. Für zusammenhängende azyklische Graphen $g = (V, E, lab, annot, v_0)$ definieren wir die *Markierung $M(g)$ von g* induktiv über die Anzahl der Nachfolger von v_0:

   - Ist $E(v_0) = \epsilon$, so ist $M(g) := lab(v_0)$.

- Ist $E(v_0) = v_1 \ldots v_k$ mit $k > 0$, so ist

$$M(g) := lab(v_0)(M(g[v_1]), \ldots, M(g[v_k])).$$

Isomorphe Graphen — Graphen, die bis auf Umbenennung von Knoten identisch sind — werden nicht unterschieden.

Wir werden folgende linearen Schreibweisen für endliche Graphen

$$g = (\{v_0, \ldots, v_m\}, E, lab, annot, v_0)$$

benutzen:

$$\langle \quad v_0 : lab(v_0) \mid annot(v_0)(E_1(v_0), \ldots, E_{k_0}(v_0));$$
$$\ldots$$
$$v_m : lab(v_m) \mid annot(v_m)(E_1(v_m), \ldots, E_{k_m}(v_m)) \quad \rangle$$

oder auch

$$\langle v_0 : lab(v_0) \mid annot(v_0)(E_1(v_0), \ldots, E_{k_0}(v_0)); g_1; \ldots; g_{k_0} \rangle,$$

wobei g_j eine Bezeichnung für $g[E_j(v_0)]$ ist. Der Wurzelknoten ist in diesen Darstellungen jeweils zuerst angegeben. Die graphische Repräsentation solcher endlichen Graphen erfolgt in offensichtlicher Weise.

Die Definition der Termgraphen ist sehr allgemein gehalten. Die in Kapitel 1 eingeführten Γ-Bäume

$$\tau : \mathbb{N}^* - \rightarrow \Gamma \cup A_\perp \cup \{\perp^d \mid d \in D\}$$

sind spezielle Termgraphen über $\Gamma \cup A_\perp \cup \{\perp^d \mid d \in D\}$ ohne Annotierung mit

Knotenmenge $Def(\tau) \subseteq \mathbb{N}^*$,

Nachfolgerfunktion E mit $E_{i+1}(u) = ui$,

Markierung $\tau_{|Def(\tau)}$ und

Wurzelknoten ϵ.

Zur Konstruktion von Graphen ist die folgende Graphoperation von Nutzen, die zu gegebenen m Graphen g_i $(1 \leq i \leq m)$, einer Markierung l vom Rang m, einer Annotierung 'an' und einer Menge L_0^S von Markierungen vom Grad 0 einen Graphen erzeugt, dessen Wurzel mit l markiert, mit 'an' annotiert ist und als Nachfolgerknoten die Wurzeln der m gegebenen Graphen erhält. Dabei werden diese Graphen für die Markierungen aus L_0^S überlagert, d.h. Blattknoten der g_i $(i \in \{1, \ldots, m\})$ mit gleicher Markierung aus L_0^S werden identifiziert (Sharing).

8.1.2 Definition Sei $m \geq 1, l \in L^m$, an $\in$ ANT und $L^S \subseteq L^0 \times$ ANT mit $L_0^S := proj_1(L^S)$.

Zu jedem $\tilde{l} \in L_0^S$ existiere genau ein Paar $\langle \tilde{l}, \widetilde{an} \rangle$ in L^S.

Seien $g_1, \ldots, g_m$ Termgraphen mit $g_i = \langle V_i, E_i, lab_i, annot_i, v_i \rangle (1 \leq i \leq m)$ und $V_i \cap V_j = \emptyset$ für $i \neq j$.

Dann bezeichnet

$$l \mid \text{an} \circ \langle g_1, \ldots, g_m \rangle_{L^S}$$

den Graphen $g = \langle V, E, lab, annot, v_0 \rangle$ mit

- $V := \bigcup_{i=1}^{m}(V_i \setminus \{v \in V_i \mid lab(v) \in L_0^S\})$
  $\cup \{v_{\tilde{l}} \mid \exists j : \tilde{l} \in lab_j(V_j) \cap L_0^S\} \cup \{v_0\}$,

  wobei $(\{v_{\tilde{l}} \mid \tilde{l} \in L_0^S\} \cup \{v_0\}) \cap \bigcup_{i=1}^{m} V_i = \emptyset$ sei.

Mit der homomorphen Fortsetzung $\overline{h}$ von

$$h : \begin{cases} \bigcup_{i=1}^{m} V_i & \rightarrow \quad V \setminus \{v_0\} \\[2mm] v & \mapsto \quad \begin{cases} v & \text{falls } v \in V_j \ (1 \leq j \leq m) \\ & \text{mit } lab(v) \notin L_0^S, \\ v_{\tilde{l}} & \text{falls } v \in V_j \ (1 \leq j \leq m) \\ & \text{mit } lab(v) = \tilde{l} \in L_0^S. \end{cases} \end{cases}$$

auf Knotenworte ist dann für $v \in V$:

- $E(v) := \begin{cases} \overline{h}(v_1 \ldots v_m) & \text{falls } v = v_0, \\ \overline{h}(E(v)) & \text{falls } v \in \bigcup_{j=1}^{m}(V_j \setminus \{v \in V_j \mid lab(v) \in L_0^S\}), \\ \epsilon & \text{falls } v \in \{v_{\tilde{l}} \mid \exists j : \tilde{l} \in L_0^S \cap lab_j(V_j)\} \end{cases}$

- $lab(v) := \begin{cases} l & \text{falls } v = v_0, \\ lab_j(v) & \text{falls } v \in V_j \setminus \{v \in V_j \mid lab_j(v) \in L_0^S\}, \\ & \hspace{3cm} (1 \leq j \leq m), \\ \tilde{l} & \text{falls } v = v_{\tilde{l}} \in \{v_{l'} \mid \exists j : l' \in L_0^S \cap lab_j(V_j)\}. \end{cases}$

- und

  $$annot(v) := \begin{cases} \text{an} & \text{falls } v = v_0, \\ annot_j(v) & \text{falls } v \in V_j \setminus \{v \in V_j \mid lab_j(v) \in L_0^S\} \\ & \text{mit } 1 \leq j \leq m, \\ \widetilde{an} & \text{falls } v \in \{v_{l'} \mid \exists j : l' \in L_0^S \cap lab_j(V_j)\} \\ & \text{mit } v = v_{\tilde{l}} \text{ und } \langle \tilde{l}, \widetilde{an} \rangle \in L^S. \end{cases}$$

Nach diesen vorbereitenden Definitionen und Bemerkungen ordnen wir nun annotierten parallelisierten Ausdrücken und Berechnungsausdrücken, die sich durch Erweiterung der flachen applikativen Berechnungsausdrücke um das **letpar**-Konstrukt ergeben, spezielle azyklische zusammenhängende Termgraphen zu.

8.1.3 Definition Sei

$$\langle \mathcal{R}, e, \mathrm{AN}_{\mathcal{R}} \rangle$$

ein annotiertes parallelisiertes Kombinatorprogramm mit den Kombinatoren $F_1, \ldots, F_r$ und der Rangfunktion rg. $ParExp^{\mathrm{an}}_{\mathcal{R}}$ bezeichne die Menge aller annotierten parallelisierten Ausdrücke über $\mathcal{R}$ und $ParComp^{\mathrm{an}}_{\mathcal{R}}$ entsprechend die Menge aller annotierten parallelisierten Berechnungsausdrücke über $\mathcal{R}$.

1. Dann heißt

$$L_{\mathcal{R}} := \langle L^n_{\mathcal{R}} \mid n \in \mathbb{N} \rangle$$

   mit

   $$L^0_{\mathcal{R}} := A \cup \{\gamma^0 \mid \gamma \in \Omega \cup \Gamma \cup \{F_1, \ldots, F_r\}\} \cup Arg \cup Loc$$
   und
   $$L^{n+1}_{\mathcal{R}} := \bigcup_{(w,s) \in S^{n+1} \times S} \Omega^{(w,s)} \cup \bigcup_{(w,d) \in (S \cup D)^{n+1} \times D} \Gamma^{(w,d)}$$

   $$\cup \{F_i^{n+1} \mid rg(F_i) \geq n + 1, typ(F_i) \text{ hat die Form}$$
   $$(t_1 \times \ldots \times t_{i_1} \to (\ldots \times t_{n+1} \to t_{i_0}))\}$$
   $$\cup \{\mathbf{if} \mid n + 1 = 3\}$$

   $$\cup \{\mathbf{case}^n_{\langle c_1(y_{11}, \ldots, y_{1m_1}), \ldots, c_n(y_{n1}, \ldots, y_{nm_n}) \rangle} \mid c_i \in \Gamma, y_{ij} \in Loc$$
   $$(1 \leq i \leq n, 1 \leq j \leq m_i)\}$$
   $$\cup \{\mathbf{let}^n_{\langle y_1, \ldots, y_n \rangle}, \mathbf{letpar}^n_{\langle (y_1, ev_1), \ldots, (y_n, ev_n) \rangle}$$
   $$\mid y_i \in Loc, ev_i \in Evset, (1 \leq i \leq n)\}$$
   $$\cup \{\mathrm{ap}^n\}$$
   $$(n \in \mathbb{N})$$

   das *Markenalphabet* zu $\mathcal{R}$ und $Annot_{\mathcal{R}} := EvTrans^*$, wobei $EvTrans$ die Menge aller 'evaluation transformer' bezeichne, die Menge der Annotationen zu $\mathcal{R}$.

   $Graph\,(L_{\mathcal{R}}, Annot_{\mathcal{R}})$ bezeichne die Menge aller zusammenhängenden azyklischen Termgraphen über $L_{\mathcal{R}}$ und $Annot_{\mathcal{R}}$.

2. Induktiv über den Aufbau der annotierten parallelisierten Ausdrücke und Berechnungsausdrücke über $\mathcal{R}$ definieren wir nun eine Abbildung

   $$graph = graph_{\mathcal{R}} : Parexp^{\mathrm{an}}_{\mathcal{R}} \cup ParComp^{\mathrm{an}}_{\mathcal{R}} \to Graph(L_{\mathcal{R}}, Annot_{\mathcal{R}}),$$

   die jedem Ausdruck einen Termgraphen aus $Graph\,(L_{\mathcal{R}}, Annot_{\mathcal{R}})$ zuordnet.

   Mit $L^S_{\mathcal{R}} := (Arg \cup Loc) \times \{\epsilon\}$ gilt:

(a) $graph(a) := \langle v_0 : a \mid \epsilon \rangle$ für $a \in A$

$graph(c(a_1, \ldots, a_n)) := c \mid \epsilon \circ \langle graph(a_1), \ldots graph(a_n) \rangle_{L_{\mathcal{R}}^s}$
$$\text{für } c \in \Gamma, a_1, \ldots, a_n \in T_\Gamma(A)$$

(b) $graph(var) := \langle v_0 : var \mid \epsilon \rangle$ für $var \in Arg \cup Loc$

(c) $graph(\gamma) := \langle v_0 : \gamma^0 \mid \epsilon \rangle$ für $\gamma \in \Omega \cup \Gamma$

(d) $graph(F) := \langle v_0 : F^0 \mid ET_{\mathcal{R}}(F) \rangle$ für $F \in \{F_1, \ldots, F_n\}$

(e) $graph((\textbf{if } u \textbf{ then } u_1 \textbf{ else } u_2 \textbf{ fi})^{\text{an}})$
$$:= \textbf{if} \mid \epsilon \circ \langle graph(u^{\text{an}}), graph(u_1^{\text{an}}), graph(u_2^{\text{an}}) \rangle_{L_{\mathcal{R}}^s}$$

(f) $graph((\textbf{case } u \textbf{ of } c_1(y_{11}, \ldots, y_{1m_1}) : u_1;$
$$\cdots$$
$$c_k(y_{k1}, \ldots, y_{km_k}) : u_k \textbf{ esac})^{\text{an}})$$
$$:= \textbf{case}^k_{\langle c_1(y_{11}, \ldots, y_{1m_1}) \cdots c_k(y_{k1}, \ldots, y_{km_k}) \rangle} \mid ET^{\text{al}, c_1}(\tilde{u}) \ldots ET^{\text{al}, c_k}(\tilde{u})$$
$$\circ \langle graph(u^{\text{an}}), graph(u_1^{\text{an}}), \ldots, graph(u_k^{\text{an}}) \rangle_{L_{\mathcal{R}}^s}$$
mit $\tilde{u} = \textbf{case } u \textbf{ of } \ldots \textbf{ esac}$

(g) $graph((\textbf{let } y_1 = u_1 \textbf{ and } \ldots \textbf{ and } y_k = u_k \textbf{ in } u)^{\text{an}})$
$$:= \textbf{let}^k_{\langle y_1, \ldots, y_k \rangle} \mid ET^{\text{cs}}_{\mathcal{R}}(\textbf{let} \ldots \textbf{in} u)$$
$$\circ \langle graph(u_1^{\text{an}}), \ldots, graph(u_k^{\text{an}}), graph(u^{\text{an}}) \rangle_{L_{\mathcal{R}}^s}$$

(h) $graph((\textbf{letpar } y_1 = F_{i_1}(u_{11}, \ldots, u_{1r_{i_1}}) \textbf{ if } ev_1$
$$\textbf{and} \quad \ldots$$
$$\textbf{and} \quad y_k = F_{i_k}(u_{k1}, \ldots, y_{kr_{i_k}}) \textbf{ if } ev_k$$
$$\textbf{in } u)^{\text{an}})$$
$$:= \textbf{letpar}^k_{\langle (y_1, ev_1), \ldots, (y_k, ev_k) \rangle} \mid ET^{\text{cs}}_{\mathcal{R}}(\textbf{letpar} \ldots \textbf{in} u)$$
$$\circ \langle \quad graph(F_{i_1}(u_{11}, \ldots, u_{1r_{i_1}})), \ldots,$$
$$graph(F_{i_k}(u_{k1}, \ldots, u_{kr_{i_k}})), graph(u) \rangle_{L_{\mathcal{R}}^s}$$

(i) $graph((\gamma(u_1, \ldots, u_k))^{\text{an}})$
$$:= \gamma \mid ET^{\text{cs}}(\gamma(\ldots)) \circ \langle graph(u_1), \ldots, graph(u_k) \rangle_{L_{\mathcal{R}}^s}$$

(j) $graph((F(u_1, \ldots, u_m))^{\text{an}})$
$$:= F^m \mid ET^{\text{cs}}_{\mathcal{R}}(F(\ldots)) \circ \langle graph(u_1), \ldots, graph(u_m) \rangle_{L_{\mathcal{R}}^s}$$
$$\text{mit } F \in \{F_1, \ldots, F_r\}, m \leq rg(F)$$

(k) $graph((\text{ap}(u, u_1, \ldots, u_m)^{\text{an}})$
$$:= \text{ap} \mid ET^{\text{cs}}_{\mathcal{R}}(\text{ap}(\ldots)) \circ \langle graph(u), graph(u_1), \ldots, graph(u_m) \rangle_{L_{\mathcal{R}}^s}$$

Die den Ausdrücken mittels der Abbildung *graph* zugeordneten Termgraphen haben die spezielle Struktur, daß nur Blattknoten — also Knoten ohne Nachfolger —, die mit Argument- oder lokalen Variablen markiert sind, mehr als einen Vorgängerknoten haben, also "ge-shared" auftreten. Bei der Reduktion treten aber durch die Substitution von Variablen durch Graphen beliebige azyklische Termgraphen auf.

Die Identifizierung von gleich markierten Knoten erfordert, daß alle lokalen Variablen verschiedene Namen haben. Dies setzen wir im folgenden stets voraus.

In Bild 8.1 ist der Termgraph angegeben, den die Abbildung *graph* für den Rumpf des Kombinators *PQSort* aus Beispiel 7.2.3 erzeugt. Zur Vereinfachung der Darstellung wurde auf die explizite Angabe der 'evaluation transformer'-Annotierung verzichtet.

Ist u ein Berechnungsausdruck, so entspricht die Markierung von $graph(u^{an})$ einer Präfixdarstellung von u. Wir nennen daher Graphen aus $Graph(L_{\mathcal{R}}, Annot_{\mathcal{R}})$ *Berechnungsgraphen*, falls ihre Markierung die Präfixdarstellung eines Berechnungsausdruckes ist.

8.1.4 Definition   Ein Graph $g \in Graph(L_{\mathcal{R}}, Annot_{\mathcal{R}})$ heißt *Berechnungsgraph über* $\mathcal{R}$, falls ein $u^{an} \in ParComp_{\mathcal{R}}^{an}$ existiert, so daß

$$M(g) = M(graph(u^{an})).$$

Zur Steuerung der Reduktion der Berechnungsgraphen ergänzen wir die Annotierung der Berechnungsgraphen um einige Statusinformationen. Zu jedem Graphen wird am Wurzelknoten der Auswerter notiert, der zur Reduktion des Graphen gewählt werden kann. Der Auswerter ξ_0 zeigt, daß der Graph nicht reduziert werden darf. Ein von ξ_0 verschiedener Auswerter bedeutet, daß die Auswertung des Graphen mit dem angegebenen Auswerter erfolgen kann. Desweiteren benutzen wir zwei "Flags" zur Kennzeichnung der Wurzel paralleler Prozesse und zur Kennzeichnung terminierter Berechnungen — also Teilgraphen in Kombinatornormalform.

Als Annotierung wählen wir für die Knoten der Berechnungsgraphen Elemente aus

$$Annot_{\mathcal{R}}^{+} := EvTrans^{*} \times Status$$

mit

$$Status := \{\xi_0, \xi_0 p\} \cup \{\xi, \xi p, \xi t, \xi p t \mid \xi \neq \xi_0\}.$$

Das Flag p indiziert die Wurzel von parallel reduzierten bzw. zu reduzierenden Graphen. Das Flag t wird gesetzt, wenn die Reduktion eines Graphen zur Kombinatornormalform mit dem angegebenen Auswerter abgeschlossen ist.

Die Komponenten der Annotierungsfunktion *annot* eines Graphen bezeichnen wir dementsprechend mit *evt* und *state*, also

$$annot(v) = (evt(v), state(v))$$

für Knoten v. Die Abbildung *graph* wird so erweitert, daß alle Knoten als Zustand (zweite Annotierung) zunächst ξ_0 erhalten.

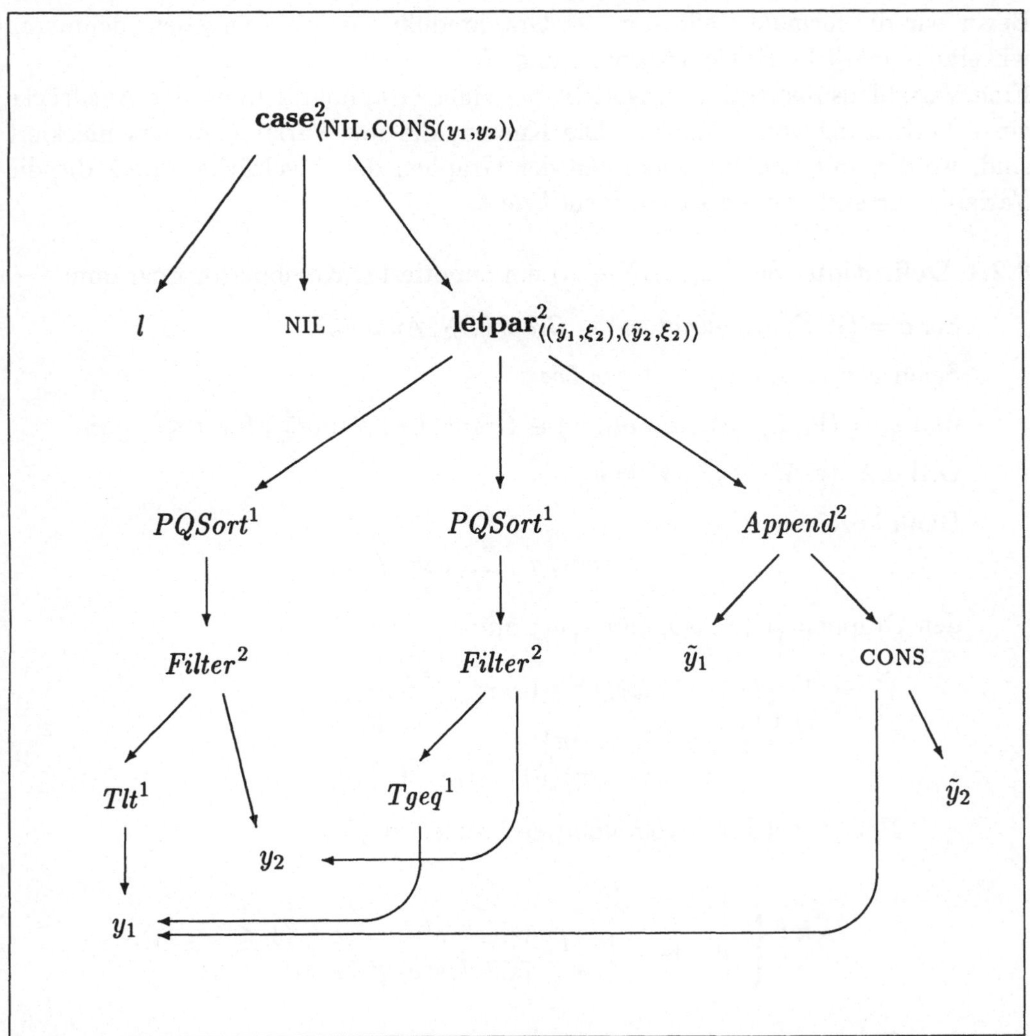

Bild 8.1: Beispiel eines Termgraphen (ohne Angabe der Annotierung)

8.2 Graphreduktionsregeln

Die Graphreduktionssemantik wird wie üblich durch eine Reduktionsrelation definiert, die hier aber für Graphen anstelle von Termen erklärt wird. Die Reduktionsrelation basiert auf Reduktionsregeln für die verschiedenen Ausdruckskonstrukte. Bevor wir die formale Definition der Graphreduktionsregeln angeben, definieren wir einige nützliche Hilfsoperationen und -funktionen.

Eine Variablensubstitution entspricht bei einer Graphdarstellung der Ausdrücke einer Verkettung von Graphen. Die Knoten, die mit Variablennamen markiert sind, werden mit den Wurzelknoten der Graphen der Ausdrücke, durch die die Variablen ersetzt werden sollen, identifiziert.

8.2.1 Definition Sei $\langle \mathcal{R}, e, \mathrm{AN}_{\langle \mathcal{R},e \rangle} \rangle$ ein annotiertes Kombinatorprogramm.

Sei $g = \langle V, E, lab, annot, v_0 \rangle \in Graph(L_\mathcal{R}, Annot_\mathcal{R}^+)$.

Seien $var_1, \ldots, var_m \in Arg \cup Loc$

und $g_i = \langle V_i, E_i, lab_i, annot_i, v_i \rangle \in Graph(L_\mathcal{R}, Annot_\mathcal{R}^+)$ für $1 \leq i \leq m$.

O.B.d.A. sei $V \cap \bigcup_{i=1}^m V_i = \emptyset$.

Dann bezeichnet

$$g[var_1/g_1, \ldots, var_m/g_m]$$

den Graphen $\langle \tilde{V}, \tilde{E}, \widetilde{lab}, \widetilde{annot}, \tilde{v}_0 \rangle$ mit

$$\tilde{V} := V \setminus \{ v \in V \mid lab(v) \in \{var_1, \ldots, var_m\} \}$$
$$\cup \bigcup \left\{ \begin{array}{l} j \in \{1, \ldots, m\} \\ \exists v \in V : \ lab(v) = var_j \end{array} \right\} V_j.$$

Bezeichnet $\overline{h}$ die homomorphe Fortsetzung von

$$h : \left\{ \begin{array}{lll} V & \to & \tilde{V} \\ v & \mapsto & \left\{ \begin{array}{ll} v_j & \text{falls } lab(v) = var_j \ (1 \leq j \leq m), \\ v & \text{falls } lab(v) \notin \{var_1, \ldots, var_m\}, \end{array} \right. \end{array} \right.$$

so ist

$$\tilde{E} : \left\{ \begin{array}{lll} \tilde{V} & \to & \tilde{V}^* \\ \tilde{v} & \mapsto & \left\{ \begin{array}{ll} \overline{h}(E(\tilde{v})) & \text{falls } \tilde{v} \in \tilde{V} \cap V, \\ E_j(\tilde{v}) & \text{falls } \tilde{v} \in \tilde{V} \cap V_j \ (j \in \{1, \ldots, m\}), \end{array} \right. \end{array} \right.$$

$$\widetilde{lab} : \left\{ \begin{array}{lll} \tilde{V} & \to & L_\mathcal{R} \\ \tilde{v} & \mapsto & \left\{ \begin{array}{ll} lab(\tilde{v}) & \text{falls } \tilde{v} \in \tilde{V} \cap V, \\ lab_j(\tilde{v}) & \text{falls } \tilde{v} \in \tilde{V} \cap V_j \ (1 \leq j \leq m), \end{array} \right. \end{array} \right.$$

$$\widetilde{annot}: \begin{cases} \tilde{V} & \to & Annot_{\mathcal{R}}^{+} \\ \tilde{v} & \mapsto & \begin{cases} annot(\tilde{v}) & \text{falls } \tilde{v} \in \tilde{V} \cap V, \\ annot_j(\tilde{v}) & \text{falls } \tilde{v} \in \tilde{V} \cap V_j \ (1 \leq j \leq m), \end{cases} \end{cases}$$

und $\tilde{v}_0 := h(v_0)$.

Der Auswertungsgrad für einen Berechnungsgraphen wird durch den Auswerter des Graphen bestimmt. In welcher Weise die Auswertung erfolgt — also parallel oder lokal — bestimmt der Ausdruckskontext eines Graphen. Zur Aktivierung paralleler Prozesse wurde insbesondere das **letpar**-Konstrukt eingeführt. Dieses Konstrukt ist aber, wie wir bereits erwähnten, nicht die einzige Quelle für Parallelität. Bei der Parallelisierung werden auch nicht-strikte genügend komplexe Argumente durch Kombinatorapplikationen ersetzt, so daß sie, falls sie in einen strikten Kontext substituiert werden, auch parallel ausgewertet werden können. Also auch die Auswertung von Funktionsargumenten kann zu parallelen Prozessen führen.

Entsprechend unterscheiden wir bei der Aktivierung von Teilberechnungen drei verschiedene Situationen:

- die Aktivierung von sequentiell auszuführenden Teilberechnungen,

- die Aktivierung von parallel auszuführenden Teilberechnungen und

- die Aktivierung von Parameterauswertungen, die in der Regel zu sequentiellen Teilberechnungen führt, aber eine mögliche spätere parallele Auswertung von Kombinatorapplikationen in nicht-strikten Argumentpositionen vorbereitet.

In den Graphreduktionsregeln beschreiben wir diese verschiedenen Aktivierungsformen durch die im folgenden definierten Hilfsfunktionen

evaluate, activate und *pareval.*

8.2.2 Definition Sei $\mathcal{R}$ ein annotiertes Kombinatorprogramm mit den Kombinatoren $F_1, \ldots, F_r$ und der Rangfunktion *rg*. Die Funktionen

$$evaluate\colon Graph(L_{\mathcal{R}}, Annot_{\mathcal{R}}^{+}) \times Status \to Graph(L_{\mathcal{R}}, Annot_{\mathcal{R}}^{+}),$$

$$activate\colon Graph(L_{\mathcal{R}}, Annot_{\mathcal{R}}^{+}) \times Evset \to Graph(L_{\mathcal{R}}, Annot_{\mathcal{R}}^{+})$$

und

$$pareval\colon Graph(L_{\mathcal{R}}, Annot_{\mathcal{R}}^{+}) \times Evset \to Graph(L_{\mathcal{R}}, Annot_{\mathcal{R}}^{+})$$

werden für $g = (V, E, lab, (evt, state), v_0) \in Graph(L_{\mathcal{R}}, Annot_{\mathcal{R}}^{+})$ und für $\xi \in Evset, \eta_p \in \{\epsilon, p\}$ festgelegt durch:

- $evaluate(g, \xi\eta_p) := (V, E, lab, (evt, state'), v_0)$ mit

$$state'(v) \quad := \quad state(v) \qquad \text{für alle } v \in V \setminus \{v_0\} \text{ und}$$
$$state'(v_0) \quad := \quad \max\{\xi, \xi'\}\tilde{\eta} \quad \text{falls } state(v_0) = \xi'\eta',$$
$$\eta' \in \{\epsilon, p, t, pt\},$$

wobei

$$\tilde{\eta} := \begin{cases} \epsilon & \text{falls} & \eta_p = \epsilon \text{ und } (\eta' = \epsilon \text{ oder } (\eta' = t \text{ und } \xi' < \xi)) \\ p & \text{falls} & (\eta_p = p \text{ und } (\eta' = \epsilon \text{ oder } \xi > \xi')) \\ & \text{oder} & (\eta_p = \epsilon \text{ und } \eta' = pt \text{ und } \xi > \xi') \\ \eta' & \text{sonst} \end{cases}$$

- $activate(g, \xi) := (V, E, lab, (evt, state''), v_0)$ mit

$$state''(v) \quad := \quad state(v) \text{ für alle } v \in V \setminus \{v_0\} \text{ und}$$

$$state''(v_0) \quad := \quad \begin{cases} \xi & \text{falls } state(v_0) = \xi_0 \\ & \text{und } lab(v_0) \notin \{F_1^{rg(F_1)}, \ldots, F_r^{rg(F_r)}\} \\ \xi p & \text{falls } state(v_0) = \xi_0 \\ & \text{und } lab(v_0) \in \{F_1^{rg(F_1)}, \ldots, F_r^{rg(F_r)}\} \\ \tilde{\xi}\tilde{\eta} & \text{falls } state(v_0) = \xi'\eta'_p\eta'_t \text{ mit } \xi' \neq \xi_0, \\ & \eta'_p \in \{\epsilon, p\}, \eta'_t \in \{\epsilon, t\}, \tilde{\xi} = \max\{\xi', \xi\} \\ & \text{und } \tilde{\eta} = \begin{cases} \eta'_p\eta'_t & \text{falls } \xi < \xi' \\ \eta'_p & \text{sonst} \end{cases} \end{cases}.$$

- $pareval(g, \xi) := (V, E, lab, (evt, state'''), v_0)$ mit

$$state'''(v) \quad := \quad state(v) \text{ für } v \neq v_0$$

$$state'''(v_0) \quad := \quad \begin{cases} \xi_0 p & \text{falls } state(v_0) = \xi_0\eta_p, \xi = \xi_0 \\ & \text{und } lab(v_0) = F_i^{rg(F_i)} \\ & \text{für ein } i \in \{1, \ldots, m\} \\ \xi\eta' & \text{falls } state(v_0) = \xi_0\eta' \\ & \text{mit } \eta' \in \{\epsilon, p\} \\ & \text{und } \xi \neq \xi_0 \, . \\ \max\{\xi, \tilde{\xi}\}\tilde{\eta} & \\ & \text{falls } state(v_0) = \tilde{\xi}\tilde{\eta}_p\tilde{\eta}_t \\ & \text{mit } \tilde{\xi} \neq \xi_0, \\ & \tilde{\eta}_p \in \{\epsilon, p\}, \tilde{\eta}_t \in \{\epsilon, t\}, \\ & \tilde{\eta} = \begin{cases} \tilde{\eta}_p & \text{falls } \tilde{\eta}_t = t \wedge \xi > \tilde{\xi} \\ \tilde{\eta}_p\tilde{\eta}_t & \text{sonst} \end{cases} \end{cases}$$

Die Hilfsfunktion *evaluate* aktiviert die lokale Auswertung des Graphen G mit Status $\xi\eta$. Als neuer Auswerter wird ξ gewählt, falls der vorherige Auswerter kleiner ist. Ansonsten bleibt der Auswerter unverändert. Die Markierung η wird unter Beibehaltung der vorherigen Markierung des Graphen übernommen. Allerdings wird eine t-Annotierung gestrichen, falls der Auswerter erhöht wurde. Dies geschieht, da eine Erhöhung des Auswerters eine erneute Reduktion des Graphen zur eventuellen Erhöhung der Auswerter der Teilgraphen erfordert.

Die Funktion *activate* bewirkt die Erzeugung eines neuen parallelen Prozesses — Annotation p —, falls der Graph einer vollständigen Kombinatorapplikation vorliegt.

Mittels *pareval* wird für Kombinatorapplikationen in nicht-strikten Positionen die Annotierung $\xi_0 p$ erzeugt. Erfolgt später eine Aktivierung einer solchen Kombinatorapplikation, so wird auf Grund der Markierung p ein paralleler Prozeß erzeugt. Vorhandene Annotationen aus $\{p, pt, t\}$ bleiben durch *evaluate* und *pareval* unverändert bis auf die Streichung von t-Annotationen, falls der Auswerter eines Graphen erhöht wird. Für Argumente, die durch *pareval* mit $\xi \neq \xi_0$ aktiviert werden, erfolgt eine lokale Auswertung.

Damit kommen wir zur Definition der Reduktionsregeln der Graphreduktionssemantik. Die Regeln entsprechen den Reduktionsregeln der call-by-name Reduktionsstrategie, wobei hier natürlich die durch die "evaluation transformer" der als Graphen repräsentierten Ausdrücke gegebenen Informationen ausgenutzt werden, um parallele Auswertungen zu generieren und um call-by-name durch call-by-value zu ersetzen, wenn dies möglich ist. Die Reduktionsregeln lassen in der Tat die maximal mögliche Parallelität zu. Wir benutzen die Annotation ξp mit $\xi \neq \xi_0$ um *globale Parallelität* — "echte" Parallelität, die Ausführung auf verschiedenen Prozessorelementen bedeutet — von *lokaler Parallelität*, die zwischen unabhängigen Teilberechungen vorliegt, die aber letztendlich auf einem Prozessorelement ausgeführt werden sollen, zu unterscheiden.

8.2.3 Definition Sei $\mathcal{R}^{\text{an}} = \langle F_i(x_1, \ldots, x_{r_i}) = e_i^{\text{an}} \mid 1 \leq i \leq r \rangle$ ein annotiertes Kombinatorsystem.

Zu $\mathcal{R}^{\text{an}}$ werden folgende *Reduktionsregeln*

$$\rightarrow_{\mathcal{R}}^{G} \subseteq Graph(L_{\mathcal{R}}, Annot_{\mathcal{R}}^{+}) \times Graph(L_{\mathcal{R}}, Annot_{\mathcal{R}}^{+})$$

festgelegt. Dabei sei jeweils $\xi \neq \xi_0, \eta_p \in \{\epsilon, p\}$ und $\eta_t \in \{\epsilon, t\}$.

1. *Konstantenreduktion*

$$\langle\; v_0 : f \mid (\epsilon, \xi_1 \eta_p)\; (v_1, \ldots, v_m);$$
$$v_1 : a_1 \mid (\epsilon, \xi_1 \eta_1 t);\; \ldots;\; v_m : a_m \mid (\epsilon, \xi_1 \eta_m t)\rangle$$
$$\rightarrow_{\mathcal{R}}^{G} \langle v_0 : \phi(f)(a_1, \ldots, a_m) \mid (\epsilon, \xi_1 \eta_p t)\rangle$$

mit $\eta_i \in \{\epsilon, p\}$ für $1 \leq i \leq m$

$\langle\, v_0 : f \mid (\epsilon, \xi_1\eta_p)\, (v_1, \ldots, v_m);\ v_1 : g_1;\ \ldots;\ v_m : g_m \rangle$
$\to_{\mathcal{R}}^{G} \langle\, v_0 : f \mid (\epsilon, \xi_1\eta_p)(v_1, \ldots, v_m);$
$\qquad\qquad v_1 : pareval(g_1, \xi_1); \ldots;\ v_m : pareval(g_m, \xi_1) \rangle$

$$\text{falls ein } j \in \{1, \ldots, m\} \text{ existiert mit}$$
$$state(v_j) = \xi_0\eta', \text{ wobei } \eta' \in \{\epsilon, p\}.$$

2. Konstruktorreduktion

$\langle v_0 : c \mid (\epsilon, \xi_1\eta_p)(v_1, \ldots, v_m); v_1 : g_1; \ldots; v_m : g_m \rangle$
$\to_{\mathcal{R}}^{G} \langle v_0 : c \mid (\epsilon, \xi_1\eta_p t)\, (v_1, \ldots, v_m);\ v_1 : g_1;\ \ldots;\ v_m : g_m \rangle$

$\langle v_0 : c \mid (\epsilon, \xi_2\eta_p)(v_1, \ldots, v_m); v_1 : g_1; \ldots; v_m : g_m \rangle$
$\to_{\mathcal{R}}^{G} \langle\, v_0 : c \mid (\epsilon, \xi_2\eta_p t)\, (v_1, \ldots, v_m);$
$\qquad v_1 : g_1; \ldots; v_{i_1} : pareval(g_{i_1}, \xi_2);$
$\qquad\qquad \ldots; v_{i_l} : pareval(g_{i_l}, \xi_2); \ldots v_m : g_m \rangle$
$\qquad \text{falls } c \in \Gamma^{(s_1 \ldots s_m, d)} \text{ und } \{i_1, \ldots, i_l\} := \{i \in \{1, \ldots, m\} \mid s_i = d\}$

$\langle v_0 : c \mid (\epsilon, \xi_3\eta_p)(v_1, \ldots, v_m); v_1 : g_1; \ldots; v_m : g_m \rangle$
$\to_{\mathcal{R}}^{G} \langle\, v_0 : c \mid (\epsilon, \xi_3\eta_p t)\, (v_1, \ldots, v_m);$
$\qquad v_1 : pareval(g_1, \xi_1); \ldots;\ v_{i_1} : pareval(g_{i_1}, \xi_3);$
$\qquad\qquad \ldots; v_{i_l} : pareval(g_{i_l}, \xi_3); \ldots; v_m : pareval(g_m, \xi_1) \rangle$
$\qquad \text{falls } c \in \Gamma^{(s_1 \ldots s_m, d)} \text{ und } \{i_1, \ldots, i_l\} := \{i \in \{1, \ldots, m\} \mid s_i = d\}$

3. Verzweigungsreduktion

$\langle v_0 : \mathbf{if} \mid (\epsilon, \xi\eta_p)\, (v_1, v_2, v_3); v_1 : g_1; v_2 : g_2; v_3 : g_3 \rangle$

$$\to_{\mathcal{R}}^{G} \begin{cases} \langle v_0 : \mathbf{if} \mid (\epsilon, \xi\eta_p)(v_1, v_2, v_3); v_1 : evaluate(g_1, \xi_1); v_2 : g_2; v_3 : g_3 \rangle \\ \qquad\qquad\qquad\qquad \text{falls } state_1(v_1) = \xi_0 \\ \langle v_2 : evaluate(g_2, \xi\eta_p) \rangle \quad \text{falls } g_1 = \langle v_1 : \mathrm{T} \mid (\epsilon, \xi_1\eta) \rangle \\ \langle v_3 : evaluate(g_3, \xi\eta_p) \rangle \quad \text{falls } g_1 = \langle v_1 : \mathrm{F} \mid (\epsilon, \xi_1\eta) \rangle \end{cases}$$

4. let-Reduktion

$\langle\, v_0 : \mathbf{let}^k_{(y_1, \ldots, y_k)} \mid (evt(v_0), \xi\eta_p)(v_1, \ldots, v_k, v_{k+1}),$
$\quad v_1 : g_1, \ldots, v_k : g_k, v_{k+1} : g_{k+1} \rangle$
$\to_{\mathcal{R}}^{G} evaluate(g_{k+1}[\, y_1 / pareval(g_1, (evt(v_0))_1(\xi)),$
$$\ldots$$
$$y_k / pareval(g_k, (evt(v_0))_k(\xi))], \xi\eta_p)$$

5. case-Reduktion

$\langle\, v_0 : \mathbf{case}^k_{(c_1(y_{11}, \ldots, y_{1m_1}), \ldots, c_k(y_{k1}, \ldots, y_{km_k}))}$
$$\mid (evt(v_0), \xi\eta_p)(v_1, \ldots, v_k, v_{k+1}),$$
$\quad v_1 : g_1, \ldots, v_{k+1} : g_{k+1} \rangle$

$$\to^G_{\mathcal{R}} \langle\, v_0 : \mathbf{case}^k_{(c_1(y_{11},\ldots,y_{1m_1}),\ldots,c_k(y_{k1},\ldots,y_{km_k}))}$$
$$\mid (evt(v_0),\xi\eta_p)\,(v_1,\ldots,v_k,v_{k+1}),$$
$$v_1 : evaluate(g_1,\xi_1\eta),\, v_2 : g_2,\ldots,v_{k+1} : g_{k+1}\rangle$$
$$\text{falls } state_1(v_1) = \xi_0\eta \text{ mit } \eta \in \{\epsilon,p\}$$

$$\langle\, v_0 : \mathbf{case}^k_{(c_1(y_{11},\ldots,y_{1m_1}),\ldots,c_k(y_{k1},\ldots,y_{km_k}))}$$
$$\mid (evt(v_0),\xi\eta_p)\,(v_1,\ldots,v_k,v_{k+1}),$$
$$v_1 : g_1,\ldots,v_{k+1} : g_{k+1}\rangle$$
$$\to^G_{\mathcal{R}} \langle\, v_0 : evaluate(g_{j+1}[\, y_{j1}\ /pareval(g_{j1},ET^{\mathrm{al},c_j}_1(\xi)),$$
$$\vdots$$
$$y_{jm_j}/pareval(g_{jm_j},ET^{\mathrm{al},c_j}_{m_j}(\xi))],\ \xi\eta_p)\rangle$$
$$\text{falls } g_1 = \langle v_1 : c_j \mid (\epsilon,\xi\tilde{\eta}_p t);\, v_{j1} : g_{j1},\ldots,v_{jm_j} : g_{jm_j}\rangle$$
$$\text{mit } \tilde{\eta}_p \in \{\epsilon,p\} \text{ und } 1 \le j \le k.$$

Zu beachten ist dabei, daß *case*-Ausdrücke mit den kontextfreien "evaluation transformer" der Alternativen annotiert sind, d.h.

$$evt(v_0) = ET^{\mathrm{al},c_1}\ldots ET^{\mathrm{al},c_k}.$$

6. *Kombinatorreduktion*

$$\langle v_0 : F^{r_i}_i \mid (evt(v_0),\xi\eta_p)\,(v_1,\ldots,v_{r_i}),\, v_1 : g_1,\ldots,v_{r_i} : g_{r_i}\rangle$$
$$\to^G_{\mathcal{R}} \langle v_0 : evaluate(graph(e_i)[\, x_1/pareval(g_1,(evt(v_0))_1(\xi)),\ldots,$$
$$x_{r_i}/pareval(g_{r_i},(evt(v_0))_{r_i}(\xi))],\xi\eta_p)\rangle$$

7. **letpar**-*Reduktion*

$$\langle v_0 : \mathbf{letpar}^k_{((y_1,ev_1),\ldots,(y_k,ev_k))}$$
$$\mid (evt(v_0),\xi\eta_p)(v_1,\ldots,v_k,v_{k+1}),\, v_1 : g_1,\ldots,v_{k+1} : g_{k+1}\rangle$$
$$\to^G_{\mathcal{R}} \langle v_0 : evaluate(g_{k+1}[\, y_1/activate(g_1,(evt(v_0))_1(\xi)),$$
$$\ldots$$
$$y_{i_1}/pareval(g_{i_1},(evt(v_0))_{i_1}(\xi)),$$
$$\ldots$$
$$y_{i_l}/pareval(g_{i_l},(evt(v_0))_{i_l}(\xi)),$$
$$\ldots$$
$$y_k/activate(g_k,(evt(v_0))_k(\xi))],\xi\eta_p)\rangle,$$
$$\text{wobei } \{i_1,\ldots,i_l\} := \{j \in \{1,\ldots,k\} \mid ev_j < \xi\}.$$

8. *apply-Reduktionen*

$$\langle v_0 : \mathbf{ap}^m \mid (evt(v_0),\xi\eta_p)(v_1,\ldots,v_{m+1});\, v_1 : g_1;\ldots;v_{m+1} : g_{m+1}\rangle$$
$$\to^G_{\mathcal{R}} \langle\, v_0 : \mathbf{ap}^m \mid (evt(v_0),\xi\eta_p)\,(v_1,\ldots,v_{m+1}),$$
$$v_1 : evaluate(g_1,\xi_1);\, v_2 : pareval(g_2,(evt(v_0))_2(\xi));\ldots;$$

$$v_{m+1} : pareval(g_{m+1}, (evt(v_0))_{m+1}(\xi)))$$
$$\text{falls } state(v_1) \notin \{\xi_1 t, \xi_1 pt\},$$

$$\langle v_0 : \mathbf{ap}^m \mid (evt(v_0), \xi\eta_p)(v_1, \ldots, v_{m+1}); v_1 : g_1; \ldots; v_{m+1} : g_{m+1}\rangle$$
$$\rightarrow^G_{\mathcal{R}} \langle\, v_0 : F_i^{m+n} \mid (ET_{\mathcal{R}}(F_i), \xi\eta_p)\, (\tilde{v}_1, \ldots, \tilde{v}_n, v_2, \ldots, v_{m+1}),$$
$$\tilde{v}_1 : \tilde{g}_1; \ldots; \tilde{v}_n : \tilde{g}_n;$$
$$v_2 : pareval(g_2, (evt(v_0))_2(\xi)); \ldots$$
$$v_{m+1} : pareval(g_{m+1}, (evt(v_0))_{m+1}(\xi)))$$
$$\text{falls } g_1 = \langle v_1 : F_i^n \mid (ET(F_i), \xi_1\eta't)\, (\tilde{v}_1, \ldots, \tilde{v}_n), \tilde{v}_1 : \tilde{g}_1, \ldots, \tilde{v}_n : \tilde{g}_n\rangle$$
$$\text{mit } 1 \leq i \leq r, n + m \leq rg(F_i).$$

$$\langle v_0 : \mathbf{ap}^m \mid (evt(v_0), \xi\eta_p)(v_1, \ldots, v_{m+1}); v_1 : g_1; \ldots; v_{m+1} : g_{m+1}\rangle$$
$$\rightarrow^G_{\mathcal{R}} \langle\, v_0 : \gamma \mid (\epsilon, \xi\eta_p)(v_2, \ldots, v_{m+1}),$$
$$v_2 : pareval(g_2, (evt(v_0))_2(\xi)); \ldots;$$
$$v_{m+1} : pareval(g_{m+1}, (evt(v_0))_{m+1}(\xi)))$$
$$\text{falls } g_1 = \langle v_1 : \gamma^0 \mid (\epsilon, \eta't)\rangle \text{ mit } \gamma \in \Omega \cup \Gamma, \eta' \in \{\epsilon, p\}.$$

9. *Erkennung partieller Applikationen*

$$\langle v_0 : \gamma^0 \mid (evt(v_0), \xi_1\eta_p))\rangle$$
$$\rightarrow^G_{\mathcal{R}} \langle v_0 : \gamma^0 \mid (evt(v_0), \xi_1\eta_p t))\rangle$$

$$\langle v_0 : F_i^n \mid (evt(v_0), \xi_1\eta_p)(v_1, \ldots, v_n); v_1 : g_1; \ldots; v_n : g_n\rangle$$
$$\rightarrow^G_{\mathcal{R}} \langle v_0 : F_i^n \mid (evt(v_0), \xi_1\eta_p t)(v_1, \ldots, v_n); v_1 : g_1; \ldots; v_n : g_n\rangle$$
$$\text{falls } n < rg(F_i)$$

Die Graphreduktionsregeln entsprechen zum größten Teil den Reduktionsregeln der nichtdeterministischen Termreduktionssemantik. Neu ist lediglich die Steuerung der Auswertungen mittels der verschiedenen durch die Funktionen *evaluate, pareval* und *activate* beschriebenen Aktivierungsmechanismen. Dabei ist auf dieser Abstraktionsstufe auch Parallelität innerhalb paralleler Prozesse — lokale Parallelität — zugelassen. In der im nächsten Teil der Arbeit beschriebenen Graphreduktionsmaschine werden lokal parallele Auswertungen sequentialisiert.

In der hier gegebenen Reduktionssemantik zeigt sich deutlich die unterschiedliche Reduktion von Graphen, die **let**- und **letpar**-Ausdrücken entsprechen. Nur bei der Reduktion von **letpar**-Ausdrücken findet eine explizite Erzeugung paralleler Prozesse mittels *activate* statt.

Die Auswerter für Teilberechnungen werden jeweils mittels des in der ersten Annotation $evt : V \rightarrow EvTrans^*$ gegebenen "evaluation transformer" zu den jeweiligen Ausdrücken und den aktuellen Auswertern des Gesamtausdruckes bestimmt. Für Basisfunktionen und Konstruktoren werden die "evaluation transformer" als bekannt vorausgesetzt und direkt in den Reduktionsregeln berücksichtigt, so daß auf eine Annotierung in diesen Fällen verzichtet werden kann.

In den Verzweigungs- und **case**-Reduktionen sind die kontextfreien "evaluation transformer" ebenfalls direkt eingearbeitet, so daß auch hier auf eine Annotierung mit denselben verzichtet wurde. Bei den **case**-Reduktionen werden die kontextfreien evaluation transformer der Alternativen zur Bestimmung von Auswertern für die Komponenten von Datenstrukturen benutzt.

Die Regeln zur Erkennung partieller Applikationen markieren die Wurzelknoten derselben mit der Annotierung t, um anzuzeigen, daß die Auswertung des Graphen zur Kombinatornormalform abgeschlossen ist. Sie sind notwendig, um die Voraussetzungen für eventuelle *apply*-Reduktionen zu schaffen.

8.3 Graphersetzung

Die Graphreduktionsregeln beschreiben die lokalen Graphveränderungen, die bei einem Reduktionsprozeß vorgenommen werden. In diesem Abschnitt beschreiben wir die Einbettung dieser lokalen Reduktionen in den gesamten Reduktionsprozeß.

Der Einfachheit halber betrachten wir zunächst die Durchführung einer einzelnen Reduktion. Sei $g = \langle V, E, lab, annot, v_0 \rangle$ und $v \in V$, so daß eine Reduktionsregel $g[v] \to \tilde{g}$ existiert. Wichtig für die Ersetzung von $g[v]$ in g durch $\tilde{g}$ ist, daß in allen Reduktionsregeln die linke und rechte Seite denselben Wurzelknoten haben. Graphisch kann die Reduktion, die durchgeführt werden soll, wie in Bild 8.2 verdeutlicht werden. Zu beachten ist dabei, daß 'Sharing' von Teilausdrücken von $g[v]$ in g vorliegen kann.
Formal definieren wir:

Sei $g[v] = (V', E', lab', annot', v)$ und $\tilde{g} = (\tilde{V}, \tilde{E}, \widetilde{lab}, \widetilde{annot}, v)$, wobei die Knoten aus V' in $\tilde{g}$ dieselbe Bezeichnung haben, d.h. $\tilde{V} \cap V' \neq \emptyset$ und $\tilde{V} \setminus (\tilde{V} \cap V')$ enthält bei der Reduktion neu erzeugte Knoten. O.B.d.A. sei $(\tilde{V} \setminus (\tilde{V} \cap V')) \cap V = \emptyset$.

Dann ist

$$(*) \quad g \Rightarrow (g[v/\tilde{g}])[v_0]),$$

wobei

$$g[v/\tilde{g}] := (V \cup \tilde{V}, (E \setminus E') \cup \tilde{E}, (lab \setminus lab') \cup \widetilde{lab},$$
$$(annot \setminus annot') \cup \widetilde{annot}, v_0)$$

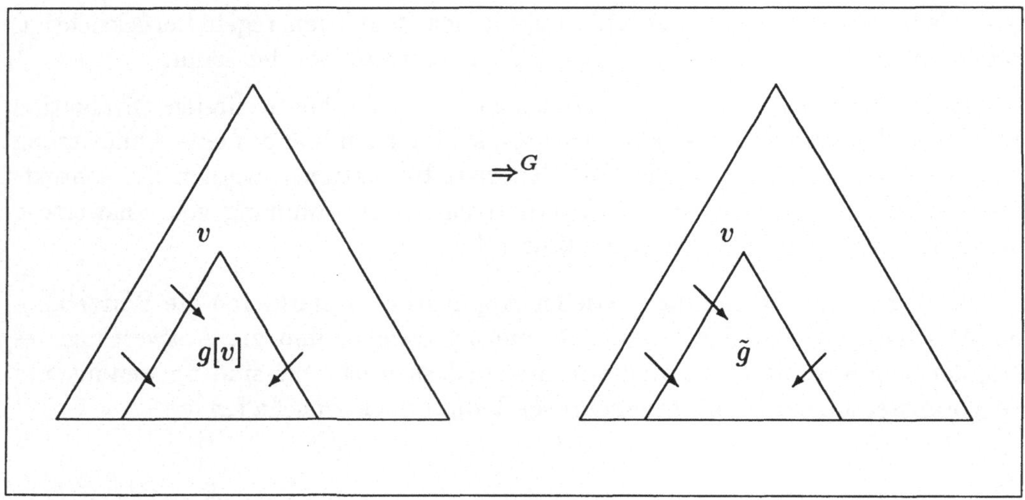

Bild 8.2: Durchführung einer Reduktion innerhalb eines Graphen

aus g durch Hinzunehmen der neuen Knoten von $\tilde{g}$ entsteht und Ersetzen der Kanten, Markierungen und Annotierungen von $g[v]$ durch diejenigen von $\tilde{g}$.

$g[v/\tilde{g}]$ braucht nicht mehr zusammenhängend zu sein, da durch die Ersetzung der Kanten von $g[v]$ Knoten aus V' nicht mehr von der Wurzel erreichbar sein können. Daher wird $g[v/\tilde{g}]$ schließlich noch auf die von der Wurzel v_0 erreichbaren Knoten eingeschränkt. Letzteres entspricht der Durchführung von "garbage collection" bei einer Implementierung der Graphreduktion.

(*) entspricht einem Graphreduktionsschnitt, bei dem ein einzelner reduzierbarer Teilgraph ersetzt wird. I.a. existieren in einem Berechungsgraphen viele reduzierbare Teilgraphen, so daß parallele Reduktionen in einem globalen Graphreduktionsschritt möglich sind. Parallele Reduktionen sind unproblematisch bei unabhängigen reduzierbaren Teilgraphen und ergeben sich durch direkte Verallgemeinerung von (*).

Auf Grund von 'Sharing' können sich reduzierbare Teilgraphen aber überlappen oder einer kann Teilgraph des anderen sein. Da — wie man leicht anhand der Graphreduktionsregeln überprüft — eine lokale Reduktion höchstens den Zustand $\xi\eta_p\eta_t$ eines Teilgraphen ändert, treten in diesen Sitationen keine "Zugriffskonflikte" auf. Bei parallelen Graphersetzungen muß also nur auf die korrekte Aktualisierung aller Zustände geachtet werden.

8.3.1 Definition Sei $\langle \mathcal{R}, e, \mathrm{AN}_{\langle \mathcal{R}, e \rangle} \rangle$ ein annotiertes Kombinatorprogramm. Die *Graphreduktionsrelation*

$$\Rightarrow_{\mathcal{R}}^{G} \subseteq Graph(L_{\mathcal{R}}, Annot_{\mathcal{R}}^{+}) \times Graph(L_{\mathcal{R}}, Annot_{\mathcal{R}}^{+})$$

wird für Berechnungsgraphen g und g' wie folgt definiert:

$$g \Rightarrow_{\mathcal{R}}^{G} g',$$

falls

$$g = (V, E, lab, annot, v_0), \quad g' = (V', E', lab', annot', v_0') \text{ und}$$

es existieren $v_1, \ldots, v_k \in V$ $(k \geq 0)$ und Reduktionsregeln

$$g[v_i] \to \tilde{g}_i,$$

so daß mit

$$g[v_i] = (V_i, E_i, lab_i, annot_i, v_i) \text{ und } \tilde{g}_i = (\tilde{V}_i, \tilde{E}_i, \widetilde{lab}_i, \widetilde{annot}_i, v_i)$$

V und $\tilde{V}_i \setminus (\tilde{V}_i \cap V_i)$ $(1 \leq i \leq k)$ paarweise disjunkt sind, und

$$g' = (g[v_1/\tilde{g}_1, \ldots, v_k/\tilde{g}_k])[v_0]$$

mit

$$g[v_1/\tilde{g}_1, \ldots, v_k/\tilde{g}_k] := (\bar{V}, \bar{E}, \overline{lab}, \overline{annot}, v_0) \text{ und}$$

$$\bar{V} := V \cup \bigcup\nolimits_{i=1}^{k} \tilde{V}_i,$$

$$\bar{E} := (E \setminus \bigcup\nolimits_{i=1}^{k} E_i) \cup \bigcup\nolimits_{i=1}^{k} \tilde{E}_i,$$

$$\overline{lab} := (lab \setminus \bigcup\nolimits_{i=1}^{k} lab_i) \cup \bigcup\nolimits_{i=1}^{k} \widetilde{lab}_i, \text{ und}$$

$$\overline{annot}(v) := \begin{cases} annot(v) & \text{falls } v \in V \setminus \bigcup_{i=1}^{k} V_i, \\ \widetilde{annot}_i(v) & \text{falls } v \in \tilde{V}_i \setminus (\tilde{V}_i \cap V_i) \text{ für ein } i, \\ (evt(v), \\ \quad \sup\{\widetilde{state}_i(v) \mid i \in \{1, \ldots, k\}, v \in \tilde{V}_i \cap V_i\}) \\ \quad\quad \text{sonst.} \end{cases}$$

Dabei sei für Zustände $\xi\eta, \xi'\eta' \in Status$

$$\sup\{\xi\eta, \xi'\eta'\} = \max\{\xi, \xi'\}\eta\eta'.$$

Auf den formalen Nachweis der Konfluenz dieser Reduktionsrelation möchten wir im Rahmen dieser Arbeit verzichten. Es sei diesbezüglich auf den engen Zusammenhang der obigen Graphreduktionsregeln und der Reduktionsregeln der nichtdeterministischen Reduktionsrelation parallelisierter Kombinatorsysteme hingewiesen. Unter der Annahme der Konfluenzeigenschaft definieren wir:

8.3.2 Definition   Sei $\langle \mathcal{R}, e, \mathrm{AN}_{\langle \mathcal{R},e\rangle}\rangle$ ein parallelisiertes annotiertes Kombinator-programm. Dann heißt $g \in Graph(L_{\mathcal{R}}, Annot_{\mathcal{R}}^{+})$ mit

$$graph(e) \overset{*}{\underset{\mathcal{R}}{\Rightarrow}}{}^{G}\, g$$

und "es existiert kein g' mit $g \Rightarrow_{\mathcal{R}}^{G} g'$"

die *Graphreduktionssemantik* von $\langle \mathcal{R}, e, \mathrm{AN}_{\langle \mathcal{R},e\rangle}\rangle$.

Die in diesem Kapitel beschriebene Graphreduktionssemantik für parallelisierte Kombinatorsysteme beschreibt eine parallele Implementierung dieser Systeme auf einem sehr hohen abstrakten Niveau. Im folgenden dritten Teil der Arbeit beschreiben wir eine Konkretisierung dieser Implementierung in Form des Entwurfes einer abstrakten parallelen Graphreduktionsmaschine.

Teil III

Entwurf einer

parallelen

Graphreduktionsmaschine

Kapitel 9

Struktur der parallelen Maschine

In diesem und den folgenden Kapiteln beschreiben wir den Entwurf einer parallelen Maschine zur Ausführung parallelisierter Kombinatorprogramme auf der Basis programmierter Graphreduktion. Auf Grund der dezentralen Struktur, die die Entwicklung massiv paralleler Systeme unterstützt, haben wir uns, wie in Kapitel 3 bereits erläutert, für eine Architektur mit verteiltem Speicher entschieden. Der Maschinenentwurf fußt auf folgenden drei Grundvoraussetzungen:

1. parallelisierte Kombinatorsysteme mit Graphreduktionssemantik,

2. programmierte Graphreduktion als Implementierungstechnik und

3. ein verteilter Speicher als Architekturkonzept.

Als Rahmen haben wir ein in [Traub 85] vorgestelltes Schichtenmodell für den Entwurf paralleler Reduktionsmaschinen gewählt. In dem Modell wird eine Hierarchie von drei Entwurfsebenen unterschieden (siehe Bild 9.1).

In der untersten Schicht werden die Basissprache und deren eigentliche Implementierung eingeordnet. Die Probleme, die hier behandelt werden müssen, sind nicht spezifisch für die parallele Maschine. Sie sind auch in sequentiellen Implementierungen gegeben. Daher heißt diese Schicht die *sequentielle Ebene*.

Alle Punkte, die mit der Organisation der Parallelausführung zusammenhängen, sind in der darüberliegenden Schicht angesiedelt. Dazu gehören die Verwaltung der parallelen Prozesse sowie die Durchführung des Informationsaustausches zwischen den Prozessorelementen. Diese Schicht heißt die *parallele Ebene*.

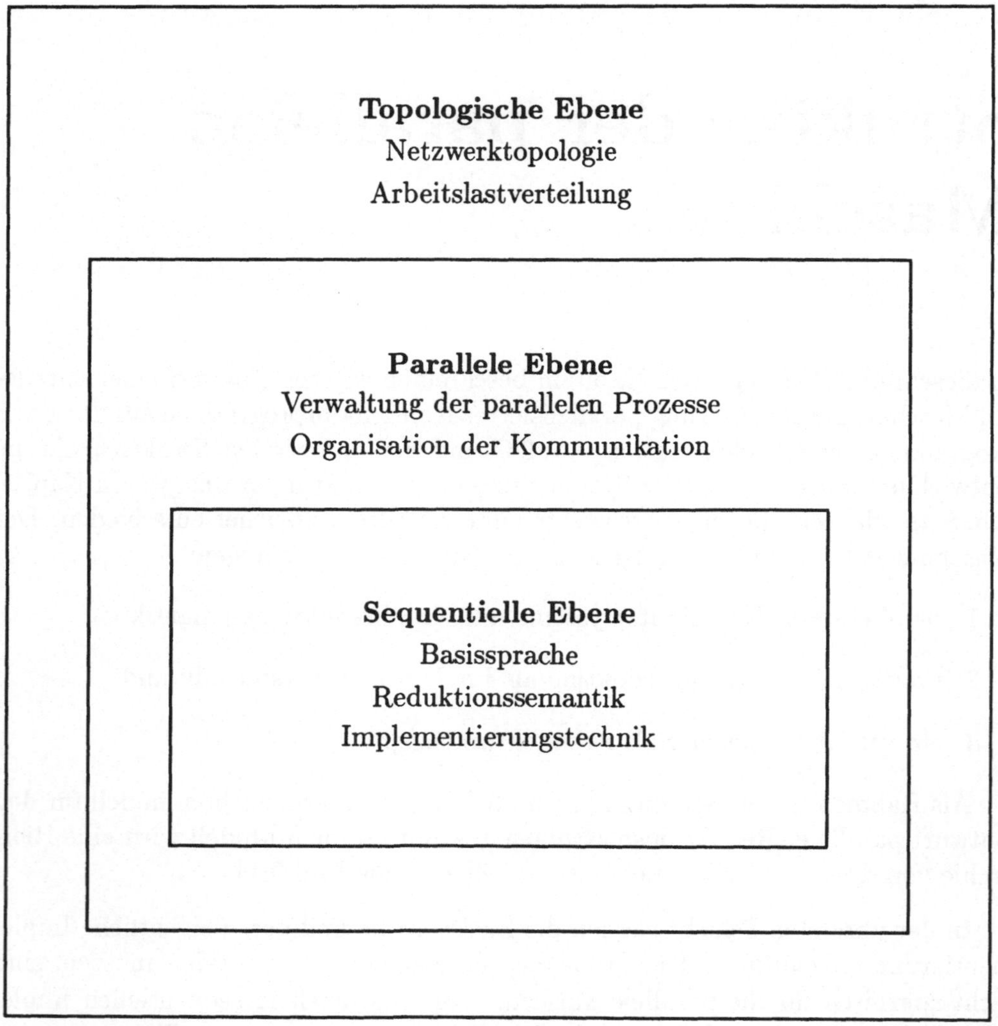

Topologische Ebene
Netzwerktopologie
Arbeitslastverteilung

Parallele Ebene
Verwaltung der parallelen Prozesse
Organisation der Kommunikation

Sequentielle Ebene
Basissprache
Reduktionssemantik
Implementierungstechnik

Bild 9.1: Schichtenmodell von Traub

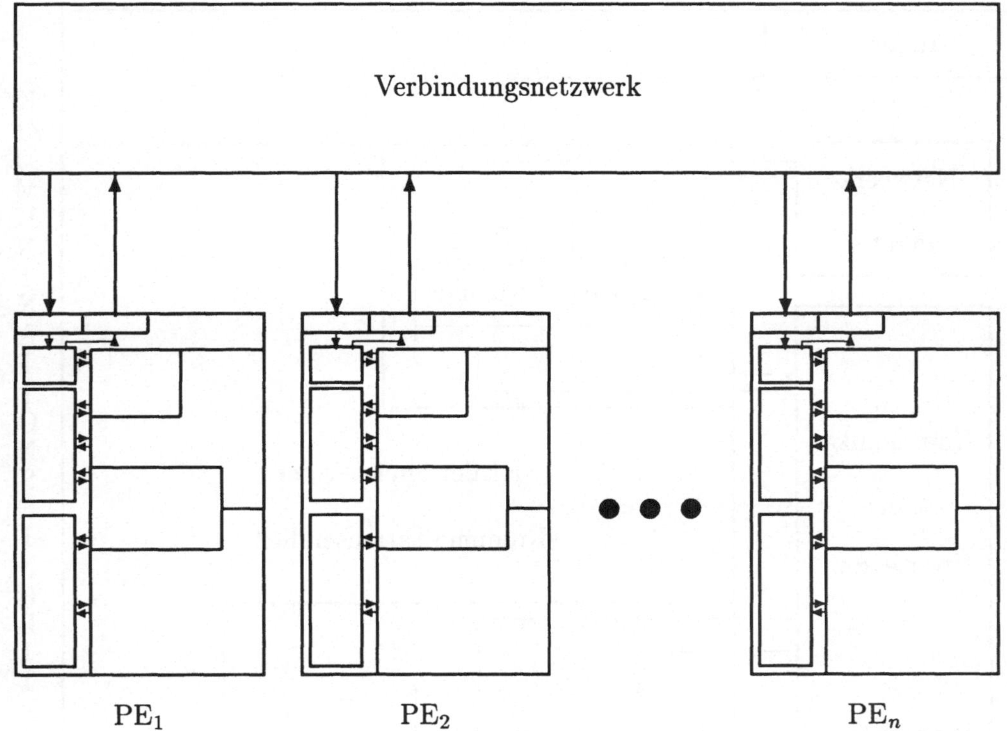

Bild 9.2: Globale Struktur der parallelen Maschine

Die Fragen der Vernetzung der Prozessorelemente und des Informationstransfers zwischen den Prozessoren schließlich bilden die oberste Schicht — die sogenannte *topologische Ebene*. Auch die Arbeitslastverteilung wird von Traub auf dieser Stufe eingeordnet, da zur gleichmäßigen Verteilung der Lasten eine globale Sicht des Systems notwendig ist.

Das Ebenenmodell ermöglicht einen systematischen Maschinenentwurf, bei dem die Aspekte, die in allen solchen Maschinen behandelt werden müssen, die also charakteristisch sind, in den Vordergrund treten. Die Struktur unserer parallelen Maschine spiegelt das beim Entwurf zugrundegelegte Modell wieder (siehe Bild 9.2). Sie besteht aus einer endlichen Anzahl identischer Prozessorelemente, die über ein Verbindungsnetzwerk kommunizieren können. Jedes Prozessorelement ist aus zwei unabhängigen Prozessoreinheiten* — der Reduktionseinheit und der Kommunikationseinheit aufgebaut (siehe Bild 9.3).

---

*Eine Prozessoreinheit ist ein Prozessor-/Speicherpaar.

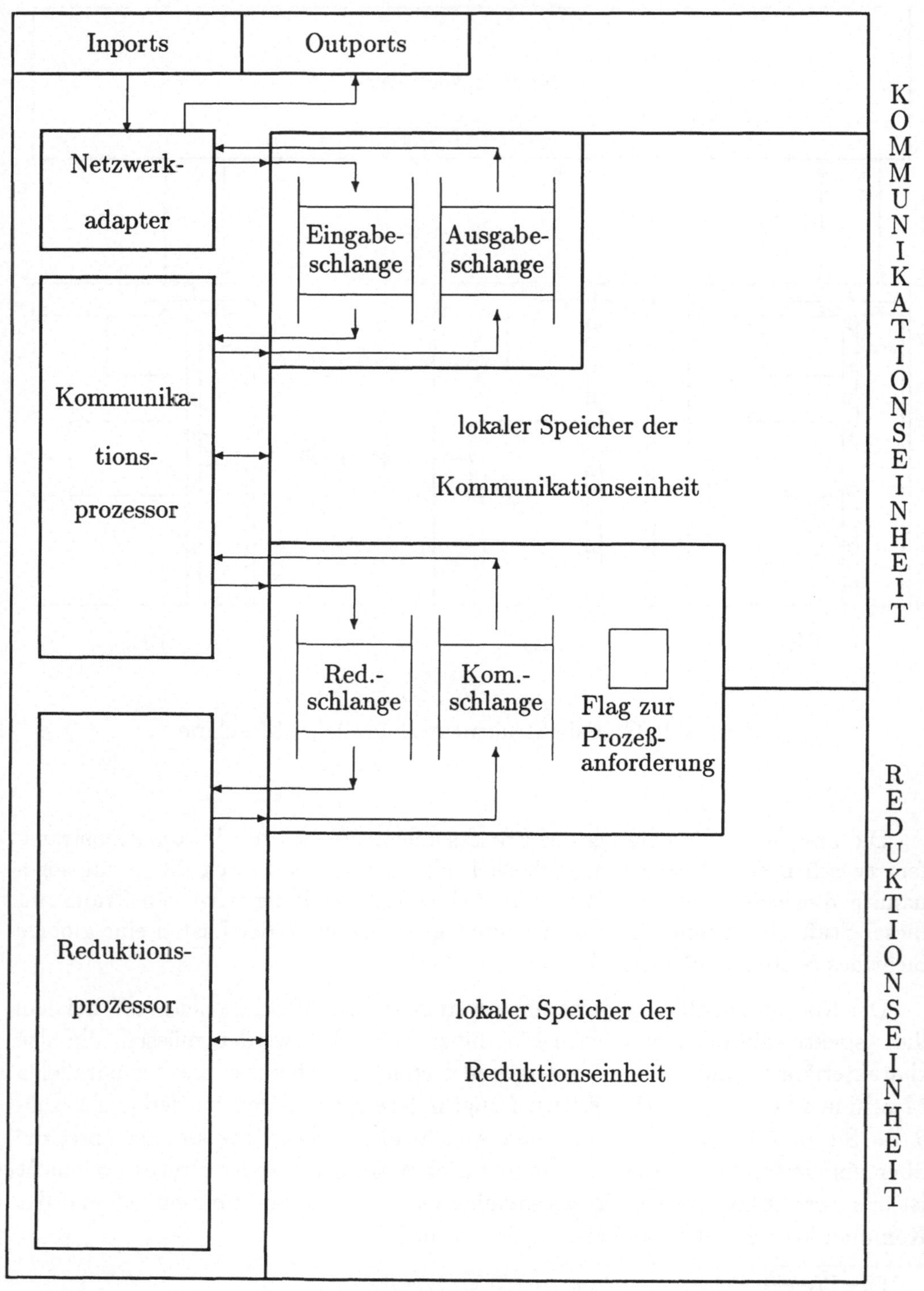

Bild 9.3: Struktur der Prozessorelemente

Die Reduktionseinheiten besorgen die eigentliche Programmausführung, also die Durchführung der Graphreduktionen. Der Entwurf der Reduktionseinheiten umfaßt alle Aspekte der sequentiellen Ebene.

Die Kommunikationseinheiten verwalten die parallelen Prozesse und übernehmen die gesamte Organisation der Parallelisierung des Reduktionsprozesses. Ihr Entwurf gehört zur parallelen Ebene.

Bevor wir in den folgenden Kapiteln eine detaillierte Spezifikation der parallelen Maschine entwickeln, gehen wir kurz auf die Struktur und Arbeitsweise der verschiedenen Komponenten der Maschine ein.

9.1 Das Verbindungsnetzwerk

Die verschiedenen Prozessorelemente kommunizieren miteinander durch Nachrichten, die über das Verbindungsnetzwerk ausgetauscht werden. Wir abstrahieren von der speziellen Struktur des Netzwerkes und verlangen lediglich, daß eine logisch vollständige Vernetzung vorliegt, d.h. jedes Prozessorelement kann mit jedem anderen Prozessorelement Nachrichten austauschen.

In einer Realisierung der parallelen Maschine wird eine vollständige Vernetzung im allgemeinen zu aufwendig sein. Jedes Prozessorelement wird nur mit einer begrenzten Anzahl anderer Prozessorelemente direkt verbunden sein. Dies hat zur Folge, daß Nachrichten von nicht direkt verbundenen Prozessoren durch das Netzwerk navigiert werden müssen. Eine Kommunikation zwischen nicht benachbarten Prozessoren wird also i.a. zeitaufwendiger sein als Kommunikationen direkt vernetzter Prozessorelemente. Die Navigation (engl.: "routing") von Nachrichten zählt zu den Aufgaben des Verbindungsnetzwerkes. Um festzustellen, welche Netzwerktopologie sich am besten für die parallele Maschine eignet, müssen detaillierte Netzwerkuntersuchungen angestellt werden. Da solche Untersuchungen generell für verteilte Architekturen durchgeführt werden müssen und nicht spezifisch für die parallele Implementierung funktionaler Sprachen sind, gehen wir in dieser Arbeit nicht weiter auf diese Problematik ein. Auch die Entwicklung von Routingalgorithmen ist ein generelles Problem verteilter Maschinenarchitekturen, das wir hier nicht weiter behandeln werden.

Eine Gegenüberstellung verschiedener Netzwerktopologien für parallele Reduktionsmaschinen mit entsprechenden Literaturhinweisen findet sich in [Vegdahl 84]. Verschiedene Leistungsanalysen sind etwa in [Reed, Grunwald 87] und [Giloi 86] angegeben.

9.2   Die Kommunikationseinheiten

Die Verwaltung der parallelen Prozesse und die Kontrolle des Nachrichtenaustausches zwischen den Prozessoreinheiten obliegt den Kommunikationseinheiten der Prozessorelemente. Jede Kommunikationseinheit enthält dazu zwei Prozessoren — den Netzwerkadapter und den Kommunikationsprozessor, die über einen gemeinsamen Speicher Nachrichten austauschen. Damit beide Prozessoren unabhängig arbeiten können, werden die Nachrichten in dem gemeinsamen Speicherbereich in Warteschlangen gepuffert (siehe Bild 9.3).

Der *Netzwerkadapter* sammelt zum einen die Nachrichten von den Netzwerkeingängen (Inports) und schreibt sie in die Eingabewarteschlage. Zum anderen transferiert er die Nachrichten aus der Ausgabewarteschlange zu den Netzwerkanschlüssen (Outports).

Der *Kommunikationsprozessor* leitet die Nachrichten, die von der Reduktionseinheit zur Parallelisierung des Reduktionsprozesses erzeugt werden, über den Netzwerkadapter an die anderen Prozessorelemente weiter. Ebenso bearbeitet er die Nachrichten, die von anderen Prozessorelementen eintreffen. Seine Hauptaufgabe ist allerdings die Verwaltung und Verteilung der parallelen Prozesse, die ebenfalls in Form von Nachrichten an ihn übermittelt werden.

Die Kommunikation mit der Reduktionseinheit erfolgt über den gemeinsamen Speicherbereich von Kommunikations- und Reduktionseinheit, der zwei Warteschlangen zur Pufferung der Nachrichten und ein Anzeigefeld ("Flag") enthält, das von der Reduktionseinheit zur Anforderung neuer Arbeit gesetzt werden kann (siehe Bild 9.3).

9.3   Die Reduktionseinheiten

Die Auswertung der Kombinatorsysteme mittels programmierter Graphreduktion wird von den Reduktionseinheiten vorgenommen. Jede Reduktionseinheit entspricht im wesentlichen einer sequentiellen Graphreduktionsmaschine, die zur Einbettung in die parallele Maschine erweitert wurde. Neben der Ausführung von Maschineninstruktionen, durch die der Reduktionsprozeß gesteuert wird, muß die Reduktionseinheit die Nachrichten, die von der Kommunikationseinheit übermittelt werden, bearbeiten und ggf. beantworten. Alle parallelen Prozesse, die während der Durchführung der Graphreduktion erzeugt werden, werden an die Kommunikationseinheit weitergeleitet. Hat die Reduktionseinheit keine Arbeit, muß dementsprechend durch Setzen des Anzeigefeldes im gemeinsamen Speicher ein neuer Prozeß von der Kommunikationseinheit angefordert werden.

Die Aufspaltung aller Prozessorelemente in zwei autonom arbeitende Einheiten ist nicht nur zur Unterstützung des systematischen Architekturentwurfs von

Vorteil. Ausschlaggebend für die Wahl der oben beschriebenen Struktur der parallelen Maschine war vielmehr die Tatsache, daß sie eine optimale Ausnutzung der im Programm vorhandenen Parallelität gewährleistet. Dadurch, daß die gesamte Prozeßverwaltung und die Organisation der Kommunikation von den Kommunikationseinheiten, die parallel zu den Reduktionseinheiten arbeiten, übernommen wird, wird der unvermeidbare zusätzliche Aufwand, der zur Parallelisierung des Reduktionsprozesses notwendig ist, in den Reduktionseinheiten auf ein Minimum reduziert. Die eigentliche Programmausführung wird so wenig wie möglich durch die Organisation der Parallelausführung beeinflußt und behindert.

In den folgenden Kapiteln entwickeln wir eine detaillierte formale Definition der parallelen abstrakten Maschine. Wir beginnen mit der Spezifikation der Reduktionseinheiten, die den sequentiellen Kern der parallelen Maschine bilden. Hauptaufgabe der Reduktionseinheiten ist die Durchführung der Graphreduktion.

Kapitel 10

Organisation der programmierten Graphreduktion

Als Technik zur Implementierung parallelisierter Kombinatorsysteme haben wir die *programmierte Graphreduktion* gewählt. Das Programm wird also als Graph repräsentiert, der während der Ausführung transformiert wird. Die Reduktion des Graphen wird durch die Ausführung von Maschineninstruktionen gesteuert. Zu jeder der in Definition 8.2.3 definierten Graphreduktionsregeln wird eine Maschinencodesequenz erzeugt, die die Durchführung des entsprechenden Graphreduktionsschrittes in der Maschine definiert. Die Graphreduktionsregeln sind eindeutig bestimmt durch die Markierung und den Auswerter des Wurzelknotens des Graphen auf der linken Regelseite. Die Übersetzung eines Programms umfaßt also Maschinensequenzen für alle Kombinationen von nicht-nullstelligen Markierungen und Auswertern.

Bereits in Kapitel 2 haben wir gezeigt, welche Vorteile die programmierte Graphreduktion bietet. Ein entscheidender Vorteil ist etwa die Möglichkeit, Datenrechnungen konventionell mittels eines Datenkellers anstatt aufwendiger Graphtransformationen durchzuführen. Dies führt zu sehr vielen Parallelen zur konventionellen umgebungsbasierten Implementierung, wie wir im folgenden noch sehen werden.

Wir beschreiben in diesem Kapitel die Organisation programmierter Graphreduktion, die bisher nur in sequentiellen Reduktionsmaschinen verwendet wurde [Johnsson 84, Fairbairn, Wray 86], in unserer parallelen Maschine mit verteiltem Speicher. Im ersten Abschnitt beginnen wir mit der Spezifikation der Darstellung der Berechnungsgraphen in der Maschine. Jede Reduktionseinheit enthält in ihrem lokalen Speicher eine Graphkomponente. Zur Ermöglichung paralleler Reduktionen erfolgt eine verteilte Abspeicherung des Programmgraphen. Im darauffolgenden Abschnitt wird der lokale Zustandsraum der Reduktionseinheiten definiert. Nach Einführung der Maschinenbefehle mit formaler Definition der Befehlssemantik wenden wir uns dann der Compilation parallelisierter Kombinatorsysteme in Maschinencode zu. Im Anschluß an die formale Spezifikation der Reduktionseinheiten diskutieren wir anhand eines Beispiels nochmals die wesentlichen Mechanismen, die in den Reduktionseinheiten zur Prozeßverwaltung verwendet werden.

10.1 Graphrepräsentation

Graphen werden in unserer abstrakten Maschine als Abbildung von Graphadressen in die Menge der Graphknoten dargestellt. Dies ist zunächst lediglich eine andere Sichtweise, bei der die Knotennamen der Berechnungsgraphen aus Abschnitt 8.1 als Graphadressen interpretiert werden.

Da der Graph allerdings verteilt abgespeichert wird, zerlegen wir den globalen Adreßbereich in disjunkte lokale Graphadreßbereiche für die verschiedenen Reduktionseinheiten. Jede globale Adresse besteht aus zwei Komponenten, einer Prozessoridentifikation und einer lokalen Adresse:

$$\text{globale Adresse} = \langle \text{Prozessornummer, lokale Adresse} \rangle.$$

Der Einfachheit halber numerieren wir die Prozessorelemente durch. Im folgenden bezeichnen wir die Anzahl der Prozessorelemente immer mit n. Prozessornummern sind also die Zahlen von 1 bis n. Als lokale Adressen benutzen wir natürliche Zahlen.

10.1.1 Definition   1. Die Bereiche $LAdr$ der *lokalen* und $GAdr$ der *globalen Graphadressen* definieren wir durch:

- $LAdr := \mathbb{N}$,
- $GAdr := \{1, \dots, n\} \times LAdr$.

2. Bezeichnet $GNode$ die Menge der Graphknoten, die wir im folgenden noch spezifizieren werden, so wird die Menge $Graph$ der *Maschinengraphen* durch

$$Graph := \{g \mid g : LAdr - \rightarrow GNode\}$$

festgelegt.

Zur Spezifizierung der Knoten der Maschinengraphen gehen wir von den Berechnungsgraphen der in Kapitel 8 definierten Graphreduktionssemantik aus. Den Knoten dieser Graphen sind folgende Informationen zugeordnet:

- die durch die Funktion *lab* gegebene Markierung,

- die durch die Funktion E bestimmten Nachfolgerknoten, welche die Argumentausdrücke des Gesamtausdruckes repräsentieren,

- die durch die Funktion *evt* gegebene "evaluation transformer"-Annotierung sowie

- der durch die Funktion *state* gegebene Zustand des Knotens, der den Auswerter des von den Knoten ausgehenden Berechnungsgraphen angibt und anzeigt, ob der Graph einen parallelen Prozeß und/oder einen Ausdruck in Kombinatornormalform repräsentiert.

Bis auf die "evaluation transformer", die direkt in den Maschinencode eingearbeitet werden, enthalten auch die Knoten der Graphkomponenten in den lokalen Speichern der Reduktionseinheiten obige Informationen. Die Statusinformationen sind allerdings um ein Vielfaches komplexer, da durch die Programmierung nicht alle Graphtransformationsschritte explizit durchgeführt werden, sondern z.T. lediglich zu Transformationen der Statusinformationen führen. Die Kontrollstrukturen (**if**, **case**, **let**, **letpar**) werden ebenfalls in den Code eingebettet und treten nicht mehr als Markierung in den Maschinengraphen auf. Wir unterscheiden in der parallelen Maschine vier Arten von Graphknoten:

- Task- oder Prozeßknoten[*],

- Argumentknoten,

- terminale Knoten und

- Verweisknoten.

Taskknoten entsprechen den Wurzelknoten von nicht vollständig reduzierten Berechnungsgraphen. Argumentknoten repräsentieren die Graphen nicht-strikter Argumente, deren Auswertung verzögert wird. Terminale Knoten bilden die Wurzel von Graphen, die Ausdrücke in Kombinatornormalform repräsentieren. In den Berechnungsgraphen der Graphreduktionssemantik wurden diese Knoten mit t annotiert. Verweisknoten sind Platzhalter für die Wurzelknoten von Teilgraphen, die im Speicher einer anderen Reduktionseinheit abgelegt sind. Sie werden nur auf Grund der verteilten Abspeicherung des Programmgraphen benötigt. Die Wurzelknoten von den Teilgraphen, die verteilt abgespeichert werden, wurden in den Berechnungsgraphen der Graphreduktionssemantik mit p annotiert.

---

[*]Wir bevorzugen den Terminus Taskknoten, da wir unter Prozessen *parallele* Prozesse verstehen. Die Taskknoten werden allerdings nicht nur für parallele Prozesse erzeugt, sondern für alle Kombinatoraufrufe und auch für verzögerte Argumentberechnungen. Als *Tasks* bezeichnen wir im folgenden Berechnungsteile, für die ein Taskknoten erzeugt wird.

Taskknoten kennzeichnen die Wurzel reduzierbarer Graphen. Im allgemeinen repräsentieren sie vollständige Kombinator- oder Basisfunktionsapplikationen und entsprechen dann quasi den Aktivierungsblöcken konventioneller Stackimplementierungen. Insbesondere werden parallele Prozesse, die ja bei der Ausführung parallelisierter Kombinatorsysteme durch vollständige Kombinatorapplikationen beschrieben werden, auf diese Weise dargestellt. Zur verzögerten Auswertung nicht strikter Argumente werden wir ebenfalls Taskknoten generieren.

Ein Taskknoten hat folgende globale Struktur:

$$\boxed{\text{TASK} \mid \text{Marke} \mid \text{Argumentliste} \parallel \text{Statusinformationen}}.$$

Die erste Komponente ist ein Etikett (tag) zur Kennzeichnung des Knotentyps. Die zweite Komponente enthält die Markierung, die denselben Zweck erfüllt wie die Markierung der Berechnungsgraphen. Als Marken treten allerdings nur Kombinatornamen, Basisfunktionen und das Kennzeichen 'arg' auf, welches Tasks, die für Argumentauswertungen generiert werden, markiert. Die Programmausführung beginnt mit einer sogenannten 'Urtask' auf irgendeinem Prozessorelement. Diese Urtask trägt als Marke das Kennzeichen 'ur'.

Die Argumentliste entspricht der Liste der Nachfolgerknoten, die Wurzelknoten der Teilgraphen sind. Bei Applikationen von Kombinatoren und Basisfunktionen entsprechen die Teilgraphen oder Teilausdrücke genau den Argumentausdrücken. Zur Optimierung werden Konstanten direkt in der Argumentliste repräsentiert. Alle übrigen Argumente sind durch die Adressen ihrer Graphdarstellung gegeben. Zur Unterscheidung von Werten und Adressen wird ein Tag benutzt.

Einträge in der Argumentliste und, wie wir noch sehen werden, in den Kellern sind also Elemente folgender Menge

$$Einträge = (\{V\} \times (A \cup \bigcup_{d \in D} \Gamma^{(\epsilon,d)})) \cup (\{P\} \times GAdr \times Evset).$$

Werte aus $A \cup \bigcup_{d \in D} \Gamma^{(\epsilon,d)}$ werden direkt angegeben und durch das Tag V (value) gekennzeichnet.

Adressen werden als globale Adressen notiert und durch das Tag P (pointer) markiert. Zu Adressen wird immer der Auswerter, mit dem die Auswertung des zugehörigen Teilgraphen angestoßen wurde, vermerkt. Diese Information ist vor allem für globale Adressen von Bedeutung, da durch die Kenntnis des Auswerters (überflüssige) Mehrfachaktivierungen vermieden werden können.

Zur Unterstützung der Parallelausführung enthält ein Taskknoten in der Statusinformation sämtliche Informationen, die zur Reduktion des zugehörigen Ausdruckes notwendig sind. Dazu gehört der Auswerter, der den Auswertungsgrad bestimmt. Wurde die Auswertung einer Task noch nicht angestoßen, so besteht

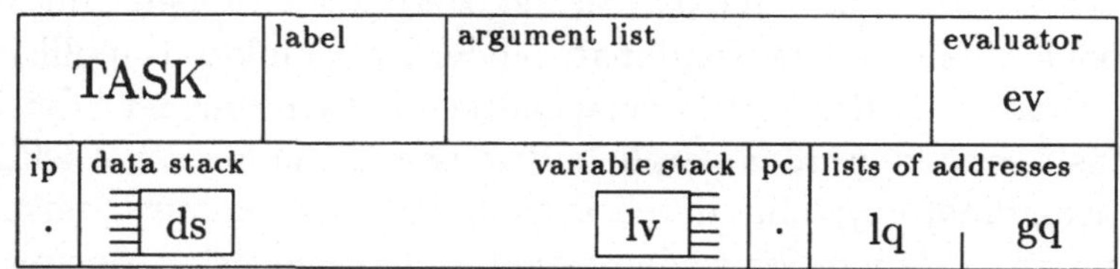

Bild 10.1: Allgemeine Struktur eines aktivierten Taskknotens

die Statusinformation nur aus dem Auswerter ξ_0. Ansonsten hat diese Komponente der Taskknoten, wie auch in Bild 10.1 verdeutlicht, folgende Struktur

$$\langle \text{ev}, \text{ip}, \text{ds}, \text{lv}, \text{pc}, \text{lq}, \text{gq} \rangle,$$

wobei

- ev $\in$ *Evset* der Auswerter (*evaluator*) der Task sei.

- ip $\in$ *PAdr* ist der Befehlszähler (*instruction pointer*), der die Adresse der nächsten auszuführenden Instruktion anzeigt. *PAdr* bezeichne dabei die Menge der Programmadressen.

- ds $\in$ *Einträge** ist der Datenkeller (*data stack*) zur Ausführung von Basisfunktionen. Wie wir später sehen werden, existiert zu jeder Basisoperation $f \in \Omega$ ein Befehl EXEC f, der die Argumente von f als Werte auf dem Datenkeller erwartet und durch das Resultat der Applikation von f auf diese Werte ersetzt.

- lv $\in$ *Einträge** ist ein Keller zur Verwaltung lokaler Variablen (*local variable stack*). Er enthält Einträge derselben Struktur wie der Datenkeller und die Argumentliste.

- pc $\in$ $\mathbb{N}$ ist der Zähler (*pending count*) der parallelen Teilprozesse, auf deren Ergebnis die vorliegende Task warten muß. Ist dieser Zähler von Null verschieden, so ist die Ausführung der Task unterbrochen.

Die letzten beiden Komponenten der Zustandsinformation sind Listen von Adressen von Tasks, die wiederum auf das Ergebnis der vorliegenden Task warten.

- lq $\in$ *LAdr** ist eine Liste von lokalen Adressen (*local address queue*), also von Zeigern auf wartende Tasks auf demselben Prozessorelement.

- gq $\in$ *GAdr** ist eine Liste von globalen Adressen (*global address queue*), an die das Ergebnis der Task übermittelt werden muß.

In seiner Statusinformation enthält ein Taskknoten mit dem Befehlszähler, dem Datenkeller und dem Keller zur Verwaltung lokaler Variable quasi den Zustandsraum einer sequentiellen Stackmaschine zur lokalen Ausführung der Task. Der Keller zur Verwaltung lokaler Variable ist das Fragment eines Funktions- (oder Prozedur-)kellers zur Unterstützung der durch das **let-** bzw. **letpar**-Konstrukt gegebenen Blockstrukturierung der Ausdrücke.

Die lokale Organisation von Befehlszähler, Daten- und Verwaltungskeller wurde zur Vereinfachung der Beschreibung des Multitasking-Betriebs in den Reduktionseinheiten gewählt. Jede Reduktionseinheit muß die Fähigkeit haben, die Ausführung mehrerer unabhängiger paralleler Prozesse und unabhängiger Tasks zu verwalten. Natürlich ist dies auch mit einem globalen Befehlszähler, Datenkeller und Verwaltungskeller pro Reduktionseinheit möglich. Muß die Ausführung einer Task allerdings auf Grund fehlender Ergebnisse von Subtasks oder auf Grund von Daten, die auf einem anderen Prozessorelement liegen und noch beschafft werden müssen, unterbrochen werden, so müssen die Inhalte des Befehlszählers und der Keller gerettet werden. Welche Art der Organisation gewählt wird, möchten wir auf dem abstrakten Level unserer parallelen Maschine offenlassen. Denn eine Entscheidung für die globale oder die dezentrale Verwaltung der Zustandsraumkomponenten wird letztendlich davon abhängen, welche Organisationsform besser hardwaremäßig unterstützt werden kann.

Wichtig bei einer dezentralen Organisation ist natürlich, daß die Keller wegen der Lokalität zu den Tasks eine beschränkte Länge haben. Dies ist aber gewährleistet, da Tasks nicht rekursiv sind. Rekursive Kombinatoraufrufe führen zur Erzeugung neuer Taskknoten und damit neuer Tasks.

Während der Befehlszähler und die beiden Keller zur Durchführung der Taskauswertung benötigt werden, dienen die letzten drei Komponenten der Statusinformation der Einbettung der lokalen Taskauswertung in die Gesamtberechnung. Muß eine Task auf die Ergebnisse anderer i.a. Subtasks warten, so wird der 'pending count' auf die Anzahl der benötigten Ergebnisse gesetzt und die Adresse der nun wartenden Task in den Adressenlisten der Taskknoten der Subtasks vermerkt. Nach Beendigung einer Task wird dann veranlaßt, daß der 'pending count' der in den Adressenlisten vermerkten Tasks dekrementiert wird und daß das Ergebnis diesen Tasks zugänglich gemacht wird. Auf welche Weise dies geschieht, werden wir im nächsten Kapitel erläutern.

Das Pendant zu den Adressenlisten ist in der konventionellen stackbasierten Implementierung die *Rücksprungadresse*, die angibt, an welcher Stelle die Berechnung nach Beendigung einer Task fortgesetzt werden soll. Durch die Parallelität kann es nun mehrere Stellen geben, an denen die Berechnungen nach Beendigung einer Task fortgesetzt werden können.

Von der Erzeugung bis zur Überschreibung durchläuft ein Taskknoten i.a. folgendes Zustandsdiagramm

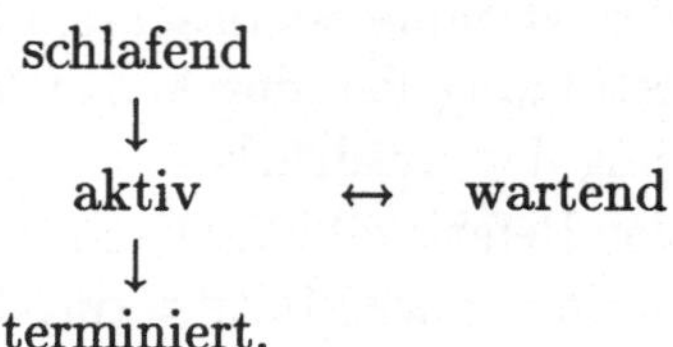

Die Zustände werden dabei wie folgt charakterisiert:

- 'schlafend' bedeutet, daß der Auswerter ξ_0 ist,

- 'aktiv' heißt, daß der Auswerter von ξ_0 verschieden ist und daß der 'pending count' gleich Null ist,

- 'wartend' bedeutet, daß der 'pending count' von Null verschieden ist und

- 'terminiert' heißt, daß der Taskknoten mit dem Resultat überschrieben werden kann.

Formal wird die Menge der *Taskknoten* damit wie folgt erklärt.

10.1.2 Definition Die Menge *Tasknodes* der *Taskknoten* definieren wir durch:

$$Tasknodes := \{\text{TASK}\} \times Marken \times Einträge^* \times Statusinf,$$

wobei

- $Marken := Fun \cup \Omega^+ \cup \{\text{arg}, \text{ur}\}$
- $Einträge := (\{V\} \times (A \cup \bigcup_{d \in D} \Gamma^{(\epsilon,d)})) \cup (\{P\} \times GAdr \times Evset)$
  und
- $Statusinf := \{\xi_0\} \cup ($

	$Evset \setminus \{\xi_0\}$	(Auswerter)
$\times$	$PAdr$	(Befehlszähler)
$\times$	$Einträge^*$	(Datenkeller)
$\times$	$Einträge^*$	(Verwaltungkeller lokaler Variablen)
$\times$	$\mathbb{N}$	('pending count')
$\times$	$LAdr^*$	(lokale Adressenliste)
$\times$	$GAdr^*)$	(globale Adressenliste).

Einen Taskknoten notieren wir i.a. in der Form

$$(\text{TASK}, \mu, \text{arglist}, \langle\, \xi,\, \text{ip},\, \text{ds},\, \text{lv},\, \text{pc},\, \text{lq},\, \text{gq}\, \rangle)$$

mit

- $\mu \in \textit{Marken}$,

- $\text{arglist} = \text{arg}_1 : \ldots : \text{arg}_h$ mit $\text{arg}_i \in \textit{Einträge}$ $(1 \le i \le h)$,

- $\xi \in \textit{Evset}$,

- $\text{ip} \in \textit{PAdr}$,

- $\text{ds} = d_m : \cdots : d_1$ mit $d_i \in \textit{Einträge}^*$ $(1 \le i \le m)$ (Kellerspitze rechts!),

- $\text{lv} = l_1 : \cdots : l_j$ mit $l_i \in \textit{Einträge}^*$ $(1 \le i \le j)$ (Kellerspitze links!),

- $\text{pc} \in \mathbb{N}$,

- $\text{lq} = \text{ladr}_1 \ldots \text{ladr}_k$ mit $\text{ladr}_i \in \textit{LAdr}$ $(1 \le i \le k)$,

- $\text{gq} = \text{gadr}_1 \ldots \text{gadr}_l$ mit $\text{gadr}_i \in \textit{GAdr}$ $(1 \le i \le l)$.

Argumentknoten werden für nicht-strikte Argumente erzeugt, deren Auswertung verzögert wird. Sie entsprechen schlafenden Tasks, denn bei der Aktivierung eines Argumentknotens wird derselbe mit einem Taskknoten, der die Marke 'arg' erhält, überschrieben. Argumentknoten haben die folgende Struktur:

ARGUMENT	Umgebung	Codeadressen

Die *Umgebung* enthält eine Liste mit Argumenten und einen Keller mit Adressen der Graphen lokaler Variablen, die zur Auswertung des Argumentes benötigt werden können. Außerdem sind drei *Codeadressen* angegeben, die die Codesequenzen, die im Falle einer Auswertung mit ξ_1, ξ_2 oder ξ_3 ausgeführt werden sollen, bestimmen[**]. Bei einer Aktivierung eines Argumentknotens mit Auswerter ξ_i wird der Argumentknoten mit einem Taskknoten überschrieben, der die Argumentliste und den Verwaltungskeller lokaler Variablen aus dem Argumentknoten übernimmt. Als Auswerter erhält der Taskknoten ξ_i und der Befehlszähler wird mit der i-ten Codeadresse aus dem Argumentknoten initialisiert.

Für nicht-strikte Argumente wird somit i.a. ein einzelner Graphknoten erzeugt, der neben den Umgebungsinformationen einen Zeiger auf die Übersetzung des Argumentausdruckes in Maschinencode enthält. Dies hat den Vorteil, daß die Repräsentation von nicht-strikten Argumenten unabhängig von der Größe solcher

---

[**]Falls nur der Auswerter ξ_1 in Frage kommt, wird die Codeadresse für ξ_1 der Einfachheit halber dreimal eingetragen.

Argumente ist. Der Aufwand für die Behandlung nicht-strikter Argumente ist also konstant. Außerdem erfolgt auf diese Weise auch die Auswertung nicht-strikter Argumente, falls sie erforderlich wird, durch die Ausführung von Maschinencode und *nicht interpretativ*, wie etwa in der G-Maschine [Johnsson 84]. Dort wird nämlich jedes nicht-strikte Argument durch einen Graphen repräsentiert, der die gesamte Struktur des Argumentes wiederspiegelt. Bei einer eventuellen Auswertung erfolgt eine Interpretation des Graphen. Diese Handhabung nicht-strikter Argumente erfordert zum einen für komplexe Argumente einen möglicherweise unnötigen Aufwand zur Konstruktion der Graphdarstellung des Argumentes. Zum anderen verliert man bei einer interpretativen Auswertung die Optimierungsmöglichkeiten, die bei einer Codesteuerung vorhanden sind. Außerdem werden spezielle Codesequenzen für die Kontrollstrukturen **letpar** und **case** und für beliebige Applikationen höherer Ordnung in Argumentausdrücken benötigt, die bei der hier beschriebenen Technik keine gesonderte Behandlung erfordern.

Die Ersetzung von *Argumentgraphen* durch Zeiger auf Code zur Auswertung der Argumente wurde erstmals in [Fairbairn, Wray 87] vorgeschlagen. Dort wird eine einfache sequentielle abstrakte Maschine entwickelt, in der nicht-strikte Argumente durch sogenannte 'Frames' oder 'Closures' bestehend aus einer Codesequenz und einer Liste der Variablenbindungen, auf die in der Codesequenz Bezug genommen wird, dargestellt werden. Die in unserer Arbeit verwendeten Argumentknoten entsprechen diesen 'Closures'. Durch den hier betrachteten mächtigeren Kalkül und die Berücksichtigung der Auswerter haben die Argumentknoten eine etwas komplexere Struktur als allgemeine 'Closures'.

Die 'Closure'-Technik, d.h. die Verwendung von 'Closures' bei der Implementierung funktionaler Sprachen geht natürlich bereits auf die SECD-Maschine von Landin zurück. Selbst in konventionellen Implementierungen imperativer Sprachen werden call-by-name Argumente durch 'closure'-ähnliche Objekte repräsentiert. Die in [Fairbairn, Wray 87] vorgestellte abstrakte Maschine zeigt also die Integration altbekannter, bereits bei der Implementierung imperativer Sprachen benutzter Techniken mit neuen, speziell für funktionale Sprachen entwickelten Implementierungsmethoden.

10.1.3 Definition Die Menge *Argnodes* der Argumentknoten wird wie folgt definiert:

$$Argnodes := \{\text{ARGUMENT}\} \times (\textit{Einträge}^* \times \textit{Einträge}^*) \times PAdr^3.$$

Terminale Knoten stehen für Ausdrücke in Kombinatornormalform, d.h. Konstante aus A, Konstruktorapplikationen sowie partielle Applikationen von Kombinatoren, Basisfunktionen und Konstruktoren.

Konstante aus A werden durch einfache *Datenknoten* der Form

$$\boxed{\text{BDATA} \mid \text{Wert}}$$

repräsentiert. Da wir Konstante in Argumentlisten und Datenkellern direkt repräsentieren, werden diese Knoten nur benötigt, um Taskknoten mit ihrem Ergebnis zu überschreiben.

Konstruktorapplikationen werden durch Graphen dargestellt, deren Wurzelknoten ein Datenknoten der Form

$$\boxed{\text{SDATA} \mid \text{Konstruktor} \mid \text{Komponentenliste} \mid \text{Auswerter}}$$

ist. Die Komponentenliste hat dieselbe Struktur wie Argumentlisten. Der Auswerter gibt an, bis zu welchem Grad die Struktur bereits ausgewertet ist.

Für partielle Applikationen führen wir einen neuen Knotentyp ein. Wir nennen diese Knoten *Funktionsknoten*, da partielle Applikationen Objekte vom funktionalem Typ repräsentieren. Durch Hinzufügen weiterer Argumente können Funktionsknoten 'vervollständigt' und dann durch Taskknoten ersetzt werden. Sie enthalten das Funktionssymbol, die partielle Argumentliste und die Anzahl der 'fehlenden' Argumente:

$$\boxed{\text{FUNCTION} \mid \gamma \mid \text{Argumentliste} \mid \text{Anzahl fehlender Argumente}}$$

Als Funktionssymbol γ können nicht nur Kombinatoren, sondern auch Konstruktoren oder Basisfunktionen auftreten. In diesen Fällen ist die Argumentliste aber leer, da partielle Applikationen im Kombinatorkalkül nur entsprechend dem Typ der Funktionssymbole erlaubt sind.

Terminale Knoten können beliebig oft kopiert werden, ohne daß es zu Mehrfachauswertungen von Ausdrücken kommt. Für Datenknoten ist diese Aussage trivial. Für Funktionsknoten gilt dies, weil wir für parallelisierte Kombinatorsysteme die Superkombinatoreigenschaft vorausgesetzt haben.

10.1.4 Definition Die Menge der *terminalen Knoten* wird somit wie folgt definiert:

$$
\begin{aligned}
\textit{Terminalnodes} := \quad & (\{\text{BDATA}\} \times A) \\
& \cup\, (\{\text{SDATA}\} \times \Gamma \times \textit{Einträge}^* \times \textit{Evset}) \\
& \cup\, (\{\text{FUNCTION}\} \times ((\textit{Fun} \times \textit{Einträge}^* \times \mathbb{N}) \\
& \qquad\qquad\qquad \cup\, ((\Omega \cup \Gamma) \times \{\epsilon\} \times \mathbb{N}))).
\end{aligned}
$$

Verweisknoten treten in den Maschinengraphen an den Stellen auf, an denen Teilgraphen auf anderen Prozessorelementen liegen. Die Verteilung des Graphen erfolgt durch die Aktivierung paralleler Prozesse, deren Taskknoten dann auf anderen Prozessorelementen abgespeichert werden. Auf dem Prozessorelement, auf dem die Aktivierung vorgenommen wird, werden die ursprünglichen (schlafenden) Taskknoten mit Verweisknoten folgender Form überschrieben:

INDIRECTION	?	Auswerter	Adressenlisten

Da die in den Taskknoten vorhandene Information nicht mehr benötigt wird, enthält der Verweisknoten keinerlei Informationen über die Art der Task. Das Fragezeichen in der zweiten Komponente des Verweisknoten zeigt an, daß die neue Adresse der Task nicht bekannt ist. Als weitere Informationen enthält der Knoten den Auswerter, mit dem die Aktivierung erfolgte, sowie Adressenlisten, die wie die entsprechenden Listen in den Statusinformationen von Taskknoten aufgebaut sind und auch denselben Zweck erfüllen. Erfolgt ein Zugriff auf einen Verweisknoten, so wird die entsprechende Task suspendiert, indem der 'pending count' inkrementiert wird. Die Adresse der Task wird in der Adressenliste des Verweisknoten eingetragen. Nach Beendigung eines parallelen Prozesses wird der zu dem Prozeß gehörige Verweisknoten mit der Wurzel des Ergebnisses des Prozesses überschrieben. Der 'pending count' der in der lokalen Adreßliste vermerkten Tasks wird dekrementiert. An alle im Verweisknoten vermerkten globalen Adressen wird das Ergebnis weitergeleitet.

Verweisknoten sind immer Platzhalter für Knoten, die auf anderen Prozessorelementen liegen. Sie werden auch angelegt, wenn eine Task ein Argument benötigt, das in der Argumentliste durch eine globale Adresse gegeben ist. In diesem Fall kann die Adresse des globalen Knotens, auf den der Verweisknoten zeigt, in demselben eingetragen werden.

Zur Vermeidung überflüssiger Kopien ist es manchmal sinnvoll, Taskknoten nach Beendigung mit einem Verweisknoten auf das Resultat zu überschreiben. Solche *lokalen Verweisknoten* bestehen einfach nur aus einem Tag und einer lokalen Adresse.

10.1.5 Definition Als *Verweisknoten* können die Maschinengraphen die Elemente folgender Menge enthalten:

$$Indnodes := \quad (\{INDIRECTION\}$$
$$\times \, (GAdr \cup \{?\}) \times Evset \times LAdr^* \times GAdr^*)$$
$$\cup \, (\{LOCAL\text{-}IND\} \times LAdr).$$

Damit ergibt sich als Menge aller Graphknoten:

10.1.6 Definition Die Menge *GNode* der *Maschinengraphknoten* wird definiert durch:

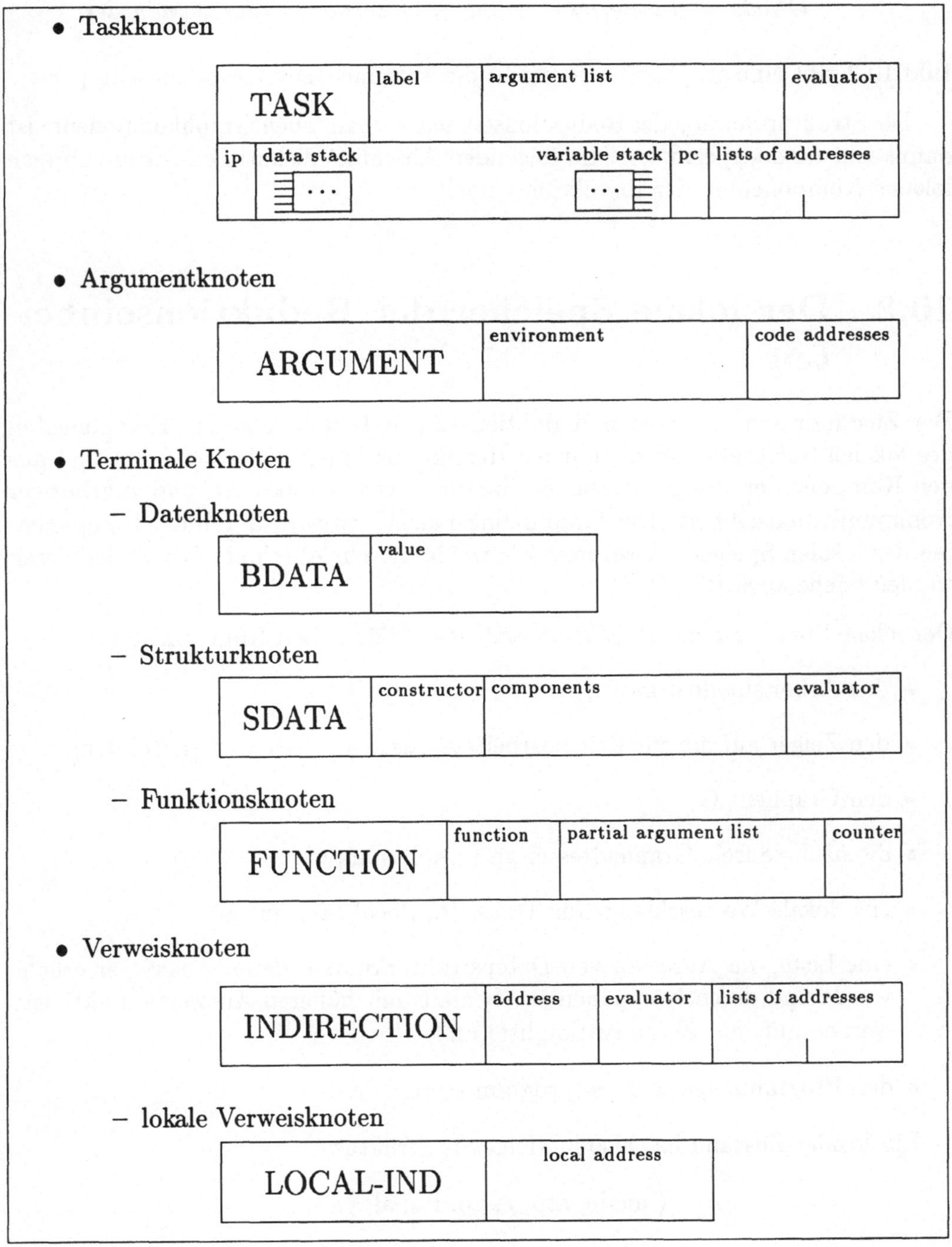

- Taskknoten

TASK	label	argument list		evaluator
	ip	data stack	variable stack	pc	lists of addresses

- Argumentknoten

ARGUMENT	environment	code addresses

- Terminale Knoten

  - Datenknoten

BDATA	value

  - Strukturknoten

SDATA	constructor	components	evaluator

  - Funktionsknoten

FUNCTION	function	partial argument list	counter

- Verweisknoten

INDIRECTION	address	evaluator	lists of addresses

  - lokale Verweisknoten

LOCAL-IND	local address

Bild 10.2: Graphknoten

$$GNode := Tasknodes \cup Argnodes \cup Terminalnodes \cup Indnodes.$$

Bild 10.2 gibt eine graphische Übersicht der verschiedenen Graphknotentypen.

Die Struktur der in jeder Reduktionseinheit vorhandenen Graphkomponente ist damit vollständig spezifiziert. Im folgenden Abschnitt diskutieren wir die übrigen lokalen Komponenten der Reduktionseinheiten.

10.2 Der lokale Speicher der Reduktionseinheiten

Der Zustandraum einer jeden Reduktionseinheit besteht aus den Komponenten des lokalen Speichers, auf die nur die Reduktionseinheit zugreifen kann, und aus den Komponenten des gemeinsamen Speichers von Reduktions- und zugehöriger Kommunikationseinheit. Der Graphreduktionsprozeß wird durch die Komponenten des lokalen Speichers bestimmt, die wir in diesem Abschnitt formal definieren werden (siehe auch Bild 10.3).

Der lokale Speicher einer Reduktionseinheit enthält sieben Komponenten:

- den Arbeitsmodus: mode,

- den Zeiger auf die zur Zeit bearbeitete Task: atp (active task pointer),

- den Graphen: G,

- die nächste freie Graphadresse: gp (graph pointer),

- eine lokale Warteschlange für Tasks: ltq (local task queue),

- eine Liste von Adressen von Datenstrukturknoten, deren Auswerter erhöht wurde und deren Komponenten ebenfalls mit höheren Auswertern aktiviert werden müssen: al (activation list) und

- den Programmspeicher ps (program store).

Ein lokaler Zustand hat also i.a. folgende Struktur

$$\langle \text{ mode, atp, g, gp, ltq, al, ps } \rangle.$$

Vier *Arbeitsmodi* werden für Reduktionseinheiten unterschieden: der Kommunikationsmodus (cm), der Wartemodus (wm), der Reduktionsmodus (rm) und der Aktivierungsmodus (am).

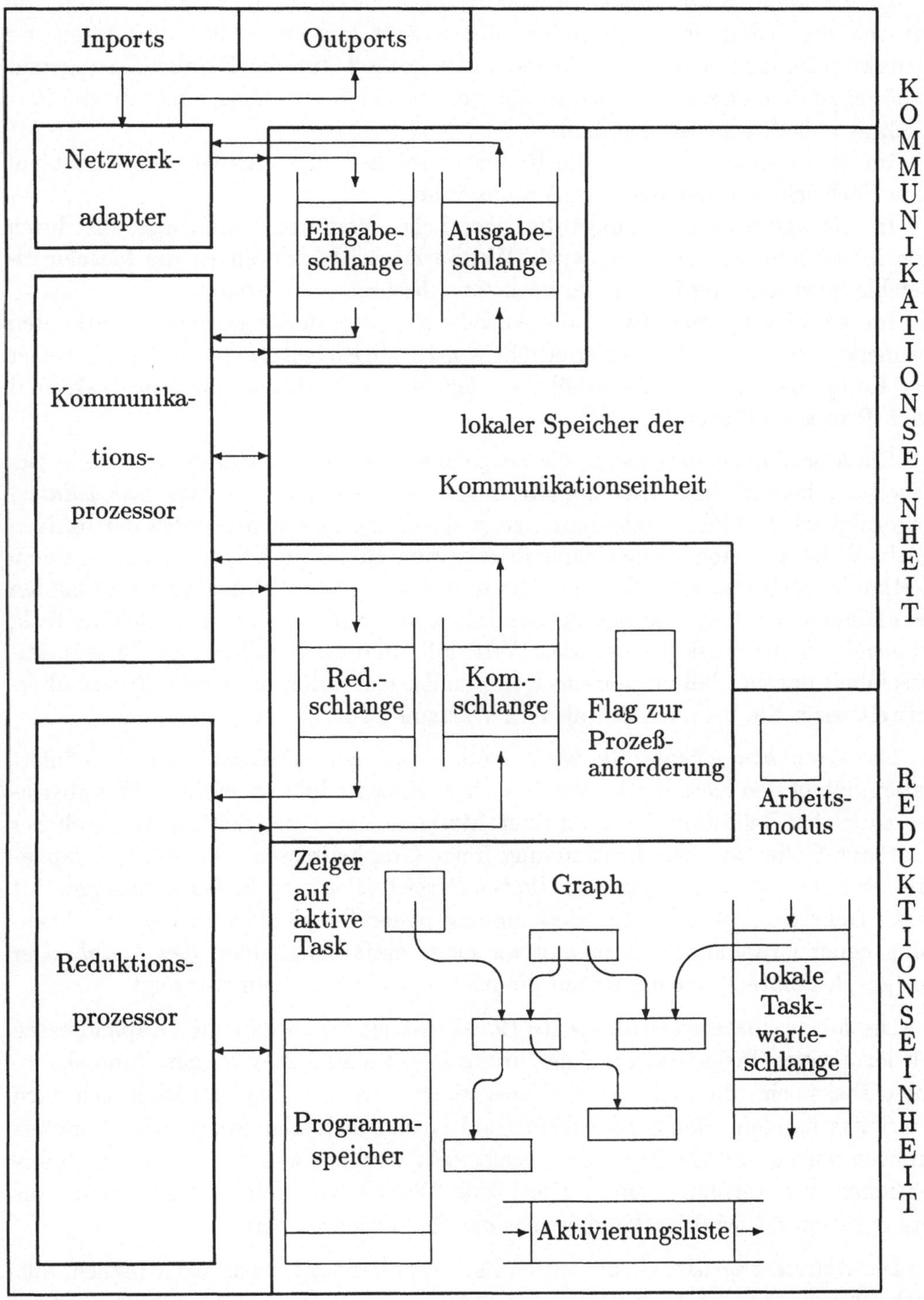

Bild 10.3: Zustandsraum der Reduktionseinheit

Im *Kommunikationsmodus* bearbeitet die Reduktionseinheit Nachrichten, die ihr von der Kommunikationseinheit übermittelt werden. Alle Aktivitäten der Reduktionseinheit in diesem Modus sind spezifisch für die Parallelisierung und gehören zu dem Organisationsaufwand, der von der Reduktionseinheit für die Parallelität aufgebracht werden muß.

Im *Wartemodus* (wm) ist die Reduktionseinheit ohne Arbeit und wartet auf eine Nachricht von der Kommunikationseinheit.

Im *Reduktionsmodus* erfolgt die eigentliche Programmausführung, die durch den Maschinencode gesteuert wird. Welche Zustandsänderungen die Maschinenbefehle bewirken, werden wir im nächsten Abschnitt spezifizieren.

Im *Aktivierungsmodus* wird die Aktivierungsliste, in der Datenstrukturknoten vermerkt sind, deren Auswerter erhöht wurde, abgearbeitet, indem die Auswerter der Komponenten ebenfalls erhöht werden, was zur Aktivierung von Tasks und auch Prozessen führen kann.

Die Maschinencodesequenz, die ausgeführt wird, hängt von der gerade in Bearbeitung befindlichen Task ab, die durch den Zeiger atp (*active task pointer*) angezeigt wird. Genau genommen zeigt der Zeiger auf den *Knoten* der aktiven Task. Er ist also eine lokale Graphadresse. Eine Reduktionseinheit kann zu einem Zeitpunkt höchstens eine Task ausführen, obwohl mehrere aktive Tasks vorhanden sein können. Enthält eine Reduktionseinheit in ihrem Speicher keine aktive Task, so hat der 'active task pointer' den Wert 'nil'. In diesem Fall wartet die Reduktionseinheit darauf, daß ihr von der Kommunikationseinheit ein neuer Prozeß übermittelt wird. Sie befindet sich also im Wartemodus.

Die *Graphkomponente*, die wir bereits im vorigen Abschnitt formal definiert haben, bildet den Kern des lokalen Speichers einer Reduktionseinheit. Wir abstrahieren in der Definition der abstrakten Maschine zur Vereinfachung von jeglicher 'Garbage Collection' zur Bestimmung freier Graphadressen. Als lokale Graphadressen haben wir daher den *unendlichen* Bereich aller natürlichen Zahlen gewählt (vgl. Definition 10.1.1). Zur Bestimmung neuer Graphadressen bei der Erzeugung neuer Graphknoten benutzen wir einen einfachen Zähler, den *Graphzeiger* gp (graph pointer), der immer auf die nächste freie Graphadresse zeigt.

Die *lokale Taskwarteschlange* ltq (local taskqueue) enthält die Graphadressen lokaler aktiver Tasks, die zur Ausführung bereit sind. Dies können Subtasks lokaler Tasks sein, die nicht parallel ausgeführt werden sollen. Es kann sich auch um Tasks handeln, deren Ausführung auf Grund fehlender Informationen unterbrochen wurde und die inzwischen reaktiviert wurden, weil die benötigten Informationen nun verfügbar sind. Die lokale Taskwarteschlange ist notwendig zur Organisation des Multitaskingbetriebs der Reduktionseinheit.

Die *Aktivierungsliste* al (activation list) wird benötigt, wenn nachträglich, d.h. nach Beendigung der Auswertung von Strukturen, der Auswerter erhöht wird, so daß eine weitere Auswertung der Komponenten der Strukturen möglich wird. Die Steuerung der Aktivierung erfolgt anhand der Einträge in der Aktivierungsliste, die aus folgender Menge sind:

$$LAdr \times (\mathbb{N} \times Evset)^*.$$

Ein Eintrag der Form $(ladr, (i_1, ev_1) \ldots (i_k, ev_k))$ bedeutet, daß die Komponenten $i_1 - i_k$ des Datenstrukturknotens mit der lokalen Adresse ladr mit den Auswertern $ev_1 - ev_k$ aktiviert werden können. Die Abarbeitung der Aktivierungsliste erfolgt im *Aktivierungsmodus.*

Schließlich enthält der lokale Speicher jeder Reduktionseinheit einen *Programmspeicher* ps, der aus fünf Komponenten besteht:

- den Codeadressentabellen ca-c und ca-f, die zu Kombinatoren (bzgl. Auswertern und Aktivierungsarten) bzw. Basisfunktionen die Codeanfangsadressen angeben:

$$\text{ca-c} : Fun \times Evset \times \{\text{dir, indir}\} - \rightarrow PAdr \quad \text{und} \quad \text{ca-f} : \Omega^+ \rightarrow PAdr,$$

- der Rangfunktion

$$\text{rg} : Fun - \rightarrow \mathbb{N},$$

- einer Funktion c-evt, die die kontextfreien 'evaluation transformer' von Konstruktoren beschreibt:

$$\text{c-evt} : \Gamma \times Evset \rightarrow (\mathbb{N} \times Evset)^*$$

und

- dem eigentlichen Codebereich c, der durch eine Abbildung von den Programmadressen in die Maschinenbefehle *Instr* beschrieben wird:

$$\text{c} : PAdr - \rightarrow Instr.$$

Zu Kombinatoren werden die Codeanfangsadressen in Abhängigkeit des Auswerters und der Aktivierungsart angegeben. Dabei werden zwei verschiedene Aktivierungsarten unterschieden — die sogenannte *direkte Aktivierung* (dir) und die sogenannte *indirekte Aktivierung* (indir). Hierauf werden wir später noch genau eingehen.

Für die Funktion c-evt gilt:

$$\text{c-evt}(c, ev) = (i_1, ev_1) \ldots (i_k, ev_k),$$

falls

$$\mathrm{ET}_{i_j}(c)(\mathrm{ev}) = \mathrm{ev}_j \text{ mit } \mathrm{ev}_j \neq \xi_0 \text{ für } 1 \leq i \leq k$$

und

$$\mathrm{ET}_l(c)(\mathrm{ev}) = \xi_0 \text{ für alle } l \notin \{i_1, \ldots, i_k\}.$$

Wird der Auswerter eines Datenstrukturknotens mit Konstruktor c und lokaler Adresse ladr auf ξ' erhöht, so wird die Aktivierungsliste um den Eintrag

$$(\text{ladr, c-evt}(c, \xi'))$$

zur Steuerung der Aktivierung der Komponentenstrukturen erweitert.

Als Programmadressen wählen wir die Menge der natürlichen Zahlen. Zur Vereinfachung werden wir annehmen, daß alle Reduktionseinheiten in ihren Programmspeichern die Übersetzung des gesamten parallelisierten Kombinatorprogramms enthalten.

Die Menge *Instr* der Maschinenbefehle wird im nächsten Abschnitt definiert. Dort wird auch die Semantik der einzelnen Befehle festgelegt.

10.2.1 Definition   Der *lokale Zustandsraum* einer Reduktionseinheit LSt_{RE} (local store) wird festgelegt durch:

$$
\begin{array}{lll}
LSt_{\mathrm{RE}} \quad := & \{\mathrm{rm, cm, wm, am}\} & \text{(Arbeitsmodus)} \\
\times & (LAdr \cup \{\mathrm{nil}\}) & \text{('active task pointer')} \\
\times & Graph & \text{(Graphkomponente)} \\
\times & LAdr & \text{(Graphzeiger)} \\
\times & LAdr^* & \text{(lokale Taskwarteschlange)} \\
\times & (LAdr \times (\mathbb{N} \times Evset)^*)^* & \text{(Aktivierungsliste)} \\
\times & Pstore & \text{(Programmspeicher)}
\end{array}
$$

wobei mit $PAdr := \mathbb{N}$

$$
\begin{aligned}
Pstore := \ & [Fun \times Evset \times \{\mathrm{dir, indir}\} - \rightarrow PAdr] \\
& \times [\Omega^+ \rightarrow PAdr] \\
& \times [Fun - \rightarrow \mathbb{N}] \\
& \times [\Gamma \times Evset \rightarrow (\mathbb{N} \times Evset)^*] \\
& \times [PAdr - \rightarrow Instr].
\end{aligned}
$$

Die Menge *Instr* der Maschineninstruktionen wird im nächsten Abschnitt spezifiziert.

Wie wir noch sehen werden, ist die explizite Angabe des Arbeitsmodus im Zustandsraum der Reduktionseinheit nicht notwendig. Wir haben diese Komponente aus didaktischen Gründen zur Klassifizierung der verschiedenen Transitionen der Reduktionseinheiten in den Zustandsraum aufgenommen.

10.3 Die Maschineninstruktionen

In der parallelen Maschine werden vier Klassen von Maschinenbefehlen unterschieden.

- die Datenkellerbefehle,

- die Sprungbefehle,

- die Graphbefehle und schließlich

- die Prozeßbefehle.

Wir beginnen mit der formalen Definition des Befehlssatzes:

10.3.1 Definition Die Menge *Instr* der Maschinenbefehle der abstrakten parallelen Maschine ist definiert durch:

$$Instr := DSInstr \cup CInstr \cup GInstr \cup PInstr,$$

wobei

$$DSInstr := \{\ \text{LIT } v \mid v \in \bigcup_{s \in S} \Omega^{(\epsilon,s)} \cup \bigcup_{d \in D} \Gamma^{(\epsilon,d)}\}$$
$$\cup \{\ \text{EXEC } f \mid f \in \Omega^+\}$$
$$\cup \{\ \text{NODE } (c,\xi) \mid c \in \Gamma^+\}$$

die Menge der *Datenkellerinstruktionen* (data stack instructions),

$$CInstr := \quad \{\ \text{JMP } l,\ \text{JPFALSE } l \mid l \in PAdr\}$$
$$\cup \{\ \text{CASE } \langle(c_1,l_1),\ldots,(c_k,l_k)\rangle \mid \exists d \in D : \Gamma^{(d)} = \{c_1,\ldots,c_k\},$$
$$l_1,\ldots,l_k \in PAdr\}$$

die Menge der *Sprung- oder Kontrollbefehle* (control instructions),

$$GInstr := \quad \{\ \text{LOAD } i,\ \text{LOADLOC } i \mid i \in \mathbb{N}\}$$
$$\cup \{\ \text{GET } m,\ \text{STORE } m,\ \text{POP } m \mid m \in \mathbb{N}\} \cup \{\ \text{SPLIT }\}$$
$$\cup \{\ \text{ARGNODE } (l_1,l_2,l_3) \mid l_i \in PAdr\ (1 \le i \le 3)\}$$
$$\cup \{\ \text{MKNODE } (\mu,i) \mid \mu \in Fun \cup \Gamma^+ \cup \Omega,\ i \in \mathbb{N}\}$$
$$\cup \{\ \text{APPLY } i \mid i \in \mathbb{N}\}$$

die Menge der *Graphbefehle* (graph instructions) und

$$PInstr := \quad \{\ \text{EVALUATE } \xi,\ \text{ACTIVATE } \xi,\ \text{INITIATE } \xi \mid \xi \in Evset\}$$
$$\cup \{\ \text{INITARG } (i,\xi),\ \text{INITLOC } (i,\xi) \mid i \in \mathbb{N}, \xi \in Evset\}$$
$$\cup \{\ \text{GETARG } (i,\xi),\ \text{GETLOC } (i,\xi) \mid i \in \mathbb{N}, \xi \in Evset\}$$
$$\cup \{\ \text{WAIT } m \mid m \in \mathbb{N}\}$$
$$\cup \{\ \text{RET } \xi \mid \xi \in Evset\}$$
$$\cup \{\ \text{PUSH } (F,i) \mid F \in Fun, i \in \mathbb{N}\}$$

die Menge der *Prozeßbefehle* (process instructions) ist.

Die einzelnen Befehle bewirken jeweils eine Transformation des lokalen Zustandsraumes der Reduktionseinheit, wobei die Datenkeller- und Variablenkellertransformationen sich jeweils auf die Keller der durch den 'active task pointer' angezeigten Task beziehen. Die Prozeßbefehle können außerdem zur Erzeugung von Nachrichten führen. Da die Adressenbehandlung von der Nummer des Prozessorelementes abhängt, tritt diese als Parameter der Befehlssemantik auf.

Die Befehlssemantik hat also folgenden allgemeinen Typ

$$\mathcal{C} : Instr \times \{1, \ldots, n\} \to LSt_{RE}- \to LSt_{RE} \times RedMes^*,$$

wobei *RedMes* die Menge der von Reduktionseinheiten erzeugten Nachrichten bezeichnet. Diese nennen wir auch *Reduktionsnachrichten*, da sie für die Parallelisierung des Reduktionsprozesses essentiell sind. Eine formale Spezifikation dieser Nachrichtenmenge wird später angegeben.

Wie wir sehen werden, gilt für Instruktionen $ins \notin PInstr$, falls $pnr \in \{1, \ldots, n\}$ und $st \in LSt_{RE}$

$$proj_2(\mathcal{C}[\![ins]\!]pnr\ st) = \epsilon.$$

Wir definieren die Befehlssemantik daher im folgenden zunächst jeweils für die verschiedenen Instruktionsklassen.

10.3.1　Datenkellerbefehle

Die *Datenkellerbefehle* beschreiben die operativen Fähigkeiten des Datenkellers. Sie können in eindeutiger Weise den Basisfunktionen und Konstruktoren zugeordnet werden.

- LIT v ermöglicht das Laden von nullstelligen Basisfunktionen bzw. nullstelligen Konstruktoren auf den Datenkeller.

- EXEC f appliziert die Basisfunktion f auf die obersten Elemente des Datenkellers entsprechend der Stelligkeit von f. Diese Argumente müssen als Werte auf dem Datenkeller vorliegen. Sie werden durch das Ergebnis der Applikation ersetzt.

- NODE (c, ξ) erzeugt einen Konstruktordatenknoten mit Konstruktor c, Auswerter ξ und den obersten m Elementen des Datenkellers als Komponenten, wenn m die Stelligkeit von c ist. Die vom Datenkeller genommenen Komponenten werden durch einen Zeiger auf den neu erzeugten Datenknoten ersetzt (siehe Bild 10.4).

Die Befehlssemantik der Datenkellerbefehle wird wie folgt festgelegt:

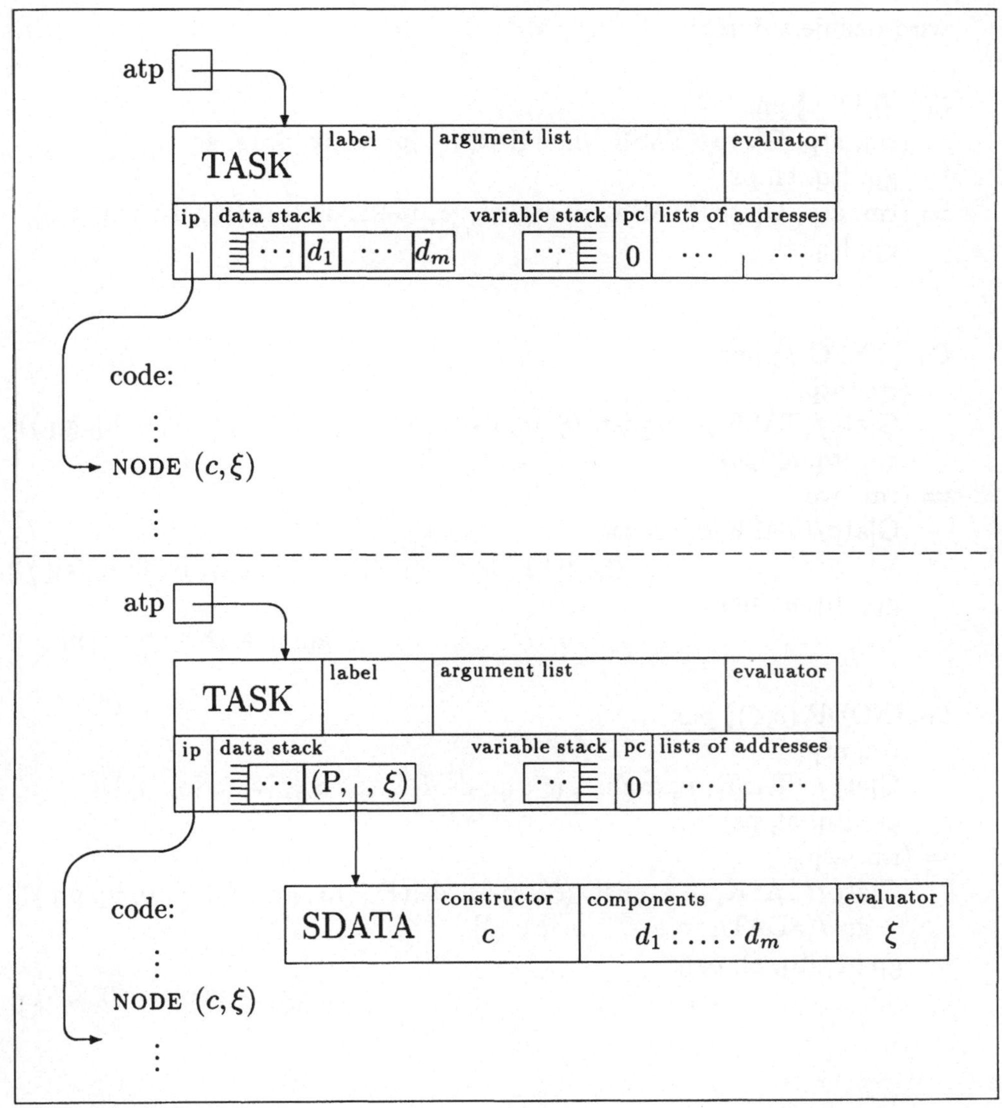

Bild 10.4: Der Befehl NODE (c, ξ)

10.3.2 Definition

$$\mathcal{C}_{\mathrm{DS}} : DSInstr \times \{1,\ldots,n\} \to LSt_{\mathrm{RE}} - \to LSt_{\mathrm{RE}}$$

wird definiert durch:

$\mathcal{C}_{\mathrm{DS}}$ [LIT v] pnr
   (rm, atp, G[atp/(TASK, μ, arglist, $\langle \xi$, ip, ds, lv, 0, lq, gq $\rangle$)],
   gp, ltq, al, ps)[†]
:= (rm, atp, G[atp/(TASK, μ, arglist, $\langle \xi$, ip+1, ds:$\langle V, \phi(v) \rangle$, lv,0,lq,gq$\rangle$)],
   gp, ltq, al, ps).

$\mathcal{C}_{\mathrm{DS}}$[EXEC f] pnr
   (rm, atp,
   G[atp/(TASK,μ, arglist, $\langle \xi$, ip, ds:$\langle V, a_1 \rangle : \ldots : \langle V, a_m \rangle$, lv, 0, lq, gq $\rangle$)],
   gp, ltq, al, ps)
:= (rm, atp,
   G[atp/(TASK,μ, arglist,
                     $\langle \xi$, ip+1, ds:$\langle V, \phi(f)(a_1,\ldots,a_m) \rangle$, lv, 0, lq, gq $\rangle$)],
   gp, ltq, al, ps),

$$\text{falls } f \in \Omega^{(s_1\ldots s_m, s)}, m > 0.$$

$\mathcal{C}_{\mathrm{DS}}$[NODE (c, ξ)] pnr
   (rm, atp,
   G[atp/ (TASK, μ, arglist, $\langle \xi'$, ip, ds:$d_1 : \ldots : d_m$, lv, 0, lq, gq $\rangle$)],
   gp, ltq, al, ps)
:= (rm, atp,
   G[atp/(TASK, μ, arglist, $\langle \xi'$, ip+1, ds:$\langle P,$(pnr, gp)$, \xi \rangle$, lv, 0, lq, gq $\rangle$)],
     gp /(SDATA, $c, d_1 : \ldots : d_m, \xi$)],
   gp+1, ltq, al, ps),

$$\text{falls } c \in \Gamma^{(s_1\ldots s_m, d)}, m > 0.$$

10.3.2   Kontrollbefehle

Die *Sprung-* oder *Kontrollbefehle* sind die Befehle, die zur Übersetzung von konditionalen Ausdrücken benötigt werden.

[†]Diese Schreibweise bedeutet, daß die Befehlssemantik nur für Zustände dieser Form definiert ist.

- JMP l bewirkt einen unbedingten Sprung zur Programmadresse l.

- JPFALSE l testet das oberste Element des Datenkellers, das die Form $\langle V, b \rangle$ mit $b \in \{T, F\}$ haben muß. Ist $b = F$ erfolgt ein Sprung nach l. Sonst wird der Befehlszähler lediglich inkrementiert. Der boolesche Wert auf dem Datenkeller wird gelöscht.

- CASE $\langle (c_1, l_1), \ldots, (c_k, l_k) \rangle$ hat als Parameter eine Sprungtabelle. Das oberste Element des Datenkellers muß einen Konstruktor repräsentieren, also von der Form

  - $\langle V, c \rangle$ mit $c \in \Gamma^{(\epsilon, d)}$ für ein $d \in D$ sein oder von der Form

  - $\langle P, (\text{pnr,ladr}), \xi' \rangle$, wobei pnr die Nummer des betrachteten Prozessorelementes ist und $G(\text{ladr}) = (\text{SDATA}, c, \text{arglist}', \tilde{\xi})$.

Ist $c = c_j$ für ein $j \in \{1, \ldots, k\}$, so erfolgt ein Sprung nach l_j. Das oberste Datenkellerelement wird dabei gelöscht. Ansonsten ist der Befehl nicht definiert.

10.3.3 Definition

$$\mathcal{C}_C : CInstr \times \{1, \ldots, n\} \to LSt_{RE} - \to LSt_{RE}$$

wird definiert durch:

$\mathcal{C}_C [\![\text{JMP } l]\!]$ pnr
    (rm, atp,
    G[atp/(TASK, μ, arglist, $\langle \xi$, ip, ds, lv, 0, lq, gq $\rangle)$], gp, ltq, al, ps)
:= (rm, atp,
    G[atp/(TASK, μ, arglist, $\langle \xi, l$, ds, lv, 0, lq, gq $\rangle)$], gp, ltq, al, ps).

$\mathcal{C}_C [\![\text{JPFALSE } l]\!]$ pnr
    (rm, atp, G[atp/(TASK, μ, arglist, $\langle \xi$, ip, ds:$\langle V, b \rangle$, lv, 0, lq, gq $\rangle)$],
    gp, ltq, al, ps)

$$:= \begin{cases} \begin{array}{l} \text{(rm, atp,} \\ \text{G[atp/(TASK, } \mu \text{, arglist, } \langle \xi, l \text{, ds, lv, 0, lq, gq } \rangle)], \\ \text{gp, ltq, al, ps)} \end{array} & \text{falls } b = F, \\[2em] \begin{array}{l} \text{(rm, atp,} \\ \text{G[atp/(TASK, } \mu \text{, arglist, } \langle \xi \text{, ip+1, ds, lv, 0, lq, gq } \rangle)], \\ \text{gp, ltq, al, ps)} \end{array} & \text{falls } b = T. \end{cases}$$

$\mathcal{C}_{\mathrm{C}}[\![\mathrm{CASE}\ \langle(c_1, l_1), \ldots, (c_k, l_k)\rangle]\!]$ pnr
$\quad$ (rm, atp, G[atp/(TASK, μ, arglist, $\langle \xi$, ip, ds:d_0, lv, 0, lq, gq $\rangle$)],
$\qquad$ gp, ltq, al, ps)
$:=$ (rm, atp, G[atp/(TASK, μ, arglist, $\langle \xi$, l_i, ds, lv, 0, lq, gq $\rangle$)],
$\qquad$ gp, ltq, al, ps),
$$\text{falls } d_0 = \langle V, c_i \rangle \text{ mit } c_i \in \Gamma^{(\epsilon, d)}\ (d \in D)$$
$$\text{oder } d_0 = \langle P,\ (\text{pnr, ladr}),\ \xi' \rangle \text{ mit}$$
$$\text{G(ladr)} = (\text{SDATA},\ c_i,\ \text{arglist}',\ \tilde{\xi}).$$

10.3.3 Graphbefehle

Die *Graphbefehle* ermöglichen die Manipulation der Graphkomponente:

- LOAD i lädt das i-te Argument der aktuellen Task auf den Datenkeller.

- LOADLOC i lädt das i-te Element des Kellers zur Verwaltung der lokalen Variablen auf den Datenkeller.

- GET m ersetzt die lokalen Zeiger auf Datenknoten unter den obersten m Datenkellerelementen durch die in den Datenknoten gespeicherten Werte. Dieser Befehl wird etwa vor einem EXEC f mit m-stelligem f ausgeführt, da letzterer auf dem Datenkeller Werte erwartet.

- STORE m schiebt die obersten m Elemente des Datenkellers auf den Verwaltungskeller lokaler Variablen.

- POP m löscht die obersten m Elemente des Verwaltungskellers.

- SPLIT zerlegt die Datenstruktur, auf die das oberste Element des Datenkellers zeigt, in ihre Komponenten. Die Komponentenliste wird auf den Verwaltungskeller lokaler Variablen geladen.

- MKNODE (μ, i) erzeugt einen neuen Taskknoten, falls μ ein Kombinator mit Rang i oder eine Basisfunktion mit Stelligkeit i ist. Als Markierung wird μ in den Taskknoten eingetragen. Die i obersten Elemente des Datenkellers werden als Argumentliste genommen. Als Status wird der Auswerter ξ_0 gewählt (siehe Bild 10.5a).

Ist μ ein Kombinator mit Rang $r_\mu > i$ oder eine Basisfunktion bzw. ein Konstruktor und $i = 0$, so wird ein Funktionsknoten generiert. Wiederum werden i Elemente vom Datenkeller in die Argumentliste des neu erzeugten Knotens übernommen (siehe Bild 10.5b).

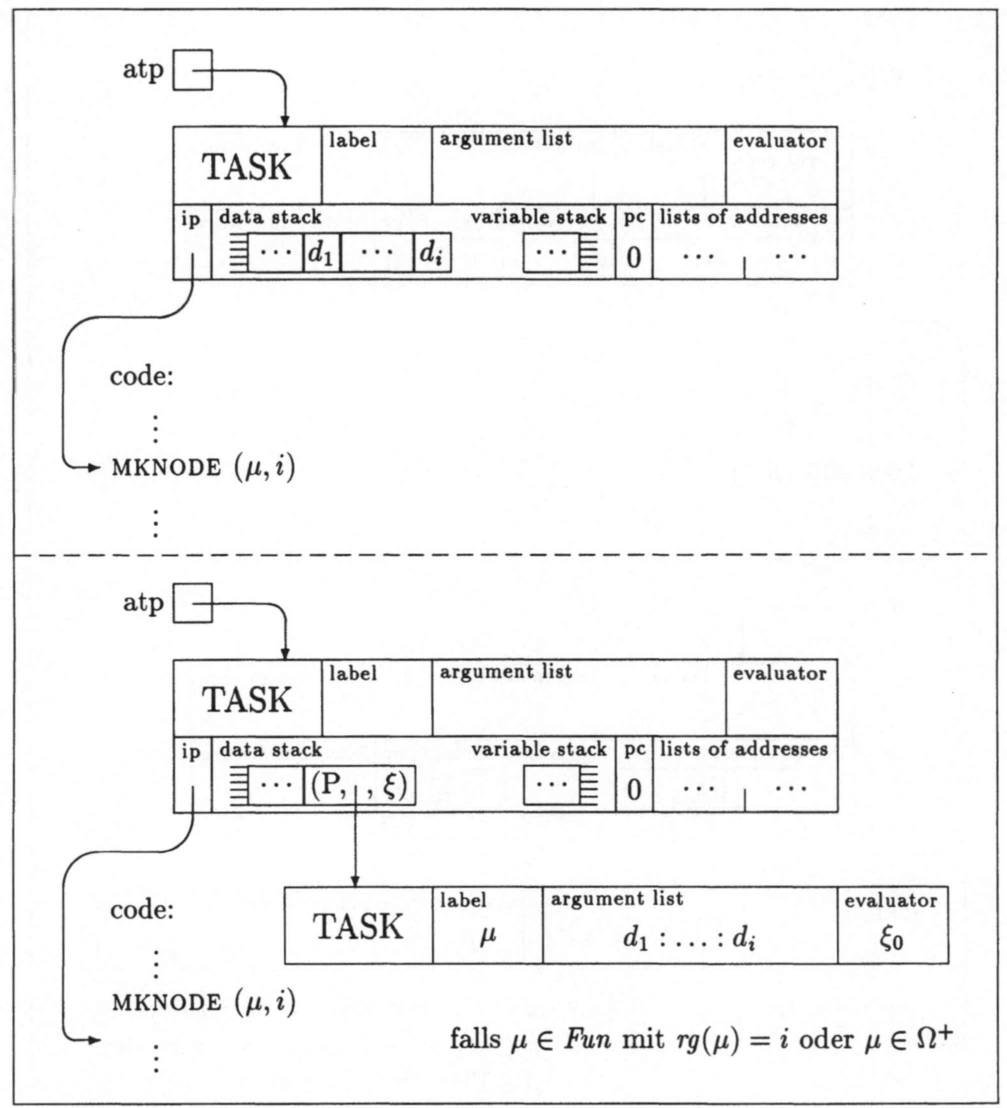

Bild 10.5a: Generierung eines schlafenden Taskknotens mittels MKNODE

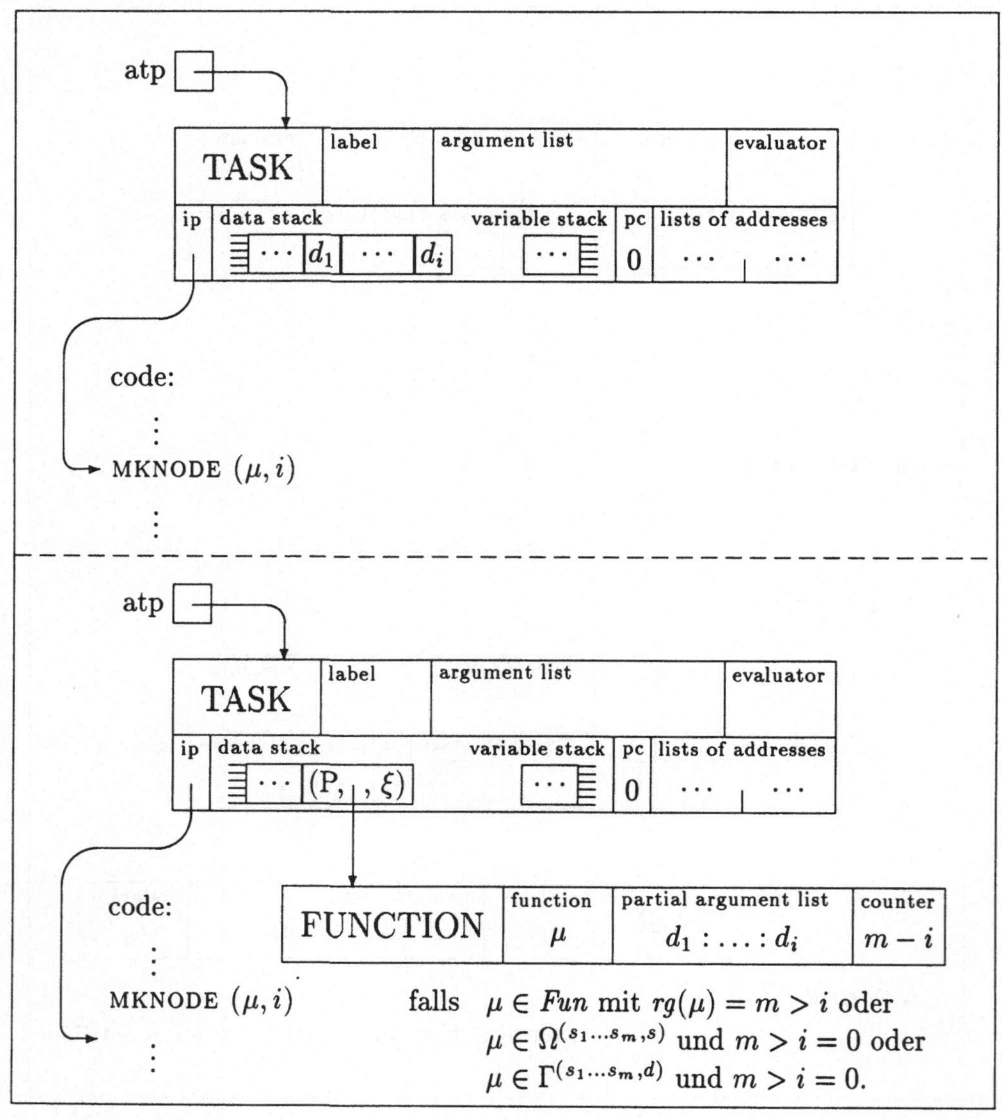

Bild 10.5b: Generierung eines Funktionsknotens mittels MKNODE

Die vom Datenkeller genommenen Argumente werden durch die Adresse des neu erzeugten Knotens ersetzt.

- ARGNODE (l_1, l_2, l_3) erzeugt einen Argumentknoten mit den als Parameter gegebenen Codeadressen. Als Umgebung werden in den Argumentknoten die Argumentliste und der Verwaltungskeller der lokalen Variablen des gerade ausgeführten Taskknoten übernommen.

- APPLY i erwartet auf der Spitze des Datenkellers einen lokalen Zeiger auf einen Funktionsknoten und darunter i Argumente, mit denen der Funktionsknoten vervollständigt werden soll (siehe Bild 10.6a).

  Die $i+1$ obersten Elemente des Datenkellers werden ersetzt durch einen Zeiger auf den neu erzeugten Knoten, der dadurch entsteht, daß die (partielle) Argumentliste des Funktionsknoten um die i auf dem Datenkeller gegebenen Argumente erweitert wird.

  Ergibt sich eine vollständige Applikation, so wird ein Taskknoten mit Zustand ξ_0 oder, falls die Markierung ein Konstruktorsymbol ist, ein Datenstrukturknoten mit Auswerter ξ_1 erzeugt (Bild 10.6 b–c). Anderenfalls wird wieder ein Funktionsknoten generiert (Bild 10.6 d).

10.3.4 Definition

$$\mathcal{C}_G : \textit{Instr} \times \{1, \ldots, n\} \to \textit{LSt}_{RE} - \to \textit{LSt}_{RE}$$

wird definiert durch:

$\mathcal{C}_G[\text{LOAD } i] \text{ pnr}$
  $(\text{rm, atp, G[atp}/(\text{TASK}, \mu, \text{arg}_1 : \ldots : \text{arg}_k, \langle \xi, \text{ip, ds, lv}, 0, \text{lq, gq} \rangle)]$
  $\text{gp, ltq, al, ps})$
$:= (\text{rm, atp, G[atp}/(\text{TASK}, \mu, \text{arg}_1 : \ldots : \text{arg}_k,$
$\langle \xi, \text{ip+1, ds:arg}_i, \text{lv}, 0, \text{lq, gq} \rangle)],$
  $\text{gp, ltq, al, ps})$
  $(k \geq i)$

$\mathcal{C}_G[\text{ LOADLOC } i] \text{ pnr}$
  $(\text{rm, atp, G[atp}/(\text{TASK}, \mu, \text{arglist}, \langle \xi, \text{ip, ds}, l_1 : \ldots : l_m, 0, \text{lq, gq} \rangle)],$
  $\text{gp, ltq, al, ps})$
$:= (\text{rm, atp, G[atp}/(\text{TASK}, \mu, \text{arglist},$
$\langle \xi, \text{ip+1, ds:}l_i, l_1 : \ldots : l_m, 0, \text{lq, gq} \rangle)],$
  $\text{gp, ltq, al, ps})$
  $(m \geq i)$

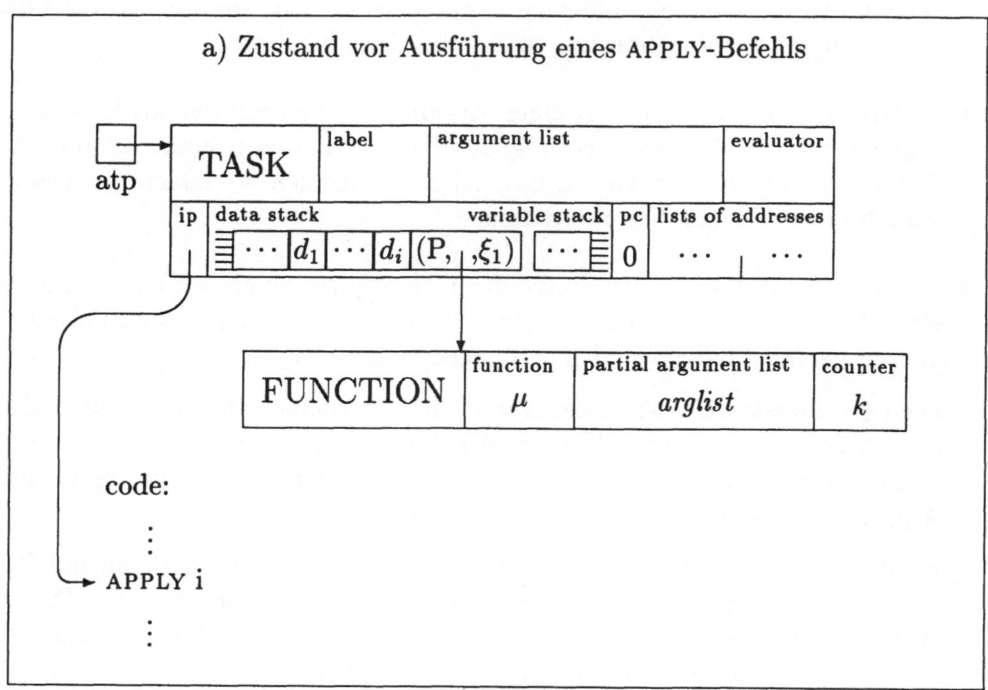

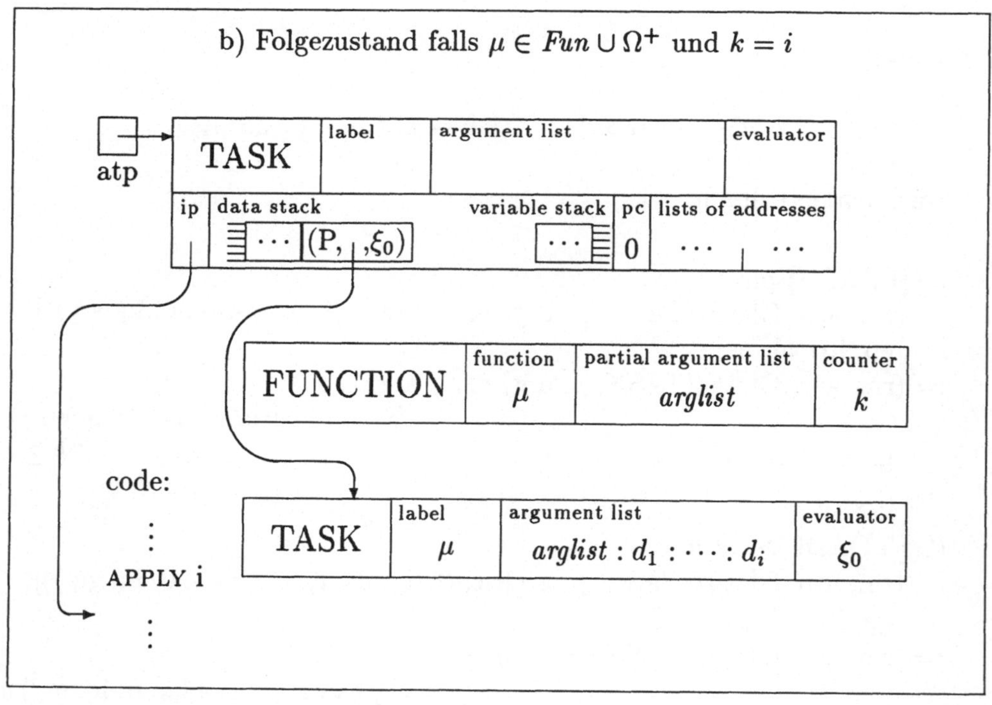

Bild 10.6 a/b: Der APPLY-Befehl

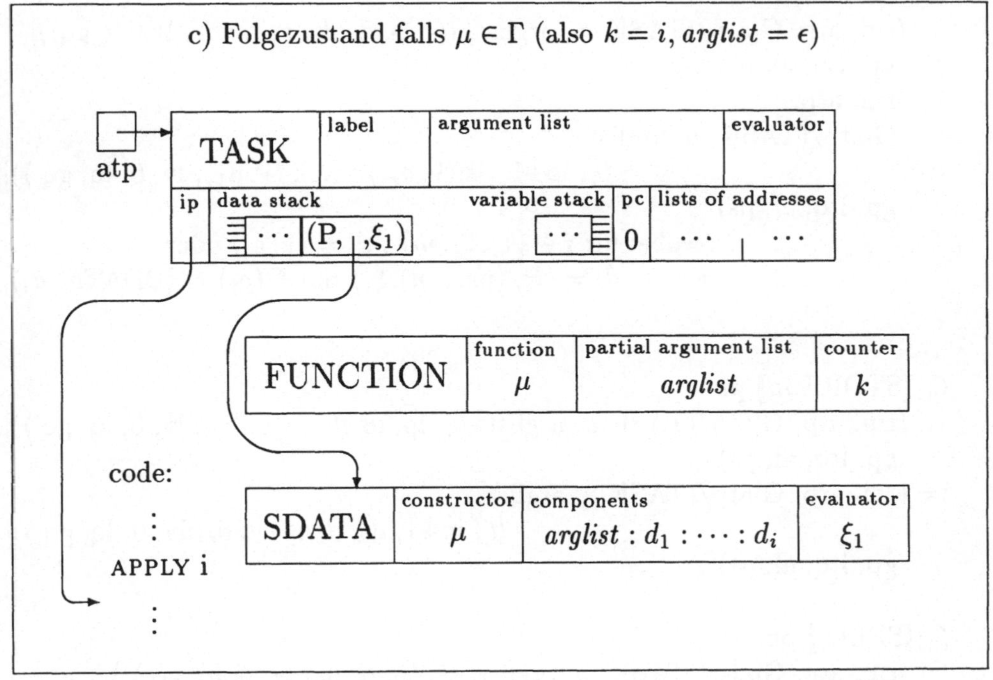

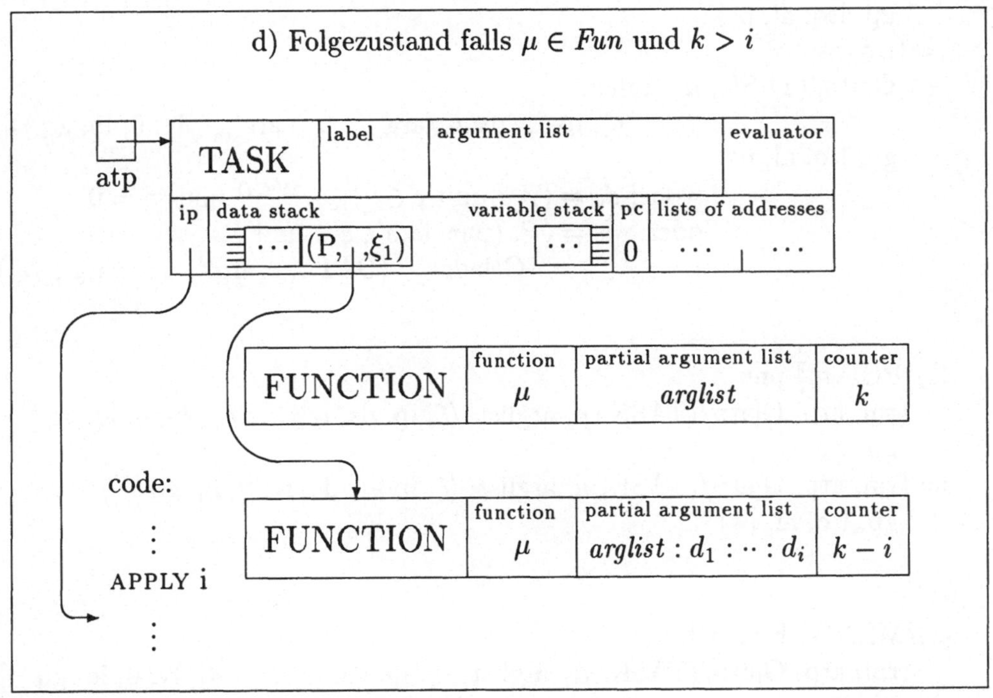

Bild 10.6 c/d: Der APPLY - Befehl

$\mathcal{C}_{\mathrm{G}}[\![\mathrm{GET}\ m]\!]$ pnr
$\quad$ (rm, atp, G[atp/(TASK, μ, arglist, $\langle \xi$, ip, ds:d_m : $\ldots$: d_1, lv,0,lq,gq$)\rangle$)],
$\quad\quad$ gp, ltq, al, ps)
$:=$ (rm, atp,
$\quad\quad$ G[atp/(TASK, μ, arglist,
$$\langle \xi,\ \mathrm{ip+1},\ \mathrm{ds}{:}\langle V, a_m\rangle : \ldots : \langle V, a_1\rangle,\ \mathrm{lv},\ 0,\ \mathrm{lq},\ \mathrm{gq}\ \rangle)],$$
$\quad\quad$ gp, ltq, al, ps)
$$\text{wobei für } i \in \{1, \ldots, m\} : d_i = \langle V, a_i\rangle \text{ oder}$$
$$d_i = \langle P, (\mathrm{pnr}, p_i), \xi_1\rangle \text{ mit } \mathrm{G}(p_i) = (\mathrm{BDATA}, a_i)$$

$\mathcal{C}_{\mathrm{G}}[\![\mathrm{STORE}\ m]\!]$ pnr
$\quad$ (rm, atp, G[atp/(TASK,μ, arglist, $\langle \xi$, ip, ds:d_1 : $\cdots$: d_m, lv, 0, lq, gq$\ \rangle)],$
$\quad\quad$ gp, ltq, al, ps)
$:=$ (rm, atp, G[atp/(TASK,μ, arglist,
$$\langle \xi,\ \mathrm{ip+1},\ \mathrm{ds},\ d_1 : \cdots : d_m{:}\mathrm{lv},\ 0,\ \mathrm{lq},\ \mathrm{gq}\ \rangle)],$$
$\quad\quad$ gp, ltq, al, ps)

$\mathcal{C}_{\mathrm{G}}[\![\mathrm{SPLIT}]\!]$ pnr
$\quad$ (rm, atp, G[atp/(TASK, μ, arglist, $\langle \xi$, ip, ds:d_0, lv, 0, lq, gq$\ \rangle)],$
$\quad\quad$ gp, ltq, al, ps)
$:=$ (rm, atp,
$\quad\quad$ G[atp/(TASK, μ, arglist,
$$\langle \xi,\ \mathrm{ip+1},\ \mathrm{ds}{:}d_0,\ \mathrm{arg}'_1 : \ldots : \mathrm{arg}'_m : \mathrm{lv},\ 0,\ \mathrm{lq},\ \mathrm{gq}\ \rangle)],$$
$\quad\quad$ gp, ltq, al, ps)
$$\text{wobei } d_0 = \langle V, c\rangle \text{ mit } c \in \bigcup_{d \in D} \Gamma^{(\epsilon, d)} \text{ und } m = 0$$
$$\text{oder}\quad d_0 = \langle P, (\mathrm{pnr}, \mathrm{ladr}), \xi''\rangle \text{ und}$$
$$\mathrm{G}(\mathrm{ladr}) = (\mathrm{DATA}, c, \mathrm{arg}'_1 : \ldots : \mathrm{arg}'_m, \xi')$$

$\mathcal{C}_{\mathrm{G}}[\![\mathrm{POP}\ m]\!]$ pnr
$\quad$ (rm, atp, G[atp/(TASK, μ, arglist, $\langle \xi$, ip, ds, $l_1 : \ldots : l_m$:lv, 0, lq, gq$\ \rangle)],$
$\quad\quad$ gp, ltq, al, ps)
$:=$ (rm, atp, G[atp/(TASK, μ, arglist, $\langle \xi$, ip+1, ds, lv, 0, lq, gq$\ \rangle)],$
$\quad\quad$ gp, ltq, al, ps)

$\mathcal{C}_{\mathrm{G}}[\![\mathrm{MKNODE}\ (\mu, i)]\!]$ pnr
$\quad$ (rm, atp, G[atp/(TASK, μ', arglist, $\langle \xi$, ip, ds:$d_1 : \ldots : d_i$, lv, 0, lq, gq$\ \rangle)],$
$\quad\quad$ gp, ltq, al, $\langle$ ca-c, ca-f, rg, c-evt, c $\rangle$)

$$:= \begin{cases} \text{(rm, atp,} \\ \quad \text{G[atp/(TASK,}\mu', \text{ arglist, } \langle \xi, \text{ ip+1, ds:}\langle P,(\text{pnr, gp}),\xi_0\rangle, \text{ lv, 0, lq, gq}\rangle) \\ \qquad \text{gp/(TASK, } \mu, d_1 : \dots : d_i, \xi_0)], \\ \quad \text{gp+1, ltq, al, } \langle \text{ ca-c, ca-f, rg, c-evt, c } \rangle) \\ \qquad\qquad\qquad\qquad \text{falls } \mu \in \textit{Fun} \text{ und } \text{rg}(\mu) = i \\ \qquad\qquad\qquad\qquad \text{oder } \mu \in \Omega^{(s_1\dots s_i, s)} \end{cases}$$

$$:= \begin{cases} \text{(rm, atp,} \\ \quad \text{G[atp/(TASK,}\mu', \text{ arglist,}\langle\xi,\text{ip+1, ds:}\langle P,(\text{pnr,gp}),\xi_1\rangle,\text{lv,0, lq, gq }\rangle), \\ \qquad \text{gp/(FUNCTION, } \mu, d_1 : \dots : d_i, m - i)], \\ \quad \text{gp+1, ltq, al, } \langle \text{ ca-c, ca-f, rg, c-evt, c }\rangle) \\ \qquad\qquad \text{falls } \mu \in \textit{Fun} \text{ und } \text{rg}(\mu) = m > i \\ \qquad\qquad \text{oder } \mu \in \Omega^{(s_1\dots s_m, s)} \text{ mit } m > i = 0 \\ \qquad\qquad \text{oder } \mu \in \Gamma^{(s_1\dots s_m, d)} \text{ mit } m > i = 0. \end{cases}$$

$\mathcal{C}_{\text{G}}[\![\text{ ARGNODE } (l_1, l_2, l_3)]\!]$ pnr
    (rm, atp, G[atp/(TASK, μ, arglist, $\langle \xi$, ip, ds, lv, 0, lq, gq $\rangle)$)],
    gp, ltq, al, ps)
:= (rm, atp,
    G[atp/(TASK, μ, arglist, $\langle \xi$, ip+1, ds:$\langle P,(\text{pnr,gp}),\xi_0\rangle$, lv, pc, lq, gq $\rangle$),
      gp /(ARGUMENT, (arglist, lv), $(l_1, l_2, l_3))$)],
    gp+1, ltq, al, ps)

$\mathcal{C}_{\text{G}}[\![\text{APPLY } i]\!]$ pnr
    (rm, atp,
    G[atp/(TASK, μ, arglist,
               $\langle \xi$, ip, ds:$d_1 : \dots : d_i : \langle P,(\text{pnr,ladr}), \xi_1\rangle$, lv, 0, lq, gq $\rangle$),
      ladr/(FUNCTION, μ', arglist',k)],
    gp, ltq, al, ps)

$$:= \begin{cases} \text{(rm, atp,} \\ \quad \text{G[atp/(TASK,}\mu, \text{ arglist, } \langle\xi,\text{ip+1, ds:}\langle P,(\text{pnr,gp}),\xi_0\rangle,\text{lv,0,lq,gq }\rangle), \\ \qquad \text{ladr/(FUNCTION, } \mu', \text{ arglist', k)}, \\ \qquad \text{gp /(TASK, } \mu', \text{ arglist'} : d_1 : \dots : d_i, \xi_0)], \\ \quad \text{gp+1, ltq, al, ps)} \\ \qquad\qquad\qquad \text{falls } k = i, \mu' \in \Omega \cup \textit{Fun} \\ \text{(rm, atp,} \\ \quad \text{G[atp/(TASK,}\mu, \text{ arglist, } \langle\xi,\text{ip+1, ds:}\langle P,(\text{pnr,gp}),\xi_1\rangle,\text{lv,0,lq,gq }\rangle), \\ \qquad \text{ladr/(FUNCTION, } \mu', \text{ arglist', k)}, \\ \qquad \text{gp /(SDATA, } \mu', d_1 : \dots : d_i, \xi_1)], \\ \quad \text{gp+1, ltq, al, ps)} \\ \qquad\qquad \text{falls } \mu' \in \Gamma \\ \qquad\qquad \text{(und damit } k = i, \text{ arglist'} = \epsilon) \end{cases}$$

$$:= \begin{cases}
\text{(rm, atp,} \\
\quad \text{G[atp/(TASK,}\mu\text{, arglist,}\langle\xi,\text{ip+1, ds:}\langle P,\text{(pnr,gp)},\xi_1\rangle,\text{lv,0,lq,gq }\rangle), \\
\qquad \text{ladr/(FUNCTION, }\mu'\text{, arglist}',\text{ k)}, \\
\qquad \text{gp }/\text{(FUNCTION, }\mu'\text{, arglist}' : d_1 : \ldots : d_i, k - i)], \\
\quad \text{gp+1, ltq, al, ps)} \\
\\
\qquad\qquad\qquad\qquad\qquad \text{falls } k > i, \mu' \in \textit{Fun}
\end{cases}$$

10.3.4 Prozeßbefehle

Mittels der *Prozeßbefehle* erfolgt die Steuerung des Berechnungsablaufes. Zu den
Prozeßbefehlen zählen also die Befehle zur Aktivierung, Suspendierung und Terminierung von Tasks. Dabei können Nachrichten an Prozessorelemente erzeugt
werden, die in den gemeinsamen Speicher von Reduktionseinheit und Kommunikationseinheit geschrieben werden. Bevor wir die Semantik der Prozeßbefehle
formal spezifizieren, geben wir, wie wir es auch für die anderen Befehlsklassen
getan haben, eine kurze informale Beschreibung der einzelnen Befehle.

Aktivierung von Tasks

Zur Aktivierung von Berechnungen dienen die Instruktionen EVALUATE, AC-
TIVATE, INITIATE, INITARG, INITLOC, GETARG und GETLOC. Die einzelnen Befehle beschreiben jeweils spezielle Formen der Aktivierung.

Eine Task kann entweder *lokal* oder *parallel* ausgeführt werden. Dementsprech-
ned unterscheiden wir *lokale Aktivierungen* mittels EVALUATE bzw. INITIATE
und *parallele Aktivierungen* mittels ACTIVATE bzw. INITARG, INITLOC, GE-
TARG oder GETLOC.

Je nachdem, ob die Berechnung der strikten Argumente einer Task vor deren Aktivierung initiiert wurde oder nicht, sprechen wir von einer *direkten* oder
indirekten Aktivierung der Task.

Wird eine Task indirekt aktiviert, so wird zu Beginn ihrer Auswertung eine
spezielle Codesequenz durchlaufen, die zunächst die — gemäß den durch den kontextfreien 'evaluation transformer' der Taskmarkierung gegebenen Informationen
— strikten Argumente der Task auswertet bzw. deren Auswertung anstößt. Diese
Codesequenz braucht bei einer direkten Aktivierung nicht durchlaufen zu werden,
da in diesem Fall die Argumentauswertung bereits durch den vor der Aktivierung
ausgeführten Code initiiert wurde, der insbesondere auf kontextsensitiven Striktheitsinformationen basiert.

Indirekt aktivierte Tasks entsprechen entweder Applikationen in nicht-strikten Argumentpositionen, deren Auswertung zunächst verzögert wurde, oder dynamisch — mittels Funktionen höherer Ordnung — erzeugten vollständigen Applikationen.

Die Befehle EVALUATE und ACTIVATE dienen der direkten Aktivierung von Tasks, während die übrigen Befehle im Falle der Aktivierung eines schlafenden Taskknoten eine indirekte Aktivierung bewirken.

Im einzelnen haben die verschiedenen Befehle also folgende Bedeutungen:

- EVALUATE ξ bewirkt die *direkte Aktivierung einer lokalen Task* mit Auswerter ξ. Die zu aktivierende Task ist durch das oberste Datenkellerelement der zur Zeit aktiven Task gegeben.

  Lokale Aktivierung bedeutet, daß die Statusinformation des Taskknoten erweitert wird und daß die Adresse der Task in die lokale Taskqueue geschrieben wird. Die gerade ausgeführte Task wird dabei zunächst nicht suspendiert (siehe Bild 10.7).

- ACTIVATE ξ bewirkt die *Erzeugung eines parallelen Prozesses* mit Auswerter ξ. Die parallel auszuführende Task ist wiederum durch das Element auf der Spitze des Datenkellers gegeben.

  Parallele Ausführung einer Task bedeutet, daß eine Beschreibung der Task an ein anderes Prozessorelement übermittelt werden muß. Dies geschieht mittels einer sogenannten Prozeßnachricht (process-message), die i.a. folgende Struktur hat:

$$[\text{PROCESS, Kombinatorname, Argumentliste, Auswerter,}$$
$$\text{Aktivierungsart, Heimatadresse}].$$

Neben den im Taskknoten gegebenen Informationen und dem neuen Auswerter der Task enthält die Prozeßnachricht zwei weitere Komponenten: die Aktivierungsart und die Heimatadresse.

Die Aktivierungsart wird durch ein Tag (dir/indir) angegeben, das anzeigt, ob es sich um eine direkte oder indirekte Aktivierung der Task handelt. Dieses Tag bestimmt die Codeadresse, mit der die Ausführung der Task beginnt. Bei einer direkten Aktivierung kann, wie wir bereits erläutert haben, eine spätere Codeeinsprungstelle gewählt werden, da vorausgesetzt werden kann, daß die Argumentberechnungen bereits so weit wie möglich initiiert wurden. Mittels der ACTIVATE-Instruktion erfolgt immer eine direkte Aktivierung des parallelen Prozesses.

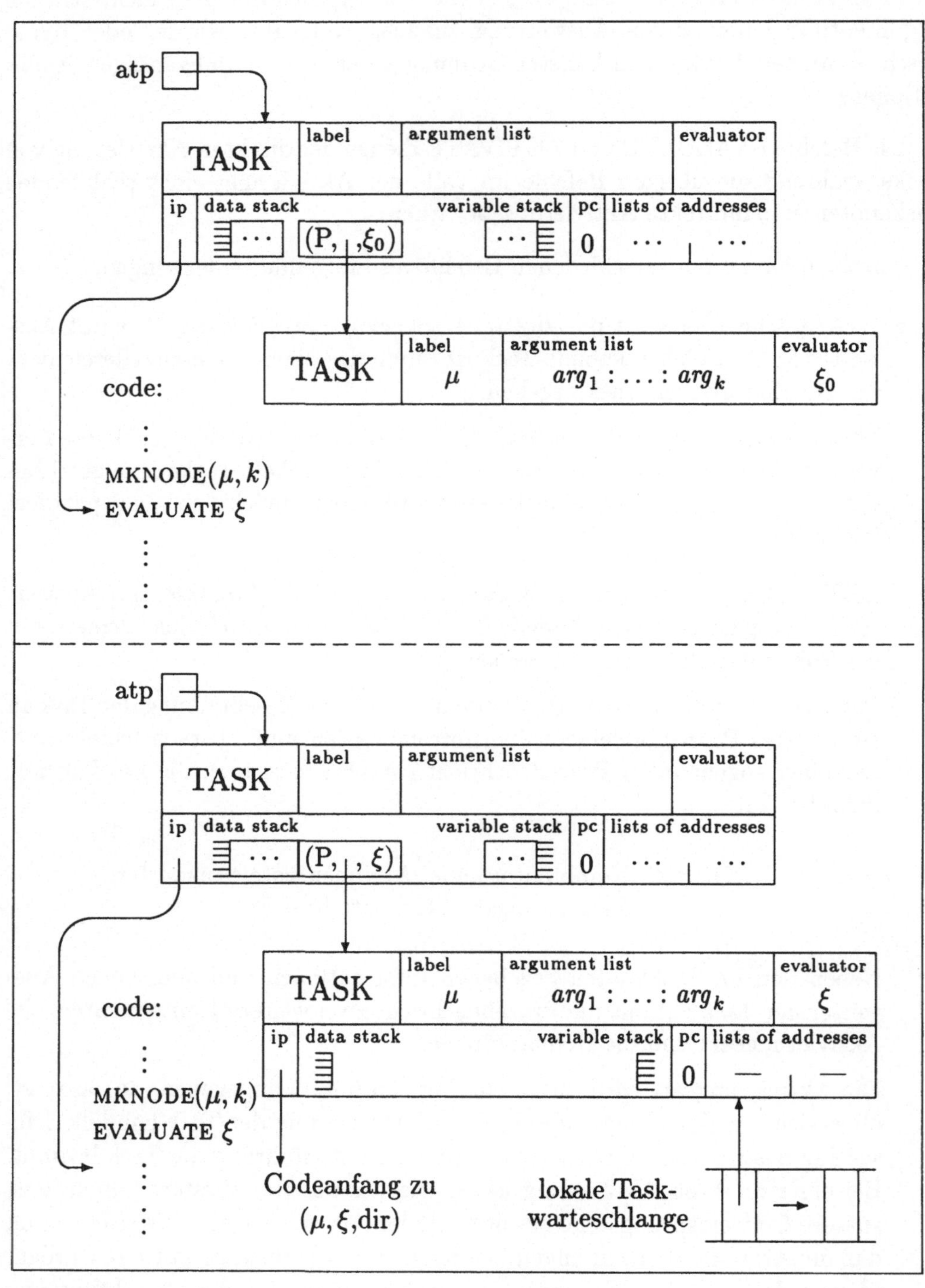

Bild 10.7: Lokale Aktivierung einer Task

Die Heimatadresse ist die ursprüngliche Adresse des Taskknoten, der nach der Erzeugung der Prozeßnachricht mit einem Verweisknoten überschrieben wird. An diese Adresse wird der Wurzelknoten des Ergebnisses des Prozesses zurückgesendet.

Die parallele Aktivierung einer Task erfolgt also dadurch, daß eine Prozeß-nachricht erzeugt und an die Kommunikationseinheit weitergeleitet wird. Der Taskknoten wird mit einem Verweisknoten überschrieben, in dem der Auswerter der Task notiert ist (siehe Bild 10.8).

Bemerkenswert ist, daß die Prozeßnachricht keine Zieladresse hat, d.h. es bleibt in der aktivierenden Reduktionseinheit unbekannt, an welches Prozessorelement der parallele Prozeß weitergeleitet wird. Die Verteilung der parallelen Prozesse ist die Aufgabe der Kommunikationseinheit.

- INITIATE ξ bewirkt die Aktivierung von Knoten, die mittels der APPLY-Instruktion erzeugt wurden. Der zu aktivierende Knoten ist durch eine lokale Adresse auf der Spitze des Datenkellers gegeben. Es sind drei Knotentypen möglich:

  - ein Funktionsknoten,
  - ein Taskknoten mit Auswerter ξ_0 oder
  - ein Datenstrukturknoten mit Auswerter ξ_1.

Handelt es sich um einen Funktionsknoten, so hat der Befehl bis auf die Inkrementierung des Befehlszählers keine Auswirkung.

Zeigt die Datenkellerspitze auf einen schlafenden Taskknoten, so erfolgt eine *lokale indirekte Aktivierung* der zugehörigen Task mit dem Auswerter ξ. In diesem Fall entspricht die Task einer dynamisch erzeugten Applikation. Es kann nicht davon ausgegangen werden, daß die Argumente dieser Task bereits aktiviert wurden. Als Codeeinsprungstelle wird also die Stelle gewählt, bei der zunächst die Aktivierung der strikten Argumente erfolgt. Ansonsten erfolgt die Aktivierung wie bei der EVALUATE-Instruktion. Nach Erweiterung der Statusinformation der Task, wird ihre Adresse zur lokalen Taskqueue hinzugefügt.

Im Falle eines Datenstrukturknoten mit Auswerter ξ_1 braucht nur, falls $\xi >
\xi_1$, die weitere Auswertung der Datenstruktur mit ξ veranlaßt zu werden. Dies geschieht, indem die Adresse des Datenstrukturknoten zusammen mit den Auswertern für die Komponenten in der Aktivierungsliste vermerkt wird.

Mittels der Befehle INITARG (i, ξ), INITLOC (i, ξ), GETARG (i, ξ) und GET-LOC (i, ξ) wird die Auswertung von Argumenten und Bindungen lokaler Variablen

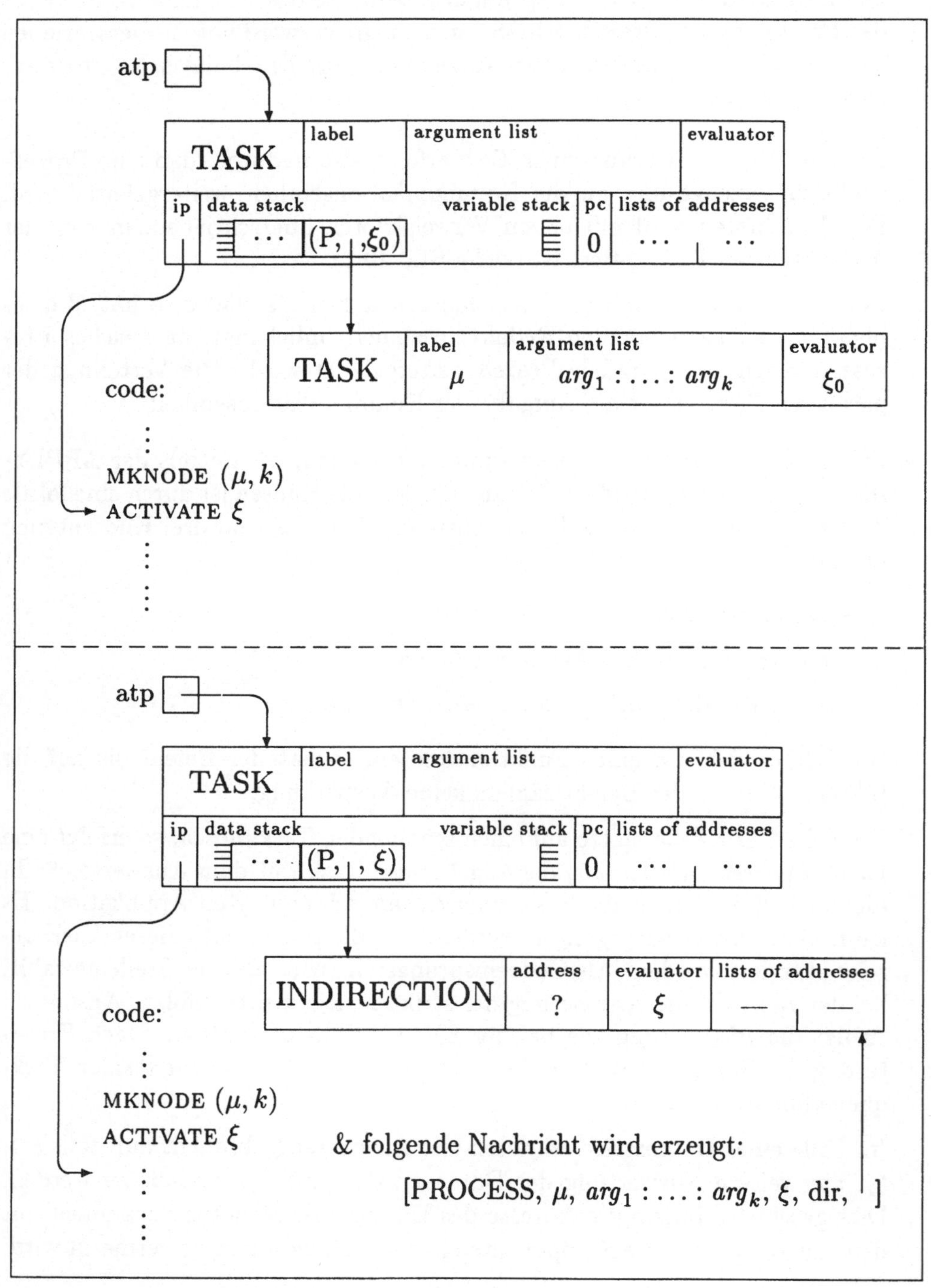

Bild 10.8: Parallele Aktivierung einer Task

angestoßen. Der erste Parameter beschreibt jeweils die Position der zu aktivierenden Variablenbindung in der Argumentliste bzw. im Keller der lokalen Variablen. Der zweite Parameter gibt den Auswerter an, mit dem die Aktivierung erfolgen soll.

Bei diesen Instruktionen kann im Gegensatz zu den zuvor beschriebenen Aktivierungsbefehlen EVALUATE und ACTIVATE, bei denen auf dem Datenkeller ein lokaler Zeiger auf einen Taskknoten liegt, der zu aktivierende Teilgraph von beliebiger Art sein. Es sind folgende Fälle zu unterscheiden:

1. Ist das i-te Argument oder der i-te Eintrag des Verwaltungskellers lokaler Variablen ein Wert, so wird lediglich der Befehlszähler erhöht.

2. Ist der zu aktivierende Graph durch eine globale Adresse mit Auswerter ξ' gegeben, so zeigt sich folgender Unterschied zwischen den INIT...- und den GET...-Instruktionen:

   Während die INIT...-Instruktionen lediglich die Aktivierung von Teilberechnungen bewirken, verlangen die GET...-Instruktionen zudem, daß der Wurzelknoten des Ergebnisses lokal zugänglich gemacht wird.

   Bei der INIT...-Instruktion wird an die globale Adresse eine Aktivierungsnachricht der Form

$$[\text{INITIATE, globale Adresse, Auswerter}]$$

geschickt, falls der in der Instruktion gegebene Auswerter ξ stärker ist als der bei der globalen Adresse vermerkte Auswerter. Der neue Auswerter wird bei der globalen Adresse eingetragen, damit erneute Aktivierungsnachrichten an diese Adresse nach Möglichkeit vermieden werden. Ist der gegebene Auswerter der globalen Adresse hingegen stärker, so bleibt die INIT...-Instruktion bis auf die Erhöhung des Befehlszählers ohne Effekt.

Bei einer GET...-Instruktion wird an eine globale Adresse auf jeden Fall eine Anfragenachricht geschickt, die eine Aktivierung bewirkt, aber insbesondere auch auch eine Adresse enthält, an die das Ergebnis (Wurzelknoten) der aktivierten Berechnung geschickt werden soll:

$$[\text{REQUEST, globale Adresse, Auswerter, Antwortadresse}].$$

Dazu wird ein neuer Verweisknoten erzeugt, der als Platzhalter für das Ergebnis dient und in dem die globale Adresse sowie der maximale Auswerter eingetragen werden. In der Argumentliste bzw. im Keller lokaler Variablen wird die globale Adresse durch die lokale Adresse des Verweisknotens ersetzt, damit bei einem eventuellen erneuten Zugriff auf das Argument oder die lokale Variable keine weitere 'REQUEST'-Nachricht geschickt wird. Die lokale Adresse des Verweisknoten bildet auch die Antwortadresse der Anfragenachricht. Als Auswerter wird wie zuvor das Maximum des bei der Adresse vermerkten und des in der Instruktion gegebenen Auswerters gewählt. Bild 10.9 veranschaulicht die Auswirkungen eines GETARG-Befehls in dem Fall, in dem das zu aktivierende Argument durch eine globale Adresse gegeben ist.

3. Ist der zu aktivierende Eintrag eine lokale Adresse, so haben INIT...- und GET...-Instruktionen dieselbe Wirkungsweise, da in diesem Fall feststeht, daß der Wurzelknoten des Ergebnisses der zu aktivierenden Berechnung lokal verfügbar sein wird.

Ist der zur lokalen Adresse vermerkte Auswerter größer oder gleich dem in der Instruktion gegebenen Auswerter, so braucht keine weitere Aktivierung zu erfolgen. Denn die zu den Adressen notierten Auswerter sind immer kleiner oder gleich den tatsächlichen Auswertern der Teilgraphen, auf die sie zeigen. Gleichheit kann auf Grund von 'Sharing' nicht garantiert werden.

Scheint eine weitere Aktivierung notwendig, so muß der Auswerter, der im Graphknoten notiert ist, überprüft werden. Dabei sind folgende Fälle zu unterscheiden:

(a) Handelt es sich um einen Taskknoten mit Auswerter ξ_0, also um eine noch nicht aktivierte Task, so wird diese als paralleler Prozeß[tt] aktiviert. Es wird also eine Prozeßnachricht an die Kommunikationseinheit geschickt und der Taskknoten mit einem Verweisknoten überschrieben. Die Art der Aktivierung ist indirekt.

(b) Ist der zu aktivierende Graphknoten ein aktiver oder wartender Taskknoten mit von ξ_0 verschiedenem Auswerter, so wird der Auswerter der Task aktualisiert. Dabei wird der in der Instruktion gegebene Auswerter als neuer Auswerter der Task eingetragen, wenn dieser stärker ist als der vorherige Auswerter. Die Auswertung der Task wird allerdings mit dem ursprünglichen Auswerter fortgesetzt. Erst bei Beendigung der Task wird die Information des neuen Auswerters ausgenutzt, um eine weitere Auswertung des Ergebnisses zu initiieren.

(c) Bezieht sich die Instruktion INIT... oder GET... auf einen Argumentknoten, so wird dieser mit einem Taskknoten überschrieben, der als Marke 'arg' erhält und die Argumentliste sowie den Keller lokaler Variablenbindungen aus dem Argumentknoten übernimmt. Als Auswerter wird der Instruktion gegebene Auswerter gewählt. Mittels dieses Auswerters wird auch die Codeadresse aus dem Argumentknoten ermittelt,

---

[tt] Dies zeigt die zusätzlich zum **letpar**-Konstrukt vorhandene Parallelität.

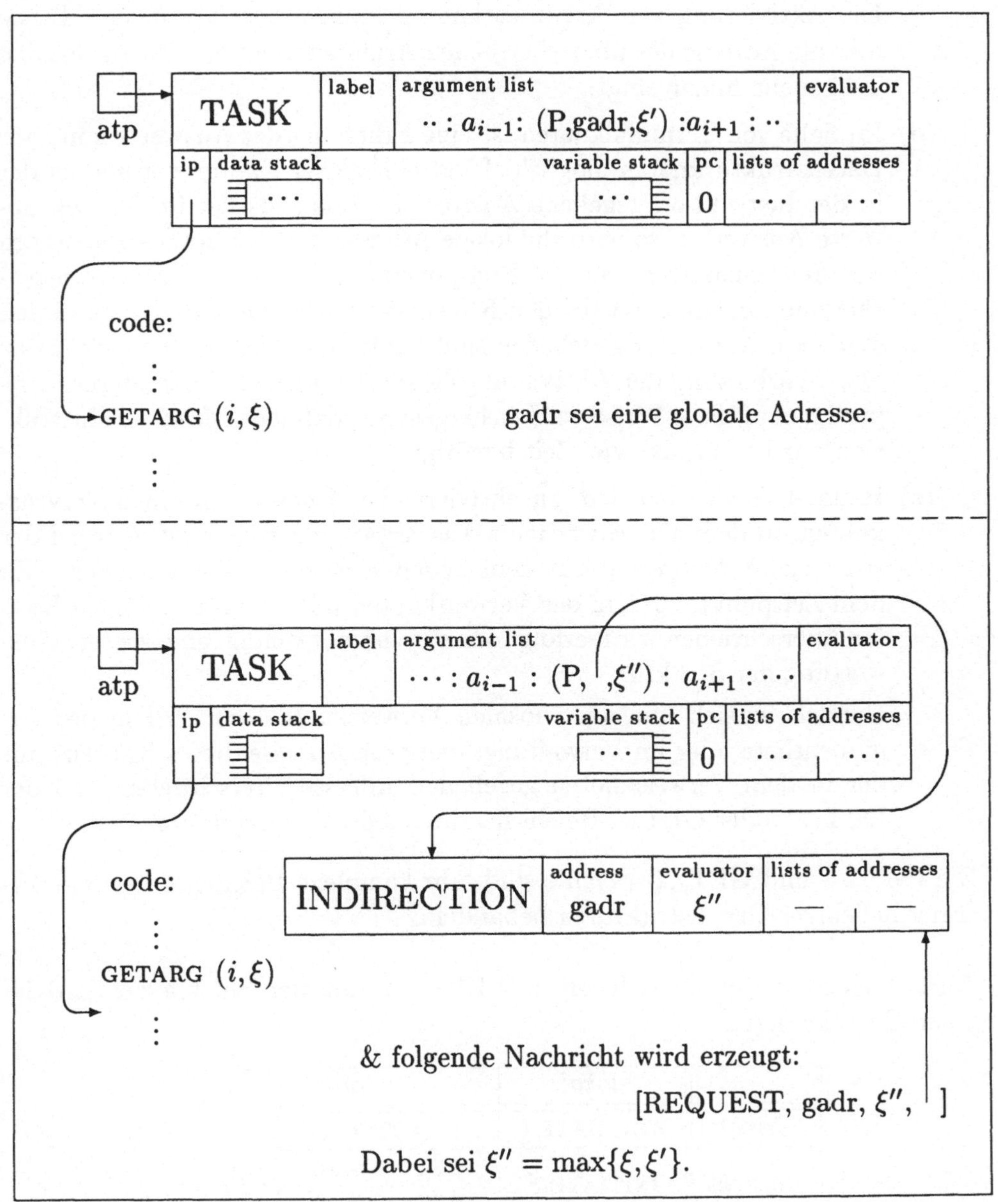

Bild 10.9: Generierung einer Anfragenachricht durch den Befehl GETARG

mit der der Befehlszähler initialisiert wird. Alle übrigen Komponenten des Taskknotens werden mit ϵ bzw. 0 vorbesetzt.

Die Aktivierung von Argumentknoten führt immer zu lokalen Tasks, d.h. die Adresse des überschriebenen Argumentknoten wird zur lokalen Taskqueue hinzugefügt.

(d) Im Falle von Terminalknoten ist eine Erhöhung des Auswerters nur für Datenstrukturknoten möglich. Liegt ein solcher Knoten vor und ist der in der Instruktion gegebene Auswerter stärker als der im Knoten notierte Auswerter, so wird die lokale Adresse dieses Knotens zusammen mit den Auswertern für die Komponenten, die in der Programmspeicherkomponente c-evt für den Konstruktor des Datenknotens und den stärkeren Auswerter gegeben sind, in der Aktivierungsliste vermerkt. Die Abarbeitung der Aktivierungsliste erfolgt zu einem späteren Zeitpunkt. Auf diese Weise wird sichergestellt, daß jede Maschineninstruktion nur beschränkt viel Zeit benötigt.

(e) Handelt es sich bei dem zu aktivierenden Knoten um einen Verweisknoten, in dem ein schwächerer Auswerter eingetragen ist, so wird der schwächere Auswerter mit dem neuen Auswerter überschrieben. Zu dem Zeitpunkt, zu dem der Verweisknoten mit einem terminalen Knoten überschrieben wird, erfolgt dann, wenn notwendig, eine weitere Auswertung der Struktur.

Handelt es sich um einen lokalen Verweisknoten, so wird in der Argumentliste oder im Verwaltungskeller die Adresse dieses Knotens mit der in dem Verweisknoten gegebenen Adresse überschrieben und der INIT...- oder GET...-Befehl für diese Adresse ausgeführt.

Die INIT...- und GET...- Befehle sind sehr komplexe Befehle, da sie die Aktivierung beliebiger Graphstrukturen behandeln.

Zusammenfassend ergibt sich folgende Klassifikation der Befehle zur Aktivierung von Berechnungen:

	lokal	*parallel*
direkt	EVALUATE ξ	ACTIVATE ξ
indirekt	INITIATE ξ	$\begin{matrix} \text{GET} & \text{ARG} \\ \text{INIT} & \text{LOC} \end{matrix} \cdot (i, \xi)$

Suspendierung von Tasks

Da der gesamte Berechnungsgraph verteilt abgespeichert ist, kann es zu Situationen kommen, in denen eine Task globale Informationen, d.h. Informationen, die auf anderen Prozessorelementen liegen, zur weiteren Berechnung benötigt. So liegen im allgemeinen die Argumente eines parallelen Prozesses zunächst nicht auf dem Prozessorelement, auf dem der Prozeß zur Ausführung gelangt. Sie müssen erst durch Anfragenachrichten angefordert werden.

Benötigt ein Prozeß zur Fortsetzung seiner Berechnungen globale Argumente, die noch nicht lokal verfügbar sind, so muß er suspendiert werden. Ebenso müssen Tasks, die die Ergebnisse paralleler Subtasks benötigen, solange unterbrochen werden, bis diese Ergebnisse vorliegen.

- Die Suspendierung einer Task erfolgt gegebenenfalls durch die Ausführung der Instruktion WAIT m ($m \geq 1$), die testet, ob die obersten m Elemente des Datenkellers zur Kombinatornormalform ausgewertet und lokal vorhanden sind, d.h. entweder Werte oder Zeiger auf lokale Datenknoten sind. Für jeden Zeiger auf einen Taskknoten oder Verweisknoten wird der 'pending count' der aktiven Task um eins erhöht. Die Adresse der aktiven Task wird in den lokalen Adressenlisten der Task- bzw. Verweisknoten vermerkt, damit bei Termination der Tasks bzw. beim Überschreiben der Verweisknoten der 'pending count' der wartenden Task dekrementiert werden kann. Der 'active task pointer' wird auf nil gesetzt, d.h. es erfolgt, falls möglich, ein Taskwechsel. Bild 10.10 zeigt ein Beispiel für eine Tasksuspendierung.

  Solange der 'pending count' einer Task von Null verschieden ist, ist diese suspendiert. Sobald der 'pending count' auf Null dekrementiert ist, kann die Ausführung der Task fortgesetzt werden. Die Adresse des Taskknoten wird dazu in die lokale Taskqueue geschrieben.

  Der WAIT-Befehl dereferenziert Zeiger auf lokale Verweisknoten, d.h. er ersetzt solche Zeiger durch den im Verweisknoten angegebenen Zeiger. Daher kann bei den auf diesen Befehl folgenden Instruktionen immer davon ausgegangen werden, daß keine Zeiger auf lokale Verweisknoten auf dem Datenkeller liegen.

Termination von Tasks

Zur Termination von Tasks unterscheiden wir zwei Befehle.

- RET ξ ($\xi \in$ *Evset*) ist der allgemeine Befehl, der zur Terminierung einer Task zur Verfügung steht. Durch die Übersetzungsregeln, die im folgenden Abschnitt beschrieben sind, ist sichergestellt, daß das Resultat der Task auf der Spitze des Datenkellers als Wert oder als lokaler Zeiger auf das Ergebnis gegeben ist.

  Liegt das Resultat in Kombinatornormalform, also als Wert oder Zeiger auf einen Terminalknoten vor, so wird der 'pending count' aller in der lokalen

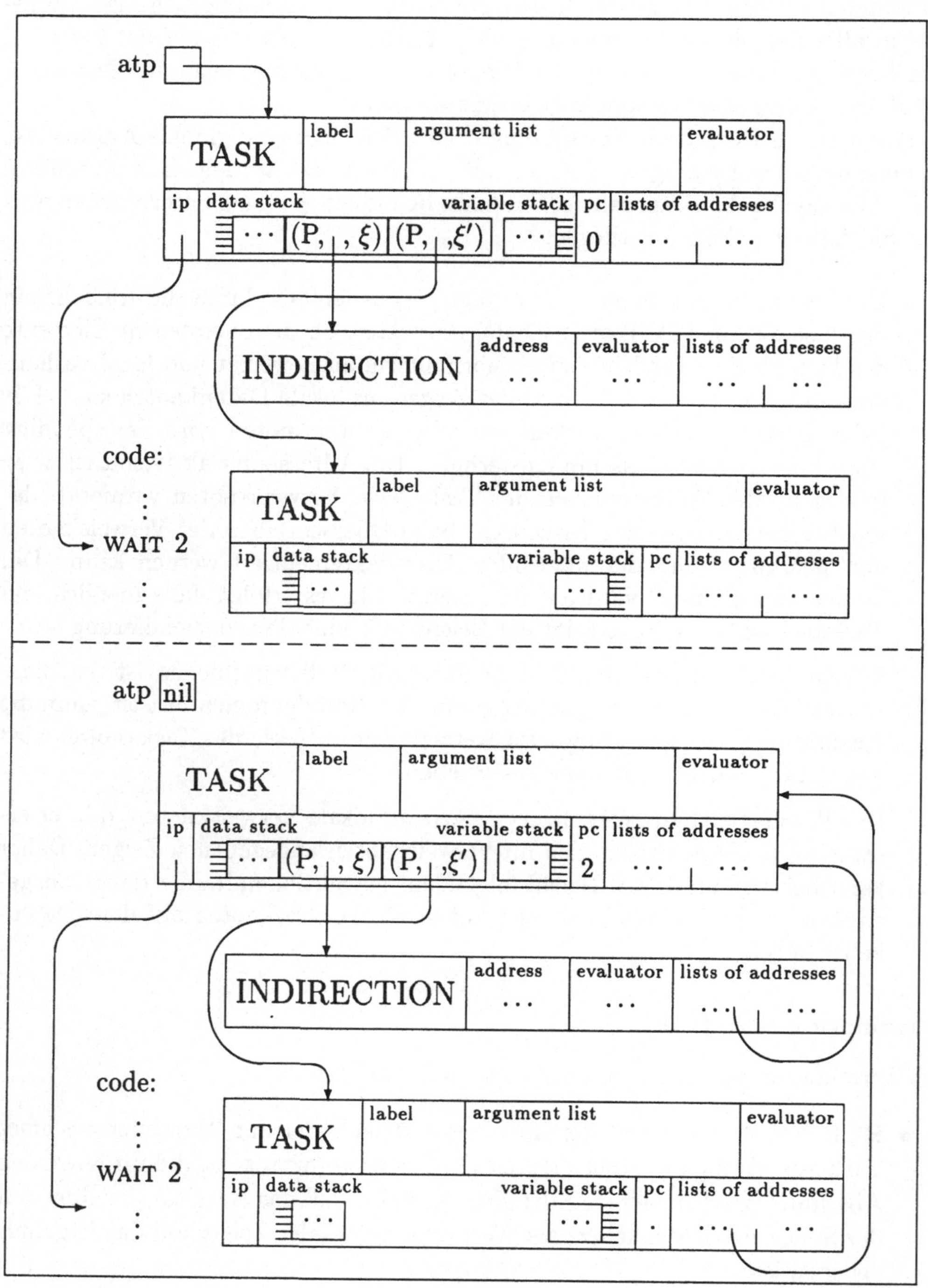

Bild 10.10: Suspendierung einer Task

Adreßliste notierten Taskknoten dekrementiert. Wird ein 'pending count' dabei zu Null, so wird die Adresse der entsprechenden Task in die lokale Taskqueue geschrieben.

Dies zeigt, daß die Ausführung einer Task immer auf dem Prozessorelement beendet wird, auf dem sie begonnen wird. Prozesse oder Tasks, deren Ausführung begonnen wurde, werden also niemals weiter verschickt.

Weiterhin wird das Resultat der Task an alle Adressen, die in der globalen Adreßliste des Taskknoten vermerkt sind, geschickt. Dies geschieht mittels sogenannter Antwortnachrichten der Form

$$[\text{ANSWER, Adresse, Terminalknoten}],$$

die das Ergebnis bzw. den Wurzelknoten des Ergebnisses als Terminalknoten enthalten. Schließlich wird der Taskknoten mit seinem Ergebnis überschrieben und der 'active task pointer' auf den Wert 'nil' gesetzt.

Zeigt die Spitze des Datenkellers auf einen nicht terminalen Knoten, so wird falls möglich mit der Auswertung dieses Knotens fortgefahren. Die Adreßlisten im Status der Task werden in den Status des noch nicht vollständig ausgewerteten Ergebnisses kopiert und der Taskknoten wird mit einem lokalen Verweisknoten auf das Ergebnis überschrieben.

Der Auswerter, der als Parameter der RET-Instruktion auftritt, ist der Auswerter, mit dem die Aktivierung der Task erfolgte. Er wird benötigt, um festzustellen, ob der Auswerter während der Ausführung der Task erhöht wurde. Ist dies der Fall und liegt das Ergebnis in Kombinatornormalform vor, so erfolgt zur weiteren Aktivierung der Komponenten des Ergebnisses ein entsprechender Eintrag in der Aktivierungsliste. Ist das Ergebnis noch nicht vollständig ausgewertet, so wird der Auswerter der Task, die das Ergebnis berechnet, aktualisiert.

- PUSH (F, m) mit $F \in Fun$ und $m \in \mathbb{N}$ dient der Realisierung von 'tail'-rekursiven Kombinatoraufrufen. Die Marke des aktuellen Taskknoten wird mit F überschrieben, die Argumentliste mit den m obersten Elementen des Datenkellers. Der Auswerter bleibt erhalten. Der Instruktionszähler wird auf die im Programmspeicher für den Kombinator F und den aktuellen Auswerter bei direkter Aktivierung gegebene Codeeinsprungstelle gesetzt. Datenkeller und Verwaltungskeller lokaler Variablen werden gelöscht. Der PUSH-Befehl vermeidet auf diese Weise die Konstruktion eines neuen Taskknoten, wenn das Ergebnis der Task dem Ergebnis des neuen Kombinatoraufrufes entspricht.

Prozeßnachrichten:	[PROCESS, Kombinatorname, Argumentliste, Auswerter, Aktivierungsart, Heimatadresse]
Aktivierungsnachrichten:	[INITIATE, globale Adresse, Auswerter]
Anfragenachrichten:	[REQUEST, globale Adresse, Auswerter, Antwortadresse]
Antwortnachrichten:	[ANSWER, Adresse, Terminalknoten]

Bild 10.11: Nachrichten

Nachrichten

Bevor wir die formale Spezifikation der Prozeßbefehle angeben, stellen wir die
Nachrichtenarten zusammen, die für die Parallelisierung des Graphreduktionspro-
zesses notwendig sind. Es werden im wesentlichen vier Nachrichtentypen benötigt:

1. *Prozeßnachrichten* zur Verteilung von Prozessen,

2. *Aktivierungsnachrichten* zur Aktivierung der Auswertung von Graphteilen,
   die auf anderen Prozessorelementen liegen,

3. *Anfragenachrichten* zur Anforderung von globalen Graphknoten und schließlich

4. *Antwortnachrichten* zur Beantwortung von Prozeß- und Anfragenachrichten.

Die Struktur dieser Nachrichten wurde bereits kurz beschrieben und ist in Bild
10.11 nochmals zusammengestellt. In folgender Definition erfassen wir die Beschreibungen formal:

10.3.5 Definition Die Menge *RedMes* der *Reduktionsnachrichten* der parallelen
abstrakten Maschine wird wie folgt formal definiert:

$$RedMes := ProMes \cup InitMes \cup ReqMes \cup AnsMes,$$

wobei

$$
\begin{aligned}
\textit{ProMes} \;&:= \{\text{PROCESS}\} \;\times\; \textit{Fun} \times \textit{Einträge}^* \times \textit{Evset} \\
&\qquad\quad \times\; \{\text{dir, indir}\} \times \textit{GAdr} \\
\textit{InitMes} \;&:= \{\text{INITIATE}\} \;\times\; \textit{GAdr} \times \textit{Evset} \\
\textit{ReqMes} \;&:= \{\text{REQUEST}\} \;\times\; \textit{GAdr} \times \textit{Evset} \times \textit{GAdr} \\
\textit{AnsMes} \;&:= \{\text{ANSWER}\} \;\times\; \textit{GAdr} \times \textit{Terminalnodes}
\end{aligned}
$$

Prozeßnachrichten notieren wir i.a. in der Form

$$[\text{PROCESS}, F, \text{arg}_1 \ldots \text{arg}_k, \xi, \text{act}, \text{hadr}],$$

wobei

$F \in \textit{FUN}$ der Kombinatorname,

$\text{arg}_1 \ldots \text{arg}_k \in \textit{Einträge}^*$ die Argumentliste der Kombinatorapplikation,

$\xi \in \textit{Evset}$ der Auswerter,

$\text{act} \in \{\text{dir, indir}\}$ die Aktivierungsart und

$\text{hadr} \in \textit{GAdr}$ die Heimatadresse des parallelen Prozesses sei.

Aktivierungsnachrichten haben die Form

$$[\text{INITIATE}, \text{adr}, \xi]$$

und enthalten lediglich die Zieladresse und den Auswerter, mit dem die Auswertung des Teilgraphen mit der Adresse adr erfolgen soll.

Anfragenachrichten

$$[\text{REQUEST}, \text{adr}, \xi, \text{returnadr}]$$

enthalten neben der Zieladresse und dem Auswerter die Adresse, an die der Wurzelknoten des Ergebnisgraphen, der sich durch Auswertung des Knotens mit der Adresse adr ergibt, geschickt werden soll.

Antwortnachrichten haben die allgemeine Form

$$[\text{ANSWER}, \text{adr}, \text{tnode}],$$

wobei adr die Zieladresse bezeichnet, unter der der Terminalknoten tnode abgespeichert werden soll.

Formale Befehlssemantik

Die Befehlssemantik der Prozeßbefehle wird damit wie folgt festgelegt. Da Prozeßbefehle die Erzeugung von Nachrichten bewirken können, bildet die Befehlssemantik Zustände auf Paare aus Zuständen und Nachrichtensequenzen ab.

10.3.6 Definition

$$\mathcal{C}_P : PInstr \times \{1,\ldots,n\} \to LSt_{\mathrm{RE}}- \to LSt_{\mathrm{RE}} \times RedMes^*$$

wird definiert durch:

$\mathcal{C}_P[\![\text{EVALUATE } \xi']\!]$ pnr
    (rm, atp,
    G[atp / (TASK,μ,arglist,$\langle \xi$, ip, ds:$\langle P,$(pnr,ladr),$\xi_0 \rangle$,lv,0,lq,gq$\rangle$)
      ladr/ (TASK,F,arglist$'$,ξ_0)],
    gp, ltq, al, $\langle$ ca-c, ca-f, rg, c-evt, c $\rangle$)
$:= \langle$ (rm, atp,
    G[atp / (TASK,μ,arglist,$\langle \xi$,ip+1,ds:$\langle P,$(pnr,ladr),$\xi' \rangle$,lv,0,lq,gq$\rangle$),
      ladr/ (TASK,F,arglist$'$,$\langle \xi'$, ca-c(F, ξ', dir), $\epsilon, \epsilon, 0, \epsilon, \epsilon \rangle$)],
    gp, ltq: ladr, al, $\langle$ ca-c, ca-f, rg, c-evt, c $\rangle$),
    $\epsilon \rangle$

                    falls $F \in Fun$ und ca-c(F, ξ', dir) $\in PAdr$.

$\mathcal{C}_P[\![\text{ACTIVATE } \xi']\!]$ pnr
    (rm, atp,
    G[atp /(TASK,μ,arglist, $\langle \xi$,ip,ds:$\langle P,$(pnr,ladr),$\xi_0 \rangle$,lv,0,lq,gq$\rangle$)
      ladr/(TASK,F,arglist$'$,ξ_0)],
    gp, ltq, al, ps)
$:= \langle$ (rm, atp,
    G[atp /(TASK,μ,arglist, $\langle \xi$,ip+1,ds:$\langle P,$(pnr,ladr),$\xi' \rangle$,lv,0,lq,gq $\rangle$),
      ladr/(INDIRECTION, ?, ξ', ϵ, ϵ)],
    gp, ltq, al, ps),
    [PROCESS, F, arglist$'$,ξ', dir, (pnr, ladr)] $\rangle$

$\mathcal{C}_P[\![\text{INITIATE } \xi']\!]$ pnr
    (rm, atp,
    G[atp/(TASK,μ,arglist, $\langle \xi$,ip,ds:$\langle P,$(pnr,ladr),$\tilde{\xi} \rangle$,lv,0,lq,gq$\rangle$)],
    gp, ltq, al, ps)
$:= \left\{ \begin{array}{l} \langle\text{(rm, atp,} \\ \text{G[atp/(TASK,}\mu\text{,arglist,}\langle \xi\text{, ip+1, ds:}\langle P\text{,(pnr,ladr),}\xi_1 \rangle\text{,lv,0,lq,gq}\rangle\text{)],} \\ \text{gp, ltq, al, ps),} \\ \epsilon), \end{array} \right.$

$$\text{falls } G(\text{ladr}) = (\text{FUNCTION}, \mu', \text{arglist}', k)$$

$$:= \left\{ \begin{array}{l} \langle(\text{rm, atp,} \\ \quad G[\text{atp}/(\text{TASK},\mu,\text{arglist},\langle\xi, \text{ip+1}, \text{ds:}\langle P,(\text{pnr,ladr}),\xi'\rangle,\text{lv,0,lq,gq}\rangle), \\ \qquad \text{ladr}/(\text{TASK},\mu',\text{arglist}',\langle\xi', \text{ca}(\mu'), \epsilon,\epsilon,0,\epsilon,\epsilon\rangle)], \\ \quad \text{gp, ltq: ladr, al, ps),} \\ \quad \epsilon\rangle, \end{array} \right.$$

$$\text{falls } G(\text{ladr}) = (\text{TASK}, \mu', \text{arglist}',\xi_0) \text{ und}$$
$$\text{ca }(\mu') = \left\{ \begin{array}{ll} \text{ca-c}(\mu',\xi', \text{indir}) & \text{falls } \mu' \in \textit{Fun}, \\ \text{ca-f}(\mu') & \text{falls } \mu' \in \Omega. \end{array} \right.$$

$$:= \left\{ \begin{array}{l} \langle(\text{rm, atp,} \\ \quad G[\text{atp}/(\text{TASK},\mu,\text{arglist},\langle\xi, \text{ip+1}, \text{ds:}\langle P,(\text{pnr,ladr}),\xi'\rangle,\text{lv,0,lq,gq}\rangle), \\ \qquad \text{ladr}/(\text{SDATA, c, arglist}',\xi')] \\ \quad \text{gp, ltq, al', ps),} \\ \quad \epsilon\rangle, \end{array} \right.$$

$$\text{falls } G(\text{ladr}) = (\text{SDATA, c, arglist}',\xi_1) \text{ und}$$
$$\text{al}' = \left\{ \begin{array}{ll} \text{al:(ladr, c-evt (c, } \xi')) & \text{falls } \xi' > \xi, \\ \text{al} & \text{falls } \xi' = \xi_1 \end{array} \right.$$

$\mathcal{C}_P[\![\text{INITARG } (i,\xi')]\!] \text{ pnr}$
$\quad (\text{rm, atp, } G[\text{atp}/(\text{TASK}, \mu, \text{arg}_1 : \ldots \text{arg}_k, \langle\xi, \text{ip, ds, lv, 0, lq, gq }\rangle)],$
$\quad \text{gp, ltq, al ps)}$

$$:= \left\{ \begin{array}{l} \langle(\text{rm, atp,} \\ \quad G[\text{atp}/(\text{TASK},\mu, \text{arg}_1 : \ldots : \text{arg}_k, \langle\xi, \text{ip+1, ds, lv, 0, lq, gq }\rangle)], \\ \quad \text{gp, ltq, al, ps),} \\ \quad \epsilon\rangle \end{array} \right.$$

$$\text{falls } \xi' = \xi_0 \text{ oder arg}_i = \langle V, a\rangle$$
$$\text{oder arg}_i = \langle P, \text{adr}, \xi''\rangle \text{ und } \xi'' \geq \xi'.$$

$$:= \left\{ \begin{array}{l} \langle(\text{rm, atp,} \\ \quad G[\text{atp}/(\text{TASK},\mu, \text{arg}_1 : \ldots \text{arg}'_i \ldots : \text{arg}_k, \langle\xi,\text{ip+1,ds,lv,0,lq,gq}\rangle)], \\ \quad \text{gp, ltq, al, ps),} \\ \quad [\text{INITIATE, gadr, } \xi'] \rangle \end{array} \right.$$

$$\text{falls arg}_i = \langle P,\text{gadr},\xi''\rangle \text{ mit } \xi'' < \xi'$$
$$\text{und gadr} \notin \{(\text{pnr, ladr}) \mid \text{ladr} \in LAdr\},$$
$$\text{arg}'_i = \langle P,\text{gadr},\xi'\rangle.$$

$$:= \left\{ \begin{array}{l} \langle(\text{rm, atp,} \\ \quad G[\text{atp}/(\text{TASK},\mu,\text{arg}_1 : \dots \text{arg}'_i \dots : \text{arg}_k, \langle\xi,\text{ip}+1,\text{ds,lv,0,lq,gq}\rangle), \\ \quad\quad \text{ladr}/(\text{INDIRECTION, ?, } \xi', \epsilon, \epsilon)], \\ \quad \text{gp, ltq, al, ps)}, \\ \quad [\text{PROCESS, F, arglist}', \xi', \text{indir, (pnr, ladr)}] \rangle \end{array} \right.$$

$$\begin{array}{l} \text{falls arg}_i = \langle P, (\text{pnr, ladr}), \xi_0\rangle \\ \text{mit G(ladr)} = (\text{TASK, F, arglist}', \xi_0), \; F \in \text{Fun}, \\ \text{und arg}'_i = \langle P, (\text{pnr,ladr}),\xi'\rangle. \end{array}$$

$$:= \left\{ \begin{array}{l} \langle(\text{rm, atp,} \\ \quad G[\text{atp}/(\text{TASK},\mu,\text{arg}_1 : \dots \text{arg}'_i \dots : \text{arg}_k, \langle\xi,\text{ip}+1,\text{ds,lv,0,lq,gq}\rangle)], \\ \quad\quad \text{ladr}/(\text{TASK},\mu', \text{arglist}', \langle\tilde{\xi}', \text{ip}', \text{ds}', \text{lv}', \text{pc}', \text{lq}', \text{gq}'\rangle)] \\ \quad \text{gp, ltq, al, ps)}, \\ \quad \epsilon \rangle \end{array} \right.$$

$$\begin{array}{l} \text{falls arg}_i = \langle P, (\text{pnr, ladr}), \tilde{\xi}\rangle \\ \text{mit G(ladr)} = (\text{TASK, } \mu', \text{arglist}', \\ \quad\quad\quad\quad\quad\quad \langle\tilde{\xi}, \text{ip}', \text{ds}', \text{lv}', \text{pc}', \text{lq}', \text{gq}'\rangle), \\ \text{wobei } \tilde{\xi}' := \max\{\tilde{\xi}, \xi'\} \\ \text{und arg}'_i = \langle P, (\text{pnr, ladr}), \tilde{\xi}'\rangle. \end{array}$$

$$:= \left\{ \begin{array}{l} \langle(\text{rm, atp,} \\ \quad G[\text{atp}/(\text{TASK},\mu,\text{arg}_1 : \dots \text{arg}'_i \dots : \text{arg}_k, \langle\xi,\text{ip}+1,\text{ds,lv,0,lq,gq}\rangle), \\ \quad\quad \text{ladr}/(\text{TASK,'arg', arglist}', \langle \xi', l_j, \epsilon, \text{lv}', 0, \epsilon, \epsilon\rangle)], \\ \quad \text{gp, ltq:ladr, al, ps)}, \\ \quad \epsilon \rangle \end{array} \right.$$

$$\begin{array}{l} \text{falls arg}_i = \langle P, (\text{pnr, ladr}), \xi_0\rangle \text{ mit} \\ \text{G(ladr)} = (\text{ARGUMENT},\langle \text{arglist}', \text{lv}'\rangle, (l_1, l_2, l_3)) \\ \xi' = \xi_j \text{ für ein } j \in \{1,2,3\}, \\ \text{und arg}'_i := \langle P, (\text{pnr, ladr}), \xi' \rangle. \end{array}$$

$$:= \left\{ \begin{array}{l} \langle(\text{rm, atp,} \\ \quad G[\text{atp}/(\text{TASK},\mu,\text{arg}_1 : \dots \text{arg}'_i \dots : \text{arg}_k, \langle\xi,\text{ip}+1,\text{ds,lv,0,lq,gq}\rangle), \\ \quad\quad \text{ladr}/(\text{SDATA, c, arglist}', \tilde{\xi}')], \\ \quad \text{gp, ltq, al}', \text{ps)}, \\ \quad \epsilon \rangle \end{array} \right.$$

$$\begin{array}{l} \text{falls arg}_i = \langle P, (\text{pnr, ladr}), \tilde{\xi}\rangle \\ \text{mit G(ladr)} = (\text{SDATA, c, arglist, } \tilde{\xi}) \\ \text{wobei } \tilde{\xi}' := \max\{\xi', \tilde{\xi}\}, \\ \text{arg}'_i := \langle P, (\text{pnr, ladr}), \tilde{\xi}'\rangle \end{array}$$

$$\text{und al}' := \begin{cases} \text{al} : (\text{ladr, c-evt } (c,\ \xi')) & \text{falls } \xi' \geq \tilde{\xi} \\ \text{al} & \text{sonst} \end{cases}$$

$$:= \begin{cases} \langle(\text{rm, atp,} \\ \quad G[\text{atp}/(\text{TASK},\mu, \text{arg}_1 : \dots \text{arg}'_i \dots : \text{arg}_k, \langle\xi,\text{ip}+1,\text{ds,lv,0,lq,gq}\rangle)], \\ \quad \text{gp, ltq, al, ps}) \\ \epsilon\rangle \end{cases}$$

$$\text{falls } \xi' = \xi_1$$
$$\text{und arg}_i := \langle P,(\text{pnr, ladr}),\xi_0\rangle$$
$$\text{mit } G(\text{ladr}) = (\text{SDATA}, \dots)$$
$$\text{oder } G(\text{ladr}) = (\text{FUNCTION}, \dots),$$
$$\text{wobei arg}'_i = \langle P,(\text{pnr, ladr}),\xi_1\rangle,$$

$$:= \begin{cases} \langle(\text{rm, atp,} \\ \quad G[\text{atp}/(\text{TASK},\mu, \text{arg}_1 : \dots \text{arg}'_i \dots : \text{arg}_k, \langle\xi,\text{ip}+1,\text{ds,lv,0,lq,gq}\rangle), \\ \qquad \text{ladr}/(\text{INDIRECTION, ?, } \tilde{\xi},\ \text{lq}',\ \text{gq}')], \\ \quad \text{gp, ltq, al, ps}) \\ \epsilon\rangle \end{cases}$$

$$\text{falls arg}_i := \langle P,(\text{pnr, ladr}),\bar{\xi}\rangle,$$
$$\text{mit } G(\text{ladr}) = (\text{INDIRECTION, ?, } \tilde{\xi},\ \text{lq}',\ \text{gq}'),$$
$$\text{wobei } \tilde{\xi}' := \max\{\tilde{\xi},\xi'\}$$
$$\text{und arg}'_i = \langle P,(\text{pnr, ladr}),\tilde{\xi}'\rangle,$$

$$:= \begin{cases} \langle(\text{rm, atp,} \\ \quad G[\text{atp}/(\text{TASK},\mu, \text{arg}_1 : \dots \text{arg}'_i \dots : \text{arg}_k, \langle\xi,\text{ip}+1,\text{ds,lv,0,lq,gq}\rangle), \\ \qquad \text{ladr}/(\text{INDIRECTION, gadr, } \tilde{\xi}',\ \text{lq}',\ \text{gq}')], \\ \quad \text{gp, ltq, al, ps}), \\ \text{mes}\rangle \end{cases}$$

$$\text{falls arg}_i := \langle P,(\text{pnr, ladr}),\bar{\xi}\rangle,$$
$$\text{mit } G(\text{ladr}) = (\text{INDIRECTION, gadr, } \tilde{\xi},\ \text{lq}',\ \text{gq}'),$$
$$\text{wobei } \tilde{\xi}' := \max\{\xi',\tilde{\xi}\},$$
$$\text{mes} := \begin{cases} [\text{INITIATE, gadr, } \xi'] & \text{falls } \xi' > \tilde{\xi}, \\ \epsilon & \text{sonst} \end{cases}$$
$$\text{und arg}'_i = \langle P,(\text{pnr, ladr}),\tilde{\xi}'\rangle,$$

$$:= \begin{cases} \langle(\text{rm, atp,} \\ \quad G[\text{atp}/(\text{TASK},\mu, \text{arg}_1 : \dots \text{arg}'_i \dots : \text{arg}_k, \langle\xi,\ \text{ip, ds, lv, 0, lq, gq }\rangle)], \\ \quad \text{gp, ltq, al, ps}), \\ \epsilon\rangle \end{cases}$$

$$\text{falls arg}_i := \langle P,(\text{pnr, ladr}),\xi\rangle,$$

$$\text{mit G(ladr)} = \text{(LOCAL-IND, ladr}'),$$
$$\text{wobei arg}'_i = \langle P, \text{(pnr, ladr}'), \bar{\xi}\rangle.$$

Die Semantik des Befehls INITLOC (i, ξ') wird vollkommen analog zur Semantik von INITARG (i, ξ') erklärt, wobei an die Stelle des i-ten Argumentes arg_i der i-te Eintrag des Variablenkellers lv tritt.

Wir verzichten daher auf die explizite Angabe von $\mathcal{C}_P[\text{INITLOC } (i, \xi')]$.

Der Befehl GETARG (i, ξ') unterscheidet sich vom Befehl INITARG (i, ξ') nur in der Behandlung globaler Adressen. Wir führen daher die Semantik von GETARG größtenteils auf die Semantik von INITARG zurück.

$\mathcal{C}_P[\text{GETARG } (i, \xi')]$ pnr
  (rm, atp, G[atp/(TASK, μ, arg$_1$: ... : arg$_k$, $\langle \xi$, ip, ds, lv, 0, lq, gq $\rangle$)],
  gp, ltq, al, ps)

$$:= \begin{cases} \langle(\text{rm, atp,} \\ \quad \text{G[atp/(TASK,}\mu, \text{arg}_1 : ... \text{arg}'_i ... : \text{arg}_k, \langle \xi, \text{ip+1,ds,lv,0,lq,gq}\rangle), \\ \qquad \text{gp/(INDIRECTION, gadr, } \tilde{\xi}', \epsilon, \epsilon)], \\ \quad \text{gp+1, ltq, al, ps),} \\ \quad [\text{REQUEST, gadr, } \tilde{\xi}', \text{(pnr, gp)]} \rangle \\ \qquad\qquad \text{falls arg}_i = \langle P, \text{gadr}, \tilde{\xi}\rangle \\ \qquad\qquad \text{mit gadr} \notin \{(\text{pnr, ladr}) \mid \text{ladr} \in LAdr\}, \\ \qquad\qquad \xi' \neq \xi_0, \tilde{\xi}' := \max\{\tilde{\xi}, \xi'\} \\ \qquad\qquad \text{und arg}'_i := \langle P, \text{(pnr, gp)}, \tilde{\xi}'\rangle, \end{cases}$$

$$:= \begin{cases} \mathcal{C}_P[\text{INITARG}(i, \xi')]\text{pnr} \\ \quad \text{(rm, atp,} \\ \quad \text{G[atp/(TASK, } \mu, \text{arg}_1: ... : \text{arg}_k, \langle \xi, \text{ip, ds, lv, 0, lq, gq }\rangle)], \\ \quad \text{gp, ltq, al, ps)} \\ \qquad\qquad \text{sonst.} \end{cases}$$

$\mathcal{C}_P[\![\text{WAIT } m]\!]$ pnr
  (rm, atp,
  $G[\text{atp}/(\text{TASK}, \mu, \text{arglist}, \langle \xi, \text{ip}, \text{ds}: d_1 : \ldots : d_m, \text{lv}, 0, \text{lq}, \text{gq} \rangle)]$,
  gp, ltq, al, ps)

$$:= \begin{cases} \langle(\text{rm, atp}, \\ \quad G[\text{atp}/(\text{TASK}, \mu, \text{arglist}, \langle \xi, \text{ip}, \text{ds}: \tilde{d}_1 : \ldots : \tilde{d}_m, \text{lv}, k, \text{lq}, \text{gq} \rangle)), \\ \quad\quad \text{ladr}_{i_1}/ (\text{TASK/INDIRECTION}, \ldots, \text{lq}_{i_1} : \text{atp}, \text{gq}_{i_1}), \\ \quad\quad\quad\quad \cdots \\ \quad\quad \text{ladr}_{i_k}/ (\text{TASK/INDIRECTION}, \ldots, \text{lq}_{i_k} : \text{atp}, \text{gq}_{i_k})], \\ \quad \text{gp, ltq, al, ps}), \\ \epsilon \rangle \end{cases}$$

wobei für $1 \le i \le m$

$$\tilde{d}_i = \begin{cases} \langle P, (\text{pnr}, \text{ladr}_i), \xi^i \rangle, \\ \quad \text{falls } d_i = \langle P, (\text{pnr}, d_{i_1}), \xi^i \rangle \\ \quad \text{mit } G(d_{i_l}) = (\text{LOCAL-IND}, d_{i_{l+1}}) \\ \quad \text{für } 1 \le l \le k_i - 1, \\ \quad G(d_{i_{k_i}}) \notin \{(\text{LOCAL-IND}, \text{la}) \mid \text{la} \in LAdr\}, \\ \quad \text{und ladr}_i = d_{i_{k_i}} \text{ für } k_i \ge 1. \\ d_i \quad \text{sonst} \end{cases}$$

und $\{i_1, \ldots, i_k\} := \{j \in \{1, \ldots, m\} \mid$
$\quad\quad\quad\quad \tilde{d}_j = \langle P, (\text{pnr}, \text{ladr}_j), \xi^j \rangle$ mit
$\quad\quad\quad\quad G(\text{ladr}_j) \notin \textit{Terminalnodes}\}$

ist nicht leer, also $k \ge 1$.

$$:= \begin{cases} \langle(\text{rm, atp}, \\ \quad G[\text{atp}/(\text{TASK}, \mu, \text{arglist}, \langle \xi, \text{ip+1}, \text{ds}: \tilde{d}_1 : \ldots : \tilde{d}_{m,,}, \text{lv}, 0, \text{lq}, \text{gq} \rangle)], \\ \quad \text{gp, ltq, al, ps}), \\ \epsilon \rangle, \end{cases}$$

wobei für $1 \le i \le m$

$$\tilde{d}_i = \begin{cases} \langle P, (\text{pnr}, \text{ladr}_i), \xi^i \rangle, \\ \quad \text{falls } d_i = \langle P, (\text{pnr}, d_{i_1}), \xi^i \rangle \\ \quad \text{mit } G(d_{i_l}) = (\text{LOCAL-IND}, d_{i_{l+1}}) \\ \quad \text{für } 1 \le l \le k_i - 1, \\ \quad G(d_{i_{k_i}}) \notin \{(\text{LOCAL-IND}, \text{la}) \mid \text{la} \in LAdr\}, \\ \quad \text{und ladr}_i = d_{i_{k_i}} \text{ für } k_i \ge 1. \\ d_i \quad \text{sonst} \end{cases}$$

und $\{j \in \{1, \ldots, m\} \mid \tilde{d}_j = \langle P, (\text{pnr}, \text{ladr}_j), \xi^j \rangle$
$\quad\quad\quad\quad$ mit $G(\text{ladr}_j) \notin \textit{Terminalnodes}\} = \emptyset$

$\mathcal{C}_P[\![\text{RET } \xi']\!]$ pnr
  (rm, atp,
  G[atp/(TASK,μ,arglist,$\langle \xi,\text{ip},\text{ds: } d_0,\text{lv},0,\text{ladr}_1 \ldots \text{ladr}_m, \text{gadr}_1 \ldots \text{gadr}_n\rangle)$]
  gp, ltq, al, ps)

$$:= \begin{cases} \end{cases}$$

$\langle$(rm, nil,
  G[atp/(tnode,
    $\text{ladr}_1/(\text{TASK},\mu_1, \text{arglist}_1, \langle \xi^1, \text{ip}_1, \text{ds}_1, \text{lv}_1, \text{pc}_1 - 1, \text{lq}_1, \text{gq}_1\rangle)$,
         $\cdots$

    $\text{ladr}_m/(\text{TASK},\mu_m, \text{arglist}_m,$
                  $\langle \xi^m, \text{ip}_m, \text{ds}_m, \text{lv}_m, \text{pc}_m - 1, \text{lq}_m, \text{gq}_m\rangle)$],
  gp, ltq: $\text{ladr}_{i_1} \ldots \text{ladr}_{i_l}$, al, ps),
  [ANSWER, gadr_1, tnode] : [ANSWER, gadr_2, tnode] : $\cdots$
                           : [ANSWER, gadr_n, tnode] $\rangle$

    falls $\ d_0 = \langle V, a\rangle$ mit $a \in A$ und tnode $= (\text{BDATA}, a)$
    oder $\ d_0 = \langle V, a\rangle$ mit $a \in \bigcup_{d \in D} \Gamma^{(\epsilon,d)}$
                      und tnode $= (\text{SDATA}, a, \epsilon, \xi_3)$
    oder $\ d_0 = \langle P, (\text{pnr, ladr}), \bar{\xi}\rangle$
        mit $\text{G(ladr)} \in$ *Terminalnodes* und
$$\text{tnode} = \begin{cases} (\text{SDATA}, c', \text{arglist}', \xi) \\ \quad \text{falls G(ladr)} = \\ (\text{SDATA}, c', \text{arglist}', \tilde{\xi}) \\ \quad \text{mit } \tilde{\xi} < \xi \\ \text{G(ladr)} \quad \text{sonst.} \end{cases}$$
    oder $\ d_0 = \langle P, (\text{pnr}, p_1), \bar{\xi}\rangle$ und
        $\exists k \geq 1, p_1, \ldots, p_k : \text{G}(p_i) = (\text{LOCAL-IND}, p_{i+1})$ für $i < k$
        und $\text{G}(p_k) \in$ *Terminalnodes*,
$$\text{tnode} = \begin{cases} (\text{SDATA}, c', \text{arglist}', \xi) \\ \quad \text{falls G(ladr)} = \\ \quad\quad\quad (\text{SDATA}, c', \text{arglist}', \tilde{\xi}) \\ \quad \text{mit } \tilde{\xi} < \xi \\ \text{G(ladr)} \quad \text{sonst.} \end{cases}$$
  und $\ \text{G(ladr}_i) = (\text{TASK},\mu_i, \text{arglist}_i, \langle \xi^i, \text{ip}_i, \text{ds}_i, \text{lv}_i, \text{pc}_i, \text{lq}_i, \text{gq}_i\rangle)$
        mit $\text{pc}_i > 0 \ (1 \leq i \leq k)$
  und $\ \{\text{ladr}_{i_1}, \ldots, \text{ladr}_{i_l}\}$
           $:= \{\text{ladr}_i \mid 1 \leq i \leq k, \text{pc}_i = \sharp_{\text{ladr}_i}(\text{ladr}_1 \ldots \text{ladr}_m)\}$,
        wobei $\sharp_{\text{ladr}_i}(\text{ladr}_1 \ldots \text{ladr}_m)$ die Anzahl der Vorkommen
        von ladr_i in $\text{ladr}_1 \ldots \text{ladr}_m$ bezeichne,

$$\mathrm{al'} := \begin{cases} \mathrm{al} : (\mathrm{atp}, \mathrm{c\text{-}evt}(\mathrm{c}, \xi)) \\ \qquad \text{falls } \xi > \xi' \text{ und} \\ \qquad \mathrm{tnode} = (\mathrm{SDATA}, \mathrm{c}, \mathrm{arglist'}, \xi) \\ \mathrm{al} \quad \text{sonst} \end{cases}$$

$$:= \begin{cases} \langle(\mathrm{rm, natp,} \\ \quad \mathrm{G[atp/(LOCAL\text{-}IND,ladr),} \\ \qquad \mathrm{ladr/(TASK,}\ \mu',\ \mathrm{arglist'}, \langle \tilde{\xi}', \mathrm{ip'}, \mathrm{ds'}, \mathrm{lv'}, \mathrm{pc'}, \\ \qquad\qquad\qquad \mathrm{lq'} : \mathrm{ladr}_1 : \ldots : \mathrm{ladr}_m, \mathrm{gq'} : \mathrm{gadr}_1 : \ldots : \mathrm{gadr}_m)], \\ \quad \mathrm{gp, ltq', al, ps),} \\ \quad \epsilon\rangle \end{cases}$$

$$\text{falls } d_0 = \langle P, (\mathrm{pnr, ladr}), \bar{\xi}\rangle \text{ mit}$$
$$\mathrm{G(ladr)} = (\mathrm{TASK}, \mu', \mathrm{arglist'}, \langle \tilde{\xi}, \mathrm{ip'}, \mathrm{ds'}, \mathrm{lv'}, \mathrm{pc'}, \mathrm{lq'}, \mathrm{gq'}\rangle)$$
$$\text{oder } d_0 = \langle P, (\mathrm{pnr}, p_1), \bar{\xi}\rangle,$$
$$\mathrm{G}(p_i) = (\mathrm{LOCAL\text{-}IND}, p_{i+1})\ (1 \le i \le k-1),$$
$$\mathrm{G}(p_k) = (\mathrm{TASK}, \mu', \mathrm{arglist'}, \langle \tilde{\xi}, \mathrm{ip'}, \mathrm{ds'}, \mathrm{lv'}, \mathrm{pc'}, \mathrm{lq'}, \mathrm{gq'}\rangle)$$
$$\text{und } p_k = \mathrm{ladr}$$
$$\text{und } \tilde{\xi}' = \max\{\xi, \tilde{\xi}\},$$

$\mathrm{ltq'}$ entsteht aus ltq durch Streichen von ladr,

$$\mathrm{natp} = \begin{cases} \mathrm{ladr} & \text{falls } \mathrm{pc'} = 0, \\ \mathrm{nil} & \text{sonst.} \end{cases}$$

$$:= \begin{cases} \langle(\mathrm{rm, nil,} \\ \quad \mathrm{G[atp/(LOCAL\text{-}IND, ladr),} \\ \qquad \mathrm{ladr/(INDIRECTION,}\ \cdot,\ \tilde{\xi}', \mathrm{lq'} : \mathrm{ladr}_1 : \ldots : \mathrm{ladr}_m, \\ \qquad\qquad\qquad\qquad \mathrm{gq'} : \mathrm{gadr}_1 : \ldots : \mathrm{gadr}_m)], \\ \quad \mathrm{gp, ltq, al, ps),} \\ \quad \epsilon\rangle \end{cases}$$

$$\text{falls } d_0 = \langle P, (\mathrm{pnr, ladr}), \bar{\xi}\rangle \text{ mit}$$
$$\mathrm{G(ladr)} = (\mathrm{INDIRECTION}, \ldots, \tilde{\xi}, \mathrm{lq'}, \mathrm{gq'})$$
$$\text{oder } d_0 = \langle P, (\mathrm{pnr}, p_1, \bar{\xi}\rangle \text{ mit}$$
$$\mathrm{G}(p_i) = (\mathrm{LOCAL\text{-}IND}, p_{i+1})\ (1 \le i \le k-1),$$
$$\text{und } \mathrm{G}(p_k) = (\mathrm{INDIRECTION}, \ldots, \tilde{\xi}, \mathrm{lq'}, \mathrm{gq'}),$$
$$\text{sowie } p_k = \mathrm{ladr}$$
$$\text{und } \tilde{\xi}' := \max\{\tilde{\xi}, \xi\}.$$

$\mathcal{C}_P[\![\text{PUSH } (\mu', m)]\!]$ pnr
  (rm, atp,
    G[atp/(TASK, μ, arglist, $\langle \xi$, ip, ds: $d_1 : \ldots : d_m$, lv, 0, lq, gq $\rangle)$)],
    gp, ltq, al, $\langle$ ca-c, ca-f, rg, c-evt, c $\rangle$)
$:=$ (rm, atp,
    G[atp/(TASK, μ', $d_1 : \ldots : d_m$, $\langle \xi$, ca-c$(\mu', \xi$, dir), ϵ, ϵ, 0, lq, gq $\rangle)$)],
    gp, ltq, al, $\langle$ ca-c, ca-f, rg, c-evt, c $\rangle$).

Damit haben wir die Semantik aller Instruktionen formal erklärt. Für die Datenkeller-, Kontroll- und Graphinstruktionen haben wir dabei zunächst eine speziellere Semantik definiert als für die Prozeßbefehle, die zur Erzeugung von Nachrichten führen können. Allgemein legen wir die Befehlssemantik daher nun wie folgt fest.

10.3.7 Definition Die *Befehlssemantik*

$$\mathcal{C} : Instr \times \{1, \ldots, n\} \to LSt_{RE} - \to LSt_{RE} \times RedMes^*$$

wird für *ins* $\in$ *Instr*, pnr $\in \{1, \ldots, n\}$ und *st* $\in LSt_{RE}$ erklärt durch:

$$\mathcal{C}[\![ins]\!] \text{ pnr } st := \begin{cases} \langle \mathcal{C}_{DS}[\![ins]\!] \text{ pnr } st, \epsilon \rangle & \text{falls } ins \in DSInstr, \\ \langle \mathcal{C}_{C}[\![ins]\!] \text{ pnr } st, \epsilon \rangle & \text{falls } ins \in CInstr, \\ \langle \mathcal{C}_{G}[\![ins]\!] \text{ pnr } st, \epsilon \rangle & \text{falls } ins \in GInstr, \\ \mathcal{C}_{P}[\![ins]\!] \text{ pnr } st & \text{falls } ins \in PInstr. \end{cases}$$

Bevor wir die Semantik der Befehle benutzen, um die Zustandsübergänge der Reduktionseinheiten im Reduktionsmodus zu beschreiben, gehen wir im nächsten Abschnitt zunächst auf die Übersetzung von annotierten parallelisierten Kombinatorsystemen in Maschinencodesequenzen ein.

10.4 Compilation von parallelisierten Kombinatorprogrammen

Die Compilation annotierter parallelisierter Kombinatorprogramme wird durch folgende Übersetzungsfunktionen beschrieben:

TRANS: $PROG^{an} \to PAM\text{-}CODE$,

COMTRANS: $Comdef^{an} \times (Evset \setminus \{\xi_0\}) \times \mathbb{N}^* \to PAM\text{-}Code$,

EVALRET: $\quad ParExp^{an} \times (Evset \setminus \{\xi_0\}) \times \mathbb{N}^* \times [Loc \to_{fin} \mathbb{N}]^\dagger \times \mathbb{N} \to PAM\text{-}Code,$

EVAL: $\quad ParExp^{an} \times (Evset \setminus \{\xi_0\}) \times \mathbb{N}^* \times [Loc \to_{fin} \mathbb{N}] \times \mathbb{N} \to PAM\text{-}Code,$

INIT: $\quad ParExp^{an} \times Evset \times \mathbb{N}^* \times [Loc \to_{fin} \mathbb{N}] \times \mathbb{N} \to PAM\text{-}Code,$

DELAY: $\quad ParExp^{an} \times \mathbb{N}^* \times [Loc \to_{fin} \mathbb{N}] \times \mathbb{N} \to PAM\text{-}Code.$

Dabei bezeichne $PROG^{an}$ die Menge aller annotierten parallelisierten Kombinatorprogramme (vgl. Definition 6.3.1 bzw. 7.1.2), $Comdef^{an}$ die Menge aller annotierten Kombinatordefinitionen und $ParExp^{an}$ die Menge aller annotierten parallelisierten applikativen Ausdrücke.

Die Annotierung einer Kombinatordefinition besteht aus dem kontextfreien 'evaluation transformer' für den Kombinator und den kontextsensitiven Annotationen des Kombinatorrumpfes. Unter kontextsensitiven Annotationen von Ausdrücken verstehen wir die kontextsensitiven 'evaluation transformer' des Ausdruckes und seiner Teilausdrücke. Für **case**-Ausdrücke betrachten wir allerdings die 'evaluation transformer' der Alternativen als "kontext-sensitive" Annotierung.

In dem erzeugtem Maschinencode werden als Programmadressen baumstrukturierte Marken $l \in \mathbb{N}^*$ zugelassen. Dies vereinfacht die Bestimmung von neuen Sprungadressen. Zur Übertragung des Maschinencodes in den Programmspeicher der Reduktionseinheiten setzen wir die Existenz eines einfachen Ladeprogramms voraus, das die baumstrukturierte durch eine lineare Adressierung ersetzt. Der bei der Übersetzung erzeugte Code hat die in folgender Definition beschriebene allgemeine Struktur.

10.4.1 Definition Sei *Instr* die Menge der Maschineninstruktionen, in denen als Programmadressen Marken aus $\mathbb{N}^*$ auftreten. Dann definieren wir

$$PAM\text{-}Code := ((\mathbb{N}^*)^* \times Instr')^+ (\mathbb{N}^*)^*.$$

Zur Bezeichnung von Codesequenzen aus *PAM-Code* vereinbaren wir folgende Schreibweisen:

- Worte $w \in \mathbb{N}^*$ schreiben wir in der Form

$$w = i_1.i_2.\cdots.i_k$$

mit $i_1, \ldots, i_k \in \mathbb{N}$ und $k \in \mathbb{N}$.

$\dagger [Loc \to_{fin} \mathbb{N}^*]$ bezeichnet die Menge aller partiellen Funktionen von *Loc* nach $\mathbb{N}$ mit leerem oder endlichem Definitionsbereich. Im folgenden bezeichnen wir die Funktion mit leerem Definitionsbereich mit $\sigma_\emptyset$.

- Worte $u \in (\mathbb{N}^*)^*$ notieren wir in der Form

$$u = w_1 : w_2 : \ldots : w_l$$

mit $w_1, \ldots, w_l \in \mathbb{N}^*, l \in \mathbb{N}$.

- Codesequenzen code $\in$ *PAM-Code* notieren wir allgemein wie folgt:

$$\text{code} = u_1 : \text{ins}_1; u_2 : \text{ins}_2; \ldots; u_n : \text{ins}_n, u_{n+1} :$$

mit $u_i \in (\mathbb{N}^*)^*$, $\text{ins}_i \in Instr'$ $(1 \leq i \leq n)$, $u_{n+1} \in (\mathbb{N}^*)^*, n \geq 1$.
Falls Instruktionen ins_i keine Marken haben $(u_i = \epsilon)$, so schreiben wir einfach ins_i anstatt $u_i : \text{ins}_i$ $(1 \leq i \leq n)$.

Das Ladeprogramm zur Linearisierung des durch die Übersetzungsfunktionen erzeugten Codes hat folgenden Typ:

$$Lade : \ PAM\text{-}Code \rightarrow [PAdr \rightarrow Instr] \times [\mathbb{N}^* \rightarrow PAdr].$$

Die erste Komponentenfunktion $Lade_1$ liefert den linearisierten Code in der Form, in der er im Programmspeicher abgelegt wird. Die zweite Komponentenfunktion $Lade_2$ beschreibt die Adreßtransformation.

Die Übersetzungsfunktion TRANS erzeugt zu einem Kombinatorprogramm eine Maschinencodesequenz, die sich aus Codesequenzen für den Hauptprogrammausdruck, für die verschiedenen Kombinatordefinitionen und für die Basisfunktionen zusammensetzt. Ist der Typ des Hauptausdruckes oder der Zieltyp eines Kombinators eine Datenstruktursorte, so werden für jeden möglichen Auswerter — also insgesamt 3 verschiedene — Codesequenzen für den Ausdruck bzw. den Kombinator generiert. Um eine unnötige Explosion des Codes durch diese 'Verdreifachung' zu vermeiden, könnte man natürlich die vom Auswerter unabhängigen Codeteile überlagern und zu Auswerter-spezifischen Codeteilen mittels eines speziellen Testbefehls, der in Abhängigkeit vom Auswerter einer Task verzweigt, springen. Dies hat den Nachteil, daß während der Ausführung einer Task zusätzliche Tests des Auswerters durchgeführt werden müssen. Es bringt aber auch den Vorteil, daß eine Änderung des Auswerters während der Ausführung einer Task sofort berücksichtigt wird, während bei disjunkten Codesequenzen für verschiedene Auswerter eine Änderung des Auswerters erst bei der Termination der Task bemerkt wird und dann verzögert zur weiteren Aktivierung von Teiltasks führt.

Wir wählen hier zur Vereinfachung die Methode, separate Codesequenzen für verschiedene Auswerter zu erzeugen.

Für die Ausführung von Basisfunktionen müssen ebenfalls spezielle Codesequenzen erzeugt werden, da während der Ausführung eines Kombinatorprogramms durch Applikationen höherer Ordnung Tasks entstehen können, deren Marke eine Basisfunktion ist.

Diese Codesequenzen haben allesamt dieselbe Struktur. Sie bestehen aus einer Folge von GETARG- und LOAD-Instruktionen zur Auswertung der Argumente. Schließlich folgt ein WAIT-Befehl, der überprüft, ob alle Argumente lokal und ausgewertet vorliegen und falls dies nicht der Fall ist, die Task solange suspendiert, bis diese Situation vorliegt. Mit einem GET-Befehl werden schließlich die Argumentwerte auf den Datenkeller geladen, so daß dann die Basisfunktionsapplikation berechnet werden kann. Der RET-Befehl schließt die Ausführung der 'Task' ab.

Konstruktorapplikationen, die durch Applikationen höherer Ordnung entstehen, werden, wie wir bereits bei der Definition des APPLY-Befehles gesehen haben und im nächsten Abschnitt noch genauer diskutieren werden, gesondert behandelt. Für diese ist daher kein Code notwendig. Im Programmspeicher werden allerdings zu ihrer Behandlung die 'evaluation transformer' der Konstruktoren abgespeichert.

10.4.2 Definition

$$\text{TRANS} : PROG^{\mathrm{an}} \to PAM\text{-}Code$$

wird für $\langle \mathcal{R}, e, \mathrm{AN}_{\langle \mathcal{R},e\rangle} \rangle$ mit $\mathrm{AN}_{\langle \mathcal{R},e\rangle} = (\mathrm{AN}^{\mathrm{cf}}_{\langle \mathcal{R},e\rangle}, \mathrm{AN}^{\mathrm{cs}}_{\langle \mathcal{R},e\rangle}, \mathrm{AN}^{\mathrm{al}}_{\langle \mathcal{R},e\rangle})$ und

$$\mathcal{R} = \langle F_i(x_1, \ldots, x_{r_i}) = e_i \mid 1 \le i \le k \rangle$$

wie folgt festgelegt:

e habe den Typ $s \in S \cup D$, e_i habe den Typ t_i für $1 \le i \le r$.

$$\text{TRANS} \; [\![\langle \mathcal{R}, e, \mathrm{AN}_{\langle \mathcal{R},e\rangle} \rangle]\!]$$

$$
\begin{aligned}
:= \; & code(e, \mathrm{AN}_{\langle \mathcal{R},e\rangle}(e)) \\
& comcode(\langle F_1(x_1, \ldots, x_{r_1}) = e_1\rangle, ET(F_1), \mathrm{AN}_{\langle \mathcal{R},e\rangle}(e_1)) \\
& \quad\vdots \\
& comcode(\langle F_k(x_1, \ldots, x_{r_k}) = e_k\rangle, ET(F_k), \mathrm{AN}_{\langle \mathcal{R},e\rangle}(e_k)) \\
& basiccode
\end{aligned}
$$

wobei

$$
code(e, \mathrm{AN}_{\langle \mathcal{R},e\rangle}(e)) :=
\begin{cases}
0.1 : & \text{EVALRET}[\![(e, \mathrm{AN}_{\langle \mathcal{R},e\rangle}(e))]\!](\xi_1, 0.1, \sigma_\emptyset, 0) \\
& \hspace{3cm} \text{falls } s \in S, \\[1em]
0.1 : & \text{EVALRET}[\![(e, \mathrm{AN}_{\langle \mathcal{R},e\rangle}(e))]\!](\xi_1, 0.1, \sigma_\emptyset, 0) \\
0.2 : & \text{EVALRET}[\![(e, \mathrm{AN}_{\langle \mathcal{R},e\rangle}(e))]\!](\xi_2, 0.2, \sigma_\emptyset, 0) \\
0.3 : & \text{EVALRET}[\![(e, \mathrm{AN}_{\langle \mathcal{R},e\rangle}(e))]\!](\xi_3, 0.3, \sigma_\emptyset, 0) \\
& \hspace{3cm} \text{falls } s \in D,
\end{cases}
$$

und für $1 \leq i \leq k$:

$comcode(\langle F_i(x_1,\ldots,x_{r_i}) = e_i\rangle, ET(F_i), AN_{\langle \mathcal{R},e\rangle}(e_i))$

$$:= \begin{cases} i.1: & \text{COMTRANS}[(\langle F_i(x_1,\ldots,x_{r_i}) = e_i\rangle, \\ & ET(F_i), AN_{\langle \mathcal{R},e\rangle}(e_i))](\xi_1, i.1) \quad \text{falls } t_i \notin D, \\[2ex] i.1: & \text{COMTRANS}[(\langle F_i(x_1,\ldots,x_{r_i}) = e_i\rangle, \\ & ET(F_i), AN_{\langle \mathcal{R},e\rangle}(e_i))](\xi_1, i.1) \\ i.2: & \text{COMTRANS}[(\langle F_i(x_1,\ldots,x_{r_i}) = e_i\rangle, \\ & ET(F_i), AN_{\langle \mathcal{R},e\rangle}(e_i))](\xi_2, i.2) \\ i.3: & \text{COMTRANS}[(\langle F_i(x_1,\ldots,x_{r_i}) = e_i\rangle, \\ & ET(F_i), AN_{\langle \mathcal{R},e\rangle}(e_i))](\xi_3, i.3) \quad \text{falls } t_i \in D. \end{cases}$$

basiccode bezeichnet die Folge der Codesequenzen für Basisfunktionen:

Sei $\Omega^+ = \{f_1,\ldots,f_l\}$. Für $j \in \{1,\ldots,l\}$ habe f_j die Stelligkeit $m_j > 0$.

Dann ist

$$basiccode := \quad 0.0.1: \quad bcode(f_1)$$
$$\vdots$$
$$0.0.l: \quad bcode(f_l),$$

wobei $bcode(f_j) = $ GETARG$(1,\xi_1)$; LOAD 1;

$$\vdots$$

GETARG(m_j,ξ_1); LOAD m_j;
WAIT m_j; GET m_j; EXEC f_j; RET ξ_1;

für $j \in \{1,\ldots,l\}$.

Das Übersetzungsschema COMTRANS erzeugt Maschinencode für die Reduktion von Kombinatorapplikationen. Als Parameter erhält das Schema neben der annotierten Kombinatordefinition den Auswerter, mit dem die Reduktion erfolgen soll, und die Anfangscodeadresse zur eindeutigen Bezeichnung neu zu erzeugender Programmadressen.

Der von COMTRANS generierte Code beginnt mit einer Sequenz von INITARG-Instruktionen zur Aktivierung der Berechnung von strikten Argumenten. Die Auswerter in diesen Instruktionen werden mittels des kontextfreien 'evaluation transformer' des Kombinators bestimmt. Die Folge der INITARG-Instruktionen wird lediglich bei einer indirekten Aktivierung einer Applikation des Kombinators ausgeführt, bei der keine Informationen über die Argumente vorhanden sind, kontextsensitive Striktheitsinformationen also nicht ausgenutzt werden können.

Den Hauptteil der Übersetzung eines Kombinators bildet der Code, der für die Auswertung des Kombinatorrumpfes generiert wird. Dieser Teil des Codes wird bei jeder Ausführung einer Applikation des Kombinators ausgeführt.

10.4.3 Definition

$$\textsc{Comtrans} : Comdef^{\mathrm{an}} \times Evset \times \mathbb{N}^* \to PAM\text{-}Code$$

wird für $(\langle F(x_1, \ldots, x_r) = e \rangle, \mathrm{ET}(F), \mathrm{AN}(e)) \in Comdef^{\mathrm{an}}$, $\xi \in Evset, w \in \mathbb{N}^*$ definiert durch:

$$\textsc{Comtrans}[\![(F(x_1, \ldots, x_r) = e, \mathrm{ET}(F), \mathrm{AN}(e))]\!]\,(\xi, w)$$

$$:= \quad \text{INITARG } (1, ET_1(F)(\xi)); \ldots; \text{INITARG } (r, ET_r(F)(\xi));$$
$$w.1 : \textsc{EvalRet}[\![(e, \mathrm{AN}(e))]\!](\xi, w.1, \sigma_\emptyset, 0)$$

INITARG-Befehle mit Auswerter ξ_0 können natürlich gestrichen werden.

Die Übersetzungsfunktion $\textsc{EvalRet}$ generiert Code für die Auswertung von Kombinatorrümpfen und die anschließende Termination der zugehörigen Task. Die Definition eines speziellen Übersetzungsschemas für die Auswertung von Ausdrücken mit Termination ermöglicht die spezielle Behandlung von 'tail-rekursiven' Kombinatoraufrufen mittels des PUSH-Befehls.

Die Definition der Übersetzungsfunktion erfolgt strukturell rekursiv über den in der ersten Parameterposition gegebenen Ausdruck. Dabei werden allerdings nur die Fälle gesondert behandelt, bei denen sich das $\textsc{EvalRet}$-Schema von dem $\textsc{Eval}$-Schema unterscheidet. Alle übrigen Fälle werden auf das $\textsc{Eval}$-Schema zurückgeführt.

Neben dem Ausdruck, dem Auswerter und der Anfangscodeadresse werden zur Verwaltung der, durch **let**- und **letpar**-Ausdrücke definierten, lokalen Variablen eine Funktion $\sigma \in [Loc \to_{\mathrm{fin}} \mathbb{N}^*]$ und eine natürliche Zahl m als weitere Parameter übergeben.

Die Funktion σ gibt zu den frei in dem zu übersetzenden Ausdruck vorkommenden lokalen Variablen die Position an, die den Variablen auf den Verwaltungskeller lokaler Variablen bei der Ausführung des Codes zugeordnet sein wird. Die Zahl m gibt die Tiefe des Verwaltungskellers an, deren Kenntnis notwendig ist, da die Adressierung der Kellerelemente relativ zur Kellerspitze erfolgt.

10.4.4 Definition

$$\textsc{EvalRet} : ParExp^{\mathrm{an}} \times Evset \times \mathbb{N}^* \times [Loc \to_{\mathrm{fin}} \mathbb{N}^*] \to PAM\text{-}Code$$

wird induktiv über die Struktur des zu übersetzenden Ausdruckes definiert.

Sei $\xi \in Evset \setminus \{\xi_0\}$, $w \in \mathbb{N}^*$, $\sigma \in [Loc \to_{\mathrm{fin}} \mathbb{N}^*]$, $m \in \mathbb{N}$.

1. $\textsc{EvalRet}[\![(\textbf{if } e \textbf{ then } e_1 \textbf{ else } e_2 \textbf{ fi}, \text{AN}(e) \cup \text{AN}(e_1) \cup \text{AN}(e_2))]\!]$
$$(\xi, w, \sigma, m)$$

$$:= \quad \textsc{Eval}[\![e, \text{AN}(e))]\!](\xi_1, w.0, \sigma, m)$$
$$\text{WAIT 1; GET 1; JPFALSE } w.2;$$
$$\textsc{EvalRet}[\![(e_1, \text{AN}(e_1))]\!](\xi, w.1, \sigma, m)$$
$$w.2 : \textsc{EvalRet}[\![(e_2, \text{AN}(e_2))]\!](\xi, w.2, \sigma, m).$$

2. $\textsc{EvalRet}$
$$[\![(\textbf{case } e \textbf{ of } c_1(y_{11}, \ldots, y_{1m_1}) : e_1; \ldots; c_k(y_{k1}, \ldots, y_{km_k}) : e_k \textbf{ esac},$$
$$\{(\textbf{case } \ldots \textbf{ esac}, \ ET^{\text{al},c_1} \cdots ET^{\text{al},c_k})\} \cup \text{AN}(e) \cup \bigcup_{j=1}^{k} \text{AN}(e_j))]\!]$$
$$(\xi, w, \sigma, m)$$

$$:= \quad \textsc{Eval}[\![(e, \text{AN}(e))]\!](\xi_1, w.0, \sigma, m)$$
$$\text{WAIT 1; SPLIT; CASE } \langle (c_1, w.1), \ldots, (c_k, w.k) \rangle;$$
$$w.1 : \text{INITLOC } (1, ET_1^{\text{al},c_1}(\xi)); \ldots; \text{INITLOC } (m_1, ET_{m_1}^{\text{al},c_1}(\xi));$$
$$\textsc{EvalRet}[\![(e_1, \text{AN}(e_1))]\!]$$
$$(\xi, w.1, \sigma[y_{1m_1}/m, \ldots, y_{11}/m + m_1 - 1], m + m_2)$$
$$w.2 : \quad \cdots$$
$$\cdots$$
$$w.k : \text{INITLOC } (1, ET_1^{\text{al},c_k}(\xi)); \ldots; \text{INITLOC } (m_k, ET_{m_k}^{\text{al},c_k}(\xi));$$
$$\textsc{EvalRet } [\![(e_k, \text{AN}(e_k))]\!]$$
$$(\xi, w.k, \sigma[y_{km_k}/m, \ldots, y_{k1}/m + m_k - 1], m + m_k)$$

3. $\textsc{EvalRet } [\![(\textbf{let } y_1 = e_1 \textbf{ and } \ldots \textbf{ and } y_k = e_i \textbf{ in } e,$
$$\{(\textbf{let } \ldots, ET^{\text{cs}})\} \cup \text{AN}(e) \cup \bigcup_{j=1}^{k} \text{AN}(e_j))]\!] \ (\xi, w, \sigma, m)$$
$$:= \textsc{Init } [\![(e_1, \text{AN}(e_1))]\!](ET_1^{\text{cs}}(\xi), w.1, \sigma, m)$$
$$\cdots$$
$$\textsc{Init } [\![(e_k, \text{AN}(e_k))]\!](ET_k^{\text{cs}}(\xi), w.k, \sigma, m)$$
$$\text{STORE } k;$$
$$\textsc{EvalRet } [\![(e, \text{AN}(e))]\!]$$
$$(\xi, w.0, \sigma[y_k/m, \ldots, y_1/m + k - 1], m + k)$$

4. $\textsc{EvalRet } [\![(F_i(e_1, \ldots, e_{r_i}), (F_i(\ldots), ET^{\text{cs}}) \cup \bigcup_{j=1}^{r} \text{AN}(e_i))]\!](\xi, w, \sigma, m)$
$$:= \textsc{Init } [\![(e_1, \text{AN}(e_1))]\!](ET_1^{\text{cs}}(\xi), w.1, \sigma, m)$$
$$\cdots$$
$$\textsc{Init } [\![(e_{r_i}, \text{AN}(e_{r_i}))]\!](ET_{r_i}^{\text{cs}}(\xi), w.r_i, \sigma, m)$$
$$\text{PUSH } (F_i, r_i);$$

5. $\textsc{EvalRet}\ [\!(\ \textbf{letpar}\quad y_1 = \tilde{F}_1(e_{11},\ldots,e_{1l_1})\quad \textbf{if } ev_1$
$$\textbf{and}\qquad \ldots$$
$$\textbf{and}\qquad y_p = \tilde{F}_p(e_{p1},\ldots,e_{pl_p})\quad \textbf{if } ev_p$$
$$\textbf{in } e,$$
$$\{(\textbf{letpar}\ldots\textbf{in } e, ET^{cs})\} \cup AN(e)\cup$$
$$\bigcup_{j=1}^{p}(\tilde{F}_j(e_{j1},\ldots,e_{jl_j}), AN(\tilde{F}_j(\ldots)))]\!]\,(\xi,w,\sigma,m)$$
$$:= pcode(\tilde{F}_1(e_{11},\ldots,e_{1l_1}), AN(\tilde{F}_1(e_{11},\ldots,e_{1l_1})),$$
$$ET_1^{cs}(\xi),\xi, ev_1, w.1,\sigma,m)$$
$$\ldots$$
$$pcode(\tilde{F}_p(e_{p1},\ldots,e_{pl_p}), AN(\tilde{F}_p(e_{p1},\ldots,e_{pl_p})),$$
$$ET_p^{cs}(\xi),\xi, ev_p, w.p,\sigma,m)$$

$\textsc{STORE}\ p;$
$\textsc{EvalRet}\ [\!(e, AN(e))]\!]\,(\xi, w.0, \sigma[y_1/m+p-1,\ldots,y_p/m], m+p),$

wobei
$$pcode(\tilde{F}_j(e_{j1},\ldots,e_{jl_j}), AN(\tilde{F}_j(e_{j1},\ldots,e_{jl_j})),\xi^j,\xi, ev_j, w.j,\sigma,m)$$

$$:= \begin{cases} \textsc{Init}[\!(e_{j1}, AN(e_{j1}))]\!](ET_1^{cs}(\tilde{F}_j(e_{j1},\ldots,e_{jl_j}))(\xi^j), w.j.1,\sigma,m) \\[4pt] \qquad \ldots \\[4pt] \textsc{Init}[\!(e_{jl_j}, AN(e_{jl_j}))]\!](ET_{l_j}^{cs}(\tilde{F}_j(e_{j1},\ldots,e_{jl_j}))(\xi^j), w.j.l_j,\sigma,m) \\[4pt] \textsc{MKNODE}\ (\tilde{F}_j, l_j);\ \textsc{ACTIVATE}\ \xi^j; \\[4pt] \qquad\qquad\qquad\qquad\qquad\qquad\qquad \text{falls } \xi \geq ev_j \\[10pt] \textsc{Init}[\!(\tilde{F}_j(e_{j1},\ldots,e_{jl_j}), AN(\tilde{F}_j(e_{j1},\ldots,e_{jl_j})))]\!](\xi^j, w.j,\sigma,m) \\[4pt] \qquad\qquad\qquad\qquad\qquad\qquad\qquad \text{falls } \xi < ev_j \end{cases}$$

6. Für alle übrigen annotierten parallelisierten Ausdrücke gilt:

$$\textsc{EvalRet}\ [\!(e, AN(e))]\!]\,(\xi, w,\sigma,m) := \textsc{Eval}\ [\!(e, AN(e))]\!]\,(\xi, w,\sigma,m)$$
$$\textsc{RET}\ \xi;$$

Die Codeerzeugung für Verzweigungsausdrücke erfolgt wie üblich so, daß zunächst mittels des Schemas $\textsc{Eval}$ Code zur Auswertung der booleschen Bedingung erzeugt wird. Der WAIT-Befehl sorgt dafür, daß der Prozeß, wenn nötig, solange suspendiert wird, bis das Ergebnis der booleschen Bedingung lokal vorliegt. Der GET-Befehl lädt den booleschen Wert auf den Datenkeller, wo er mittels des JPFALSE-Befehls getestet wird und die weiter auszuführende Befehlssequenz bestimmt. Der Code für die beiden Alternativen des Verzweigungsausdruckes kann wiederum mittels des Schemas $\textsc{EvalRet}$ erzeugt werden.

Auch die Auswertung von **case**-Ausdrücken wird so organisiert, daß zunächst der Datenstrukturausdruck, dessen Top-level Konstruktor den weiteren Verlauf der Berechnung bestimmt, mit Auswerter ξ_1 ausgewertet wird. Liegt das Ergebnis dieser Auswertung vor, so werden zunächst mittels des SPLIT-Befehls die Komponenten der Datenstruktur auf den Variablenkeller geladen. Sodann erfolgt mittels des CASE-Befehls der Sprung zum Code der durch den Konstruktor bestimmten Alternative. Dieser Code beginnt mit einer Sequenz von INITLOC-Befehlen, bei denen die Kenntnis der kontextsensitiven 'evaluation transformer' der Alternativen ausgenutzt wird, um die Auswertung der Komponenten anzustoßen. Der eigentliche Code für die Ausdrücke der Alternativen wird wiederum mittels des Schemas EVALRET erzeugt.

Der kontextsensitive 'evaluation transformer' von **let**-Ausdrücken bestimmt die Auswerter, mit denen die Berechnungen der lokal deklarierten Ausdrücke initiiert werden können. Der Code zur Aktivierung dieser Berechnungen wird nicht mittels des Übersetzungsschemas EVAL, sondern mittels des Schemas INIT erzeugt. Der Unterschied zwischen den beiden Schemata besteht darin, daß EVAL Code generiert, der sicherstellt, daß das Ergebnis einer Berechnung lokal, d.h. an der Stelle, an der die Aktivierung stattfindet, zugänglich ist, während INIT Berechnungen lediglich initiiert und bei globalen Berechnungen nicht verlangt, daß das Ergebnis an die Stelle der Aktivierung der Berechnung geschickt wird. Nach der Definition der beiden Schemata EVAL und INIT werden wir genauer auf die Unterschiede eingehen und die sorgfältige Unterscheidung zwischen globalen Berechnungen, deren Ergebnis benötigt wird und solchen, deren Ergebnis (noch) nicht notwendig ist, begründen. Die Zeiger auf die Graphen der Teilausdrücke werden durch den STORE-Befehl auf den Verwaltungkeller geladen: Die Übersetzung des Rumpfes des **let**-Ausdruckes erfolgt wiederum mit EVALRET.

Bei der Übersetzung von Kombinatoraufrufen zeigt sich der Vorteil, den das Schema EVALRET bietet. Prinzipiell könnte man nämlich das Schema EVALRET wie unter Punkt 6 in obiger Definition, also mittels des durch das Schema EVAL erzeugten Codes gefolgt vom allgemeinen RET-Befehl, definieren. In diesem Fall würden aber 'tail-rekursive' Kombinatoraufrufe nicht erkannt und nicht in optimierter Weise behandelt werden können. Das Schema EVALRET ermöglicht die Behandlung von 'tail-rekursiven' Aufrufen als *Sprung* in den Code des neuen Kombinators. Die Erzeugung eines neuen Taskknotens wird verhindert; ein Prozeßwechsel wird vermieden. Zu beachten ist, daß der Code für die Argumente des Kombinators mit dem Schema INIT generiert wird.

Die Übersetzung von **letpar**-Ausdrücken zeigt die Erzeugung von parallelen Prozessen mittels der ACTIVATE-Instruktion. Der Code eines **letpar**-Ausdruckes besteht aus den Codesequenzen für die möglicherweise parallel auszuwertenden Kombinatorapplikationen, die jeweils einen Zeiger auf den Graphen der Applikation auf dem Datenkeller erzeugen, einem STORE-Befehl, der diese Zeiger auf den Verwaltungskeller schiebt und dem Code für die Auswertung des Rumpfes. Der Auswerter ξ, mit dem das **letpar**-Konstrukt ausgewertet werden soll, bestimmt, welche Kombinatorapplikationen parallel ausgewertet werden und welche lokal. Ist der im **letpar**-Ausdruck einer Kombinatorapplikation zugeordnete Auswerter ev_j stärker als ξ, so soll keine Parallelauswertung der Applikation erfolgen, d.h. es wird mittels INIT lediglich Code zur lokalen Auswertung der Applikation generiert. Zur Erzeugung eines parallelen Prozesses werden zunächst die Argumente des Prozesses aktiviert und nach der Erzeugung eines Taskknoten wird derselbe mittels der ACTIVATE-Instruktion parallel (und direkt) aktiviert. Der Auswerter, mit dem die Kombinatorapplikation (parallel oder lokal) ausgewertet wird, ist durch den kontextsensitiven 'evaluation transformer' des **letpar**-Ausdruckes bestimmt.

In allen nicht explizit definierten Fällen ergibt sich der Code des EVALRET-Schemas aus dem des EVAL-Schemas durch Anhängen des RET-Befehls.

Den Kern der Übersetzung parallelisierter Kombinatorsysteme in Maschinencode bilden die drei Übersetzungsfunktionen EVAL, INIT und DELAY, deren Definition wir nun angeben werden. Während EVAL und INIT Maschinencode zur Auswertung von Ausdrücken erzeugen, behandelt DELAY die Codeerzeugung für nicht-strikte Argumente, deren Auswertung verzögert werden muß. Das Ergebnis der Ausführung einer Codesequenz wird immer durch das oberste Element des Datenkellers gegeben.

Das Schema EVAL wird zur Übersetzung von Ausdrücken benutzt, deren Wert zur Fortsetzung der lokalen Berechnung *benötigt* wird. Solche Ausdrücke sind vor allem die Argumente von Basisfunktionen sowie die Testausdrücke in konditionalen Ausdrücken. Ist ein solcher Ausdruck ein Parameter, der durch eine globale Adresse gegeben ist, so muß an diese globale Adresse eine REQUEST-Nachricht geschickt werden, damit der Wert des Parameters in einer ANSWER-Nachricht zurückgeschickt wird. Der durch das Schema INIT erzeugte Code unterscheidet sich für Variablen von dem durch EVAL generierten Code, da Variablenbindungen während der Ausführung globale Adressen sein können. Das Schema EVAL erzeugt den Befehl GETARG/LOC für Variable. Dieser Befehl bewirkt im Falle einer globalen Adresse in der Variablenposition, daß eine REQUEST-Nachricht an diese Adresse geschickt wird. Das Schema INIT generiert den Befehl INITARG/LOC, durch den an eine globale Adresse lediglich eine Aktivierungsnachricht geschickt wird. Die Unterscheidung von 'benötigten' und 'aktivierbaren' Werten ist in einer verteilten Umgebung wichtig, um zu verhindern, daß Graphknoten an Prozessorelemente verschickt werden, in denen sie nicht benötigt werden [Burn 88c]. Die Striktheit eines Kombinators in einem Argument heißt ja nicht notwendig, daß das Argument im Kombinatorrumpf als Argument einer strikten Basisfunktion oder in einer vergleichbaren Position auftritt. Es ist vielmehr möglich, daß der Kombinator parallele Teilprozesse startet, an die das Argument weitergereicht wird, die aber auf anderen Prozessorelementen ausgeführt werden. Es ist also sinnvoll, an globale Teilgraphen nur dann Anfragenachrichten zu schicken, wenn sichergestellt ist, daß der als Antwort geschickte Terminalknoten auch verwertet wird.

Da sich die Übersetzungsfunktionen EVAL und INIT nur geringfügig durch die Erzeugung unterschiedlicher Befehle für die Aktivierung von Variablen unterscheiden, benutzen wir eine Hilfsübersetzungsfunktion ETRANS, auf die wir die Definition von EVAL und INIT zurückführen. Das Schema ETRANS erhält einen weiteren Parameter $\nu \in \{\text{eval, init}\}$, der anzeigt, ob der Wert des zu übersetzenden Ausdruckes lokal verfügbar gemacht werden muß oder nicht. Die Funktionen EVAL und INIT entsprechen dann Aufrufen von ETRANS mit $\nu = \text{eval}$ bzw. $\nu = \text{init}$.

10.4.5 Definition Das Übersetzungsschema

1. ETRANS: $ParExp_{rg}^{an} \times (Evset \setminus \{\xi_0\}) \times \mathbb{N}^*$
$$\times [Loc \to_{\text{fin}} \mathbb{N}] \times \mathbb{N} \times \{\text{eval, init}\} \to PAM\text{-}Code$$
   wird durch strukturelle Induktion über die parallelisierten annotierten Ausdrücke definiert.

   Sei $\xi \in Evset \setminus \{\xi_0\}, w \in \mathbb{N}^*, \sigma \in [Loc \to_{\text{fin}} \mathbb{N}], m \in \mathbb{N}$ und $\nu \in \{\text{eval, init}\}$.

   (a) ETRANS $[\![(v, \emptyset)]\!](\xi, w, \sigma, m, \nu) := \text{LIT } v;$
   $$\text{falls } v \in \bigcup_{s \in S} \Omega^{(\epsilon, s)} \cup \bigcup_{d \in D} \Gamma^{(\epsilon, d)}.$$

   (b) ETRANS $[\![(\mu, \emptyset)]\!](\xi, w, \sigma, m, \nu) := \text{MKNODE } (\mu, 0);$
   $$\text{falls } \mu \in \Omega^+ \cup \Gamma^+ \cup \{F \in Fun \mid rg(F) > 0\}.$$

   (c) ETRANS $[\![(x_i, \emptyset)]\!](\xi, w, \sigma, m, \nu)$
   $$:= \left\{ \begin{array}{ll} \text{GETARG } (i, \xi); \text{LOAD } i; & \text{falls } \nu = \text{eval} \\ \text{INITARG } (i, \xi); \text{LOAD } i; & \text{falls } \nu = \text{init} \end{array} \right\} (x_i \in Arg).$$

   (d) ETRANS $[\![(y, \emptyset)]\!](\xi, w, \sigma, m, \nu)$
   $$:= \left\{ \begin{array}{ll} \text{GETLOC } (m - \sigma(y), \xi); & \\ \text{LOADLOC } m - \sigma(y); & \text{falls } \nu = \text{eval} \\ & \\ \text{INITLOC } (m - \sigma(y), \xi); & \\ \text{LOADLOC } m - \sigma(y); & \text{falls } \nu = \text{init} \end{array} \right\} (y \in Loc).$$

   (e) ETRANS $[\![(\text{if } e \text{ then } e_1 \text{ else } e_2 \text{ fi}, AN(e) \cup AN(e_1) \cup AN(e_2)]\!]$
   $$(\xi, w, \sigma, m, \nu)$$
   $$:= \quad \text{EVAL } [\![(e, AN(e))]\!](\xi_1, w.0, \sigma, m)$$
   $$\text{WAIT } 1; \text{GET } 1; \text{JPFALSE } w.2;$$
   $$\text{ETRANS } [\![(e_1, AN(e_1))]\!](\xi, w.1, \sigma, m, \nu)$$

$$\text{JMP } w.3;$$
$$w.2 : \text{ETRANS } [\![(e_2, \text{AN}(e_2))]\!](\xi, w.2, \sigma, m, \nu)$$
$$w.3 :$$

(f) $\text{ETRANS } [\![($ **case** e **of** $\quad c_1(y_{11}, \ldots, y_{1m_1}) : \quad e_1;$
$$\cdots$$
$$c_k(y_{k1}, \ldots, y_{km_k}) : \quad e_k$$

      esac,
$$\{(\text{case}, ET^{\text{al},c_1} \ldots ET^{\text{al},c_k})\} \cup \text{AN}(e) \cup \textstyle\bigcup_{j=1}^{k} \text{AN}(e_k))]\!]$$
$$(\xi, w, \sigma, m, \nu)$$

$\quad :=\quad$ $\text{EVAL } [\![(e, \text{AN}(e))]\!](\xi_1, w.0, \sigma, m)$
$\text{WAIT } 1; \text{SPLIT}; \text{CASE } \langle(c_1, w.1), \ldots, (c_k, w.k)\rangle;$
$w.1 : \text{INITLOC } (1, ET_1^{\text{al},c_1}(\xi)); \ldots; \text{INITLOC } (m_1, ET_{m_1}^{\text{al},c_1}(\xi));$
$\quad\quad\quad \text{ETRANS } [\![e_1, \text{AN}(e_1)]\!]$
$$(\xi, w.1, \sigma[y_{11}/m + m_1 - 1, \ldots y_{1m_1}/m], m + m_1, \nu)$$
$\quad\quad\quad \text{POP } m_1; \text{JMP } w.(k+1);$
$w.2 : \quad \cdots$
$$\cdots$$
$w.k : \text{INITLOC } (1, ET_1^{\text{al},c_k}(\xi)); \ldots; \text{INITLOC } (m_k, ET_{m_k}^{\text{al},c_k}(\xi));$
$\quad\quad\quad \text{ETRANS } [\![e_k, AN(e_k)]\!]$
$$(\xi, w.k, \sigma[y_{k1}/m + m_k - 1, \ldots y_{km_k}/m], m + m_k, \nu)$$
$\quad\quad\quad \text{POP } m_k;$
$w.(k+1):$

(g) $\text{ETRANS } [\![(\textbf{let } y_1 = e_1 \textbf{ and } \ldots \textbf{ and } y_k = e_k \textbf{ in } e,$
$$\{(\textbf{let} \ldots, ET^{\text{cs}})\} \cup \text{AN}(e) \cup \textstyle\bigcup_{j=1}^{k} \text{AN}(e_k))]\!](\xi, w, \sigma, m, \nu)$$
$\quad := \text{INIT } [\![(e_1, \text{AN}(e_1))]\!](ET_1^{\text{cs}}(\xi), w.1, \sigma, w)$
$$\cdots$$
$\quad\quad \text{INIT } [\![(e_k, \text{AN}(e_k))]\!](ET_k^{\text{cs}}(\xi), w.k, \sigma, w)$
$\quad\quad \text{STORE } k;$
$\quad\quad \text{ETRANS } [\![(e, \text{AN}(e))]\!]$
$$(\xi, w.0, \sigma[y_1/m + k - 1, \ldots, y_k/m], m + k, \nu)$$
$\quad\quad \text{POP } k;$

(h) $\text{ETRANS } [\![(f(e_1, \ldots, e_k), \bigcup_{j=1}^{k} \text{AN}(e_j))]\!](\xi_1, w, \sigma, m, \nu)$
$\quad := \text{EVAL } [\![(e_1, \text{AN}(e_1))]\!](\xi_1, w.1, \sigma, m)$
$$\cdots$$
$\quad\quad \text{EVAL } [\![(e_k, \text{AN}(e_k))]\!](\xi_1, w.1, \sigma, m)$
$\quad\quad \text{WAIT } k; \text{GET } k; \text{EXEC } f;$
$$\text{falls } f \in \Omega^{(s_1 \ldots s_k, s)}(s_1, \ldots, s_k, s \in S)$$

(i) $\textsc{ETrans} \llbracket (c(e_1,\ldots,e_k),$
$$\{c(\ldots),ET^{\mathrm{cf}}(c)\} \cup \bigcup_{j=1}^{k} \mathrm{AN}(e_j))\rrbracket(\xi,w,\sigma,m,\nu)$$
$:= \textsc{Init} \; \llbracket(e_1,\mathrm{AN}(e_1))\rrbracket(ET_1^{\mathrm{cf}}(c)(\xi),w.1,\sigma,m)$
$\qquad \ldots$

$\qquad \textsc{Init} \; \llbracket(e_k,\mathrm{AN}(e_k))\rrbracket(ET_k^{\mathrm{cf}}(c)(\xi),w.k,\sigma,m)$
$\qquad \textsc{NODE} \; (c,\xi);$
$$\text{falls } c \in \Gamma^{(s_1\ldots s_k,d)}(s_1,\ldots,s_k \in S \cup D, d \in D)$$

(j) $\textsc{ETrans} \; \llbracket(F(e_1,\ldots,e_k),$
$$\{(F(\ldots),ET^{\mathrm{cs}})\} \cup \bigcup_{j=1}^{k} \mathrm{AN}(e_j))\rrbracket \; (\xi,w,\sigma,m,\nu)$$

$:= \begin{cases} \textsc{Init}\llbracket(e_1,\mathrm{AN}(e_1))\rrbracket(ET_1^{\mathrm{cs}}(\xi),w.1,\sigma,m) \\ \qquad \ldots \\ \textsc{Init}\llbracket(e_k,\mathrm{AN}(e_k))\rrbracket(ET_k^{\mathrm{cs}}(\xi),w.k,\sigma,m) \\ \textsc{MKNODE} \; (F,k); \textsc{EVALUATE} \; \xi; \\ \qquad\qquad\qquad\qquad\qquad\quad \text{falls } rg(F) = k \\ \textsc{Delay}\llbracket(e_1,\mathrm{AN}(e_1))\rrbracket(w.1,\sigma,m) \\ \qquad \ldots \\ \textsc{Delay}\llbracket(e_k,\mathrm{AN}(e_k))\rrbracket(w.k,\sigma,m) \\ \textsc{MKNODE} \; (F,k); \\ \qquad\qquad\qquad\qquad\qquad\quad \text{falls } rg(F) > k \end{cases}$

(k) $\textsc{ETrans} \; \llbracket(\mathrm{ap}(e,e_1,\ldots,e_k),$
$$\{(\mathrm{ap}(e,e_1,\ldots,e_k),ET^{\mathrm{cs}})\} \cup \bigcup_{j=1}^{k} \mathrm{AN}(e_j) \cup \mathrm{AN}(e))\rrbracket$$
$$(\xi,w,\sigma,m,\nu)$$
$:= \textsc{Init} \; \llbracket(e_1,\mathrm{AN}(e_1))\rrbracket(ET_1^{\mathrm{cs}}(\xi),w.1,\sigma,m)$
$\qquad \ldots$

$\qquad \textsc{Init} \; \llbracket(e_k,\mathrm{AN}(e_k))\rrbracket(ET_k^{\mathrm{cs}}(\xi),w.k,\sigma,m)$
$\qquad \textsc{Eval} \; \llbracket e,\mathrm{AN}(e))\rrbracket(ET_1^{\mathrm{cs}}(\xi),w.0,\sigma,m)$
$\qquad \textsc{WAIT} \; 1;^{\dagger\dagger} \; \textsc{APPLY} \; k; \; \textsc{INITIATE} \; \xi;$

(l) $\textsc{ETrans} \; \llbracket(\textbf{letpar} \; y_1 = \tilde{F}_1(e_{11},\ldots,e_{1l_1}) \; \textbf{if} \; ev_1$
$\qquad\qquad \textbf{and} \quad \ldots$
$\qquad\qquad \textbf{and} \quad y_p = \tilde{F}_p(e_{p1},\ldots,e_{pl_p}) \; \textbf{if} \; ev_p$
$\qquad\qquad \textbf{in} \; e,$
$$\{(\textbf{letpar}\ldots,ET^{\mathrm{cs}})\} \cup \bigcup_{j=1}^{p} \mathrm{AN}(\tilde{F}_j(e_{j_1},\ldots,e_{jl_j}))$$
$$\cup \mathrm{AN}(e))\rrbracket \; (\xi,w,\sigma,m,\nu)$$
$:= pcode(\tilde{F}_1(e_{11},\ldots,e_{1l_1}),\mathrm{AN}(\tilde{F}_1(e_{11},\ldots,e_{1l_1})),$
$$ET_1^{\mathrm{cs}}(\xi),\xi,ev_1,w.1,\sigma,m)$$

---

††Dieser WAIT-Befehl wird nur zur Dereferenzierung von lokalen Verweisknoten benötigt.

$$\cdots$$

$$pcode(\tilde{F}_p(e_{p1},\ldots,e_{pl_p}), \mathrm{AN}(\tilde{F}_p(e_{p1},\ldots,e_{pl_p})),$$
$$ET_p^{cs}(\xi), \xi, ev_p, w.p, \sigma, m)$$

STORE p;

ETRANS $[\![(e, \mathrm{AN}(e))]\!]$
$$(\xi, w.0, \sigma[y_1/m+p-1,\ldots,y_p/m], m+p, \nu)$$

POP p;

wobei
$$pcode(\tilde{F}_j(e_{j1},\ldots,e_{jl_j}), \mathrm{AN}(\tilde{F}_j(e_{j1},\ldots,e_{jl_j})), \xi^j, \xi, ev_j, w.j, \sigma, m)$$
wie in Definition 10.4.4 (5) festgelegt ist.

2. Die Schemata EVAL und INIT werden damit wie folgt definiert:

- EVAL: $ParExp_{rg}^{an} \times (Evset \setminus \{\xi_0\}) \times \mathbb{N}^* \times [Loc \to_{\mathrm{fin}} \mathbb{N}] \times \mathbb{N}$
$$\to PAM\text{-}Code$$
wird für $(e, \mathrm{AN}(e)) \in ParExp_{rg}^{an}$, $\xi \in Evset \setminus \{\xi_0\}$, $w \in \mathbb{N}^*$, $\sigma \in [Loc \to_{\mathrm{fin}} \mathbb{N}]$ und $m \in \mathbb{N}$ festgelegt zu
$$\mathrm{EVAL}[\![(e,\mathrm{AN}(e))]\!](\xi, w, \sigma, m)$$
$$:= \mathrm{ETRANS}[\![(e, \mathrm{AN}(e))]\!](\xi, w, \sigma, m, \mathrm{eval}).$$

- INIT: $ParExp_{rg}^{an} \times Evset \times \mathbb{N}^* \times [Loc \to_{fin} \mathbb{N}] \times \mathbb{N} \to PAM\text{-}Code$
wird für $(e, \mathrm{AN}(e)) \in ParExp_{rg}^{an}$, $\xi \in Evset$, $w \in \mathbb{N}^*$, $\sigma \in [Loc \to_{\mathrm{fin}} \mathbb{N}]$ und $m \in \mathbb{N}$ festgelegt zu:
$$\mathrm{INIT}[\![(e,\mathrm{AN}(e))]\!](\xi, w, \sigma, m)$$
$$:= \begin{cases} \mathrm{ETRANS}[\![(e, \mathrm{AN}(e))]\!](\xi, w, \sigma, m, \mathrm{init}) & \text{falls } \xi \neq \xi_0, \\ \mathrm{DELAY}[\![(e, \mathrm{AN}(e))]\!](w, \sigma, m) & \text{falls } \xi = \xi_0. \end{cases}$$

Während die Übersetzungsfunktion EVAL immer nur aufgerufen wird, wenn ein von ξ_0 verschiedener Auswerter vorliegt, kann das Schema INIT auch mit dem Auswerter ξ_0 aufgerufen werden. In diesem Fall wird der Code für den Ausdruck aber mit dem Schema DELAY erzeugt, da keine Auswertung des Ausdruckes stattfinden soll.

Der mittels EVAL und INIT erzeugte Code hat im Falle eines von ξ_0 verschiedenen Auswerters dieselbe Struktur und unterscheidet sich nur für Variablen. Zusammengesetzte Ausdrücke werden größtenteils wie bei der Übersetzung mittels EVAL-RET behandelt. Da man aber nicht davon ausgehen kann, daß die ausführende Task nach Auswertung des Ausdruckes terminiert, müssen bei den Verzweigungsausdrücken Sprungbefehle eingefügt werden, die den Kontrollfluß explizit steuern. Bei Ausdrücken mit lokalen Deklarationen werden außerdem POP-Befehle eingefügt, die nach Auswertung der Ausdrücke die lokalen Variablenbindungen vom Verwaltungskeller löschen.

Besonderer Betrachtung bedarf die Codeerzeugung für Applikationen. Zur Auswertung einer Basisfunktionsapplikation ist die vollständige Auswertung aller Argumente notwendig. Die Ergebnisse dieser Auswertung müssen außerdem lokal vorhanden sein. Die Übersetzung der Argumentausdrücke muß daher mittels des EVAL-Schemas erfolgen. Der WAIT-Befehl bewirkt eine Unterbrechung der Taskausführung, falls nicht alle Argumentwerte vorliegen. Sobald alle Argumentwerte lokal vorliegen, können diese mittels eines GET-Befehls auf den Datenkeller geladen werden und mittels des EXEC-Befehls kann die Berechnung der Applikation durchgeführt werden.

Bei der Berechnung einer Konstruktorapplikation sind zur Erzeugung des Konstruktorknotens lediglich die Adressen der Komponentenrepräsentationen notwendig. Die Auswertung der Komponenten braucht weder abgeschlossen zu sein, noch muß das Ergebnis der Berechnung lokal vorliegen. Aus diesem Grund werden die Berechnungen der Komponentenausdrücke entsprechend den durch den 'evaluation transformer' der Applikation gegebenen Auswertern lediglich aktiviert. Der dazu notwendige Code wird mit dem Schema INIT erzeugt.

Bei Kombinatorapplikationen muß zwischen vollständigen (reduzierbaren) und partiellen Applikationen, welche in Kombinatornormalform sind, unterschieden werden. Für vollständige Applikationen wird zunächst mittels der Funktion INIT Code für die Aktivierung der Argumentausdrücke erzeugt. Die Auswerter für die Argumente sind durch den kontextsensitiven 'evaluation transformer' der Applikation bestimmt. Schließlich wird ein neuer Taskknoten erzeugt, der sofort mittels des EVALUATE-Befehls lokal aktiviert wird.

Für partielle Applikationen wird die Auswertung der Argumente verzögert. Mittels des DELAY-Schemas wird Code zur Erzeugung einer Repräsentation der Argumente erzeugt. Der MKNODE-Befehl bewirkt schließlich die Erzeugung eines Funktionsknoten zur Repräsentation der partiellen Applikation.

Zur kompakten Darstellung von nicht-strikten Argumenten, deren Auswertung verzögert wird, haben wir Argumentknoten eingeführt. Das Schema DELAY, das zur Codeerzeugung für solche Argumente benutzt wird, wird also i.a. solche Argumentknoten erzeugen. Nur in einigen Fällen weichen wir von dieser Regel ab.

- Für nicht-zusammengesetzte Ausdrücke, also Konstante oder Variable würde die Erzeugung eines Argumentknoten einen unnötigen Mehraufwand bedeuten, da diese direkt repräsentiert werden können (Konstante) bzw. bereits eine Repräsentation haben (Variable). Diese Ausdrücke können also wie bei den anderen Schemata behandelt werden, außer daß im Fall von Variablen natürlich keine Aktivierung erfolgt.

- Eine weitere Ausnahmebehandlung erfolgt für vollständige Kombinatorapplikationen in nicht-strikten Argumentpositionen. Der Grund hierfür liegt in der Organisation des Parallelisierungsalgorithmus, bei dem zwei Quellen für Parallelität unterschieden wurden. Zum einen wurde mittels des **letpar**-Konstruktes Parallelität von strikten Argumenten explizit gemacht. Zum anderen wurden aber auch nicht-strikte Argumente, für die im Falle einer späteren Aktivierung eine Parallelauswertung sinnvoll schien, durch Kombinatorapplikationen ausgedrückt. Aus diesem Grund werden wir Kombinatorapplikationen in nicht-strikten Argumentpositionen durch schlafende Taskknoten repräsentieren, die im Falle einer verzögerten Aktivierung sofort zur Erzeugung eines parallelen Prozesses führen.

10.4.6 Definition Das Schema

$$\text{DELAY} : ParExp_{rg}^{an} \times \mathbb{N}^* \times [Loc \rightarrow_{fin} \mathbb{N}] \times \mathbb{N} \rightarrow PAM\text{-}Code$$

wird induktiv über die Struktur des ersten Parameters erklärt.

Sei $w \in \mathbb{N}^*$, $\sigma \in [Loc \rightarrow_{fin} \mathbb{N}]$ und $m \in \mathbb{N}$.

1. $\text{DELAY} \; [\![(v, \emptyset)]\!](w, \sigma, m) := \text{LIT } v; \quad$ falls $v \in \bigcup_{s \in S} \Omega^{(\epsilon,s)} \cup \bigcup_{d \in D} \Gamma^{(\epsilon,d)}$.

2. $\text{DELAY} \; [\![(\mu, \emptyset)]\!](w, \sigma, m) := \text{MKNODE } (\mu, 0);$
   $$\text{falls } \mu \in \Omega^+ \cup \Gamma^+ \cup \{F \in \mathit{Fun} \mid rg(F) > 0\}.$$

3. $\text{DELAY} \; [\![(x_i, \emptyset)]\!](w, \sigma, m) := \text{LOAD } i; \qquad\qquad$ falls $x_i \in \mathit{Arg}$.
   $\text{DELAY} \; [\![(y, \emptyset)]\!](w, \sigma, m) := \text{LOADLOC } m - \sigma(y); \qquad$ falls $y \in \mathit{Loc}$.

4. $\text{DELAY} \; [\![(F(e_1, \ldots, e_r), \text{AN}(F(e_1, \ldots, e_r)))]\!](w, \sigma, m)$
   $\quad := \text{DELAY} \; [\![(e_1, \text{AN}(e_1))]\!](w.1, \sigma, m)$
   $\qquad \cdots$
   $\quad\;\; \text{DELAY} \; [\![(e_r, \text{AN}(e_r))]\!](w.r, \sigma, m)$
   $\quad\;\; \text{MKNODE } (F, r);$
   $$\text{falls } r = rg(F).$$

5. In allen anderen Fällen sei:

$\text{DELAY} \; [\![(e, \text{AN}(e))]\!](w, \sigma, m)$

$$:= \begin{cases} & \text{ARGNODE } (w.1, w.2, w.3); \\ & \text{JMP } w.4; \\ w.1: & \text{EVALRET}[\![(e, \text{AN}(e))]\!](\xi_1, w.1, \sigma, m) \\ w.2: & \text{EVALRET}[\![(e, \text{AN}(e))]\!](\xi_2, w.2, \sigma, m) \\ w.3: & \text{EVALRET}[\![(e, \text{AN}(e))]\!](\xi_3, w.3, \sigma, m) \\ w.4: & \qquad\qquad\qquad \text{falls } typ(e) \in D, \\ \\ & \text{ARGNODE } (w.1, w.1, w.1); \\ & \text{JMP } w.2; \\ w.1: & \text{EVALRET}[\![(e, \text{AN}(e))]\!](\xi_1, w.1, \sigma, m) \\ w.2: & \qquad\qquad\qquad \text{sonst} \end{cases}$$

Die übliche Behandlung von nicht-strikten Argumenten ist die Erzeugung eines Argumentknotens. In Abhängigkeit vom Typ des Ausdruckes werden zudem Codesequenzen für die Auswertung der Argumente mit den Auswertern ξ_1, ξ_2, ξ_3 bzw. nur ξ_1 erzeugt, deren Codeadressen im Argumentknoten festgehalten werden.

Für Kombinatorapplikationen wird allerdings ein Taskknoten angelegt, so daß bei einer Aktivierung ein paralleler Prozeß erzeugt wird. Wie die Übersetzung zeigt, verschenkt man dabei aber die Striktheitsinformationen, die durch den kontextsensitiven 'evaluation transformer' der Kombinatorapplikation gegeben sind.

Eine Aktivierung des schlafenden Taskknoten kann nur indirekt erfolgen, so daß zur Auswertung der Argumente lediglich die Striktheitsinformationen des kontextfreien 'evaluation transformer' des Kombinators benutzt werden. Eine alternative Übersetzung von Kombinatorapplikationen, die die Kenntnis des kontextsensitiven 'evaluation transformer' berücksichtigt, wäre etwa die folgende:

Falls $typ(F(e_1, \ldots, e_r)) \notin D$:

$\text{DELAY } [\![(F(e_1, \ldots, e_r)), \{(F(e_1, \ldots, e_r), ET^{\text{cs}})\} \cup \bigcup_{j=1}^{r} AN(e_j)]\!] (w, \sigma, m)$
$:=\qquad \text{ARGNODE } (w.1, w.1, w.1); \text{ JMP } w.2;$
$\qquad w.1 : \text{INIT } [\![(e_1, AN(e_1))]\!] (ET_1^{\text{cs}}(\xi_1), w.1.1, \sigma, m)$
$$\cdots$$
$\qquad\qquad \text{INIT } [\![(e_r, AN(e_r))]\!] (ET_r^{\text{cs}}(\xi_1), w.1.r, \sigma, m)$
$\qquad\qquad \text{MKNODE } (F, r); \text{ ACTIVATE } \xi_1; \text{ RET } \xi_1;$
$\qquad w.2 : \ldots$

und falls $typ(F(e_1, \ldots, e_r)) \in D$:

$\text{DELAY } [\![(F(e_1, \ldots, e_r)), \{(F(e_1, \ldots, e_r), ET^{\text{cs}})\} \cup \bigcup_{j=1}^{r} AN(e_j)]\!] (w, \sigma, m)$
$:=\qquad \text{ARGNODE } (w.1, w.2, w.3); \text{ JMP } w.4;$
$\qquad w.1 : \text{INIT } [\![(e_1, AN(e_1))]\!] (ET_1^{\text{cs}}(\xi_1), w.1.1, \sigma, m)$
$$\cdots$$
$\qquad\qquad \text{INIT } [\![(e_r, AN(e_r))]\!] (ET_r^{\text{cs}}(\xi_1), w.1.r, \sigma, m)$
$\qquad\qquad \text{MKNODE } (F, r); \text{ ACTIVATE } \xi_1; \text{ RET } \xi_1;$
$\qquad w.2 : \text{INIT } [\![(e_1, AN(e_1))]\!] (ET_1^{\text{cs}}(\xi_2), w.2.1, \sigma, m)$
$$\cdots$$
$\qquad\qquad \text{INIT } [\![(e_r, AN(e_r))]\!] (ET_r^{\text{cs}}(\xi_2), w.2.r, \sigma, m)$
$\qquad\qquad \text{MKNODE } (F, r); \text{ ACTIVATE } \xi_2; \text{ RET } \xi_2;$
$\qquad w.3 : \text{INIT } [\![(e_1, AN(e_1))]\!] (ET_1^{\text{cs}}(\xi_3), w.3.1, \sigma, m)$
$$\cdots$$
$\qquad\qquad \text{INIT } [\![(e_r, AN(e_r))]\!] (ET_r^{\text{cs}}(\xi_3), w.3.r, \sigma, m)$
$\qquad\qquad \text{MKNODE } (F, r); \text{ ACTIVATE } \xi_3; \text{ RET } \xi_3;$
$\qquad w.4 : \ldots .$

Diese Compilation hat den Vorteil, daß kontextsensitive Informationen zur Argumentauswertung nicht verloren gehen und daß somit alle parallelen Prozesse *direkt* (!), d.h. mittels ACTIVATE aktiviert werden. Nachteilig ist aber, daß die Erzeugung des parallelen Prozesses verzögert wird und ein zusätzlicher Argumentknoten angelegt wird, der bei Durchführung des RET-Befehls durch einen lokalen Verweisknoten überschrieben wird.

Mit Verzögerung des parallelen Prozesses ist natürlich nicht die geringfügige Verzögerung durch die vorherige Aktivierung der Argumente gemeint, sondern die Zeit zwischen der Aktivierung des Argumentknotens und der Aktivierung des parallelen Prozesses. Bei der Aktivierung des Argumentknotens erfolgt ja i.a. keineswegs eine sofortige Ausführung des zugehörigen Codes, sondern die Adresse des aktivierten Knotens wird zur lokalen Taskwarteschlange hinzugefügt. Zwischen Aktivierung und Ausführung liegt also ein unbestimmter Zeitraum.

Bei dem Ansatz, den wir in obiger Definition gewählt haben, wird sogleich bei der Aktivierung des schlafenden Taskknoten ein paralleler Prozeß erzeugt. Die sofortige Aktivierung paralleler Prozesse erscheint uns so wichtig, daß wir den Verlust kontextsensitiver Striktheitsinformationen in Kauf nehmen.

Die Übersetzung parallelisierter Kombinatorsysteme ist damit vollständig beschrieben. Einige wichtige Optimierungen, wie etwa die gesonderte Behandlung von 'tail-rekursiven' Kombinatoren, wurden bereits in den Übersetzungsfunktionen berücksichtigt. Natürlich kann der erzeugte Code in vielfacher Hinsicht weiter optimiert werden. So kann man z.B. bei mehreren Zugriffen auf eine Variable beim zweitem Zugriff voraussetzen, daß die Aktivierung der Variable bereits erfolgt ist und weitere INITARG/LOC Befehle streichen. Außerdem sind viele Optimierungstechniken, die von konventionellen Implementierungen bekannt sind, übertragbar. Wir werden in dieser Arbeit auf diese Dinge nicht weiter eingehen.

Für die in Beispiel 7.2.3 angegebene parallelisierte Form *PQSort* des in unserem Quicksort-Beispielprogramm (5.2.6) auftretenden Kombinators *QSort* wird der in Bild 10.12 gezeigte Code für eine Auswertung mit Auswerter ξ_3 erzeugt. Der Code ist in linearisierter Form angegeben.

Abschließend definieren wir die Organisation des Programmspeichers für ein übersetztes Programm.

10.4.7 Definition Sei $\langle \mathcal{R}, e, \mathrm{AN}_{\langle \mathcal{R}, e \rangle} \rangle$ ein annotiertes parallelisiertes Kombinatorprogramm mit den Kombinatoren $\{F_1, \ldots, F_k\}$.

Dann heißt $\qquad \mathrm{ps}(\langle \mathcal{R}, e, \mathrm{AN}_{\langle \mathcal{R}, e \rangle} \rangle) := \langle \mathrm{ca\text{-}c}_0, \mathrm{ca\text{-}f}_0, \mathrm{rg}_0, \mathrm{c\text{-}evt}_0; \mathrm{c}_0 \rangle \qquad$ mit

1:	INITARG $(1, \xi_3)$;	17:	LOADLOC 1;
2:	GETARG $(1, \xi_1)$;	18:	MKNODE(Tlt,1);
3:	LOAD 1;	19:	INITLOC $(2, \xi_3)$;
4:	WAIT 1;	20:	LOADLOC 2;
5:	SPLIT;	21:	MKNODE($Filter$,2);
6:	CASE $\langle(\text{NIL},7),(\text{CONS},9)\rangle$;	22:	EVALUATE ξ_3;
7:	LIT NIL;	23:	MKNODE($PQSort$,1);
8:	RET;	24:	ACTIVATE ξ_3;
9:	LOADLOC 1;	25:	STORE 2;
10:	MKNODE($Tgeq$,1);	26:	INITLOC $(1, \xi_3)$;
11:	INITLOC $(2, \xi_3)$;	27:	LOADLOC 1;
12:	LOADLOC 2;	28:	INITLOC $(3, \xi_1)$;
13:	MKNODE($Filter$,2);	29:	LOADLOC 3;
14:	EVALUATE ξ_3;	30:	INITLOC $(2, \xi_3)$;
15:	MKNODE($PQSort$,1);	31:	LOADLOC 2;
16:	ACTIVATE ξ_3;	32:	NODE (CONS, ξ_3);
		33:	PUSH ($Append$,2);

Bild 10.12: PAM-Code für den Beispielkombinator *PQSort* (Beispiel 7.2.3)

- ca-c$_0$:
$$\begin{cases} Fun \times Evset \times \{\text{dir, indir}\} \to PAdr \\ (F, \xi, \text{at}) \mapsto \begin{cases} Lade_2(i.j) & \text{falls } F = F_i \ (1 \le i \le k), \\ & \xi = \xi_j \ (1 \le j \le k) \text{ und} \\ & \text{at} = \text{indir}, \\ Lade_2(i.j.1) & \text{falls } F = F_i \ (1 \le i \le k), \\ & \xi = \xi_j \ (1 \le j \le k) \text{ und} \\ & \text{at} = \text{dir}, \\ \text{nicht def.} & \text{sonst}, \end{cases} \end{cases}$$

- ca-f :
$$\begin{cases} \Omega^+ = \{f_1, \ldots, f_l\} & \to & PAdr \\ f_i & \mapsto & Lade_2(0.0.i) \quad (1 \le i \le l), \end{cases}$$

- rg$_0$:= $rg_{\mathcal{R}}$,

- c-evt$_0$:
$$\begin{cases} \Gamma \times Evset & \to & (\mathbb{N} \times Evset)^* \\ (c, \xi) & \mapsto & (i_1, \xi_{i_1}) \ldots (i_k, \xi_{i_k}), \\ & & \text{wobei } ET_{i_j}(c)(\xi) = \xi_{i_j} \ne \xi_0 \text{ und} \\ & & ET_l(c)(\xi) = \xi_0 \text{ für alle } l \notin \{i_1, \ldots, i_k\}, \end{cases}$$

- und $c_0 := Lade_1(\langle \mathcal{R}, e, \text{AN}_{\langle \mathcal{R}, e\rangle}\rangle)$

der *Programmspeicher zu* $\langle \mathcal{R}, e, \text{AN}_{\langle \mathcal{R}, e\rangle}.\rangle$.

10.5 Spezifikation der Reduktionseinheit

Nachdem wir in den beiden vorherigen Abschnitten die Maschinenbefehle mit den lokalen Zustandsraumveränderungen, die durch sie bewirkt werden, sowie die Übersetzung von Kombinatorsystemen in Maschinencodesequenzen beschrieben haben, wenden wir uns in diesem Abschnitt dem Gesamtverhalten der Reduktionseinheiten zu. Dazu definieren wir zunächst den *globalen Zustandsraum* der Reduktionseinheiten, der aus dem lokalen Zustandsraum und den Komponenten des gemeinsamen Speichers von Reduktions- und Kommunikationseinheit besteht. Sodann beschreiben wir die Zustandstransitionen der Reduktionseinheiten im Reduktionsmodus, im Aktivierungsmodus und im Wartemodus. Auf die Nachrichtenverarbeitung im Kommunikationsmodus werden wir im nächsten Kapitel gesondert eingehen.

Der gemeinsame Speicher von Reduktions- und Kommunikationseinheit enthält zwei Warteschlangen, über die Nachrichten zwischen den Einheiten ausgetauscht werden und ein boolesches Flag, das von der Reduktionseinheit zur Anforderung eines neuen Prozesses gesetzt werden kann (vgl. Bild 10.3). Der Zugriff einer Einheit auf den gemeinsamen Speicher ist sehr beschränkt. Jede Einheit kann den ersten Eintrag der Warteschlage, die an sie gerichtete Nachrichten enthält, lesen und löschen, sowie Nachrichten an das Ende der anderen Warteschlange schreiben. Die Reduktionseinheit kann das Prozeßanforderungsflag setzen, die Kommunikationseinheit kann dieses Flag zurücksetzen. Auf diese Weise können keine Konflikte beim Zugriff auf den gemeinsamen Speicher auftreten. Die Menge der Nachrichten, die zwischen Reduktionseinheit und Kommunikationseinheit ausgetauscht werden können, wurde bereits in Definition 10.3.5 formalisiert.

10.5.1 Definition Der *gemeinsame Speicher von Reduktions- und Kommunikationseinheiten* wird definiert durch:

$$SM := Redqueue \times Comqueue \times Nexttask,$$

wobei

- *Redqueue* := *Comqueue* := *RedMes** und
- *Nexttask* := {true, false}.

Einen Zustand des gemeinsamen Speichers bezeichnen wir im allgemeinen wie folgt:

$$\langle \text{red-q, com-q, next} \rangle.$$

Die Nachrichtenwarteschlangen sind jeweils nach den Prozessoreinheiten benannt, an die die Nachrichten gerichtet sind.

Zur formalen Spezifikation einer Reduktionseinheit benutzen wir Transitionssysteme. Ein *Transitionssystem* besteht aus einer Menge von Zuständen, einer Übergangsrelation zwischen den Zuständen und einer Menge von ausgezeichneten Anfangszuständen[†].

Ein Transitionssystem heißt *deterministisch*, falls zu jedem Zustand durch die Übergangsrelation höchstens ein Folgezustand gegeben ist. Wie wir sehen werden, ist das Transitionssystem einer Reduktionseinheit deterministisch.

10.5.2 Definition   Sei $j \in \{1, \ldots, n\}$, wobei n wie bisher die Anzahl der Prozessorelemente der parallelen Maschine bezeichne.

Die *j-te Reduktionseinheit* RE_j wird als Transitionssystem

$$RE_j := (LSt_{\mathrm{RE}} \times SM, \vdash_{\mathrm{RE}_j}, IN_{\mathrm{RE}_j})$$

mit

der Zustandsmenge $LSt_{\mathrm{RE}} \times SM$,

der Übergangsrelation $\vdash_{\mathrm{RE}_j} \subseteq (LSt_{\mathrm{RE}} \times SM) \times (LSt_{\mathrm{RE}} \times SM)$

und

der Anfangszustandsmenge (initial states) $IN_{\mathrm{RE}_j} \subseteq LSt_{\mathrm{RE}} \times SM$

definiert.

Die Übergangsrelation werden wir in den folgenden Definitionen festlegen.

Als Anfangszustandsmenge definieren wir

$$IN_{\mathrm{RE}_j} := \begin{cases} \{\langle (\mathrm{rm}, 0, \mathrm{G}_\emptyset[0/(\mathrm{TASK}, \text{'ur'}, \epsilon, \langle \xi_1, 1, \epsilon, \epsilon, 0, \epsilon, \epsilon \rangle)], 1, \epsilon, \epsilon, \mathrm{ps}), \\ \quad (\epsilon, \epsilon, \mathrm{false}) \rangle \mid \mathrm{ps} \in Pstore\} \\ \qquad\qquad\qquad\qquad\qquad\qquad\qquad\qquad\qquad \text{falls } j = 1, \\[1em] \{\langle (\mathrm{wm}, \mathrm{nil}, \mathrm{G}_\emptyset, 0, \epsilon, \epsilon, \mathrm{ps}), \\ \quad (\epsilon, \epsilon, \mathrm{true}) \rangle \mid \mathrm{ps} \in Pstore\} \\ \qquad\qquad\qquad\qquad\qquad\qquad\qquad\qquad\qquad \text{falls } j \neq 1. \end{cases}$$

Dabei bezeichne $\mathrm{G}_\emptyset$ die nirgends definierte Abbildung von lokalen Graphadressen in die Graphknoten.

[†]In Transitionssystemen wird i.a. nur ein Anfangszustand ausgezeichnet. Wir lassen hier eine Menge von Anfangszuständen zu, da die Reduktionseinheiten programmierbar sind und somit verschiedene Anfangszustände möglich sind, die sich durch die Belegung des Programmspeichers unterscheiden.

Die Festlegung der *Anfangszustände* der Reduktionseinheiten zeigt, daß die Berechnung eines Programms von der Reduktionseinheit des ersten Prozessorelementes ausgeht. Diese Reduktionseinheit beginnt als einzige im Reduktionsmodus. Ihr 'active task pointer' zeigt auf die sogenannte 'Urtask', deren Taskknoten im Graphen an der Adresse 0 liegt. Diese 'Urtask' hat keine Argumente. Ihre Auswertung erfolgt immer mit Auswerter ξ_1. Der Instruktionszeiger wird mit der Programmadresse 1, unter der die Übersetzung des Hauptprogrammausdruckes liegt, initialisiert. Die Keller und Adressenlisten sind leer. Der 'pending count' hat den Wert 0. Da im Graphen eine Adresse belegt ist, hat der Graphzeiger den Wert 1. Die lokale Taskwarteschlange und die Aktivierungsliste sind ebenfalls leer. Der gemeinsame Speicher enthält zunächst leere Nachrichtenschlangen. Da die Reduktionseinheit eine Task zur Ausführung hat, ist das Flag zur Prozeßanforderung nicht gesetzt.

Alle anderen Reduktionseinheiten beginnen im Wartemodus, d.h. ohne Arbeit mit "leeren" Komponenten. Im gemeinsamen Speicher signalisiert das gesetzte Prozeßanforderungsflag den Wartezustand der Reduktionseinheit.

Das Verhalten einer Reduktionseinheit ist durch die Übergangsrelation

$$\vdash_{\mathrm{RE}} \subseteq (LSt_{\mathrm{RE}} \times SM) \times (LSt_{\mathrm{RE}} \times SM)$$

bestimmt. Wir definieren diese Übergangsrelation im folgenden jeweils für die verschiedenen Arbeitsmodi der Reduktionseinheiten.

Im *Reduktionsmodus* sind die Zustandsübergänge der Reduktionseinheiten hauptsächlich durch die Maschinenbefehle bestimmt, die im letzten Abschnitt vorgestellt wurden. Die Semantik der Maschinenbefehle bestimmt die Veränderung des lokalen Zustandsraumes und die Nachrichten, die in die Nachrichtenschlange des gemeinsamen Speichers geschrieben werden sollen. Welcher Maschinenbefehl zur Ausführung gelangt, ist jeweils durch den Befehlszähler im Taskknoten der gerade ausgeführten Task festgelegt.

Ist der 'active task pointer' mit 'nil' belegt, so bedeutet dies, daß ein Prozeßwechsel erfolgen muß, da eine Task suspendiert oder beendet wurde. Falls die Aktivierungsliste nicht leer ist, wird diese zunächst im Aktivierungsmodus abgearbeitet, d.h. es erfolgt ein Übergang in den Aktivierungsmodus. Anderenfalls wird die lokale Taskwarteschlange überprüft. Ist diese nicht-leer, so wird der 'active task pointer' auf das erste Element dieser Taskqueue gesetzt. Anderenfalls wird das Prozeßanforderungsflag im gemeinsamen Speicher von Kommunikations- und Reduktionseinheit gesetzt und in den Wartemodus gewechselt.

Der Reduktionsmodus ist der Standardmodus jeder Reduktionseinheit, da die codegesteuerte Durchführung von Reduktionen die Hauptaufgabe dieser Einheiten ist. Um aber parallel erfolgende Teilberechnungen nicht unnötig zu verzögern, hat die Bearbeitung von Nachrichten in jeder Reduktioneinheit höchste Priorität. Sobald im gemeinsamen Speicher eine Nachricht für die Reduktionseinheit vorliegt, wird in den Kommunikationsmodus gewechselt, in dem die Nachricht bearbeitet und gegebenenfalls beantwortet wird. Alle übrigen Übergänge im Reduktionsmodus sind also nur möglich, wenn die Komponente 'red-q' im gemeinsamen Speicher leer ist.

10.5.3 Definition Im *Reduktionsmodus* sind für die Reduktionseinheit RE_j mit $j \in \{1, \ldots, n\}$ folgende Zustandsübergänge möglich:

1. *Ausführung von Maschinenbefehlen*

$\langle$ (rm, atp, G[atp/(TASK, μ, arglist, $\langle \xi$, ip, ds, lv, 0, lq, gq $\rangle$)],
   gp, ltq, al, $\langle$ ca-c, ca-f, rg, c-evt, c $\rangle$),
   (ϵ, com-q, false) $\rangle$
$\vdash_{RE_j}$ $\langle proj_1^2$ ($\mathcal{C}$ [[c(ip)]] j

$\qquad\qquad\qquad\qquad$ (rm, atp, G, gp, ltq, al, $\langle$ ca-c, ca-f, rg, c-evt, c $\rangle$)),
$\qquad\qquad$ (ϵ, com-q $\cdot$ $proj_2^2$ ($\mathcal{C}$[[c(ip)]] j

$\qquad\qquad\qquad\qquad\qquad$ (rm,atp,G,gp,ltq,al,$\langle$ca-c,ca-f,rg,c-evt,c$\rangle$))),

$\qquad\qquad$ false) $\rangle$,

$\qquad\qquad\qquad\qquad\qquad\qquad\qquad\qquad$ falls atp $\neq$ 'nil'.

2. *Prozeßwechsel*

$\langle$ (rm,'nil', G, gp, ltq, al, ps), (ϵ, com-q, false) $\rangle$

$\vdash_{RE_j}$ $\begin{cases} \langle(\text{am, 'nil', G, gp, ltq, al, ps}), & (\epsilon,\ \text{com-q, false})\rangle \\ \qquad\qquad\qquad \text{falls al} \neq \epsilon \\[1em] \langle(\text{rm, } hd(\text{ltq}), \text{G, gp, } tl(\text{ltq}), \epsilon, \text{ps}), (\epsilon, \text{com-q, false}) \rangle \\ \qquad\qquad\qquad \text{falls al} = \epsilon \\ \qquad\qquad\qquad \text{und ltq} = hd(\text{ltq}){:}tl(\text{ltq}) \neq \epsilon \\ \qquad\qquad\qquad \text{mit } hd(\text{ltq}) \in LAdr \\ \langle(\text{wm, 'nil', G, gp, } \epsilon, \epsilon, \text{ps}), (\epsilon, \text{com-q, true}) \rangle \\ \qquad\qquad\qquad \text{falls al} = \text{ltq} = \epsilon. \end{cases}$

3. *Nachrichtenankunft*

$\langle$ (rm, atp, G, gp, ltq, al, ps), (red-q, com-q, next) $\rangle$
$\vdash_{RE_j}$ $\langle$ (cm, atp, G, gp, ltq, al, ps), (red-q, com-q, next) $\rangle$

$\qquad\qquad\qquad\qquad\qquad\qquad\qquad\qquad$ falls red-q $\neq \epsilon$.

Im *Aktivierungsmodus* wird die weitere Auswertung von Datenstrukturen veranlaßt, deren Auswerter nachträglich erhöht wurde. Die Einträge in der Aktivierungsliste bestehen jeweils aus einem Zeiger auf den Wurzelknoten der Datenstruktur und einer Liste von neuen Auswertern für die Komponenten der Datenstruktur, deren Auswerter erhöht werden muß. Da die Komponenten einer Datenstruktur von beliebiger Natur sind, d.h. als Wert, globale Adresse oder lokale Adresse auf Taskknoten, Argumentknoten, Terminalknoten oder Verweisknoten vorliegen können, entspricht die Erhöhung des Auswerters der Durchführung eines INITARG-Befehls für die entsprechende Komponente.

Nach vollständiger Abarbeitung der Aktivierungsliste wird in den Reduktionsmodus zurückgekehrt. Auch im Aktivierungsmodus erfolgt, sobald eine Nachricht von der Kommunikationeinheit eintrifft, ein Übergang in den Kommunikationsmodus zur Bearbeitung der eingetroffenen Nachricht.

10.5.4 Definition Im *Aktivierungsmodus* sind für die j-te Reduktionseinheit RE_j folgende Zustandsübergänge möglich:

1. *Aktivierung von Komponenten*

$$\langle \text{ (am, nil, G[ladr / (SDATA, c, arg}_1 : \ldots : \text{arg}_k, \xi)],$$
$$\text{gp, ltq, (ladr, (i, } \xi'\text{): etl): al, ps), } (\epsilon, \text{com-q, false) } \rangle$$

$$\vdash_{RE_j} \begin{cases} \langle (\text{am, nil, G[ladr/(SDATA}, c, \text{arg}_1 : \ldots : \text{arg}_k, \xi)], \\ \quad \text{gp, ltq, (ladr,etl):al, ps),} \\ \quad (\epsilon, \text{com-q, false)} \rangle \\ \qquad \text{falls arg}_i = \langle V, a \rangle \text{ oder} \\ \qquad \text{arg}_i = \langle P, \text{adr}, \xi'' \rangle \text{ mit } \xi'' \geq \xi'. \end{cases}$$

$$\vdash_{RE_j} \begin{cases} \langle (\text{am, nil, G[ladr/(SDATA}, c, \text{arg}_1 : \ldots \text{arg}_i' \ldots : \text{arg}_k, \xi)], \\ \quad \text{gp, ltq, (ladr,etl):al, ps),} \\ \quad (\epsilon, \text{com-q:[INITIATE, gadr, } \xi'], \text{false) } \rangle \\ \qquad \text{falls arg}_i = \langle P, \text{gadr}, \xi'' \rangle \text{ mit } \xi'' < \xi' \\ \qquad \text{und gadr} = (\text{pnr, ladr) mit pnr} \neq j, \\ \qquad \text{wobei arg}_i' = \langle P, \text{gadr}, \xi' \rangle. \end{cases}$$

$$\vdash_{RE_j} \begin{cases} \langle (\text{rm, atp, G[ladr/(SDATA}, c, \text{arg}_1 : \ldots \text{arg}_i' \ldots : \text{arg}_k, \xi), \\ \qquad \qquad \text{ladr}'/(\text{INDIRECTION, ?, } \xi', \epsilon, \epsilon)], \\ \quad \text{gp, ltq, (ladr,etl):al, ps),} \\ \quad (\epsilon, \text{com-q:[PROCESS,F,arglist}', \xi',\text{indir,(pnr,ladr}')],\text{false)} \rangle \\ \qquad \text{falls arg}_i = \langle P, (j, \text{ladr}'), \xi_0 \rangle \text{ mit} \\ \qquad G(\text{ladr}') = (\text{TASK,F,arglist}', \xi_0), F \in Fun, \\ \qquad \text{wobei arg}_i' = \langle P, (j, \text{ladr}'), \xi' \rangle. \end{cases}$$

$$\vdash_{RE,} \left\{ \begin{array}{l} \langle(\text{am, nil, G}[\quad \text{ladr}/(\text{SDATA}, c, \text{arg}_1 : \ldots \text{arg}'_i \ldots : \text{arg}_k, \xi), \\ \qquad\qquad \text{ladr}'/(\text{TASK}, \mu', \text{arglist}', \\ \qquad\qquad\qquad\qquad\qquad \langle \tilde{\xi}', \text{ip}', \text{ds}', \text{lv}', \text{pc}', \text{lq}', \text{gq}' \rangle)] \\ \quad \text{gp, ltq, (ladr,etl):al, ps)}, \\ (\epsilon, \text{com-q, false}) \rangle \\ \qquad\qquad \text{falls arg}_i = \langle P, (j, \text{ladr}'), \tilde{\xi} \rangle \text{ mit} \\ \qquad\qquad \text{G(ladr}') = (\text{TASK}, \mu', \text{arglist}', \\ \qquad\qquad\qquad\qquad \langle \tilde{\xi}, \text{ip}', \text{ds}', \text{lv}', \text{pc}', \text{lq}', \text{gq}' \rangle), \\ \qquad\qquad \text{wobei arg}'_i = \langle P, (j, \text{ladr}'), \tilde{\xi}' \rangle \\ \qquad\qquad \text{und } \tilde{\xi}' := \max\{\tilde{\xi}', \xi'\}. \end{array} \right.$$

$$\vdash_{RE,} \left\{ \begin{array}{l} \langle(\text{am, nil, G}[\quad \text{ladr}/(\text{SDATA}, c, \text{arg}_1 : \ldots \text{arg}'_i \ldots : \text{arg}_k, \xi), \\ \qquad\qquad \text{ladr}'/(\text{TASK}, '\text{arg}', \text{arglist}', \langle \xi', l_j, \epsilon, \text{lv}', 0, \epsilon, \epsilon \rangle)], \\ \quad \text{gp, ltq: ladr}', \text{(ladr,etl):al, ps)}, \\ (\epsilon, \text{com-q, false}) \rangle \\ \qquad\qquad \text{falls arg}_i = \langle P, (j, \text{ladr}'), \xi_0 \rangle \text{ mit} \\ \qquad\qquad \text{G(ladr}') = \\ \qquad\qquad\qquad (\text{ARGUMENT}, \langle \text{arglist}', \text{lv}' \rangle, (l_1, l_2, l_3)), \\ \qquad\qquad \text{wobei arg}'_i := \langle P, (j, \text{ladr}'), \xi' \rangle, \\ \qquad\qquad \text{und } \xi' = \xi_j \text{ mit } j \in \{1, 2, 3\}. \end{array} \right.$$

$$\vdash_{RE,} \left\{ \begin{array}{l} \langle(\text{am, nil, G}[\quad \text{ladr}/ (\text{SDATA}, c, \text{arg}_1 : \ldots \text{arg}'_i \ldots : \text{arg}_k, \xi), \\ \qquad\qquad \text{ladr}'/(\text{SDATA}, c', \text{arglist}', \tilde{\xi}')], \\ \quad \text{gp, ltq, (ladr,etl):al', ps)}, \\ (\epsilon, \text{com-q, false}) \rangle \\ \qquad\qquad \text{falls arg}_i = \langle P, (j, \text{ladr}'), \tilde{\xi} \rangle \text{ mit} \\ \qquad\qquad \text{G(ladr}') = (\text{SDATA}, c', \text{arglist}, \tilde{\xi}), \\ \qquad\qquad \text{wobei arg}'_i := \langle P, (j, \text{ladr}'), \tilde{\xi}' \rangle, \\ \qquad\qquad \tilde{\xi}' := \max\{\xi', \tilde{\xi}\} \text{ und} \\ \qquad\qquad \text{al}' := \left\{ \begin{array}{ll} \text{al:(ladr}', \text{c-evt } (c', \xi')) & \text{falls } \xi' \geq \tilde{\xi} \\ \text{al} & \text{sonst} \end{array} \right. \end{array} \right.$$

$$\vdash_{RE,} \left\{ \begin{array}{l} \langle(\text{am, nil, G}[\quad \text{ladr}/(\text{SDATA}, c, \text{arg}_1 : \ldots \text{arg}'_i \ldots : \text{arg}_k, \xi,)], \\ \quad \text{gp, ltq, (ladr,etl):al, ps)} \\ (\epsilon, \text{com-q, false}) \rangle \\ \qquad\qquad \text{falls } \xi' = \xi_1 \text{ und arg}_i := \langle P, (j, \text{ladr}'), \xi_0 \rangle \\ \qquad\qquad \text{mit G(ladr}') = (\text{SDATA}, \ldots) \\ \qquad\qquad \text{oder G(ladr}') = (\text{FUNCTION}, \ldots), \\ \qquad\qquad \text{wobei arg}'_i = \langle P, (j, \text{ladr}'), \xi_1 \rangle. \end{array} \right.$$

$$
\vdash_{RE,} \left\{
\begin{array}{l}
\langle(\text{am, nil, G}[\quad \text{ladr}/(\text{SDATA}, c, \text{arg}_1 : \ldots \text{arg}'_i \ldots : \text{arg}_k, \xi), \\
\qquad\qquad\qquad \text{ladr}'/(\text{INDIRECTION}, ?, \tilde{\xi}', \text{lq}', \text{gq}')], \\
\quad \text{gp, ltq, (ladr,etl):al, ps)} \\
(\epsilon, \text{com-q, false})\rangle \\
\qquad\qquad \text{falls arg}_i := \langle P, (j, \text{ladr}'), \bar{\xi}\rangle \text{ mit} \\
\qquad\qquad G(\text{ladr}') = (\text{INDIRECTION}, ?, \tilde{\xi}, \text{lq}', \text{gq}'), \\
\qquad\qquad \text{wobei arg}'_i = \langle P, (j, \text{ladr}'), \tilde{\xi}'\rangle \\
\qquad\qquad \text{und } \tilde{\xi}' := \max\{\tilde{\xi}, \xi'\}
\end{array}
\right.
$$

$$
\vdash_{RE,} \left\{
\begin{array}{l}
\langle(\text{am, nil, G}[\quad \text{ladr}/(\text{SDATA}, c, \text{arg}_1 : \ldots \text{arg}'_i \ldots : \text{arg}_k, \xi), \\
\qquad\qquad\qquad \text{ladr}'/(\text{INDIRECTION}, \text{gadr}, \tilde{\xi}', \text{lq}', \text{gq}')], \\
\quad \text{gp, ltq, (ladr,etl):al, ps),} \\
(\epsilon, \text{com-q:mes, false})\rangle \\
\qquad\qquad \text{falls arg}_i := \langle P, (j, \text{ladr}'), \bar{\xi}\rangle \text{ mit} \\
\qquad\qquad G(\text{ladr}') = (\text{INDIRECTION}, \text{gadr}, \tilde{\xi}, \text{lq}', \text{gq}'), \\
\qquad\qquad \text{wobei arg}'_i = \langle P, (j, \text{ladr}'), \tilde{\xi}'\rangle, \\
\qquad\qquad \tilde{\xi}' := \max\{\xi', \tilde{\xi}\} \text{ und} \\
\qquad\qquad \text{mes} := \begin{cases} [\text{INITIATE}, \text{gadr}, \xi'] & \text{falls } \xi' > \tilde{\xi} \\ \epsilon & \text{sonst.} \end{cases}
\end{array}
\right.
$$

$$
\vdash_{RE,} \left\{
\begin{array}{l}
\langle(\text{am, nil, G}[\quad \text{ladr}/(\text{SDATA}, c, \text{arg}_1 : \ldots \text{arg}'_i \ldots : \text{arg}_k, \xi)], \\
\quad \text{gp, ltq, (ladr,etl):al, ps),} \\
(\epsilon, \text{com-q, false})\rangle \\
\qquad\qquad \text{falls arg}_i := \langle P, (j, \text{ladr}'), \xi\rangle \text{ mit} \\
\qquad\qquad G(\text{ladr}') = (\text{LOCAL-IND}, \text{ladr}''), \\
\qquad\qquad \text{wobei arg}'_i = \langle P, (j, \text{ladr}''), \xi\rangle.
\end{array}
\right.
$$

$\langle$ (am, nil, G, gp, ltq, (ladr, ϵ): al, ps), (ϵ, com-q, false) $\rangle$
$\vdash_{RE,}$ $\langle$ (am, nil, G, gp, ltq, al, ps), (ϵ, com-q, false) $\rangle$

2. *Rückkehr in den Reduktionsmodus*

$\langle$ (am, nil, G, gp, ltq, ϵ, ps), (ϵ, com-q, false) $\rangle$
$\vdash_{RE,}$ $\langle$ (rm, nil, G, gp, ltq, ϵ, ps), (ϵ, com-q, false) $\rangle$

3. *Ankunft von Nachrichten*

$\langle$ (am, nil, G, gp, ltq, al, ps), (red-q, com-q, false) $\rangle$
$\vdash_{RE,}$ $\langle$ (cm, nil, G, gp, ltq, al, ps), (red-q, com-q, false) $\rangle$

$$\text{falls red-q} \neq \epsilon.$$

Im *Wartemodus* hat die Reduktionseinheit keine Arbeit. Sie wartet auf Nachrichten von der Kommunikationeinheit. Die einzige mögliche Transition ist der Übergang in den Kommunikationsmodus, sobald Nachrichten eintreffen.

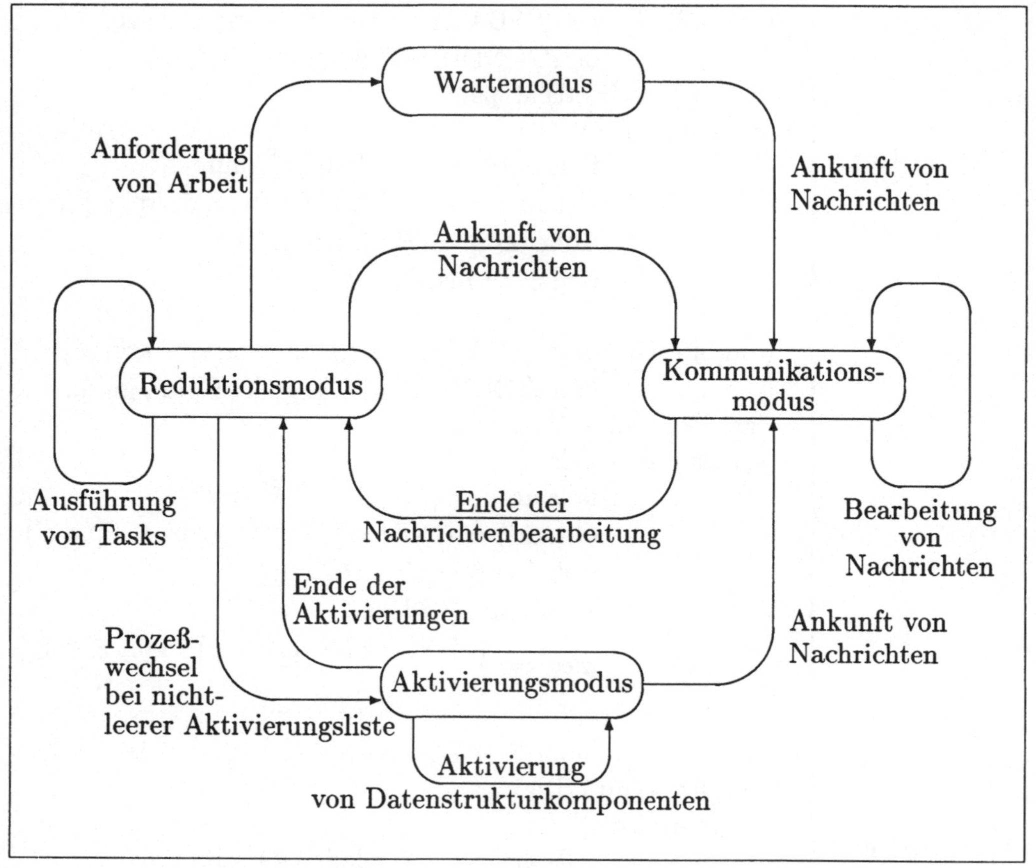

Bild 10.13: Überblick über Zustandsübergänge der Reduktionseinheiten

10.5.5 Definition   Im *Wartemodus* sind für die j-te Reduktionseinheit folgende Zustandsübergänge möglich.

$$\langle\, (\text{wm, nil, G, gp, } \epsilon, \epsilon, \text{ ps}), (\text{red-q, com-q, false})\,\rangle$$
$$\vdash_{\text{RE}_j} \langle\, (\text{cm, nil, G, gp, } \epsilon, \epsilon, \text{ ps}), (\text{red-q, com-q, false})\,\rangle \qquad \text{falls red-q} \neq \epsilon.$$

Bis auf die Zustandsübergänge im Kommunikationsmodus, die wir im nächsten Kapitel spezifizieren werden, sind die Reduktionseinheiten somit vollständig definiert. Bild 10.13 zeigt eine Übersicht über die Arbeitsmodi und die Aktionen, mit denen Übergänge zwischen den Arbeitsmodi erfolgen.

10.6 Erläuterung einer Beispielausführung

In diesem Abschnitt wird anhand des Quicksort-Beispielprogramms die Durchführung programmierter Graphreduktion in einer Reduktionseinheit beschrieben. Zu dem parallelisierten Kombinator *PQSort* (vgl. Beispiel 7.2.3):

$$PQSort(l^{intlist}) := \textbf{case } l \textbf{ of}$$

$$\text{NIL} : \text{NIL};$$
$$\text{CONS}(y_1, y_2) :$$
$$\textbf{letpar } \tilde{y}_1 = PQSort(Filter\ (Tlt(y_1),\ y_2))\ \textbf{if } \xi_2$$
$$\textbf{and } \quad \tilde{y}_2 = PQSort(Filter\ (Tgeq(y_1),\ y_2))\ \textbf{if } \xi_2$$
$$\textbf{in } Append\ (\tilde{y}_1,\ \text{CONS}(y_1, \tilde{y}_2))$$

$$\textbf{esac}$$

ergibt sich der bereits in Bild 10.12 gezeigte Code:

1:	INITARG $(1, \xi_3)$;	17:	LOADLOC 1;
2:	GETARG $(1, \xi_1)$;	18:	MKNODE(Tlt,1);
3:	LOAD 1;	19:	INITLOC $(2, \xi_3)$;
4:	WAIT 1;	20:	LOADLOC 2;
5:	SPLIT;	21:	MKNODE($Filter$,2);
6:	CASE $\langle(\text{NIL},7),(\text{CONS},9)\rangle$;	22:	EVALUATE ξ_3;
7:	LIT NIL;	23:	MKNODE($PQSort$,1);
8:	RET;	24:	ACTIVATE ξ_3;
9:	LOADLOC 1;	25:	STORE 2;
10:	MKNODE($Tgeq$,1);	26:	INITLOC $(1, \xi_3)$;
11:	INITLOC $(2, \xi_3)$;	27:	LOADLOC 1;
12:	LOADLOC 2;	28:	INITLOC $(3, \xi_1)$;
13:	MKNODE($Filter$,2);	29:	LOADLOC 3;
14:	EVALUATE ξ_3;	30:	INITLOC $(2, \xi_3)$;
15:	MKNODE($PQSort$,1);	31:	LOADLOC 2;
16:	ACTIVATE ξ_3;	32:	NODE (CONS, ξ_3);
		33:	PUSH ($Append$,2);

Die Ausführung dieser Maschinencodesequenz führt im lokalen Speicher einer Reduktionseinheit zu den in den Bildern 10.14 (I–IX) graphisch verdeutlichten Zustandstransformationen.

I. Bild I zeigt die Ausgangssituation:

Der 'active task pointer' im lokalen Speicherbereich der Reduktionseinheit zeigt auf einen Taskknoten, der einen Aufruf des Kombinators *PQSort* repräsentiert. Das Argument dieses Aufrufes ist durch einen Zeiger auf einen lokalen Datenstrukturknoten, die Wurzel der zu sortierenden Liste, gegeben. Der Auswerter des aktiven Taskknoten ist ξ_3.

Der Instruktionszeiger zeigt bereits auf den dritten Befehl des Maschinencodes von *PQSort*. Die Ausführung der ersten Befehle bewirkt lediglich die Inkrementation des Befehlszählers, da für das Argument der Task bereits der Auswerter ξ_3 vorliegt. Die lokalen Keller des Taskknoten sind leer. Der 'pending count' ist mit 0 initialisiert. Es wird angenommen, daß noch keine anderen Tasks auf das Ergebnis dieser Task warten. Die Adressenlisten des Taskknoten sind also ebenfalls leer.

II. Der LOAD-Befehl bewirkt das Laden des Argumentes der Task auf den Datenkeller. Da der Wurzelknoten der Argumentstruktur lokal vorliegt, verändert der WAIT-Befehl nur den Instruktionszeiger.

III. Der SPLIT-Befehl lädt die Komponenten des Datenstrukturknoten auf den Variablenkeller. Der nachfolgende CASE-Befehl verändert den Instruktionszeiger in Abhängigkeit von dem Konstruktor des Datenknoten und löscht die Adresse des Datenstrukturknoten vom Datenkeller.

IV. Mittels des Befehls LOADLOC 1 wird das oberste Element des Variablenkellers auf den Datenkeller geladen. Da der Kombinator *Tgeq* den Rang 2 hat, wird durch den Befehl MKNODE(*Tgeq*, 1) ein Funktionsknoten, der die partielle Applikation des Kombinators auf ein Argument repräsentiert, erzeugt. Zu der Adresse des neu erzeugten Funktionsknoten wird der Auswerter ξ_1 vermerkt, da partielle Applikationen nicht weiter ausgewertet werden.

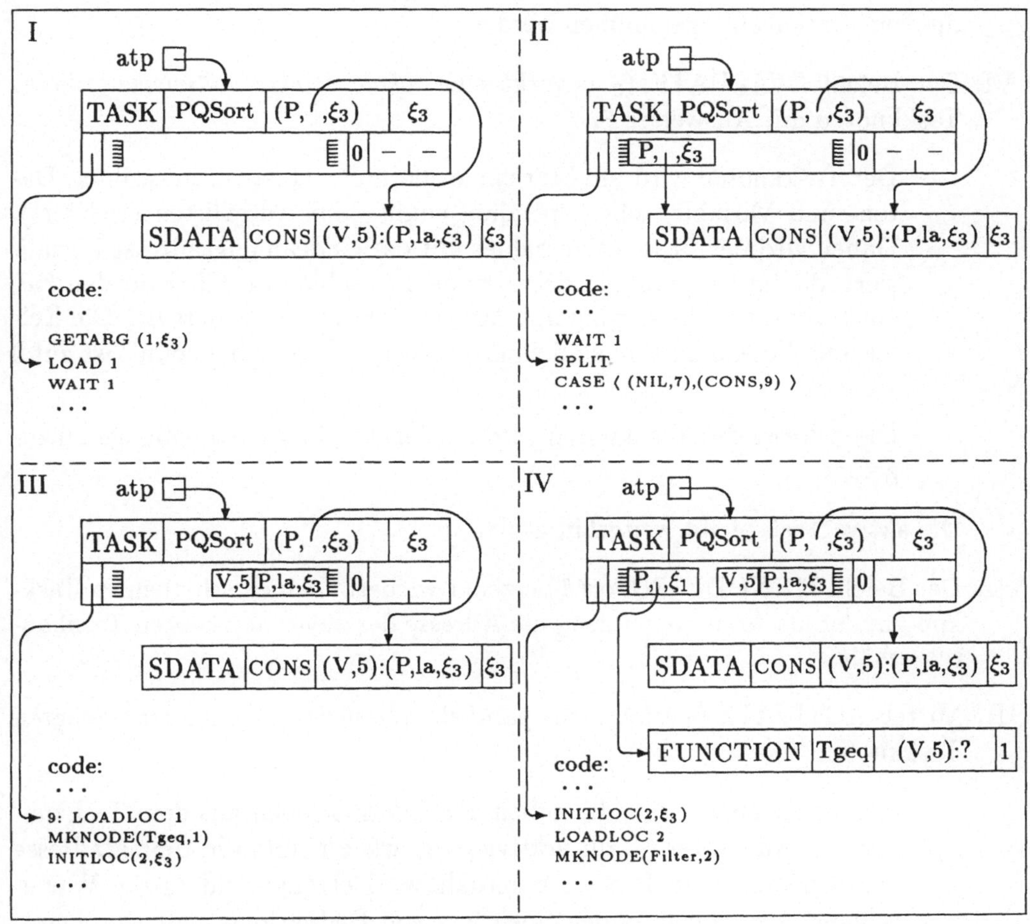

Bild 10.14a: Beispielausführung

V. Nachdem das zweite Element des Variablenkellers auf den Datenkeller geladen worden ist (LOADLOC 2), erzeugt der Befehl MKNODE(*Filter*,2) einen schlafenden Taskknoten (Auswerter ξ_0) mit zwei Argumenteinträgen, die vom Datenkeller genommen werden.

VI. Der Befehl EVALUATE ξ_3 bewirkt eine *lokale direkte Aktivierung* dieses Taskknoten mit Auswerter ξ_3:

- Der Taskknoten wird um Statusinformationen (Instruktionszähler, Daten- und Variablenkeller, 'pending count' und Adreßlisten erweitert). Dabei wird der Instruktionszähler mit der Codeanfangsadresse initialisiert, die im Programmspeicher zu dem Kombinator *Filter* für den Fall einer direkten Aktivierung mit Auswerter ξ_3 abgespeichert ist. Die Keller und die Adreßlisten sind zunächst leer, der 'pending count' ist auf 0 gesetzt.

- Die Adresse des Taskknoten wird zur lokalen Taskwarteschlange hinzugefügt.

Die aktive Task bleibt weiterhin aktiv.

VII. Der Befehl MKNODE(*PQSort*,1) erzeugt wiederum einen schlafenden Taskknoten, der als Argumenteintrag die Adresse des zuvor aktivierten Taskknoten erhält.

VIII. Mittels ACTIVATE ξ_3 erfolgt eine *parallele Aktivierung* des zuletzt erzeugten Taskknoten:

- Eine Prozeßnachricht, die neben den Informationen aus dem Taskknoten den Auswerter ξ_3, die Aktivierungsart 'dir' und die Heimatadresse des neu erzeugten Prozesses enthält wird erzeugt und in die Warteschlange des gemeinsamen Speichers von Reduktions- und Kommunikationseinheit geschrieben.

- Der Taskknoten wird durch einen Verweisknoten überschrieben, in dem nur noch der Auswerter, mit dem die Aktivierung des Prozesses erfolgte, als Information über den Prozeß behalten wird.

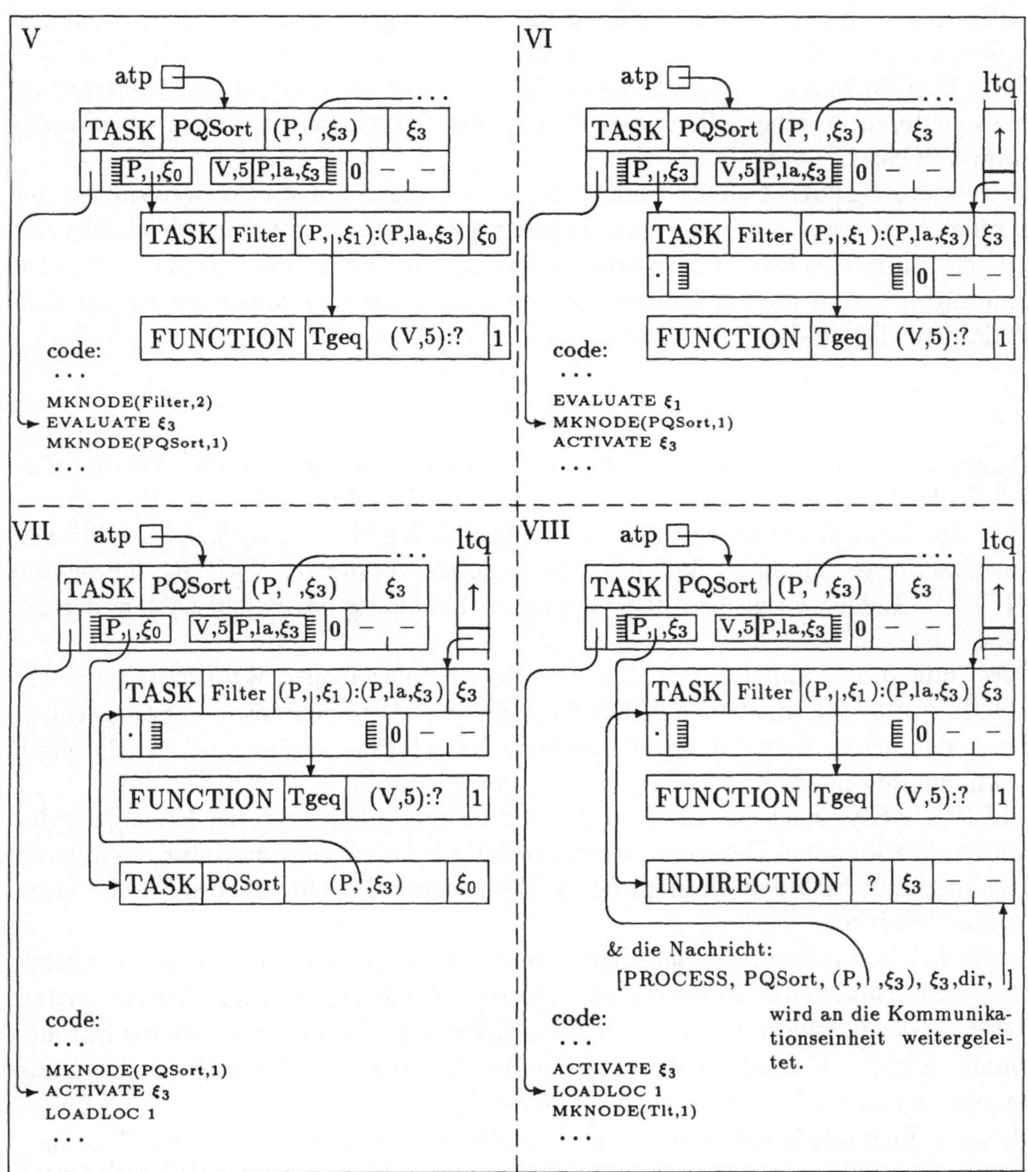

Bild 10.14b: Beispielausführung — Fortsetzung

Die Ausführung der nun folgenden Befehle (Programmadressen 17 – 24) erfolgt vollkommen analog zu den Befehlen mit den Programmadressen 9 – 23, deren Auswirkungen auf den Zustandsraum der Reduktionseinheit in den Bildern III – VIII (Bild 10.14a/b) veranschaulicht sind. Insbesondere erfolgt die Aktivierung eines weiteren parallelen Prozesses für den zweiten rekursiven Aufruf des Kombinators *PQSort*.

Mittels des STORE-Befehls werden dann die Zeiger auf die Verweisknoten der parallelen Prozesse auf den Variablenkeller geschoben. Dann wird der Code, der für den Rumpf des **letpar**-Konstruktes generiert wurde, ausgeführt. Die aktuellen Bindungen der in diesem Rumpf auftretenden lokalen Variablen liegen auf dem Variablenkeller in der Reihenfolge

$$\tilde{y}_1 : \tilde{y}_2 : y_1 : y_2,$$

können also durch die Befehle LOADLOC 1–4 referenziert werden. Vor den Ladebefehlen wird jeweils entsprechend den Striktheitsinformationen die Auswertung der Variablenbindungen durch INITLOC-Befehle angestoßen. Da für alle Variablenwerte allerdings bereits der maximale Auswerter vorliegt, führen die INITLOC-Befehle in diesem Beispiel nur zur Erhöhung des Befehlszählers der aktiven Task.

Der Code führt schließlich zu der Erzeugung eines Konstruktorknoten (Befehl NODE cons,ξ_3)), in dem das Kopfelement der Argumentliste — nun gegeben durch das dritte Element des Variablenkellers (lokale Variable y_1) — die erste Komponente bildet.

Bild 10.14c (IX) zeigt den Zustand der Reduktionseinheit nach der Erzeugung des Konstruktorknotens. Der nachfolgende Befehl wird die Überschreibung des aktiven Taskknoten durch einen Taskknoten zur Berechnung des Aufrufes des Kombinators *Append* bewirken.

Inzwischen können von den parallelen Prozessen Anfragenachrichten an die lokalen Tasks mit Kombinator *Filter* eingetroffen sein, die in den globalen Adressenlisten dieser Tasks vermerkt wurden, da die Ausführung dieser Tasks noch nicht begonnen wurde. Formal werden wir die Bearbeitung von Nachrichten durch die Reduktionseinheit im folgenden Kapitel beschreiben.

Die neue Task mit Kombinator *Append* erhält als Argumente die beiden Datenkellereinträge. Da der Code von *Append* (bei direkter Aktivierung) mit den Befehlen GETARG(1,ξ_1);LOAD 1;WAIT 1 beginnt, das erste Argument aber durch einen Verweisknoten repräsentiert, also nicht lokal vorhanden ist, führt der WAIT-Befehl zur Suspendierung der aktiven Task, was dann einen Prozeßwechsel ermöglicht (siehe Bild 10.14c (X)).

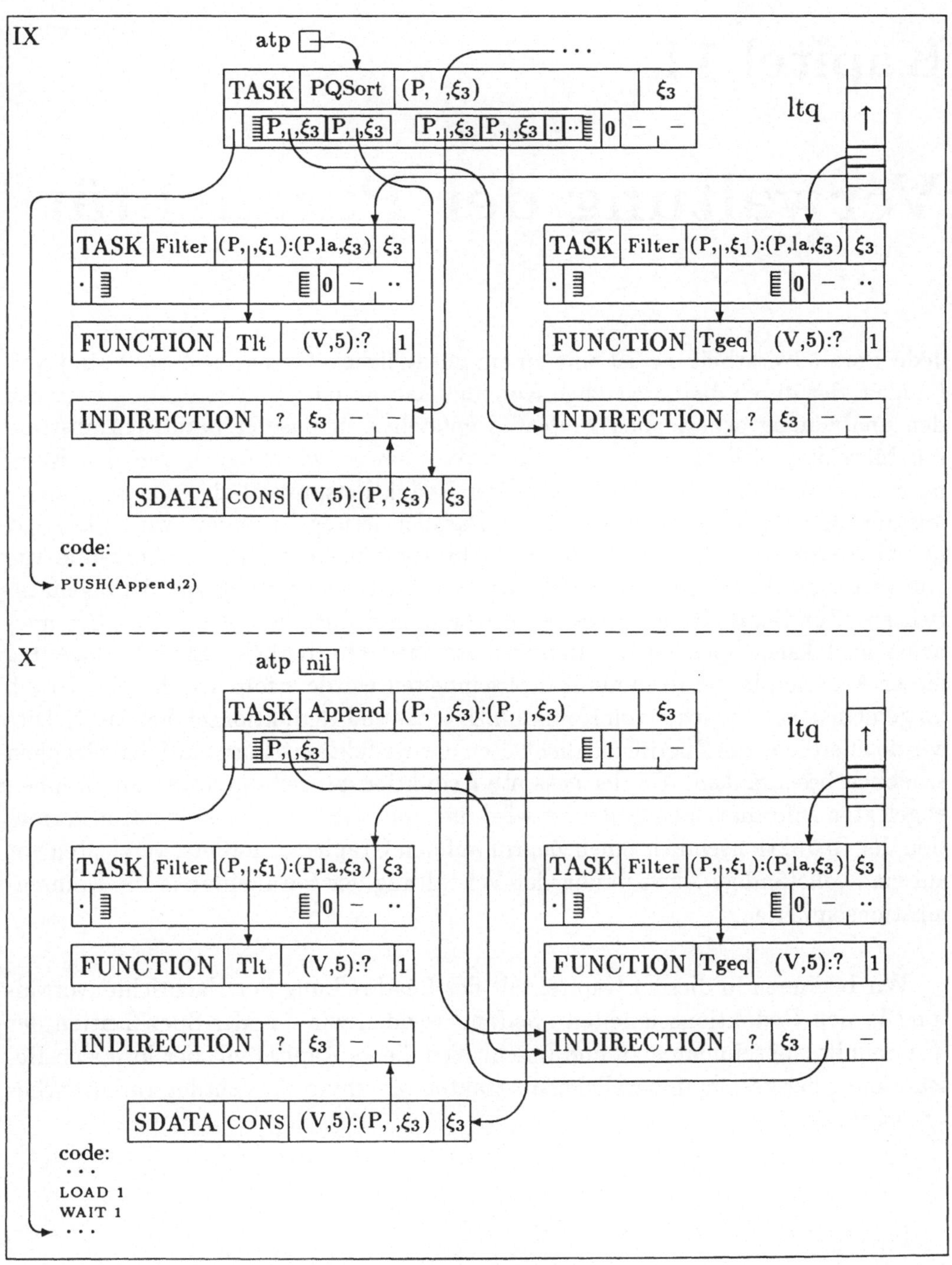

Bild 10.14c: Beispielausführung — Fortsetzung

Kapitel 11

Verwaltung der Parallelität

Jede Parallelverarbeitung ist mit einem zusätzlichen Organisationsaufwand verbunden, der durch die notwendige Kommunikation und Synchronisation zwischen den unabhängig arbeitenden Einheiten entsteht. In unserer parallelen abstrakten Maschine wird diese Organisationsarbeit soweit wie möglich von den Kommunikationseinheiten geleistet, damit der Reduktionsprozeß, also die Programmausführung möglichst wenig durch die Parallelisierung behindert wird. Die von den Reduktionsarbeiten zu leistende Mehrarbeit besteht aus der Annahme von Antwort- und Aktivierungsnachrichten sowie der Beantwortung von Anfragenachrichten. Zur Bearbeitung dieser Nachrichten sind Zugriffe auf die Graphkomponente im lokalen Speicher der Reduktionseinheit erforderlich. Eine Auslagerung dieser Arbeiten in die Kommunikationseinheiten würde erfordern, daß der Graph im gemeinsamen Speicher von Kommunikations- und Reduktionseinheit liegt. Dies würde allerdings die Zugriffsmöglichkeiten der Reduktionseinheit auf den Graphen erheblich beschränken. Da der gesamte Reduktionsprozeß durch die im Graphen abgelegten Informationen gesteuert wird und somit fast jede Zustandstransformation der Reduktionseinheit einen Zugriff auf den Graphen erfordert, verzichten wir auf eine vollständige Auslagerung der Verwaltung der Parallelität in die Kommunikationseinheiten.

Wir beginnen in diesem Kapitel mit der Beschreibung der Nachrichtenverwaltung in den Reduktionseinheiten. Sodann wenden wir uns der Spezifikation der Kommunikationseinheiten zu und beschließen dieses Kapitel mit der formalen Beschreibung der gesamten parallelen abstrakten Maschine als nichtdeterministisches Transitionssystem.

11.1 Nachrichtenverwaltung in den Reduktionseinheiten

Die Nachrichtenbearbeitung erfolgt in den Reduktionseinheiten im Kommunikationsmodus, in den sofort, wenn eine Nachricht von der Kommunikationeinheit in die Nachrichtenschlange des gemeinsamen Speichers geschrieben wird, gewechselt wird. Vier verschiedene Arten von Nachrichten werden in der abstrakten Maschine zwischen den Reduktionseinheiten ausgetauscht — Prozeßnachrichten, Anfrage-, Aktivierungs- und Antwortnachrichten (siehe Definition 10.3.5)

Eine *Prozeßnachricht* wird nur dann von der Kommunikationseinheit an die Reduktionseinheit weitergeleitet, wenn das Prozeßanforderungsflag im gemeinsamen Speicher von der Reduktionseinheit gesetzt wurde. Die Kommunikationseinheit setzt das Flag immer, wenn sie eine Nachricht an die Reduktionseinheit schickt oder weiterleitet, zurück, da jede Nachricht zur Aktivierung oder Reaktivierung lokaler Tasks führen kann. Dies bedeutet, daß die Reduktionseinheit beim Erhalt einer Prozeßnachricht auf jeden Fall im Wartemodus ist. Je nachdem, ob der in der Nachricht beschriebene Prozeß global oder lokal ist (d.h. eine globale oder lokale Heimatadresse hat), wird ein neuer aktiver Taskknoten generiert oder der existierende Verweisknoten mit einem Taskknoten überschrieben. Der 'active task pointer' wird mit der Adresse des Taskknoten belegt. Der Kommunikationsmodus bleibt zunächst bestehen. Erst wenn keine weitere Nachricht im Nachrichtenpuffer enthalten ist, wird in den Reduktionsmodus gewechselt.

Bei der Bearbeitung einer *Anfragenachricht* überprüft der Reduktionsprozessor zunächst den Graphknoten, auf den sich die Anfrage bezieht. Handelt es sich um einen Terminalknoten, so kann die Anfragenachricht sofort beantwortet werden. Anderenfalls muß die Beantwortung solange verzögert werden, bis die Auswertung des entsprechenden Teilgraphen bis zur Kombinatornormalform abgeschlossen ist. Dies geschieht, indem die Adresse, an die die Antwort geschickt werden soll, in der Liste der globalen Adressen des in Auswertung befindlichen Task- oder Verweisknoten notiert wird. Natürlich ist es möglich, daß die Auswertung erst durch die Anfragenachricht, die ja insbesondere einen Auswerter enthält, angestoßen wird.

Ist die Anfragenachricht an einen Verweisknoten gerichtet, dessen globale Adresse bekannt ist, so wird sie an diese globale Adresse weitergeleitet, damit die Beantwortung der Anfrage in direkter Weise erfolgen kann.

Eine *Aktivierungsnachricht* hat denselben Effekt wie die Ausführung einer INITARG- oder INITLOC-Instruktion. Schlafende Taskknoten werden indirekt parallel aktiviert. Argumentknoten werden lokal aktiviert. In aktiven Taskknoten und Verweisknoten ohne Adressenangabe wird gegebenenfalls der Auswerter erhöht. Für Datenstrukturknoten, deren Auswerter erhöht wird, erfolgt ein entsprechender Eintrag in der Aktivierungsliste.

Eine *Antwortnachricht* hat zunächst zur Folge, daß der 'pending count' aller in der lokalen Adressenliste des adressierten Verweisknotens vermerkten Taskknoten dekrementiert wird und daß die Antwortnachricht an alle in der globalen Adressenliste vermerkten Adressen weitergeleitet wird. Wird der 'pending count' einer lokalen Task durch das Dekrementieren zu Null, so wird die Adresse der Task in die lokale Taskwarteschlange geschrieben. Zuletzt wird der Verweisknoten mit dem in der Antwortnachricht enthaltenen Terminalknoten überschrieben.

11.1.1 Definition   Im Kommunikationsmodus sind für die j-te Reduktionseinheit RE_j folgende Zustandsübergänge möglich:

1. *Bearbeitung einer Prozeßnachricht*

$\langle$ (cm, nil, G, gp, ϵ, ϵ, ps),
     ([PROCESS, F, arglist, ξ, art, hadr]: red-q, com-q, false) $\rangle$

$\vdash_{RE_j}$
$\begin{cases}
\langle\text{(cm, gp,} \\
\quad \text{G[gp/([TASK,F,arglist, } \langle\xi,\text{ca-c(F,}\xi,\text{art),}\epsilon, \epsilon, 0, \epsilon,\text{hadr}\rangle)],} \\
\quad \text{gp+1, } \epsilon, \epsilon, \text{ps),} \\
\quad \text{(red-q, com-q, false) } \rangle
\end{cases}$

$$\text{falls hadr } \notin \{(j, \text{ladr}) \mid \text{ladr} \in LAdr\}$$

$\vdash_{RE_j}$
$\begin{cases}
\langle\text{(cm, ladr,} \\
\quad \text{G[ladr/([TASK,F,arglist,}\langle\tilde{\xi}', \text{ ca-c(F,}\tilde{\xi}',\text{art),}\epsilon, \epsilon,0,\text{lq,gq }\rangle)],} \\
\quad \text{gp, } \epsilon, \epsilon, \text{ps),} \\
\quad \text{(red-q, com-q, false)}\rangle
\end{cases}$

$$\text{falls hadr } = (j, \text{ladr})$$
$$\text{G(ladr)} = (\text{INDIRECTION, ?, } \tilde{\xi}, \text{ lq, gq})$$
$$\text{und } \tilde{\xi}' = \max\{\xi', \tilde{\xi}\},$$

$$\text{wobei ps } = \langle \text{ ca-c, ca-f, rg, c-evt, c } \rangle \text{ sei.}$$

2. *Bearbeitung einer Anfragenachricht*

$\langle$ (cm, atp, G, gp, ltq, al, ps),
     ([REQUEST, (j, ladr), ξ, gadr]:red-q, com-q, false) $\rangle$

$\vdash_{RE_j}$
$\begin{cases}
\langle\text{(cm, atp, G, gp, ltq, al, ps),} \\
\quad \text{(red-q, com-q: [ANSWER, gadr, G(ladr)], false) } \rangle
\end{cases}$

$$\text{falls G(ladr)} \in Terminalnodes, \text{ aber}$$
$$\text{G(ladr) ist nicht Strukturdatenknoten}$$
$$\text{mit Auswerter } \tilde{\xi} < \xi.$$

$$\vdash_{RE_J} \left\{ \begin{array}{l} \langle(\text{cm, atp, G[ladr}/(\text{SDATA, } c, \text{ arglist, } \xi)], \\ \quad \text{gp, ltq, al: (ladr, c-evt}(c,\xi)), \text{ ps),} \\ (\text{red-q, com-q: [ANSWER, gadr, (SDATA, } c, \text{ arglist, } \xi)],} \\ \quad \text{false) } \rangle \end{array} \right.$$

$$\text{falls G(ladr)} = (\text{SDATA, } c, \text{ arglist, } \tilde{\xi})$$
$$\text{mit } \tilde{\xi} < \xi, \text{ ps}=\langle\text{ca-c,ca-f,rg,c-evt,c}\rangle.$$

$$\vdash_{RE_J} \left\{ \begin{array}{l} \langle(\text{cm, atp, G[ladr}/(\text{INDIRECTION, ?, } \xi, \epsilon, \text{ gadr)}], \\ \quad \text{gp, ltq, al, ps),} \\ (\text{red-q, com-q: [PROCESS,F,arglist,}\xi\text{,indir,}(j,\text{ladr})], \text{ false) } \rangle \end{array} \right.$$

$$\text{falls G(ladr)} = (\text{TASK, F, arglist, } \xi_0)$$

$$\vdash_{RE_J} \left\{ \begin{array}{l} \langle(\text{cm, atp, G[ladr}/(\text{TASK,arg,arglist,}\langle\xi_i, l_i, \epsilon, \text{lv,0,}\epsilon\text{,gadr}\rangle)], \\ \quad \text{gp, ltq: ladr, al, ps),} \\ (\text{red-q, com-q, false) } \rangle, \end{array} \right.$$

$$\text{falls G(ladr)}=$$
$$(\text{ARGUMENT,(arglist,lv),}(l_1, l_2, l_3))$$
$$\text{und } \xi = \xi_i \text{ mit } i \in \{1,2,3\}.$$

$$\vdash_{RE_J} \left\{ \begin{array}{l} \langle(\text{cm, atp,} \\ \quad \text{G[ladr}/(\text{TASK, } \mu, \text{ arglist, } \langle\tilde{\xi}', \text{ ip, ds, lv, pc, lq, gq: gadr)}], \\ \quad \text{gp, ltq, al, ps),} \\ (\text{red-q, com-q, false) } \rangle, \end{array} \right.$$

$$\text{falls G(ladr)} = (\text{TASK, } \mu, \text{ arglist,}$$
$$\langle\tilde{\xi}, \text{ ip, lv, pc, lq, gq }\rangle)$$
$$\text{und } \tilde{\xi}' := \max\{\tilde{\xi}, \xi\}.$$

$$\vdash_{RE_J} \left\{ \begin{array}{l} \langle(\text{cm, atp, G[ladr}/(\text{INDIRECTION, ?, } \tilde{\xi}', \text{ lq, gq: gadr)}], \\ \quad \text{gp, ltq, al, ps),} \\ (\text{red-q, com-q, false) } \rangle, \end{array} \right.$$

$$\text{falls G(ladr)} =$$
$$(\text{INDIRECTION, ?, } \tilde{\xi}, \text{ lq, gq})$$
$$\text{und } \tilde{\xi}' = \max\{\tilde{\xi}, \xi\}.$$

$$\vdash_{RE_J} \left\{ \begin{array}{l} \langle(\text{cm, atp, G[ladr}/(\text{INDIRECTION, adr, } \tilde{\xi}', \text{ lq, gq)}], \\ \quad \text{gp, ltq, al, ps),} \\ (\text{red-q, com-q: [REQUEST,adr,}\tilde{\xi}'\text{,gadr], false) } \rangle, \end{array} \right.$$

$$\text{falls G(ladr)} =$$
$$(\text{INDIRECTION, adr, } \tilde{\xi}, \text{ lq, gq})$$
$$\text{mit adr} \neq \text{? und } \tilde{\xi}' = \max\{\xi, \tilde{\xi}\}.$$

$$\vdash_{RE,} \left\{ \begin{array}{l} \langle(\text{cm, atp, G, gp, ltq, al, ps}), \\ ([\text{REQUEST}, (j, \text{ladr}'), \xi, \text{gadr}]: \text{red-q, com-q, false}) \rangle, \end{array} \right.$$

$$\text{falls } G(\text{ladr}) = (\text{LOCAL-IND, ladr}').$$

3. *Bearbeitung einer Aktivierungsnachricht*

$$\langle (\text{cm, atp, G, gp, ltq, al, ps}),$$
$$([\text{INITIATE}, (j, \text{ladr}'), \xi]: \text{red-q, com-q, false}) \rangle,$$

$$\vdash_{RE,} \left\{ \begin{array}{l} \langle(\text{cm, atp, G, gp, ltq, al, ps}), \\ (\text{red-q, com-q, false}) \rangle, \end{array} \right.$$

$$\text{falls } G(\text{ladr}) \in \textit{Terminalnodes}, \text{ aber}$$
$$G(\text{ladr}) \text{ ist nicht Strukturdatenknoten}$$
$$\text{mit Auswerter } \tilde{\xi} < \xi.$$

$$\vdash_{RE,} \left\{ \begin{array}{l} \langle(\text{cm, atp, G[ladr/(SDATA, } c, \text{ arglist}, \xi)], \\ \quad \text{gp, ltq, al: (ladr, c-evt}(c,\xi)), \text{ps}), \\ (\text{red-q, com-q, false}) \rangle \end{array} \right.$$

$$\text{falls } G(\text{ladr}) = (\text{SDATA}, c, \text{ arglist}, \tilde{\xi})$$
$$\text{mit } \tilde{\xi} < \xi,$$
$$\text{ps} = \langle \text{ ca-c, ca-f, rg, c-evt, } c \rangle.$$

$$\vdash_{RE,} \left\{ \begin{array}{l} \langle(\text{cm, atp, G[ladr/(INDIRECTION, ?, } \xi, \epsilon, \epsilon)], \\ \quad \text{gp, ltq, al, ps}), \\ (\text{red-q, com-q: [PROCESS,F,arglist,}\xi,\text{indir,}(j,\text{ladr})], \text{false}) \rangle \end{array} \right.$$

$$\text{falls } G(\text{ladr}) = (\text{TASK, F, arglist}, \xi_0).$$

$$\vdash_{RE,} \left\{ \begin{array}{l} \langle(\text{cm, atp, G[ladr/(TASK, arg, arglist}, \langle\xi_i, l_i, \epsilon, \text{lv}, 0, \epsilon, \epsilon\rangle)], \\ \quad \text{gp, ltq: ladr, al, ps}), \\ (\text{red-q, com-q, false}) \rangle, \end{array} \right.$$

$$\text{falls } G(\text{ladr}) =$$
$$(\text{ARGUMENT,(arglist,lv),}(l_1, l_2, l_3))$$
$$\text{und } \xi = \xi_i \text{ mit } i \in \{1,2,3\}.$$

$$\vdash_{RE,} \left\{ \begin{array}{l} \langle(\text{cm, atp, G[ladr/(TASK,}\mu,\text{arglist,}\langle\tilde{\xi}', \text{ ip, ds, lv, pc, lq, gq}\rangle)], \\ \quad \text{gp, ltq, al, ps}), \\ (\text{red-q, com-q, false}) \rangle, \end{array} \right.$$

$$\text{falls } G(\text{ladr}) = (\text{TASK, } \mu, \text{ arglist},$$
$$\langle\tilde{\xi}, \text{ ip, lv, pc, lq, gq}\rangle)$$
$$\text{und } \tilde{\xi}' := \max\{\tilde{\xi}, \xi\}$$

$$\vdash_{RE,} \left\{ \begin{array}{l} \langle(\text{cm, atp, G}[\text{ladr}/(\text{INDIRECTION, adr, } \tilde{\xi}', \text{lq, gq})], \\ \quad \text{gp, ltq, al, ps}), \\ \quad (\text{red-q, com-q, false}) \rangle, \end{array} \right.$$

$$\text{falls G(ladr)} =$$
$$(\text{INDIRECTION, adr, } \tilde{\xi}, \text{lq, gq})$$
$$\text{mit (adr} = ? \text{ oder } \xi \leq \tilde{\xi})$$
$$\text{und } \tilde{\xi}' = \max\{\tilde{\xi}, \xi\}.$$

$$\vdash_{RE,} \left\{ \begin{array}{l} \langle(\text{cm, atp, G}[\text{ladr}/(\text{INDIRECTION,adr,}\xi\text{,lq,gq})], \\ \quad \text{gp, ltq, al, ps}), \\ \quad (\text{red-q, com-q:}[\text{INITIATE,adr,}\xi], \text{false}) \rangle, \end{array} \right.$$

$$\text{falls G(ladr)} =$$
$$(\text{INDIRECTION, adr, } \tilde{\xi}, \text{lq, gq})$$
$$\text{mit adr} \neq ? \text{ und } \xi > \tilde{\xi}.$$

$$\vdash_{RE,} \left\{ \begin{array}{l} \langle(\text{cm, atp, G, gp, ltq, al, ps}), \\ \quad ([\text{INITIATE, } (j, \text{ladr}'), \xi]: \text{red-q, com-q, false}) \rangle, \end{array} \right.$$

$$\text{falls G(ladr)} = (\text{LOCAL-IND, ladr}').$$

4. *Bearbeitung einer Antwortnachricht*

$$\langle(\text{cm, atp,}$$
$$\quad \text{G}[\text{ladr}/ (\text{INDIRECTION, adr}', \xi', \text{ladr}_1 \ldots \text{ladr}_l, \text{gadr}_1 \ldots \text{gadr}_k)],$$
$$\quad \text{gp, ltq, al, ps}),$$
$$\quad ([\text{ANSWER, } (j, \text{ladr}), \text{tnode}]: \text{red-q, com-q, false}) \rangle$$

$$\vdash_{RE,} \left\{ \begin{array}{l} \langle(\text{cm, nil,} \\ \quad \text{G}[\text{ladr }/\text{tnode,} \\ \qquad \text{ladr}_1/(\text{TASK,}\mu_1,\text{arglist}_1, \langle\xi^1, \text{ip}_1, \text{ds}_1, \text{lv}_1, \text{pc}_1 - 1, \text{lq}_1, \text{gq}_1\rangle), \\ \qquad \ldots \\ \qquad \text{ladr}_l/(\text{TASK,}\mu_l,\text{arglist}_l, \langle\xi^l, \text{ip}_l, \text{ds}_l, \text{lv}_l, \text{pc}_l - 1, \text{lq}_l, \text{gq}_l\rangle)], \\ \quad \text{gp, ltq: ladr}_{i_1} \ldots \text{ladr}_{i_m}, \text{al, ps}), \\ \quad (\text{red-q, com-q: } [\text{ANSWER, gadr}_1, \text{tnode}'] \cdots \\ \qquad\qquad\qquad\qquad [\text{ANSWER, gadr}_k, \text{tnode}'], \text{false}) \rangle \end{array} \right.$$

$$\text{mit tnode}' = \left\{ \begin{array}{ll} (\text{SDATA, } c, \text{arglist, } \xi') \\ \qquad \text{falls tnode} = (\text{SDATA, } c, \text{arglist, } \xi) \\ \qquad \text{mit } \xi < \xi' \\ \text{tnode} \qquad \text{sonst.} \end{array} \right.$$

$$\text{und G(ladr}_i) = (\text{TASK, } \mu_i, \text{arglist}_i, \langle\xi^i, p_i, \text{ds}_i, \text{lv}_i, \text{pc}_i, \text{lq}_i, \text{gq}_i\rangle)$$
$$\text{mit pc}_i > 0 \ (1 \leq i \leq l)$$

$$\text{und } \{\text{ladr}_{i_1}, \ldots, \text{ladr}_{i_m}\} :=$$
$$\{\text{ladr}_i \mid 1 \leq i \leq l, \text{pc}_i = \natural_{\text{ladr}}(\text{ladr}_1 \ldots \text{ladr}_l)\},$$

wobei $\sharp_{\text{ladr}_i}(\text{ladr}_1 \ldots \text{ladr}_m)$ die Anzahl der Vorkommen von ladr_i in $\text{ladr}_1 \ldots \text{ladr}_l$ bezeichne, und

$$\text{al}' := \begin{cases} \text{al} : (\text{ladr, c-evt}(c, \xi)) & \text{falls } \xi > \xi' \text{ und} \\ & \text{tnode=(SDATA},c,\text{arglist}',\xi), \\ \text{al} & \text{sonst.} \end{cases}$$

5. **Rückkehr in den Reduktionsmodus**

$\langle \text{ (cm, atp, G, gp, ltq, al, ps), } (\epsilon, \text{ com-q, false) } \rangle$
$\vdash_{\text{RE}_j} \langle \text{ (rm, atp, G, gp, ltq, al, ps), } (\epsilon, \text{ com-q, false) } \rangle$

Die Arbeit, die von der Reduktionseinheit im Kommunikationsmodus geleistet wird, entspricht dem Mehraufwand, der auf der sequentiellen Ebene für die Parallelisierung aufgebracht werden muß. Wie man leicht an Hand der Definition der Übergangsrelation $\vdash_{\text{RE}_j}$ $(1 \leq j \leq n)$ überprüft, arbeitet jede Reduktionseinheit deterministisch.

11.1.2 Lemma Für $j \in \{1, \ldots, n\}$ ist RE_j ein deterministisches Transitionssystem d.h. zu jedem $st \in LSt_{\text{RE}} \times SM$ gibt es höchstens ein $st' \in LSt_{\text{RE}} \times SM$, so daß gilt:

$$st \vdash_{\text{RE}_j} st'.$$

Damit schließen wir die formale Spezifikation der Reduktionseinheiten ab und wenden uns den Kommunikationseinheiten zu.

11.2   Der Kommunikationsprozessor

In Abschnitt 9.2 haben wir bereits einen Überblick über den Aufbau und die Aufgaben der Kommunikationseinheiten gegeben. Jede Kommunikationseinheit besteht aus zwei Prozessoreinheiten — dem Netzwerkadapter und dem Kommunikationsprozessor, die wiederum über einen gemeinsamen Speicherbereich Nachrichten austauschen können.

Wie schon die Reduktionseinheiten spezifizieren wir auch die Prozessoreinheiten der parallelen Ebene als Transitionssysteme. Wir beginnen in diesem Abschnitt mit der formalen Beschreibung des Kommunikationsprozessors, dessen Hauptaufgabe die Verteilung der parallelen Prozesse und damit verbunden der dynamische Ausgleich der Arbeitslasten ist. Um zu entscheiden, welche Prozesse an welche Prozessorelemente verteilt werden, benötigt der Kommunikationsprozessor Informationen über die Topologie des Verbindungsnetzwerkes, die Arbeitslast anderer Prozessoreinheiten und selbstverständlich seine eigene Auslastung. Da wir in der parallelen Maschine von der Topologie des Verbindungsnetzwerkes abstrahieren, werden wir auch keinerlei Annahmen und Aussagen über den eigentlichen Algorithmus, der zur Prozeßverteilung eingesetzt wird, machen. Wir beschreiben also lediglich die organisatorischen Aspekte und die prinzipielle Arbeitsweise des Kommunikationsprozessors.

Der Kommunikationsprozessor hat auf drei separate Speicherbereiche Zugriff (siehe Bild 11.1):

- auf den gemeinsamen Speicher mit der Reduktionseinheit,

- auf seinen lokalen Speicherbereich und

- auf den gemeinsamen Speicher mit dem Netzwerkadapter.

Der lokale Speicherbereich enthält im wesentlichen zwei Komponenten:

- eine Warteschlange für Prozesse und

- Informationstabellen.

Ein lokaler Zustand des Kommunikationsprozessors hat also die Form

$$\langle\ pq,\ inftab\ \rangle,$$

wobei pq für die Prozeßwarteschlange (process queue) und inftab für die Informationstabellen steht.

Die *Prozeßschlange* enthält aktivierte, aber noch nicht gestartete parallele Prozesse, in Form von Prozeßnachrichten. Diese Prozesse sind zur Ausführung in der Reduktionseinheit bestimmt. Auf Grund des dynamischen Arbeitslastenausgleichs ist es aber möglich, daß Prozesse aus der Warteschlange zu anderen Prozessorelementen geschickt werden. Aus diesem Grunde befindet sich die Warteschlange mit den noch nicht gestarteten Prozessen in dem lokalen Speicherbereich des Kommunikationsprozessors und nicht etwa im Speicher der Reduktionseinheit.

Alle noch nicht gestarteten Prozesse bleiben auf diese Weise solange wie möglich verlagerbar. Zur Vereinfachung sehen wir in der abstrakten Maschine davon ab, Prozesse, deren Ausführung begonnen wurde, auf andere Prozessorelemente zu verlagern. Dies erscheint uns nur in Ausnahmesituationen sinnvoll, auf deren Behandlung wir auf dem Level der abstrakten Maschine verzichten möchten.

Die Ausführung eines parallelen Prozesses wird in der abstrakten Maschine also immer in der Reduktionseinheit beendet, in der sie begonnen wird. Unter Beginn der Ausführung verstehen wir dabei natürlich nicht die Aktivierung eines Prozesses, sondern den Zeitpunkt, an dem für den Prozeß ein aktiver Taskknoten erzeugt wird.

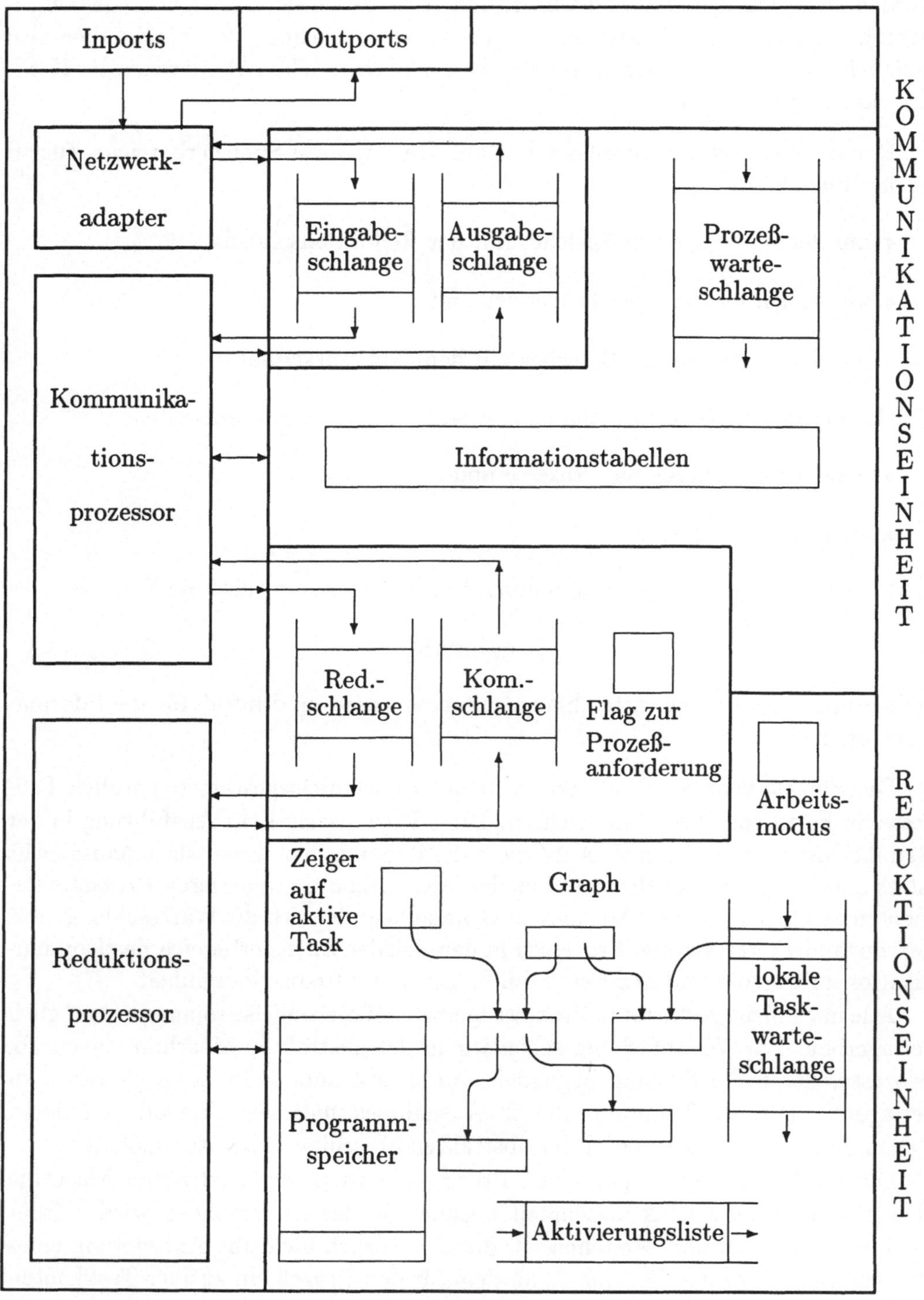

Bild 11.1: Gesamtzustandsraum eines Prozessorelementes

Zu den *Informationstabellen* zählen wir alle Komponenten und Strukturen, die der Kommunikationsprozessor zur Prozeßverteilung benötigt. Dazu gehören *statische* Informationen über die Vernetzung, also etwa die Anzahl und Nummern der direkten Nachbarprozessorelemente, aber auch *dynamische* Informationen, etwa über die Arbeitslast der übrigen Prozessorelemente, sofern solche Informationen durch Kommunikation verfügbar gemacht werden können.

Wie bereits gesagt, gehen wir nicht auf Arbeitsverteilungsstrategien ein. Mit Sicherheit werden die Kommunikationsprozessoren mittels spezieller Nachrichten kommunizieren, mit denen sie Informationen über die Arbeitslasten austauschen. Wir nennen diese Nachrichten *Verwaltungsnachrichten.* Ein einfaches Beispiel für solche Verwaltungsnachrichten sind Arbeitsanfragenachrichten, mit denen Prozessorelemente, die ohne Arbeit sind, von anderen Prozessorelementen Prozesse anfordern können. Kommunikationsprozessoren, die eine solche Arbeitsanfrage erhalten, können dann, wenn es ihnen möglich ist, Prozesse abzugeben, die Arbeitsanfrage mit einem oder mehreren Prozessen beantworten oder anderenfalls eine negative Antwortnachricht senden und/oder einen entsprechenden Vermerk in den Informationstabellen vornehmen.

11.2.1 Definition Der lokale Zustandsraum eines Kommunikationsprozessors LSt_{CP} (local store) wird definiert durch

$$LSt_{\mathrm{CP}} := ProMes^* \times InfTab,$$

wobei *ProMes* die Menge der Prozeßnachrichten ist (siehe Definition 10.3.5) und *InfTab* eine Menge von Informationstabellen ist, die nicht weiter spezifiziert wird.

Der gemeinsame Speicher von Kommunikationsprozessor und Netzwerkadapter enthält zwei Nachrichtenwarteschlangen zur Ein- und Ausgabe von Nachrichten. Der Zustand des Speichers hat also die allgemeine Form

$$\langle\ \text{in-q, out-q}\ \rangle.$$

Die Eingabewarteschlange (in-q) wird vom Netzwerkadapter mit Nachrichten, die über das Netz an das Prozessorelement geschickt werden, beschrieben. Diese Nachrichten sind entweder Reduktionsnachrichten, die bis auf die Prozeßnachrichten an die Reduktionseinheit weitergeleitet müssen oder Verwaltungsnachrichten, die vom Kommunikationsprozessor selbst bearbeitet werden.

Die Einträge in der Ausgabenachrichtenwarteschlange (out-q) sind Paare bestehend aus einer Prozessornummer und einer Nachricht. Die Prozessornummer identifiziert das Prozessorelement, an das die Nachricht geschickt werden soll. Wir bezeichnen diese Paare als *Netznachrichten,* da die Nachrichten in dieser Form durch die Kanäle des Netzwerkes geschickt werden.

11.2.2 Definition Der gemeinsame Speicher von Netzwerkadapter und Kommunikationsprozessor SM_{IO} wird definiert durch:

$$SM_{\mathrm{IO}} := Inputqueue \times Outputqueue,$$

wobei

- $Inputqueue := Messages^*$ und
- $Outputqueue := Netmes^*$ sei.

$Netmes := \{1,\ldots,n\} \times Messages$ bezeichnet dabei die Menge der *Netznachrichten* (net messages) und

$Messages := RedMes \cup AdminMes$ die Menge der *Nachrichten* schlechthin.

Die Menge *RedMes* der Hauptnachrichten wurde in Definition 10.3.5 definiert.

Die Menge *AdminMes* der *Verwaltungsnachrichten* (administration messages) wird nicht weiter spezifiziert.

Die Zustandübergänge des Kommunikationprozessors sind bestimmt durch die Nachrichten, die an ihn übermittelt werden. Das sind zum einen die Nachrichten von der Reduktionseinheit und die Nachrichten von anderen Prozessorelementen. Wir werden in der Spezifikation des Prozessors keine Reihenfolge zur Bearbeitung der beiden Nachrichteneingaben vorgeben. Aus diesem Grunde ist das Transitionssystem des Kommunikationsprozessors nichtdeterministisch.

11.2.3 Definition Sei $j \in \{1,\ldots,n\}$.

Der j-te *Kommunikationsprozessor* CP_j wird als Transitionssystem

$$CP_j := (SM \times LSt_{\mathrm{CP}} \times SM_{\mathrm{IO}}, \vdash_{\mathrm{CP}_j}, IN_{\mathrm{CP}_j})$$

mit der Zustandsmenge $SM \times LSt_{\mathrm{CP}} \times SM_{\mathrm{IO}}$,
der Übergangsrelation

$$\vdash_{\mathrm{CP}_j} \subseteq (SM \times LSt_{\mathrm{CP}} \times SM_{\mathrm{IO}}) \times (SM \times LSt_{\mathrm{CP}} \times SM_{\mathrm{IO}})$$

und der Anfangszustandsmenge $IN_{\mathrm{CP}_j} \subseteq (SM \times LSt_{\mathrm{CP}} \times SM_{\mathrm{IO}})$

definiert.

Die Übergangsrelation werden wir im folgenden Abschnitt definieren.

Die Anfangszustandsmenge legen wir wie folgt fest:

$$IN_{\mathrm{CP}_j} := \begin{cases} \{\langle(\epsilon,\epsilon,\mathrm{false}),(\epsilon,\mathrm{inftab}),(\epsilon,\epsilon)\rangle \mid \mathrm{inftab} \in \mathit{Inftab}\} & \text{falls } j=1, \\ \{\langle(\epsilon,\epsilon,\mathrm{true}),(\epsilon,\mathrm{inftab}),(\epsilon,\epsilon)\rangle \mid \mathrm{inftab} \in \mathit{Inftab}\} & \text{sonst.} \end{cases}$$

Die Definition der Anfangszustände ist konsistent mit der Festlegung der Anfangszustände der Reduktionseinheiten. Die Berechnung startet auf dem Prozessorelement 1, in dessen Speicher das Prozeßanforderungsflag daher nicht gesetzt ist. Alle Nachrichtenpuffer und Warteschlangen sind zu Beginn einer Berechnung leer. Die Übergangsrelation des Kommunikationsprozessors wird im nun folgenden Abschnitt definiert.

11.3 Verwaltung der Nachrichten im Kommunikationsprozessor

Die Nachrichten, die dem Kommunikationsprozessor von der Reduktionseinheit übermittelt werden, müssen bis auf die Prozeßnachrichten nur in eine Netznachricht eingebettet und an den Netzwerkadapter weitergeleitet werden. Dazu wird aus der Zieladresse der jeweiligen Nachricht, die immer in der zweiten Komponente der Aktivierungs-, Anfrage- oder Antwortnachrichten gegeben ist, die Prozessornummer herausgeblendet und der Nachricht vorangestellt.

Prozeßnachrichten werden gesondert behandelt. Mittels des Prozeßverteilungsalgorithmus, den wir als Funktion

$$\textit{distribute}\colon \; \textit{ProMes} \times \textit{LSt}_{\mathrm{CP}} \to \{1,\ldots,n\} \times \textit{InfTab}$$

vorgeben, wird zu der Prozeßnachricht unter Berücksichtigung des lokalen Zustandes die Nummer des Prozessorelementes bestimmt, an das der Prozeß weitergeleitet werden soll. Dies kann durchaus die eigene Prozessornummer sein. In diesem Fall wird die Prozeßnachricht in die Prozeßwarteschlange geschrieben. Anderenfalls wird sie in eine Netznachricht eingebettet und in die Ausgabewarteschlange geschrieben. Die getroffene Entscheidung kann in den Informationstabellen vermerkt werden. Daher hat die Funktion *distribute* den Bereich der Informationstabellen als zweite Komponente in ihrem Wertebereich.

Eine spezielle Mitteilung der Reduktionseinheit an den Kommunikationsprozessor ist das Setzen des Prozeßanforderungsflags. Wird dieses Flag gesetzt, so sendet der Kommunikationsprozessor, falls die Prozeßwarteschlange in seinem lokalen Speicher nicht-leer ist, den ersten Prozeß dieser Warteschlange an die Reduktionseinheit und setzt das Flag zurück.

Anderenfalls bearbeitet er zunächst die Nachrichten, die von anderen Prozessorelementen geschickt worden sind, da unter diesen Prozeß- oder andere Reduktionsnachrichten sein können, die ebenfalls zur Aktivierung oder Reaktivierung von Berechnungen führen können. Falls auch die Eingabewarteschlange leer ist, wird anhand der in den Informationstabellen gegebenen Informationen entschieden, ob

Verwaltungsnachrichten, etwa Arbeitsanforderungsnachrichten an andere Prozessorelemente geschickt werden sollen. Wir geben diesen Entscheidungsalgorithmus wiederum als Funktion

$$getwork_j : InfTab \to ((\{1,\dots,n\} \setminus \{j\}) \times AdminMes)^* \times InfTab$$

vor, die anhand der Informationstabellen geeignete Verwaltungsnachrichten an andere Prozessoren generiert und die Informationstabellen aktualisiert.

11.3.1 Definition *"Nachrichten" von der Reduktionseinheit* bewirken folgende Zustandsübergänge des j-ten Kommunikationsprozessors ($1 \leq j \leq n$):

1. *Bearbeitung von Anfrage-, Antwort- oder Aktivierungsnachrichten*

   ⟨ (red-q, mes:com-q, next), (pq, inftab), (in-q, out-q) ⟩
   $\vdash_{CP_j}$ ⟨ (red-q, com-q, next), (pq, inftab), (in-q, out-q:[pnr, mes]) ⟩

$$\text{falls mes} \in RedMes \setminus ProMes$$
$$\text{und } proj_2(\text{mes}) = (\text{pnr, ladr}) \in GAdr.$$

2. *Verteilung von Prozessen*

   ⟨ (red-q, pmes:com-q, next), (pq, inftab), (in-q, out-q) ⟩

   $\vdash_{CP_j}$
   $\begin{cases} ⟨(\text{red-q, com-q, next}), (\text{pq:pmes, inftab}'), (\text{in-q, out-q})⟩ \\ \quad \text{falls pmes} \in ProMes \text{ und} \\ \quad distribute(\text{pmes, (pq, inftab)}) = (j, \text{inftab}'), \\ \\ ⟨(\text{red-q, com-q, next}), (\text{pq, inftab}'), (\text{in-q, out-q:[pnr, pmes]})⟩ \\ \quad \text{falls pmes} \in ProMes \text{ und} \\ \quad distribute(\text{pmes, (pq, inftab)}) = (\text{pnr, inftab}'). \\ \quad \text{mit pnr} \neq j \end{cases}$

Die Funktion

$$distribute: ProMes \times LSt_{CP} \to \{1,\dots,n\} \times InfTab$$

repräsentiert dabei den Algorithmus zur Prozeßverteilung, von dessen spezieller Struktur abstrahiert wird.

3. *Weiterleiten eines Prozesses an die Reduktionseinheit*

   ⟨ (ϵ, com-q, true), (pmes:pq, inftab), (in-q, out-q) ⟩
   $\vdash_{CP_j}$ ⟨ (pmes, com-q, false), (pq, inftab), (in-q, out-q) ⟩

4. *Reaktion auf fehlende Arbeit*

$\langle\,(\epsilon,\epsilon,\text{true}),\,(\epsilon,\text{inftab}),\,(\epsilon,\text{out-q})\,\rangle$
$\vdash_{\text{CP}}\,\langle\,(\epsilon,\epsilon,\text{true}),\,(\epsilon,\text{inftab}'),\,(\epsilon,\text{out-q:mes}_1:\ldots:\text{mes}_k)\,\rangle,$
$\qquad\qquad$ wobei $(\text{mes}_1:\ldots:\text{mes}_k,\text{inftab}') := getwork_j(\text{inftab}),$
$\qquad\qquad$ also $k\geq 0,\text{mes}_i \in (\{1,\ldots,n\}\setminus\{j\})\times AdminMes.$

Aktivierungs-, Antwort- und Anfragenachrichten von anderen Prozessorelementen werden vom Kommunikationsprozessor lediglich an die Reduktionseinheit weitergeleitet, d.h. in die entsprechende Nachrichtenschlange des gemeinsamen Speicher geschrieben. Das Weiterleiten einer Nachricht an die Reduktionseinheit führt immer zum Zurücksetzen des Prozeßanforderungsflags, da Aktivierungs- und Anfragenachrichten Argumentberechnungen aktivieren können und Antwortnachrichten zur Reaktivierung suspendierter Tasks führen können.

Prozeßnachrichten werden i.a. in die Prozeßwarteschlange geschrieben. Nur wenn das Prozeßanforderungsflag gesetzt ist, wird eine Prozeßnachricht direkt an die Reduktionseinheit weitergeleitet.

Verwaltungsnachrichten werden vom Kommunikationsprozessor verarbeitet. Zur Spezifikation geben wir eine allgemeine Funktion

$$handle\text{-}admin\text{-}message\colon\; AdminMes \times LSt_{\text{CP}} \rightarrow (\{1,\ldots,n\}\times Messages)^* \times LSt_{\text{CP}}$$

vor, die zu einer Verwaltungsnachricht und einem lokalen Zustand eine Folge von Netznachrichten und einen Folgezustand angibt.

Zum Beispiel könnte diese Funktion zu einer Arbeitsanfragenachricht aus der Prozeßwarteschlange eine Prozeßnachricht wählen und diese als Antwort auf die Arbeitsanfrage senden.

11.3.2 Definition *"Nachrichten" von anderen Prozessorelementen* bewirken folgende Zustandsübergänge des Kommunikationsprozessors

1. *Bearbeitung von externen Arbeits-, Anfrage- und Aktivierungsnachrichten:*

   $\langle\,(\text{red-q},\text{com-q},\text{next}),\,(\text{pq},\text{inftab}),\,(\text{mes:\,in-q},\text{out-q})\,\rangle$
   $\vdash_{\text{CP}}\,\langle\,(\text{red-q},\text{mes:com-q},\text{false}),\,(\text{pq},\text{inftab}),\,(\text{in-q},\text{out-q})\,\rangle$
   $\qquad\qquad\qquad\qquad\qquad$ falls $\text{mes} \in RedMes\setminus ProMes.$

2. *Bearbeitung von externen Prozeßnachrichten*

   $\langle\,(\text{red-q},\text{com-q},\text{next}),\,(\text{pq},\text{inftab}),\,(\text{pmes:in-q},\text{out-q})\,\rangle$
   $$\vdash_{\text{CP}}\begin{cases}\langle\,(\text{red-q},\text{com-q},\text{false}),\,(\text{pq:pmes},\text{inftab}),\,(\text{in-q},\text{out-q})\,\rangle\\[2pt]\qquad\qquad\quad\text{falls pmes}\in ProMes\text{ und next}=\text{false},\\[6pt]\langle\,(\text{pmes},\text{com-q},\text{false}),\,(\text{pq},\text{inftab}),\,(\text{in-q},\text{out-q})\,\rangle\\[2pt]\qquad\qquad\quad\text{falls pmes}\in ProMes\text{ und next}=\text{true}.\end{cases}$$

3. *Bearbeitung von Verwaltungsnachrichten*

$\langle$ (red-q, com-q, next), (pq, inftab), (ames: in-q, out-q) $\rangle$

$\vdash_{CP}$, $\langle$ (red-q, com-q, next), (pq$'$, inftab$'$),

$$\text{(in-q, out-q: mes}_1 : \ldots : \text{mes}_k)\rangle$$

$$\text{falls ames} \in AdminMes \text{ und}$$

$$(\text{mes}_1 : \ldots : \text{mes}_k, (\text{pq}', \text{inftab}')) :=$$

$$handle\text{-}admin\text{-}message \text{ (ames, (pq, inftab))},$$

Die Funktion

$$handle\text{-}admin\text{-}message\text{: } AdminMes \times LSt_{\text{CP}}$$
$$\rightarrow (\{1, \ldots, n\} \times Messages)^* \times LSt_{\text{CP}}$$

wird nicht weiter spezifiziert.

Damit haben wir die prinzipielle Organisation der Nachrichtenbearbeitung des Kommunikationsprozessors vollständig beschrieben. Das Transitionssystem des Kommunikationsprozessors ist nichtdeterministisch, da wir keinerlei Vorgaben über die Reihenfolge der Bearbeitung von Nachrichten der Reduktionseinheit oder anderer Prozessorelemente gemacht haben. Wir fahren nun fort mit der Spezifikation des zweiten Prozessors in der Kommunikationseinheit.

11.4   Spezifikation des Netzwerkadapters

Der Netzwerkadapter ist das Bindeglied zwischen dem Netzwerk und dem Kommunikationsprozessor. Auf dem hier betrachteten Abstraktionslevel hat er keinen lokalen Speicher, sondern lediglich Zugriff auf die Nachrichtenwarteschlangen im mit den Kommunikationsprozessor geteilten Speicher sowie auf die Netzanschlußstellen, die wir als "In-" bzw. "Outports" bezeichnen.

Da wir von der speziellen Struktur des Verbindungsnetzwerkes abstrahieren, hat jedes Prozessorelement zu jedem anderen Prozessorelement eine direkte Kopplung, d.h. jedes Prozessorelement hat $n-1$ 'Inports' und $n-1$ 'Outports', wobei, wie wir später sehen werden, das i-te 'Inport' von Prozessorelement $j \neq i$ mit dem j-ten 'Outport' von Prozessorelement i gekoppelt ist ($1 \leq i \neq j \leq n$).

Wir bezeichnen verbundene Ports in den Spezifikationen mit denselben Namen, und behandeln sie auf dem hier betrachteten Abstraktionslevel wie gemeinsame Speicherzellen. Das i-te 'Inport' von Prozessor j wird mit port$_{ij}$, das i-te 'Outport' von Prozessor j mit port$_{ji}$ bezeichnet.

Die Aufgabe des Netzwerkadapters ist einerseits das Einsammeln von Nachrichten von den 'Inports' und andererseits das Verteilen der Nachrichten aus der

Ausgabewarteschlange in die entsprechenden 'Outports'. Die von den 'Inports' gelesenen Nachrichten werden ohne die vorangestellte Prozessornummer in die Eingabewarteschlange geschrieben. Wiederum machen wir keine Annahmen über die Reihenfolge, in der Nachrichten von den 'Inports' bzw. von der Ausgabewarteschlange bearbeitet werden. Wir erhalten also folgendes nichtdeterministische Transitionssystem als Spezifikation des Netzwerkadapters.

11.4.1 Definition   1. Sei $j \in \{1, \ldots, n\}$.

Der j-te *Netzwerkadapter NA_j* wird als Transitionssystem

$$NA_j := (SM_{\mathrm{IO}} \times \underbrace{\times_{i=1,i\neq j}^{n} Port_{ij}}_{\text{'Inports'}} \times \underbrace{\times_{i=1,i\neq j}^{n} Port_{ji}}_{\text{'Outports'}}, \vdash_{\mathrm{NA}_j}, IN_{\mathrm{NA}_j})$$

mit der Zustandsmenge

$$SM_{\mathrm{IO}} \times \times_{i=1,i\neq j}^{n} Port_{ij} \times \times_{i=1,i\neq j}^{n} Port_{ji},$$

wobei für $i \in \{1, \ldots, n\} \setminus \{j\} : Port_{ij} := Port_{ji} := Netmes \cup \{\mathrm{nil}\}$, der Übergangsrelation

$$\vdash_{\mathrm{NA}_j} \subseteq (SM_{\mathrm{IO}} \times \times_{i=1,i\neq j}^{n} Port_{ij} \times \times_{i=1,i\neq j}^{n} Port_{ji})^2$$

und der Anfangszustandsmenge

$$IN_{\mathrm{NA}_j} \subseteq SM_{\mathrm{IO}} \times \times_{i=1,i\neq j}^{n} Port_{ij} \times \ \times_{i=1,i\neq j}^{n} Port_{ji}.$$

2. Die *Übergangsrelation* $\vdash_{\mathrm{NA}_j}$ wird dabei wie folgt festgelegt:

Ein Zustand des j-ten Netzwerkadapter hat folgende allgemeine Form:

$$\langle \ (\text{in-q, out-q}), \mathrm{port}_{1j}, \ldots, \mathrm{port}_{nj}, \mathrm{port}_{j1}, \ldots, \mathrm{port}_{jn} \rangle$$

mit $(\text{in-q, out-q}) \in SM_{\mathrm{IO}}$,
$\quad \mathrm{port}_{ij} \in Port_{ij}, \mathrm{port}_{ji} \in Port_{ji} (1 \leq i \leq n, i \neq j)$.

Wir unterscheiden folgende Fälle:

(a) *Einlesen einer Nachricht von 'Inport'* $\mathrm{port}_{ij} (1 \leq i \leq n, i \neq j)$:

$$\langle \ (\text{in-q, out-q}), \mathrm{port}_{1j}, \ldots, \underbrace{[j, \mathrm{mes}]}_{\mathrm{port}_{ij}}, \ldots, \mathrm{port}_{nj}, \mathrm{port}_{j1}, \ldots, \mathrm{port}_{jn} \rangle$$

$$\vdash_{\mathrm{NA}_j} \langle \ (\text{in-q:mes, out-q}),$$
$$\mathrm{port}_{1j}, \ldots, \underbrace{\mathrm{nil}}_{\mathrm{port}_{ij}}, \ldots, \mathrm{port}_{nj}, \mathrm{port}_{j1}, \ldots, \mathrm{port}_{jn} \rangle$$

(b) *Laden eines 'Outports'* port_{ji}: mit $i \in \{1, \ldots, n\} \setminus \{j\}$)

$\langle$ (in-q, $[i,\text{mes}]$:out-q),
$$\text{port}_{1j}, \ldots, \text{port}_{nj}, \text{port}_{j1}, \ldots, \underbrace{\text{nil}}_{\text{port}_{ji}}, \ldots, \text{port}_{jn}\rangle$$

$\vdash_{\text{NA}_j} \langle$ (in-q, out-q),
$$\text{port}_{1j}, \ldots, \text{port}_{nj}, \text{port}_{j1}, \ldots, \underbrace{[i, \text{mes}]}_{\text{port}_{ji}}, \ldots, \text{port}_{jn}\rangle$$

3. Die *Anfangszustandsmenge* IN_{NA_j} des j-ten Netzwerkadapters ist einelementig:
$$IN_{\text{NA}_j} := \{\langle(\epsilon, \epsilon), \underbrace{\text{nil}, \ldots, \text{nil}}_{2(n-1)\text{-mal}}\rangle\}.$$

Damit sind alle in der parallelen Maschine enthaltenen Prozessoreinheiten formal spezifiziert. Im folgenden Abschnitt zeigen wir, wie die verschiedenen Prozessoreinheiten zusammenarbeiten. Wir werden zunächst aus den Transitionssystemen von Netzwerkadapter und Kommunikationsprozessor das Transitionssystem der Kommunikationseinheit definieren. Aus den Transitionssystemen von Kommunikations- und Reduktionseinheiten erzeugen wir dann Transitionssysteme zur Spezifikation der Prozessorelemente. Durch Kombination dieser erhalten wir schließlich ein nichtdeterministisches Transitionssystem für die gesamte parallele abstrakte Maschine.

11.5 Komposition der Prozessoreinheiten

Zur Komposition von autonom arbeitenden Prozessoreinheiten, die durch Transitionssysteme gegeben sind, definieren wir zunächst einen allgemeinen Operator.

11.5.1 Definition Seien $T_i = (LSt_i \times SSt, \vdash_i, IN_i)$ ($i \in \{1, 2\}$ Transitionssysteme, deren Zustandsmenge jeweils in einen lokalen Teil LSt_i (Local Store) und einen gemeinsamen Teil SSt (Shared Store) zerfällt.

Sei *combine* $: SSt \times SSt \times SSt - \to SSt$ eine Funktion, die zu einem Zustand des gemeinsamen Teils und zwei Folgezuständen, falls möglich, einen kombinierten Folgezustand bestimmt.

Dann heißt

$$T_1 \parallel_{(SSt, combine)} T_2 := (LSt_1 \times SSt \times LSt_2, \vdash, IN)$$

die *parallele Komposition von T_1 und T_2 mit Synchronisation auf SSt mittels combine*, wobei

$$\vdash\, \subseteq\, (LSt_1 \times SSt \times LSt_2) \times (LSt_1 \times SSt \times LSt_2)$$

wie folgt definiert ist:

$$(\mathrm{lst}_1, \mathrm{sst}, \mathrm{lst}_2) \vdash (\mathrm{lst}_1', \mathrm{sst}', \mathrm{lst}_2')$$

gilt, falls

1. $(\mathrm{lst}_1, \mathrm{sst}) \vdash_1 (\mathrm{lst}_1', \mathrm{sst}')$ und $\mathrm{lst}_2 = \mathrm{lst}_2'$ oder
2. $(\mathrm{lst}_2, \mathrm{sst}) \vdash_2 (\mathrm{lst}_2', \mathrm{sst}')$ und $\mathrm{lst}_1 = \mathrm{lst}_1'$ oder
3. $(\mathrm{lst}_1, \mathrm{sst}) \vdash_1 (\mathrm{lst}_1', \mathrm{sst}_1)$ und $(\mathrm{lst}_2, \mathrm{sst}) \vdash (\mathrm{lst}_2', \mathrm{sst}_2)$
   und $\mathrm{sst}' = combine(\mathrm{sst}, \mathrm{sst}_1, \mathrm{sst}_2) \in SSt$,

und $\mathrm{IN} := \{(\mathrm{lst}_1, \mathrm{sst}, \mathrm{lst}_2) \mid (\mathrm{lst}_1, \mathrm{sst}) \in \mathrm{IN}_1, (\mathrm{lst}_2, \mathrm{sst}) \in \mathrm{IN}_2\}$ ist.

Diese allgemeine Definition der parallelen Komposition von Transitionssystemen ermöglicht uns nun die Spezifikation der Kommunikationseinheiten, der Prozessorelemente und schließlich nach Verallgemeinerung des Operators für mehr als zwei Operanden der gesamten parallelen abstrakten Maschine.

Die Kommunikationseinheit eines Prozessorelementes besteht aus den autonom arbeitenden Einheiten des Netzwerkadapters und des Kommunikationsprozessors, die einen gemeinsamen Speicherbereich mit zwei Nachrichtenwarteschlangen teilen. Der Zugriff auf diese Warteschlangen ist so geregelt, daß jeder Prozessor von einer der beiden Warteschlangen das erste Element lesen und löschen kann und/oder an das Ende der anderen Warteschlange eine oder mehrere Nachrichten schreiben kann. Auf diese Weise können keine Konflikte beim Zugriff auf den gemeinsamen Speicher auftreten. Die *combine*-Funktion wird so definiert, daß als gemeinsamer Folgezustand der Zustand gewählt wird, bei dem die Zustandsveränderungen, die von den beiden Einzelprozessoren vorgenommen wurden, beide berücksichtigt werden.

11.5.2 Definition Die *j-te Kommunikationseinheit* $(1 \leq j \leq n)$ wird als Transitionssystem mittels paralleler Komposition der Transitionssysteme des j-ten Kommunikationsprozessors und des j-ten Netzwerkadapters definiert:

$$COM_j := CP_j \,\|_{(SM_{\mathrm{IO}}, combine_{\mathrm{IO}})}\, NA_j,$$

wobei $combine_{\mathrm{IO}} : SM_{\mathrm{IO}}^3 \to SM_{\mathrm{IO}}$ für $(\text{in-q}_i, \text{out-q}_i) \in SM_{\mathrm{IO}} (1 \leq i \leq 3)$ wie folgt definiert wird:

$$combine_{\text{IO}}((\text{in-q}_1, \text{out-q}_1), (\text{in-q}_2, \text{out-q}_2), (\text{in-q}_3, \text{out-q}_3))$$

$$:= \begin{cases} (\text{in-q}_2 \cdot (\text{in-q}_3 \setminus \text{in-q}_1), \text{out-q}_3 \cdot (\text{out-q}_2 \setminus \text{out-q}_1)), \\ \qquad \text{falls in-q}_1 \text{ Präfix von in-q}_3 \\ \qquad \text{und in-q}_2 \text{ Suffix von in-q}_1 \\ \qquad \text{sowie out-q}_1 \text{ Präfix von out-q}_2 \\ \qquad \text{und out-q}_3 \text{ Suffix von out-q}_1. \\ \\ \text{nicht def.} \qquad\qquad\qquad\qquad\qquad\qquad \text{sonst.} \end{cases}$$

Dabei bezeichne $\cdot$ die Konkatenation und $\setminus$ die Differenz von Worten.

In analoger Weise erhalten wir die formale Spezifikation der Prozessorelemente durch parallele Komposition der Transitionssysteme von Reduktionseinheit und Kommunikationseinheit.

11.5.3 Definition Das *j-te Prozessorelement* $(1 \leq j \leq n)$ wird wie folgt als Transitionssystem spezifiziert:

$$PE_j := RE_j \,\|_{(SM, combine_{\text{PE}})}\, COM_j,$$

wobei $combine_{\text{PE}} : SM^3 \to SM$ für $(\text{red-q}_i, \text{com-q}_i, \text{next}_i) \in SM (1 \leq i \leq 3)$ wie folgt festgelegt wird:

$$combine_{\text{PE}}((\text{red-q}_1, \text{com-q}_1, \text{next}_1), (\text{red-q}_2, \text{com-q}_2, \text{next}_2),$$
$$(\text{red-q}_3, \text{com-q}_3, \text{next}_3))$$

$$:= \begin{cases} (\text{red-q}_2 \cdot (\text{red-q}_3 \setminus \text{red-q}_1), \text{com-q}_3 \cdot (\text{com-q}_2 \setminus \text{com-q}_1), \text{next}), \\ \qquad \text{falls red-q}_1 \text{ Präfix von red-q}_3 \\ \qquad \text{und red-q}_2 \text{ Suffix von red-q}_1, \\ \qquad \text{sowie com-q}_1 \text{ Präfix von com-q}_2 \\ \qquad \text{und com-q}_3 \text{ Suffix von com-q}_3 \\ \qquad\qquad \text{und next} := \begin{cases} \text{true} & \text{falls next}_2 = \text{true} \\ & \text{und red-q}_3 = \epsilon \\ \text{false} & \text{sonst,} \end{cases} \\ \text{nicht def.} \qquad\qquad\qquad\qquad\qquad\qquad\qquad \text{sonst.} \end{cases}$$

Das Prozeßanforderungsflag im gemeinsamen Speicher von Reduktions- und Kommunikationseinheit kann nach einem parallelen Zustandsübergang nur den Wert true haben, wenn die Reduktionseinheit in den Wartemodus übergeht, also das Flag setzt und die Kommunikationseinheit keine Nachricht an die Reduktionseinheit sendet, also das Flag nicht zurücksetzt.

Bevor wir auf der Basis der Transitionssysteme für Prozessorelemente das Transitionssystem für die parallele abstrakte Maschine definieren, erweitern wir zunächst den Paralleloperator für Transitionssysteme für k Argumente, von denen je zwei einen gemeinsamen Speicherbereich haben.

11.5.4 Definition Sei $k \geq 2$. Seien

$$T_i = (LSt_i \times \times_{j=1}^{i-1} SM_{ji} \times \times_{j=i+1}^{k} SM_{ij}, \vdash_i, \mathrm{IN}_i)$$

mit $(1 \leq i \leq k)$ k Transitionssysteme.

Für $i, j \in \{1, \ldots, k\}, i < j$ teilen T_i und T_j den Zustandsraum SM_{ij}.

Seien für $i, j \in \{1, \ldots, k\}, i > j$

$$combine_{ij} : SM_{ij}^3 \rightarrow SM_{ij}$$

$(k^2 - k)/2$ Funktionen zur Kombination von Folgezuständen der gemeinsamen Zustandsräume.

Dann definieren wir die *parallele Komposition von T_1 bis T_k mit Synchronisation auf* $\langle SM_{ij} \mid 1 \leq i < j \leq k \rangle$ *mittels* $\langle combine_{ij} \mid 1 \leq i < j \leq k \rangle$:

$$\|_{\langle (SM_{ij}, combine_{ij}) \mid 1 \leq i < j \leq k \rangle} (T_1, \ldots, T_k)$$

durch

$$(\ldots ((T_1 \|_{(SM_{12}, combine_{12})} T_2) \|_{(SM_{13} \times SM_{23}, \langle combine_{13}, combine_{23} \rangle)} T_3) \cdots$$
$$\cdots \|_{(\times_{i=1}^{k-1} SM_{ik}, \langle combine_{1k}, \ldots, combine_{k-1,k} \rangle)} T_k).$$

Dabei bezeichne $\langle combine_{1j}, \ldots, combine_{j-1,j} \rangle$ $(1 \leq j \leq k)$ die Paarfunktion, für die gilt:

$$\langle combine_{1j}, \ldots, combine_{j-1,j} \rangle : (\times_{i=1}^{j-1} SM_{ij})^3 \rightarrow \times_{i=1}^{j-1} SM_{ij}$$

mit

$$\langle combine_{1j}, \ldots, combine_{j-1,j} \rangle$$
$$((sm_{1j}^1, \ldots, sm_{j-1,j}^1), (sm_{1j}^2, \ldots, sm_{j-1,j}^2), (sm_{1j}^3, \ldots, sm_{j-1,j}^3))$$
$$= (combine_{1j}((sm_{1j}^1, sm_{1j}^2, sm_{1j}^3), \ldots,$$
$$combine_{j-1,j}(sm_{j-1,j}^1, sm_{j-1,j}^2, sm_{j-1,j}^3)).$$

$$(sm_{ij}^l \in SM_{ij}, 1 \leq l \leq 3, 1 \leq i \leq j \leq k)$$

Mit dieser vorbereitenden Definition folgt unmittelbar die formale Spezifikation der parallelen abstrakten Maschine:

11.5.5 Definition   1. Die gemeinsamen Zustandsräume der verschiedenen Prozessorelemente bestehen aus den 'Ports', über die die Kommunikation erfolgt.

Wir definieren also

$$SM_{ij}^{\mathrm{PE}} := Port_{ij} \times Port_{ji} \quad (1 \le i < j \le n).$$

Über $Port_{ij}$ erfolgt der Nachrichtentransfer von i nach j, über $Port_{ji}$ in umgekehrter Richtung.

Zur Kombination der Folgezustände benutzen wir die wie folgt definierten Funktionen

$$combine_{ij}^{\mathrm{PE}} := (SM_{ij}^{\mathrm{PE}})^3 \to SM_{ij} \quad (1 \le i < j \le n).$$

Für $1 \le i < j \le n$, $(\mathrm{port}_{ij}^k, \mathrm{port}_{ji}^k) \in SM_{ij}$ $(1 \le k \le 3)$ ist $combine_{ij}^{PE}$ wie folgt definiert:

$(\mathrm{port}_{ij}^2, \mathrm{port}_{ji}^2)$ ist der durch PE_i gegebene Folgezustand und
$(\mathrm{port}_{ij}^3, \mathrm{port}_{ji}^3)$ der durch PE_j gegebene Folgezustand.

$combine_{ij}^{\mathrm{PE}}((\mathrm{port}_{ij}^1, \mathrm{port}_{ji}^1), (\mathrm{port}_{ij}^2, \mathrm{port}_{ji}^2), (\mathrm{port}_{ij}^3, \mathrm{port}_{ji}^3))$

$$:= \begin{cases} (\widetilde{port}_{ij}, \widetilde{port}_{ji}) & \mathrm{mit}\ \widetilde{port}_{kl} = \begin{cases} \mathrm{port}_{kl}^2 & \mathrm{falls}\ \mathrm{port}_{kl}^1 = \mathrm{port}_{kl}^3, \\ \mathrm{port}_{kl}^3 & \mathrm{falls}\ \mathrm{port}_{kl}^1 = \mathrm{port}_{kl}^2, \end{cases} \\ & \mathrm{falls}\ \mathrm{port}_{kl}^1 = \mathrm{port}_{kl}^3\ \mathrm{oder}\ \mathrm{port}_{kl}^1 = \mathrm{port}_{kl}^2 \\ & \mathrm{für}\ k, l \in \{i, j\}, k \ne l \\ \mathrm{nicht\ definiert} & \mathrm{sonst} \end{cases}$$

2. Die parallele abstrakte Maschine mit n Prozessorelementen wird somit definiert durch

$$PAM_n := \|_{\langle (SM_{ij}^{\mathrm{PE}}, combine_{ij}^{\mathrm{PE}}) | 1 \le i < j \le n \rangle}^n (PE_1, \dots, PE_n).$$

Die Spezifikation der parallelen abstrakten Maschine ist sehr allgemein gehalten. In der Anfangszustandsmenge sind sogar verschiedene Anfangsbelegungen des Programmspeichers zugelassen. Zur Ausführung von Kombinatorprogrammen nehmen wir allerdings an, daß jede Programmspeicherkomponente in den verschiedenen Prozessorelementen mit dem in Definition 10.4.7 festgelegten Programmspeicher zum Kombinatorprogramm initialisiert ist. Die Berechnung startet mit der Urtask, die der Ausführung des Hauptprogramms entspricht, auf dem ersten Prozessorelement und endet auch dort, wenn die Urtask mit dem Ergebnis des Hauptprogramms überschrieben wurde.

Bevor wir unseren Maschinenentwurf zur parallelen Implementierung funktionaler Sprachen mit anderen in der Literatur beschriebenen Ansätzen vergleichen, möchten wir im folgenden Kapitel einen Überblick über eine Simulation der abstrakten Maschine auf einem realen Multicomputersystem geben und auf einige Implementierungsaspekte näher eingehen.

Kapitel 12

Implementierungsaspekte

Die parallele abstrakte Maschine wurde in Zusammenarbeit mit Herbert Kuchen auf einem Transputersystem in OCCAM implementiert. In diesem Buch werden keine Simulationsergebnisse angegeben, da eine detaillierte Analyse von Simulationsläufen den Rahmen des Buches sprengen würde. Der interessierte Leser sei auf [Loogen, Kuchen, Indermark, Damm 89] verwiesen, wo erste Simulationsergebnisse dieser Implementierung angegeben sind. Wir möchten in diesem Kapitel vielmehr einen kurzen Überblick über die Organisation der Implementierung geben und einige Aspekte diskutieren, die in einer Realisierung der abstrakten Maschine behandelt werden müssen und von denen in der Spezifikation der parallelen Maschine zunächst abstrahiert wurde. Eine detaillierte Beschreibung und Analyse der Implementierung findet sich in [Kuchen 89].

12.1   Zielarchitektur und Implementierungssprache

Der Transputer ist ein Computer-Chip, der aus einem Prozessor, einem Speicher und einer Anzahl Verbindungen zu Peripheriebausteinen und anderen Transputern besteht. Ein Transputersystem setzt sich aus einer endlichen Anzahl von Transputern, die über Verbindungskanäle — sogenannte 'Links' — miteinander verbunden sind, zusammen. Die Programmierung eines Transputer oder eines Transputersystems erfolgt i.a. in OCCAM. OCCAM ist eine imperative Sprache, in der parallele Prozesse deklariert werden können, die über Kanäle in synchronisierter Weise miteinander kommunizieren.

Zur Beschreibung von Parallelität und Kommunikationen enthält OCCAM spezielle syntaktische Konstrukte. Atomare Prozesse sind

- die *Wertzuweisung*:

$$v := e$$

— Zuweisung des Ausdruckswertes e an die Variable v —

und zur Beschreibung der Kommunikation von Prozessen

- das *Eingabekommando*:

$$c?v$$

— Eingabe eines Wertes von Kanal c in die Variable v —

- sowie das *Ausgabekommando*:

$$c!e$$

— Ausgabe eines Ausduckswertes e auf den Kanal c.

Aus den atomaren Prozessen können mittels

- sequentieller Komposition (Schlüsselwort SEQ),

- paralleler Komposition (Schlüsselwort PAR) und

- konditionalen Kompositionen (Schlüsselworte ALT, WHILE, IF)

komplexere Prozesse aufgebaut werden.

Parallele Prozesse können nur über Kanäle miteinander kommunizieren. Die Kommunikation ist synchronisiert, d.h. nur wenn sowohl der Eingabeprozeß als auch der Ausgabeprozeß zur Kommunikation über einen Kanal bereit sind, kann die Kommunikation erfolgen.

Diese synchronisierte Form der Kommunikation kann schnell zu 'Deadlock'-Situationen führen, in denen zwei parallele Prozesse blockiert sind, da beide auf eine Eingabe warten oder beide zur Ausgabe bereit sind.

Der Transputer wurde speziell zur Ausführung von OCCAM-Programmen entwickelt. Der Prozessor hat Einrichtungen zur Ein- und Ausgabe von Meldungen, die zur Realisierung der Ein- und Ausgabekommandos von OCCAM-Prozessen dienen. Die synchronisierte Kommunikation ist so organisiert, daß ein Prozeß, der zu einer Kommunikation bereit ist, solange warten muß, bis auch sein Kommunikationspartner bereit ist. Wartende Prozesse werden deaktiviert und verbrauchen keine Rechenzeit.

Zur Unterstützung der Ausführung mehrerer paralleler OCCAM-Prozesse auf einem Transputer besitzt der Prozessor einen Hardware-Scheduler. Es ist also möglich, OCCAM-Programme auf einem Transputer zu entwickeln und zu testen und anschließend nur durch Veränderung der Konfigurierung auf einem System mit mehreren Transputern zum Ablauf zu bringen.

Kommunikationen zwischen OCCAM-Prozessen auf einem Transputer erfolgen über Kanäle, die im Speicherbereich verwirklicht werden. Laufen zwei OCCAM-Prozesse auf verschiedenen Transputern ab, so müssen die Kanäle zwischen den beiden Prozessen mittels der 'Hardware-Links' der Transputer implementiert werden. Eine Kommunikationsverbindung zwischen Transputern wird aufgebaut, indem die 'Links' der Transputer verbunden werden. Da jedes Transputerchip nur eine endliche Anzahl (i.a. 4) von bidirektionalen 'Hardware-Links' besitzt und nur ein OCCAM-Kanalpaar auf eine Hardwareverbindung[†] abgebildet werden kann, sind nicht beliebige Konfigurationen von OCCAM-Prozessen so auf Transputersysteme abbildbar, daß jeder OCCAM-Prozeß auf einem eigenen Transputer zum Ablauf gebracht werden kann.

Diese Ausführungen geben natürlich nur einen kurzen Einblick in die Organisation von Parallelität und Kommunikation in OCCAM/Transputersystemen. Eine Sprachdefinition von OCCAM ist in [INMOS 84] gegeben. Genauere Informationen über die Sprache OCCAM und ihre Implementierung auf Transputersystemen finden sich in [May 86a/b]. Für eine kurze prägnante Einführung sei der Leser auf [Taylor 86] verwiesen.

12.2 Abbildung der abstrakten Maschine auf ein Transputersystem

Die kurze Beschreibung des OCCAM/Transputersystems im letzten Abschnitt zeigte bereits wesentliche Unterschiede zwischen den Kommunikationsmechanismen des Transputersystems und unserer abstrakten Maschine. In der parallelen Maschine arbeiten die autonomen Prozessoreinheiten ohne jegliche Synchronisation. Die Kommunikation erfolgt durch Austausch von Nachrichten — lokal in gemeinsamen Speicherbereichen und global über verbundene 'Ports', die den Links des Transputers entsprechen. In OCCAM sind gemeinsame Variable (shared variables) für parallele Prozesse nicht zugelassen. Die einzige Möglichkeit Informationen zwischen Prozessen auszutauschen ist die synchronisierte Kommunikation. Gemeinsame Speicherbereiche und asynchrone Kommunikationen müssen also in OCCAM mittels spezieller Prozesse, die gemeinsame Speicherbereiche "verwalten" bzw. Nachrichten puffern, simuliert werden.

Ein weiteres Problem stellt die beschränkte Anzahl von Hardware-Links auf einem Transputerchip dar. Zur Zeit haben die Transputerchips nur 4 bidirektionale Links, über die Kanäle zu anderen Transputerchips aufgebaut werden

---

[†]zumindest ohne zusätzliche Software

können. Davon wird auf dem Hauptprozessor ein Link für die ('Keyboard'-) Ein- und (Bildschirm-) Ausgabe benötigt. Würde man nun Kommunikations- und Reduktionseinheiten der verschiedenen Prozessorelemente der parallelen abstrakten Maschine auf verschiedenen Transputern, also wirklich parallel, zum Ablauf bringen, so wäre zur Kommunikation zwischen den beiden Einheiten mindestens ein weiterer Link belegt. Auf dem Hauptprozessor blieben also nur zwei, auf den übrigen Transputerchips drei Links für die Realisation des Netzwerkes der parallelen Maschine. Auf den Transputern, auf denen die Reduktionseinheit implementiert würde, blieben zudem drei Links unbelegt.

Aus diesem Grund wird in der gegenwärtigen Implementierung ein Prozessorelement der abstrakten Maschine auf einen Transputer abgebildet. Da die OCCAM-Realisation die Kommunikations- und Reduktionseinheit durch parallele Prozesse beschreibt, sind Testläufe mit echter Parallelausführung der beiden Einheiten für eingeschränkte Netzwerkrealisationen trotzdem noch möglich.

12.3 Realisierung des asynchronen Nachrichtenaustausches

Da in OCCAM nur synchronisierte Kommunikationen möglich sind, muß der Nachrichtenverkehr zwischen den Prozessoreinheiten innerhalb eines Prozessorelementes durch gepufferte Kanäle realisiert werden. Ein gepufferter Kanal besteht i.a. aus einem Eingabekanal, einem Pufferprozeß und einem Ausgabekanal:

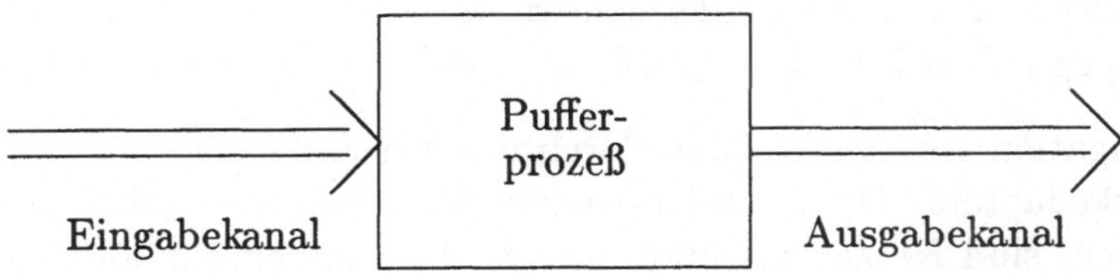

Die Nachrichtenpufferprozesse treten an die Stelle der Nachrichtenwarteschlangen in den gemeinsamen Speicherbereichen der abstrakten Maschine. Damit möglichst kein Prozeß auf eine Kommunikation warten muß und dadurch unnötig blockiert wird, haben die Pufferprozesse eine spezielle dezentrale Struktur.

Jeder Pufferprozeß besteht aus einer endlichen Anzahl von einelementigen Puffern, die parallel arbeiten (siehe Bild 12.1). Die Zugriffskontrolle auf die Puffer

```
PROC buffer ([n]CHAN OF messages in, out)
PAR i=1 FOR n
  [1..maxmessagelg] BYTE : mes
  in[i] ? mes
  out[i] ! mes
```

Bild 12.1: OCCAM-Programm eines Pufferprozesses

liegt bei den Prozessen, die in den Puffer schreiben bzw. aus dem Puffer lesen, indem modulo-Zähler bei jedem Zugriff inkrementiert werden und somit immer auf
die nächste verfügbare Pufferzelle zeigen. Auf diese Weise ist es möglich, "zum
gleichen Zeitpunkt" in den Puffer zu schreiben und aus dem Puffer zu lesen.

12.4 Netzwerkrealisierung

Die 'Ports', über die die Prozessorelemente der abstrakten parallelen Maschine
Nachrichten austauschen, entsprechen den 'Links' der Transputerchips. In der abstrakten Maschine wurde von der Struktur des Verbindungsnetzwerkes abstrahiert,
so daß jedes Prozessorelement mit jedem anderen Prozessorelement eine direkte
Verbindung hatte. Eine solche vollständige Vernetzung aller Prozessorelemente
ist bei der Realisierung der Maschine auf dem Transputersystem natürlich nicht
mehr für beliebige Prozessoranzahlen möglich. Da aber auf jeden Fall eine logisch vollständige Verbindung aller Prozessorelemente realisiert werden muß, d.h.
jedes Prozessorelement muß mit jedem anderen Nachrichten austauschen können,
müssen Nachrichten durch das physikalisch vorhandene Netzwerk navigiert werden. In der englischen Literatur spricht man vom *routing of messages*.

Die Navigation von Nachrichten durch das Verbindungsnetzwerk ist Aufgabe
des Netzwerkadapters. Die Nachrichten, die durch das Verbindungsnetzwerk gesendet werden, sind Netznachrichten, d.h. in ihrer ersten Komponente steht die
Nummer des Prozessors, für den die Nachricht bestimmt ist. Der Netzwerkadapter
kann also anhand dieser Komponente entscheiden, ob eine ankommende Nachricht
für das Prozessorelement bestimmt ist oder weitergeleitet werden muß. Um zu
entscheiden, an welchen Nachbarprozessor eine zu navigierende Nachricht weitergeleitet werden muß, benötigt der Netzwerkadapter Informationen über das Verbindungsnetzwerk. In der momentanen Implementierung der parallelen abstrakten
Maschine wird ein sehr einfaches statisches Routing-Schema verwendet.

Jeder Netzwerkadapter hat in einem lokalen Speicher eine *Routingtabelle*, die
zu jedem Prozessorelement die Nummer des Nachbarprozessors angibt, an den die

Nachricht für das Prozessorelement weitergeleitet werden soll. Durch die Routingtabelle sollte natürlich ein kürzester Weg zwischen je zwei Prozessorelementen festgelegt sein. Die Vorteile dieses einfachen Verfahrens sind seine Effizienz und die Tatsache, daß alle Nachrichten in der Reihenfolge ihr Ziel erreichen, in der sie geschickt wurden, obwohl letzteres für unsere Maschine ohne Relevanz ist.

Nachteile des Verfahrens zeigen sich vor allem bei starker Auslastung der parallelen Maschine, wenn sehr viele Nachrichten zwischen Prozessorelementen ausgetauscht werden, die alle über ein- und denselben Weg navigiert werden, was zu einer Überlastung bestimmter Netzwerkadapter führen kann. Ein entscheidener Nachteil ist außerdem, daß dieses Routing-Schema nicht fehlertolerant ist. Durch defekte Prozessorknoten werden alle Nachrichtenwege, die über die defekten Knoten führen, unterbrochen. Alternative Nachrichtenwege werden nicht erkannt.

Diese Nachteile versucht man durch 'dynamische Routing-Schemata' zu umgehen, bei denen der Weg einer Nachricht nicht statisch vorbestimmt wird, sondern dynamisch in Abhängigkeit von der Auslastung und Fehlerfreiheit bestimmt wird. Diese Schemata sind zwar komplexer, garantieren aber eine gleichmäßigere Auslastung des Verbindungsnetzwerkes und unterstützen die Fehlertoleranz des Systems. Ein effizientes dynamisches Routing-Schema wurde etwa im Kommunikationsprozessor der DOOM-Architektur — einer parallelen Architektur für eine objekt-orientierte parallele Sprache — [Odijk 87, Annot, van Twist 87] implementiert.

Damit das Einlesen und Ausgeben von Nachrichten über die Links parallel bzw. unabhängig voneinander erfolgen kann, haben wir den Netzwerkadapter durch zwei parallele OCCAM-Prozesse realisiert (siehe auch Bild 12.2).

Der sogenannte Netzwerkadapter-ein nimmt Nachrichten über die Links in Empfang. Wenn eine Nachricht nicht für das Prozessorelement bestimmt ist, wird sie über einen gepufferten Kanal an den sogenannten Netzwerkadapter-aus weitergeleitet. Der Netzwerkadapter-aus übernimmt die Ausgabe von Nachrichten durch Kommunikation über die Links. Er hat einen lokalen Speicherbereich, in dem die 'Routingtabelle' abgelegt ist, mittels der er zu Prozessornummern die Nummer des Links bestimmt, über den die Nachricht geleitet werden muß.

Die dezentrale Organisation des Netzwerkadapters verhindert außerdem die Entstehung von 'deadlocks' auf Grund der synchronisierten Linkkommunikationen.

12.5 Prozeßverwaltung

Bild 12.2 zeigt, daß die Kommunikationseinheit in der OCCAM-Realisierung leicht umstrukturiert wurde. Für die Ein- und Ausgabe von Anfrage-, Aktivierungs- und Antwortnachrichten, die in der abstrakten Maschine vom Kommunikationsprozessor jeweils nur weitergeleitet werden, existieren in der Implementierung zusätz-

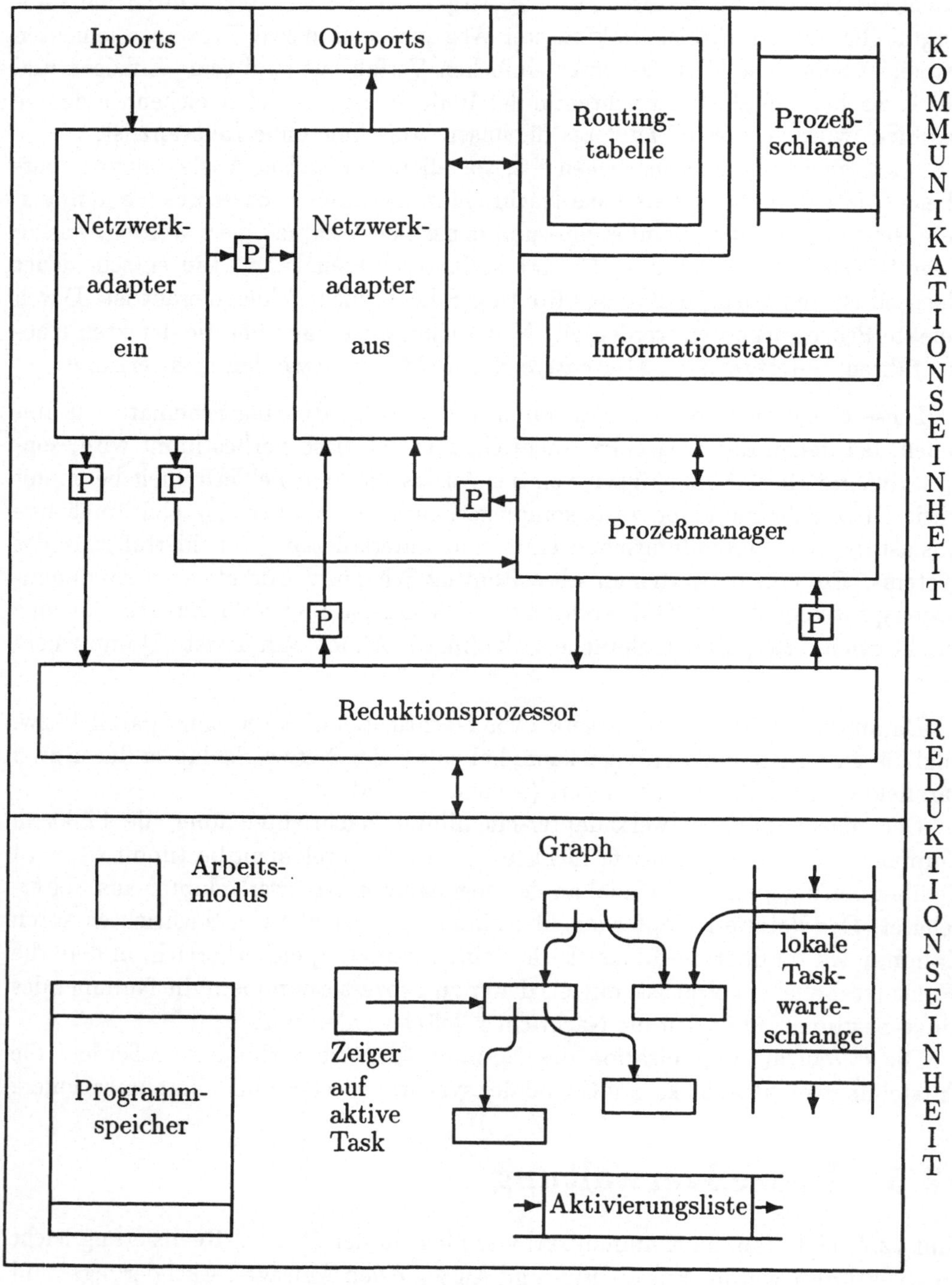

Bild 12.2 : OCCAM-Realisierung eines Prozessorelementes

liche gepufferte Kanäle zwischen Netzwerkadapter und Reduktionseinheit. Die Prozeßverwaltung wird vom sogenannten *Prozeßmanager* übernommen, an den sowohl die Reduktionseinheit neu generierte Prozesse als auch der Netzwerkadapter ein die von anderen Prozessorelementen geschickten Prozeßnachrichten über gepufferte Kanäle weiterleitet.

Die Weitergabe von Prozessen an die Reduktionseinheit erfolgt wie in der abstrakten Maschine nur, wenn die Reduktionseinheit eine entsprechende Mitteilung an den Prozeßmanager macht. An die Stelle des Prozeßanforderungsflags tritt hier aber eine explizite Arbeitsanfragenachricht.

Die Übermittlung einer Prozeßnachricht an die Reduktionseinheit kann über einen ungepufferten Kanal erfolgen, da die Reduktionseinheit nach Senden der Arbeitsanfragenachricht i.a. auf die Übersendung eines Prozesses wartet, also zur Kommunikation bereit ist.

Hauptaufgabe des Prozeßmanagers ist natürlich die Verteilung von neu generierten Prozessen, und die Kommunikation mit anderen Prozessorelementen zur Erzielung einer möglichst gleichmäßigen Verteilung der Prozesse auf alle Prozessorelemente.

In der abstrakten Maschine wurde von Algorithmen, die zur Durchführung dieser Aufgaben verwendet werden, abstrahiert. In der Implementierung muß die Prozeßverteilung natürlich berücksichtigt werden. Die Untersuchung und Analyse verschiedener Prozeßverteilungsalgorithmen und Verfahren zur Arbeitslastbalancierung wird sogar eine der Hauptaufgaben für die Zukunft sein.

Ein grobe Klassifikation von Prozeßverteilungsstrategien kann in *passive* und *aktive* Strategien vorgenommen werden.

Eine *passive Prozeßverteilung* liegt vor, wenn Prozesse nur auf Anfrage an andere Prozessorelemente geschickt werden, d.h. der Prozeßmanager schreibt neu erzeugte Prozesse immer in die Prozeßwarteschlange in seinem lokalen Speicher. Prozessorelemente ohne Arbeit oder mit geringer Auslastung haben die Möglichkeit an andere Prozessorelemente Arbeitsanfragenachrichten zu senden, auf die Prozessorelemente mit hoher Auslastung mit Prozeßnachrichten antworten können.

Eine *aktive Prozeßverteilung* bedeutet, daß der Prozeßmanager aktiv Prozesse an andere Prozessorelemente versenden kann. Die Entscheidung, einen Prozeß an ein anderes Prozessorelement weiterzuleiten, erfolgt allein auf Grund der lokal vorliegenden Informationen, wie etwa die Länge der Prozeßwarteschlange, die Struktur des Prozesses (Art und Lage der Argumente) etc.

Natürlich lassen sich beide Arten der Prozeßverteilung auch kombinieren. Dies erscheint besonders zweckmäßig, da bei geringer Systemauslastung, die insbesondere zu Beginn und gegen Ende der Gesamtberechnung zu erwarten ist, die aktive Taskverteilung vorteilhaft erscheint, während bei hoher Systemauslastung ein passives Schema angebrachter sein könnte. Bei geringer Auslastung wird ein passives Schema auf Grund häufiger Arbeitsanfragen arbeitsloser Prozessorelemente mit einen zu hohen Kommunikationsaufwand verbunden sein. Bei einer hohen Auslastung ist zu erwarten, daß alle Prozessorelemente genügend Arbeit haben, so daß die Auslagerung von Prozessen auf andere Prozessorelemente wenig Sinn macht.

In der momentanen Implementierung wird ein sehr einfaches passives Schema verwendet. Zur Vermeidung hoher Kommunikationskosten durch zwecklose Arbeitsanfragen bei geringer Systemauslastung, werden weitere Arbeitsanfragen von arbeitslosen Prozessoren, die von allen Nachbarprozessoren negative Antworten auf Arbeitsanfragen erhalten haben, für bestimmte Zeitintervalle unterdrückt. Wie bereits gesagt, wird die Untersuchung von Prozeßverteilungsstrategien, die auch von der Organisation des Verbindungsnetzwerkes abhängen, eine wichtige Fortsetzung der hier vorgestellten Arbeit sein. Zum Schluß dieses Kapitels möchten wir noch auf einen Aspekt eingehen, der die Implementierung der Reduktionseinheit betrifft.

12.6   Garbage Collection

In der Spezifikation der Reduktionseinheiten der abstrakten Maschine sind wir von einem unendlichen Graphadreßbereich ausgegangen. Zur Bestimmung freier (noch nicht belegter) Graphadressen wurde ein einfacher Zähler (der Graphzeiger) benutzt, der nach jeder Erzeugung eines neuen Graphknotens inkrementiert wurde und somit immer auf die nächste freie Graphadresse zeigte.

In einer Realisation der abstrakten Maschine steht natürlich nur ein endlicher Graphadreßbereich zur Verfügung, so daß eine aufwendigere Speicherverwaltung notwendig ist. Insbesondere müssen Graphknoten, die nicht mehr benötigt werden, entdeckt und zum Überschreiben frei gegeben werden. Man nennt diesen Prozeß i.a. 'Garbage Collection'.

Zur 'Garbage Collection' gibt es im wesentlichen zwei Ansätze: 'mark'- und 'scan'-Algorithmen und die 'reference count'-Methode.

Bei der Verwendung des 'mark and scan' Verfahrens erfolgt die 'Garbage Collection' separat zur Berechnung in zwei Phasen:

- In einer Markierungsphase ('mark') werden alle von der Wurzel der Berechnung erreichbaren Speicherzellen (Graphknoten) markiert.

- In einer Suchphase ('scan') werden anschließend alle nicht erreichbaren Speicherzellen wieder freigegeben, also etwa einer Liste freier Zellen zugefügt.

In einem rein sequentiellen System muß die Berechnung zur Durchführung des 'mark'- und 'scan'-Algorithmus unterbrochen werden. Für parallele Architekturen gibt es eine Reihe von Ansätzen, die 'Garbage Collection' mittels 'mark' und 'scan' parallel zur Berechnung ausführen zu lassen [Hudak, Keller 82] [Ram, Patel 84]. Diese Verfahren sind aber i.a. sehr kompliziert, da sehr viel Aufwand für die Synchronisation der 'Garbage Collection' und der Berechnung getrieben werden muß.

Bei der 'reference count' Methode enthält jede Speicherzelle einen Zähler, der die Anzahl der Verweise auf diese Speicherzelle anzeigt. Beim Kopieren oder Löschen von Zeigern wird der *Referenzenzähler* (reference counter) inkrementiert bzw. dekrementiert. Wird ein Zähler Null, so kann die zugehörige Speicherzelle frei gegeben werden.

Vorteile dieser Methode sind, daß 'Garbage Collection' *on-the-fly* erfolgt und nicht zu unberechenbaren Unterbrechungen der Berechnung führt und daß Objekte unmittelbar, wenn sie nicht mehr erreichbar sind, frei gegeben werden.

Ein wesentlicher Nachteil besteht allerdings darin, daß zyklische Strukturen, auf die kein weiterer Verweis existiert, nicht entdeckt werden.

Da die Graphstrukturen, die in unserer parallelen Maschine auftreten keine zyklischen Teilgraphen enthalten, wird in der Implementierung die 'reference count'-Methode zur Speicherfreigabe benutzt. In der Literatur sind im wesentlichen zwei Ansätze zum Einsatz des 'reference counting' in verteilten Systemen beschrieben [Lermen, Maurer 86], [Bevan 87].

Da das in [Lermen, Maurer 86] beschriebene Verfahren zu viele Restriktionen vornimmt und mit einem hohen Kommunikationsaufwand behaftet ist, wurde in der OCCAM-Realisation der parallelen abstrakten Maschine die in [Bevan 87] vorgeschlagene Methode benutzt, die wir zum Abschluß kurz skizzieren möchten.

Der entscheidende Vorteil des Verfahrens von [Bevan 87] ist, daß zur Verwaltung globaler Referenzen nur beim Löschen einer Referenz eine entsprechende Nachricht geschickt werden muß. Die wesentliche Idee des Algorithmus besteht darin, Referenzen mit Gewichten zu versehen und einer Speicherzelle als Referenzzähler die Summe der Gewichte der Referenzen auf die Speicherzelle zuzuweisen.

Beim Kopieren von Zeigern bleibt der Zähler in der Speicherzelle unverändert. Der kopierte Zeiger und die Kopie des Zeigers erhalten lediglich als Gewicht die Hälfte des ursprünglichen Gewichtes des kopierten Zeigers. Nur beim Löschen von Zeigern muß der Zähler in der Speicherzelle um das Gewicht des gelöschten Zeigers dekrementiert werden. An globale Speicheradressen muß in diesem Fall also eine entsprechende Nachricht gesendet werden. Hinweise zur Implementierung des Verfahrens sind in [Bevan 87] zu finden.

Damit beenden wir den kurzen Überblick über die Organisation der Implementierung der abstrakten Maschine auf einem OCCAM/Transputersystem und über die verschiedenen Aspekte, von denen in der abstrakten Maschine abstrahiert wurde, die aber in einer Realisierung behandelt werden müssen und weiterer Studien bedürfen.

Kapitel 13

Vergleich mit anderen Arbeiten

Natürlich gibt es zahlreiche Forschungsprojekte in aller Welt, die die Entwicklung effizienter (paralleler) Implementierungen für funktionale Programmiersprachen als Ziel haben. Wir möchten in diesem letzten Kapitel unsere Arbeit mit den in den verschiedenen verwandten Projekten gewählten Ansätzen vergleichen.

Die G-Maschine [Johnsson 84] ist die erste abstrakte Maschine, in der als Implementierungstechnik die programmierte Graphreduktion verwendet wurde. Da diese Technik, wie wir in Kapitel 2 erläutert haben, gegenüber anderen Methoden viele Vorteile hat, haben wir sie in unserer Maschine als Grundlage gewählt und ihre Einbettung in eine parallele Umgebung gezeigt. Gegenüber der ursprünglichen G-Maschine haben wir einige wichtige Optimierungen vorgenommen, die die Effizienz dieser Technik wesentlich verbessern.

Zum einen wurde entsprechend dem in Kapitel 1 eingführten Typkonzept, das kartesische Typen in direkter Weise unterstützt, und auf der Basis der flachen Notation von Applikationen, eine kompaktere Graphdarstellung gewählt, die, wie wir in Abschnitt 5.4 gezeigt haben, die Erkennung des nächsten durchzuführenden Graphreduktionsschrittes erleichtert.

Zum anderen wurden, motiviert durch die Handhabung nicht-strikter Argumente in der abstrakten Maschine TIM [Fairbairn, Wray 87], Argumentausdrücke, deren Auswertung verzögert werden muß, nicht wie in der G-Maschine durch ihre Graphdarstellung, sondern als Argumentknoten, d.h. durch einzelne Knoten, die jeweils einen Zeiger auf die Übersetzung des Ausdruckes in Maschinencode sowie die Umgebung, in der die Auswertung des Ausdruckes erfolgen soll, enthalten, repräsentiert. Auf diese Weise erhält man nicht nur eine sehr einfache, sondern auch um ein Vielfaches effizientere Behandlung nicht strikter Argumente. Eine langsame interpretative Auswertung von solchen Argumenten wird ersetzt durch eine schnelle codegesteuerte Auswertung. Nur in wenigen Ausnahmefällen weichen wir zur Verbesserung der Parallelität von der Repräsentation nicht-strikter Argumente durch Argumentknoten ab und erzeugen für Kombinatorapplikationen in solchen Argumentpositionen schlafende Taskknoten, die im Falle einer Aktivierung unmittelbar zur Erzeugung paralleler Prozesse führen.

Bettet man eine sequentielle Reduktionsmaschine in eine parallele Umgebung ein, so ist es erforderlich, die Maschine so zu erweitern, daß ein Multitaskingbetrieb möglich wird. Wenn eine Task unterbrochen werden muß, weil Teilgraphen, die auf anderen Prozessorelementen liegen, zuerst transferiert werden müssen, so sollte so schnell wie möglich die Ausführung einer anderen Task begonnen oder fortgesetzt werden. Es sind also schnelle Prozeß- oder besser Taskwechsel notwendig. Aus diesem Grunde haben wir die Statusinformationen der Tasks, wie Befehlszähler, Daten- und Verwaltungskeller, in den jeweiligen Taskknoten dezentral organisiert. Zum Taskwechsel braucht somit nur der Zeiger auf die aktive Task umgesetzt zu werden. Wir führen dies an dieser Stelle aus, um zu begründen, warum wir nicht andere Optimierungen der G-Maschine, wie sie etwa in der 'Spineless G-Maschine' [Burn, Peyton-Jones, Robson 88] oder der 'Spineless Tagless G-Maschine' [Peyton-Jones, Saskild 88] beschrieben sind, in den Reduktionseinheiten unserer parallelen Maschine berücksichtigt haben. Ein Ziel der in den genannten Arbeiten beschriebenen Modifikationen der urspünglichen G-Maschine besteht darin, "teure" Graph- oder Heapoperationen sooft wie möglich zu vermeiden und durch "billige" Stackoperationen zu ersetzen. Dies geschieht dadurch, daß Graphrepräsentationen von Ausdrücken dann und nur dann erzeugt werden, wenn diese Ausdrücke ge-'shared' werden können. Insbesondere wird für Kombinatorapplikationen, die nicht ge-'shared' werden, kein 'spine' von Applikationsknoten erzeugt (daher auch der Name 'spineless' G-Maschine). Die Argumente solcher Applikationen bleiben auf dem globalen Stack und es wird nach einer Markierung des Argumentbereiches auf dem Stack mit der Auswertung der Kombinatorapplikation fortgefahren. Der globale Stack rückt damit in das Zentrum der Auswertung. Der Graph wird nurmehr als Hilfsstruktur benutzt. Dies ist für eine sequentielle Implementierung natürlich eine wünschenswerte und wichtige Optimierung. In einer parallelen Umgebung ist eine Zentralisierung des Stacks nicht unbedingt von Vorteil. Eine wichtige Voraussetzung für die dezentrale Verwaltung der Keller in unserer parallelen Maschine ist, daß die Größe der Keller einer Task immer beschränkt ist. Dies ist in den 'spineless' G-Maschinen nicht mehr der Fall. Die Keller von zu suspendierenden Task können also beliebig groß sein, was bei einem globalen Stack zu großem Aufwand bei der Sicherung der Kellerinhalte führt und bei einer dezentralen Verwaltung Probleme bei der Kellerverwaltung mit sich bringt.

In [Peyton-Jones, Saskild 88] wird eine Segmentierung von Kellern ähnlich der 'Paging'-Organisation großer Speicherbereiche vorgeschlagen, um die genannten Probleme zu bewältigen. Es bleibt aber unklar, ob dadurch der durch den zentralen Keller in einer parallelen Maschine erzeugte zusätzliche Verwaltungsaufwand tatsächlich in sinnvoller Weise verringert werden kann.

Es ist interessant, daß die im sequentiellen Kern unserer parallelen Maschine gewählte Graphrepräsentation auch große Ähnlichkeit mit der üblichen Implementierungstechnik imperativer Sprachen hat. Schon in [Hudak, Goldberg 85a] wird die Graphreduktion als Verallgemeinerung der konventionellen stack-basierten Implementierung für parallele Umgebungen herausgestellt. Die Aktivierungsblöcke werden statt auf einem Stack in einem Graphen abgespeichert. Die parallele Ausführung von Teilaufgaben wird durch die dezentrale Abspeicherung im Graphen unterstützt. Die Kombinatortechnik bewirkt zudem eine Dezentralisierung der Umgebungstrukturen. In der Tat sind die Taskknoten in den Graphkomponenten der Reduktionseinheiten nichts anderes als eine Verallgemeinerung der Aktivierungsblöcke, die man von der Implementierung imperativer Sprachen kennt. Die Argumentliste entspricht den Plätzen für die Argumente einer Prozedur. Die Adressenlisten sind das Analogon zum dynamischen Verweis und der Rücksprungadresse. Auf Grund der parallelen Ausführung ist die im sequentiellen Fall lineare Kette der dynamischen Verweise baumartig. Wegen der Entschachtelung der funktionalen Programme entfällt die statische Verweiskette, die in einer parallelen Implementierung zu einem Engpaß geführt hätte.

Dies zeigt den Zusammenhang des sequentiellen Kerns unserer parallelen Maschine mit den bekanntesten sequentiellen Implementierungstechniken.

Von den Projekten, die ebenfalls an parallelen Implementierungen funktionaler Sprachen arbeiten, sind vor allem das "Distributed Applicative Processing Systems" — kurz DAPS — Projekt unter der Leitung von Paul Hudak an der Yale University [Hudak 84] sowie die Arbeiten von Geoffrey Burn [Burn 87a,b, 88a,b] und die Entwicklung einer parallelen G-Maschine an der Universität Saarbrücken [Raber et.al. 87/88] mit dem in dieser Arbeit vorgestellten Ansatz verwandt.

Das 'DAPS'-Projekt der Yale University untersucht die Eignung einer speziellen Klasse von Multiprozessorsystemen mit verteiltem Speicher für die parallele Implementierung von Programmiersprachen schlechthin. Als erster Projektschwerpunkt wurde aber die parallele Implementierung funktionaler Sprachen gewählt. Im Rahmen dieses Projekts sind bereits eine Vielzahl von Arbeiten veröffentlicht worden, die verschiedene Aspekte des Gesamtprojektes behandeln. Unter anderem hat man die Organisation spekulativer Berechnungen und damit verbunden die Speicherverwaltung (Garbage Collection) in parallelen Systemen untersucht [Hudak, Keller 82]. Die Implementierung funktionaler Sprachen unter Ausnutzung der selbstoptimierenden Eigenschaften der SKI-Kombinatoren (vgl. Kapitel

2) wurde erforscht [Hudak, Kranz 84]. Weiterhin wurde ein allgemeines Verfahren zur Arbeitsverteilung in verteilten Systemen entwickelt, das 'diffusion scheduling' heißt, weil die Arbeit bei diesem Verfahren immer in Richtung des Teilsystems mit der geringsten Auslastung diffundiert [Hudak, Goldberg 84].

Stark beeinflußt wurde der hier beschriebene Ansatz von den Arbeiten [Hudak, Goldberg 85a/b], in denen die seriellen Kombinatoren als Zielsprache einer automatischen Parallelisierung funktionaler Programme vorgeschlagen wurden. Serielle Kombinatoren sind eine natürliche Beschreibung der Zerlegung eines funktionalen Programmes in parallele Prozesse, bei der die Granularität der Parallelität kontrolliert werden kann. Die in Kapitel 7 erzeugten parallelisierten Kombinatorsysteme entsprechen im wesentlichen den seriellen Kombinatoren. Der in unserer Arbeit beschriebene Parallelisierungsalgorithmus weicht nur insofern von dem von Hudak und Goldberg verwendeten Algorithmus ab, daß zur Verbesserung der Lokalität von Teilberechnungen die Aktivierung von Teilprozessen paralleler Prozesse lokal zu diesen erfolgt. Der von uns gewählte Ansatz trägt auch zur besseren Diffusion der Prozesse im parallelen System bei. Welche Verfahren zur Entschachtelung von Programmen und zur Entdeckung der potentiellen Parallelität benutzt werden, führen Hudak und Goldberg nicht weiter aus.

Da die völlig automatische Parallelisierung auf Grund der hohen Komplexität der Striktheitsanalyseverfahren i.a. sehr aufwendig ist, wurde im DAPS-Projekt auch die Möglichkeit untersucht, daß der Programmierer durch Annotationen Einfluß auf die Parallelisierung bzw. die Parallelausführung seines Programmes nehmen kann. In diesem Zusammenhang wurde der Begriff der *para-funktionalen Programmierung* geprägt [Hudak 86]. Im allgemeinen wird aber bei Verwendung von Annotationen sehr viel Verantwortung in die Hände des Programmierers gelegt.

Unter Verwendung von seriellen Kombinatoren wurde natürlich auch im Rahmen des DAPS-Projektes eine verteilte Implementierung — mit dem Namen AL-FALFA — einer funktionalen Sprache entwickelt [Goldberg, Hudak 86]. Als Zielarchitektur wurde ein reales Multiprozessorsystem (Intel iPSC) mit verteiltem Speicher gewählt, in dem die Prozessoren durch ein 'hypercube'-Netzwerk verbunden sind. Die dieser Implementierung zugrundeliegende abstrakte Maschine wird allerdings kaum beschrieben. Es bleibt unklar, ob in der Implementierung tatsächlich eine Übersetzung serieller Kombinatoren in abstrakten Maschinencode vorgenommen wird oder ob die seriellen Kombinatoren den Code der abstrakten Maschine bilden und interpretiert werden. Auf die Organisation der lokalen Auswertung von Kombinatorapplikationen wird nur insoweit eingegangen, daß drei Auswertungsmechanismen unterschieden und unterstützt werden:

1. parallele Graphreduktion,

2. sequentielle Graphreduktion und

3. sequentielle stackbasierte Auswertung.

Ähnlich wie in den 'spineless' G-Maschinen wird versucht, so oft wie möglich eine sequentielle stack-basierte Auswertung vorzunehmen. Die Graphrepräsentation von Kombinatorapplikationen ist ähnlich der unseren, wenn man von den Auswertern und lokalen Zustandsinformationen (Befehlszähler, Daten- und Verwaltungskeller) absieht. Über die Repräsentierung anderer Strukturen wird keine Aussage gemacht.

Insgesamt ist zur Gegenüberstellung unseres Ansatzes und der ALFALFA-Implementierung folgendes zu sagen:

Auf Grund der gemeinsamen Zwischensprache der seriellen Kombinatoren sind natürlich viele Ähnlichkeiten festzustellen. Beide Projekte unterscheiden sich vor allem durch die unterschiedlichen Zielsetzungen. Während im ALFALFA-Projekt die konkrete Implementierung einer funktionalen Sprache auf einem fest vorgegebenen realen Multiprozessorsystem durchgeführt wurde, stand bei unserer Arbeit der sprach-orientierte Entwurf einer verteilten Architektur, die die parallele Ausführung funktionaler Programme in besonderer Weise unterstützt, im Vordergrund. Aus diesem Grunde haben wir sehr viel Wert auf die allgemeinen Konzepte des parallelisierenden Compilers sowie auf die detaillierte Beschreibung der abstrakten Maschine gelegt. Es ging nicht darum, irgendeine Maschine zur parallelen Auswertung funktionaler Programme zu entwerfen, sondern die unbedingt notwendigen Aspekte und Eigenschaften einer verteilten Graphreduktionsmaschine herauszustellen und formal zu präzisieren.

Im ALFALFA-Projekt hingegen stand die Frage in Vordergrund, ob eine Implementierung einer funktionaler Sprache auf dem vorgegebenen Multiprozessorsystem unter Verwendung serieller Kombinatoren effizient durchführbar ist. Die durchgeführten Experimente bezogen sich nur auf die Entwicklung einer Taskverteilungsstrategie für die Umgebung, in der die seriellen Kombinatoren zur Ausführung gelangen.

Viele Parallelen lassen sich auch zwischen unserer Arbeit und den Arbeiten von Geoffrey Burn im ESPRIT-Projekt 415 B ziehen. Dies ist zum einen darauf zurückzuführen, daß wir zur Entdeckung der impliziten Parallelität und zur Steuerung der Auswertung in unserer Maschine die von Geoffrey Burn eingeführten 'evaluation transformer' verwenden [Burn 87a/b]. Zum anderen ist die Zielsetzung in dem genannten ESPRIT-Projekt ähnlich der unseren, d.h. der sprach-orientierte Entwurf einer parallelen Architektur für funktionale Sprachen. Der von Geoffrey Burn durchgeführte Entwurf erfolgt in mehreren Stufen. So hat er als Zwischenstufe eine abstrakte parallele G-Maschine mit einem gemeinsamen Speicher gewählt, auf den alle (endlich vielen) Prozessoren zugreifen können [Burn 88b]. Während diese Maschine vollständig spezifiziert vorliegt, existieren von der Weiterentwicklung zu einer verteilten Architektur bisher nur informale Beschreibungen [Bevan, Burn, Karia, Robson 87], [Burn 88a]. Trotzdem zeichnen sich bereits einige wesentliche Unterschiede zu unserem Ansatz ab. Geoffrey Burn legt keine seriellen Kombinatoren zugrunde, insbesondere sieht er keinerlei Steuerung der Granularität der Parallelität vor. In seinem Modell werden alle Ausdrücke (nicht nur Kombinatorapplikationen !), für die ein von ξ_0 verschiedener Auswerter vorliegt, zur Parallelauswertung freigegeben. Es wird lediglich stets darauf geachtet, daß ein Ausdruck als sequentieller Teil der Berechnung erhalten bleibt. Für die Ausdrücke wählt er eine Graphdarstellung, die sich stark an der ursprünglichen G-Maschine orientiert. Er versucht jedoch die Ineffizienz durch Ketten binärer Applikationsknoten mittels sogenannter 'variable-sized', also mehrstelliger Applikationknoten zu umgehen. Während in unserer Maschine Tasks mit Taskknoten, also mit Graphknoten, identifiziert werden, nimmt Geoffrey Burn eine sorgfältige Unterscheidung von Tasks und den durch sie auszuwertenden Graphen vor. Graphknoten werden in seiner Maschine um folgende Statusinformationen erweitert:

1. den Auswerter, der für den Graphen gewählt werden kann,

2. ein Flag, das anzeigt, ob eine Task zur Auswertung des Knotens erzeugt wurde, und

3. eine Liste von Tasks, die das Ergebnis der Auswertung benötigen.

Die Liste von Tasks in den Graphknoten entspricht den Adressenlisten in unseren Graphknoten. Die Verwaltung der Tasks erfolgt in Burns Maschine durch einen 'Task Pool', der aus dem 'Pool' der ausführbaren Tasks, der den Task- bzw. Prozeßwarteschlangen in unserer Maschine entspricht, und einem 'Pool', in dem suspendierte Tasks gesammelt werden, besteht. Letzterer ist in unserer Maschine nicht notwendig, da alle für Tasks relevanten Informationen in den zugehörigen Graphknoten stehen. Die in den Tasksammelstellen (pools) zu den Tasks vermerkten Informationen enthalten neben einigen Flags zur Kennzeichnung des Status einer Task:

1. den 'pending count',

2. die Adresse des auszuwertenden Knotens,

3. die Heimatadresse dieses Knotens und

4. den Auswertungszustand, falls die Task blockiert ist.

In Burns Maschine können auch aktive Tasks migriert, d.h. auf ein anderes Prozessorelement verlagert werden. Die Beschreibung der Maschine erfolgt bei Burn auf einem sehr viel abstrakteren Level. So beschreibt er z.B. nicht, auf welche Weise Tasks von einem Prozessorelement auf ein anderes verlagert werden.

Die sorgfältige Unterscheidung von benötigten Resultaten in Basisfunktionsapplikationen und initiierten Berechnungen z.B. von strikten Kombinatoren, die wir in unserer Maschine vorgenommen haben, geht auf einen entsprechenden Vorschlag Geoffrey Burns zurück [Burn 88c]. Verzichtet man auf diese Unterscheidung und arbeitet nur mit Anfragenachrichten, so kann dies den Effekt haben, daß Antwortnachrichten beliebig lange Ketten von Verweisknoten nachlaufen, bevor sie die Stelle erreichen, an der ihr Inhalt wirklich benötigt wird. In der hier beschriebenen abstrakten Maschine ist dies nicht möglich. Antwortnachrichten von parallelen Prozessen werden zunächst an die Stelle geschickt, an der der Prozeß erzeugt wurde und von dort direkt an die Stellen weitergeleitet, an denen das Ergebnis des Prozesses benötigt wird.

In [Raber et al. 87/88] wird ebenfalls eine parallele Maschine, die programmierte Graphreduktion als Implementierungstechnik benutzt, beschrieben. Diese Maschine orientiert sich sehr viel näher an der ursprünglichen G-Maschine, als wir es getan haben. Abgesehen davon sind sehr viele Ähnlichkeiten zwischen dem hier vorgestellten Ansatz und dem in [Raber et al. 88] skizzierten Maschinenentwurf festzustellen, obwohl die Spezifikation der parallelen Komponenten dort nur informal gegeben ist.

Neben den genannten Projekten gibt es viele weitere Projekte zur parallelen Implementierung funktionaler Sprachen, die aber von anderen Voraussetzungen und Annahmen bzgl. des Architekturkonzeptes und/oder der Implementierungstechnik wie auch der parallelen Zwischensprache ausgehen.
Wir möchten hier nur auf einige Projekte hinweisen.
Es gab relativ viele Projekte, die die parallele Implementierung funktionaler Sprachen auf der Basis des SKI-Kombintorcodes untersucht haben [Hankin, Shute, Osman 85], [Shute, Osmon 85], [Maurer, Oberhauser 85]. Dabei hat sich gezeigt, daß der SKI-Kombinatorcode als parallele Zwischensprache eine sehr feine Zerlegung des funktionalen Programmes in parallele Prozesse ergibt (*'fine-grain parallelism'*), die sich für zur Zeit existierende Multicomputersysteme nicht eignet.

Das GRIP-Projekt [Peyton-Jones, Clack, Harris 85], [Peyton-Jones, Clack, Saskild, Hardie 87] legt eine spezielle parallele Architektur mit gemeinsamem Speicher zugrunde, die zur Zeit in Hardware realisiert wird.

Ein Projekt, das eine andere Implementierungstechnik zugrundelegt, ist die Weiterentwicklung der Berklingschen Reduktionsmaschine, die ursprünglich eine rein textuelle Ersetzung von Ausdrücken vornahm (vgl. Kapitel 2) [Berkling 75, Kluge 83, Blödorn, Zimmer 88]. Obwohl inzwischen sehr viele Optimierungen vorgenommen wurden, ist der grundlegende Mechanismus der Berklingschen Reduktionsmaschine dennoch erhalten geblieben.

Schlußworte

In dem vorliegenden Buch wurde ein Ansatz zur parallelen Implementierung funktionaler Sprachen vollständig, d.h. ausgehend von der funktionalen Kernsprache SAL, einer erweiterten Version des λ-Kalküls, bis zur Ebene einer parallelen abstrakten Maschine, die auf einem realen Multiprozessorsystem implementiert wurde, beschrieben. Ein wesentlicher Kerngedanke war dabei immer die *Dezentralisierung*, sei es auf der sprachlichen Ebene bei der automatischen Parallelisierung funktionaler Programme oder auf der Implementierungsebene bei der Entwicklung der Implementierungstechnik und beim Entwurf der parallelen Maschine.

Alle Programmtransformationen und die gesamte abstrakte Maschine wurden formal spezifiziert und bilden somit eine gute Grundlage für die Programmierung eines parallelisierenden Compilers, die von Diplomanden des Lehrstuhls II für Informatik an der RWTH Aachen durchgeführt wurde.

Zur formalen Spezifikation der parallelen Maschine wurden hier nichtdeterministische Transitionssysteme gewählt, um eine allgemeine Verständlichkeit zu gewährleisten. Eine Vorversion des hier vorgestellten Maschinenentwurfs wurde in AADL (Axiomatic Architecture Description Language) — einer von W.Damm und Mitarbeitern entwickelten Architekturbeschreibungssprache [Damm, Döhmen, Merkel, Sichelschmidt 86], [Damm, Döhmen 87] — spezifiziert [Loogen 87].

Der Schwerpunkt dieses Buches lag in der Entwicklung von Konzepten und grundlegenden Methoden. Nicht behandelt wurde der formalen Nachweis der Korrektheit der vorgestellten Implementierung und Maschine. Auf Grund der modularen Struktur der abstrakten Maschine müßte es möglich sein, den in [Lester 87] erbrachten Korrektheitsbeweis für die G-Maschine von Johnsson [Johnsson 84] auf die parallele Maschine zu übertragen.

Als Datenstrukturen wurden lediglich frei erzeugte Strukturen behandelt. Eine wichtige Erweiterung der vorliegenden Implementierung um spezielle applikative, d.h. seiteneffektfrei implementierte, von imperativen Sprachen bekannte Datenstrukturen, wie Felder, Mengen, Tabellen und Graphen (anstelle von beliebigen

Pointern) wurde von Herbert Kuchen vorgenommen [Kuchen 89], [Kuchen, Loogen, Maaßen, Indermark 89].

Neben dem Korrektheitsbeweis stellt sich als weitere Aufgabe vor allem die Auswertung von Simulationen der abstrakten Maschine auf dem OCCAM/Transputersystem, von der wir uns Antworten auf Fragen der Arbeitslastverteilung, der Verbindungsnetzstruktur sowie der weiteren Dezentralisierung des Reduktionsprozesses erhoffen.

Anhang

Mathematische Grundlagen

In diesem Anhang sind die wichtigsten Grundbegriffe und Ergebnisse über Algebren, Halbordnungen und Interpretationen zusammengestellt, auf die in der Arbeit Bezug genommen wird. Außerdem wird eine kurze Darstellung des ungetypten λ-Kalküls angegeben.

A.1 Algebraische Grundlagen

Wir beginnen mit einer Zusammenstellung der wesentlichen Begriffe. Eine ausführlichere Darstellung der hier wiedergegebenen Definitionen und Sätze ist etwa in [Klaeren 83] gegeben.

A.1.1 Definition Sei I eine beliebige aufzählbare Menge.

Eine *I-sortierte Menge A* ist eine Familie $\langle A^i \mid i \in I \rangle$ von Mengen $A^i (i \in I)$.

Für $w \in I^*$ und eine I-sortierte Menge A definieren wir induktiv

$$A^\epsilon := \{()\}, A^{wi} := A^w \times A^i.$$

Für *I*-sortierte Mengen $A = \langle A^i \mid i \in I \rangle$ und $B = \langle B^i \mid i \in I \rangle$ sei

$$A \cup B := \langle A^i \cup B^i \mid i \in I \rangle \text{ und } A \subseteq B :\Leftrightarrow \forall i \in I: \ A^i \subseteq B^i.$$

Eine *I-sortierte Abbildung $f : A \to B$* ist eine Familie von Abbildungen

$$\langle f^i : A^i \to B^i \mid i \in I \rangle.$$

A.1.2 Definition Sei S eine nicht-leere, abzählbare Menge von *Sorten* und Ω eine $S^* \times S$-sortierte Menge von *Operationsymbolen*. Dann heißt das Paar

$$\Sigma := \langle S, \Omega \rangle$$

eine *Signatur*.

Ist $f \in \Omega^{(w,s)}$ mit $(w,s) \in S^* \times S$, so heißt (w,s) der *Typ von* f. Wir schreiben dann auch

$$typ(f) := \begin{cases} s & \text{falls } w = \epsilon, \\ s_1 \times \ldots \times s_n \to s & \text{falls } w = s_1 \ldots s_n. \end{cases}$$

Eine Algebra besteht aus einer Mengenfamilie, die man *Träger* der Algebra nennt, und einer Menge von *Operationen* über dem Träger.

A.1.3 Definition   1. Sei S eine Menge von Sorten und A eine S-sortierte Menge. Dann heißt für $w \in S^*, s \in S$:

$$f : A^w \to A^s$$

eine *Operation* vom Typ (w,s) auf A. Wir bezeichnen die Menge aller Operationen vom Typ (w,s) über A mit $Ops^{(w,s)}(A)$ und die $S^* \times S$ sortierte Menge aller Operationen über A mit $Ops(A)$.

    2. Sei $\Sigma = (S, \Omega)$ ein Signatur, A eine S-sortierte Menge und $\phi : \Omega \to Ops(A)$ mit $\phi(\Omega^{(w,s)}) \subseteq Ops^{(w,s)}(A)$.
Dann heißt

$$\mathcal{A} = \langle A; \phi \rangle$$

eine Σ-*Algebra*.

Alg_Σ bezeichne die Klasse aller Σ-Algebren.

A.1.4 Definition   1. Sei $\Sigma = (S, \Omega)$ eine Signatur und seien $\mathcal{A}_i = \langle A_i, \phi_i \rangle$ mit $i \in \{1, 2\}$ Σ-Algebren. Eine S-sortierte Abbildung

$$h : A_1 \to A_2$$

heißt Σ-*Homomorphismus*, falls für alle $n \in \mathbb{N}$, $s_1, \ldots, s_n, s \in S$, $f \in \Omega^{(s_1 \ldots s_n, s)}$ und $a_i \in A_1^{s_i}$ $(1 \leq i \leq n)$ gilt:

$$h(\phi_1(f)(a_1, \ldots, a_n)) = \phi_2(f)(h(a_1), \ldots, h(a_n)).$$

Mit $\mathbb{N}$ bezeichnen wir die Menge aller natürlichen Zahlen.

2. Existiert zu zwei Algebren ein *bijektiver* Homomorphismus, so heißen die beiden Algebren *isomorph*.

Der Begriff des Σ-Homomorphismus ist grundlegend für die Definition initialer und frei erzeugter Algebren.

A.1.5 Definition　Sei $\Sigma = (S, \Omega)$ eine Signatur.

1. Eine Σ-Algebra $\mathcal{A} = \langle A, \phi_A \rangle$ heißt *initial* in der Klasse Alg_Σ unter beliebigen Homomorphismen, falls für jedes $\mathcal{B} = \langle B, \phi_B \rangle$ aus Alg_Σ genau ein Homomorphismus $h_B : A \to B$ existiert.

2. Sei X eine S-sortierte, zu $\langle \Omega^{(\epsilon, s)} \mid s \in S \rangle$ disjunkte Menge, deren Elemente wir *Variablen* nennen.

   $\mathcal{A} = \langle A, \phi \rangle \in Alg_\Sigma$ heißt *frei von X erzeugt*, falls gilt:

   (a) $\mathcal{A}$ ist von X erzeugt, d.h. jedes $a \in A$ läßt sich aus X in endlich vielen Schritten durch Anwendung von Grundoperationen $\phi(f)$ mit $f \in \Omega$ erzeugen — insbesondere gilt $X \subseteq A$ — und

   (b) für $\mathcal{B} = \langle B, \phi_B \rangle \in Alg_\Sigma$ läßt sich jede Variablenbelegung $\beta : X \to B$ mit $\beta(X^s) \subseteq B^s$ $(s \in S)$ auf genau eine Weise zu einem Homomorphismus

   $$\hat{\beta} : A \to B$$

   fortsetzen.

A.1.6 Satz　　1. Die Klasse Alg_Σ aller Σ-Algebren hat eine initiale Algebra, die bis auf Isomorphie eindeutig bestimmt ist.

2. In Alg_Σ gibt es zu jeder S-sortierten Menge X eine bis auf Isomorphie eindeutig bestimmte von X frei erzeugte Algebra.

Ein Repräsentant der Klasse der frei erzeugten Σ-Algebren über X ist die Σ-Termalgebra über X. Die Definition des Trägers dieser Termalgebra ist auch in Kapitel 1 angegeben.

A.1.7 Definition　Sei $\Sigma = (S, \Omega)$ eine Signatur und X wie in Definition 1.1.5 (2) eine S-sortierte Variablenmenge. Die Σ-*Termalgebra über X*

$$\mathcal{T}_\Sigma(X) = \langle T_\Omega(X), \phi_T \rangle$$

ist wie folgt definiert:

1. $T_\Omega(X) = \langle T_\Omega^s(X) \mid s \in S \rangle$ ist die kleinste Menge mit

   (a) $X^s \cup \Omega^{(\epsilon, s)} \subseteq T_\Omega^s(X)$ $(s \in S)$

(b) Mit $a_i \in T_\Omega^{s_i}(X)(1 \leq i \leq n)$ und $f \in \Omega^{(s_1 \ldots s_n, s)}$ ist $f(a_1, \ldots, a_n) \in T_\Omega^s(X)$.

2. $\phi_T : \Omega \to Ops(T_\Omega(X))$ ordnet $f \in \Omega^{(s_1 \ldots s_n, s)}$ die Grundoperation

$$\phi_T(f) : \left\{ \begin{array}{ccc} T_\Omega^{s_1}(X) \times \ldots \times T_\Omega^{s_n}(X) & \to & T_\Omega^s(X) \\ (a_1, \ldots, a_n) & \mapsto & f(a_1, \ldots, a_n) \end{array} \right.$$

zu.

Die über der leeren Variablenmenge erzeugte Σ-Termalgebra $\mathcal{T}_\Sigma := \langle T_\Omega, \phi_T \rangle$ mit $T_\Omega := T_\Omega(\emptyset)$ ist ein Repräsentant der Isomorphieklasse der initialen Σ-Algebren.

Eine wichtige Eigenschaft der Terme über einer Variablenmenge ist die eindeutige Zerlegbarkeit.

A.1.8 Satz Für jeden Term $a \in T_\Omega(X)$ gilt:

Entweder ist a *atomar*, also $a \in X \cup \bigcup_{s \in S} \Omega^{(\epsilon, s)}$ oder *zusammengesetzt* mit eindeutig bestimmten Komponenten $f \in \Omega^{(s_1 \ldots s_n, s)}(n \geq 1), a_i \in T_\Omega^{s_i}(X)(1 \leq i \leq n)$, d.h. $a = f(a_1, \ldots, a_n)$.

Im folgenden Abschnitt werden wir vollständige Halbordnungen definieren und darauf aufbauend im Anschluß Algebren betrachten, deren Träger eine vollständige Halbordnung ist.

A.2   Halbordnungen

Zur Definition der denotationellen Semantik von funktionalen Programmen werden wir vollständige Halbordnungen, den Begriff der Stetigkeit von Funktionen auf vollständigen Halbordnungen sowie den Fixpunktsatz von Tarski benötigen. Wir geben in diesem Abschnitt lediglich die wichtigsten Definitionen und Sätze an. Eine ausführlichere Darstellung findet sich etwa in [Stoy 77].

A.2.1 Definition   1. Eine *Halbordnung* $\mathcal{A} = \langle A, \leq \rangle$ besteht aus einer nichtleeren Menge A und einer reflexiven, antisymmetrischen und transitiven Relation $\leq$ auf A.

2. Sei $\mathcal{A} = \langle A, \leq \rangle$ eine Halbordnung. Seien $T \subseteq A$ und $a \in A$.

(a) a heißt *obere Schranke von* T, falls $\forall b \in T : b \leq a$.

(b) a heißt *kleinstes Element von* T, falls $a \in T$ und $\forall b \in T : a \leq b$.

(c) Besitzt die Menge aller oberen Schranken von T

$$\{a \mid \forall b \in T : b \leq a\}$$

ein kleinstes Element, so heißt dieses die *kleinste obere Schranke von* T und wird mit $\sup T$ bezeichnet.

(d) Sei zudem $T \neq \emptyset$. Dann heißt T *gerichtet*, falls

$$\forall\, a, b \in T\ \exists c \in T:\ a \leq c\ \wedge\ b \leq c.$$

3. Eine Halbordnung $\mathcal{A} = \langle A, \leq \rangle$ heißt *vollständig*, falls gilt:

    (a) Es gibt ein kleinstes Element $\perp_A \in A$.

    (b) Jede gerichtete Menge $T \subseteq A$ hat in A eine kleinste obere Schranke: $\sup T \in A$.

Spezielle vollständige Halbordnungen sind sogenannte *flache Halbordnungen*, die dadurch entstehen, daß eine beliebige Menge A um ein kleinstes Element $\perp_A$ erweitert wird, d.h. man definiert eine triviale Halbordnung durch

$$a \leq b :\Leftrightarrow a = \perp_A\ \vee\ a = b.$$

A.2.2 Definition   Seien $\mathcal{A}_i = \langle A_i, \leq_i \rangle$ Halbordnungen $(1 \leq i \leq 2)$.

1. Eine Abbildung $f : A_1 \rightarrow A_2$ heißt *monoton*, falls

$$\forall a, a' \in A_1:\ a \leq_1 a'\ \Rightarrow\ f(a) \leq_2 f(a').$$

2. Seien $\mathcal{A}_1$ und $\mathcal{A}_2$ zudem vollständig.

    Dann heißt eine Abbildung $f : A_1 \rightarrow A_2$ *stetig*, falls f monoton ist und für alle gerichteten Teilmengen $T \subseteq A_1$ gilt:

$$f(\sup T) = \sup f(T).$$

A.2.3 Fixpunktsatz von Tarski   Sei $\mathcal{A} = \langle A, \leq \rangle$ eine vollständige Halbordnung und $f : A \rightarrow A$ stetig.

Dann existiert $\sup\{f^i(\perp_A) \mid i \in \mathbb{N}\} =: \mathit{fix}f$ und $\mathit{fix}f$ ist kleinster Fixpunkt von f, d.h.

1. $f(\mathit{fix}f) = \mathit{fix}f$.

2. $\forall a \in A:\ f(a) = a\ \Rightarrow\ \mathit{fix}f \leq a$.

Aus gegebenen vollständigen Halbordnungen kann man durch Bildung von Funktionen-, Summen- oder Produkträumen neue vollständige Halbordnungen generieren. Zur Beschreibung der denotationellen Semantik der in dieser Arbeit betrachteten funktionalen Programme werden wir lediglich die Funktionen- und die Produktraumbildung benötigen.

A.2.4 Satz   Seien $\mathcal{A}_i = \langle A_i, \leq_i \rangle$ vollständige Halbordnungen $(i \in \{1, 2\})$. Dann sind auch die im folgenden definierten Halbordnungen vollständig:

1. der *Funktionenraum*

$$[\mathcal{A}_1 \to \mathcal{A}_2] := \langle \{f : A_1 \to A_2 \mid f \text{ stetig}\}, \leq \rangle$$

mit $f \leq g :\Leftrightarrow \forall a \in A_1 : f(a) \leq_2 g(a)$,

2. der *Summenraum**

$$\mathcal{A}_1 \oplus \mathcal{A}_2 := \langle A_1 \oplus A_2, \leq \rangle$$

mit

$$A_1 \oplus A_2 := \{(1, a_1) \mid a_1 \in A_1 \setminus \{\bot_{\mathcal{A}_1}\}\} \cup \{(2, a_2) \mid a_2 \in A_2 \setminus \{\bot_{\mathcal{A}_2}\}\} \\ \cup \{\bot\}$$

und

$$a \leq a' :\Leftrightarrow a = \bot \vee \exists i \in \{1, 2\} : (a = (i, a_i) \wedge a' = (i, a_i') \wedge a_i \leq_i a_i'),$$

3. der *Produktraum*

$$\mathcal{A}_1 \times \mathcal{A}_2 := \langle A_1 \times A_2, \leq \rangle$$

mit $(a_1, a_2) \leq (a_1', a_2') :\Leftrightarrow a_1 \leq_1 a_1' \wedge a_2 \leq_2 a_2'$.

A.3 Interpretationen

In diesem Abschnitt geben wir die wesentlichen Definitionen und Ergebnisse über die in [Goguen, Thatcher, Wagner, Wright 77] eingeführten *stetigen Algebren* (continuous algebras), die wir *Interpretationen* nennen werden, wieder. Interpretationen sind Algebren, deren Träger eine vollständige Halbordnung ist und deren Zuweisungsfunktion als Bildbereich die Menge aller stetigen Operationen über dem Träger hat.

A.3.1 Definition 1. Sei $\Sigma = (S, \Omega)$ eine Signatur, $\mathcal{A} = \langle A, \leq \rangle$ eine S-sortierte Menge von vollständigen Halbordnungen und $Ops(\mathcal{A})$ die $S^* \times S$-sortierte Menge aller stetigen Operationen über $\mathcal{A}$, also

$$Ops(\mathcal{A}) := \langle Ops^{(w,s)}(\mathcal{A}) \mid (w, s) \in S^* \times S \rangle$$

mit $Ops^{(w,s)}(\mathcal{A}) := \{f : A^w \to A^s \mid f \text{ stetig}\}$.

---

*Man unterscheidet im allgemeinen die verschmelzende (coalesced) und die disjunkte (disjoint) Summenbildung. Wir definieren hier nur die häufiger verwendete verschmelzende Summe, bei der die kleinsten Elemente der beiden Komponentenhalbordnungen zu einem gemeinsamen kleinsten Element verschmolzen werden. Bei der disjunkten Summenbildung wird zu der disjunkten Vereinigung der Komponentenhalbordnungen ein neues kleinstes Element hinzugefügt.

Ist $\phi : \Omega \to Ops(\mathcal{A})$ mit $\phi(\Omega^{(w,s)}) \subseteq Ops^{(w,s)}(\mathcal{A})$ für $(w,s) \in S^* \times S$, so heißt

$$\langle A, \leq, \phi \rangle$$

eine Σ-*Interpretation*.

Int_Σ bezeichne die Klasse aller Σ-Interpretationen.

2. Eine Σ-Interpretation heißt *flach*, wenn ihr Träger nur flache Halbordnungen enthält. Für flache Interpretationen verzichten wir auch auf die explizite Angabe der Halbordnung und notieren solche in der Form

$$\langle A_\perp, \phi \rangle \text{ mit } A_\perp := A \cup \{\perp\},$$

wobei $\{\perp\}$ die S-sortierte Menge $\langle \{\perp^s\} \mid s \in S \rangle$ bezeichne.

3. Eine Σ-Interpretation $\mathcal{A} = \langle A, \leq, \phi \rangle$ heißt *strikt*, falls ihre Zuordnungsfunktion ϕ allen Funktionssymbolen $f \in \Omega$ in allen Argumenten strikte Operationen zuordnet.

   Eine Funktion $\psi : A^{s_1} \times \ldots \times A^{s_n} \to A^s (s_1, \ldots, s_n, s \in S, n \geq 1)$ heißt *strikt im i-ten Argument* $(1 \leq i \leq n)$, falls für alle $a_j \in A^{s_j} (1 \leq j \leq n, j \neq i)$ gilt:

$$\psi(a_1, \ldots, a_{i-1}, \perp^{s_i}, a_{i+1}, \ldots, a_n) = \perp^s,$$

wobei $\perp^{s_i}$ und $\perp^s$ jeweils das kleinste Element von $\langle A^{s_i}, \leq^{s_i} \rangle$ und $\langle A^s, \leq^s \rangle$ bezeichnen.

Wir werden strikte, flache Interpretationen benutzen, um die Semantik von nicht-strukturierten Basisobjekten (wie Zahlen, Wahrheitswerten etc.) zu beschreiben. Zur Festlegung der Semantik von strukturierten Objekten wählt man i.a. frei erzeugte Interpretationen. Es gilt nämlich folgendes Resultat:

A.3.2 Satz Die Klasse Int_Σ aller Σ-Interpretationen hat eine unter strikten, stetigen Homomorphismen initiale Interpretation

$$\mathcal{CT}_\Sigma = \langle CT_\Omega, \leq_{CT}, \phi_{CT} \rangle,$$

die bis auf Isomorphie eindeutig bestimmt ist.

Die Elemente von CT_Ω heißen *unendliche Ω-Bäume*.

In Kapitel 1 haben wir eine konkrete Repräsentation dieser Isomorphieklasse der unendlichen Bäume in Form partieller Abbildungen definiert und die Halbordnung sowie die Interpretation der Konstruktorsymbole explizit definiert. Im folgenden sind einige allgemeinen Aussagen über "die" initiale Σ-Interpretation zusammengestellt:

A.3.3 Lemma 1. Für die partielle Ordnung $\leq_{CT}$ auf CT_Ω gilt:

Seien $b, b' \in CT_\Omega^s (s \in S)$.

Es ist $b \leq_{CT}^s b'$ genau dann, wenn

- $b = \perp_{CT_\Omega^s}$ oder
- $b = b'$ oder
- $\exists f \in \Omega^{(s_1 \ldots s_n, s)} \ (s_1, \ldots, s_n, s \in S, n \geq 1)$
  $\exists b_j, b_j' \in CT_\Omega^{s_j} (1 \leq j \leq n)$ mit $b_j \leq b_j'$ und
  $$b = \phi_{CT}(f)(b_1, \ldots, b_n), b' = \phi_{CT}(f)(b_1', \ldots, b_n').$$

2. Für jedes $b \in CT_\Omega^s (s \in S)$ gilt:

- b ist kleinstes Element von CT_Ω^s, also $b = \perp_{CT_\Omega^s}$ oder
- es gibt genau ein $f \in \Omega^{(\epsilon, s)}$ mit $b = \phi_{CT}(f)$ oder
- es gibt genau ein $f \in \Omega^{(s_1 \ldots s_n, s)} \ (s_1, \ldots, s_n, s \in S, n \geq 1)$ und eindeutig bestimmte $b_j \in CT_\Omega^{s_j} (1 \leq j \leq n)$, so daß

$$b = \phi_{CT}(f)(b_1, \ldots, b_n).$$

Betrachtet man die von $\{\perp\} = \langle \{\perp^s\} \mid s \in S \rangle$ frei erzeugte Termalgebra

$$\langle T_\Omega(\{\perp\}), \phi \rangle,$$

und definiert man auf dieser eine vollständige Halbordnung $\leq_{FT}$ durch:

Für $a, a' \in T_\Omega^s(\{\perp\}) \ (s \in S)$ sei $a \leq a'$ genau dann, wenn $a = \perp^s$ oder $a = a'$ oder

es existieren $f \in \Omega^{(s_1 \ldots s_n, s)}(s_1, \ldots, s_n, s \in S, n \geq 1), a_j, a_j' \in T_\Omega^{s_j}(\{\perp\})$ mit

$a_j \leq a_j'$ und $a = f(a_1, \ldots, a_n), a' = f(a_1', \ldots, a_n'),$

so ist

$$\mathcal{FT}_\Sigma := \langle T_\Omega(\{\perp\}), \leq_{FT}, \phi \rangle$$

eine Σ-Interpretation. Die Elemente von $FT_\Omega := T_\Omega(\{\perp\})$ heißen (partielle) *endliche Bäume über* Ω. (Beachte, daß $T_\Omega(\{\perp\}) = T_{\Omega_\perp}(\emptyset)$, wobei $\Omega_\perp$ wie in Abschnitt 1.3 definiert sei.) Es gilt:

A.3.4 Lemma 1. $\mathcal{FT}_\Sigma$ ist ein Repräsentant der initialen Algebra in der Klasse der Σ-Algebren, deren Träger Halbordnungen mit kleinstem Element sind, unter strikten monotonen Homomorphismen.

2. Es gibt eine Repräsentation $\mathcal{CT}_\Sigma = \langle CT_\Omega, \leq_{CT}, \phi_{CT} \rangle$ der initialen Σ-Interpretation, so daß

$$T_\Omega \subset FT_\Omega \subset CT_\Omega$$

und zu jedem $b \in CT_\Omega$ gibt es eine Folge $b_n \in FT_\Omega (n \in \mathbb{N})$ mit

$$b = \sup\{b_n \mid n \in \mathbb{N}\}.$$

Dieses Lemma zeigt einen wichtigen Zusammenhang zwischen der Termalgebra $\mathcal{T}_\Sigma$, der Algebra $\mathcal{FT}_\Sigma$ und der Interpretation $\mathcal{CT}_\Sigma$. Die Trägerelemente von $\mathcal{T}_\Sigma$ bezeichnen wir daher auch als totale endliche Bäume, da ihre Knoten nur mit Symbolen aus Ω beschriftet sind. Die Trägerelemente von $\mathcal{FT}_\Sigma$ und $\mathcal{CT}_\Sigma$ sind endliche bzw. unendliche Bäume, an deren Blättern auch $\perp$-Elemente als Beschriftung auftreten können.

Abschließend möchten wir darauf hinweisen, daß analog zum Begriff der frei erzeugten Σ-Algebra auch der Begriff der frei erzeugten Σ-Interpretation gebildet werden kann. Die Existenz und Eindeutigkeit bis auf Isomorphie ist auch für frei erzeugte Interpretationen gültig. Als Erzeugendensystem werden wir in dieser Arbeit immer von einer S-sortierten Menge von vollständigen Halbordnungen ausgehen.

A.4 Der ungetypte λ-Kalkül

Der λ-Kalkül wurde von Church ursprünglich zur Präzisierung des Berechenbarkeitsbegriffes eingeführt. λ-Terme oder -Ausdrücke sind nur aus Variablen mittels λ-Abstraktion und Applikation aufgebaut. Die Theorie des λ-Kalküls bildet die Basis der funktionalen Programmierung. Eine ausführliche Darstellung dieser Theorie ist in [Barendregt 84] gegeben. Wir geben hier nur einen kurzen Überblick über die Syntax und Reduktionssemantik des ungetypten λ-Kalküls.

Da wir den λ-Kalkül als Kern einer funktionalen Programmiersprache betrachten, erweitern wir den ursprünglichen Kalkül um eine vorgegebene Menge $\mathcal{K}$ von Konstanten. Diese Konstanten entsprechen den Funktionssymbolen einer Signatur. Sie sind aber ungetypt. Die hier betrachteten λ-Ausdrücke sind also aus Konstanten und Variablen mittels Abstraktion und Applikation aufgebaut. Sei $\mathcal{V}$ eine fest vorgegebene unendliche Menge von Variablen.

A.4.1 Definition Die Menge der λ-Ausdrücke Λ wird induktiv definiert durch

- $\mathcal{K} \subseteq \Lambda$,
- $\mathcal{V} \subseteq \Lambda$,

- $x \in \mathcal{V}, E \in \Lambda \Rightarrow \lambda x.E \in \Lambda,$
- $E_1, E_2 \in \Lambda \Rightarrow (E_1 E_2) \in \Lambda.$

Die λ-Ausdrücke sind nicht getypt. Insbesondere ist damit die Selbstapplikation — (EE) — von Ausdrücken (E) zugelassen. Dies ermöglicht auch die Simulation des Fixpunktoperators, so daß ein explizites Konstrukt zur Beschreibung von Rekursion nicht notwendig ist.

Wie man leicht anhand der im folgenden beschriebenen operationellen Semantik des λ-Kalküls überprüft, entspricht der λ-Ausdruck

$$\lambda f.(\lambda x.(f(xx)) \; \lambda x.(f(xx)))$$

dem Fixpunktoperator.

Zur Beschreibung der operationellen Semantik des ungetypten λ-Kalküls erklären wir zunächst den Begriff der freien und gebundenen Variablen eines λ-Ausdruckes sowie den Begriff der Substitution der freien Vorkommen einer Variablen.

A.4.2 Definition　Sei E ein λ-Ausdruck.

1. Die Menge der *freien Variablen in E* $FV(E)$ wird induktiv über die Struktur der λ-Ausdrücke definiert:

   (a) $FV(a) = \emptyset$ für $a \in \mathcal{K}.$

   (b) $FV(x) = \{x\}$ für $x \in \mathcal{V}.$

   (c) $FV(\lambda x.E) = FV(E) \setminus \{x\}.$

   (d) $FV((E_1 E_2)) = FV(E_1) \cup FV(E_2).$

2. Die Menge der *gebundenen Variablen in E* $BD(E)$ wird ebenfalls induktiv über die Struktur der λ-Ausdrücke definiert:

   (a) $BD(a) = \emptyset$ für $a \in \mathcal{K}.$

   (b) $BD(x) = \emptyset$ für $x \in \mathcal{V}.$

   (c) $BD(\lambda x.E) = BD(E) \cup \{x\}.$

   (d) $BD((E_1 E_2)) = BD(E_1) \cup BD(E_2).$

A.4.3 Definition　Sei $E, E' \in \Lambda, x \in V.$ Ersetzt man in E alle freien Vorkommen der Variablen x durch E', so erhält man den λ-Ausdruck

$$E[x/E'],$$

der wie folgt definiert ist:

1. $a[x/E'] = a$ für $a \in \mathcal{K}.$

2. $y[x/E'] = \begin{cases} y & \text{falls } y \in \mathcal{V} \setminus \{x\}, \\ E' & \text{falls } y = x. \end{cases}$

3. $\lambda y.E[x/E'] = \begin{cases} \lambda y.(E[x/E']) & \text{falls } x \neq y, \\ \lambda y.E & \text{sonst.} \end{cases}$

4. $(E_1 E_2)[x/E'] = (E_1[x/E'] \ E_2[x/E'])$.

Die operationelle Semantik des λ-Kalküls beruht auf den folgenden Reduktionsregeln.

A.4.4 Definition   Die Reduktionsregeln

$$\rightarrow_\beta \subseteq \Lambda \times \Lambda \text{ und } \rightarrow_\alpha \subseteq \Lambda \times \Lambda$$

für ungetypte λ-Ausdrücke sind wie folgt definiert

1. *β-Reduktion*:

$$(\lambda x.E \ E') \rightarrow_\beta E[x/E'], \qquad\qquad \text{falls } BD(E) \cap FV(E') = \emptyset$$

2. *α-Konversion*:

$$\lambda x.E \rightarrow_\alpha \lambda z.(E[x/z]) \qquad\qquad \text{falls } z \notin FV(E) \cup BD(E)$$

Die β-Reduktionsregeln $\rightarrow_\beta$ beschreiben die Reduktion der Applikation einer λ-Abstraktion auf einen Ausdruck. Die Reduktion erfolgt dadurch, daß im Rumpf der λ-Abstraktion alle freien Vorkommen der gebundenen Variablen durch den Argumentausdruck ersetzt werden. Um zu vermeiden, daß durch die Substitution freie Variablen des Argumentausdruckes gebunden werden, ist die β-Reduktion nur erlaubt, falls die gebundenen Variablen des Rumpfes der λ-Abstraktion disjunkt zu den freien Variablen des Argumentausdruckes sind.

Da diese Bedingung der β-Reduktion nicht immer erfüllt ist, ermöglichen die α-Konversionsregeln die Umbenennung der gebundenen Variablen einer λ-Abstraktion.

Als Reduktionsrelation ergibt sich damit:

A.4.5 Definition   1. Die Reduktionsrelation

$$\Rightarrow \subseteq \Lambda \times \Lambda$$

wird induktiv definiert durch

(a) $\rightarrow_\alpha \cup \rightarrow_\beta \subseteq \Rightarrow$.

(b) $E \Rightarrow E$ für $E \in \Lambda$.

(c) Mit $E_1 \Rightarrow E_1', E_2 \Rightarrow E_2'$ ist auch:

- $\lambda x.E_1 \Rightarrow \lambda x.E_1'$,
- $(E_1 E_2) \Rightarrow (E_1' E_2')$.

2. Sind $E, E' \in \Lambda$ und gilt $E \overset{*}{\Rightarrow} E'$ und es existiert kein $E'' \neq E'$ mit $E' \Rightarrow_\beta E''$, so heißt E' *β-Normalform von E*.

$\overset{*}{\Rightarrow}$ bezeichne dabei die transitive, reflexive Hülle von $\Rightarrow$,

$\Rightarrow_\beta$ sei wie $\Rightarrow$ definiert, wobei unter 1. $\rightarrow_\alpha \cup \rightarrow_\beta$ durch $\rightarrow_\beta$ ersetzt wird. Bei einer $\Rightarrow_\beta$-Reduktion ist also keine α-Konversion erlaubt.

Eine wichtige Eigenschaft der Reduktionsrelation auf λ-Ausdrücken ist die Church-Rosser-Eigenschaft.

A.4.6 Satz $\Rightarrow$ ist konfluent, d.h. zu λ-Ausdrücken E, E_1, E_2 mit

$$E \overset{*}{\Rightarrow} E_1 \text{ und } E \overset{*}{\Rightarrow} E_2$$

existiert ein λ-Ausdruck E' mit

$$E_1 \overset{*}{\Rightarrow} E' \text{ und } E_2 \overset{*}{\Rightarrow} E'.$$

Damit ist die *β-Normalform* eines λ-Ausdruckes bis auf Umbenennung der gebundenen Variablen durch α-Konversion eindeutig bestimmt.

Die in Kapitel 1 eingeführte Sprache SAL entspricht einem getypten, um frei erzeugte Datenstrukturen erweiterten λ-Kalkül. Durch die Zugrundelegung eines Typkonzeptes wird die Bildung von Selbstapplikationen verhindert. Rekursion muß demnach durch ein spezielles Konstrukt explizit eingeführt werden. Dadurch wird die Sprache aber intuitiver und semantisch einfacher zu behandeln.

Literaturverzeichnis

[**Abramsky 85**] S.Abramsky: *Strictness Analysis and Polymorphic Invariance*, Workshop on Programs as Data Objects, Lecture Notes in Computer Science 217, Springer Verlag 1985.

[**Abramsky, Hankin**] S.Abramsky, C.Hankin (eds.): *Abstract Interpretation of Declarative Languages*, Ellis Horwood Limited, 1987.

[**Anderson, Hankin, Kelly, Osmon, Shute 87**] P.Anderson, C.Hankin, P.Osmon, M.Shute: *COBWEB-2 — Structured Specification of a Wafer-Scale Supercomputer*, Conference on Parallel Architectures and Languages Europe, Lecture Notes in Computer Science 259, Springer Verlag 1987.

[**Annot, van Twist 87**] J.K.Annot, R.A.H. van Twist: *A Novel Deadlock-Free and Starvation Free Packet Switching Communication Processor*, Conference on Parallel Architectures and Languages Europe, Lecture Notes in Computer Science 258/259, Springer Verlag 1987.

[**Arvind, Kathail, Pingali 85**] Arvind, V.Kathail, K.Pingali: *Sharing of Computation in Functional Language Implementations*, Workshop on Functional Programming, Göteborg 1985.

[**Augustsson 84**] L.Augustsson: *A Compiler for Lazy ML*, ACM Symposium on Lisp and Functional Programming, 1984.

[**Augustsson 87**] L.Augustsson: *Compiling Lazy Functional Languages, Part II*, Ph.D. Thesis, Department of Computer Sciences, Chalmers University of Technology, Göteborg, 1987.

[**Backus 78**] J.Backus: *Can Programming Be Liberated from the von Neumann Style? — A Functional Style and Its Algebra of Programs*, Communications of the ACM, Vol.21, No.8, August 1978.

[**Barendregt 84**] H.P.Barendregt: *The Lambda Calculus: Its Syntax and Semantics*, North-Holland 1984.

[**Barendregt 85**] H.P.Barendregt: *Introduction To Lambda Calculus*, Workshop on Implementation of Functional Languages, Göteborg 1985.

[**Barendregt et al. 87**] H.P.Barendregt, M.C.J.D.van Eekelen, J.R.W.Glauert, J.R.Kennaway, M.J.Plasmeijer, M.R.Sleep: *Term Graph Rewriting*, Conference on Parallel Architectures and Languages Europe, Lecture Notes in Computer Science 258/259, Springer Verlag 1987.

[**Berkling 75**] K.J.Berkling: *Reduction Languages for Reduction Machines*, ACM/IEEE Symposium on Computer Architecture, 1975.

[**Bevan 87**] D.Bevan: *Distributed Garbage Collection Using Reference Counting*, Conference on Parallel Architectures and Languages Europe, Lecture Notes in Computer Science 259, Springer Verlag 1987.

[**Bevan, Burn, Karia, Robson 87**] D.I.Bevan, G.L.Burn, R.J.Karia, J.R.Robson: *Design Principles of a Distributed Memory Architecture for Parallel Graph Reduction*, Internal Report, GEC Research Ltd. 1987.

[**Bhuyan 87**] L.N.Bhuyan: *Interconnection Networks for Parallel and Distributed Processing*, IEEE Computer, June 1987.

[**Bird, Wadler 88**] R.Bird, Ph.Wadler: *Introduction to Functional Programming*, Prentice Hall 1988.

[**Blödorn, Zimmer 88**] H.Blödorn, R.Zimmer: *Heap-Supported Cooperating Reduction Machines*, Internal Report, Universität Kiel und GMD St. Augustin, 1988.

[**Bobrow, Wegbreit 73**] D.G.Bobrow, B.Wegbreit: *A Model and Stack Implementation of Multiple Environments*, Communications of the ACM, Vol.16, No.10, October 1973.

[**Burge 75**] W.H. Burge: *Recursive Programming Techniques*, Addison Wesley 1975.

[**Burn 85**] G.Burn: *Why the Problem of Polymorphism and Strictness Analysis Has Not Been Solved*, Note distributed on the FP mailboard, 20th November 1985.

[**Burn 87a**] G.Burn: *Evaluation Transformers — A Model for the Parallel Evaluation of Functional Languages*, Conference on Functional Programming Languages and Computer Architecture, Lecture Notes in Computer Science 274, Springer Verlag 1987.

[**Burn 87b**] G.Burn: *Abstract Interpretation and the Parallel Evaluation of Functional Languages*, Ph.D. Thesis, Imperial College, London 1987.

[**Burn 88a**] G.Burn: *Developing a Distributed Memory Architecture for Parallel Graph Reduction*, CONPAR 88, UMIST, September 1988.

[**Burn 88b**] G.Burn: *A Shared Memory Parallel G-machine Based on the Evaluation Transformer Model of Computation*, Workshop on Implementation of Lazy Functional Programming Languages, Göteborg 1988.

[**Burn 88c**] Persönliche Kommunikation.

[**Burn, Hankin, Abramsky 86**] G.Burn, C.L.Hankin, S.Abramsky: *Strictness Analysis for Higher-Order Functions*, Science of Computer Programming, Vol.7, November 1986.

[**Burn, Peyton-Jones, Robson 88**] G.Burn, S.L.Peyton-Jones, J.D.Robson: *The Spineless G-Machine*, ACM Symposium on LISP and Functional Programming, 1988.

[**Burstall, MacQueen, Sannella 80**] R.M. Burstall, D.B. MacQueen, D.T. Sannella: *HOPE: An Experimental Applicative Language*, ACM Symposium on Lisp and Functional Programming Languages, 1980.

[**Cardelli 83**] L.Cardelli: *The Functional Abstract Machine*, Polymorphism: The ML/LCF/Hope Newsletter 1(1), Januar 1983.

[**Cardelli 84**] L.Cardelli: *Compiling a Functional Language*, ACM Symposium on LISP and Functional Programming, Austin, Texas, 1984.

[**Clack, Peyton-Jones 85**] C.Clack, S.Peyton-Jones: *Strictness Analysis — A Practical Approach*, Conference on Functional Programming Languages and Computer Architecture, Lecture Notes in Computer Science 201, Springer Verlag 1985.

[**Clarke, Gladstone, Mac Lean, Norman 80**]
T.J.W.Clarke, P.J.S.Gladstone, C.D.Mac Lean, A.C.Norman: *SKIM: the S, K, I Reduction Machine*, LISP Conference, 1980.

[**Cousot, Cousot 79**] P. Cousot, R. Cousot: *Systematic Design of Program Analysis Frameworks*, ACM Symposium on Principles of Programming Languages, San Antonio, 1977.

[**Curry, Feys 58**] H.B.Curry, R.Feys: *Combinatory Logic*, Volume I, North Holland 1958.

[**Damas, Milner 82**] L. Damas, R. Milner: *Principal type schemes for functional programs*, ACM Symposium on Principles of Programming Languages, 1982.

[**Damm, Döhmen 87**] W.Damm, G.Döhmen: *An axiomatic approach to the specification of distributed computer architectures*, Conference on Parallel Architectures and Languages Europe, Lecture Notes in Computer Science 258/259, Springer Verlag 1987.

[**Damm, Döhmen, Merkel, Sichelschmidt 86**] W.Damm, G.Döhmen, K.Merkel, M.Sichelschmidt: *The AADL/S*-Approach to Firmware Design Verification*, IEEE Software Magazin, Vol.3, No.4, July 1986, pp.27-37.

[**Fairbairn, Wray 86**] J.Fairbairn, S.C.Wray: *Code Generation Techniques for Functional Languages*, ACM Symposium on LISP and Functional Programming, 1986.

[**Fairbairn, Wray 87**] J.Fairbairn, S.C.Wray: *Tim: A Simple, Lazy Abstract Machine to Execute Supercombinators*, Conference on Functional Programming Languages and Computer Architecture, Lecture Notes in Computer Science 274, Springer Verlag 1987.

[**Field, Harrison 88**] A.J.Field, P.G.Harrison: *Functional Programming*, Addison Wesley 1988.

[**Frenkel 86**] K.A.Frenkel: *Evaluating Two Massively Parallel Machines*, Communications of the ACM, Vol. 29, August 1986.

[**Friedman, Wise 76**] D.P.Friedman, D.S.Wise: *CONS should not Evaluate its Arguments*, 3rd Colloquium on Automata, Languages and Programming, 1976.

[**Georgeff 82**] H.P.Georgeff: *A Scheme for Implementing Functional Values on a Stack Machine*, ACM Symposium on LISP and Functional Programming, Pittsburgh,1982.

[**Georgeff 84**] H.P.Georgeff: *Transformations and Reduction Strategies for Typed Lambda Expressions*, ACM Transactions on Programming Languages and Systems, Vol.6, No.4, October 1984.

[**Giloi 86**] W.K.Giloi: *Interconnection Networks*, ESPRIT Summer School, Pisa, 1986.

[**Goguen, Thatcher, Wagner, Wright 77**] J.A.Goguen, J.W.Thatcher, E.G.Wagner, J.B.Wright: *Initial Algebra Semantics and Continuous Algebras*, Journal of the Association for Computing Machinery, Vol 24, No.1, January 1977.

[**Goldberg 87**] B.Goldberg: *Detecting Sharing of Partial Applications in Functional Programs*, Conference on Functional Programming Languages and Computer Architecture, Lecture Notes in Computer Science 274, Springer Verlag 1987.

[**Goldberg, Hudak 86**] B.Goldberg, P.Hudak: *Alfalfa: Distributed Graph Reduction on a Hypercube Multiprocessor*, Workshop on Graph Reduction, Lecture Notes in Computer Science 279, Springer Verlag 1986.

[**Gonauser, Mrva 89**] M.Gonauser, M.Mrva (Hrsg.): *Multiprozessorsysteme — Architektur und Leistungsbewertung*, Springer Verlag 1989.

[**Henderson, Morris 76**] P.Henderson, J.H.Morris: *A Lazy Evaluator*, ACM Symposium on Principles of Programming Languages 1976.

[**Hankin, Burn, Peyton-Jones 86**] C.L.Hankin, G.L.Burn, S.L.Peyton-Jones: *A Safe Approach to Parallel Combinator Reduction*, European Symposium on Programming, Lecture Notes in Computer Science 213, Springer Verlag 1986.

[**Hankin, Burn, Peyton-Jones 88**] C.L.Hankin, G.L.Burn, S.L.Peyton-Jones: *A Safe Approach to Parallel Combinator Reduction*, Theoretical Computer Science, Vol. 56, 1988.

[**Hankin, Shute, Osmon 85**] C.L.Hankin, M.J.Shute, P.E.Osmon: *COBWEB: A Combinator Reduction Architecture*, Conference on Functional Programming Languages and Computer Architecture, Lecture Notes in Computer Science 201, Springer Verlag 1985.

[**Holmström 83**] S.Holmström: *Polymorphic Type Systems and Concurrent Computations in Functional Languages*, Ph.D. Thesis, Department of Computer Science, Chalmers University of Technology, Göteborg 1983.

[**Hudak 83**] P.Hudak: *Distributed Task and Memory Management*, ACM Symposium on Principles of Distributed Computing, August 1983.

[**Hudak 84**] P.Hudak: *Distributed Applicative Processing Systems: Project Goals, Motivation, and Status Report*, Technical Report YALEU/DCS/TR-317, Yale University, 1984.

[**Hudak 86**] P.Hudak: *Para-functional programming, a paradigm for programming multiprocessor systems*, ACM Symposium on Principles of Programming Languages, 1986.

[**Hudak, Goldberg 84**] P.Hudak, B.Goldberg: *Experiments in Diffused Combinator Reduction*, ACM Symposium on LISP and Functional Programming, 1984.

[**Hudak, Goldberg 85a**] P.Hudak, B.Goldberg: *Serial Combinators: Optimal Grains of Parallelism*, Conference on Functional Programming Languages and Computer Architecture, Lecture Notes in Computer Science 201, Springer Verlag 1985.

[**Hudak, Goldberg 85b**] P.Hudak, B.Goldberg: *Distributed Evaluation of Functional Programs Using Serial Combinators*, IEEE Transactions on Computers, Vol. C-34, No. 10, October 85.

[**Hudak, Keller 82**] P.Hudak, R.M.Keller: *Garbage Collection and Task Deletion in Distributed Applicative Processing Systems*, Symposium on LISP and Functional Programming 1982.

[**Hudak, Kranz 84**] P.Hudak, D.Kranz: *A Combinator-based Compiler for a Functional Language*, ACM Symposium on Principles of Programming Languages, 1984.

[**Hudak, Young 85**] P.Hudak, J.Young: *A Set-Theoretic Characterization of Function Strictness in the Lambda Calculus*, Research Report YALEU/DCS/RR-391, Yale University, Department of Computer Science, Jan.1985.

[**Hudak, Young 86**] P.Hudak, J.Young: *Higher Order Strictness Analysis in Untyped Lambda Calculus*, 19th ACM Symposium on Principles of Programming Languages, 1986.

[**Hughes 82**] R.J.M.Hughes: *Super-Combinators*, ACM Symposium on LISP and Functional Programming, 1982.

[**Hughes 84**] R.J.M.Hughes: *The Design and Implementation of Programming Languages*, Ph.D. Thesis, PRG-40, Programming Research Group, Oxford, 1984.

[**Hughes 85**] J.Hughes: *Why Functional Programming Matters*, Internal Report, Programming Methodology Group, Chalmers Institute of Technology, Göteborg 1985.

[Indermark 86] K.Indermark: *Algebraic Proofs of the Equivalence between Fixpoint Semantics, Reduction Semantics and Leftmost-Outermost Semantics*, Interner Bericht, RWTH Aachen, 1986.

[INMOS 84] INMOS : *Occam Programming Manual*, Prentice Hall 1984.

[Johnsson 84] Th.Johnsson: *Efficient Compilation of Lazy Evaluation*, SIGPLAN Notices Vol. 19, No. 6, June 1984.

[Johnsson 85] Th.Johnsson: *Lambda Lifting*, Conference on Functional Programming Languages and Computer Architecture, Lecture Notes in Computer Science 201, Springer Verlag 1985.

[Johnsson 87] Th.Johnsson: *Compiling Lazy Functional Languages*, Ph.D. Thesis, Chalmers University of Technology, Göteborg 1987.

[Jones, Muchnick 82] N.D.Jones, S.S.Muchnick: *A Fixed-program Machine for Combinator Expression Evaluation*, ACM Symposium on LISP and Functional Programming, 1982.

[Karia 86] R.Karia: *Towards a Parallel Architecture for Functional Languages*, ESPRIT Summer School, 1986.

[Kennaway, Sleep 83] J.R.Kennaway, M.R.Sleep: *Novel architectures for declarative languages*, Software & Microsystems, Vol.2, No.3, June 1983.

[Kieburtz 85] R.B.Kieburtz: *The G-machine: A fast, graph-reduction evaluator*, Conference on Functional Programming Languages and Computer Architecture, Lecture Notes in Computer Science 201, 1985.

[Kieburtz 87] R.B.Kieburtz: *Performance evaluation of a G-machine implementation*, Workshop on Graph Reduction, Santa Fe 1986, Lecture Notes in Computer Science 279, Springer Verlag 1987.

[Klaeren 83] H.A.Klaeren: *Algebraische Spezifikation*, Springer Verlag 1983.

[Kluge 83] W.E.Kluge: *Cooperating Reduction Machines*, IEEE Transactions on Computers, Vol. C-32, No. 11, November 83.

[Kober 88] R.Kober (Hrsg.): *Parallelrechner-Architekturen — Ansätze für imperative und deklarative Sprachen*, Springer Verlag 1988.

[Kruskal 84] C.P.Kruskal: *The Architecture of Parallel Computers*, Control Flow and Data Flow: Concepts of Distributed Programming, International Summer School 1984 in Marktoberdorf, NATO ASI Series F: Computer and System Sciences, Vol 14, pp.279-344.

[Kuchen, Loogen, Maaßen, Indermark 88]
H.Kuchen, R.Loogen, A.Maaßen, K.Indermark: *Parallele Implementierung einer funktionalen Sprache*, Workshop der GI-Fachgruppen 'Alternative Konzepte für Sprachen und Rechner'(2.1.4) und 'Parallel-Algorithmen und -Rechnerstrukturen'(3.1.2), ISSN 0177-0454, 1988.

[Kuchen 89] H.Kuchen: *Implementierung einer funktionalen Programmiersprache auf einem* OCCAM/*Transputersystem unter besonderer Berücksichtigung applikativer Datenstrukturen*, Dissertation, RWTH Aachen, 1989.

[Landin 64] P.J.Landin: *The Mechanical Evaluation of Expressions*, Computer Journal, 6, 4, 1964.

[Lermen, Maurer 87] C.W.Lermen, D.Maurer: *A Protocol for Distributed Reference Counting*, ACM Conference on LISP and Functional Programming, 1986.

[Lester 87] D.Lester: *The G-Machine as a Representation of Stack Semantics*, Conference on Functional Programming Languages and Computer Architecture, Lecture Notes in Computer Science 274, Springer Verlag 1987.

[Lester 88] D.Lester: *A Transformational Development of An Optimizimg G-Machine Compiler (Extended Abstract)*, Aspenäs Workshop on the Implementation of Lazy Functional Languages, Göteborg 1988.

[Loogen 87] R.Loogen: *Design of a parallel programmable graph reduction machine with distributed memory*, Aachener Informatik-Berichte Nr. 87-11.

[Loogen, Kuchen, Indermark, Damm 89]
R.Loogen, H.Kuchen, K.Indermark, W.Damm: *Distributed Implementation of Programmed Graph Reduction*, Conference on Parallel Architectures and Languages Europe 1989, Lecture Notes in Computer Science 365, Springer Verlag 1989.

[Magó 80] G.A.Magó: *A Cellular Computer Architecture for Functional Programming*, IEEE COMPCON, 1980.

[Martin, Hankin 87] C.Martin, C.Hankin: *Finding Fixed Points in Finite Lattices*, Conference on Functional Programming Languages and Computer Architecture, Portland, Oregon, USA, September 1987, Lecture Notes in Computer Science 274, pp. 426-445, Springer Verlag 1987.

[Maurer 87] D.Maurer: *Relevanzanalyse — eine Kombination von Striktheits- und Datenflußanalyse zur effizienten Auswertung funktionaler Programme*, Dissertation, Universität des Saarlandes, 1987 (auch erschienen als Informatik-Fachbericht 190, Springer Verlag 1988).

[**Maurer, Oberhauser 85**] D.Maurer, H-G.Oberhauser: *Ein Simulator für die parallele Reduktion von Kombinatorcode*, SFB 124 - C1, 9/1985, Universität des Saarlandes, West Germany, 1985.

[**May 86a**] D.May: *Communicating Processes and Occam*, Esprit Summer School, Pisa 1986.

[**May 86b**] D.May: *The Transputer Implementation of OCCAM*, ESPRIT Summer School, Pisa 1986.

[**Meijer 88**] E.Meijer: *Generalised Expression Evaluation*, Aspenäs Workshop on the Implementation of Lazy Functional Programming Languages, 1988.

[**Milner 78**] R. Milner: *A theory of type polymorphism in programming*, Journal of Computer and System Sciences, 17(3), 1978.

[**Milner 84**] R.Milner: *Standard ML*, Polymorphism: The ML/LCF/Hope Newsletter, 1(3), Januar 1984.

[**Mycroft 81**] A.Mycroft: *Abstract Interpretation and Optimizing Transformations for Applicative Programs*, Ph.D. Thesis, University of Edinburgh, 1981.

[**Odijk 87**] E.A.M.Odijk: *The DOOM-System and its Applications, A Survey of ESPRIT 415, Subproject A, Philips Research Laboratories*, Conference on Parallel Architectures and Languages Europe, Lecture Notes in Computer Science 258/259, Springer Verlag 1987.

[**Partridge, Dekker 88**] A.S.Partridge, A.H.Dekker: *Speculative parallelism in an distributed graph reduction machine*, Internal Report, University of Tasmania, 1988.

[**Peyton-Jones 82**] S.L.Peyton-Jones: *An Investigation of the Relative Efficiencies of Combinators and Lambda Expressions*, ACM Symposium on LISP and Functional Programming, 1982.

[**Peyton-Jones, Clack, Harris 85**] S.L.Peyton-Jones, C.Clack, N.Harris: *GRIP — A parallel graph reduction machine*, Workshop on Implementation of Functional Languages, Göteborg, 1985.

[**Peyton-Jones 87**] S.L.Peyton-Jones: *The Implementation of Functional Programming Languages*, Prentice Hall 1987.

[**Peyton-Jones, Salkild 88**] S.L.Peyton-Jones, J.Salkild: *The Spineless Tagless G-Machine*, Aspenäs Workshop on the Implementation of Lazy Functional Languages, Göteborg 1988.

[**Raber et al. 87**] M.Raber, Th.Remmel, D.Maurer, F.Müller, H.-G.Oberhauser, R.Wilhelm: *A concept for a parallel G-machine*, Internal Report, SFB 124-C1, Universität des Saarlandes, Saarbrücken, 1987.

[**Raber et al. 88**] M.Raber, Th.Remmel, E.Hoffmann, D.Maurer, F.Müller, H.-G.Oberhauser, R.Wilhelm: *Compiled Graph Reduction on a Processor Network*, GI/ITG Tagung, Paderborn, Informatik Fachberichte, 1988.

[**Ram, Patel 85**] A.Ram, J.H.Patel: *Parallel Garbage Collection Without Synchronization Overhead*, International Symposium on Computer Architecture, 1985.

[**Reed, Grunwald 87**] D.A.Reed, D.C.Grunwald: *The Performance of Multicomputer Interconnections Networks*, IEEE Computer, June 1987.

[**Regenspurg 87**] G.Regenspurg : *Hochleistungsrechner — Architekturprinzipien*, McGraw-Hill 1987.

[**Richards 85**] H.Richards: *An Overview of Burroughs NORMA*, Austin Research Center, Burroughs Cooperation, 1985.

[**Robinson 65**] J.A.Robinson: *A Machine Oriented Logic Based on the Resolution Principle*, Journal of the ACM, 12(1), 1965.

[**Scheevel 86**] M.Scheevel: *NORMA: a graph reduction processor*, ACM Symposium on LISP and Functional Programming, 1986.

[**Schönfinkel 24**] M.Schönfinkel: *Über die Bausteine der mathematischen Logik*, Mathematische Annalen, 92:305, 1924.

[**Shute, Osmon 85**] M.J.Shute, P.E.Osmon: *COBWEB — A reduction architecture*, Workshop on Wafer Scale Integration, July 1985, University of Southampton.

[**Stoy 77**] F.E.Stoy: *Denotational Semantics: The Scott-Strachey Approach to Programming Language Theory*, MIT Press, Cambridge, Mass., 1977.

[**Stoye 85**] W.Stoye: *The Implementation of Functional Languages using Custom Hardware*, Ph.D. Thesis, University of Cambridge, 1985.

[**Taylor 86**] R.Taylor: *Simultane Prozesse*, Software professional, September/Oktober 1986.

[**Treleaven, Refenes, Lees, McCabe 86**] P.C.Treleaven, A.N.Refenes, K.J.Lees. S.C.McCabe: *Computer Architectures for Artificial Intelligence*, Technical Report, University College, London, March 1986.

[**Traub 85**] K.R.Traub: *An Abstract Parallel Graph Reduction Machine*, 12th International Symposium on Computer Architecture, 1985.

[**Turner 76**] D.A.Turner: *An Implementation of SASL*, Technical Report, University of St. Andrews 1975.

[**Turner 79**] D.A. Turner: *A new implementation technique for applicative languages*, Software — Practice and Experience, 9, p. 31-49, Sept. 1979.

[**Turner 82**] D.A.Turner: *Recursion Equations as a Programming Language*, In: *Functional Programming and Its Applications*, Darlington et al. (editors), Cambridge University Press 1982.

[**Turner 85**] D.A.Turner: *Miranda: A Non-Strict Functional Language with Polymorphic Types*, Conference on Functional Programming Languages and Computer Architecture, Lecture Notes in Computer Science 201, Springer Verlag 1985.

[**Vegdahl 84**] S.R.Vegdahl: *A Survey of Proposed Architectures for the Execution of Functional Languages*, IEEE Transactions on Computers, Vol. C-33, No. 12, December 1984.

[**Vuillemin 74**] J.Vuillemin: *Correct and Optimal Implementations of Recursion in a Simple Programming Language*, Journal of Computer and System Sciences, Vol. 9, 1974.

[**Wadler 87**] P.Wadler: *Strictness analysis on non-flat domains (by Abstract interpretation over finite domains)*, in: [Abramsky, Hankin 87].

[**Wadler, Hughes 87**] P.Wadler, J.Hughes: *Projections for Strictness Analysis*, Conference on Functional Programming Languages and Computer Architecture, Lecture Notes in Computer Science 274, Springer Verlag 1987.

[**Wadsworth 71**] C.P.Wadsworth: *Semantics and Pragmatics of the Lambda Calculus*, Ph.D. Thesis, Oxford University, 1971.

[**Young, Hudak 86**] J.Young, P.Hudak: *Finding Fixpoints on Function Spaces*, Research Report YALEU/DCS/RR-505, December 1986.

Index